Ernst Nolte · Streitpunkte

# ERNST NOLTE

# STREITPUNKTE

## Heutige und künftige Kontroversen um den Nationalsozialismus

PROPYLÄEN

© 1993 Verlag Ullstein GmbH, Berlin · Frankfurt/Main
Propyläen Verlag
Satz: Dörlemann-Satz, Lemförde
Druck und Verarbeitung: Wiener Verlag, Himberg bei Wien
Printed in Austria
ISBN 3 549 05234 0

Gedruckt auf alterungsbeständigem Papier
mit chlorfrei gebleichtem Zellstoff

Die Deutsche Bibliothek – CIP-Einheitsaufnahme

*Nolte, Ernst:*
Streitpunkte: heutige und künftige Kontroversen
um den Nationalsozialismus / Ernst Nolte. –
Berlin; Frankfurt (Main): Propyläen 1993
ISBN 3-549-05234-0

# INHALT

Vorwort 7
Einleitung
    Vorüberlegungen zum Gegenstand und zur Methode –
    Sichtweisen und theoretische Entwürfe –
    Überblick über die verschiedenen Arten der Literatur 13

## I HEUTIGE KONTROVERSEN

1. Umriß der Geschichte des Dritten Reiches und
    der wichtigsten Streitpunkte 59
2. Die Frage der Affinitäten 89
3. Kontinuität oder Diskontinuität? 105
4. Der Nationalsozialismus –
    gegenrevolutionär oder revolutionär? 121
5. Der Nationalsozialismus –
    antimodern oder modernisierend? 137
6. Adolf Hitler 152
7. Hitlers Drittes Reich: Monokratie oder Polykratie? 170
8. Soziologie und Vielfalt des Nationalsozialismus 183
9. Industrie, Justiz, Wehrmacht und der Nationalsozialismus 198
10. Der Widerstand gegen den Nationalsozialismus und
    der Kirchenkampf 215
11. Einzelkontroversen 232
12. Die nationalsozialistische Außenpolitik 248
13. Der nationalsozialistische Krieg 267
14. Die nationalsozialistische Vernichtungspolitik und
    die »Endlösung der Judenfrage« 279
15. Die »Endlösung der Judenfrage« in der Sicht
    des radikalen Revisionismus 304

## II KÜNFTIGE KONTROVERSEN

1. Die Ewige Linke 323
2. Der Bolschewismus 335
3. Hitlers Hauptpostulat: Ein Antibolschewismus von »bolschewistischer« Geschlossenheit und Glaubenskraft 349
4. Die nationalsozialistische Ideologie im ganzen und die Bedeutung des »Antisemitismus« 368
5. Die Ausblendung der Zusammenhänge und die Frage des »absoluten Bösen« 381

Schlußbetrachtung
Größe, Untaten und Tragik
im europäischen Bürgerkrieg des 20. Jahrhunderts 403

Anmerkungen 433
Sachregister 479
Personenregister 483

# VORWORT

Das Hauptmotiv für die Niederschrift des vorliegenden Buches war nicht der Wunsch, die »Tetralogie zur Geschichte der modernen Ideologien« zu erweitern oder zu erläutern, sondern das mehr und mehr hervortretende Empfinden, daß ich auf eine seit etwa 15 Jahren aus Frankreich und den USA kommende Infragestellung der Konzeption des ersten und des vierten dieser Bücher bisher keine angemessene Antwort gegeben habe.

Der dem Nationalsozialismus gewidmete dritte Abschnitt des *Faschismus in seiner Epoche* beruhte zu einem wesentlichen Teil auf einer für die damaligen Verhältnisse sehr ausgedehnten Lektüre der Schriften und Reden Adolf Hitlers. Das Ergebnis, zu dem ich kam, ließe sich in Kürze folgendermaßen formulieren: Wenn dieser Mann seine »Weltanschauung«, in der ich nicht ein »trübes Ideengebräu«, sondern ein Gedankengebäude sah, »dessen Folgerichtigkeit und Konsistenz den Atem verschlägt«[1], in die Praxis umsetzen wollte, dann *mußte* daraus der Versuch einer physischen Vernichtung aller in seinem Machtbereich befindlichen Juden resultieren, weil er in den Juden als einer »Rasse« den Feind schlechthin sah. Diese These war damals keineswegs selbstverständlich, und ein israelischer Historiker hat noch 1985 in einem Aufsatz der *Historischen Zeitschrift* den *Faschismus in seiner Epoche* als das erste Buch der deutschen Historiographie bezeichnet, das der »Endlösung« den angemessenen Platz innerhalb der Interpretation des Nationalsozialismus eingeräumt habe.[2]

Es läßt sich jedoch nicht leugnen, daß politische Gedanken, mögen sie in sich noch so extrem und konsistent sein, nicht notwendigerweise vollständig in die Tat umgesetzt werden, und ich muß gestehen, daß ich die Faktizität der von Tätern und Opfern geschilderten und auch von den Verteidigern der Angeklagten in den großen Prozessen der sechziger Jahre nicht bestrittenen Vorgänge, einschließlich der Zahl von sechs

Millionen Opfern und vom Vorrang der Gaskammern als Vernichtungsinstrument, ohne nähere Prüfung für wahr gehalten habe. Die Thesen der rechtsradikalen Literatur nahm ich als bloße Behauptungen und Ableugnungen nicht ernst. Erst viel später, gegen Ende der siebziger Jahre, wurden mir die Zweifel und Gegenbehauptungen bekannt, die von einer neuen Schule, derjenigen der »Revisionisten«, vorgebracht wurden. Aber um die gleiche Zeit stellten auch die Untersuchungen eines so hervorragenden Zeithistorikers wie Martin Broszat, die den sogenannten »Funktionalismus« begründeten, die Annahme in Frage, daß die Vernichtungsvorgänge auf eine Intention Hitlers und damit auf eine Ideologie zurückzuführen seien.

Mithin konnte die radikalere, am wirkungsvollsten von Franzosen wie Paul Rassinier und Robert Faurisson formulierte These nicht mehr als bloß unsinnig oder bösartig zurückgewiesen werden, es habe eine »Endlösung« als ideologisch begründete Massenextermination nie gegeben und selbst das Zugrundegehen von Hunderttausenden in Lagern und Ghettos oder durch die Gewehre der Einsatzgruppen müsse im Zusammenhang mit Erfordernissen und gewiß exzessiven Wünschbarkeiten der Kriegführung gesehen werden. Die »Endlösung« wäre also nicht nur neu und kritisch darzustellen, sondern sie könnte von vornherein nicht als ein kardinales Ereignis des Zweiten Weltkrieges gelten, sondern nur als beklagenswertes Detail, das erst durch die zionistische Propaganda nach dem Ende des Krieges die Dimension gewonnen habe, in der es sich sogar als der zentrale Vorgang der ganzen Weltgeschichte ausnehme.

Wenn diese Auffassung richtig war, dann blieb der Wert eines Buches wie *Die Deutsche Diktatur* von Karl Dietrich Bracher fast unberührt, denn als »totalitäres Regime« war das Dritte Reich auf jeden Fall anzusehen, und ein enger Zusammenhang mit den Alldeutschen der Vorkriegszeit und der NPD der Zukunft blieb bestehen, selbst wenn das Unterkapitel über die »Ermordung der Juden« weggefallen wäre. Noch viel weniger wurde Martin Broszats Analyse des nationalsozialistischen Herrschaftssystems im *Staat Hitlers* tangiert. Dem *Faschismus in seiner Epoche* aber kam sozusagen das Herz abhanden: Hitler war, wenn die »Revisionisten« recht hatten, kein von Ängsten gejagter und von Missionsideen erfüllter Ideologe mehr, sondern ein normaler Staatsmann und Feldherr, und die Juden waren nichts anderes als ein »Feindvolk«, das schwere Verluste erlitt, ebenso wie die Russen und die Deutschen selbst.

8

Obwohl ich mich also durch den »Revisionismus« weit mehr herausgefordert fühlen mußte als die anderen deutschen Zeithistoriker, bin ich bald zu der Überzeugung gelangt, daß dieser Schule in der etablierten Literatur auf unwissenschaftliche Weise begegnet wurde, nämlich durch bloße Zurückweisung, durch Verdächtigungen der Gesinnung der Autoren und meist schlicht durch Totschweigen.[3] Aber daß die Gesinnung des Linkssozialisten und ehemaligen Mitglieds der französischen Nationalversammlung Paul Rassinier zwar antizionistisch, aber zugleich humanitär war, sticht schon bei der ersten Lektüre ins Auge, und Mangel an Kenntnissen ist weder Robert Faurisson noch Carlo Mattogno vorzuwerfen.

Jedenfalls war ich seit 1987 überzeugt, daß ich mich mit dieser revisionistischen Literatur, die in deutschen Bibliotheken kaum zu finden ist, gründlich vertraut machen und auseinandersetzen müsse, und zwar unter möglichst vollständiger Ausschaltung meines eigenen »Vor-Urteils« von 1963. Das konnte freilich nicht bedeuten, daß ich mir die bei den betreffenden Autoren übliche Vorgehensweise zu eigen machte, nämlich alle Aufmerksamkeit auf die Glaubwürdigkeit einzelner Zeugenaussagen und die Echtheit oder Unechtheit bestimmter Dokumente zu richten. Daher geht dem Kapitel 15 des ersten Teils dieses Buches ein Kapitel voran, das die Auffassungen der nicht-revisionistischen Literatur nicht nur darlegt, sondern durch eigene Feststellungen verstärkt. Diese beiden Kapitel waren der psychologische Ausgangspunkt des Buches, und auf sie wurde die meiste Arbeit verwendet. Die Ergebnisse, zu denen ich gelangt bin, bestätigen jenes »Vor-Urteil« von 1963 und lassen es doch nicht unverändert.

Aber man kann die Kontroverse um die »Endlösung«, so wenig ihr wissenschaftlicher Charakter bereits gesichert ist, nicht von zahlreichen anderen Streitfragen trennen. Selbst wenn es um die Faktizität keinerlei Auseinandersetzungen mehr gäbe, würde die »Judenvernichtung« in eine andere Perspektive rücken, falls sie als der Höhepunkt gerade nicht der antimodernen, sondern der modernen Züge des Nationalsozialismus zu betrachten wäre. Schon seit einigen Jahren zeichnet sich ja eine Tendenz der Auslegung ab, die letztlich nicht etwa die »Reste feudaler Rückständigkeit« in Deutschland, sondern den okzidentalen Rationalismus verantwortlich macht und in dem nationalsozialistischen Genozid nur eine Vorstufe zu dem drohenden »Holozid« erblickt. Diese Frage nach der Modernität oder der Nicht-Modernität des Natio-

nalsozialismus ist wiederum mit der anderen verknüpft, ob der Nationalsozialismus zu der vorhergehenden deutschen Geschichte in einem
Verhältnis der Kontinuität oder der Diskontinuität steht. So reiht sich
Streitpunkt an Streitpunkt, und deren Austragung in der vorhandenen
Literatur zu verfolgen ist ein Unternehmen, das mehr an Vielfalt aufdeckt, als man im ersten Augenblick annimmt. Die Studenten, denen
ich es in einer Vorlesung des Wintersemesters 1992/93 vor Augen
stellte, haben mit großer Aufmerksamkeit davon Kenntnis genommen;
obwohl diesmal eine Veröffentlichung nicht von vornherein geplant
war, brauchten für die Buchfassung nur zwei Kapitel herausgenommen
zu werden, die einen allzu akademischen Charakter hatten und jetzt
bloß andeutungsweise in zwei Anmerkungen der »Einleitung« auftau-
chen.

Weshalb auch von »künftigen« Kontroversen die Rede ist, dürfte
niemandem schwer verständlich sein, der die oben erwähnte Tetralogie
kennt. Die Zeit für diese Kontroversen wird dann gekommen sein,
wenn die Zeithistoriker sich davon überzeugt haben, daß »die deutsche
Geschichte« ein zu enger Rahmen für eine adäquate Interpretation des
Nationalsozialismus ist und daß man den Begriff des »europäischen
Bürgerkriegs 1917–1945« zugrunde legen muß.

Gegen diesen Begriff läßt sich allerdings heute, wie ich einräume, ein
neuer Einwand erheben. Aus dem Blickpunkt der unmittelbaren Gegenwart kann man nämlich folgendes sagen: Der »europäische Bürgerkrieg« soll nach 1945 seine – andersartige – Fortsetzung in einem
»Weltbürgerkrieg« gefunden haben, der erst mit dem Zusammenbruch
der kommunistischen Sowjetunion in den Jahren 1989/91 an sein Ende
gelangte. Heute aber erscheint diese Periode nicht so sehr als eine Ära
des Kalten Krieges, sondern als die Epoche des Kalten Friedens, wo jede
der beiden antagonistischen Supermächte in ihrem Machtbereich Bürgerkriege nicht aufkommen ließ. Gerade seit 1989/91 hallt die Welt vom
Lärm zahlreicher Bürgerkriege wider, die nicht nur in Afrika und Asien,
sondern sogar im Südosten Europas stattfinden. Muß man nicht ein
neues Zeitalter der Bürgerkriege bevorstehen sehen, das die Periode des
Kalten Friedens ablöst, statt sich in der Illusion zu wiegen, an die Stelle
des Kalten Krieges als eines Weltbürgerkrieges sei eine »neue Weltordnung« universalen Friedens unter der Aufsicht der allein verbliebenen
Supermacht USA getreten? Damit würde aber auch der Begriff des
»europäischen Bürgerkriegs« fragwürdig werden.

Die Antwort lautet: Die bewaffneten Konflikte der Gegenwart werden zu Unrecht »Bürgerkriege« genannt. Es handelt sich durchweg um ethnische oder stammesmäßige Auseinandersetzungen, also um Kämpfe zwischen potentiellen oder auch realen Staaten, nicht aber um einen Streit zwischen ideologisch geprägten und grundsätzlich übernationalen Parteien innerhalb einzelner Nationen, der im Krieg der Ideologiestaaten seinen Höhepunkt erreichte. Der große Bürgerkrieg des 20. Jahrhunderts war der Kampf auf Leben und Tod zwischen dem chiliastischen, erstmals 1917 in einem großen Staat an die Macht gelangten Kommunismus und allen übrigen Kräften, die nach dessen Überzeugung als »kapitalistische« oder »bürgerliche« zum Untergang verurteilt waren und von denen ein Teil sich im deutschen Nationalsozialismus zu überraschender Stärke und Entschlossenheit konzentrierte, während nach 1945 das unkoordinierte Nebeneinander der auf die USA gestützten »pluralistischen« Kräfte schließlich zur eigenen Verwunderung die Oberhand gewann. Selbst wenn am Ende des 20. Jahrhunderts viele Dutzende von »Bürgerkriegen« in sämtlichen Teilen der Welt ausgebrochen sein sollten, würden Realität und Begriff des einen, des genuinen und ideologischen Bürgerkrieges nicht in Zweifel zu ziehen sein, der den weitaus größeren Teil des Jahrhunderts bestimmt hat. So ist zwar kein »Ende der Geschichte« in Sicht, aber dennoch ist das Jahr 1991 insofern eine Zeitengrenze wie keine andere, als damit die Möglichkeit verschwand, daß aus einem globalen ideologischen Konflikt, einem Weltbürgerkrieg, ein »großer« Staatenkrieg zwischen zwei gleichrangigen Supermächten hervorging. Ob die Welt auf eine Periode der »kleinen« Kriege und der terroristischen Anschläge oder auf eine Ära der machtgeleiteten Verhandlungsarrangements zugeht, ist mit den Mitteln des historischen Vergleichs nicht zu entscheiden. Aber die innere Einheit der Zeit von 1917 bis 1989/91 und die enge Wechselbezogenheit ihrer hervorstechendsten Phänomene sollte sich dem historischen und vergleichenden Nachdenken nur um so besser erschließen. Hier liegt der Ort für die künftigen Kontroversen.

Berlin, im März 1993                                    Ernst Nolte

# EINLEITUNG

Vorüberlegungen zum Gegenstand und zur Methode
– Ansätze und theoretische Entwürfe –
Überblick über die verschiedenen Arten der Literatur

Wer den deutschen Nationalsozialismus auf wissenschaftliche Weise zum Thema machen will, muß sich darüber im klaren sein, daß er es mit einem Gegenstand von ganz besonderer Art zu tun hat. Nicht einmal die Heere der Französischen Revolution und Napoleons haben in so kurzer Zeit so große Teile Europas erobert, und die Niederlage des korsischen Soldatenkaisers vollzog sich bei weitem nicht in der dramatischen und katastrophalen Weise wie diejenige des »deutschen Volksführers«, um die Selbstbezeichnung Hitlers zu verwenden. Nirgendwo hatte es bis dahin eine so eigenartige Machtübernahme einer Partei gegeben, und nirgendwo hatte aus der Symbiose dieser Partei mit großen Teilen der führenden Schichten eine so außerordentliche Kraftentfaltung resultiert, die schon nach fünf Jahren im Frieden, wenn auch nicht ohne Druck, zu den umfangreichsten territorialen Veränderungen seit dem Ende des Ersten Weltkriegs führte, nämlich zur Angliederung Österreichs und der deutschen Sudetengebiete an das Deutsche Reich. Aber kaum je war ein legaler und jedenfalls auf den ersten Blick nichtrevolutionärer Regierungswechsel in der Weltpresse mit so vielen kritischen oder mindestens besorgten Kommentaren begleitet worden wie die Bildung der Regierung Hitler-Papen-Hugenberg (wie die Zeitgenossen sich auszudrücken pflegten) am 30. Januar 1933. Dennoch zeigte sich bald, daß die Etablierung eines »autoritären« Regimes in der Mitte Europas auch mancherlei Sympathien hervorrief. Kein Geringerer als der englische König schien für das Regime Respekt und Wohlwollen zu empfinden, und Englands letzter Kriegspremier Lloyd George äußerte sich mit großem Enthusiasmus nach seinem Besuch bei Adolf Hitler im Jahre 1936. In der Tat war um diese Zeit der wirtschaftliche Wiederaufstieg des 1933 so vollständig darniederliegenden Deutschland eins der Wunder der Welt, und manche Kommentatoren erklärten Roosevelts *New Deal* für eine schwächliche und wenig erfolgreiche Nachahmung der Hitlerschen »Arbeitsbeschaffung«. Der Krieg, der 1939 ausbrach, wurde von den Engländern keineswegs von vornherein als ein »Kreuzzug« aufgefaßt, und da nach dem Hitler-Stalin-Pakt offiziell »freundschaftliche Beziehungen« zwischen der Sowjetunion und dem nationalsozialistischen Deutschland bestanden, schienen in der zweiten Hälfte des Jahres 1940 nach dem Triumph über Frankreich nur die Juden als wirkliche Feinde Hitlers übriggeblieben zu sein, und bei ihnen handelte es sich um eine relativ kleine Gruppe, der es nach verbreiteter Meinung in erster Linie um die Schaffung eines neuen Staates in Palästina ging. Weitaus zahlreicher waren in ganz Europa die Personen, die man später »Kollaborateure« nannte und die vom bevorstehenden Sieg Hitlers überzeugt, ja zu nicht geringen Teilen sogar Anhänger von Bewegungen bzw. Tendenzen waren, die auf ein »neues Europa« unter der Führung Hitlers und Mussolinis zielten, – von Bewegungen bzw. Tendenzen, die fast durchweg »faschistisch« genannt wurden. Aber nachdem Hitler am 22. Juni 1941 die Sowjetunion angegriffen oder »überfallen« hatte und nicht, wie zunächst allgemein erwartet wurde, nach drei oder vier Monaten den Sieg errang, da gewannen die bis dahin sehr schwachen Widerstandsbewegungen fast überall in Europa an Stärke, und nachdem die Japaner durch ihren Angriff auf die amerikanische Ostasienflotte in Pearl Harbor dem Präsidenten Roosevelt die Überwindung seiner innenpolitischen Gegner und den Kriegseintritt ermöglicht hatten, senkte sich seit dem Ende des Jahres 1942 die Waage zugunsten der Kriegskoalition zwischen der kommunistischen Sowjetunion und den kapitalistischen Seemächten der Angelsachsen. Und nach dem Kriege erwies sich all dasjenige als wohlbegründet, was wahre Ozeane an Emotionen freigesetzt hatte und einem neutralen Beobachter als übertreibende Kriegspropaganda erscheinen mochte: Die Sowjetunion hatte tatsächlich um ihre nackte Existenz gekämpft, nicht nur um ihre Existenz als kommunistischer Staat, sondern auch um die physische Existenz oder mindestens die Entwicklungsmöglichkeiten ihrer Völker, denn Hitler hatte wirklich ein »germanisches« Weltreich schaffen wollen, zu dem alle Slawen in einem Sklavenverhältnis gestanden hätten; die europäischen Juden aber waren, öffentlichen Drohungen Hitlers entsprechend, bis auf größere Reste in der Sowjetunion und einige Überbleibsel in anderen Ländern Europas vernichtet worden; sogar die kleinen germanischen Völker würden aller Vermutung nach ihre staatliche Selbständigkeit verloren haben. Nichts ist begreiflicher, als daß es nach dem Ende des Krieges angesichts so vieler Opfer für die noch weit zahlreicheren potentiellen Opfer und auch für die Unbetroffenen nur noch *eine* Meinung gab: Der Nationalsozialismus habe die ungeheuerlichsten Verbrechen der Weltgeschichte begangen, ja, in ihm sei »das absolute Böse« zur Existenz gelangt.

Singulären, d. h. einzigartigen, unvergleichlichen Verbrechen und gar dem »absoluten Bösen« gegenüber muß die Wissenschaft schweigen. Das elementarste ihrer Prinzipien ist in Frage gestellt: daß alle menschlichen Phänomene in Relation zu anderen Phänomenen stehen, daß sie aus diesen Beziehungen heraus verstehbar sein müssen, daß alle unmittelbaren und emotionalen Reaktionen, so übermächtig sie sind, vom wissenschaftlichen Denken distanzierend zum Gegenstand gemacht und keinesfalls einfach übernommen werden dürfen, daß noch die unmenschlichste Tat im anthropologischen Sinne »menschlich« ist; daß die Absolutheit moralischer Gebote und Maximen wie etwa des Satzes »Du sollst nicht töten« nicht durch die historische Feststellung tangiert wird, von den frühesten Zeiten der Geschichte bis zur Gegenwart seien das Töten von Menschen durch Menschen, die Ausbeutung von Menschen durch Menschen, die Beraubung von Menschen durch Menschen fundamentale Wirklichkeiten gewesen; daß der Historiker kein bloßer Moralist sein darf, so fest seine moralischen Prinzipien und Überzeugungen auch sein mögen. Das Absolute, schlechthin Singuläre in der Geschichte wäre ein »Numinosum«, dem man sich nur in religiöser Haltung, nicht aber in wissenschaftlicher Einstellung nähern darf.

Aber auch die stärkste Emotion findet ein Ende, nämlich mit dem Tode des einzelnen oder mit dem Verschwinden der Generation, die von einer solchen Emotion bestimmt war. Wenn es den Zeitgenossen gelänge, ihre Emotionen auf die Nachlebenden zu übertragen, wäre tatsächlich eine neue Religion geboren, die ihre eigenen Riten und Feierlichkeiten, Segnungen und Bannflüche hätte. Aber die traditionellen Weltreligionen konnten sich auf etwas gründen, was vielen aufeinanderfolgenden Generationen gemeinsam zu sein vermag, nämlich die Erfahrung des Todes und der Fehlbarkeit oder der »Sünde« durch jeden einzelnen, und sie konnten ihr mit einer Hoffnung begegnen, der Hoffnung auf »Auferstehung« oder verwandeltes Fortleben nach dem Tode, die sich nur in einem »Jenseits« realisieren und bloß durch Glauben vorwegnehmen ließen. Die Prägekraft dieser Religionen

15

schwindet nur dann, wenn der Tod zur unbefragbaren Gegebenheit geworden und das Empfinden der Sündhaftigkeit verlorengegangen ist, wie es in der Gegenwart der westlichen Welt überwiegend der Fall zu sein scheint.

Der Glaube aber, daß ein absolutes Böses geschichtliche Wirklichkeit gewesen sei und daß man durch die Orientierung an dessen Gegenteil einen sicheren Leitfaden in der Wirrnis der Gegenwart besitze, wird aller Vermutung nach schon in der ersten Folgegeneration in Zweifel gezogen werden, und damit ist die Möglichkeit einer Wissenschaft vom Nationalsozialismus rekonstituiert. Jetzt muß auch das einfachste aller Prinzipien wieder in Geltung treten, das der Wissenschaft mit der schlichten Menschenvernunft gemeinsam ist: *Audiatur et altera pars.* Das kann nicht heißen, daß bestimmte Aussagen Hitlers wie etwa, »der Jude« sei der »Drahtzieher der Geschichte der Menschheit«, ernst genommen und unter Vergleich mit entgegengesetzten Thesen auf ihren Wahrheitsgehalt untersucht werden, wohl aber muß gefragt werden, wie es zu dieser Abwandlung innerhalb der weit verbreiteten Gattung »Verschwörungstheorien« kommen konnte. »Altera pars« sind auch nicht notwendigerweise die wenigen »Unbelehrbaren«, die heute noch, in schroffem Gegensatz zur ersten Auffassung, Hitler für einen Propheten halten, der das Beste für die Menschheit gewollt und in Gang gesetzt habe, bevor er durch eine Koalition böser Kräfte zu Fall gebracht worden sei. Aber selbst sie dürfen nicht von vornherein und vollständig von der Anhörung ausgeschlossen werden, denn eine genauere Version des lateinischen Spruches müßte lauten: *Audiantur multi testes*, und zu den Zeugen zählen im Prinzip alle Mithandelnden und alle Nachfahren dieser Mithandelnden.

Nur auf diese Weise kann »Objektivität« erstrebt werden, die niemals eine unantastbare Gegebenheit ist, sondern ein Prozeß der sich wechselseitig überprüfenden und kritisierenden, aber gleichermaßen auf das Ideal hin ausgerichteten Historiker und Forscher, ein Prozeß freilich, der »Knotenpunkte« aufweist, d. h. Werke, die dem Ideal besser entsprechen als andere und daher dem Zahn der Zeit stärkeren Widerstand zu leisten vermögen. Wille zur Objektivität darf auch »Wille zur Gerechtigkeit« heißen, und an vielen Stellen der neueren Literatur finden sich Aussagen wie die folgenden: bisher sei man diesem Gefolgsmann Hitlers nicht gerecht geworden, oder: bei der Betrachtung des Lebens dieses hohen SS-Führers zeige sich, daß er in das Schema der *monster-*

*criminal-psychopath criminology* nicht hineinpasse, das die Nürnberger Prozesse und dann auch die folgende Literatur beherrscht habe.[1]

Weit verbreitet ist die Forderung, sich vom »Schwarzweißbild« der Geschichte des Nationalsozialismus und seiner Gegner zu lösen und jene Selektivität zu überwinden, die für nahezu alle nationalsozialistischen Publikationen, aber kaum weniger für die anti-nationalsozialistische Propaganda kennzeichnend war. Nimmt man z. B. die nationalsozialistische Kriegs-Illustrierte *Signal* zur Hand, dann erkennt man sofort, daß bis in das Jahr 1945 hinein vom Krieg ausschließlich heroische und großartige Bilder gezeigt werden und daß von der Überfülle des Leidens und des Elends, das er mit sich brachte, so gut wie nichts zu sehen ist. Aber im *Braunbuch über Reichstagsbrand und Hitlerterror* von 1933 wurden die führenden Köpfe des Regimes als eine Galerie von Bösewichtern und Gangstern dargestellt, die keinerlei verstehbare oder gar berechtigte Motive hatten.

Selektion freilich, Auswahl aus der endlosen Masse der Tatsachen, ist auch in der wissenschaftlichen Untersuchung unvermeidbar, aber diese Selektion ist mit der von einem politischen oder moralischen Willen geprägten Selektivität nicht identisch. Die prononcierteste Selektivität ist die Tabuisierung, und auch daran wird in der Literatur nicht selten Kritik geübt, z. B. an der Tabuisierung der Frage nach dem Anteil von Arbeiterorganisationen am Nationalsozialismus.[2] Der nur allzu natürlichen Neigung zu Allgemeinaussagen wird immer häufiger eine weitgehende Differenzierung entgegengesetzt, und so bleibt in jüngeren Publikationen nicht einmal die SS das monolithische Gebilde, das sie nach dem Willen ihres Reichsführers sein sollte und nach den Eindrücken der ersten Nachkriegszeit war.

Daß man durch das Aussprechen von Wahrheiten lügen kann, ist eine nur scheinbar paradoxe Aussage: So hat etwa der amerikanische Historiker Henry Turner schon vor vielen Jahren festgestellt, die Behauptung mehrerer Autoren sei richtig, daß ein bekannter Großindustrieller 1932 an die Nationalsozialisten eine beträchtliche Geldsumme gezahlt habe; diese Wahrheit werde aber zur Lüge, wenn man nicht hinzufüge, daß derselbe Mann die Parteien der politischen Mitte mit einer zehnmal so hohen Summe unterstützte. Auch wer wesentliche Präzedentien ausläßt, sagt nicht die Wahrheit, wenn er richtige Feststellungen trifft; so waren z. B. die Nürnberger Gesetze von 1935 gewiß ein Ausfluß des nationalsozialistischen Antisemitismus, aber sie waren zugleich ein Versuch, die gewalttätigen und chaotischen Ausbrüche dieses Antisemitismus durch staatliche Gesetzgebung zu zügeln. Auch das ist in Teilen der Literatur durchaus gesehen worden.

Von großer und oft verkannter Bedeutung ist die Wahl der Termini. Wer einer Abhandlung den Titel gibt *Der Überfall auf die Sowjetunion*, der läßt sich offenbar von einer anderen Grundauffassung leiten als ein anderer, der den *Feldzug gegen die Sowjetunion* zum Thema macht. Wünschenswert wäre, daß die Wahl des Terminus ausdrücklich begründet und von Alternativen abgehoben würde; aber jedenfalls verstößt derjenige gegen den Geist der Wissenschaft und den Willen zur Objektivität, der Hitler die Sowjetunion »überfallen«, aber Stalin in den Krieg gegen Japan »eintreten« läßt oder der Deserteure durch Kriegsgerichte »ermorden«, den amtierenden Reichsprotektor Heydrich aber durch tschechische Partisanen »beseitigen« läßt. »Zweierlei Maß« anzulegen ist wissenschaftlich unzulässig. Sehr häufig wird die Begründung und Erläuterung der leitenden Perspektiven versäumt, etwa, um ein frühes und rasch überwundenes Beispiel anzuführen, bei der Entgegensetzung des nationalsozialistischen Regimes gegen »die demokratische Weltkoalition«.

Den Kern des wissenschaftlichen Ethos hat ein jüngerer Forscher sehr schön folgendermaßen formuliert: es sei notwendig, daß der Nationalsozialismus »mit denselben historischen Methoden untersucht und unter denselben Kategorien betrachtet« werde wie alle anderen historischen Erscheinungen.[3] Daß bei der Anwendung gleicher Methoden und Kategorien ganz unterschiedliche Ergebnisse gewonnen werden können, daß also keineswegs eine »Einebnung« der Gegenstände die Folge sein muß, sollte weiterer Erläuterungen nicht bedürfen. Auch in ausgeprägt »linker« Literatur kann man heute die Forderung lesen, bestimmte Eigenschaften und Tugenden wieder »aus der Konkursmasse des Nationalsozialismus herauszuklauben«, z. B. den Gemeinsinn[4], und hier und da findet sich sogar eine Formulierung wie: es sei erforderlich, »gegen das herrschende Verurteilungs- und Schuldübernahme-Zeremoniell« anzugehen.[5]

Es *gibt* also eine wissenschaftliche Literatur zum Thema des Nationalsozialismus, eine Literatur, die »Tabus« kritisiert, »Revisionen« vornimmt, Behauptungen auf ihren Wahrheitsgehalt überprüft, selbst wenn sie richtig sind, die über ihr Vorgehen reflektiert, Zusammenhänge aufzudecken und nicht auszublenden strebt. Es *gab* diese Literatur auch schon in der Generation, welche die Ereignisse miterlebt hat, und durch das Aufwachsen einer neuen Generation ist sie gefördert worden, obwohl der erste Anschein nicht in diese Richtung wies. Eine weitere Förderung sollte ihr durch eine andere Veränderung der Situation zuteil werden, die nicht wie der Wechsel der Generationen notwendig, sondern ganz überraschend war, obwohl sich die Anzeichen schon seit geraumer Zeit bemerkbar machten.

Durch keine Auffassung ist ja der Nationalsozialismus so vollständig in den Bereich des völlig Verfehlten und des nicht bloß moralischen, sondern auch historischen Unrechts gerückt worden wie durch die sowjetische und weithin auch marxistische Überzeugung, daß er als letzter und verzweifelter Widerstand gegen den »Sozialismus« zu verstehen sei, welcher seinerseits – trotz einiger temporärer »Deformationen«, wie man seit 1956 einzuräumen pflegte – in der Sowjetunion seinen wichtigsten und unverrückbaren Platz gefunden habe, von wo er sich über den ganzen Erdball ausbreiten werde. Diese Auffassung ist seit dem Zerfall der Sowjetunion in eine Gruppe unabhängiger Staaten endgültig unhaltbar geworden, und der Frage ist schlechterdings nicht mehr auszuweichen, ob nicht dem Nationalsozialismus zumindest insoweit ein gewisses historisches Recht zuzuschreiben ist, als er sich dem umfassenden Anspruch der Sowjetunion mit großer, wenn auch vermutlich weit überschießender Energie widersetzte. Wenn es je einen wissenschaftsfördernden Anstoß gab, so ist es dieser.

In der vorliegenden wissenschaftlichen Literatur sind mithin zahlreiche Streitpunkte zu finden, und sie sollen der Gegenstand dieses Buches sein. Umstritten ist vor allem die Beziehung des Nationalsozialismus zu anderen Phänomenen, etwa zum Wilhelminischen Kaiserreich, zur Weimarer Republik und auch zur Bundesrepublik. Im Jahr 1931 erschien eine Schrift, die den Titel trug: *Adolf Hitler, Wilhelm III.*[6] Damit sollte ausgesprochen werden, daß der Nationalsozialismus nichts weiter als eine leicht veränderte Gestalt des Wilhelminismus sei, mit dem er das Weltmachtstreben, das Auftrumpfen und auch den inneren Byzantinismus gemeinsam habe. Wenn dem so ist, dann gibt es einen Bruch zwischen der Weimarer Republik und dem deutschen Kaiserreich, und ein etwa siegreicher Nationalsozialismus wäre seinerseits ein Bruch mit der Weimarer Republik. Andere Autoren und Richtungen haben dagegen die Kontinuität gerade zwischen der Weimarer Republik und dem nationalsozialistischen Regime und weiterhin der Bundesrepublik unterstrichen: In allen drei Regimen hätten dieselben Kräfte, nämlich die

Großindustrie und die Hochfinanz, die eigentliche Macht in Händen gehabt, und die unleugbaren Unterschiede seien von sekundärer Bedeutung gewesen.

War aber der Nationalsozialismus, wie es die marxistische Auffassung suggeriert, wirklich nur ein reaktionäres Gebilde? Trug er nicht doch ausgesprochen moderne Züge, und wirkte er nicht wenigstens in mancher Hinsicht, sei es intendiert oder aber auch gegen seinen Willen, modernisierend? Entsprach das äußere Bild des monolithischen Einparteistaates der Realität, oder war das Regime hinter der äußeren Fassade der Monokratie Hitlers in Wahrheit von Fraktionskämpfen und Konflikten zwischen einzelnen Machthabern gekennzeichnet?

Davon unabtrennbar ist die Frage nach der Bedeutung Adolf Hitlers für die Bewegung und das Regime: War er der charismatische Gründer und letztlich der alleinbestimmende »Herr des Dritten Reiches«, oder war er eine Art Charaktermaske und bestenfalls ein Mythus, den die Propaganda geschaffen hatte, um die innere Brüchigkeit zu verhüllen? War es nicht sogar unvermeidlich, daß ein Regime brüchig war, das eine so heterogene soziale Basis besaß und das eine »Volksgemeinschaft« herstellen wollte, obwohl es keine der überlieferten Ungleichheiten ernsthaft antastete? Aber muß man nicht vielleicht umgekehrt sagen, daß die Selbständigkeit der Unternehmer höchst wirkungsvoll untergraben und eine neue ökonomische Ordnung eingeführt wurde, die gewiß nicht sozialistisch, aber auch nicht wirklich kapitalistisch war? Wie stand es um den Widerstand gegen den Nationalsozialismus? Gab es überhaupt Widerstand von Unternehmern; darf man den sogenannten Kirchenkampf einen politischen Widerstand nennen; war der Widerstand der Militärs einschließlich des Attentats vom 20. Juli 1944 nicht vielleicht nur ein Rettungsversuch in letzter Stunde angesichts der heraufziehenden und unausweichlichen Niederlage? War dieser Krieg mit innerer Notwendigkeit in der nationalsozialistischen Außenpolitik angelegt; wurde er vielleicht gar als solcher erstrebt, und was war an diesem Krieg spezifisch nationalsozialistisch? War die sogenannte Endlösung der Judenfrage der Kern dieses Nationalsozialistischen am Zweiten Weltkrieg, oder war sie das heimlich durchgeführte Werk einiger verbrecherischer Ideologen um Heinrich Himmler, von dem nicht einmal alle Hauptamtschefs der SS Kenntnis hatten und das daher nur zufällig zu dem »deutschen Krieg« um die Gewinnung einer angemessenen Position in der Welt gehörte?

Streitfragen wie diese tauchen in der Literatur ständig auf, auch wenn sie nicht ausdrücklich zum Thema gemacht werden, und im ersten und größeren Teil des Buches werden diese Fragen das Hauptthema sein: Kontinuität oder Diskontinuität im Rahmen der deutschen und vielleicht der europäischen Geschichte, Affinität oder Nicht-Affinität zu anderen Gruppen und Tendenzen, revolutionärer oder konterrevolutionärer, modernisierender oder antimoderner Charakter des Nationalsozialismus, die Frage von Monokratie oder Polykratie, Hitlerzentrismus oder sozialem Pluralismus; die Soziologie des Nationalsozialismus und sein Verhältnis zur Großindustrie; Ausmaß und Natur des Widerstandes gegen den Nationalsozialismus; die Kennzeichen der nationalsozialistischen Außenpolitik und des nationalsozialistischen Krieges; die Probleme der »Endlösung der Judenfrage«. Hinzuzunehmen sind einige Kontroversen zu Einzelfragen, z. B. um den Reichstagsbrand und den Flug von Rudolf Heß nach England.

*Ein* vorstellbarer Streitpunkt existiert in der Literatur *nicht,* nämlich die Erörterung der Frage, ob der Nationalsozialismus innerhalb der deutschen Geschichte bzw. der Weltgeschichte ein positives oder ein negatives Phänomen gewesen ist. Diese Frage ist innerhalb der wissenschaftlichen Literatur unumstritten, weil die totale militärische Niederlage wegen der Vernichtungspolitik gegen Juden und Slawen, Geisteskranke und Zigeuner zugleich eine totale moralische Niederlage war. Deshalb konnte die Frage von jeher nur darin bestehen, ob von einer zwangsläufigen Entfaltung eines längst vorhandenen Keims gesprochen werden darf und ob auch gegenüber der Vernichtungspolitik das Postulat des Verstehbarmachens legitim ist. Das heißt aber nicht notwendigerweise, daß die Frage nach dem Nationalsozialismus durch die vorfindbaren Streitfragen erschöpft ist. Es gibt vielmehr eine Hauptstreitfrage, die nach meiner Auffassung in der Literatur nur ganz ungenügend exponiert ist. Daher werde ich in einem zweiten und kleineren Teil der Untersuchung gewissermaßen noch einmal von vorn beginnen und statt des prüfenden Nachzeichnens die Kritik und die eigene Darlegung in den Vordergrund treten lassen, bevor ich den Charakter des Zeitalters im ganzen zu bestimmen versuche. Zunächst werde ich also die in der Literatur vornehmlich behandelten Streitfragen verfolgen und analysieren, aber nicht in der Art eines bloßen Berichterstatters. Eine strenge Trennung von wissenschaftlicher Literatur, publizistischen Darstellungen, zeitgenössischer Literatur und Quellen im engeren Sinne kann nämlich nicht vorgenommen werden. Manche Interpretationen, die sich für besonders neuartig erklären, sind schon bei den Zeitgenossen aufzuweisen, und ein eigenes Urteil läßt sich selbstverständlich nur dann fällen, wenn auch die wichtigsten Quellen und die Literatur der Zeitgenossen bekannt sind.

Ein solches Vertrautsein ist aber insbesondere deshalb erforderlich, weil die Kontroversen der Gegenwart oft genug schon in der Verschiedenheit der Sichtweisen der Zeitgenossen vorgebildet sind. Es waren ja nicht distanzierte Wissenschaftler, die zuerst den Nationalsozialismus zum Thema machten, sondern politisch oder intellektuell engagierte Zeitgenossen, die auf ein neuartiges Phänomen stießen, das ihnen gefährlich und bedrohlich oder auch grotesk und lächerlich erschien, weil sie von sehr unterschiedlichen Positionen aus dazu Stellung nahmen. Diese großen Perspektiven, die zugleich Erfahrungshorizonte sind und in bestimmten Weltauffassungen gründen, muß man sich zunächst vergegenwärtigen, wenn man an die Kontroversen der Gegenwart herantreten will. Ich skizziere sie nach dem Grade der Ablehnung, die dem Nationalsozialismus zuteil wurde.

1. Diejenige Gruppierung, die schon sehr früh auf den Nationalsozialismus traf und ihn von diesem Anfang bis zum Ende von 1945 in großer Geschlossenheit und mit völliger Entschiedenheit ablehnte, waren die Kommunisten. Sie sahen sich selbst in einem »Endkampf« mit dem »Kapitalismus«, d. h. der Weltmarktwirtschaft begriffen, die sie durch eine Welt-Planwirtschaft ersetzen wollten. Das bedeutete vornehmlich den Kampf mit den Großunternehmern und dem »bürgerlichen Staatsapparat«, der für sie nur ein Exekutivkomitee der Bourgeoisie war. Die neuartige Partei, welche sich in München seit 1921 nach bescheidensten Anfängen unter roten Fahnen, die trotz des schwarzen Hakenkreuzes im weißen Kreis den eigenen so ähnlich waren, und mit Angriffen gegen die Juden, die mit den eigenen Angriffen gegen die Kapitalisten fast verwechselt werden konnten, immer stärker in den Vordergrund schob, konnte daher gar nichts anderes sein als eine vom Feind bezahlte Hilfstruppe, welche ihre Anhänger aus verelendeten und verzweifelten Mittelschichten – dem Kleinbürgertum – rekrutierte, deren unerbittliches Geschick darin bestand, im Grundkonflikt der Zeit zwischen Kapitalisten und Proletariern zerrieben zu werden.

So zweifelte man nie daran, daß der Hauptstoß dieser neuen Hilfstruppe des Feindes sich gegen die eigene Partei und nicht etwa gegen Juden oder gar »Bürgerliche« richtete, und die quantitative Zunahme leitete man aus der wachsenden Verzweiflung innerhalb des zum Tode verurteilten Systems ab. Daher hat keine der verschiedenen Fraktionen der KPD jemals für eine Versöhnung oder auch nur für eine Kampfgemeinschaft mit den Nationalsozialisten plädiert; auch die sogenannte Scheringer-Linie von 1931 war nichts anderes als der Versuch, die nationalsozialistische »Basis« zu spalten und teilweise zu sich herüberzuziehen. Insbesondere aber suchte man die »SA-Proleten« auf den richtigen Weg zu bringen, mit denen man sich doch auf Straßen und Plätzen blutige Kämpfe lieferte. Auch der Streik der Berliner Verkehrsarbeiter von Anfang November 1932 ist in diesem Zusammenhang zu sehen; wenn er unter den führenden Schichten Schrecken erregte, dann deshalb, weil man fürchten mußte, der starke linke Flügel der Nationalsozialisten könne sich mit den Kommunisten zum Sturm auf den Staat verbinden, sofern man weiterhin dem Führer der weitaus stärksten Partei das Amt des Reichskanzlers verweigere.

2. Für die Juden war die nationalsozialistische Partei vor allem eine Version des bekannten Antisemitismus, und ihre wichtigste Organisation, der *Centralverein deutscher Staatsbürger jüdischen Glaubens*, wies frühzeitig darauf hin, daß hier eine alte Gefahr eine neuartige und höchst bedrohliche Form angenommen habe. Dennoch war die Ablehnung der Juden längst nicht so geschlossen wie die der Kommunisten. Es gab ja zahlreiche sehr »nationalgesinnte« Juden, und der *Reichsbund jüdischer Frontsoldaten* war ebenso wie der *Verband der nationaldeutschen Juden* innerhalb des rechten Parteienspektrums anzusiedeln. In diesem Personenkreis spielten sich gleich bei der nationalsozialistischen Machtergreifung erschütternde Tragödien ab: Ein Mitarbeiter Ribbentrops erzählt in seinen Erinnerungen von einer wohlhabenden jüdischen Familie in Frankfurt, die sich zu Beginn des Jahrhunderts vom Judentum trennte, nach Graz zog, einen deutschen Namen annahm und den Kindern deren Herkunft verheimlichte. Als die Tochter einen Burschenschafter heiraten wollte, ließ sich die jüdische Abstammung nicht mehr verbergen, und der Verlobte zog das Eheversprechen zurück. Die Kinder waren also, was sie nicht sein wollten, und konnten doch nicht bejahen, was sie waren. Sohn und Tochter entschlossen sich, nie zu heiraten, und blieben als Individuen so »national«, wie sie zuvor gewe-

sen waren. Als die Nationalsozialisten die Macht übernahmen, erschoß sich der Sohn, »um für das neue Deutschland kein Problem zu bilden«.[7]

Nicht wenige jüdische Bürger stimmten mit dem Antikommunismus der Nationalsozialisten weitgehend überein, und es ist nicht richtig, daß entsprechende Äußerungen des Sommers 1933, auch von Leo Baeck, nur in nationalsozialistischen Drohungen und in Angst ihren Grund hatten. Die Zionisten wiederum konnten die Gemeinsamkeit der »völkischen« Grundeinstellung nicht übersehen, und es dauerte bekanntlich nicht lange, bis zwischen der nationalsozialistischen Regierung und der Jewish Agency in Jerusalem das Transfer-Abkommen geschlossen wurde, das die Auswanderung nach Palästina sehr erleichterte. Gleichwohl bedeutet es keine allzu starke Verkürzung, wenn man sagt, die Tagebucheintragung eines tschechischen jüdischen Diplomaten vom 1. April 1933 sei symptomatisch für die jüdische Grundeinstellung gewesen: »Der Judenboykott. Pfui Teufel. Das Mittelalter, wie man zu sagen pflegt.«[8] Den Nationalsozialismus als zeitwidriges Phänomen, als Aufstand gegen die moderne Kultur und die Aufklärung zu verstehen war in der Tat die nächstliegende jüdische Reaktion, aber es ist kaum zweifelhaft, daß das im Rückblick geschriebene Urteil der Historikerin Lucy Dawidowicz auch für die ersten Jahre seit 1933 schon einer weitverbreiteten Meinung entsprach: »Die Deutschen waren satanisch, die Kräfte des Bösen in der Welt« und »Nach 1933 bezeichneten die Juden überall Deutschland als Amalek.«[9]

3. Die führenden Sozialdemokraten vertraten zum großen Teil die marxistische Auffassung, der Nationalsozialismus sei ein aus der kapitalistischen Krisenhaftigkeit geborenes Sekundärphänomen. Da sie aber durchweg die bevorstehende Lösung, den Sozialismus, gerade nicht wie die Kommunisten in der Sowjetunion verwirklicht sahen, führte ihr Antikommunismus nicht selten zu der Konsequenz, die Nationalsozialisten als »Rechtsbolschewisten« in eine enge innere Beziehung zu den »Linksbolschewisten« zu bringen. Eine solche Gleichsetzung war für weite Bezirke des Alltagskampfes maßgebend, doch gewann sie bei vielen Anhängern nur begrenzte Zustimmung; sie blieben vielmehr davon überzeugt, daß die Sozialdemokraten als Sozialisten den Kommunisten näher stünden als den »bürgerlichen Parteien«.

Eine Anzahl von Sozialdemokraten des rechten Flügels erblickte aber gerade in einem solchen »Gesamtmarxismus« der Arbeiterbewegung, den die Nationalsozialisten für eine selbstverständliche Gegebenheit hielten, ein schlimmes Verhängnis, weil er in internationalistischer Naivität den Zugang zur »Nation« versperre, die doch weit mehr bedeute als bloß einen Bezirk der »kapitalistischen Ausbeutung«. Zu diesen Kritikern des Marxismus in der Sozialdemokratie zählten der Staatsrechtslehrer Hermann Heller und der nach dem 20. Juli hingerichtete Reichstagsabgeordnete Julius Leber. Der aus der SPD ausgeschlossene ehemalige Oberpräsident von Ostpreußen August Winnig kam dem »nationalen Lager« mit seiner Konzeption der historischen Entwicklung »vom Proletariat zum Arbeitertum« noch ein gutes Stück näher. In den Augen dieser Sozialdemokraten mußte der Nationalsozialismus also das konsequente und keineswegs in seiner Gesamtheit verwerfliche Resultat eines großen Versäumnisses der Arbeiterbewegung sein.

4. Von den Christen waren die Protestanten von früh an schon sehr bald in ihrer Einstellung zum Nationalsozialismus auf klar erkennbare Weise gespalten. Im größeren traditionalistischen oder konservativen Flügel der Evangelischen Kirche wie unter den fast durchweg protestantischen »preußischen Konservativen« hielten sich Sympathien und Vorbehalte in etwa die Waage. Zu einer klar abgegrenzten Interpretation gelangten am ehesten die *Deutschen Christen*, die aus reformerischen Bestrebungen insbesondere in Thüringen und Sachsen erwuchsen. Für sie war der Nationalsozialismus eine nationale Erneuerungsbewegung, die bestimmt sei, das Christentum von der jüdischen Händlermoral zu reinigen und damit das Werk Luthers zu vollenden.

Weitaus geschlossener war die Haltung der Katholischen Kirche, und ihre Ablehnung richtete sich vor allem gegen die radikal-völkischen Ideen der Nationalsozialisten, die schon in dem Parteiprogramm von 1920 ihr »positives Christentum« an das »Sittlichkeits- und Moralgefühl der germanischen Rasse« gebunden hatten und damit die Allgemeinverbindlichkeit der göttlichen Gebote sowie der darauf beruhenden Kirchenlehre leugneten. Mithin war der Nationalsozialismus als Biologismus und Naturalismus (modisch gesprochen: als Rassismus) eine Erscheinungsform der verhängnisvollen Säkularisierung.

Aber zu einer ganz radikalen Ablehnung kam es doch nur an den Rändern der Kirche, so z. B. in den Veröffentlichungen des ehemaligen Chefredakteurs der *Münchener Neuesten Nachrichten* Dr. Fritz Gerlich und des Kapuzinerpaters Ingbert Naab, die 1946 unter dem Titel

*Prophetien wider das Dritte Reich* neu herausgegeben wurden. Hier wird Hitler unter Berufung auf bestimmte Aussagen in seinen Reden als Befürworter des »Riesen-Kindermords« angeklagt, und ein Lieblingsausdruck der Nationalsozialisten wird gegen sie gekehrt: Sie seien nichts anderes als »die Untermenschen des Mordes und der Bedrohung des Nebenmenschen«.[10] Geschichtlich gesehen sei der Nationalsozialismus ein Produkt des zersetzten Liberalismus, und die antichristliche Idee der Selbstverwirklichung finde sich bei Alfred Rosenberg ebenso wie bei der schwedischen Sozialreformerin Ellen Key. In seiner Politik aber sei der Nationalsozialismus eine wahre Pest, weil er sich gegen die notwendigsten Ideen der Zeit, gegen Völkerverständigung, Abrüstung und Frieden wende und ein Zeitalter des Bürgerkriegs, ja des Völkerkriegs heraufführen werde, wenn dem »Hitler-Massenwahn« nicht durch eine Koalition aller verfassungstreuen Parteien unter der Führung Brünings der Weg versperrt werde.[11]

Andere entschiedene Gegner wie der Jesuitenpater Friedrich Muckermann sahen im Nationalsozialismus immerhin das »dämonische Zerrbild der echten Reichsidee«.[12] Nach dem 30. Januar 1933 wurde Gerlich verhaftet und bei Gelegenheit des »Röhm-Putsches« ermordet; Pater Naab mußte ebenso wie Pater Muckermann emigrieren. Die Bischöfe aber zogen ihre Verurteilung des Nationalsozialismus zurück, wenngleich unter gewissen Kautelen, und der Vatikan schloß das Konkordat mit Hitler. Eben daran knüpft sich eine der lebhaftesten Einzelkontroversen in der Gegenwart, die Kontroverse um das Verhältnis von Katholischer Kirche und nationalsozialistischem Regime, von der später noch ausführlicher zu handeln ist.

5. Die Linksliberalen, deren wichtigste Sprachrohre das *Berliner Tageblatt* und die *Frankfurter Zeitung* darstellten, waren zwar keineswegs durchweg oder auch nur in der Mehrheit »jüdisch«, wie die Nationalsozialisten behaupteten, aber sie stimmten mit der großen Mehrzahl der assimilierten deutschen Juden doch in der Überzeugung überein, daß der Nationalsozialismus einen historischen Rückfall, ja eine Wiederkehr der Barbarei bedeute. So gewiß auch sie in aller Regel antikommunistisch eingestellt waren, so sicher neigten sie zu einer Unterscheidung, die man in der Gegenwart etwa in Alan Bullocks Werk *Hitler und Stalin* neu formuliert finden kann: die kommunistische Bewegung sei durch edle und humane Ziele ausgezeichnet, und ihre Korruptheit liege in den

Mitteln; bei den Nationalsozialisten habe die Korruptheit dagegen in den Zielen selbst gelegen, die antihuman gewesen seien.[13] Die Frage allerdings, ob nicht ein »korruptes« Handeln, das sich auf edle Ziele beruft, unter moralischen Gesichtspunkten stärker zu verurteilen sei als die offene Verknüpfung böser Mittel mit schlechten Zielen, wurde meist ebensowenig gestellt wie die andere Frage, ob die edlen Ziele des Kommunismus mit den doch gewiß ebenfalls edlen Zielen des Liberalismus vereinbar seien.

6. Daß die Rechtsliberalen der *Deutschen Volkspartei* und die Deutschnationalen trotz einzelner Bedenken und Auseinandersetzungen eine sehr viel wohlwollendere Einstellung zum Nationalsozialismus hatten, bedarf keines Nachweises. Gleichwohl ist es eine sehr ernste Frage, ob die reiche und bedeutende Literatur der »Konservativen Revolution«, die auch dort, wo sie sich vom Parteienstreit fernhielt, der politischen Rechten zweifellos näher stand als der politischen Linken, eine Literatur der Vorläufer und Wegbereiter gewesen ist oder nicht vielmehr eine parallele Literatur, die alle Aspekte zu artikulieren suchte, die man möglicherweise den »rationalen Kern« des Nationalsozialismus nennen kann (der auch als solcher immer noch verfehlt genug sein mag). Jedenfalls urteilte Oswald Spengler schon 1933 sehr hart über den Nationalsozialismus, und daß Ernst Jünger in seinen Tagebüchern Hitler als »Kniébolo« bezeichnete, ist längst kein Geheimnis mehr.

7. Aber es gibt auch eine nationalsozialistische Interpretation des Nationalsozialismus, die mit der offiziellen Auffassung, wie sie von Hitler und Rosenberg formuliert wurde, keineswegs identisch ist. Die linken Nationalsozialisten um Otto Straßer sprachen schon 1930 von Hitlers Verrat an der Idee des Sozialismus, und sie setzten ihren »nationalen Sozialismus« scharf von dessen »faschistischer« Verfälschung im Hitlerismus ab. Auf ähnliche Weise empfand eine Anzahl von Nationalsozialisten, bis in die höchsten Ränge hinein, Hitlers Annexion der »Rest-Tschechei« im März 1939 als einen Abfall von der »völkischen« Idee und als Hinwendung zu einem Imperialismus, der nicht die Führung der Völker Europas durch die Nation in der Mitte des Erdteils wolle, sondern die Beherrschung von unterworfenen Völkern einschließlich des deutschen durch eine a-nationale, erst zu bildende, bloß noch »germanische« oder gar »arische« Herrenschicht.

Diese Kritik konnte 1939 und während des Krieges natürlich nicht offen geäußert werden, und nach dem Krieg mochte sie sich in den Publikationen von »gemäßigten Nationalsozialisten« wie etwa der Gauleiter Jordan und Wahl oder des stellvertretenden Reichspressechefs Helmut Sündermann wie bloße Apologie ausnehmen – vermutlich zumindest teilweise zu Unrecht. Nur bei wenigen Extremisten wurde sie bis zu der grotesken These weitergebildet, Hitler und Eichmann seien als Judensprößlinge Agenten des Weltjudentums gewesen, die den Auftrag hatten, Deutschland zu vernichten und die Gründung Israels in die Wege zu leiten.

Aus den unmittelbaren, aber immer schon durch vorgegebene Ideologien oder Überzeugungen geleiteten Reaktionen der Zeitgenossen erwuchsen auf dem Wege fortschreitender Abstraktion und der Heranziehung historischen Materials die großen Auslegungen und Theorien, die auch heute noch im Hintergrund von nahezu allen Kontroversen spürbar sind und oft genug als solche hervortreten.

Die kürzeste Formulierung der kommunistischen Interpretation ist die von Georgij Dimitrow stammende Definition der Komintern von 1933: »Der Faschismus ist die offene terroristische Diktatur der am meisten reaktionären chauvinistischen und imperialistischen Elemente des Finanzkapitals.« Damit wird die Leugnung jeder Selbständigkeit und Neuartigkeit der nationalsozialistischen Bewegung auf den Punkt gebracht, und das marxistische Grundkonzept vom Endkampf der beiden Hauptklassen bleibt unangetastet.

Soweit der sozialdemokratische Marxismus nicht eine bloße Variation und Verfeinerung dieser These ist, geht er mit seiner Gleichsetzung der Extreme von links und rechts in die Totalitarismustheorie der Liberalen über, welche erstmals von italienischen Politikern in der Mitte der zwanziger Jahre umrissen und von Mussolini in positiver Intention übernommen wurde, bis unter dem Eindruck des Hitler-Stalin-Pakts und dann angesichts des »Ost-West-Konflikts« die noch heute wohlbekannte Form der Theorie von deutschen und deutschjüdischen Emigranten in den USA wie etwa Franz Borkenau, Hannah Arendt und Carl J. Friedrich entwickelt wurde. Diese Theorie oder Konzeption betont das Gemeinsame der modernen Einparteistaaten stärker als die Unterschiede und gar die Gegensätze; sie ist im wesentlichen eine komparative Strukturanalyse der beiden wichtigsten totalitären Staaten, der kommunistischen Sowjetunion und des nationalsozialistischen Deutschland.

Die christliche Interpretationsweise versteht den Nationalsozialismus als Phase im Prozeß der Säkularisierung oder Entchristlichung und setzt ihn insofern mit dem Liberalismus und dem Sozialismus gleich. Da sie weithin zugleich eine Kritik der Modernität ist, faßt sie den Nationalsozialismus notwendigerweise als ein spezifisch modernes Phänomen auf, dem innerhalb der Moderne also keine wirklich grundsätzlichen Gegner begegnen können.

Einen eigenständigen Rang kann trotz des engeren Ansatzpunktes die negativ-teutonozentrische Interpretation beanspruchen. Sie ist eine Umkehrung der positiv-teutonozentrischen Auffassung des Nationalsozialismus selbst und sieht wie dieser, aber mit ganz negativem Akzent, den Nationalsozialismus als Phase der Kontinuität der deutschen Geschichte.

Eigenständigkeit ist auch der jüdischen Auffassung zuzusprechen, soweit sie nicht in der totalitarismustheoretischen aufgeht oder weitgehend mit der negativ-teutonozentrischen identisch ist. Für sie ist der »Holocaust« das zentrale Ereignis, auf das hin der Nationalsozialismus als Konzentration des Bösen in der Welt von den frühesten Anfängen an ausgerichtet war und das sich in seiner absoluten Singularität von allen anderen Genoziden der Geschichte qualitativ unterscheidet. Man kann aber nicht sagen, daß diese Auffassung unter den Juden der Welt alleinherrschend ist oder sich bruchlos der jüdischen Denktradition einfügen läßt: Für die Orthodoxen ist auch die »Endlösung« nur ein Bestandteil unter anderen Bestandteilen in der endlosen Leidensgeschichte der Juden, und wie diese früheren Leiden ist er eine göttliche Strafe für die Sünden des Volkes Israel, das nur durch den Messias, nicht aber durch eine weltliche Bewegung wie den Zionismus in das »Land der Verheißung« zurückgeführt werden kann.

Die Kontroversen über den Nationalsozialismus sind also nicht auf die wissenschaftliche Literatur beschränkt; eine andere, grundlegende und teilweise sogar sozialphilosophische Literatur muß gegenwärtig gehalten werden, und wenn das geschieht, dann handelt es sich nicht mehr *bloß* um Streitpunkte über den Nationalsozialismus. Insofern kennzeichnet der Titel dieses Buches seinen Inhalt nur auf unzureichende Weise.

Zur Veranschaulichung will ich auf zwei Publikationen etwas näher eingehen, von denen die eine aus dem Jahre 1957 stammt und Fragen der Methodologie der Zeitgeschichte erörtert, während in der anderen die jüdische Sichtweise auf besonders bewegende und kennzeichnende Weise zum Vorschein gelangt.

Die erste ist ein Beitrag, den Martin Broszat, später einer der bekanntesten Historiker Deutschlands und Direktor des Instituts für Zeitgeschichte in München, unter dem Titel *Aufgaben und Probleme zeitgeschichtlichen Unterrichts* 1957 in der Zeitschrift *Geschichte in Wissenschaft und Unterricht* veröffentlicht hat. Das war in der Zeit, als noch häufig festgestellt wurde, daß die Lehrer an höheren Schulen im Geschichtsunterricht nur bis zum Sturz Bismarcks oder bis zum Ausbruch des Ersten Weltkriegs gelangten, weil sie sich vor Aussagen zur Weimarer Republik und zum Dritten Reich scheuten. Dieser Abneigung gegenüber der Zeitgeschichte will Broszat entgegenwirken, denn es bestehe die Notwendigkeit, »nach dem Sturz bisher gültiger Ideale und im Chaos scheinbar sinnlos gewordener deutscher Geschichte wieder Orientierungsmerkmale zu gewinnen«.[14]

Begreiflicherweise sei die unumgängliche Revision bestimmter bisher im Geschichtsunterricht geläufiger Geschichtsbilder nach 1945 als »besonders aktuell und heikel zugleich« empfunden worden, und darauf beruhe diese Scheu. Es sei ein freilich unvermeidbares Unglück gewesen, daß in den ersten Jahren nach dem Zusammenbruch »das ganze Phänomen Nationalsozialismus in die Schwarz-Weiß-Optik von Strafprozessen und Entnazifizierung« gerückt worden sei, und so habe sich ein Wall von Ungläubigkeit und Mißtrauen gegenüber Enthüllungen jeder Art gebildet. Aber der Rückzug ins Private, den zahllose Menschen vorgenommen hätten, sei zwar nach dem Übermaß an erlebter Geschichte nur allzu verständlich und als Gewinn von Abstand sehr positiv, doch dürfe sich daraus nicht ein Dauerzustand der Geschichtslosigkeit entwickeln, und daher will Broszat einige Anhaltspunkte geben, »innerhalb welcher Markierungen sich ein verstehbares Bild des Nationalsozialismus gewinnen läßt«.

Der richtige Weg müsse zwischen der nationalsozialistischen Selbstglorifizierung und dem Verdammungsurteil über die deutsche Geschichte im ganzen gesucht werden, das seit den Nürnberger Prozessen vor allem in ausländischen Publikationen vorherrsche. Der Nationalsozialismus könne nämlich keinesfalls allein aus der deutschen Geschichte verstanden werden, sondern er sei ebensosehr ein typisches

Gewächs der Epoche. Nur auf der Grundlage dieser Einsicht lasse sich auf die schwierige Frage der Kontinuität oder Nichtkontinuität des Nationalsozialismus mit der vorausgegangenen deutschen Geschichte eine Antwort finden. Im Hinblick auf den Nationalsozialismus selbst dürfe nicht nur die Macht- und Erfolgsbesessenheit Hitlers wahrgenommen werden, sondern es sollten auch »die vielerlei Nuancen und selbst das Positive im Nationalsozialismus« nicht übersehen werden. Gerade dadurch würde das Entscheidende erkennbar, »nämlich die universale Pervertierung und Entwertung auch solcher Ideen, Impulse und Einrichtungen, die an sich begrüßenswert und nützlich erscheinen, im Element des totalen Machtstaates«. So sei zwar die Kontinuität mit bestimmten Merkmalen der preußischen Tradition nicht zu verkennen, aber schon in deren extremer Zuspitzung zeige sich der »Hereinbruch eines Neuen, bisher nicht Dagewesenen«.

Die Bildungsaufgabe der Zeitgeschichte, die Broszat »nationalpädagogisch« nennt, bestehe zweitens darin, »im Nationalsozialismus wie in anderen geschichtsmächtig gewordenen Potenzen unserer Epoche (etwa dem Marxismus und Bolschewismus) Strukturmerkmale, aktuelle Gefahren und Möglichkeiten unserer Gegenwart zu enthüllen«. Dadurch führe Zeitgeschichte zur »Gegenwartsbesinnung«. Diese dürfe nicht mit einem Moralisieren identisch sein, das unmittelbar auf politische Ideale wie Demokratie, Völkergemeinschaft und Humanität hinerziehen wolle, vielmehr müsse auch im Unterricht »das Verstehen-Wollen als ein Ur-Antrieb aller Historie« leitend sein. Dazu gehörten der Wille zum Verständnis, das Maßhalten, die Besonnenheit und Abgewogenheit des Urteils und die geistige Disziplinierung. Dann würden die Gefahren sowohl des »Abgleitens in die Polemik der Tagespolitik« wie einer »alles verstehenden und verzeihenden Sicht« vermieden.

Im ganzen gesehen ist es unverkennbar, daß Broszat in eine Zeit hinein spricht, in der bei Umfragen noch mehr als ein Drittel der Bevölkerung Hitler für einen »großen Staatsmann« erklärte. Aber ebenso bemerkenswert ist, daß auch in dieser frühen Zeit schon ein »mittlerer Weg« zwischen extremen Auslegungsmöglichkeiten postuliert wurde, der als der Weg der Wissenschaft galt.

Ein abwägendes Urteil zu fällen muß jedoch all denen als Zumutung gelten, die selbst zum Opfer handgreiflicher, ja extremen Unrechts geworden sind. Hertha Nathorff, deren *Tagebuch* freilich erst 1940 aus der Erinnerung rekonstruiert und 1987 herausgegeben wurde, war eine geborene Einstein und Nichte des Begründers der Relativitätstheorie. Wie sehr ihre engere Familie dem assimilierten deutschen Judentum angehörte, wird schon aus ihren Urteilen über das Kaiserreich und den Enthusiasmus der Augusttage von 1914 deutlich, die den Urteilen und Emotionen der Deutschnationalen genau entsprechen. Diese junge Frau, blond, Ärztin in Berlin, ganz und gar »deutschgesinnt«, muß am 1. April 1933 den »Judenboykott« erleben, und sie reagiert darauf ähnlich wie der tschechische Diplomat Camill Hoffmann: »Daß so etwas im 20. Jahrhundert noch möglich ist!« Zunächst ist ihr unfaßbar, daß sie nun plötzlich nicht mehr als »Deutsche« gelten soll. Sie ist sprachlos, als ihr ein Patient im Mai 1933 sagt: »Frau Doktor, Sie sind doch eine so reizende Frau, warum haben Sie nur einen Juden geheiratet?« Viele Patienten kommen indessen bloß noch während der Abendstunden in ihre Praxis; die Katholiken unter ihnen sind »zusammengesetzt aus Angst und Schrecken«[15].

Aber im Mai 1934 hat auch sie selbst Angst, wenn sie nachts zu fremden Patienten gerufen wird, und erst recht, wenn ihr Mann weggeht. »Erst kürzlich haben sie einen Kollegen in eine Falle gelockt, ihn beraubt und verprügelt.« Freunde und Verwandte verlassen Deutschland, um nach Amerika oder Israel zu gehen; und sie spürt, daß es nicht nur die judenfeindliche Propaganda ist, durch die sie ausgegrenzt wird. Nach der Einführung der allgemeinen Wehrpflicht hat Hitler gewonnenes Spiel: »Ich kenne mein uniformfreudiges Volk«, schreibt sie, und in den zahlreichen so stolz herumlaufenden Soldaten sieht sie den »Untergang Deutschlands«. Überall treiben sich Spione und Spitzel herum, »selbst die Kinder bespitzeln ihre Eltern und berichten es in ihren Schulen den ›Führern‹«. Jüdische Kinder werden nach Palästina transportiert, jüdische Bekannte machen Selbstmordversuche, sie nennt Hitler einen »Verrückten« und einen »Massenmörder«[16]. 1938 wird ihr, wie allen jüdischen Ärzten, die Approbation entzogen. Sie bemüht sich verzweifelt um die Ausreise, die ohne das »Affidavit« eines amerikanischen Onkels nicht zu erhalten ist, und das Eintreffen dieses Affidavit verzögert sich immer wieder. Nach dem Pogrom vom 9. November 1938 wird auch ihr Mann »abgeholt« und in ein Konzentrationslager gebracht. Er kehrt zwar im Dezember zurück, doch er ist tief verändert. Er mußte versichern, daß er bald ausreisen werde. Gerade diese Ausreise wird nun zur letzten Hoffnung: »Ich zähle die Tage, bis wir herauskommen aus dieser Hölle«, aber der Kampf um das ersehnte »Permit« zur Reise nach England ist noch hart. Erst Ende April können sie die Fahrt antreten, völlig mittellos.

Weder in England noch in Amerika werden sie mit offenen Armen aufgenommen; nicht einmal die Demütigungen sind an ein Ende gelangt, denn bei der Bewerbung um eine Stelle in New York wirft eine Frau mit dem Ausruf »Lousy Nazi Spy« die Tür vor ihr ins Schloß. Immerhin vermag ihr Mann das amerikanische Examen nachzuholen, und zu Weihnachten singen sie wieder »die alten Weihnachtslieder«[17]. Zwar kann sie schließlich als Psychotherapeutin einen neuen Anfang machen, aber sie wird weder zu einer richtigen Amerikanerin, noch reist sie jemals wieder nach Deutschland zurück. Die Ausgrenzung, die man ihr im nationalsozialistischen Deutschland aufzwang, bleibt bis zu ihrem Tode erhalten. Und doch war sie eine Bevorzugte. Sieben ihrer Verwandten mit dem Namen Einstein aus dem kleinen schwäbischen Städtchen Laupheim, wo sie aufgewachsen war, wurden 1941 nach dem Osten transportiert, wie der Herausgeber Wolfgang Benz in seiner Einleitung schreibt[18], und keiner kam lebend zurück.

»Objektivität« auch gegenüber dem nationalsozialistischen Regime anzustreben ist ein Postulat der Wissenschaft, aber sie muß angesichts solcher Schicksale und solchen Unrechts mühsam gewonnen werden und kann nie eine Selbstverständlichkeit sein.

Die Frage ist freilich unumgänglich, wie Objektivität auch nur erstrebt werden soll, wenn die Bedeutung der »Sichtweisen« so fundamental ist, und es ist der weiteren Frage nicht auszuweichen, ob nicht auch der Verfasser den Nationalsozialismus von einem bestimmten Standpunkt aus ins Auge faßt und insofern von Anfang an zur Objektivität unfähig ist.

Die Antwort auf die erste Frage ist leicht. Wenn »Wissenschaft«, Geschichtswissenschaft überhaupt möglich sein soll, dann müssen die verschiedenen Sichtweisen zuerst einmal ohne voreilige Polemik zur Kenntnis genommen werden. Erst aus der Integration der unmittelbaren, lebensmäßigen Perspektiven und Urteile kann sich eine wissenschaftliche Perspektive ergeben. Das Resultat wird bei jedem einzelnen Historiker unvollkommen sein, aber es wird allen anderen Historikern – der *scientific community* – zur Überprüfung und Erörterung übergeben, und es ist auf diese Überprüfung und Erörterung von vornherein eingestellt, nicht zuletzt dadurch, daß die Nachprüfbarkeit aller Zitate sichergestellt wird. Insofern unterscheidet sich eine wissenschaftliche Darstellung schon rein äußerlich von einer publizistischen Erzählung oder Stellungnahme, sowenig eine große Zahl von Fußnoten als solche ein entscheidendes Kriterium für Wissenschaftlichkeit ist. Daher kann ein Unternehmen größeren Zuschnitts, nicht dagegen eine Detailuntersuchung zu einem »Knotenpunkt« werden, in dem das bisher Vorhandene an Blickweisen und Erkenntnissen so integriert ist, daß er das jeweils höchstmögliche, aber keineswegs unüberholbare Maß an Einsicht repräsentiert.

Den Autor muß man vor allem fragen, ob er ein Zeitgenosse des Dargestellten ist oder aus dem Abstand des Nachfahren schreibt. Der Zeitgenosse kann in bedeutender oder weniger bedeutender Funktion an den Geschehnissen Anteil gehabt haben; es ist wohl so etwas wie ein Faktum ausgleichender Gerechtigkeit, daß ein Staatsmann oder Parteiführer über die Niederschrift von Memoiren, in denen er sein Tun und Lassen verteidigt, schwerlich hinausgelangen wird. Das dauerhafteste Unrecht, das einem politischen Häftling geschieht, ist vermutlich das Eingesperrtsein in den Kreis lebendigster und schmerzlichster Erinnerung, das ihn in der Regel allenfalls als Verfasser eines Quellenwerks, aber nicht als Autor einer wissenschaftlichen Studie geeignet sein läßt. Ein Nachfahre steht vermutlich in bestimmten Familien- und Parteitraditionen, und er sollte sie zu Beginn seines Buches offenlegen.

Als qualitativ hochstehende und von ausgesprochen negativen Urteilen über den Nationalsozialismus erfüllte Bücher eines Zeitgenossen und eines Nachfahren wären etwa zu nennen: *Bilanz der deutschen Judenheit* von Arnold Zweig, geschrieben gegen Ende des Jahres 1933, und das Werk von Karl Dietrich Bracher *Die deutsche Diktatur* von 1969. Zweig schrieb als Emigrant, Bracher als Zeithistoriker, der nach dem Kriege als Kriegsgefangener in England an den Kursen zur »Umerziehung« teilgenommen hatte, die keineswegs bloße Propaganda, sondern auch Einführungen in das Funktionieren der Demokratie in Großbritannien und in die liberalen Traditionen Europas waren.

Ich selbst habe den Nationalsozialismus zum erstenmal bewußt wahrgenommen, als ich 1930 ein Kind von sieben Jahren in einer Stadt des Ruhrgebiets war, die als Hochburg der Nationalsozialisten, aber auch der Kommunisten galt. Ich stamme aus einer katholischen Lehrerfamilie, die zu den beiden radikalen Parteien in scharfem, aber nicht in militantem Gegensatz stand. Der Hauptgrund der Ablehnung des

34

Nationalsozialismus war die Kirchen- und Religionsfeindlichkeit, aber auch der Militarismus oder Bellizismus. Schon relativ bald kam mich indessen die Vermutung an, daß der Nationalsozialismus nicht überall unrecht haben könnte und daß z. B. das Widerstreben meines Vaters gegen die Abschaffung der Konfessionsschulen ein vergebliches Unterfangen sei. Sicherlich befand sich der Nationalsozialismus dabei nicht als solcher im historischen Recht, sondern als Bestandteil der großen Strömung der Säkularisierung, aber ich mußte mir gleichwohl eingestehen, daß ich mit meinem unmittelbaren Empfinden unrecht gehabt hatte.

Weitaus wichtiger war jedoch, daß ich mir von Anfang an einer »konstitutionellen Unvereinbarkeit« bewußt war, nämlich der unaufhebbaren Distanz zwischen einer Bewegung, die von den jungen Männern verlangte, »flink wie Windhunde, zäh wie Leder und hart wie Kruppstahl« zu sein, und einem aufwachsenden Intellektuellen, der dabei war, sich durch das Studium von Büchern zu einer (wie man damals sagte) »Intelligenzbestie« auszubilden, anstatt in Zeltlagern, Geländespielen und schließlich dem Kasernenhof seine Ideale zu sehen. Der Marburger Psychologe Jaensch entwarf damals ein Bild des »Gegentyps« zur nationalen Revolution, eines dürftigen Bürschleins mit eingesunkener Brust und Brille auf der Nase, und ich wußte stets, daß auch ich gemeint war. Ein zufälliger Umstand physischer Art ersparte mir den Kasernenhof und die Teilnahme am Krieg, und ich habe diese Bevorzugung gegenüber meinen Mitschülern, von denen viele bei Stalingrad und anderswo fielen, während ich studieren konnte, als schwere Last empfunden. Aber diese Last war nicht dadurch abzuwerfen, daß ich mir den Haß oder den Stolz der wirklich Betroffenen zu eigen zu machen versuchte, sondern daß ich der nächsten Ursache der Katastrophe, dem Nationalsozialismus, zwar in Abneigung, aber ohne Haß, d. h. in wissenschaftlichem Geist gegenübertrat.

Den Weg wies mir abermals ein reiner Zufall: daß ich mit den Schriften des jungen Mussolini bekannt wurde und in ihm einen Mann wahrnahm, der sich so, wie ich selbst, sehr intensiv mit Marx wie mit Nietzsche beschäftigt hatte. Das war der Ausgangspunkt für den *Faschismus in seiner Epoche*, der bereits 1963 den Nationalsozialismus »relativierte«, indem er ihn in Beziehung zum italienischen Faschismus sowie zur französischen »Action française« setzte und ihn doch als »Radikalfaschismus« davon aufs stärkste abhob. Es folgten weitere

»Relativierungen« *und* Unterscheidungen, die es erlaubten, den Nationalsozialismus als keineswegs unvergleichbares und gleichwohl singuläres Phänomen in das Zeitalter eines »ideologischen Weltbürgerkrieges« hineinzustellen, das im Jahre 1917 mit der russischen »Oktoberrevolution« begann und erst in der jüngsten Vergangenheit zu Ende ging.

Da man nicht bereit war, die Unterscheidungen wahrzunehmen, blieb man im allgemeinen bei der Relativierung, die besser Relationierung genannt werden sollte, hängen, und die Konzeption hat bekanntlich viel Kritik und sogar unverkennbaren Haß auf sich gezogen. Aber zahlreiche Kritiker sind bewußt oder unbewußt dabei von der Überzeugung ausgegangen, daß der Kommunismus der Sowjetunion schon wegen seines Sieges von 1945 trotz »stalinistischer« Deformationen sich dem Nationalsozialismus gegenüber im historischen Recht befunden habe. Eben diese Annahme sollte heute auch dem befangensten Auge fragwürdig geworden sein, obwohl ihr bei genauerer Untersuchung ein rationaler Kern zuzuschreiben sein dürfte: Alle, die so genau wußten, wie die Geschichte hätte verlaufen sollen und wie sie in Zukunft verlaufen würde, sollten jetzt zunächst einmal schweigen und Erörterungen zur Kenntnis nehmen, die sich nicht an dem verbreiteten Schwarzweißbild der Geschichte orientieren, auch nicht oder jedenfalls nicht vorbehaltlos an der plötzlich wieder in den Vordergrund getretenen Entgegensetzung des guten »westlichen« Verfassungsstaates und des bösen Totalitarismus der Linken und der Rechten.

Eine solche Erörterung soll im folgenden vorgenommen werden. Wer nur zufriedengestellt ist, wenn er einen Kampf von »Engeln des Lichts« mit »Engeln der Finsternis« anschauen darf, wird sich nicht am richtigen Platze fühlen. Was aber die Unumgänglichkeit oder Selbstverständlichkeit moralischer Urteile angeht, so will ich noch eine letzte persönliche Bemerkung einfügen: Ich verurteile die Tötung vorgeburtlichen Lebens, weil ich keine objektive Grenze zu erkennen vermag, die sie von der Tötung älteren vorgeburtlichen oder sogar unerwünschten nachgeburtlichen Lebens unterscheiden würde – wie sollte ich nicht die Tötung unschuldiger und wehrloser Männer, Frauen und Kinder in Kriegen oder Bürgerkriegen verurteilen? Aber es ist mir sehr wahrscheinlich, daß man in zehn oder zwanzig Jahren mit großer Bestimmtheit sagen kann, die Befürworter der Abtreibung hätten sich im historischen Recht befunden, weil die permissive Gesellschaft allenfalls über *eine* Sperre verfügt, mittels deren sie dem »Streben nach Glück« *(pursuit of happiness)* der Individuen Schranken setzen kann, nämlich den Respekt vor dem sichtbaren Leben.

Schon dieses Beispiel sollte klarmachen, daß das moralische und das historische Urteil sehr weit auseinanderfallen können. Der Historiker ist *auch* ein moralisch empfindender und urteilender Mensch, doch er weiß, daß die Geschichte voll von unmoralischen Akten ist und daß er sich seiner spezifischen Aufgabe nicht entziehen darf, auch die schlimmsten unmoralischen Akte so weit wie irgend möglich verstehbar und unter Umständen sogar verständlich zu machen. Es ist ihm aber bewußt, daß es sich um eine Wanderung auf schmalem Grat handelt. Wenn er aber darauf verzichten würde, weil er abstürzen kann, weil eine aufziehende Nebelwand ihm die Sicht nehmen mag oder weil ein Gegner ihm einen Stein vor die Füße rollen läßt, dann hat er zugleich darauf verzichtet, seine eigenste Aufgabe in Angriff zu nehmen, wie unvollkommen sie trotz aller seiner Bemühungen am Ende bewältigt sein mag.

Nach dieser ersten Annäherung an die Literatur über den Nationalsozialismus und an die methodologischen Probleme, welche die Beschäftigung mit dem Gegenstand aufwirft, ist zunächst eine fundamentale und ernüchternde, ja niederschmetternde Feststellung zu treffen: Wenn ein so umfassender Begriff dieser Literatur zugrunde gelegt wird, wie er oben skizziert worden ist, dann läßt sich nur eine einzige Aussage machen, die ohne jeden Zweifel wahr ist: Diese Literatur ist unüberschaubar, sie umfaßt viele Zehntausende von Titeln. Kein einzelner Mensch kann sie auch nur in annähernder Vollständigkeit kennen. Ein mögliches Verfahren, der Schwierigkeit zu begegnen, bestünde darin, eine Beschränkung auf die wissenschaftliche Literatur im engeren Sinne und vornehmlich auf die deutsche und amerikanische vorzunehmen, d. h. auf die mit vielen Fußnoten versehenen Bücher und Aufsätze der »anerkannten Historiker«, d. h. solcher Wissenschaftler, die nicht bloß gelegentlich in den angesehenen Fachzeitschriften publizieren.

Eben dieser Weg soll aber nicht, oder jedenfalls nicht ausschließlich, eingeschlagen werden. Auch abgelegene und nichtwissenschaftliche Bücher sollten gelegentlich herangezogen werden, weil darin Übersehenes oder ungewöhnliche Perspektiven enthalten sein mögen. Damit scheint die Selektion in den Bereich der Willkür zu rücken, und dennoch bleibt die Gefahr bestehen, daß das Buch eine umfangreiche

Sammelrezension oder gar eine Art Bücherkunde werden könnte. Es sollen aber weder »Ergebnisse der Forschung« vorgelegt noch soll eine Bestandsaufnahme vorgenommen werden. Letzten Endes geht es immer um die Sache selbst, eben den Nationalsozialismus, und dessen Interpretation bewegt sich in allen aktuellen Streitfragen zwischen zwei Polen, die oft nur verschiedenartig, manchmal aber auch schroff entgegengesetzt sind.

Indem ich einen ersten Überblick über die verschiedenen Arten der Sub-Gattung »Historisch-politische Literatur über den Nationalsozialismus« gebe, nenne ich im allgemeinen nicht mehr als drei Titel, die als Beispiele dienen sollen. Bei der Erörterung der einzelnen Streitpunkte werden in der Regel jedoch zwei Bücher oder Artikel bekannter Wissenschaftler mit größerer Ausführlichkeit wiedergegeben, welche als Paradigmen für die verschiedenen Pole gelten dürfen. So mag mit einigem Glück die unerschöpfliche Fülle einigermaßen überschaubar gemacht werden, und zwar so, daß eben dadurch die Konturen des Gegenstandes deutlicher hervortreten.

Wer sich gründlich mit dem Nationalsozialismus beschäftigen will, wird immer wieder die vorhandenen *Bibliographien* zu Rate ziehen müssen. Er wird ständig mit den großen *Dokumentensammlungen* zu arbeiten haben, und er wird vielleicht wünschen, das eine oder andere der bedeutenden *Archive* zu besuchen. Ich nenne in einer Fußnote einige Titel und Namen, von denen aus Vorstöße in die verschiedensten Richtungen, vornehmlich allerdings zu anderen Bibliographien, Dokumentensammlungen und Archiven gemacht werden können.[19]

Die Auseinandersetzungen um die verschiedenen Aspekte des Nationalsozialismus vollziehen sich ganz überwiegend in den – meist von einzelnen Autoren stammenden – Monographien, von denen man die Originalquellen, die Gesamtdarstellungen, die komparative Literatur und die »Literatur über die Literatur« unterscheiden sollte. Die Monographien sind der am wenigsten überschaubare Teil der Literatur, und sie sind bloß in den umfangreichsten Bibliographien »unter einem Dach« versammelt. Dennoch werden auch davon im folgenden nur drei Titel ausgewählt, damit ein anschaulicher Ausgangspunkt geschaffen wird und wenigstens einige wichtige Bücher in ihrer Individualität erkennbar werden. Im weiteren Verlauf tritt ja die Darlegung und Analyse der einzelnen Streitpunkte ganz in den Vordergrund, so daß von einzelnen Büchern in ihrer Ganzheit kaum noch etwas gesagt wird.

Von allen Arten der Literatur stehen die *Tagebücher* und die *Briefe* dem Archivmaterial am nächsten. Wenn man sicher sein kann, daß der Verfasser der Tagebücher bzw. der Briefe nicht von vornherein die Nachwelt im Blick hatte und daß die Herausgeber nichts weggelassen oder geändert haben, darf Tagebüchern und Briefen, anders als allen Monographien, ein originärer Quellenwert zugeschrieben werden.

Eben dieser Quellenwert ist bei dem bekanntesten und umfangreichsten aller Tagebücher sehr problematisch, dem Tagebuch von Joseph Goebbels. Es ist nahezu kontinuierlich durch mehr als 20 Jahre hindurch geführt worden. Als der Autor 1925 mit der Niederschrift begann, war er ein kleiner Angestellter einer winzigen Partei, und als er 1945 die letzten Aufzeichnungen machte, war er längst einer der mächtigsten Männer Deutschlands, und nur noch Tage trennten ihn von der Übernahme des Reichskanzleramtes in der Nachfolge Hitlers, die praktisch mit seinem Tode und dem Tode seiner Familie inmitten des Infernos der Schlußphase des Kampfes um Berlin identisch war.

Die wohl an die 50 000 Blätter seines Tagebuches gingen 1945, wie es schien, überwiegend verloren und wurden zum Teil von zufälligen Findern aufgesammelt, gelangten aber hauptsächlich in ein Moskauer Archiv, wo sie lange Jahre wenig Beachtung fanden. Der amerikanische Journalist Louis P. Lochner veröffentlichte 1952 eine Anzahl von Fragmenten aus den Jahren 1942/43[20], und dann gab Helmut Heiber die frühesten Abschnitte 1961 unter dem Titel *Das Tagebuch von Joseph Goebbels 1925/26* heraus.[21] Hier tritt dem Leser ein junger Mann entgegen, den Heiber in seiner ironisierenden Sprache als einen »von Selbstmitleid und zerfließendem Weltschmerz zernagten Kleinbürger, der nachts schlecht schläft«, charakterisieren kann.[22] Aber dieses Urteil hatte doch nur deshalb Gewicht, weil Goebbels sich in dem längst bekannten und von ihm überarbeiteten Teil aus dem Jahre 1932/33 *Vom Kaiserhof zur Reichskanzlei* als den unermüdlich tätigen Politiker und genialen Propagandisten dargestellt hatte, dem ein bedeutender Anteil an der Ermöglichung der nationalsozialistischen Machtübernahme zugeschrieben werden mußte. Erst gegen Ende der achtziger Jahre gelangte aus der DDR und der Sowjetunion unter merkwürdigen, ja abenteuerlichen Umständen der Hauptteil der Manuskripte in Form von Kopien in den Westen, und das *Institut für Zeitgeschichte* brachte eine große vierbändige Ausgabe heraus, die von den Anfängen bis 1941 reicht und fortgesetzt werden soll.[23] Besonders interessant ist, daß im

39

zweiten Band eine Gegenüberstellung des ursprünglichen Textes und der Fassung der Ausgabe *Vom Kaiserhof zur Reichskanzlei* vorgenommen wird, so daß das Ausmaß der Stilisierung erkennbar wird. Im weiteren Verlauf agiert seit 1933 der Minister und Reichsleiter, der wie wenige andere ununterbrochen im Zentrum des Dritten Reiches steht, obwohl auch hier mancherlei Höhen und Tiefen zu verzeichnen sind, die sowohl mit Machtkämpfen unter den Paladinen wie mit den privaten Affären des Frauenhelden zusammenhängen. Für Eberhard Jäckel bedeutet dieses Tagebuch »ein Fenster«, durch das man in das innerste Getriebe des Dritten Reiches hineinblicken kann[24]; Bernd Sösemann dagegen stellt mit Recht fest, der Quellenwert sei durch den Umstand gemindert, daß Goebbels diese Tagebücher für eine hohe Summe an den nationalsozialistischen Eher-Verlag verkauft hatte, daß er also von vornherein im Hinblick auf die Nachwelt schrieb.[25] Allerdings ist die Möglichkeit nicht auszuschließen, daß man keine scharfe Trennung zwischen Propaganda und einer zugrundeliegenden Wirklichkeit vornehmen darf, sondern daß Goebbels die Wirklichkeit von vornherein mit »propagandistischen Augen« sah, weil er selbst weitgehend glaubte, was er als Propagandist vorbrachte.

Weitaus geringeren »Wirbel« haben die Tagebuchfragmente eines anderen wichtigen Gefolgsmannes erzeugt, nämlich die Abschnitte aus dem *Politischen Tagebuch Alfred Rosenbergs*, die zuerst 1956 herausgegeben wurden und aus den Jahren 1934/35 und 1939/40 stammen.[26] Alfred Rosenberg wird heute in der Literatur meist als ein kurioser und machtloser Ideologe belächelt, aber man sollte nicht übersehen, daß er in gewisser Weise als Nationalsozialist älter war als Hitler, daß er als Chefredakteur des *Völkischen Beobachters* bis 1933 eine hervorstechende Rolle spielte und danach als *Beauftragter des Führers für die Überwachung der gesamten weltanschaulichen Schulung und Erziehung der NSDAP* sowie als Chef des nicht etwa ganz unbedeutenden *Außenpolitischen Amtes* der Partei keineswegs »machtlos war, um dann allerdings seit 1941 als *Reichsminister für die besetzten Ostgebiete* sich der Auseinandersetzung mit brutaleren Männern wie Heinrich Himmler und Erich Koch nicht gewachsen zu zeigen.

Von den christlichen Kirchen wurde er 1934/35 als Hauptfeind und Protagonist des »Neuheidentums« betrachtet; Goebbels und Ley sahen in ihm einen ernstzunehmenden Rivalen, und sein *Mythus des 20. Jahrhunderts* wurde fast allgemein (allerdings nicht von Hitler selbst) für das zweite Hauptwerk des Nationalsozialismus neben Hitlers *Mein Kampf* gehalten. Daß er sich eine gewisse Unabhängigkeit des Urteils bewahrt hatte, erwies sich am unzweideutigsten beim Abschluß des Hitler-Stalin-Paktes. Unter dem 23. September 1939 vertraute er seinem Tagebuch die folgenden Sätze an: »Ich habe das Gefühl, als ob sich dieser Moskauer-Pakt irgendwann am Nationalsozialismus rächen wird. Das war nicht ein Schritt aus freiem Entschluß, sondern die Handlung einer Zwangslage, ein Bittgesuch seitens einer Revolution gegenüber dem Haupt einer anderen, die niederzukämpfen das vorgehaltene Ideal eines 20-jährigen Kampfes gewesen ist. Wie können wir noch von der Rettung und Gestaltung Europas sprechen, wenn wir den Zerstörer Europas um Hilfe bitten müssen?«[27]

Als eine Art Tagebuch können auch Hitlers *Tischgespräche* betrachtet werden, und wenn es ein »Fenster« gibt, das einen Blick in das Machtzentrum des Dritten Reiches gewährt, dann müßten es diese abendlichen Monologe sein, die Hitler sogar während der schwierigsten Zeiten des »Ostfeldzuges« vor den Teilnehmern seiner Abendtafel zu führen pflegte. Ihr Quellenwert ist freilich dadurch gemindert, daß sie zwar von Stenographen aufgezeichnet, aber dann von Martin Bormann durchgesehen und möglicherweise verändert wurden. Im Kern ist an der Echtheit jedoch nicht zu zweifeln, weil die betreffenden Stenographen nach dem Kriege noch lebten und sich frei äußern konnten. Schon 1951 kam die erste deutsche Ausgabe heraus, und in den beiden nächsten Jahren folgten eine englische und eine französische Übersetzung der weitaus umfangreicheren Aufzeichnungen, die sich im Besitz eines philonationalsozialistischen Schweizers befinden. Erst 1980 erschien unter dem Titel *Monologe im Führerhauptquartier* die deusche Ausgabe, die durch erweiterte Neuausgaben jener Publikation von 1951 zu ergänzen ist.[28] In dem Mann, der hier spricht, ist leicht der Verfasser von *Mein Kampf* zu erkennen, der für das deutsche Volke »Lebensraum« im Osten erobern will und den jüdischen Todfeind für alles Unheil der Gegenwart und der Geschichte verantwortlich macht. Aber es handelt sich jetzt nicht mehr um einen Strafgefangenen, sondern um den Herrn über Europa, der freilich seinen Tischgästen nicht eingestand, was er anscheinend schon seit der Jahreswende 1941/42 wußte: daß dieser Krieg mit hoher Wahrscheinlichkeit nicht mehr zu gewinnen war. Und der Herr Europas traktierte seine Gäste nicht nur mit Geschichtsdeutungen und Zukunftsplänen, sondern auch mit Erinnerungen kleinlichster und persönlichster Art, z. B. an seine Schullehrer, so daß die Frage schwerlich unberechtigt ist, ob der nahezu allmächtige »Führer des deutschen Reiches und Volkes« jemals wirklich in das Erwachsenenalter eingetreten ist. Sogar von bedeutenden Künstlern darf man ja, ohne Anstoß zu erregen, sagen, sie seien im praktischen Leben und in ihren politischen Anschauungen »große Kinder« geblieben. Aber wohl noch nie hatte man Derartiges von einem wichtigen Staatsmann behaupten können.

Ich übergehe die Briefsammlungen und wende mich gleich den *Erinnerungen* zu, von denen manche noch nahezu ungestalteter Rohstoff für die wissenschaftliche Forschung, andere aber durchgebildete Kunstwerke sind. Eine Art Kunstwerk eines Künstlers, das in erster Linie den Künstler Adolf Hitler im Auge hat, sind die berühmtesten und verbreitetsten aller Erinnerungen aus der nationalsozialistischen Zeit, die *Erinnerungen* von Albert Speer.[29] Hier spricht nicht ein Mann, der wie Goebbels in seiner Jugend als halbgescheiterter Akademiker nach seiner eigenen Selbstcharakterisierung unruhig wie ein Wolf auf der Suche nach Selbstbestätigung und Erfolg bei Frauen umherschweifte, sondern ein junger Architekt aus großbürgerlichem Hause, der als Assistent bei dem bekannten Architekten Tessenow eine glänzende Zukunft erwarten durfte. Aber die Krise der Weimarer Republik und einige zufällige Umstände machen ihn mit Hitler bekannt, und bald wird er zum »Architekten des Führers«, der sich ja selbst als einen Architekten betrachtet und ebenso in Stein wie in Menschen und Machtgebilden »bauen« will.

So beunruhigt es den jungen Speer nicht, daß Hitler seine Zeit »meist vagabundierend und flanierend« verbringt[30], denn eben dadurch hat er Gelegenheit, viele Stunden lang seine Entwürfe mit dem Reichskanzler zu besprechen und sich von dessen monumentalen Projekten inspirieren zu lassen. Auch kritische Ausländer sind von dem »Lichtdom« über dem Nürnberger Parteitagsgelände, den Speer inszeniert hat, tief beeindruckt, und Speer schöpft aus dem Vollen seiner konstruktiven Phantasie und der Mittel des Reiches, als er für Hitler die »Neue Reichskanzlei« errichtet und die Pläne für den Umbau der Reichshauptstadt Berlin zur Welthauptstadt »Germania« entwirft.

Fast so wie Hitler selbst berauscht er sich an Plänen und Modellen, deren letztes Ziel nach seiner Auffassung für Hitler die Weltherrschaft und die Schaffung einer großartigen Kultur des Herrenvolkes zu Lasten von bezwungenen Untermenschen sind. Aber so wie der Flaneur und Opern-Enthusiast Hitler nach dem Ausbruch des Krieges zu einem hart arbeitenden Feldherrn wird, so verwandelt sich der Lieblingsarchitekt in den *Reichsminister für Bewaffnung und Munition*, der von 1942 bis 1944 trotz aller Knappheit an Rohstoffen ein wahres Rüstungswunder zustande bringt.

Eine Distanzierung vollzieht Speer erst zu dem sehr späten Zeitpunkt, als Hitler gewillt ist, dem deutschen Volk die letzten Überlebensmöglichkeiten zu nehmen, um es mit sich in den Abgrund zu reißen. In Nürnberg vermag er glaubwürdig zu versichern, daß er von der »Endlösung der Judenfrage« im Osten und überhaupt von der Vernichtungspolitik nichts gewußt habe, und wie der ehemalige Generalgouverneur Hans Frank zählt er zu den wenigen Angeklagten, die Hitler öffentlich verurteilen. Als er nach 20 Jahren aus dem Spandauer Gefängnis entlassen wird, kann er als Schriftsteller ein neues, allerdings nicht mehr sehr lange während es Leben beginnen.

Albert Speer erinnerte sich als einer der »großen Männer« des Regimes, aber oft genug sind gerade die Erinnerungen der »kleinen Männer«, der Referenten, der Adjutanten, ja der Diener besonders informativ. Reinhard Spitzy zum Beispiel kam ebenfalls aus einem großbürgerlichen Hause, und er blieb immer ein Lebensgenießer, aber als Österreicher stammte er aus einem ganz anderen Milieu als Speer, und als Österreicher, der in Hitler den künftigen Schöpfer des »Großdeutschen Reiches« sah, erwarb er seine ersten politischen Lorbeeren, als er, obwohl kaum mehr als zwanzigjährig, eine wichtige Rolle bei der Vorbereitung des Umsturzversuches spielte, der schmählich scheiterte, aber am 25. Juli 1934 den österreichischen Bundeskanzler Dollfuß das Leben kostete. Danach wird er ein enger Mitarbeiter Joachim von Ribbentrops, zunächst an der Botschaft in London und dann im Auswärtigen Amt. In seinen 1986 erschienenen Erinnerungen *So haben wir das Reich verspielt* prangert er seinen früheren Chef als Reichsverderber und Kriegshetzer an, weil Ribbentrop und dessen Frau Anneliese aus Gründen persönlichen Gekränktseins die guten Chancen einer deutsch-britischen Verständigung bewußt untergraben und damit den Grund zu einem Zweifrontenkrieg gelegt hätten, in dem Deutschland zugrunde gehen mußte.[31]

Auch mit Hitler selbst kommt Spitzy in nähere Berührung, aber die zunächst unbegrenzte Verehrung schwindet dahin, als Hitler die »Rest-Tschechei« besetzen läßt und damit die völkisch-großdeutsche Idee der

43

alten Nationalsozialisten verrät. Nun wandelt er sich nach seiner Darstellung zum Widerstandskämpfer der »Abwehr«, in der unter der Protektion des Admirals Canaris zwei der entschiedensten Hitler-Gegner arbeiten, der Oberst Hans Oster und der Reichsgerichtsrat Hans von Dohnanyi. Spitzy wirkt auch nach dem Ausbruch des Krieges unermüdlich als Mittelsmann zwischen der »Abwehr« und der westlich orientierten Fronde im Auswärtigen Amt an der Vorbereitung eines Ausgleichs mit England mit, aber er stützt sich im weiteren Verlauf, obwohl er an Attentatsplänen gegen Hitler beteiligt ist, weit mehr auf die gemäßigten Nationalsozialisten und SS-Führer wie den Brigadeführer Schellenberg als auf Oster und Dohnanyi, denen er übergroße Leichtfertigkeit im Umgang mit Menschen und Dokumenten zum Vorwurf macht.

Am Ende redet er sogar einem Ausgleich mit Stalin das Wort, weil die Verbrechen des Regimes den Zugang zu den Westmächten endgültig verschüttet hätten und nur auf diese Weise »das Reich« noch zu retten sei, das schließlich nicht eigentlich »wir«, sondern die Kriegsverbrecher Ribbentrop und Hitler verspielt hätten. Auf die naheliegende Frage allerdings, ob irgendein Leser von *Mein Kampf* glauben konnte, Hitlers oberstes Ziel sei die Schaffung des Großdeutschen Reiches, das mit allen seinen Nachbarn in Frieden leben werde, findet er nur die ziemlich hilflose Antwort, er habe, obgleich Altparteigenosse und SS-Offizier, das Parteiprogramm und Hitlers Buch nie wirklich gelesen.[32]

Auch Heinz Linge, der als *Chef des Persönlichen Dienstes beim Führer*, vulgo als Kammerdiener, in noch größerer Nähe zu Hitler lebte als Reinhard Spitzy zu Ribbentrop, sagt von sich, er habe *Mein Kampf* nie gelesen, und auch er trug die Uniform eines SS-Offiziers. Irgendeine eigenständige Rolle hat er im Gegensatz zu Spitzy aber nie zu spielen gesucht, und bei der Niederschrift seiner 1980 veröffentlichten Memoiren ist ihm Hitler immer noch »der Gigant, der alles überschattete, was um ihn herum war«.[33] Vieles von dem, was er erzählt, ist eine bloße Bestätigung von Tatsachen, die man auch aus anderen Quellen kannte: daß Hitler die Rivalitäten unter seinen Paladinen absichtlich schürte, daß im sonst so zuversichtlichen, ja überheblichen Habitus Görings ein krasser Wechsel hin zur Befangenheit und Unterwürfigkeit eintrat, wenn er Hitler begegnete, daß Hitler Entscheidungen gern vor sich herschob, daß er viele Stunden unter vier Augen mit Himmler sprach, und offenbar über Dinge, »die ich ihm niemals zugetraut hätte: die Massenvernichtung der Juden«.[34]

Aber einiges von dem, was nur der Diener sehen oder hören konnte, ist von großem, wenngleich nicht unbestreitbarem Quellenwert: So war an dem Tage, als der Flug von Rudolf Heß nach England bekannt wurde, Hitler entgegen seiner Gewohnheit nach Linges Bericht beim Wecken bereits angezogen, und daraus wäre wohl in der Tat zu schließen, daß er unterrichtet war. Angesichts der Tendenz großer Teile der sogenannten Psychohistorie, Hitler Impotenz und sexuelle Perversitäten zuzuschreiben, ist Linges indiskrete Mitteilung von Interesse, er habe durch Zufall und ganz unabsichtlich einmal gesehen, daß Hitler und Eva Braun einander mitten im Raum »umarmten«. Vielleicht ist Hitler doch mehr historisches Verständnis zuzutrauen, als man bei der Lektüre von *Mein Kampf* annehmen muß, wenn Linge den Ausspruch wiedergibt, die Juden seien nicht eine »Rasse«, sondern sie seien gekennzeichnet durch die Schicksalsverbundenheit der von jeher Verfolgten. Und Linge glaubt, aus eigener Erfahrung ein anderes Urteil Adolf Hitlers bestätigen zu können, nämlich nach der Beobachtung des Verhaltens von Generälen in sowjetischer Kriegsgefangenschaft: »Wie konnte der Chef glauben, er würde mit solchen Leuten den Krieg gewinnen?«[35]

Man müßte hier eine kleine Korrektur anbringen: Wie konnte Hitler glauben, mit solchen Generälen *seinen* Krieg zu gewinnen? Auf welche Weise immer sich ein Autor mit Hitler, mit dem nationalsozialistischen Regime oder mit der Kriegführung beschäftigt, er muß den in der deutschen Geschichte gänzlich präzedenzlosen Vorgang begreiflich zu machen suchen, daß die Spitzen des zweifellos besten Heeres der Welt ihrem Obersten Befehlshaber weithin widerstrebten, ja am Ende sogar zum Teil einen Anschlag auf dessen Leben begünstigten. Im Deutsch-Französischen Krieg von 1870/71 und nicht minder im Ersten Weltkrieg wäre das unvorstellbar gewesen. Am Leitfaden dieser Frage kann man eine erste Einteilung der ungeheuren Zahl von *Monographien* vornehmen, d. h. solcher Darstellungen und Untersuchungen, die aus einem Gesamtthema, etwa dem nationalsozialistischen Regime als solchem, einzelne Gegenstandsbereiche herausnehmen und sie »allein« behandeln, obwohl »das Ganze« irgendwie immer anwesend sein muß, und wäre es nur in der Gestalt unerklärter Horizonte oder für selbstverständlich gehaltener Vor-Urteile. Monographien im engeren Sinne, so könnte man sagen, leisten keinen direkten Beitrag zur Entscheidung zentraler Fragen, und in einem weiteren Sinne müssen auch solche

Bücher noch Monographien genannt werden, die beinahe so etwas wie Gesamtdarstellungen sind.

Es ist freilich nur ein einziger »monographischer« Gegenstand vorhanden, dessen umfassende Darstellung fast eine Gesamtdarstellung sein kann, und dieser Gegenstand ist Adolf Hitler, sogar dann, wenn die extreme These richtig wäre, der »Führer und Reichskanzler« sei weiter nichts als eine Galionsfigur gewesen oder ein von seinen Anhängern geschickt gepflegter Mythos, durch den die Einheit der Bewegung gesichert werden sollte. Aber alle wesentlichen Entscheidungen bedurften zumindest der Zustimmung dieser »Galionsfigur«; in niemandes Kopf waren alle Aspekte des Regimes gleichzeitig gegenwärtig außer im Kopf Hitlers.

Daher sind alle Hitler-Biographien der Tendenz nach Umrisse oder Grundlagen einer Gesamtdarstellung. Am meisten gilt das für die Hitler-Biographie von Joachim Fest, der kein professioneller Fachhistoriker, aber ein bedeutender Publizist ist.[36] Fest sieht in Hitler den Anführer der deutschen Gestalt der Revolution, und er sucht die Ursprünge seines Handelns nicht in einem opportunistischen Machtstreben, wie es Alan Bullock in der frühesten der bekannten Hitler-Biographien von 1953 tat, sondern in der Angst – natürlich nicht der schlotternden Angst eines Menschen, der sein eigenes Leben bedroht fühlt, sondern der Angst, die aus der Wahrnehmung einer für die Nation und für die Kultur angeblich zerstörerischen Entwicklung erwächst. Schon damit ist dieser Mann in das Ganze seiner Epoche hineingestellt, und Fest erzählt in einem großen Bogen, wie dieser Widerstand gegen eine extrem und einseitig wahrgenommene und gedeutete Zerstörung in die Selbstzerstörung mündete; die Reflexionen allgemeinerer Art trennt er weithin von der Erzählung und bringt sie in »Zwischenbetrachtungen« unter. So entspringt aus der Erzählung des Lebens Hitlers das anschaulichste Bild der nationalsozialistischen Epoche, das bis heute gezeichnet worden ist, und eine Gesamtdarstellung liegt nur deshalb nicht vor, weil der ideologischen Tradition, aus der Hitler kam, und den ökonomischen Bedingungen, unter denen sich sein Aufstieg vollzog, keine größere Aufmerksamkeit geschenkt wird.

Als zweites und ganz andersartiges Beispiel einer Monographie nenne ich die umfangreiche Untersuchung von Dieter Rebentisch *Führerstaat und Verwaltung im Zweiten Weltkrieg. Verfassungsentwicklung und Verwaltungspolitik 1939–1945*.[37] Die Einschränkung, durch die jede Monographie gekennzeichnet ist, springt hier schon durch den Titel sehr ins Auge, und trotzdem handelt es sich nicht um eine bloße Spezialuntersuchung. Das eigentliche Thema ist nämlich das Ringen zwischen der überlieferten Staatsverwaltung mit ihrer Regelhaftigkeit und dem System der Sonderaufträge sowie des zunehmenden Parteieinflusses, durch das Hitler seine eigentlichen Ziele durchzusetzen versuchte. »Führerstaat« und »Verwaltung« sind also Gegensätze, obwohl namhafte und überzeugte Nationalsozialisten auf der Seite der Verwaltung stehen. Dem Chef der Reichskanzlei Lammers wird nicht wenig an Verständnis entgegengebracht, und auch dem Reichsinnenminister Frick und dessen Staatssekretär Stuckart. Aber letzten Endes können sich die Männer des »Staates« und der Verwaltung gegen die nichtstaatlichen Machtapparate der SS und der Partei nicht durchsetzen, und sie müssen auch angesichts der eigentümlichen Regellosigkeit und Kompetenzanarchie verzweifeln, die dem Einparteistaat mit seinem Ziel der bedingungslosen Durchsetzung des irrationalen Führerwillens immanent ist. Damit stellt sich Rebentisch auf die Seite derer, die nicht Kontinuität, sondern Bruch zwischen dem deutschen »Obrigkeitsstaat« und dem nationalsozialistischen Regime wahrnehmen, und sein Buch ist zugleich ein wichtiger Beitrag zum Thema »Monokratie oder Polykratie« im Dritten Reich.

Was allerdings die letzten Ziele des »Führerwillens« waren, wird nicht ausdrücklich zum Thema gemacht. Es besteht guter Grund zu der Annahme, daß die »Endlösung der Judenfrage« eins der wichtigsten dieser Ziele war und zugleich dasjenige, zu dem es in der bisherigen deutschen Geschichte, anders als bei der Absicht, durch Ausdehnung nach Osten ein deutsches Weltreich zu schaffen, keinerlei Analogie gab, denn es ist weiter nichts als Demagogie, wenn man einzelne Äußerungen marginaler »Antisemiten« der wilhelminischen Ära mit staatlichem oder besser parteistaatlichem Handeln auf eine Stufe stellt.

Erst in der Mitte der fünfziger Jahre erschienen die ersten wissenschaftlichen Untersuchungen dazu, vornehmlich das Buch von Gerald Reitlinger, dem dann 1961 die umfangreiche und detaillierte Untersuchung von Raul Hilberg folgte, die allerdings ganz überwiegend dem vorletzten Stadium, dem Transport in die Vernichtungslager, gewidmet ist. Ich nenne Hans Günther Adlers Monographie *Theresienstadt* von 1955[38], weil sie einen der scheinbar harmlosesten Tatbestände zur Darstellung bringt, nämlich das sogenannte Altersghetto in der ehemaligen österreichischen Festung Theresienstadt, und weil der Autor ein bewundernswertes Maß von Objektivität an den Tag legt, welches die sehr aktive und brutale Mitwirkung der »Judenpolizei« bei der Deportation nicht übergeht und sogar zu einer Aussage wie der folgenden gelangt: Der Ungeist der Verfolger habe auch viele Gefangene ergriffen, und hier stecke der tragische Kern des Verfalls, den der Nationalsozialismus über seine Anhänger und über seine Gegner gebracht habe.[39] Aber schon die Feststellung, daß sich unter den Insassen auch hochdekorierte Weltkriegsoffiziere befanden, hätte die deutschen Generäle, die davon erfuhren (und es handelte sich ja keineswegs um ein Geheimnis), in starke Zweifel stürzen müssen, ob Hitlers Krieg wirklich ein »deutscher Krieg« war, an dem man sich ohne Gewissensbisse beteiligen konnte. Und gerade weil Adler nicht wie spätere Schriftsteller mit grauenvollen Erzählungen von lebendig in offene Feuer geschleuderten Säuglingen Eindruck zu machen versucht, ist die Widmung seines Buches um so erschütternder: »Dr. Gertrud Adler-Klepetar, geboren am 9. 12. 1905 in Prag, mit ihrer Mutter durch Gas ermordet und verbrannt am 14. 1. 1944 in Auschwitz-Birkenau.«

Alle Biographien, die gesamte »Alltagsgeschichte«, die meisten Strukturanalysen sowie die Bücher über den Krieg zählen zu den Monographien; etwas grundsätzlich anderes sind erst die *Gesamtdarstellungen*.

Mit seinem Buch *Die deutsche Diktatur. Entstehung – Struktur – Folgen des Nationalsozialismus* wollte Karl Dietrich Bracher, schon seit dem Erscheinen seiner *Auflösung der Weimarer Republik* im Jahre 1955 einer der angesehensten deutschen Zeithistoriker, 1969 nach seinen eigenen Worten die »bislang noch fehlende deutsche Gesamtdarstellung des Nationalsozialismus« vorlegen.[40] Er setzt in der Tat früher an, als Joachim Fest es dann vier Jahre später tat, nämlich bei der Vorgeschichte des Nationalsozialismus, z. B. seinen völkischen und antisemitischen Vorläufern in Deutschland und Österreich, und nahezu ein Drittel des Buches ist dem Aufstieg der Partei während der Weimarer Republik gewidmet.

Die Geschichte der Jahre 1933 bis 1945 wird nicht etwa bloß erzählt, sondern auch auf Strukturen hin analysiert, etwa durch Unterkapitel wie »Staat und Partei«, »Die neue Erziehung und Wissenschaft« »Totalitäres Terrorsystem: Der Aufstieg des SS-Staates«. Sehr eigenartig ist das letzte Kapitel über »Zusammenbruch und Kontinuität des Nationalsozialismus«, wo der Rechtsextremismus in der Bundesrepublik und insbesondere die NPD zum Thema gemacht wird. Spätestens dadurch wird klar, daß diese Gesamtdarstellung von einem polemischen oder nationalpädagogischen Ziel geleitet wird: von der Kritik am deutschen Obrigkeitsstaat, der in einer Krisensituation einen Mann wie Hitler an die Macht kommen ließ (dessen Jugend Bracher durch Wendungen wie »Müßiggänger«, »scharlatanhafte Halbbildung« und »perverses Affektsystem« charakterisiert[41]) und von dem starke Reste in der Bundesrepublik fortleben. Nun ist die Frage nach einer etwaigen Kontinuität zwischen Drittem Reich und Bundesrepublik gewiß nicht illegitim, aber es bleibt bedauerlich, daß Bracher die »erste deutsche Gesamtdarstellung« so eng mit einem ephemeren Phänomen wie der NPD verknüpft, die 1969 zwar viel Aufmerksamkeit auf sich zog, aber schon wenig später fast spurlos verschwunden war.

Hans-Ulrich Thamer, Vertreter einer jüngeren Generation, hat 1986 im Rahmen eines großangelegten Unternehmens des Berliner Siedler-Verlages über *Die Deutschen und ihre Nation* eine mehr als 800 Seiten umfassende und großformatige Darstellung vorgelegt, die schon im Titel deutlich von Bracher abweicht: *Verführung und Gewalt. Deutschland 1933–1945.* »Verführung« hat hier nämlich unverkennbar den Klang von »Faszination«, und ein Unterkapitel mit der Überschrift »Feier, Kult und Propaganda« wäre bei Bracher wohl undenkbar gewesen. Durch die reiche Ausstattung des Bandes mit Illustrationen wird der Eindruck verstärkt, daß der Nationalsozialismus trotz seiner antimodernen Zielsetzungen doch ein ungemein modernes Phänomen gewesen sei, das nicht bloß deklassierte Kleinbürger und reaktionäre Schwerindustrielle anzuziehen vermochte. Damit ist keine »Verharmlosung« oder gar »Glorifizierung« intendiert, wie nicht erst die Unterkapitel über den »Eroberungs- und Vernichtungskrieg im Osten« sowie über die »›Endlösung‹ der Judenfrage« unter Beweis stellen, aber die tiefe innere Widersprüchlichkeit wahrzunehmen bedeutet doch zugleich, die Konzeption des bloßen »Verbrecherregimes« aufzugeben, und es ist konsequent, wenn Thamer am Ende Hitlers historische Bedeutung folgendermaßen kennzeichnet: »Sein Versuch, das Alte und Bedrohte zu bewahren, war mit ganzen Strömen revolutionären Öls gesalbt gewesen und hat die Welt revolutionär verändert.«[42]

Auch Martin Broszat sah in seinem Buch *Der Staat Hitlers* von 1969, dem Hauptwerk einer umfassenden und überaus detailreichen Strukturanalyse des nationalsozialistischen Regimes unter starker Hervorhebung des »institutionellen Gestrüpps«, im Nationalsozialismus ein »halb-reaktionäres, halb-revolutionäres« Phänomen, aber er orientiert sich dabei an einem Paradigma, das auf dem Wege der Umformung »der objektiven Verhältnisse« eine ganze Revolution durchgeführt hätte und nicht wie der Nationalsozialismus »auf dem Wege der Umformung des subjektiven Bewußtseins« eine halbe.[43] So liegt ein negativer Akzent auf der Bestimmung des Nationalsozialismus als »Konzerns eines vielfältigen Interessenpluralismus«, und einen so frappierenden Vorgang wie den, daß der ostpreußische Gauleiter Erich Koch Funktionären des »Reichsnährstandes« mit der Einweisung ins Konzentrationslager drohte oder sich weigerte, einen vom Reichsfinanzministerium eingesetzten Oberfinanzpräsidenten »anzuerkennen«, könnte man vielleicht so auslegen, daß hier bei einem einzelnen Parteiführer jener Wille zu radikaler Umformung vorgelegen hätte, der den sowjetischen Kommunismus gekennzeichnet hätte.

Aber Broszat verurteilt die Parteijustiz des Volksgerichtshofs nicht zuletzt deshalb mit entschiedenen Worten, weil die stalinistischen Schauprozesse das Vorbild gewesen seien, und schon deshalb wird man ihm eine Nähe zu sowjet-marxistischen Grundanschauungen keinesfalls unterstellen dürfen. Mit manchen Äußerungen macht sich Broszat sogar zum potentiellen Objekt einer scharfen Kritik »von links«, wenn er etwa behauptet, die Massentötung der Juden sei »ebensowenig von vornherein geplant gewesen wie die vorausgegangene und schrittweise vorangetriebene gesetzliche Diskriminierung der Juden«.[44] Damit bereitet er den später sogenannten »Funktionalisten« die Bahn, welche sich in Gegensatz zu den »Intentionalisten« stellen. Die Frage ist allerdings, ob eine Intention immer die Gestalt eines sorgfältig ausgearbeiteten »Plans« annehmen muß.

Eine eigentümliche Art von Gesamtdarstellung ist die *komparative Vorgehensweise*, die sich in der Regel als vergleichende Strukturanalyse von zwei oder mehreren Regimes darstellt wie in den meisten Werken der »Totalitarismustheorie« oder aber als vergleichende Geschichtsschreibung wie etwa im *Faschismus in seiner Epoche* oder in Alan Bullocks *Hitler und Stalin*. Wenn z. B. Hans-Ulrich Thamer den Begriff der »Epoche des Faschismus« verwendet, so kann er ihn aus der Geschichte des Nationalsozialismus allein nicht gewinnen. Es handelt sich also um eine Art von monographischen Gesamtdarstellungen, denn auch »Totalitarismus« und »Faschismus« sind natürlich nur Ausschnitte aus dem Ganzen des Zeitalters, wenngleich gewiß wesentliche Ausschnitte.

Aber sogar Gesamtdarstellungen des Nationalsozialismus sind bloße Ausschnitte, selbst wenn man nur auf die Weltgeschichte des 20. Jahrhunderts blickt. Ja, man könnte sogar alles »Monographien« nennen, was nicht Universalgeschichte wäre, d. h. Geschichte der Menschheit von den frühesten Zeiten bis zur Gegenwart. Aber diese Auffassung wäre extrem, weil sie mit einem »Absolutum« operiert, dem heute weder ein einzelner Mensch noch auch ganze Historikergruppen auf angemessene Weise begegnen können.

Eine noch höhere Stufe der Literatur kann allenfalls die *Geschichte Europas oder eine Weltgeschichte der Gegenwart* sein, und auch eine solche Geschichte muß vor allem die Herausstellung wesentlicher Grundzüge bedeuten, wenn sie mehr als eine chronologisch und regional geordnete Sammlung zahlloser, aber immer noch unvollständiger Details nach dem Muster von *Keesings Archiv der Gegenwart* sein will. Ich nenne abermals drei Werke, allerdings nur mit so kurzen Worten, daß man sie »sündhaft« nennen könnte, weil sie der geistigen Leistung, die in solchen Büchern steckt, nicht einmal im Ansatz gerecht zu werden vermögen.

Der aus Deutschland stammende Amerikaner Theodore H. von Laue hat schon durch den Titel seines Werkes sehr deutlich gemacht, worin er das Hauptkennzeichen der modernen Zeit sieht: *The World Revolution of Westernization. The Twentieth Century in Global Perspective.*[45] Für von Laue ist »der Westen« – und das heißt vor allem die angelsächsische Welt – mit seinem ebenso dynamischen wie stabilen gesellschaftlichen System, seiner Technik und seinen organisatorischen Fähigkeiten die Initiativkraft der modernen Weltgeschichte, und alle revolutionären Bewegungen des 20. Jahrhunderts waren Gegenrevolutionen gegen diese gewaltlose und übermächtige Revolution: der Bolschewismus, der Maoismus, der »afrikanische Sozialismus« Nkrumahs, aber auch der Faschismus Mussolinis und der Nationalsozialismus Hitlers. Eine ganz eigentümliche Perspektive wird nun dadurch gewonnen, daß von Laue die Einparteistaaten nicht, wie es fast alle Anhänger der »Totalitarismustheorie« tun, als aggressive Gefahrenherde betrachtet, sondern allenfalls als Entwicklungsdiktaturen, die unter größten Mühen und Opfern mit dem Westen Schritt zu halten versuchen, so daß Mitleid weit eher als Zorn die angemessene Emotion des Historikers ist.

Dieses Mitleid läßt von Laue aus dem Zwang seines Denkansatzes nun auch Hitler und dem Nationalsozialismus zukommen, und Kritiker wären sehr in Verlegenheit, wenn sie nur Termini wie »Verharmlosung« oder »Dämonisierung« zur Hand hätten, um das zu bezeichnen, was nach ihrer Ansicht eine Fehldeutung des Nationalsozialismus ist.

Das Thema von John Lukács, einem Amerikaner ungarischer Herkunft, scheint sehr eng und monographisch zu sein, denn der Titel seines Buches lautet: *Die Entmachtung Europas. Der letzte europäische Krieg 1939-1941.*[46] Aber wenn man bedenkt, daß »Europa« mindestens noch im Jahr 1914 unbestritten das Zentrum der Welt war und daß auch 1939 alle Staaten der Erde in erster Linie auf Europa blickten, dann ist klar, daß der »letzte europäische Krieg« das Ende eines Zeitalters und der Übergang zu einer ganz neuen Geschichtsperiode gewesen sein muß. Das Zentrum Europas ist für Lukács nun ohne Zweifel »Deutschland«, und in erster Linie von Deutschland handelt jedes Kapitel des ersten und erzählenden Teils.

Wie von Laue, wenngleich auf ganz andere Weise, setzt sich auch Lukács Angriffen »von links« aus, weil er in der systematisierenden und größeren Hälfte des Buches auch ein Unterkapitel dem »Judenproblem« widmet, das er offenbar nicht für eine propagandistische Erfindung der Nationalsozialisten hält. Zwar ist seine moralische und historische Verurteilung der »Endlösung« von großer Klarheit, aber dennoch wird ein eigentümlicher und ungewohnter Ton vernehmbar, wenn er schreibt, die von liberalen Denkern für selbstverständlich gehaltene Auffassung, der Nationalsozialismus sei viel krimineller als der Kommunismus gewesen, lasse sich »fast nur wegen der Judenfrage« halten. Nur deshalb werde Hitler »vielleicht« nie der Respekt zuteil werden, der Napoleon entgegengebracht werde.[47] Für Lukács ist Hitler also offenbar nicht in erster Linie der Gegenrevolutionär gegen den Westen, sondern der Antikommunist, der auf Abwege geriet, weil seine Grundüberzeugung der Judenhaß war.

Wer nicht so sehr Deutungen sucht als vielmehr Fakten und vor allem die Anführung einer überwältigenden Fülle weiterer Literatur, der sollte zu dem siebenten Band des *Handbuchs der europäischen Geschichte* greifen, das *Europa im Zeitalter der Weltmächte* gewidmet ist.[48] Hier nimmt die Geschichte des nationalsozialistischen Regimes ganze 20 von nahezu 1500 Seiten ein; allerdings ist davon unter verschiedenen Aspekten relativ ausführlich in dem einleitenden Gesamtüberblick die Rede, der vom Herausgeber Theodor Schieder verfaßt ist. Es bedarf des Wissens von insgesamt 18 Autoren, um die Geschichte der Staaten Europas seit dem Ende des Ersten Weltkriegs mit zahllosen Details und unter Einschluß selbst Albaniens zu schildern, aber da so gut wie jedes dieser Länder mit dem nationalsozialistischen Regime in engste und meist feindliche Berührung kam, stellt sich das Dritte Reich zugleich in der Vielfalt von 18 Perspektiven dar. Keiner der Autoren sieht den Nationalsozialismus positiv, aber die Schattierungen des negativen Urteils machen das Bild doch vielfältiger, als es in den Büchern einzelner Autoren der Fall zu sein pflegt.

Die letzte Art der Sub-Gattung »historisch-politische Literatur über den Nationalsozialismus« soll die *Literatur über die Literatur* sein, zu der dieses Buch ja ebenfalls gehört, obwohl es sich nicht das Ziel setzt, möglichst alle einigermaßen wichtigen Bücher und Aufsätze namentlich anzuführen.

Über Literatur, d. h. vornehmlich wissenschaftliche Arbeiten, Literatur zu produzieren, ist ja ein Grundkennzeichen von Wissenschaft überhaupt, denn jedes Buch und jeder Aufsatz sollte in das große Gespräch der *scientific community* eintreten. Die erste und wichtigste Etappe sind die Rezensionen, und hier ist eine beklagenswerte Zufälligkeit zu konstatieren, welche die Fragilität geisteswissenschaftlicher Studien nur allzu deutlich macht. Eigentlich müßte ein neues Buch von einem der ausgewiesenen Kenner des betreffenden Gebiets besprochen werden, der nach einer kurzen Wiedergabe des Inhalts darüber zu urteilen hätte, ob und inwiefern neue Erkenntnisse gewonnen oder vielleicht neue Verfahrensweisen entwickelt sind und welchen Platz oder Rang das Buch in der bisher vorliegenden Literatur einnimmt. Aber nur allzu häufig erfolgt die Wahl der Rezensenten ganz zufällig und wird Leuten übertragen, die in anderen Zusammenhängen oder gar nur am Rande mit dem Gegenstand in Berührung gekommen sind und nun die Gelegenheit wahrnehmen, ihre eigenen Meinungen darzulegen, anstatt das Buch zu analysieren. Je mehr die Wissenschaft – unvermeidlicherweise – zu einem Massenbetrieb wurde, um so zufälliger wurde die Urteilsbildung einer Wissenschaftlergemeinschaft, die mehr und mehr einem Aggregat von Atomen oder auch Molekülen zu gleichen beginnt. Es wäre gut, wenn es mehr »Rezensionen der Rezensionen« gäbe und wenn einem Buch, das die zweite Auflage erreicht, der Abdruck der bisher erfolgten Rezensionen oder zumindest eine Aufstellung beigegeben würde. Solange das nicht der Fall ist, wird man sich damit begnügen müssen, daß von Zeit zu Zeit Bücher erscheinen, die die ganze Literatur über einen Gegenstandsbereich, hier also über den Nationalsozialismus, auf den Prüfstand stellen. Sie sind durchweg von ausgewiesenen Kennern verfaßt und unterscheiden sich in der Regel durch einen höheren Anspruch von sogenannten Sammelrezensionen.

An erster Stelle ist das Buch von Klaus Hildebrand *Das Dritte Reich* zu nennen, dessen dritte Auflage im Rahmen der Reihe *Grundriß der Geschichte* des Verlags Oldenbourg 1987 in München erschienen ist.[49] Es besteht aus drei Hauptteilen. Zunächst gibt der Autor auf etwa 100 Seiten eine kurze, aber präzise Darstellung der Geschichte des Dritten Reiches von 1933 bis 1945, wo allerdings unbegreiflicherweise keine Belegstellen angegeben werden; danach macht er die »Grundprobleme und Tendenzen der Forschung« zum Thema, und den Schluß des 300 Seiten umfassenden Buches bildet auf immerhin 65 Seiten und mit der Anführung von 1126 Titeln ein Verzeichnis von »Quellen und Literatur«.

Der wichtigste Teil ist der mittlere, der überwiegend nach Sachgebieten geordnet ist und daher viele wichtige Studien nicht so sehr als einzelne, sondern unter einer Reihe von Aspekten würdigt. Ein kurzes Unterkapitel über »Zeitgenössische Deutungen des Nationalsozialismus und des Dritten Reiches« bildet den Anfang, und dann erfolgt der Übergang zu der wissenschaftlichen Literatur der Zeit nach 1945, vornehmlich der deutschen, unter Gesichtspunkten wie »Das Phänomen Hitler und der europäische Faschismus«, »Herrschaft und Alltag im Dritten Reich«, und »Der deutsche Widerstand«. Obwohl Hildebrand selbst eine sehr dezidierte Position einnimmt, die den Intentionen Hitlers und seinem Programm das größte Gewicht beimißt, werden die wissenschaftlichen Gegner – die Strukturhistoriker, die Funktionalisten und andere – auf faire Weise zu Wort gebracht und beurteilt. Für den interessierten Laien und jüngere Studenten ist die Fülle von Namen und Themen zweifellos verwirrend, aber das ist der Preis für die Führung durch ein riesiges Gebäude mit mehreren Flügeln und zahlreichen Fluren, die längst nicht alle voll ausgeleuchtet werden können.

Schon der Blick auf die parallele Untersuchung eines Franzosen zeigt, daß das Interesse am Nationalsozialismus universal ist, daß aber schon in dem Nachbarland andere Autoren und Bücher mit im Zentrum der Aufmerksamkeit stehen, die bei Hildebrand nur am Rande oder gar nicht erwähnt werden, z. B. der Germanist Edmond Vermeil, dessen Buch *Doctrinaires de la révolution allemande* schon 1938 erschien und großen Einfluß in der Frage der Kontinuität der deutschen Geschichte ausübte. Es handelt sich um das Buch von Pierre Ayçoberry *La question nazie. Essai sur les interprétations du nationalsocialisme (1922–1975)*.[50] Hier nehmen die zeitgenössischen Interpretationen einen viel größeren Raum ein als bei Hildebrand, und mit großer Ausführlichkeit ist z. B. von den marxistischen Deutungen, nicht zuletzt von Franz Neumanns *Behemoth*, die Rede. Mehr als Hildebrand berücksichtigt Ayçoberry den jeweiligen zeitgeschichtlichen Kontext auch hinsichtlich der Periode nach 1945, etwa den Einfluß des Kalten Krieges. Nicos Poulantzas fehlt so wenig wie Reinhard Kühnl, aber neben dem marxistischen Ansatz wird auch der modernisierungstheoretische und der »phänomenologische« berücksichtigt. Das letzte Wort lautet: »Le passé n'est pas liquidé«[51], d. h. eine große Anzahl von Fragen bleibt offen, aber die Realität, auf die sich diese Fragen beziehen, hat ihren bedrängenden und rätselhaften Charakter noch nicht verloren; sie ist immer noch – so könnte man vermutlich im Sinne des Autors formulieren – »eine Vergangenheit, die nicht vergehen will«.

Auf sehr pronROLLED Weise bezieht dagegen der Engländer Ian Kershaw Stellung, und zwar in der deutschen Übersetzung seines zuerst 1985 erschienenen Buches, die 1988 unter dem Titel *Der NS-Staat. Geschichtsinterpretationen und Kontroversen im Überblick* erschienen ist.[52] Hier hat er nämlich ein Kapitel über den sogenannten Historikerstreit angehängt, und er ergreift mit großer Entschiedenheit die Partei der »antirevisionistischen« Mehrheit, deren Sieg er voller Zuversicht verkünden zu dürfen glaubt. Die marxistische oder halbmarxistische Grundeinstellung scheint an vielen Stellen durch, wenn er etwa die DDR-Literatur sehr ernst nimmt und hohes Lob für Autoren wie Dietrich Eichholtz und Kurt Pätzold findet. Aber auch ein westdeutscher Wirtschaftshistoriker zeige, »wie weit der Nationalsozialismus von echter Planwirtschaft entfernt« war, und er selbst vermerkt mit unverkennbar negativem Akzent, daß die Errichtung der »Reichswerke Hermann Göring« »keineswegs ein Angriff auf das Privateigentum« gewesen sei.[53] So wirkt es schon wie eine Konzession, wenn er versichert, Hitler sei im Getriebe des Regimes »zweifellos mehr als ein kleines Rädchen oder ein reiner Opportunist« gewesen. Gleichwohl wird die Verantwortung der »deutschen Eliten« besonders hervorgehoben, die sogar in bezug auf den Holocaust »willige Handlanger« gewesen seien. Die Tendenz zur »Historisierung« des Nationalsozialismus wird negativ beurteilt, denn ihre Folge könnte sein, daß »die moralische Dimension verwischt beziehungsweise verwässert wird, indem die Aufmerksamkeit auf parallele (und angeblich ursprünglichere) Barbareien anderer ›totalitärer‹ Staaten, insbesondere jene des bolschewistischen Rußland, gelenkt wird«.[54]

Auch in der »Literatur über die Literatur« kommen mithin noch sehr starke Emotionen zum Vorschein, und man könnte versucht sein, die Möglichkeit von Wissenschaft in bezug auf ein so »heikles« und brennendes Thema, mit dem so viele Gegenwartsüberzeugungen und Gegenwartsinteressen verknüpft sind, in Zweifel zu ziehen. Aber mindestens die Quellenkritik verspricht überprüfbare Ergebnisse und vollzieht sich, von Ausnahmen abgesehen, in einer Atmosphäre kühler Vernunft und wissenschaftlicher Tendenz. Als Abschluß dieses Überblicks werden daher in einer Anmerkung einige Titel dieser wissenschaftlichsten Art der Literatur aufgeführt, und ihnen werden einige der ältesten Quellen gegenübergestellt, nämlich Titel der nationalsozialistischen und der anti-nationalsozialistischen Literatur der Weimarer Zeit.[55] Wer sich in diese aus einem dürftigen Rinnsal bis 1933 zu einem Strom anschwellende Literatur einliest, der weiß, daß der unumstrittene Führer der NSDAP, Adolf Hitler, in weit höherem Maße ein Extremist war als irgendeiner seiner Gefolgsleute oder gar der Sympathisanten. Die große Paradoxie bestand darin, daß er nur deshalb am 30. Januar 1933 Reichskanzler werden konnte, weil maßgebende Persönlichkeiten glaubten, ihn als einen »Gemäßigten« gegen die Radikalen in seiner Partei stützen und vor allem das Zerfallen der NSDAP verhindern zu müssen.

# I
# HEUTIGE KONTROVERSEN

# 1. Umriß der Geschichte des Dritten Reiches und der wichtigsten Streitpunkte

An die Bildung der Regierung Hitler-Papen-Hugenberg am 30. Januar 1933 knüpfte sich bald nach 1945 eine der erbittertsten politischen und historischen Kontroversen: Wurde Hitler durch Intrigen leichtfertiger Politiker an die Macht gebracht, oder lag eine Machtübertragung von seiten der führenden Schichten an einen jungen und populären Vorkämpfer vor, oder wurde ein Widerstand gezwungenermaßen aufgegeben, der seit dem August 1932, den Regeln des parlamentarischen Spiels zuwider, dem Führer der weitaus größten Partei entgegengesetzt worden war, so daß man trotz der formalen Legalität von einer »Machtergreifung« sprechen durfte?[1] Daß es sich nicht um eine normale Regierungsbildung handelte, war jedenfalls schon am Abend des 30. Januar klar geworden, als Hunderttausende von Menschen, meist in den Marschformationen der SA, dem neuernannten Reichskanzler und dem Reichspräsidenten einen Fackelzug dargebracht hatten und als sich fast überall im Lande ähnliche Jubelzüge formierten.

Der Machtübernahme an der Spitze entsprach sofort eine Volksbewegung von unten, ja eine Art von Revolution, überwiegend getragen von der Parteiarmee der SA, aber abgeschirmt und unterstützt von der Polizei, deren Oberbefehl in Preußen der kommissarische Innenminister Hermann Göring übernommen hatte. Die nächsten Wochen und Monate sind am besten als eine eigenartige Form eines einseitigen Bürgerkriegs zu verstehen, in dem die stärkere Seite die weit überschätzte, aber keineswegs ganz bewegungslose schwächere Seite niederwarf, indem sie deren Vorkämpfer in Gefängnisse und Konzentrationslager brachte. Ganz einseitig wurde dieser Bürgerkrieg nach dem Reichstagsbrand vom 27. Februar, der so sehr den Erwartungen der Nationalsozialisten entsprach und sich so sehr zu ihren Gunsten auswirkte, daß sofort der Verdacht entstand, sie seien selbst die Täter gewesen.

Hier stoßen wir auf einen zweiten großen Streitpunkt der wissenschaftlichen Literatur, der auch heute nur mit großer Wahrscheinlichkeit, aber nicht mit letzter Bestimmtheit als abgeschlossen gelten darf.[2] Ob die Verordnung des Reichspräsidenten »zum Schutz von Volk und Staat« vom 28. Februar, die der »Abwehr staatsgefährdender kommunistischer Gewaltakte« dienen sollte, bereits vorher vorbereitet worden war oder ob sie unter dem Eindruck des Geschehens formuliert wurde, ist ein weiterer und untergeordneter Streitpunkt; jedenfalls wurde sie zum Grundgesetz des nationalsozialistischen Staates, und sie bedeutete die Ausrufung des permanenten Ausnahmezustandes, der schon bald ebenso gegen alle übrigen oppositionellen Parteien zur Anwendung gelangte wie gegen die Kommunisten. Bei den noch relativ freien Reichstagswahlen vom 5. März erhielten die Nationalsozialisten gleichwohl nur 44 Prozent und mit den verbündeten Deutschnationalen zusammen 52 Prozent der Stimmen, für sie ein enttäuschendes Ergebnis, aber immerhin das beste, das eine zur Alleinherrschaft drängende Partei in irgendeinem großen Staat unter noch vergleichsweise normalen Bedingungen jemals erzielte.

Die Alleinherrschaft einer Partei und ihres Führers wurde nun sehr rasch etabliert, und sie bedeutete zugleich das Ende des deutschen Föderalismus. Diese Machtergreifung und Gleichschaltung, die als Vorbereitung für die Zurückgewinnung der vollen deutschen Souveränität und für die Beseitigung der »Fesseln von Versailles« gesehen werden konnte und gesehen wurde, ist der erste Sinnzusammenhang, der in den Ereignissen wahrzunehmen ist; er reichte von der Auflösung bzw. Selbstauflösung aller anderen Parteien, deren Abschluß das Gesetz gegen die Neubildung von Parteien vom 14. Juli 1933 war, über den Austritt aus dem Völkerbund im November 1933 und die Wiedereinführung der allgemeinen Wehrpflicht im März 1935 bis zur Kündigung des Locarno-Pakts durch die Wiederbesetzung des Rheinlandes im März 1936. Er kann als ein Prozeß der nationalen Restitution betrachtet werden, aber es ist natürlich in hohem Grade fraglich, ob die Vernichtung aller Oppositionsparteien, die »Gleichschaltung« auch des Kulturlebens, die Einmischung der herrschenden Partei in alle Belange des Staates die unerläßliche Voraussetzung für das Gelingen einer »Revision« war, die im Prinzip von sämtlichen Parteien der Weimarer Republik angestrebt worden war. Als Grund für den Bruch des Locarno-Pakts nannte Hitler die Ratifizierung des sowjetisch-französischen

Bündnisses, das als solches zweifellos eine Folge der Hitlerschen Politik war, das aber dennoch die Frage aufkommen läßt, inwieweit die Handlungen Hitlers als Züge in einem Spiel von Aktion und Re-aktion zu sehen sind und wie weit als Entfaltung eines längst festliegenden Programms oder Plans. Auch hierüber streiten »Programmologen« und »Funktionalisten« noch heute. Jedenfalls durfte im Sommer 1936 der Prozeß der nationalen Restitution als abgeschlossen gelten, es sei denn, man zählte die Wiedergewinnung der durch Versailles verlorenen Gebietsteile hinzu; gerade das hatte Hitler jedoch mit nachdrücklichen Worten abgelehnt und durch den Abschluß des Nichtangriffsvertrages mit Polen im Januar 1934 auf eine Weise bekräftigt, die auch unter seinen Anhängern nicht wenig Unbehagen erzeugte.

Aber daß die NSDAP nicht die bloße Partei der nationalen Restitution im Sinne der Wiedererrringung der vollen Souveränität und Bewegungsfreiheit des Deutschen Reiches war, wurde zuerst durch die Politik gegenüber Österreich deutlich, die faktisch eine Politik stärkster Einmischung in die inneren Verhältnisse des Nachbarstaates war, allerdings nicht so sehr von seiten Hitlers, sondern aufgrund der Aktivität der österreichischen Nationalsozialisten, die eine große Partei waren und von dem »klerikalen« Dollfuß-Regime mit ebenso großer Entschiedenheit niedergehalten und verfolgt wurden wie die Sozialisten. Die Folge war der gescheiterte Putsch-Versuch vom 24./25. Juli 1934. Die NSDAP war, wie jetzt trotz der Desavouierung des Putsches durch Adolf Hitler endgültig klar wurde, nicht nur die Partei der reichsdeutschen Restitution, sondern die Partei der großdeutschen Konstitution, dem »völkischen« Denken entsprechend, das in ihr vorherrschend zu sein schien.

Daß sich außenpolitischer Widerstand gegen einen Staat bildete, der angesichts der rasch fortschreitenden Überwindung der Arbeitslosigkeit und seiner längst nicht mehr versteckten Aufrüstung bei einer Verwirklichung seiner völkischen Ziele der mächtigste Staat Europas werden und das gesamte »Versailler System« umstürzen mußte, war selbstverständlich, und die Frage war nur, ob sich eine »große« Widerstandskoalition zwischen Frankreich, England, Italien und der Sowjetunion bilden würde oder nur eine »kleine« zwischen England, Frankreich und Italien. Auf die erste Möglichkeit zielte das französisch-russische Bündnis hin, auf die zweite die Abmachung von Stresa vom April 1935. Beide Möglichkeiten wurden aber sehr rasch außerordentlich geschwächt: die

»große« schon *ante festum* durch das deutsch-englische Flottenabkommen vom Juni 1935, die »kleine« durch Mussolinis Eroberungskrieg gegen Äthiopien, der natürlich schwere Spannungen zwischen den Westmächten und Italien zur Folge hatte.

Wenn gravierende außenpolitische Auseinandersetzungen in Europa absehbar waren, weil von jeher die in ihrem Besitzstand oder ihren Machtpositionen Bedrohten sich gegen den »revisionistischen« Staat zur Wehr gesetzt hatten, so mochten derartige Konflikte doch als »normal« gelten, wenn man den Begriff des ideologischen »Weltkampfes« fernhielt, von dem sich die Sowjetunion bis zu ihrem Eintritt in den Völkerbund 1934 ganz offiziell und auch das nationalsozialistische Deutschland mindestens auf propagandistische Weise leiten ließen.

Aber *ein* innenpolitisches Ereignis in Deutschland schien doch sogar in den Augen der nicht ganz wenigen Hitler-Sympathisanten in England und Frankreich den Beweis darzustellen, daß man es nicht mit einem »normalen«, wenn auch totalitär organisierten Staat zu tun hatte, der imstande gewesen wäre, »normale« Konflikte auf »normale« Weise auszutragen. Dieses Ereignis war die Niederschlagung der sogenannten Röhm-Revolte durch Hitler am 30. Juni 1934, die, wie sich schon bald herausstellte, in Wahrheit eine Aktion von völlig unrechtmäßigen »Staatsmorden« war, mit der die tendenziell aufsässige, eine »zweite Revolution« fordernde Parteiarmee der SA zugunsten der Reichswehr entmachtet wurde, und zwar so, daß »nebenbei« noch eine ganze Anzahl von Gegnern des Regimes den Tod fanden, die mit der SA nichts zu tun hatten, z. B. der frühere Reichskanzler von Schleicher, der frühere Reichsorganisationsleiter Gregor Straßer und verschiedene Männer aus konservativen Kreisen, die meist dem Vizekanzler von Papen nahestanden. Vergleichbares hatte es bis dahin in Europa nicht gegeben, nicht einmal in der Sowjetunion Stalins. Gleichwohl läßt sich zeigen, daß auch dieses Ereignis noch im Kontext der nationalen Restitution gesehen werden kann, denn zusammen mit dem beinahe gleichzeitigen Tod Hindenburgs und der Übernahme der Nachfolge durch Hitler bedeutete es den Schlußpunkt einer Entwicklung, welche zur unangreifbaren Alleinherrschaft Hitlers führte. Zu all dem aber gab es in Europa eine unverkennbare Parallele, die für Hitler sogar Vorbildcharakter hatte, nämlich die Geschichte der Machtergreifung und der Selbstbehauptung durch die faschistische Partei in Italien.[3]

Auch in Italien war ja eine revolutionäre, nach Ansicht von Marxisten allerdings konterrevolutionäre Partei nur deshalb an die Macht gelangt, weil ihr Führer rechtzeitig alle etablierten Mächte, zumal das Königshaus und die Kirche, seiner Loyalität versichert hatte, und auch in Italien wurde ein Kabinett der »nationalen Konzentration« gebildet, in welchem der neue Regierungschef von Vertretern anderer Parteien »eingerahmt« zu sein schien, wenn auch auf weniger ausgeprägte Weise als in Deutschland. Allerdings war das Moment der Gewaltandrohung in Italien stärker, aber auch der Marsch auf Rom war nicht wirklich eine »Machtergreifung« gewesen, sondern eher die Vorphase einer bloß teilweise erzwungenen Machtübertragung. Auch in Italien spielte sich nun ein sehr einseitiger Bürgerkrieg ab, der aber nur die schon abgeschwächte Fortsetzung von bürgerkriegsartigen Auseinandersetzungen war, die einen umfassenderen und erbitterteren Charakter gehabt hatten als in Deutschland und die schon vor dem 28. Oktober 1922 die sozialistische und die kommunistische Partei entscheidend geschwächt hatten. Eine Parallele zum Reichstagsbrand hatte es in Italien zwar nicht gegeben, aber infolge der Ermordung des sozialistischen Abgeordneten Giacomo Matteotti im Juli 1924 war eine für das Regime äußerst kritische Situation entstanden, die es ab Januar 1925 dadurch bewältigte, daß Mussolini sich den »schroffen totalitären Willen« seiner radikalen Gefolgsleute zu eigen machte und innerhalb von zwei Jahren den Einparteistaat schuf, der durch das Gesetzeswerk der *leggi fascistissime* befestigt und zu einer in Europa neuartigen Regierungsform gemacht wurde.

Mussolini wurde ja zum faktisch unbeschränkten Alleinherrscher, der bloß formal der fortexistierenden Monarchie noch untergeordnet war. Ein schwerer Konflikt zwischen der Parteiarmee und den Streitkräften war von Mussolini nicht ohne Mühe, aber doch auf unblutige Weise beendet worden. Seine Macht und die durch die Abschaffung aller anderen Parteien sowie der unabhängigen Gewerkschaften erzeugte »Geschlossenheit« der Nation brauchte Mussolini nun allerdings nicht zu einer nationalen Restitution zu benutzen, denn Italien hatte zu den Siegern von Versailles gehört, und er konnte auch keine großitalienische Expansionspolitik treiben, denn alle Italiener lebten bereits in einem Staat, und dieser Staat umfaßte sogar fremdnationale Gebiete wie das deutsche Südtirol und slawische Gebiete im adriatischen Küstengebiet. Diesen Minderheiten gegenüber betrieb Mussolini eine sehr brutale Vernichtungs-, d. h. Assimilationspolitik, wie es dem Prinzip des homogenen Nationalstaats entsprach und wie sie auch von

Frankreich und Polen praktiziert wurde, und zumindest in Polen auf kaum weniger brutale Weise.

Wenn man einen anderen Entwicklungsstrang zu erfassen sucht, durch den sich das nationalsozialistische Regime von vornherein und nicht bloß durch größere Schnelligkeit in der Etablierung des »totalen Staates«, also qualitativ, von der Entwicklung im faschistischen Italien unterschieden habe, so denkt man natürlich zunächst an die antisemitischen Maßnahmen schon der ersten Monate des Jahres 1933, an den sogenannten Judenboykott vom 1. April und besonders an das »Gesetz zur Wiederherstellung des Berufsbeamtentums« vom 7. April 1933, durch das alle jüdischen Beamten in den Ruhestand versetzt wurden, soweit sie nicht Frontkämpfer oder Angehörige von Frontkämpfern waren. Aber man muß hier zunächst differenzieren.

In Italien lebten weit weniger Juden als in Deutschland, und sie waren fast durchweg in starkem Maße assimiliert. Die Behauptung wäre absurd gewesen, die revolutionären Bewegungen der Jahre 1919 und 1920 hätten unter der Führung von Juden gestanden; vielmehr befanden sich einige Juden ebenso unter den führenden Faschisten wie unter den führenden Antifaschisten, und es lag nahe, daß Mussolini auf die antisemitischen Äußerungen, die er während des Krieges getan hatte und mit denen er bei einer Gelegenheit sogar Lenin für einen Juden erklärt hatte, nicht zurückkam.[4] Eine nennenswerte Einwanderung von fremdartig wirkenden »Ostjuden« hatte in Italien nicht stattgefunden. Soweit die nationalsozialistische antisemitische Gesetzgebung bloß fremdenfeindlich war, ist sie den faschistischen Maßnahmen gegen die Deutschen und die Slawen zu vergleichen und macht keine qualitative Differenz aus. Aber *ein* wesentlicher Unterschied war dennoch von vornherein nicht zu verkennen: Die deutsche antijüdische Gesetzgebung wollte offensichtlich nicht die Assimilierung erzwingen, sondern sie wollte eine Trennung herbeiführen, und zwar nicht eine Trennung zweier verschiedenartiger, aber grundsätzlich gleichrangiger Völker, wie der Zionismus sie beabsichtigte, der in seinen Intentionen weitgehend mit dem Nationalsozialismus übereinzustimmen schien.

Der richtige Gesichtspunkt wird erst dann gewonnen, wenn man das Gesetz zur Wiederherstellung des Berufsbeamtentums mit dem Gesetz »zur Verhütung erbkranken Nachwuchses« vom 14. Juli 1933 zusammensieht, das die Zwangssterilisierung von Erbkranken verfügte.[5] Das nationalsozialistische Regime inaugurierte also sehr früh eine »negative

Bevölkerungspolitik«, der starke Werturteile immanent waren, die im Blick auf erbliche Geisteskrankheiten und schwere Behinderungen damals fast selbstverständlich waren, die aber offensichtlich auch der antijüdischen Gesetzgebung zugrunde lagen. Juden galten nicht bloß als »andere«, sondern auch als »schlechtere« Menschen, und dieser kränkende Charakter der antisemitischen Maßnahmen wurde endgültig in den sogenannten Nürnberger Gesetzen vom September 1935 evident – nicht so sehr in dem »Reichsbürgergesetz«, dem Zionisten grundsätzlich ihre Zustimmung geben konnten, obwohl die assimilierten deutschen Juden darin eine unglaubliche Diskriminierung und Ausgrenzung sehen mußten, sondern in dem »Gesetz zum Schutz des deutschen Blutes und der deutschen Ehre«, das Eheschließungen, ja sogar geschlechtliche Kontakte zwischen Deutschen und Juden verbot und damit eine extreme Form der »negativen Bevölkerungspolitik« darstellte.

Von der demographischen Sorge um den Rückgang der Geburtenziffern war freilich auch Mussolini umgetrieben, und die Bewunderung für die Erfolge der positiven Bevölkerungspolitik in Deutschland, die einen säkularen und verhängnisvollen Trend umzukehren schienen, war einer der Gründe für seine allmähliche Annäherung an das deutsche Regime, aber die negative Bevölkerungspolitik der Nationalsozialisten hatte eine ganz spezifische Qualität, die eine essentielle Differenz gegenüber dem so offensichtlich verwandten italienischen Faschismus bedeutete. Schon im Rassenantisemitismus der Vorkriegs- und ersten Nachkriegszeit waren ja sehr eigenartige Tendenzen zu erkennen gewesen. Einfach nur die »jüdische Rasse« und die »deutsche Rasse« einander gegenüberzustellen war nicht viel anderes als die Entgegensetzung des jüdischen und des deutschen »Volkes«, so gewiß es tendenziell eine biologische Fixierung von historischen Unterschieden bedeutete, aber mehr und mehr findet sich die Unterscheidung einer schöpferischen »Lichtrasse« und einer zerstörerischen »Dunkelrasse«, die beide in der Realität überhaupt nicht vorfindbar und daher auch nicht mit bestimmten Völkern identisch sind. Für Otto Hauser etwa sind die Germanen »lichter« als die Mittelmeervölker, und die Juden stehen dazwischen, so daß er sich als »Blondling« dem »Blondling Heine« verwandt fühlt und den Begriff des »germanischen Juden« bildet.[6]

Dann ist es aber im höchsten Grade wahrscheinlich, daß auch innerhalb des deutschen Volkes wesentliche Abstufungen vorhanden sind, und tatsächlich mußten sich schon 1933 zahlreiche SA-Männer Schädelmessungen und Begutachtungen ihrer Gesichtszüge unterziehen, die eine Einordnung nach »Rassen« zur Folge hatte, von denen der »nordischen« und der »fälischen« ein weit größerer Wert zugeschrieben wurde als der »dinarischen« und gar der »östlichen«.

So führte diese Rassenlehre eine Spaltung in die Nation ein, zu der in Italien keine Analogie vorhanden war, und es wurde eine negative Bevölkerungspolitik vorstellbar, die keineswegs bloß die Erbkranken und die Juden, sondern auch die »schlechtrassigen« Deutschen auszusondern, ja zu eliminieren bestrebt sein würde. Konsequenterweise hätten dann allerdings die vielen langschädeligen und blondhaarigen Juden in die Licht- und Herrenrasse Aufnahme finden müssen, aber das war durch den paradoxerweise sprachlich, nicht rassisch begründeten Begriff »arisch« ausgeschlossen, und die radikalen Nationalsozialisten konnten und wollten auf die Vorstellung von der »Verbrecherrasse« der Juden nicht verzichten[7], in denen sie den Ursprung alles geschichtlichen Unheils identifizieren zu können glaubten. Ob diese Vorstellung allerdings so etwas wie ein »letzter Baustein« einer nationalsozialistischen Ideologie war oder ob hier andere Gesichtspunkte ins Spiel kommen müssen, ist ein potentieller, aber bislang vernachlässigter Streitpunkt in der Literatur.

So viel darf aber mit einiger Bestimmtheit festgestellt werden: Bis zum Sommer 1936 unterschied sich der Prozeß der von etablierten Kräften trotz wachsender Bedenken gestützten Errichtung eines totalitären Einparteistaates zwecks Wiedergewinnung der vollen Souveränität des Nationalstaates in Deutschland nicht essentiell von dem früheren und analogen, wenn auch langsameren Prozeß in Italien, der von Anfang an auf die Machtsteigerung der Nation ausgerichtet und schon 1935 zur Führung eines Krieges imstande war. In der innenpolitischen Gesetzgebung des nationalsozialistischen Deutschland zeichnete sich aber eine tendenziell übernationale oder sogar antinationale Radikalität ab, zu der es im faschistischen Italien allenfalls sehr schwache Analogien gab. Die Unterscheidungen, die in marginalen Kontroversen der Literatur herausgestellt werden – das autoritäre System in Italien und das totalitäre in Deutschland, das etatistische Denken in Italien und das völkische in Deutschland – sind völlig unzureichend.

Der Ausbruch des spanischen Bürgerkrieges im Juli 1936 trug sehr wesentlich dazu bei, daß Mussolini und Hitler einander zum Schicksal wurden. Nachdem sich Mussolini im Hinblick auf die Unabhängigkeit

Österreichs 1934 vollständig von dem nationalen Impuls des Faschismus hatte leiten lassen, kam nun eine internationale Übereinstimmung zum Tragen, die sich auf beiden Seiten aus der Furcht nährte, nach der Etablierung der betont »antifaschistischen« Volksfrontregierung in Frankreich könne sich nun auch in Spanien der Antifaschismus und schließlich wohl gar der Kommunismus durchsetzen.

Vor Hitlers geistigem Auge tauchte erstmals eine weltpolitische Alternativmöglichkeit auf, wenn sich das erstrebte Bündnis mit England nicht realisieren lasse, nämlich das »weltpolitische Dreieck« Berlin-Rom-Tokio, dem vor allem die Bemühungen Ribbentrops galten. An den deutschen Beschluß zur Intervention im spanischen Bürgerkrieg knüpfen sich in der wissenschaftlichen Literatur einige kleinere Streitfragen: Wurde die Entscheidung tatsächlich von Hitler allein gegen den Widerstand aller zuständigen Instanzen getroffen, war die politische Furcht vor einer Einkreisung durch »bolschewistische« Staaten echt, oder war nicht in höherem Maße das ökonomische Interesse an den spanischen Rohstoffen bestimmend?[8] Jedenfalls wäre der Putsch der spanischen Generäle aller Vermutung nach infolge der heftigen Reaktion großer Volksmassen und nicht zuletzt der Matrosen der Flotte rasch gescheitert, wenn Franco nicht italienische und deutsche Hilfe erhalten hätte, der auf der Gegenseite die sowjetische und auch französische Hilfe entsprach, so daß der nationale Bürgerkrieg in Spanien sich zu einem internationalen Stellvertreterkrieg zwischen »faschistischen« und »antifaschistischen« Mächten entwickelte. Mussolini führte hier mit ganzen Divisionen seiner Miliz sozusagen seinen zweiten Krieg, der die Kräfte des Landes stark in Anspruch nahm und neben großen Siegen auch die schmähliche, von den Gegnern sehr stark herausgestellte Niederlage von Guadalajara in sich schloß. Man könnte fragen, ob Mussolini den Zweiten Weltkrieg schon auf den Schlachtfeldern Spaniens verlor, aber jedenfalls büßte er tendenziell die vorteilhafte Position der »freien Hand« ein, als er im November seinen glanzvollen Besuch in Deutschland machte, wo Hitler ihn als gleichrangigen Partner und hochverehrten Freund behandelte. Aber kann der Führer einer weit schwächeren Macht auf die Dauer ein gleichrangiger Freund bleiben?

Hitler hatte jedenfalls zu diesem Zeitpunkt bereits jene Denkschrift zum Vierjahresplan verfaßt[9], die auf das vielzitierte Verlangen nach vollständiger Kriegsbereitschaft in vier Jahren hinauslief, die aber auch den weit weniger häufig angeführten Beweis erbrachte, daß er keineswegs einen Ostkrieg im Auge hatte, der – nach den Worten von *Mein Kampf* – gegen ein Riesenreich geführt werden müsse, das »reif zum Zusammenbruch« wäre[10], sondern daß er sich auch in ganz intimen Dokumenten von der Furcht vor einem potentiell übermächtigen Gegner bestimmt zeigte. Aber nach wie vor war er zugleich von der Vorstellung beherrscht, daß es ein »deutsches Raumproblem« zu lösen gelte und daß nur eine Ausdehnung des Reiches bis weit in den slawischen Ostraum hinein die volle Souveränität Deutschlands auf die Dauer sichern könne.

Das war auch der Hintergrund der sogenannten Hoßbach-Besprechung im November 1937, wo er vor den obersten Repräsentanten von Staat und Wehrmacht unzweideutig seinen Kriegswillen zu erkennen gab, für den Österreich ebenso wie die Tschechoslowakei weiter nichts als in einer Frühphase niederzuwerfende Gegner waren. Auch die einige Tage später angefertigte Niederschrift des Wehrmachtsadjutanten Oberst Hoßbach wurde von den Alliierten als »Schlüsseldokument« in den Nürnberger Prozeß eingebracht. Die Beweiskraft dieser Quelle ist umstritten, aber als Nachweise einer »Verschwörung« eignete sie sich ohnehin ebensowenig wie die spätere Rede vom 22. August 1939, da es sich im wesentlichen um eine Mitteilung Hitlers handelte, die allem Anschein nach vor allem bei dem Außenminister von Neurath und dem Oberbefehlshaber des Heeres von Fritsch stärkste Bedenken und Befürchtungen hervorrief.

Ob eine Überzeugung Hitlers, mit diesen allzu vorsichtigen Konservativen könne er seinen Krieg nicht führen, die eigentliche Ursache der gravierenden Umbesetzungen war, die er Anfang Februar 1938 an der Spitze der Wehrmacht und des Außenministeriums vornahm, oder ob ihm sein Handeln durch zufällige Umstände wie die unehrenhafte Eheschließung des Kriegsministers von Blomberg und die Intrige Görings und Himmlers gegen von Fritsch aufgezwungen wurde, ist ebenfalls von der Wissenschaft nicht definitiv geklärt, aber das wahrscheinlichste dürfte sein, daß eine Kombination von beidem vorlag. Jedenfalls wurden die Sorgen, welche die Ersetzung Neuraths durch Ribbentrop und die Umwandlung des Kriegsministeriums in ein »Oberkommando der Wehrmacht« auslöste, das nur noch ein Hilfsorgan des von nun an persönlich die Wehrmacht befehligenden Hitler unter der Leitung des als »Jasager« bekannten Generals Keitel war, durch ein Ereignis überdeckt, das einen wahren Triumph Hitlers bedeutete, obwohl er es als solchen gar nicht angestrebt hatte.

Österreich war seit 1936 und mit Zustimmung Mussolinis bereits zu einer Art Nebenland des Deutschen Reiches geworden, wo allerdings die Christlich-Soziale Partei unter dem Bundeskanzler Schuschnigg noch das Heft in der Hand hielt und den Nationalsozialisten nicht so viel freien Raum gewährte, wie diese wünschten. Hitler wollte anscheinend nur die Augen der Welt von den eben in Deutschland vollzogenen Veränderungen ablenken, als er Schuschnigg bei einer Unterredung auf dem Obersalzberg am 12. Februar 1938 unter starken Druck setzte, einer nationalsozialistischen Regierungsbeteiligung zuzustimmen. Aber der allzusehr improvisierte Widerstandsversuch Schuschniggs, welcher der Unterredung folgte, führte zum Einmarsch deutscher Truppen nach Österreich und zu einem auch von Hitler nicht vorhergesehenen Jubel großer Teile der Bevölkerung, so daß er sich erst inmitten eines beispiellosen »Blumenfeldzugs« spontan entschloß, einen vollen Anschluß zu verkünden und damit seine Heimat »heim ins Reich« zu führen.

So wurde die Konstitution Großdeutschlands von einem Mann zustande gebracht, der so weit über die »großdeutsche Sehnsucht« hinausdachte, daß er noch wenige Monate zuvor in der »Niederwerfung« Österreichs nur eine Phase im umfassenden Prozeß der Nahrungsmittelversorgung Deutschlands gesehen und eine Emigration von einer Million Menschen ins Auge gefaßt hatte. Und tatsächlich wurde sehr rasch klar, daß sich hier nicht zwei Staaten oder zwei Bevölkerungen aus freiem Willen vereinigt hatten, denn selbst österreichische Altparteigenossen zeigten sich bald über das Regime des Reichskommissars Bürckel und über die Zerlegung des Landes in Reichsgaue einer »Ostmark« sehr befremdet; die Juden Wiens aber verfielen einer Verfolgung, die – allerdings von beträchtlichen Teilen der Bevölkerung mitgetragen – einer systematischen Vertreibung durch die Dienststellen der Gestapo nahekam. Ob damals wirklich eine große Mehrheit von Österreichern den Anschluß an das Deutsche Reich wollte und wie viele davon gegebenenfalls innerhalb weniger Monate umdachten, kann nicht als geklärt gelten, zumal bei der Debatte dieser Fragen ein mächtiges staatspolitisches Interesse des 1945 wiederhergestellten österreichischen Staates ins Spiel kommt. Aber eine essentielle Differenz zum italienischen Faschismus ist aus dem Ereignis nicht abzuleiten, weil Italien das letzte Stück seiner *Irredenta*, das Trentino, schon durch den Weltkrieg zurückgewonnen hatte.

Der wichtigste Streitpunkt für die Wissenschaft im Hinblick auf die Ereignisse der Jahre 1937 bis 1939 ist die »*Appeasement*-Politik« der konservativen britischen Regierung unter Neville Chamberlain.[11] Lag ihr das Affinitätsempfinden der antikommunistischen Partei zugrunde, die sich ja doch vor kaum mehr als zehn Jahren eines sehr gefährlichen und von der KPdSU ganz offen unterstützten Generalstreiks erwehren mußte und die 1927 die diplomatischen Beziehungen mit der Sowjetunion abgebrochen hatte, so daß oft von einem bevorstehenden Krieg gesprochen worden war? Oder waren diese Konservativen ganz im Gegenteil so national-konservativ, daß sie die alte Gleichgewichtspolitik zu ihrer Maxime machten und bloß auf Zeitgewinn spielten, um den deutschen Rüstungsvorsprung aufzuholen und jede weitere Machtsteigerung Deutschlands zu verhindern? Die Kontroverse um die *Appeasement*-Politik wird vermutlich auch weiterhin virulent bleiben, denn für jede der entgegengesetzten Interpretationen lassen sich gute Gründe anführen: für die erste zum Beispiel der Besuch des Ministers Lord Halifax, der bald darauf das Außenministerium übernahm, bei Hitler auf dem Obersalzberg im November 1937, ein Besuch, der die Bereitschaft zu einem weitgehenden Entgegenkommen signalisierte, sofern nur die Anwendung von Gewalt bei der Lösung der anstehenden Fragen, auch des Danzig-Problems, vermieden werde. Für die zweite Interpretation spricht aber das Verhalten der Engländer in der sogenannten Wochenendkrise vom 20. Mai 1938, als die Tschechen, die sich nun begreiflicherweise bedroht fühlten, eine Falschmeldung über einen bevorstehenden deutschen Angriff in die Welt setzten und dadurch die Engländer veranlaßten, in Berlin ihre Kampfentschlossenheit zu betonen.

Unter den Historikern gibt es verschiedene Auffassungen darüber, wie die Tatsache zu beurteilen ist, daß Hitler diesen Vorgang als Niederlage einschätzen mußte. Kam er jetzt endgültig zu der Ansicht, daß die Verständigung mit England eine Schimäre sei, oder hielt er trotzdem an der Überzeugung fest, daß in der englischen Führung das Interesse an der Erhaltung des bedrohten Empire und die antibolschewistische Orientierung über den traditionellen Gesichtspunkt der Bewahrung des europäischen Gleichgewichts die Oberhand gewinnen würden? Vieles spricht dafür, daß er tatsächlich »Böhmen und Mähren« erobern wollte, sogar auf die Gefahr hin, daß England, Frankreich und die Sowjetunion eingriffen, denn Frankreich war durch die Folgen des Volksfront-Experiments geschwächt; die Sowjetunion schien durch die Moskauer Prozesse und vor allem durch die Vernichtung eines Großteils des Kommandeurkorps der Roten Armee so etwas wie Selbstmord zu begehen, und England hinkte in der Rüstung noch weit hinter Deutschland her. Aber selbst unter den günstigsten Umständen hätte dieser Krieg die Wiederherstellung der Konstellation des Weltkriegs bedeutet, und nichts fürchteten die deutschen Militärs in höherem Maße, nichts anderes hatte auch Hitler mit unzweideutigen Worten als die größte aller Gefahren bezeichnet.

Nie zuvor und nie danach stand ein Staatsstreich der Spitzen der Wehrmacht so dicht bevor, und anscheinend verhinderte ihn nur das Einlenken Chamberlains im September. Die Konferenz von München, auf Initiative Mussolinis zustande gekommen, schien der denkbar größte Triumph der beiden faschistischen Führer zu sein, denn die Westmächte sanktionierten die Zerschlagung eines Grundpfeilers ihrer Versailler Ordnung; die Selbstbestimmung aller Deutschen hatte ihren höchsten Punkt erreicht; der Sowjetunion wurde so wenig ein Mitspracherecht eingeräumt wie den USA; Mussolini wurde als der entscheidende Friedensstifter bei seiner Rückkehr nach Italien so enthusiastisch begrüßt wie nie zuvor. Und doch empfand Hitler allem Anschein nach das Resultat dieser Konferenz als Niederlage. Nach allen Maßstäben normalen und rationalen Denkens ist es ein wahres Rätsel, weshalb er innerhalb weniger Wochen und Monate die überaus vorteilhafte Position, die er errungen hatte, aufgab und geradezu in ihr Gegenteil verkehrte.

Schon am 9. Oktober ließ er sich in seiner Saarbrücker Rede zu einer ungezügelten Polemik gegen die »Kriegshetzer« in England wie Churchill und Duff Cooper und überhaupt gegen das »gouvernantenhafte« Benehmen der britischen Staatsmänner hinreißen – wenn der Bericht Spitzys gemäß einer angeblichen Auskunft Walter Hewels richtig ist, lag ein geradezu lächerlicher Zufall zugrunde.[12] Aber am 9. November ließ er es nach der Ermordung eines deutschen Diplomaten durch den jungen Juden Herschel Grynszpan in Paris zu dem gelenkten Riesenpogrom kommen, das mit der Niederbrennung vieler Synagogen, der Plünderung von zahlreichen Läden und der Ermordung von nicht wenigen Dutzend Juden durch SA-Abteilungen sogar bei den deutschfreundlichsten Konservativen in England Entsetzen hervorrufen mußte und sogar bei der eigenen Bevölkerung ganz überwiegend Empörung auslöste. Und schon einen Tag darauf hielt Hitler vor Vertretern der deutschen Presse eine Geheimrede, die bei den Zuhörern ein noch größeres Entsetzen erzeugte oder hätte erzeugen sollen, weil sie eine Kriegsentschlossenheit erkennen ließ, die mit zynischen Ausrottungsdrohungen gegen die Intellektuellen, »dieses Hühnervolk«, gekoppelt war.[13]

Die einzige plausible Erklärung dürfte darin zu suchen sein, daß nun, nachdem die feste Klammer eines »SS-Staates« innerhalb des Staates sich als effizient erwiesen hatte und die Juden schon seit dem Sommer 1938 aus den letzten wirtschaftlichen Positionen vertrieben worden waren, seinem Willen der Weg gebahnt schien, um die Entscheidung herbeizuführen, die gemäß seinen alten Maximen »Weltmacht oder Untergang«, »Alles oder Nichts« bedeuten mußte. So ließ er am 15. März die »Rest-Tschechei« besetzen, obwohl sie ein von deutschfreundlichen Kollaborateuren regierter Satellitenstaat war, und damit machte er überdeutlich, was von seinen feierlichen Versicherungen und Versprechungen zu halten war. Er gab damit aber auch seinem eigensten Plan den Todesstoß, nämlich unter Duldung der Westmächte im Bündnis mit Polen den großen Entscheidungskampf und Eroberungskrieg gegen die Sowjetunion zu führen, denn die Polen wußten nun definitiv, daß sie nur als deutscher Satellitenstaat ein Stück der Ukraine würden gewinnen können. Und England gab den Polen am 31. März 1939 eine Garantie, die so unklar formuliert war, daß sie die Entscheidung über Krieg und Frieden in die Hand der nicht eben besonnenen polnischen Führungsgruppe legte und selbst die Regelung des ältesten und durchaus vor-nationalsozialistischen Revisionsanspruchs Deutschland verhinderte, nämlich eine Lösung des Danziger Problems und der Korridor-Frage. Anders als Polen begab sich das Italien Mussolinis, wo gerade eine antisemitische und im Imperium eine gegen den »Mestizismus« gerichtete Gesetzgebung inauguriert worden war, in ein Satellitenverhältnis zu Deutschland, denn der am 23. Mai abgeschlossene »Stahlpakt« war ein wahres Kriegsbündnis. Jeder der beiden Partner verpflichtete sich, dem anderen Partner beizustehen, wenn dieser in einen Krieg verwickelt würde, selbst dann, wenn es sich um einen Angriffskrieg handeln würde. Die informelle Übereinstimmung, daß ein Krieg nicht vor 1942 ausbrechen solle, war ein allzu schwaches Gegengewicht.

Es spricht allerdings sehr vieles dafür, daß auch Hitler hoffte, erst 1942 den »großen Krieg« führen zu müssen, und daß er meinte, England werde im letzten Augenblick einlenken. Nichts mußte ihm ja in der Tat natürlicher erscheinen, als daß die altetablierte und in ihrem Besitzstand gefährdete Macht das ständig wiederholte Hilfsangebot der jüngeren und entschlosseneren Kraft zum Kampf gegen einen überaus gefährlichen Gegner annehmen würde. Auf eben dieser Basis hatte er sich ja sechs Jahre zuvor mit Papen verständigt, und hier lag ganz generell das Siegesrezept der neuesten und paradoxesten Revolution, der faschistischen.

Aber England trat nun erstmals in Verhandlungen über die Bildung jener »großen« Widerstandskoalition mit der Sowjetunion ein, und da zugleich die Verhandlungen im *Appeasement*-Stil mit Deutschland weitergingen, ist es tatsächlich schwer zu beantworten, wo die entscheidende Ursache zu suchen ist, daß das von Hitler so sehr gewünschte Abkommen nicht zustande kam. War es die Macht der schon sehr stark vom »Antifaschismus« geprägten öffentlichen Meinung? War es zu einem guten Teil der Einfluß Churchills, der aus seiner politischen Bedeutungslosigkeit wieder herausgekommen war, seit er sich zum Vorkämpfer einer ebenso antideutschen wie antinationalsozialistischen Position gemacht hatte? War es die Überzeugung Chamberlains und der anderen »Appeaser«, daß jetzt nicht so sehr das Interesse als vielmehr die Ehre, d. h. die Vertrauenswürdigkeit Englands auf dem Spiel stand? Diese Fragen werden noch lange Zeit Streitpunkte bleiben. Eines Tages wird vermutlich auch eine tabuisierte und in der Tat nicht ganz zweifelsfrei überlieferte Aussage Chamberlains in die Diskussion einbezogen werden, nämlich die vom amerikanischen Botschafter in London Joseph Kennedy wiedergegebene Äußerung, Amerika und die Weltjuden hätten England in den Krieg getrieben.[14]

Daß der amerikanische Botschafter in Paris William Bullitt mit Druck und Versprechungen die Festigkeit der Franzosen zu stärken suchte, ist durch Briefe des polnischen Botschafters bewiesen, die von den deutschen Truppen später in Warschau erbeutet wurden.[15] Aber darf man Amerikanern und auch Juden wie etwa dem Chef der Jewish Agency und der Zionistischen Weltorganisation Chaim Weizmann einen Vorwurf daraus machen, daß sie eine Politik unterstützten, für die in jedem Fall auch starke objektive Gründe sprachen? Wer den ersten Schuß abfeuert, ist in jedem Falle kriegsschuldig, es sei denn, er könnte nachweisen, daß der Schuß zur Abwehr einer übermächtigen Gefahr erforderlich war, daß es sich also um einen Präventivkrieg handelte. Aber das hochgerüstete und industrielle großdeutsche Reich *konnte* gegen das schlecht bewaffnete und agrarische Polen gar keinen Präventivkrieg führen, und der erste Schuß wurde durch ein völlig überraschendes und keineswegs »notwendiges« Manöver vorbereitet, nämlich den Abschluß des deutsch-sowjetischen Nichtangriffspakts mit seinem geheimen Zusatzprotokoll. Freilich hoffte Hitler bis zum letzten Augenblick, gerade durch diesen Pakt ein Nachgeben Englands erzwingen zu können, und wenn er richtig kalkuliert hätte, wäre Stalins großes Spiel bereits beendet gewesen; aber der *Woshdj* der antikapitalistischen Sowjetunion schätzte das Verhalten der »Kapitalisten« richtiger ein als der deutsche »Führer«, und als am 3. September die französische und die englische Kriegserklärung in Berlin überreicht wurden, war der wahre Gewinner Stalin; er hatte die »kapitalistischen Mächte« untereinander in einen Krieg verwickelt, und er durfte hoffen, daß er als letzter das Schwert in die Waagschale werfen würde, wie er es 1925 vorhergesagt hatte.[16] So ist die Frage, wer die Schuld am Zweiten Weltkrieg trägt, einerseits sehr leicht und andererseits doch wieder sehr schwer zu entscheiden. Es ist nicht auszuschließen, daß Hitler, der allein zu agieren glaubte, zugleich und in einem tieferen Sinne eine bloße Karte im Spiel stärkerer Mächte war – ich wies bereits darauf hin –, und an diesen Kriegsausbruch, der zunächst lokalisiert oder mindestens »europäisch« blieb, knüpft sich auch die weitere Streitfrage, ob Hitler aus ökonomischen Gründen den Krieg beginnen *mußte* oder ob die ökonomische Bedrängnis Deutschlands gerade auf Hitlers politischen Willen zurückzuführen war.

An den Feldzug gegen Polen, den ersten der deutschen Blitzkriege, knüpften sich nach 1945 in Deutschland nicht so sehr Streitfragen wie Berichte, denn über die Vorgänge in dem besetzten Land hatten die Deutschen während der Kriegszeit nur wenig erfahren, von mancherlei Erzählungen und Gerüchten abgesehen, die von Soldaten mitgebracht wurden. Freilich ließen schon die offiziellen Mitteilungen über die Einverleibung nicht nur Posens und Westpreußens, sondern auch beträchtlicher altpolnischer Gebiete bis hinter Lodz, das nun »Litzmannstadt« hieß, sowie über die Errichtung des »Generalgouvernements Polen« ahnen, daß hier eine andere Art von Kriegsbeendigung vor sich ging, als man sie bis dahin in Europa kannte. Aber die Nachrichten über die »polnischen Greueltaten gegenüber Volksdeutschen« und insbesondere über den »Bromberger Blutsonntag« mit seinen angeblich 58 000 Opfern sowie über die Rücksiedlung ins Reich der Deutschen aus den baltischen Staaten und Wolhynien beherrschten die Schlagzeilen. So trug nach dem Krieg ein früher Beitrag der *Vierteljahrshefte für Zeitgeschichte* den Titel *Hitler und die Morde in Polen*[17], und erst jetzt erfuhren die gewöhnlichen Deutschen vom Wirken und Wüten der Einsatzgruppen der SS, die ihren »Volkstumskampf« mit gleicher Brutalität gegen die arischen Polen wie gegen die Juden führten, allerdings auch auf starke Widerstände von seiten der Wehrmacht und des Oberbefehlshabers Ost, des Generalobersten Blaskowitz, stießen. Wer den Verlauf der Nürnberger Prozesse verfolgt hatte, kannte allerdings Äußerungen Hitlers, wonach die polnische Intelligenz zu beseitigen und alles, was nachwachse, wieder fortzuschaffen sei, sowie die Äußerung von Hans Frank im Frühjahr 1940, wenn er für je sieben erschossene Polen ein Plakat aushängen wolle, würden die Wälder Polens nicht ausreichen, um das erforderliche Papier herzustellen.[18] Kaum umstritten war nach 1945 auch die Kennzeichnung dieses Krieges. Der Terminus »Feldzug gegen Polen« wurde zwar weiterverwendet, aber mehr und mehr trat der Begriff »Überfall« in den Vordergrund, was angesichts der Vorgeschichte mit dem angeblichen »Überfall« polnischer Soldaten auf den Sender Gleiwitz, der sich als Akt der Kriegsvorbereitung durch die SS erwies, und der Machtdifferenz zwischen den beiden Staaten einleuchtend war. Nur in den Organen der Vertriebenen wurde jahrelang eine Kontroverse um den »Bromberger Blutsonntag« ausgetragen, weil polnische Untersuchungen zu weitaus geringeren Zahlen gelangten und überdies deutschen Geheimformationen die Schuld zuschrieben. Der naheliegende Vergleich mit der sowjetischen Besatzungspolitik in Ostpolen wurde in Deutschland allerdings nie vorgenommen; erst in jüngster Zeit hat ein amerikanischer Historiker ein Buch darüber geschrieben, das zu erstaunlichen Ergebnissen kommt.[19]

Aber auch wenn man Fragen stellen würde wie die, ob z. B. die angeführte Äußerung von Frank nicht eine außerordentliche Übertreibung in sich geschlossen habe, läßt sich diesseits aller tatsächlichen und potentiellen Streitpunkte mit Sicherheit feststellen: Dieser erste Blitzkrieg und Blitzsieg Hitlers ist zwar nicht als solcher, wohl aber in seinen Folgen einer anderen Kategorie zuzuordnen als alle Kriege, die es bis dahin in Europa gegeben hatte. Er war nicht mehr, nach dem bekannten

Ausspruch von Clausewitz, »die Fortsetzung der Politik mit anderen Mitteln«, sondern die Politik im annektierten und besetzten Polen war eine Fortsetzung des Krieges mit ähnlichen Mitteln, und er zielte nach der Zerschlagung der militärischen tatsächlich auf die Vernichtung der »lebendigen« Kräfte des Feindes, ob Hitler nun diesen Ausspruch in seiner Ansprache vom 22. August 1939 getan hatte oder nicht. Allerdings zwingt die wissenschaftliche Betrachtungsweise zu der Feststellung, daß die Begegnung mit »dem Osten« und insbesondere mit der Millionenmasse des »Ostjudentums« für die große Mehrzahl der deutschen Soldaten und Besatzungsangehörigen ein Schock war, der viele alte Vor-Urteile zu bestätigen schien. Jedenfalls blieb das Empfinden, inmitten von Schmutz und Armut zu den Trägern einer höheren Kultur zu gehören, gegenüber den Empfindungen des Verständnisses und des Mitleids vorherrschend, und die Ideologie von den »Herrenmenschen« hatte hier ihren anschaubaren Grund.

Mehr Anlaß zu Kontroversen bot und bietet die weltpolitische Situation, die sich während des Krieges und danach entwickelte, vor allem das Stillhalten der Franzosen und Engländer im sogenannten *phony war*; die vielfältigen Kontakte zwischen deutschen Widerstandsgruppen, aber auch Mittelsmännern von Göring, und den Engländern; das unverhüllte Widerstreben der Heeresführung gegen Hitlers Plan, gleich nach der offiziellen Ablehnung seines offiziellen Friedensangebots im Westen anzugreifen; nicht zuletzt die Unterrichtung des holländischen Militärattachés Oberst Sas durch Hans Oster über die geplanten und immer wieder verschobenen Angriffstermine. Darf einerseits von einer Fehlorientierung der Generalität am Ersten Weltkrieg und andererseits von einer »Kriegsschuld des deutschen Widerstandes« bzw. vom »Landesverrat« des Amtes Ausland/Abwehr gesprochen werden?[20] War die Besetzung Dänemarks und Norwegens im April 1940 ein »Überfall« auf schwache Nachbarn, oder handelte es sich um gerechtfertigte Präventivaktionen gegen schon in Gang gesetzte Unternehmungen der Engländer? Hielt Hitler nach dem Beginn der Westoffensive und den ersten großen Siegen seine Panzertruppen vor Dünkirchen in der Absicht an, den Engländern Gelegenheit zum Entkommen zu geben, oder handelte es ich um einen durch die militärische Situation erzwungenen Befehl? Gab es nach der Niederlage Frankreichs tatsächlich starke Tendenzen in England, die auf den Friedensschluß mit Deutschland hinarbeiteten, oder war Churchill, mehr und mehr von Roosevelt unterstützt, die Verkörperung des englischen Volksgeistes, der durch jede Niederlage nur um so trotziger und zuversichtlicher wird?

Streitfragen dieser Art entwickeln sich nach jedem Krieg, und sie können bis auf die unterste Stufe der militärischen Entschlußbildung hinunterreichen. Das gilt auch für das Problem, ob Hitler das »Unternehmen Seelöwe«, d. h. die Invasion Englands, wirklich durchführen wollte und nur durch die Tapferkeit der englischen Luftwaffe an der Realisierung gehindert wurde oder ob es sich um eine Art von Versuchsballon handelte, mit dem der Widerstandswille der Engländer auf die Probe gestellt werden sollte. Die politische Streitfrage ist aber die folgende: Waren die Franzosen und zahlreiche andere Europäer gewillt, den durch den Feldzug der sechs Wochen geschaffenen und durch das im Vergleich zu Polen vorbildliche Verhalten der deutschen Besatzungsbehörden und -soldaten noch unterstrichenen Tatbestand als endgültig anzuerkennen, nämlich die führende Rolle Deutschlands in West- und Mitteleuropa, wie es anscheinend der Absicht des Marschalls Pétain entsprach, oder durfte der Rebell de Gaulle in London auf die Sympathie der Mehrheit seiner Landsleute rechnen? Gab es bis zur Mitte des Jahres 1941 überhaupt so etwas wie eine *résistance* im Lande selbst? Nimmt man an, daß Vichy-Frankreich für geraume Zeit und insbesondere nach dem heimtückischen Überfall der Engländer auf die französische Flotte vor Dakar bereit war, auf das Angebot günstiger Friedensbedingungen hin an der Seite Deutschlands in den Krieg einzutreten, dann wird man einräumen müssen, daß der Alternativplan der primär antienglischen Marineführung, den Krieg durch die Konzentration aller Kräfte auf das Mittelmeer und die umliegenden Gebiete und durch die Eroberung von Gibraltar zum siegreichen Ende zu bringen, nicht ohne gute Chancen war, die Hitler jedoch vergab, als er Pétain und Franco bei den Begegnungen von Montoire und Hendaye nicht weit genug entgegenkam.

Es existierte im Frühherbst des Jahres 1940 noch ein anderer Alternativplan, den zumal Joachim von Ribbentrop betrieb: der Plan zur Bildung eines »Kontinentalblocks«, zu dem sich Deutschland, Italien, Japan und die Sowjetunion mit dem Ziel zusammenschließen sollten, das britische Empire unter sich aufzuteilen. Hitler gab dem Plan seines Außenministers jedoch ebensowenig volle Unterstützung wie dem Plan des Oberbefehlshabers der Kriegsmarine, und die Streitfrage, die alle anderen an Bedeutung übertrifft, ist die, wie es zum Entschluß Hitlers zum Angriff auf die Sowjetunion gekommen ist.[21] Eine Zeitlang hatte es ja so ausgesehen, als betrachtete Hitler den Pakt mit Stalin als ein Definitivum, weil der russische Bolschewismus zu einem National-Sozialismus geworden sei, nachdem Stalin die führenden Juden habe hinrichten lassen oder ins zweite und dritte Glied gestellt habe; so jedenfalls äußerte er sich in einem Brief an Mussolini vom Februar 1940. Aber schon am 31. Juli erwog er in einer Ansprache vor Generälen einen Feldzug gegen die Sowjetunion, und man muß zugeben, daß er ernste Gründe zur Beunruhigung gehabt hätte, selbst wenn er die Idee der Erringung von Lebensraum im Osten angesichts der Tatsache aufgegeben hätte, daß es sehr zweifelhaft war, ob Deutschland auch nur genug Menschen besaß, um die annektierten Teile Polens zu besiedeln. Stalin hatte nämlich mit viel geringeren Opfern viel größere Vorteile aus dem Pakt gezogen; abgesehen von dem »Winterkrieg gegen Finnland«, den man eher einen »Überfall auf Finnland« nennen müßte, hatte er kaum einen Schuß abzufeuern brauchen, um Ostpolen, Litauen, Lettland und Estland allesamt der Sowjetunion einzuverleiben. Das entsprach freilich den Abmachungen, und für das rumänische Bessarabien galt das gleiche, aber Stalin preßte Rumänien vertragswidrig auch noch die nördliche Bukowina ab, und die Sowjetunion war damit zu einer Großmacht von überragenden Dimensionen geworden, über die indessen nicht einmal die Geheimdienste etwas Genaues wußten, denn sie war vom Rest der Welt vollkommen abgeschlossen und wurde im Inneren von der politischen Polizei auf eine absolut-totalitäre Weise beherrscht, mit der verglichen die Gestapo-Kontrolle in Deutschland höchst fragil und unvollständig war.

Ein dauerhafter Ausgleich wäre in der Tat nur dann vorstellbar gewesen, wenn die Sowjetunion die Vorherrschaft Deutschlands im ganzen nicht-sowjetischen Europa anerkannt und ihre Expansionsbestrebungen auf Indien und den Persischen Golf gerichtet hätte. Ob das zumutbar gewesen wäre, ist eine andere Frage. Jedenfalls lehnte Stalins Außenminister Molotow diesen Plan bei seinem Besuch in Berlin am 12. und 13. November 1940 ab und erhob statt dessen Forderungen, die Finnland und große Teile des Balkans einschließlich der Meerengen unter sowjetische Herrschaft bringen mußten. Wahrscheinlich faßte Hitler den endgültigen Entschluß zum Angriff gegen die Sowjetunion, dem »Unternehmen Barbarossa«, erst unmittelbar nach dem Besuch Molotows. Wenn man sich im Gedankenexperiment vorstellt, in Moskau hätte 1940 ein Zar residiert und das Deutschland der Weimarer Republik hätte Polen und Frankreich besiegt, befinde sich aber noch im Krieg mit England, dann wird vollkommen deutlich, daß die Situation selbst auf einen Entscheidungskampf hindrängte, denn keine in einem Krieg auf Leben und Tod befindliche Großmacht kann es akzeptieren, daß sich an ihrer Flanke eine andere Großmacht befindet, von der ein Eingreifen auf der Seite des Gegners befürchtet werden kann.

In diesem Sinne war der heraufziehende deutsch-sowjetische Krieg ein unvermeidbarer Entscheidungskampf, der nur dann nicht hätte stattzufinden brauchen, wenn Stalin weitgehende Sicherheitsforderungen Hitlers, die er im Mai und Juni 1941 allem Anschein nach erwartete, angenommen hätte. Aber Hitler ließ sich offenbar zunehmend von dem Bewußtsein bestimmen, daß er nicht einen gewöhnlichen Gegner von der Art Polens oder Frankreichs, wenngleich von größerer Macht, vor sich hatte, sondern einen ideologischen Feind, dessen Vernichtung er oft genug für seine »Mission« erklärt hatte. So mußte er jene Ansätze zu einem realistischen, vielleicht allerdings auch oberflächlichen Urteil wieder in sich zurückdrängen, und er kam auf die Vorstellungen und Befürchtungen der ersten Nachkriegszeit zurück, die ihn so sehr und dauerhaft geprägt hatten – nicht etwa nur zu der Vorstellung der Eroberung von Lebensraum, sondern zu der für ihn älteren vom kulturzerstörenden und jüdischen Bolschewismus, der nicht anders kämpfen werde, als er im russischen Bürgerkrieg gekämpft hatte. Nur so, als Erwartung und Postulat der Wiederaufnahme des russischen Bürgerkriegs, werden der »Kommissarbefehl« und Äußerungen wie etwa die folgende verstehbar: »Der Kommunist ist vorher kein Kamerad und nachher kein Kamerad . . . Kommissare und GPU-Leute sind Verbrecher und müssen als solche behandelt werden.«[22]

Vielleicht war es doch nicht bloß ein zynischer Schachzug zugunsten Himmlers und Kochs, sondern eine tief symbolische Handlung, daß er Alfred Rosenberg zum Reichsminister für die besetzten Ostgebiete ernannte. Unter diesem Gesichtspunkt, in dem faktisch zwei grundsätzlich differente Impulse miteinander verbunden sind, nämlich das ideologische Motiv des »Weltkampfs« von 1918/19 und das realpolitische Motiv des Gewinns von Blockadefestigkeit und voller Souveränität durch Eroberung riesiger Landmassen, war der Krieg gegen die Sowjetunion in der Tat »der ungeheuerlichste Eroberungs-, Versklavungs- und Vernichtungskrieg« zu nennen, »den die moderne Geschichte kennt«.[23]

Man müßte freilich hinzufügen, daß die »Ungeheuerlichkeit« gerade nicht aus dem realpolitischen Motiv allein, sondern sogar in erster Linie aus dem ideologischen Impuls abzuleiten ist.

Aber es ist nicht von vornherein ausgeschlossen, daß dieser Krieg unter einem dritten Gesichtspunkt gleichwohl »auch« – wie man hervorheben sollte – ein Präventivkrieg war, und zwar in einem engeren Sinne, als er schon mit dem Begriff »Entscheidungskampf« gegeben ist. Zwar sind einige leichtfertige Äußerungen Hitlers zu konstatieren, in denen er einen problemlosen Sieg ankündigt und die Rote Armee sogar als einen Witz bezeichnet. Aber es finden sich auch andere Wendungen, und insbesondere sind spätere Aussagen, es habe sich um den schwersten Entschluß seines Lebens gehandelt und er habe das Gefühl gehabt, ein dunkles Tor aufzustoßen, nicht von vornherein als bloße Rationalisierung abzutun. Um einer Entscheidung dieser Frage näherzukommen, müßte vermutlich eine andere Kontroverse ins Spiel gebracht werden, nämlich um den Flug von Rudolf Heß nach England am 10. Mai.[24] *Wenn* Hitler mit einem so risikoreichen Unternehmen auch nur stillschweigend einverstanden war, dann konnte er nicht ernsthaft mit einem leichten Feldzug von zwei bis drei Monaten rechnen. Aber auch, wenn er so überrascht war, wie er behauptete, wird man fragen müssen, weshalb wohl Heß vor dem Feldzug gegen Frankreich nicht daran dachte, etwas Vergleichbares zu unternehmen.

Sicher ist, daß die deutschen Armeen ihre großen Anfangserfolge zum guten Teil deshalb errangen, weil sie ein in Angriffsstellung befindliches Heer überraschten, und daß die Aussage, sie hätten »mit faktisch gewaltig überlegener Macht« die Grenzen überschritten, der Korrektur bedarf.[25] Vor allem erwies sich bald, daß die sowjetische Panzerwaffe nicht nur nach Zahl, sondern auch nach Qualität überlegen war, so daß ohne die Führungskunst der deutschen Generäle vielleicht sehr bald eine Katastrophe über die deutschen Truppen hereingebrochen wäre. Deshalb sollte der Terminus »Überfall« keine Verwendung finden. Die nach Kriegsmaterial, Menschenzahl und Rohstoffversorgung schwächere Macht kann die stärkere nicht »überfallen«, sondern sie kann höchstens einen tollkühnen Angriffskrieg führen. Diese schwächere Macht hatte indessen gleichwohl gewaltige Trümpfe in der Hand. Die Sowjetunion war ja keineswegs ein so festgeschlossener Staat, wie sie zu sein behauptete, und der Gedanke Rosenbergs und nicht weniger Mitarbeiter seines Ministeriums, das Riesenreich in seine Teile zu zerlegen und etwa den Freiheitsdrang der Ukrainer gegen »Moskowien« auszuspielen, war nicht so widerhistorisch, wie man nach dem Kriege jahrzehntelang mit übergroßer Zuversicht behauptete. Aber Hitlers Furcht vor der größeren Zeugungskraft der Slawen und der daraus resultierenden biologischen Gefahr für das deutsche Volk war, verbunden mit seinem Eroberungswillen, so stark, daß die Maxime, Rußland sei nur mit Hilfe Rußlands zu besiegen, keine Chance erhielt, nicht einmal zu einem Zeitpunkt, als nach schweren Rückschlägen ein hochangesehener sowjetischer Heerführer und Stalingegner, der General Wlassow, nach seiner Gefangennahme zur Mitarbeit bereit war.

Die ursprünglichen Befehle an die Einsatzgruppen waren bürgerkriegsmäßig dahin gegangen, daß neben den Kommissaren »Juden und Kommunisten in Staatsstellungen« zu erschießen seien, doch die Befehlshaber wandelten ihn ziemlich rasch, wenn auch hier und da unter Zustimmung und Mitwirkung von Teilen der einheimischen Bevölkerung, jedoch nicht ohne die Genehmigung durch Himmler und vermutlich auch Hitler, in das nur noch »barbarische« und entsetzliche Verfahren der Massenexekution von Juden um, ob es sich nun um Männer, Frauen oder Kinder handelte. Nichts von all dem ist in der Literatur ein wirklicher Streitpunkt; die Verurteilung ist allgemein, und man ist allenfalls geneigt zu fragen, ob die ungeheuerlichen Vorwürfe, die Molotow schon früh in einer Note gegen die deutschen Soldaten generell unter Anführung von Akten unfaßbarer Grausamkeit gegenüber der sowjetischen Bevölkerung vorbrachte, Glauben verdienen oder nicht. Ein militär-historischer Streitpunkt ist, ob tatsächlich der »General Schlamm« den deutschen Sieg vor Moskau verhinderte oder ob die Hauptursache in der Entscheidung Hitlers zu suchen ist, die Heeresgruppe Mitte allzu lange anzuhalten. Hin und wieder findet sich freilich eine Erklärung, bei der Mussolini uns noch einmal begegnet, den wir nicht ohne Grund aus den Augen verloren haben: Nach seinem verspäteten und ruhmlosen Eintritt in den Krieg gegen Frankreich habe der Duce aus reiner Eifersucht gegenüber Hitler im Oktober 1940 Griechenland angegriffen und letzten Endes den deutschen Balkanfeldzug des Frühjahrs 1941 verursacht, der den Beginn des deutschen Angriffs gegen die Sowjetunion um entscheidende vier Wochen verzögert habe. Zwar erhielt Mussolini dadurch noch die Gelegenheit, ein »faschistisches«, auf Vernichtung abzielendes Verhalten gegenüber einem besiegten Nachbarstaat, nämlich Jugoslawien, an den Tag zu legen, aber die

Abneigung der italienischen Bevölkerung gegen den Krieg »der Achsenmächte« wurde bald so stark, daß Mussolini die Probe erspart blieb, ob auch sein Regime sich unter bestimmten Umständen zu einem »radikalfaschistischen« hätte entwickeln können.

Ein großer politischer Streitpunkt ist erst der, ob Hitler gezwungen war, den USA nach dem Überfall der Japaner auf die amerikanische Ostasienflotte im Dezember 1941 den Krieg zu erklären, und was die Folge gewesen wäre, wenn er Roosevelt die sehnlich erstrebte Gelegenheit zum Eintritt in den Krieg gegen Deutschland verweigert hätte. Die einleuchtendste Antwort ist die, daß er bis dahin sozusagen von Erfolgen gelebt hatte und daß er inmitten der überaus gefährlichen Winterniederlage an der Ostfront wenigstens auf die großen Siege der Japaner wie auf eigene verweisen wollte.

Damit war eine Situation entstanden, die einerseits als eine bestürzende Wiederholung gelten mußte und andererseits durch Singularität gekennzeichnet war – Singularität nicht im banalen Sinne der Individualität, die jedem geschichtlichen Ereignis und jeder Situation zukommt, und auch nicht in der widersinnigen Bedeutung von völliger Unvergleichbarkeit, sondern im Sinne eines ungewöhnlichen Herausgehobenseins aus dem gewöhnlichen Geschehen. Eine Wiederholung lag insofern vor, als nun die Weltkriegssituation wieder gegeben war: Deutschland in Europa so gut wie allein gegen die Weltmächte Großbritannien, Rußland und die USA, jene Situation, die einst in Deutschland so viel falschen Stolz erzeugt hatte und die doch alle verantwortlichen Politiker, Hitler eingeschlossen, unbedingt hatten vermeiden wollen. »Singulär« war die Lage insofern, als erstmals ein Kampf auf Leben und Tod zwischen den wirklichen Weltmächten in Gang gekommen war, zwischen Deutschland-Europa und Japan-Ostasien auf der einen und den USA, der Sowjetunion und dem Britischen Empire auf der anderen. Aus dem Abstand eines halben Jahrhunderts wird man die Frage nicht mehr mit Hilfe eines im Dritten Reich sehr bekannten Witzwortes entscheiden dürfen: Ein kleiner Junge habe seinen Vater gebeten, ihm Deutschland auf einem Globus zu zeigen, und er habe dann voller Erstaunen gesagt: »Vati, weiß der Führer das?«

Deutschland und Japan sind winzige Punkte auf der Erdoberfläche, aber sie waren auch damals schon, wenngleich partiell nur in Ansätzen, die stärksten Ballungen von Bevölkerung und Intelligenz, die auf der Erde zu finden sind. Aber zwischen New York und San Francisco erstreckten sich riesige Räume, denen ein Aufbegehren gegen die Staatsgewalt fernliegt, und Ähnliches gilt für das Gebiet zwischen Moskau und Wladiwostock, dessen Bewohner zwar längst nicht durchweg Anhänger Stalins waren, aber insgesamt um die Jahreswende 1941/1942 bereits überzeugt sein mußten, daß sie in einem Kampf um die nackte Existenz standen. In dem von Deutschland beherrschten Europa wurden dagegen mehr und mehr Widerstandsbewegungen aktiv, und in den eroberten Gebieten der Sowjetunion nahm die Partisanentätigkeit immer größere Ausmaße an. Japanische Truppen standen zwar tief in China, und sie eroberten schon im Februar 1942 Singapur, aber es konnte dennoch nicht die Rede davon sein, daß die Hilfsquellen der »ostasiatischen Wohlstandssphäre« Japan uneingeschränkt zur Verfügung gestanden hätten.

Die zentrale Streitfrage in der Literatur muß daher lauten, ob Deutschland und Japan eine Chance hatten, den Krieg siegreich zu beenden oder ob sie von Anfang an zur Niederlage verurteilt waren.[26] Die deutsche Literatur neigt weitgehend zu der Meinung, daß schon die Winterschlacht vor Moskau die entscheidende Kriegswende bedeutet habe. Aus vielen Andeutungen in der alliierten Literatur, auch in den Quellenwerken der Staatsmänner ergibt sich dagegen das Bild, daß man bis in das Frühjahr 1943 hinein, als die »Schlacht im Atlantik« endlich gewonnen war, der Niederlage ins Antlitz geblickt habe; auch die Verlautbarungen Stalins aus dem Herbst 1942 lassen erkennen, daß er die Situation als nahezu verzweifelt ansah. Um diese Zeit standen die deutschen Truppen im Kaukasus, in Reichweite von Grosnyj und nicht mehr allzuweit von Batum, und sie schickten sich an, den lebenswichtigen Schiffsverkehr auf der Wolga bei Stalingrad zu unterbinden. Sowohl Rußland wie England gegenüber befand sich Deutschland nur noch eine Handbreit vor dem Sieg, und wer glaubt, daß um eine neue politische Weltordnung gekämpft werden *mußte*, weil sich das System von Versailles mit seinen Stützpfeilern Frankreich und Polen als viel zu schwach erwiesen hatte, der wird um die Feststellung, so unsympathisch sie ihm sein mag, nicht herumkommen, daß Deutschland an diesem Kampf nur wesentlichen Anteil haben konnte, wenn es »totalitär«, d. h. kommunistisch oder faschistisch, organisiert war. Aber eben dadurch schuf es sich zahlreiche entschiedene Feinde, die eine fortexistierende Weimarer Republik nicht gehabt hätte, auch wenn sie den ernsthaften Versuch unternommen hätte, auf friedliche Weise mit Frankreich zusammen eine Einigung Europas herbeizuführen, die seinen Nationen Sicherheit vor dem revolutionären Umsturzwillen der von der Sowjetunion gelenkten kommunistischen Weltbewegung und zugleich vor dem überwältigenden Einfluß des amerikanischen Total-Kommerzialismus gegeben hätte.

Es ist keineswegs unbegreiflich, daß der Gedanke aufkam, die künftige Weltgeschichte könne nur dann in guten Bahnen verlaufen, wenn England sein Imperium konsolidiere und wenn eine europäische Kontinentalmacht ihr Zentrum in Berlin und nicht etwa in Moskau habe. Dies war der rationale Kern eines Grundgedankens von Hitler, und wie wenig es sich um eine bloße Wahnidee handelt, ist in den neunziger Jahren des 20. Jahrhunderts viel klarer, als es um 1950 oder 1960 war. Aber Hitler verknüpfte ihn mit der archaischen Idee der Eroberung und siedelnden Verdrängung, so daß er sich seine potentiellen Verbündeten unter den Völkern des Ostens zu Feinden machen mußte, und weiterhin im Hinblick auf England mit der Vorstellung einer bloßen Aufrechterhaltung der imperialen Herrschaft. Damit geriet er in ein negatives Verhältnis zum Freiheitswillen der Araber und Inder, für die er doch, paradox genug, zeitweise eine große Hoffnung war. Und da sich die totalitäre Kraftballung seines tendenziell schon übernationalen, »germanischen« Staates in der Form und sogar im Inhalt immer mehr der ursprünglicheren und totaleren Machtballung des Hauptfeindes annäherte, geriet er auch immer stärker mit traditionellen Mächten in Konflikt, die seiner Machtübernahme zunächst mit Sympathie begegnet waren, mit den Kirchen und dem Militär, mit dem preußischen Adel und sogar mit Teilen der Großindustrie.

Von einer »Selbstzerstörung des Regimes«, von der in der Literatur häufig gesprochen wird, kann jedoch nicht ernsthaft die Rede sein, denn ausschließlich die militärische Niederlage brachte es an sein Ende, die sich an der Jahreswende 1942/43 mit Stalingrad und der Landung der Angloamerikaner in Nordafrika abzeichnete, die mit dem Mißlingen des gigantischen Angriffsunternehmens im Kursker Bogen Juni 1943 nähergebracht und im Sommer 1944 definitiv besiegelt wurde, als das deutsche Ostheer im Mittelabschnitt die erste katastrophale Niederlage erlitt, als es nicht gelang, die englischen und amerikanischen Invasionstruppen ins Meer zurückzuwerfen, und als die amerikanische Bomberoffensive gegen die Hydrierwerke die Versorgung der Wehrmacht mit dem Treibstoff nahezu beendete, ohne den sie sich nicht bewegen

konnte. Gleichwohl ging auch nach dieser Zeit der Kampf der technischen Intelligenz weiter, der erst heute einigermaßen überschaubar ist,
denn erst in den siebziger Jahren enthüllten die Engländer das große
Geheimnis von »Ultra«, dem Wunderverfahren zur Funkaufklärung[27],
und die Entwicklung der V-Waffen in Deutschland war tendenziell von
größter Bedeutung, weil damit der Grund zur Weltraumfahrt gelegt
wurde. Aber auch wenn der erste Düsenjäger der Welt, die Me 262,
früher und in größerer Zahl produziert worden wäre und wenn es den
neuen Schnorchel-U-Booten noch im Frühjahr 1945 gelungen wäre,
den See-Transporten nach England so viel Schaden zuzufügen wie
1942, wäre die deutsche Niederlage unabwendbar gewesen, denn nur in
den USA wurde die »transzendentale Waffe« entwickelt, die Atombombe, und wenn sie nicht im August 1945 auf Hiroshima abgeworfen
worden wäre, dann hätte sie das vernichtende Feuer eines neuen Zeitalters über Deutschland entzündet.

An dieser Stelle sollte ein Gedankenexperiment erlaubt sein. Nicht
nur die Grundlagen der Weltraumfahrt, sondern auch der Atomtechnik
waren in Deutschland gelegt worden; ohne die deutschen und europäischen, zum guten Teil jüdischen Emigranten von Albert Einstein bis
Enrico Fermi und Leo Szilard wäre das Unternehmen »Manhattan«
schwerlich in Gang gekommen. Wenn die Weimarer Republik weiter-
existiert hätte und die Nukleartechnik in Deutschland entwickelt worden wäre, dann wäre Deutschland nach allem menschlichen Ermessen
auch ohne Krieg zu einer wirtschaftlichen *und* politischen Weltmacht-
position emporgestiegen, und es hätte die übrigen europäischen Staaten
um sich versammelt. Von hier aus gesehen, erweist sich Hitler als der
Mann, der zwar keineswegs im Unrecht war, als er die schönen Träume
der Universalisten von der konfliktfreien Menschheitszukunft und der
Überwindung des Machtprinzips verwarf, der aber Deutschland in
einen Krieg führte, welcher durch altertümliche Vorstellungen von der
Bildung politischer Weltreiche und der Herrschaft einer anschaubaren
Gruppe von Menschen, der »Germanen« oder auch der »Arier«,
geprägt war. Was er haßte und aus der Welt zu bringen versuchte, war
letzten Endes die »Intellektualisierung« oder die »Abstraktion des Lebens«, welche Herrschaft zwar nicht zum Verschwinden bringt, aber
unanschaulich macht, welche die volle Souveränität selbst der größten
Staaten untergräbt, obwohl sie die Staatlichkeit als solche nicht auf-
hebt, und welche allerdings, nach einer heute mehr und mehr um

sich greifenden Überzeugung, die Existenz der Menschheit vernichten könnte, wenn sie nicht durch eine neue und höhere Organisationsform gewissermaßen »in die Hand« genommen wird.

Nur so eröffnet sich, wie ich meine, ein adäquater Blick auf die »Endlösung der Judenfrage«, der in der Literatur ganz überwiegend verstellt ist, weil begreiflicherweise der Drang zur Erzählung und zur Fällung moralischer Urteile vorherrscht. Für die wissenschaftliche Betrachtung wirft die »Endlösung« eine Anzahl von Einzelfragen auf und macht mehrere Unterscheidungen erforderlich. Es ist z. B. keineswegs sicher oder auch nur wahrscheinlich, daß Görings Auftrag vom 31. Juli 1941 an den Chef des RSHA Reinhard Heydrich, alle Vorbereitungen für eine Gesamtlösung der Judenfrage zu treffen, die physische Extermination und nicht vielmehr jene »territoriale Endlösung« im Auge hatte, die nach den ersten Plänen in Madagaskar und dann »im Osten« ihren Platz finden sollte. Auch in der deutschen Literatur ist hin und wieder darauf hingewiesen worden, daß auf der sogenannten »Wannsee-Konferenz« keineswegs von den anwesenden Vertretern hoher Partei- und Staatsbehörden die »Endlösung der Judenfrage« *beschlossen* wurde und daß gegen das »Protokoll« ähnliche quellenkritische Bedenken vorzubringen sind wie gegen das Hoßbach-»Protokoll« und die »L«-Version der Ansprache Hitlers vom 22. August 1939. Keine wissenschaftliche Beschäftigung mit dem Thema darf über die Notwendigkeit hinweggehen, die Glaubwürdigkeit von Zeugenaussagen zu prüfen und die These eines ganz unverdächtigen amerikanischen Historikers mindestens zur Kenntnis zu nehmen, die Augenzeugenberichte über die Tötungen in Gaskammern seien »rar und unzuverlässig«.[28]

Es läßt sich auch nicht bestreiten, daß die führenden Männer des Regimes, abgesehen von den Sicherheitsspezialisten mit Himmler an der Spitze, vollständig durch die Erfordernisse des militärischen Kampfes in Anspruch genommen waren und schwerlich Zeit finden konnten, um dunklen Gerüchten nachzugehen, zumal der »Befehl Nr. 1« einen jeden, vom Gefreiten bis zum Generalfeldmarschall, vom Blockwart bis zum Reichsminister, strikt an sein jeweiliges Tätigkeitsfeld band. Den Kontroversen, die sich in der Literatur um diese und ähnliche Fragen entsponnen oder auch *nicht* entsponnen haben, werden wir noch ausführlich nachgehen müssen. Folgendes aber sollte vorgreifend schon jetzt gesagt werden: Wenn die »Endlösung« nach der Auffassung eines bekannten französischen Politikers angesichts der gigantischen Kämpfe an den Fronten und der welthistorischen Arbeiten in den Versuchsstationen und Laboratorien ein »Detail« im Zweiten Weltkrieg war, so war die »Judenfrage« doch im Denken Hitlers niemals ein bloßes Detail, sondern sie war für ihn von 1919 bis 1945, vom Brief an Gemlich bis zum *Politischen Testament,* schlechthin zentral. Wenn er einen universalen Prozeß, der für ihn ein Prozeß widernatürlicher Zersetzung war und den wir den Prozeß der Intellektualisierung genannt haben, als den eigentlichen Feind ansah und wenn es ihn auf einer niedrigeren und politischen Ebene mit Verzweiflung erfüllte, daß die Engländer das in seinen Augen so einleuchtende Angebot einer Teilung der Weltvorherrschaft nicht annehmen wollten, dann brauchte er diesen Prozeß und diese Weigerung nur auf eine bestimmte Gruppe von Menschen als Urheber zurückzuführen, um in der physischen Vernichtung dieser Gruppe bzw. ihrer »biologischen Grundlage« die elementare Voraussetzung für ein Anhalten der verderblichen Entwicklung zu sehen.

Die »Endlösung der Judenfrage« ist also im Kontext des nationalsozialistischen und zumal des Hitlerschen Denkens keineswegs nur eine besonders radikale Form der »negativen Bevölkerungspolitik«, von der wir als einem Ausfluß der biologistischen Grundorientierung an der Gesundheit des Volkskörpers gesprochen haben, sondern sie ist ein direkter Angriff gegen jenen Fundamentalvorgang, den die Geschichtsdenker des 19. Jahrhunderts den »Fortschritt« genannt haben und der für Hitler und Himmler der »Zivilisationstod« war. Zu behaupten, wie es die radikalen Revisionisten tun, die »Endlösung« habe als intendiertes und systematisches Geschehen überhaupt nicht stattgefunden und sei eine bloße Erfindung der alliierten Kriegspropaganda, heißt nicht nur, handgreifliche, wenngleich längst noch nicht bis ins letzte geklärte Tatbestände abzuleugnen, sondern es heißt auch, aus Hitler einen bloßen Biedermann zu machen, der von ganz normalen Ideen geleitet wurde, während seine Feinde ihm zu Unrecht Wahnideen zuschrieben. Aber Hitlers Ideen und Handlungen sollten ernst genommen und weder zu Normal- noch zu Wahnideen verharmlost werden. Erst dann wird einsichtig, inwiefern er, jenseits der selbstverständlichen moralischen Verurteilung von Terrorismus und Massenmord, in einem doppelten Sinne historisch unrecht hatte, obwohl er in einigen wesentlichen Punkten richtig sah: Der Prozeß der Intellektualisierung sowie der damit verbundene Emanzipationswille können nicht zugunsten einer fixierten Hierarchie von Schichten, Nationen und »Rassen« aus der

Welt gebracht werden; dieser Prozeß, letzten Endes der Geschichtsprozeß selbst, ist viel zu fundamental, als daß er auf konkrete Urheber zurückgeführt werden dürfte, obwohl bestimmte Gruppen oder Völker in seinem Rahmen eine hervorstechende Rolle spielen mögen. Nur angesichts dieses doppelten, metabiologischen Unrechts erweist sich die »Endlösung« als singulär, nicht aber nach Opferzahlen und bloß äußerlich nach Verfahrensweisen. Nur so wird das angebliche »Detail« zu einem Ereignis, das der Fülle der Vorgänge auf den Schlachtfeldern und in den Generalstäben als einzelnes gleichgewichtig ist.

Der Sache nach urteilte Hitler nicht anders, als er in seinem Politischen Testament von der deutschen Nation und ihrer künftigen Führung die strenge Einhaltung der »Rassegesetze« und die Fortsetzung des Kampfes gegen das »jüdische Gift« verlangte. Nichts Derartiges hätte Mussolini fordern können und wollen, aber noch einmal kamen die Lebensbahnen des älteren und des radikaleren Protagonisten des Faschismus zusammen, denn die Nachricht über die Hinrichtung (oder Ermordung) Mussolinis am 27. April 1945 war eine der letzten Meldungen, die Hitler erreichten, und sie scheint seinen Entschluß zum Selbstmord mitbestimmt zu haben. Mit Hitler starb auch der Nationalsozialismus als welthistorisches Phänomen, aber einige seiner Bestandteile blieben lebendig, und die Fragen, auf die er eine falsche Antwort gegeben hatte, waren nicht gelöst.

Ich habe damit einiges von dem vorweggenommen, was in den letzten Kapiteln dieses Buches mit größerer Ausführlichkeit darzulegen sein wird. Aber ich meine, es sollte auch am Anfang schon klar werden, daß die Erörterung der zahlreichen einzelnen Streitpunkte, die wir nun im Blick auf eine umfangreiche Literatur ins Auge fassen werden, kein Selbstzweck ist, sondern der Vorbereitung der wichtigsten und nur höchst ansatzweise artikulierten Streitfrage dienen soll: wie die Rolle des Nationalsozialismus im Rahmen der Weltgeschichte bestimmt werden kann und ob daraus jenseits der bekannten »national-pädagogischen« Trivialitäten etwas »zu lernen« ist.

# 2. Die Frage der Affinitäten

Affinität heißt wörtlich »Nachbarschaft« und wird meist in der Bedeutung von »Verwandtschaft« gebraucht. Welchen Nicht-Nationalsozialisten der Nationalsozialismus benachbart oder verwandt war, scheint eine leicht zu entscheidende Frage zu sein. Vor dem geistigen Auge tauchen die ersten Fotografien der Regierung Hitler auf, wo die drei Nationalsozialisten, Hitler, Göring und Frick, selbst in bürgerlicher Kleidung, von Männern in dunklen Anzügen umgeben sind, die zu einem guten Teil schon den Regierungen Papen und Schleicher angehört hatten. Noch symbolischer ist, wenige Wochen später, das Bild vom Staatsakt in der Garnisonkirche zu Potsdam, wo Hitler im Gehrock sich tief vor dem Reichspräsidenten von Hindenburg verneigt, der in ordenübersäter Uniform vor ihm steht, den Marschallstab in der Hand, mit dem er zuvor den leergebliebenen Sitz des Kaisers gegrüßt hatte.

Daß »die Konservativen« Hitler an die Macht gebracht hätten und mit ihm zusammen die Regierung führten, war nicht nur bei den Gegnern des Nationalsozialismus im Frühjahr 1933 eine verbreitete Meinung, und die Feststellung einer Schuld der Konservativen ist bis heute in der Literatur ein Gemeinplatz. Allerdings weiß heute jedermann, daß sich die gleichberechtigte Zusammenarbeit schon bald als Illusion erwies, daß Alfred Hugenberg, welcher der »Wirtschaftsdiktator« Deutschlands zu sein schien, schon im Spätsommer 1933 zurücktrat und daß der Vizekanzler Franz von Papen, der den neuen Regierungschef so sicher im Griff zu haben schien, daß dieser dem Reichspräsidenten nur in seiner Gegenwart Vortrag halten durfte, im Herbst 1934 in Wien als Botschafter amtierte, nachdem einige seiner engsten Mitarbeiter am 30. Juni 1934 erschossen worden waren, darunter Edgar Jung, einer der führenden Köpfe der »Konservativen Revolution« in Deutschland und Verfasser der Marburger Rede Papens, die die

Gedankenwelt der Konservativen in ihrem Gegensatz zur nationalsozialistischen Dynamik noch einmal dargelegt hatte. Daß der deutsche Widerstand gegen Hitler zum größeren und allein aktionsfähigen Teil aus Konservativen bestand, ist allgemein bekannt. Es muß sich also um eine ganz eigentümliche Art von Affinität gehandelt haben, denn sie schloß die Möglichkeit schroffer Feindschaft in sich. Vielleicht darf man nur von einer »Ausgangsaffinität« sprechen, die sich über einige Entwicklungsstufen hinweg zu einer »Endfeindschaft« fortbildete. Aber worin ist der Grund der anfänglichen Affinität zu suchen? Klaus Hildebrand gibt auf diese Frage die Antwort: »Aus Angst vor einer weitgehend eingebildeten Todesgefahr hatten große Teile der in Preußen-Deutschland führenden Schichten Hitler und sein totalitäres ›Programm‹ als vermeintliches Heilmittel gewählt und damit den Auftakt zu ihrem eigenen Untergang eingeleitet.«[1] Diese »weitgehend eingebildete« Todesgefahr war offenbar die Drohung der kommunistischen Revolution, und wenn das richtig ist, dann hätten diese mit dem Rücken zur Wand kämpfenden Männer bzw. Schichten nicht eigentlich Hitlers »Programm« gewählt, sondern sie hätten das weniger radikale Programm hingenommen, weil es ihnen im Gegensatz zu dem radikaleren Programm der Kommunisten immerhin die Existenz und einige Mitwirkungsmöglichkeiten sicherte. Weit weniger bedrängt und gefährdet nehmen sich die Konservativen in der sozialdemokratischen Auffassung aus, die sie als bloße Intriganten sieht, welche ihre großen Einkommen und ihre riesigen Landgüter gegen den »Agrarbolschewismus« verteidigen wollten, d. h. gegen naheliegende Reformbestrebungen, die nicht etwa nur von Sozialdemokraten, sondern auch von den Regierungen Brüning und Schleicher betrieben worden waren. Für diese Konservativen selbst aber in ihren vielfältigen Schattierungen war nach ihren eigenen Aussagen ein Motiv ganz anderer Art bestimmend: die Hoffnung, daß Deutschland seine alte Größe wiedererlangen werde, wenn die Kraft einer jungen, tief in die Volksmassen hineinreichenden Bewegungen den alten Traditionen neues Leben verleihe und damit der nationalen Ohnmacht des Weimarer Parteienstaates ein Ende mache. Das außenpolitische und »revisionistische« Motiv hätte also die eigentliche Gemeinsamkeit zwischen Konservativen und Nationalsozialisten gebildet. Mithin wäre die führende Rolle unter den Konservativen den Militärs zuzuschreiben. Für sie standen Ziele wie »Wehrfreiheit« und »volle Souveränität« am stärksten im Vordergrund.

Ein ungemein aufschlußreiches Dokument ist in dieser Hinsicht ein Brief, den der ehemalige Oberbefehlshaber des Heeres, der Generaloberst Freiherr von Fritsch, *nach* jener schändlichen Affäre, deren Opfer er geworden war, am 11. Dezember 1938 an eine Bekannte geschrieben hat. Der Quellenwert dieses Briefes war umstritten, bis das Original in England aufgefunden wurde. Hier erzählt von Fritsch im Rückblick auf sein Leben: »Bald nach dem Kriege kam ich zu der Ansicht, daß drei Schlachten siegreich zu schlagen seien, wenn Deutschland wieder mächtig werden sollte: 1. die Schlacht gegen die Arbeiterschaft, sie hat Hitler siegreich geschlagen, 2. gegen die katholische Kirche, besser gesagt gegen den Ultramontanismus und 3. gegen die Juden . . .« In den beiden letzten Kämpfen befinde man sich noch mitten drin und der Kampf gegen die Juden sei der schwerste.[2]

Angesichts dieser Äußerung drängt sich eine einfache Formel auf: die im preußischen Offizierskorps tiefverwurzelten Motive des Antimarxismus, Antikatholizismus und Antisemitismus hätten die Affinität zu den Nationalsozialisten begründet, die ja durch die gleichen Motive geleitet gewesen seien, wenngleich in einer radikaleren Form. Aber man kann nicht einmal die Unterscheidung treffen, Fritsch habe nur die »nationale Restitution« und allenfalls das Wiedererstehen des »Glanzes des Kaiserreichs« im Auge gehabt, während die Nationalsozialisten mit Hitler an der Spitze einen Eroberungskrieg intendiert hätten, denn in den Papieren des Generalobersten Beck, des militärischen Kopfes der Verschwörung gegen Hitler und Opfers des 20. Juli, finden sich Sätze wie die folgenden: es gebe keinen Zweifel, »daß Deutschland einen größeren Lebensraum braucht, und zwar sowohl in Europa wie auf kolonialem Gebiet, der erstere Raum ist nur durch Krieg zu erwerben«.[3] Da man offenbar »Expansionismus« ebenfalls als Motiv anführen muß, ist es nur allzu naheliegend, daß z. B. Karl Dietrich Bracher die »Beihilfe« und die aktive Mitwirkung der Wehrmacht sowie die Komplizenschaft der Generäle unterstreicht.[4]

Zu den führenden Schichten gehörten aber ohne Zweifel auch die deutschen Hochschullehrer. Die Übernahme des Rektorats der Universität Freiburg durch Martin Heidegger im April 1933 und der Eintritt des schon weltberühmten Philosophen in die Partei ist ebenso häufig als Beweis angeführt worden wie die nationalsozialistische Aktivität des bekanntesten aller deutschen Juristen, Carl Schmitts, und Bernd Rüthers gelangt zu der allgemeinen Aussage: »Alles in allem drängt sich

der Schluß auf, daß mit verblüffender Regelmäßigkeit gerade große
Teile der fachlich besonders qualifizierten Hochschullehrschaft um und
nach 1933 sich vom ›Geist des Nationalsozialismus‹ ergreifen ließen.«[5]
Aber auch gegen die Kirchen sind seit etwa 1960 schwere Angriffe
wegen ihrer weitgehenden Affinität zu den Nationalsozialisten gerichtet
worden, nachdem in der ersten Nachkriegszeit und während der fünfziger Jahre ihre Gegnerschaft im »Kirchenkampf« hervorgehoben worden war. Darauf wird weiter unten noch näher einzugehen sein.[6] Die
Frage des Verhältnisses der Großindustrie zum Nationalsozialismus
wird uns ebenfalls noch eigens beschäftigen.[7] Die angebliche Finanzierung der nationalsozialistischen Bewegung durch »die Großindustrie«
oder doch zumindest durch einzelne Großindustrielle war schon für die
Zeitgenossen ein vielerörtertes Thema, und in der Nachkriegszeit war
es geraume Zeit geradezu *communis opinio*, daß die Herren der Kon-
zerne die Hauptschuldigen am Aufstieg Hitlers gewesen seien, weil sie
ihre Profite bedroht gesehen hätten. In der Kriegszeit, als doch schon
längst schwere Spannungen zwischen konservativen Militärs, den Kirchen und dem Nationalsozialismus entstanden waren, nimmt ein bekannter Wirtschaftshistoriker das ungebrochene Fortwirken der »Vier-
jahresplan-Allianz von Staatsführung und Industrie« wahr, die hier
»einen Raubzug zur Vergrößerung sowohl des Kriegspotentials wie der
industriellen Profite« in Gang gesetzt habe.[8]
Erst in jüngster Zeit ist eine Affinität zwischen Nationalsozialismus
und Naturwissenschaft, insbesondere der Biologie und der Psychiatrie
herausgestellt worden, gelegentlich unter Hinweis auf Vorläufer wie
Ernst Haeckel mit seinem Naturalismus und Sozialdarwinismus, dann
auch mit der überraschenden Beobachtung, daß es gerade die Reformer
in der Medizin waren, welche sich die nationalsozialistischen Ziele in
bezug auf Geisteskranke und andere »Minderwertige« zu eigen machten. Daß auch führende sozialdemokratische Ärzte schon vor 1933 von
der »Ausjätung der körperlich und geistig Minderwertigen« sprachen[9],
läßt sich ebensowenig übersehen wie die scharfe Kritik sozialdemokratischer Politiker an der falschen, weil allzu marxistischen und antinationalen Linie ihrer Partei, die erwähnt worden ist.
Im »Kleinbürgertum« bzw. in den »Mittelschichten« die Massen-
basis der nationalsozialistischen Bewegung zu sehen war nicht etwa nur
eine Hauptthese der Marxisten, sondern auch nahezu sämtlicher Soziologen. Die These ist ja absolut zwingend, wenn man »die Arbeiter« als

eine einheitlich oppositionelle Gruppe betrachtet, denn eine Massenbewegung kann ebensowenig von Gutsbesitzern und Rechtsanwälten gebildet werden, wie eine Armee nur aus Generälen oder Stabsoffizieren bestehen kann. Aber ist »das Kleinbürgertum« wirklich eine klar abgegrenzte, stabile, eindeutig zu identifizierende Schicht? Weist es nicht in sich tiefgreifende Unterschiede auf, die z. B. Jürgen Falter zu der Feststellung haben gelangen lassen, die relative Affinität von Nichtkatholiken zum Nationalsozialismus sei fast doppelt so hoch wie die der (ebenfalls überwiegend »kleinbürgerlichen«) Katholiken?[10] Und war nicht in der marxistischen Literatur seit langem von der »Verbürgerlichung« der besser bezahlten Arbeitergruppen die Rede, die doch nichts anderes sein konnte als eine »Verkleinbürgerlichung«?

Aber es ist nicht ausgemacht, daß es unter den Arbeitern nur »besser bezahlte« und »schlechter bezahlte«, bloß Facharbeiter und Hilfsarbeiter gab. War es tatsächlich nichts weiter als groteske Demagogie, wenn sich die Nationalsozialisten eine »Arbeiterpartei« nannten? Läßt sich bestreiten, daß der Anteil von Arbeitern an den Mitgliedern und den Wählern der NSDAP zwar geringer war als ihr Anteil an der Bevölkerung, aber doch ganz außerordentlich groß für eine »Mittelstandspartei«? Gab es nicht auch »nationale« Arbeiter, so gut wie es »freigeistige« Arbeiter gab? Die Wahlforschung hat längst gezeigt, daß keineswegs nur Kleinbürger die NSDAP wählten, und ein jüngerer Historiker hat sich dem weithin »tabuisierten« Thema der »Nationalsozialistischen Betriebszellenorganisation« zugewandt und die These aufgestellt, deren Gründung habe einem weitverbreiteten Bedürfnis »nationaler« Arbeiter und Angestellter entsprochen; die NSBO sei zwar eine Randerscheinung gewesen, müsse aber gleichwohl als »genuiner Teil der deutschen Arbeiterbewegung« gelten.[11]

Bleiben am Ende also nur die Kommunisten, die entschiedenen Pazifisten und die Juden übrig, wenn man fragt, welche Gruppen, Parteien oder Konfessionen denn *keine* Affinität zum Nationalsozialismus aufwiesen? Aber nicht wenige der Pazifisten waren scharfe Gegner der Kommunisten und ließen sich daher mit den Nationalsozialisten unter der Rubrik des »Antibolschewismus« zusammenbringen, und das galt erst recht für nicht wenige Juden, wie wir gesehen haben. Und war es eine bloße Legende, wenn zeitgenössische Beobachter immer wieder von einer starken Fluktuation zwischen der SA und den Nachfolgeorganisationen des *Roten Frontkämpferbundes* sprachen; ist es eine interessierte Schutzbehauptung, wenn ein englischer Forscher unter Hinweis auf den ausgeprägt proletarischen Charakter gerade der großstädtischen Verbände der SA die Frage stellt, ob sich nicht dieselben Leute, wenn die KPD 1933 gesiegt hätte, ebenso brutal gegenüber Unternehmern und Finanzleute verhalten haben würden, wie sie sich gegenüber Kommunisten, Sozialdemokraten und Juden im Frühjahr 1933 verhielten?[12] Sollte sich nicht sogar die Frage aufdrängen, ob es nicht eine Affinität in Entschlossenheit, Jugendlichkeit und radikalen Globalaussagen zwischen Kommunisten und Nationalsozialisten gegeben habe und ob nicht *diese* Affinität, so formal sie sein mochte, eine der wesentlichsten Grundlagen für alle anderen Affinitäten war?

So scheint sich aus diesem Überblick eine wahrhaft bestürzende Folgerung zu ergeben: Alle Schichten und Gruppen des deutschen Volkes wiesen bestimmte Affinitäten zum Nationalsozialismus und damit auch zu Hitler auf. Hitler war das Medium, in dem sich die stärksten Ängste und die höchsten Hoffnungen des ganzen Volkes konzentrierten und intensivierten, so daß er als die Verkörperung des deutschen Volksgeistes gelten muß. Dieser Tatbestand kann aber, wenn er als richtig angenommen wird, eine ganz gegensätzliche Bewertung erfahren:

Zumal im Kriege war unter den Alliierten die Überzeugung weit verbreitet, daß das ganze deutsche Volk am Nationalsozialismus Schuld habe, daß man mit der »deutschen Bestie« konfrontiert sei und daß sogar jene Emigranten noch Verbündete dieser Bestie seien, die in Amerika und England die Legende vom Unterschied zwischen Nationalsozialismus und deutschem Volk propagierten.

In der Literatur der deutschen extremen Rechten war die schroff entgegengesetzte Wertung dominant, obwohl nicht alleinherrschend, denn die Ludendorffianer zum Beispiel waren von Anfang an schroffe Gegner Hitlers gewesen, nicht anders als der Kreis um Ernst Niekisch, welcher sich doch während der Weimarer Republik als der radikalste aller Gegner des »Versailler Diktats« gezeigt hatte. In jüngster Zeit tritt die positive Wertung auch bei einigen ausländischen Historikern immerhin andeutungsweise hervor, so bei David Irving, der davon spricht, die »fast monolithische Solidarität zwischen Führung und Volk« habe bis zum Tode Hitlers bestanden.[13]

Den extremen und unhaltbaren Folgerungen ist nur zu entgehen, wenn man den Begriff der »Teilaffinität« bildet. Dann muß man sagen:

Mit einigen Auffassungen, Motiven und Emotionen des Nationalsozialismus und Hitlers stimmte so gut wie jeder Deutsche überein; aber nahezu jede Gruppe und Schicht wies auch Kennzeichen auf, durch die sie dem Nationalsozialismus und Hitler fremd oder sogar entgegengesetzt war: die Papen-Konservativen durch ihr Bedürfnis nach Ruhe und Beständigkeit; die Militärs durch ihren Willen, eine Wiederholung der Weltkriegskonstellation unter allen Umständen zu vermeiden; die Katholische Kirche durch ihren Universalismus; die Großindustrie durch ihre Abneigung gegen den Staatsdirigismus; die Kleinbürger schon durch ihre Vielfalt; die »nationalen Arbeiter« durch ihre Orientierung am Lebensstandard; die Kommunisten durch ihren Internationalismus und ihre Liebe zur Sowjetunion. Eben weil ihm so viele Teilaffinitäten zugewandt und so viele Teil-Gegnerschaften abgewandt waren, ist der Nationalsozialismus ein intellektuell herausforderndes Phänomen, dem mit bloßen Schimpfreden nicht beizukommen ist. Wer die Teilaffinitäten zu Ganzaffinitäten ausweitet, kann als Ankläger auf viel Beifall hoffen; wer die Teilgegensätze als Ganzgegensätze erscheinen läßt, wird als Lobredner ein dankbares Publikum finden. Die Geschichtswissenschaft muß einen mittleren Weg suchen, auf dem sowohl die einzelnen Differenzen wie die Übereinstimmungen in ihrer jeweiligen Unterschiedlichkeit zu entdecken und herauszuarbeiten sind. Aber wir sind mit dem Überblick der Affinitätsfeststellungen oder -behauptungen noch nicht am Ende.

Wie jede bedeutende politische Bewegung in einem großen Staat fand der Nationalsozialismus auch im Ausland viel Aufmerksamkeit, denn die internationalen Verflechtungen waren in der Zeit nach dem Ersten Weltkrieg bereits so stark, daß wichtige Ereignisse in dem einen Land auch für die anderen Länder gravierende Folgen haben konnten. Aus heutiger Perspektive ist es allerdings verwunderlich, daß der Aufstieg eines Politikers, der in seinem Buch ein Programm kriegerischer Expansion dargelegt hatte, nicht schärfere Reaktionen nach sich zog, etwa eine Erklärung des Völkerbundes, daß die Machtübernahme dieses Politikers und seiner Partei nicht geduldet werde. Aber das war aus verschiedenen Gründen ausgeschlossen: Einmal stand das Prinzip der Nichtintervention im Wege; zum zweiten war Hitler bis zum Herbst 1930 im Ausland so gut wie unbekannt, oder er galt zumindest seit seinem gescheiterten Putsch als toter Mann; zum dritten erinnerte man sich zweifellos der gewiß andersartigen, aber noch weitergreifenden Welteroberungsideen, die bald nach dem Kriege in Moskau verkündet worden waren. Und da Hitlers Eroberungspläne sich gegen einen Staat richteten, der nicht eigentlich der Weltgemeinschaft zugezählt, sondern als höchst bedrohlich empfunden wurde, schien eine Gefahr für die »westliche Welt« nicht zu bestehen.

Man könnte sich andererseits gerade darüber wundern, daß Hitler und der Nationalsozialismus nach der Machtübernahme in England und Frankreich, in Amerika und auch in Italien eine so »schlechte Presse« hatten, denn der Antikommunismus des Regimes hätte doch, so sollte man meinen, verwandte Saiten berühren sollen. Aber die negativen Pressenachrichten rührten vor allem daher, daß nicht nur das Mißtrauen gegenüber dem Weltkriegsgegner groß war, sondern daß den Korrespondenten die großen Verhaftungsaktionen, die Errichtung der ersten Konzentrationslager und dann vor allem der Reichstagsbrand und der Judenboykott vom 1. April als das Neuartige und anscheinend Präzedenzlose besonders ins Auge fielen. Sogar Mussolini sah damals im Nationalsozialismus vornehmlich eine Gefahr – nicht nur im Hinblick auf Österreich, sondern auch wegen der Rassenlehre und wegen der »Kriegslüsternheit«.[14]

Erst im Herbst 1933 begannen die Presseorgane des Lord Rothermere, insbesondere die *Daily Mail*, die Auffassung zu vertreten, die »jungen starken Nazis« seien ein Schutz des Abendlandes vor der kommunistischen Gefahr. Es wurden auch einige zarte Fäden zwischen Alfred Rosenbergs Außenpolitischem Amt und englischen Offizieren gesponnen, und es ist merkwürdig, daß sich unter denen, die mit dem nationalsozialistischen Deutschland zu sympathisieren schienen, auch der Major Winterbotham befand, der im Krieg eine zentrale Rolle in der englischen Funkaufklärung spielen sollte, ebenso wie ein journalistischer Sympathisant, Sefton Delmer, später als Chef der Schwarzen Propaganda zu einem der gefährlichsten Gegner des Dritten Reiches wurde. In den Vorkriegsjahren wurde dann der *Cliveden Set* um Lady Astor bei den antifaschistischen Labour-Politikern als Zentrum der *Appeasement*-Politiker berüchtigt, und ein Ton echter Sympathie war nicht zu verkennen, als Lord Halifax bei einer Unterredung mit einem deutschen Abgesandten sagte, er werde es als den Höhepunkt seiner politischen Laufbahn betrachten, wenn eines Tages der Führer an der Seite des englischen Königs durch London fahren werde.[15]

Um diese Zeit hatten sich auf der französischen Rechten angesichts der Volksfrontpolitik Léon Blums und des spanischen Bürgerkriegs ausgesprochene Sympathien für Hitler entwickelt. Die Meldungen über die Verfolgung politischer Gegner und die Benachteiligung von Juden standen nicht mehr im Vordergrund, und vor allem hatte sich gezeigt, daß der Nationalsozialismus nicht nur fast überall unter den Anhängern der traditionellen Rechtsparteien Verständnis und Sympathie fand, sondern daß er in vielen Ländern Europas Gesinnungsgenossen besaß, und zwar in all jenen Bewegungen, die sich zum Teil selbst »faschistisch« nannten und von Rumänien bis England, von Spanien bis Ungarn und von Dänemark bis Bulgarien voller Bewunderung auf Hitler und Mussolini blickten, die sich ja inzwischen, auch aufgrund ihrer ideologischen Affinität, zur »Achse Rom-Berlin«, zusammengefunden hatten. Die polnischen Nationaldemokraten huldigten einem wahren Mussolini-Kult, und sie erklärten Hitler ohne negative Akzentsetzung für die »Verkörperung des deutschen Volksgeistes«.[16]

Natürlich formierten sich auch die Gegner neu, und zwar unter einem generischen Begriff des »Antifaschismus«, der sich zuerst in Frankreich durchsetzte und dann auf die englische Labour Party übergriff, die mehr und mehr von ihrem bisherigen Pazifismus Abschied nahm. Unter diesem Zeichen konnten jetzt Linksliberale, Sozialisten und Kommunisten zur Zusammenarbeit gelangen. Auch diese Parteien hatten nämlich unter dem Druck eines neuartigen Feindes ihre Affinität entdeckt oder wiederentdeckt, und während der Jahre 1936 bis 1938 mochte es so aussehen, als hätte sich Europa in zwei große, jeweils durch ideologische Affinitäten verbundene Lager geteilt und als stünde ein Entscheidungskampf zwischen dem Faschismus und seinen »rechten« oder »konservativen« oder »bürgerlichen« Verbündeten auf der einen Seite und dem mit der Sowjetunion sympathisierenden »Antifaschismus« auf der anderen bevor.

Tatsächlich kann auch noch der Zweite Weltkrieg unter diesem Gesichtspunkt gesehen werden, aber der entscheidende Unterschied bestand darin, daß nach Hitlers Saarbrücker Rede, nach dem Staats- bzw. Parteipogrom vom 9. November 1938 und vor allem nach der Besetzung der »Rest-Tschechei« die englischen Antifaschisten zusammen mit ihrem Verbündeten Winston Churchill, der 20 Jahre zuvor der entschiedenste aller Antibolschewisten gewesen war, die Oberhand gewannen und daß schließlich gerade diese Konservativen Hitler den Krieg erklärten, auf deren Unterstützung und Sympathie er zählen zu dürfen glaubte. Wenn darin eine gewisse Paradoxie gesehen wird, setzt man allerdings voraus, daß Chamberlain und Halifax, Lord Lothian und Geoffrey Dawson sich von ideologischen Sympathien und Antipathien leiten ließen und keine bloßen Gleichgewichtspolitiker waren, und zu diese Frage gibt es in der Literatur keine einheitliche Meinung. Aber so viel ist gewiß, daß zwischen Churchill und Stalin noch weniger eine ideologische Affinität bestand als zwischen Chamberlain und Hitler und daß neben der Differenz, die es zwischen den faschistischen Regimen und den europäischen Konservativen immer gegeben hatte, weil beide Seiten die andere jeweils nur als *junior partner* akzeptieren wollten, eine mindestens ebenso tiefgreifende Differenz im Gegenlager existierte, in der Hitlers Hoffnungen auf ein Zerbrechen der feindlichen Koalition während des Krieges begründet waren und die nach seinem Tode rasch zu den Konflikten des Kalten Krieges führte.

Die als Möglichkeit deutlich hervorgetretene, wenn auch schließlich ohne positive Konsequenz gebliebene Affinität zwischen dem Nationalsozialismus und »dem Westen« einschließlich der USA ist von seiten der Sowjetunion und ihrer Verbündeten in der Zeit des Kalten Krieges immer wieder herausgestellt worden, sicherlich auch in der Absicht, den Hitler-Stalin-Pakt als präventive Verteidigungsmaßnahme erklären und weiterhin die Existenz des geheimen Zusatzabkommens leugnen zu können. Daß Allen Dulles sich mit den »Ideen und Prinzipien des Hitler-Faschismus« solidarisiert habe, war schon so etwas wie ein Topos in der sowjetischen Literatur, und nicht ganz zu Unrecht wies man auf den Jesuitengeneral Ledochowski hin, der während des ganzen Krieges ebenso wie einflußreiche SS-Führer auf eine Umkehrung der Allianzen hingewirkt habe.[17]

Auch für westliche Marxisten war die Affinität zwischen Nationalsozialismus und »Kapitalismus« evident, so daß nicht einmal die nationalsozialistische Vernichtungspolitik eine essentielle Differenz ausmacht; daher schreibt etwa Tim Mason: »Genocide was the most distinctively Nazi, the most terrible part of an overarching politics of struggle. And these were the politics of a whole capitalist epoch.«[18] Aber der gemäßigte Antifaschist Hermann Graml konstatiert ebenfalls eine wesentliche Affinität zwischen den Nationalsozialisten, den konservativ-nationalen Honoratioren des Widerstandes und »den übrigen Völkern Europas«, und zwar im »Herrengefühl der weißen Rasse«.[19]

Die Behauptung, eine weitgehende Affinität habe zwischen dem

»Westen« oder der »abendländischen Kultur« und dem Nationalsozialismus bestanden, hat innerhalb der westlichen Welt selbst um so mehr an Kraft gewonnen, je mehr »Fortschrittlichkeit«, »Zivilisation« und »Wissenschaft« die positive Konnotation einbüßten, die es so leicht machte, die westliche Zivilisation und Modernität in einen Gegensatz zur nationalsozialistischen Barbarei und Zurückgebliebenheit zu stellen. So wurde es allmählich möglich, die alte nationalsozialistische These vom Verhängnis der intellektualistischen Zivilisation in Gestalt des Begriffs der abendländischen Logokratie wiederaufzunehmen und sie doch mit Nachdruck gegen den Nationalsozialismus zu kehren, der als eine der Spitzen dieser logokratischen, rationalistischen, auf Vernichtung und Einebnung gerichteten Zivilisation erscheint.

Auf andere Weise als in manchen Strömungen der »Postmoderne« kommt die gleiche Auffassung in der Anklage zum Vorschein, die von jüdischer Seite gegen die Gleichgültigkeit der westlichen Welt angesichts der nationalsozialistischen »Endlösung der Judenfrage« gerichtet wurde, so daß man in wissenschaftlichen Zeitschriften Sätze wie die folgenden lesen kann: »Großbritannien und die übrige freie Welt stehen mithin unter Anklage, die Verantwortung für die Vernichtung des europäischen Judentums mit dem nationalsozialistischen Deutschland und seinen Komplizen zu teilen«, oder: »Die Alliierten verleugneten durch ihre Untätigkeit die moralischen Grundlagen ihres Krieges gegen das absolute Böse, den Nazismus«.[20]

Aber nicht einmal jüdische Gruppen sind von scharfen Affinitäts-Vorwürfen frei geblieben. Hannah Arendts Kritik an den »Judenräten« wegen ihrer Kollaboration mit den Nationalsozialisten[21] bezieht sich zwar in erster Linie auf die Schwäche dieser Gremien, aber eine aktive Kooperation und innere Verwandtschaft wird in der innerjüdischen Auseinandersetzung nicht selten den Zionisten zum Vorwurf gemacht, die als Nationalisten dem eigentlichen und universalen »Judaismus« nicht weniger entgegengesetzt seien als die Nationalsozialisten.[22] Im Orthodoxen-Viertel Mea Shearim Jerusalems konnte man in der Tat Inschriften wie die folgenden lesen: »The Nazis killed our bodies, the Zionists kill our souls.« Aber es lassen sich auch mancherlei positive Bewertungen dieser präsumtiven Affinität anführen. So ist in den Akten der Parteikanzlei die Denkschrift eines Berliner Zionisten zu finden, in der mit schroffer Wendung gegen die »entwurzelten Asphaltjuden« die Gemeinsamkeit des jüdischen Nationalismus mit dem deutschen Nationalsozialismus unterstrichen und ein deutsches Mandat für den jüdischen Staat in Palästina empfohlen wird.[23] Werner Angress führt in einer Studie über den deutschen Kommunismus die Äußerung einer zionistischen Zeitung an, welche die »klare gesetzliche Regelung« der Nürnberger Gesetze begrüßt habe.[24] Und kein anderer als Adolf Eichmann erzählte 1960 bei seiner Vernehmung dem untersuchenden Polizeioffizier von seinen und seines Vorgesetzten frühen Sympathien für den Zionismus, dessen Ideen sich in ihren Augen »weitgehend mit dem nationalsozialistischen Wollen« gedeckt hätten.[25]

Erst angesichts der Fülle und Widersprüchlichkeit dieser Affinitätsthesen wird dem Beobachter klar, wie wenig selbstverständlich die im Westen lange Zeit wichtigste aller Affinitätsthesen war, nämlich diejenige der sogenannten Totalitarismustheorie, die den Nationalsozialismus mit dem Bolschewismus, manchmal auch nur mit dem »Stalinismus« zwar nicht identifizierte, aber doch weitgehend gleichsetzte. Als liberale Interpretation konnte sie mit Zuversicht darauf verweisen, daß kein vernünftiger Mensch dem »westlichen Verfassungsstaat« mit seiner Machtverteilung und seinen rechtsstaatlichen Regelungen eine Affinität zum Nationalsozialismus oder auch zum Kommunismus zuschreiben könne. Aber auf der anderen Seite ließ sich die Behauptung nicht von der Hand weisen, daß der Liberalismus als Lehre vom freien Spiel der Kräfte den Behauptungen Hitlers über den ewigen Kampf der Völker und Rassen überhaupt erst die Begründung gegeben habe und daß mithin der Liberalismus vom Vorwurf der Affinität zum Nationalsozialismus ebensowenig ausgenommen sein könne wie der Konservativismus, das Militär, die Kirche, das Kleinbürgertum, die westliche Welt und der Marxismus. Und kann nicht gerade dasjenige, was *keine* Affinität aufweist, mit seinem Gegensatz stärker verbunden sein als mancherlei sympathisierende Kräfte, wenn es sich zu einem Extrem fortentwikkelt hat, das nach Lage der Gegebenheiten eine heftige Reaktion geradezu erzwingt? Was ruft zum Beispiel mit größerer Sicherheit fanatischen Nationalismus hervor als die insistente Leugnung der Nation?

Wie weiter oben angekündigt, sollen nun zur Veranschaulichung zwei Autoren etwas ausführlicher zu Wort kommen. Beide Bücher beziehen sich auf das Verhältnis zwischen den Kirchen und dem Nationalsozialismus. Das eine ist eine scheinbar ausgesprochen spezielle Untersuchung zu einem eng begrenzten Gegenstand, nämlich dem

Bistum Ermland in der Zeit des Dritten Reiches, und das zweite läßt schon durch seinen Titel erkennen, daß die Intention sehr polemisch ist; es führt aber zu allen Zitaten Belegstellen an und ist – wenn auch mit Einschränkungen – der wissenschaftlichen Literatur zuzurechnen.

Gerhard Reifferscheids Studie *Das Bistum Ermland im Dritten Reich* ist 1975 erschienen. Der Bezirk Ermland ist deshalb besonders interessant, weil er mitten im protestantischen Ostpreußen und überhaupt in Norddeutschland fast rein katholisch ist, dies aus historischen Gründen, die uns im einzelnen nicht zu beschäftigen brauchen. Wie immer in solchen Fällen, zeichnet sich eine isolierte Region dieser Art durch Aktivität und Geschlossenheit aus, und so war das Ermland bis 1933 ein starkes Bollwerk der Zentrumspartei. Obwohl die Grenzlage und das Abgeschnittensein vom Reich in ganz Ostpreußen das nationale Moment stärker in den Vordergrund rückte als in den binnendeutschen Bezirken, machte der Nationalsozialismus, der seit 1928 von Königsberg aus durch den Gauleiter Erich Koch geführt wurde, im Ermland kaum Fortschritte, und die Hirtenbriefe des Bischofs Maximilian Kaller nahmen mit großer Entschiedenheit gegen den Nationalsozialismus Stellung, hauptsächlich wegen des negativen Verhältnisses zum Alten Testament und der Propagierung eines dogmenlosen, also nicht wirklich christlichen Christentums. Zur Reichstagswahl vom 5. März 1933 gab er eine unumwundene Empfehlung der Stimmabgabe für das Zentrum und gegen den Nationalsozialismus, den er ebenfalls wegen seines »Militarismus« ablehnte.

Sehr rasch vollzog sich dann allerdings auch im Ermland die nationalsozialistische Machtergreifung mit dem Zangengriff von oben und unten. Die katholischen Landräte und zahlreiche Beamte wurden entlassen; die Gewerkschaftshäuser wurden besetzt, und die Juden wurden schon vor dem 1. April zu Opfern physischer Gewalt von seiten der SA, in einigen Fällen mit Todesfolge. Aber Bischof Kaller ließ nun in seinen publizistischen Äußerungen eine wachsende Bereitschaft zur Mitarbeit am neuen Staat erkennen, teilweise aus Furcht vor der aus dem übrigen Ostpreußen in das Ermland hineinschwappenden Volksbewegung, teilweise aber auch aus Sympathie mit dem »Reichs«gedanken, in dem eine Gemeinsamkeit von Nationalsozialismus und Katholizismus zu liegen schien. Wenn man diese Äußerungen für sich und ohne Zusammenhang mit dem Vorhergehenden und dem Folgenden betrachtet, sind sie ein klarer Beweis für innere Affinität.

101

Besonders merkwürdig ist aber, daß an der theologischen Hochschule des Ländchens, der »Staatlichen Akademie Braunsberg«, einige Professoren wirkten, die sehr nachdrücklich im Sinne dieser Affinität wirkten und durchweg auch in die nationalsozialistische Partei eintraten. So verfaßte der Kirchenhistoriker Joseph Lortz eine Broschüre mit dem Titel *Katholischer Zugang zum Nationalsozialismus*, in der er die »Rettung Deutschlands und Europas vor dem Bolschewismus« durch den Nationalsozialismus konstatierte und für eine »eminent ›kirchliche‹ Tat« erklärte. Die grundlegende Verwandtschaft zwischen Nationalsozialismus und Katholizismus sei in der gemeinsamen Gegnerschaft zu »Liberalismus, Bolschewismus, Relativismus und Gottlosigkeit« sowie in der Ablehnung eines »blutlosen Intellektualismus« und dem Vorrang der Gemeinschaft vor dem Individuum zu sehen. Schwierigkeiten erblickte er in der antichristlichen Agitation Alfred Rosenbergs und der Deutschen Glaubensbewegung, aber er übte auch katholische Selbstkritik wegen der mangelnden Beweglichkeit und Aufgeschlossenheit der Kirche gegenüber der neuen Bewegung.

Der Kirchenrechtler Hans Barion stand unter dem starken Einfluß von Carl Schmitt. Wie dieser kritisierte er den »liberalistischen« Naturrechtsbegriff und machte sich zum Vorkämpfer des »totalen Staates«, der sich allerdings auf den politischen Bereich beschränken und die Kirche in ihren unpolitischen Aufgaben frei lassen müsse. Der Biologe Hans André griff die »jüdisch-arabische« Aristotelesauslegung mit ihrem Logokratismus an und vertrat einen »Holismus«, der sich auf die »arische« oder »deutschstämmige« Scholastik von Thomas von Aquin und Albert dem Großen berief.[26]

Aber diesen katholischen Nationalsozialisten, die – nicht anders als Carl Schmitt – von Rosenberg und der SS mit großem Mißtrauen beobachtet wurden, standen ebensoviele Regimegegner gegenüber, so die Professoren Hermann Hefele und Wladislaus Switalski. Gegen zwei der Nationalsozialisten erfolgten kirchliche Strafmaßnahmen. Im Jahr 1934 befürchtete die Gestapo ernsthaft, im Bistum Ermland werde darauf hingearbeitet, Rom zu einem Interdikt gegen das nationalsozialistische Deutschland zu bewegen und dadurch so viel Unruhe im Volk zu erzeugen, daß das Regime daran zerbrechen müsse. Dieser Verdacht war zwar unbegründet, aber jahrelang spielte sich nun eine offene Auseinandersetzung ab, in der Bischof Kaller dem Gauleiter Koch beinahe wie eine gleichrangige Macht gegenüberstand. Bis in das Jahr

1945 hinein wagte die Gestapo nicht, den Streit durch die Verhaftung des Bischofs und seine Einweisung in ein Konzentrationslager zu beenden. Die Katholische Kirche wurde im totalitären Staat des Dritten Reiches nie zu einer »gleichgeschalteten« Organisation, und dieser Tatbestand sollte zu Differenzierungen beim Konzept des Totalitarismus wie zur Eingrenzung des Begriffs »Affinität« führen.

Reifferscheid hebt den Unterschied und den Kampf viel stärker hervor, obwohl er die Züge von Affinität nicht verschweigt, und er verbirgt seine Sympathie für die Kämpfe der Katholiken im Bistum Ermland nicht. Dagegen läßt schon der Titel des Buches von Ernst Klee *Die SA Jesu Christi. Die Kirche im Banne Hitlers* erkennen, daß der Verfasser vor allem die Affinität herausarbeiten will und daß Empörung (anscheinend die Empörung eines engagierten Christen) ihm die Feder führt. So zitiert er einen Huldigungsgruß von 1000 Diakonen vom September 1933, der an den »Führer unseres Volkes und Retter unseres Vaterlandes vor dem Untergang im Bolschewismus« gerichtet ist, und an vielen Beispielen zeigt er auf, daß zahlreiche Diakonissen Hitler in Gedichten und anderen Äußerungen geradezu anschwärmten. Der Titel des Buches ist dem Vortrag eines Pfarrers entnommen, in dem sich der an Diakone und kirchliche Mitarbeiter gerichtete Satz fand: »Wir grüßen euch alle als die SA Jesu Christi und die SS der Kirche, ihr wackeren Sturmabteilungen und Schutzstaffeln im Angriff gegen Not, Elend, Verzweiflung und Verwahrlosung, Sünde und Verderben.«[27] Es handelte sich also um eine Metapher, und es ist ohne Zweifel bedenklich, eine solche Metapher wie einen absoluten Ausdruck im Titel zu verwenden. Ohne Zweifel würde die Gestapo diesen Satz zu den kirchlichen Zersetzungstendenzen gezählt haben, die durch scheinbare Annäherung an die nationalsozialistische Terminologie den nationalsozialistischen Gehalt gerade schwächen sollten.[28]

Kennzeichnender ist aber, daß Klee alle antikommunistischen Wendungen, in denen die Affinität hauptsächlich gründet, mit einem sehr negativen Akzent versieht, so auch die Tatsache, daß der Münchener Kardinal Faulhaber bei seinem Gespräch im November 1936 auf dem Obersalzberg zustimmend und bestätigend folgende Aussage Hitlers zur Kenntnis genommen habe: er habe genaue Berichte darüber, »wie die Untermenschen, von Juden aufgehetzt, als Bestien in Spanien hausen«.[29] Es wäre zu fragen, ob es nicht eine sehr starke Drohung gewesen sein muß, die einen Mann wie Faulhaber hier zur Zustimmung zu einer

Feststellung und einer allerdings sehr fragwürdigen Behauptung führte. Aber Klee möchte beweisen, daß Würdenträger beider Kirchen der Ausschaltung und Verfolgung der Juden »mit Genugtuung« zugesehen hätten und daß sie sogar nach zahlreichen Informationen über die Greuel der Judenvernichtung und gewiß auch mancherlei Protesten und Verwahrungen noch 1944, wie der Kardinal Bertram, »im Antibolschewismus mit Hitler einig« gewesen seien.[30]

Das eine wie das andere dürfte eine Fehlinterpretation sein, und wie leicht Autoren, bei denen der Wunsch anzuklagen allzusehr hervortritt, in Gefahr sind, gegen die Gebote der wissenschaftlichen Genauigkeit zu verstoßen, läßt sich an einem von Klee herangezogenen Beispiel sehr anschaulich zeigen. Der Autor zitiert den Hirtenbrief der deutschen Bischöfe vom 3. Juni 1933, in dem sich der Satz findet, der »mörderische Bolschewismus mit seinem satanischen Gotteshaß« könne die deutsche Volksseele nun nicht mehr bedrohen und verwüsten. Dazu habe Goebbels den Kommentar gegeben: »Die Soutanenträger sind sehr klein und kriegerisch.« Schlägt man aber die angeführte Eintragung in Goebbels' Tagebuch vom 4. Juni 1933 nach, dann sieht man, daß er von seinem Besuch in Italien berichtet, wo er lange mit hohen Geistlichen gesprochen und den Kardinal Bertram scharf kritisiert habe. Offenbar stieß er entgegen seinen Erwartungen nicht auf Widerspruch, und er kommentiert: »Die Soutanenträger sind sehr klein und kriechen.«[31] Der Sinn des Satzes ist also ein ganz anderer, und auch an diesem Beispiel wird klar, daß Zitatenüberprüfung der Sekundärliteratur ebenso notwendig ist wie Quellenkritik gegenüber zeitgenössischen Dokumenten. So verweisen unsere einzelnen Themen immer wieder aufeinander; so wie wir jetzt auf die Quellenkritik zurück- und auf den Kirchenkampf vorausgeblickt haben, so hängt das Problem der Affinität aufs engste mit der Frage zusammen, ob bei der Einordnung des Nationalsozialismus in die deutsche und vielleicht in die europäische Geschichte »Kontinuität« oder »Diskontinuität« der wirklich adäquate Begriff ist.

# 3. Kontinuität oder Diskontinuität?

Kontinuität kann als Affinität verstanden werden, die sich in die Zeit erstreckt, über die Lebensdauer einzelner Menschen und einzelner Generationen hinaus. Die einfachste und einleuchtendste aller Kontinuitäten ist die Abstammung, zunächst die Familie. Für jeden Menschen reicht eine ununterbrochene Linie der Herkunft bis in die fernsten Zeiten, aber in der Regel überblicken nur adlige Familien eine größere Spanne Zeit, weil sie die Erinnerungen an ihre Vorfahren pflegen, von der ihr eigener Status in der Gesellschaft zum guten Teil abhängt, denn sechzehn adlige Vorfahren nachweisen zu können war noch im 18. Jahrhundert oft Vorbedingung etwa für die Aufnahme in eine Ritterakademie oder in ein Damenstift. Diese Generationenfolge war aber nicht nur eine Linie des Blutes, sondern des Verhaltens, der adligen Lebensführung, des Festhaltens an Traditionen. So wurde es denkbar, daß die Kontinuität des Blutes und die Kontinuität im gesellschaftlichen Ansehen auseindertraten; wer ein Verbrechen beging oder wegen Feigheit vor dem Feinde seinen Offiziersrang verlor, wurde ausgestoßen, und seine Nachkommen fielen in das gewöhnliche Volk zurück, das »keine Vorfahren« hatte. Aber es war auch vorstellbar, daß der Sohn einer adligen Familie einen Weg einschlug, der seine Verwandten aufs äußerste befremdete, ohne daß sie ihm einen Verstoß gegen die »Ehre« hätten vorwerfen können: daß er sich etwa in den Dienst eines fremden Fürsten in einem fernen Lande begab, dort heiratete und seine Kinder nach den Gepflogenheiten dieses Landes erzog. Dann war ein Mittelding zwischen der normalen Kontinuität der Generationen im eigenen Land oder dem eigenen Erdteil und der totalen Diskontinuität der Ausstoßung eingetreten.

Kontinuität und Diskontinuität sind beide große Wirklichkeiten im menschlichen Leben, und sie haben vielerlei Zwischenformen. Je rascher der geschichtliche Wandel sich vollzieht, um so mehr tritt die Diskontinuität hervor, weil die jüngere Generation von der älteren nichts mehr lernen kann oder will; deshalb schrieb Tocqueville, »die Demokratie« verberge den Menschen ihre Vorfahren. Heute sind wir nahezu alle »ohne Vorfahren«, denn nur noch einige abseitige Liebhaber betreiben »Ahnenforschung«, und die Enkel wissen oft genug nichts mehr von den Großeltern. Der Nationalsozialismus war unter diesem Gesichtspunkt ein Versuch, das adlige Familienbewußtsein auf das ganze Volk auszudehnen und die Nation primär als Abstammungsgemeinschaft zu begreifen. Zumindest in dieser Hinsicht besteht also eine extreme Diskontinuität zwischen dem Dritten Reich und der Lebensweise der Bundesrepublik.

Es ist gleichwohl nicht ohne weiteres zu begreifen, wie Diskontinuität im geschichtlichen Leben möglich sein soll, weil doch in aller Regel eine Kontinuität dessen gegeben ist, was man die »menschliche Substanz« nennen mag. Im Jahr 1934 lebten im Deutschen Reich, von der relativ geringen Zahl der Emigranten und natürlich von den Verstorbenen und den Neugeborenen abgesehen, dieselben Menschen wie 1932; auch die Zahl derer, die in Konzentrationslager eingesperrt waren, fiel kaum ins Gewicht. Aber jeder Mensch wußte, daß er ohne Richterspruch in ein solches Lager gebracht werden konnte, wenn er Handlungen beging, die bis 1933 als erlaubt, ja harmlos gegolten hatten. Insofern hatte sich für alle eine fundamentale Veränderung vollzogen, denn Vergleichbares war weder in der Weimarer Republik noch im Kaiserreich auch nur vorstellbar gewesen. Im Hinblick auf Rechtssicherheit und individuelle Freiheitsgarantien bedeutete das Jahr 1933 also zweifellos einen Bruch und ausgeprägte Diskontinuität.

Andererseits mag man sich fragen, wodurch denn Kontinuität gegeben ist, wenn die Diskontinuität ins Auge sticht. Von all den Männern und Frauen, die beide Weltkriege bewußt erlebt haben, die also vor 1900 geboren wurden, leben nur noch ganz wenige, ein geringer Bruchteil von einem Promille, und bald wird auch der letzte gestorben sein. Aber alle Bewohner Deutschlands, auch die Millionen, die nicht zu den Kindern und Enkeln jener Generation zählen, weil sie eingewandert sind, leben noch – oder besser von neuem – in demselben, wenngleich an Gebiet verkleinerten Staat. Die Lage und die Situation dieses Staates ist im Kern unverändert geblieben – oder besser: nach einer gravierenden Unterbrechung wieder die alte geworden –; die Einwohner sprechen dieselbe, nur wenig veränderte Sprache; ihre Streitigkeiten werden aufgrund desselben, nur wenig veränderten *Bürgerlichen Gesetzbuches* entschieden, durch das auch die Ordnung jener älteren Generation schon geprägt war. Es ist freilich nicht ausgeschlossen, daß sie sich in ihrer großen Mehrheit vornehmen, einen ganz anderen Weg zu gehen als die alte Generation, die, wie sie sagen mögen, zwei Weltkriege verschuldet hat, und daß sie auf ihren Staat verzichten wollen und überzeugt sind, mit aller Welt umstandslos in freundschaftlicher Harmonie zusammenleben zu können: Die Macht der Kontinuitäten wird dadurch nicht aus der Welt gebracht, und eine totale Diskontinuität erweist sich als unmöglich.

Die Frage nach Kontinuität und Diskontinuität in Deutschland und Deutschlands selbst ist nur deshalb ein erregendes Thema, weil es das nationalsozialistische Regime, dessen Taten und die daraus resultierenden Schuldvorwürfe gab. Einem Engländer würde es nie einfallen, an der bruchlosen Kontinuität der englischen Geschichte zu zweifeln, weil 1945 der siegreiche Kriegspremier Churchill durch eine Regierung der Labour Party abgelöst wurde. Aber wenn sich eine prononcierte Kontinuität zwischen dem Dritten Reich und der Bundesrepublik nachweisen ließe, wäre die praktische Situation dieses Staates und seiner Bevölkerung eine ganz andere, als wenn glaubwürdig dargetan würde, daß das Jahr 1945 einen genuinen Bruch in der deutschen Geschichte bedeutet habe. Bis zu einem gewissen Grade läßt sich das sogar im Hinblick auf die Frage von Kontinuität oder Diskontinuität zwischen dem Kaiserreich und der Weimarer Republik und weiterhin dem nationalsozialistischem Regime sagen.

Es erscheint sinnvoll, am Anfang und als Ausgangspunkt für ergänzende Überlegungen zu dieser »Kontinuitäts-Problematik« zwei bekannten Historikern das Wort zu geben, die sich in Aufsätzen der *Historischen Zeitschrift* zu diesem Thema auf sehr unterschiedliche Weise geäußert haben. Der Beitrag von Thomas Nipperdey *1933 und die Kontinuität der deutschen Geschichte* erschien im Jahr 1978[1], derjenige von Fritz Fischer *Der Stellenwert des Ersten Weltkriegs in der Kontinuitätsproblematik der deutschen Geschichte* erschien ein Jahr darauf.[2] Ich beginne mit dem etwas jüngeren Aufsatz des älteren der beiden Autoren, weil er eine sehr eindeutige und weitverbreitete Position vertritt.

Fritz Fischers Buch *Der Griff nach der Weltmacht* bildete 1961 einen der Knotenpunkte der deutschen Historiographie, denn es war der Anfang der sogenannten Fischer-Kontroverse und darüber hinaus ein wesentlicher Anstoß für die Entstehung der sogenannten Gesellschaftsgeschichte, die von den »personalistischen« oder »hitlerzentristischen« Interpretationen der deutschen Geschichte wegkommen und die »strukturellen« Ursachen des Nationalsozialismus oder der »deutschen Katastrophe« oder des »deutschen Sonderweges« erhellen wollte. Fischers Wiederaufnahme der alliierten Kriegsschuldthese des Ersten Weltkriegs war die Voraussetzung dafür, denn dadurch wurde die Frage nach der Kontinuität zwischen dem Ersten und dem Zweiten Weltkrieg zu einem wissenschaftlich ernstzunehmenden Thema, nachdem Männer wie Gerhard Ritter die Thesen amerikanischer oder englischer Autoren über die Kontinuität der deutschen Geschichte von Luther oder gar von Arminius bis Hitler zurückgewiesen und den Gegensatz zwischen der preußischen Tradition und dem Nationalsozialismus herausgearbeitet hatten. In seinem Vortrag auf dem Historikertag in Hamburg vom Oktober 1978 zog Fischer die Linien ausdrücklich aus, die aus seinen beiden großen Büchern[3] abzuleiten waren oder ihnen vielleicht bereits zugrunde gelegen hatten.

Fritz Fischer unterscheidet zwei Hauptkontinuitäten in der deutschen Geschichte, die ältere und föderative des spätmittelalterlichen Reiches und noch des Deutschen Bundes von 1815, als deren zeitgemäße Abwandlung die liberal-demokratischen Ideen des 19. Jahrhunderts zu betrachten sind, und die jüngere des monarchisch-bürokratischen Preußen, die seit 1866/71 für ganz Deutschland bestimmend wurde. Dieser preußische Staat ist als ein »heroisch-aristokratischer Kriegerstaat« zu kennzeichnen, wie ihn Karl Alexander von Müller 1914 mit positivem Akzent definiert hatte, und er wurde von einer Elite regiert, die sowohl »vorindustriell« wie »antidemokratisch« war und sich schroff jener sowohl älteren als auch modereren Tradition entgegenstellte, die für Fischer offensichtlich zugleich die bessere ist. Dieser Staat der »Junker« warf die Revolution von 1848 nieder, stiftete eine enge Verbindung von »Thron und Altar« und gründete das Deutsche Reich. Der rapiden Entwicklung zum Industriestaat begegneten die Junker, indem sie sich die industrielle Großbourgeoisie assimilierten und schließlich sogar auf manipulative Weise kleinbürgerliche Gruppen an sich heranzogen, so daß ein »harter reaktionärer Kern« das Heft in der Hand behielt.

Die Arbeiterbewegung und liberale Kräfte des Bürgertums brachten die wirtschaftliche und soziale Machtstellung dieses Kerns jedoch in

Gefahr, und so wurde die Partei der innenpolitischen Konservation zur Partei der außenpolitischen Expansion, die von einem siegreichen Krieg die Befestigung der monarchischen Ordnung und die Ausschaltung jener Drohung erwartete. Durch die sogenannte Weltpolitik wollte man »nichts Geringeres als die ›Gleichberechtigung‹ des Deutschen Reichs mit dem Britischen Weltreich« erzwingen, die in Wahrheit eine Vormachtstellung bedeuten mußte, weil Deutschland bereits die stärkste Landmacht war. Der Widerstand Englands war also ebenso zwangsläufig wie berechtigt. Diese »deutsche Macht- und Weltpolitik« ist nach Fischers Ansicht das Hauptmoment der Kontinuität von Wilhelm II. zu Hitler; auch in der Politik Bethmann-Hollwegs sieht er nur »die liberalkonservative Variante« dieser Politik. Vorstellungen von einem geschlossenen Wirtschaftsraum »Mitteleuropa« wurden aber auch von Walther Rathenau und den Exportindustrien vertreten und hatten schließlich, zusammen mit exorbitanten Plänen einer Befreiung der Ukraine und Schwächung Rußlands, jene »Realitätsblindheit« zur Folge, die das Eingreifen der USA provozierte und sich unter Hitler wiederholen sollte.

Fischers Kritik erstreckt sich auf »das gesamte bürgerliche Deutschland« und insbesondere auf die protestantischen Theologen, die als erste im Oktober 1918 die »Dolchstoßlegende« erfanden und damit einen wesentlichen Beitrag dazu leisteten, daß die führenden Schichten des militärisch besiegten Deutschland es fertigbrachten, »von der Verantwortung am Krieg und an der militärischen Niederlage abzulenken und sie Juden und Sozialdemokraten aufzubürden«. So blieben die Führungseliten des Kaiserreichs in ihren Machtpositionen: »Großgrundbesitz, Industrie, Armee, Bildungsbürgertum, Bürokratie und Justiz«. Freilich hielten auch die Gewerkschaften unter der Führung Legiens »an ihrem sozialreformerischen Kurs« fest und verblieben mithin in der Kontinuität.

Aber diese Eliten, anscheinend unter Einschluß der Gewerkschaftsbürokratie, waren nicht imstande, breite Volksmassen für ihr Ziel von »Ordnung und Wiederaufstieg« zu mobilisieren. Hier war Hitler für sie eine entscheidende Hilfe, der vornehmlich »aus deklassiertem Mittelstand, kleinbürgerlichen und bäuerlichen Schichten, die von der Krise am härtesten betroffen waren«, eine Massenpartei zu formieren verstand. Die Eliten und Hitler waren sich im »Bekenntnis zum nationalen Machtstaat« einig, und die Zerschlagung der Gewerkschaften und der

Arbeiterparteien im Jahre 1933 ermöglichte es ihnen durch den Beginn der Aufrüstung, »auf Kosten einer mundtot gemachten Arbeiterklasse wieder in die Gewinnzone zu kommen«, wie Fischer aus einer Studie von Heinrich August Winkler zitiert. Da die Arbeiterklasse aber am entschiedensten für den außenpolitischen Status quo eingetreten war, wurde der Weg zu einer revisionistischen Außenpolitik der »Wiederaufrichtung der deutschen Großmachtstellung in Europa und schließlich in der Welt« frei, zu einer Außenpolitik, die allerdings auch Stresemann bereits betrieben hatte.

So verdichteten sich wieder die Bemühungen um einen Anschluß Österreichs, um »Mitteleuropa« und um die wirtschaftliche Expansion nach Südosten. Aber auch das politische Ziel der Eroberung neuen Lebensraums wurde keineswegs nur von Hitler artikuliert, und abermals sprachen sich gerade protestantische Theologen für die Legitimität des Krieges und für den »Gehorsam gegenüber der Obrigkeit« aus. Planspiele von Heer und Marine behandelten bereits in der Mitte der zwanziger Jahre einen Zweifrontenkrieg gegen Polen und Frankreich; auch die Literatur der Spengler, Jünger, Beumelburg usw. trug mit ihrer militärischen Grundkonzeption dazu bei, daß militärpolitisch der Weg »ohne Bruch in die Ära Hitler« führte. Die erstaunliche Machtentfaltung, die nach 1933 folgte, wäre »ohne die Mitwirkung der Großindustrie nicht denkbar« gewesen, und während des Krieges lag dann die Ausbeutung der niedergeworfenen west- und osteuropäischen Länder ganz in der Linie der traditionellen Machtpolitik der deutschen Eliten.

Neben dieser grundlegenden Kontinuität nimmt Fischer allerdings auch einen »qualitativen Sprung«, mithin eine wesentliche Diskontinuität gegenüber dem Ersten Weltkrieg wahr, nämlich »durch die Ideologie des Anti-Bolschewismus und die Übersteigerung des ›Lebensraum‹-Gedankens« bis hin zu den Plänen der Vertreibung von 30 Millionen Menschen aus dem Ostraum und zum Völkermord an Polen und Juden. Der Gedanke des »Rassenkampfes« war dagegen nach Fischer nur eine gesteigerte Form des alten Schlagworts vom kommenden Entscheidungskampf zwischen Slawen und Germanen. Im ganzen gesehen ist das Dritte Reich vor allem als eine Folge der Weigerung der führenden Schichten des Deutschen Reiches zu verstehen, »den Ausgang des Ersten Weltkriegs hinzunehmen«.

Im Kern ist Fischers Aufsatz also weniger eine Anklage gegen Hitler als eine Anklage gegen die führenden Schichten, die »zweimal die historisch-politischen Realitäten Deutschlands in der modernen Welt verkannten«, indem sie den vergeblichen Versuch unternahmen, ihre privilegierte soziale Position im Inneren durch kriegerische Expansion nach außen zu behaupten, und dabei übersahen, daß die europäischen Nachbarn ebenso wie die USA niemals bereit sein würden, eine deutsche Hegemonie auf der Basis kriegerischer Expansion hinzunehmen. Fischer betont also die Kontinuität viel stärker als die Diskontinuität, die zwar wahrgenommen, aber mittels der Termini »Anti-Bolschewismus« und »Völkermord« bloß am Rande erwähnt wird. Sein Aufsatz endet dann auch nicht als Kampfruf, sondern auf versöhnliche Weise, weil er konstatieren zu dürfen glaubt, daß die Bundesrepublik nach 80 Jahren einer verhängnisvollen Sonderentwicklung wieder zu jener älteren, föderativen und liberal-demokratischen Tradition zurückgefunden habe, die ein normalisiertes Verhältnis zur übrigen Welt »im Sinne einer realitätsbewußten Zusammenarbeit mit allen Staaten« zur Folge haben werde.

Man könnte den Eindruck haben, daß Thomas Nipperdey seinen Aufsatz *ante festum* gegen die Argumente von Fritz Fischer geschrieben habe, denn er spricht sich mit großer Entschiedenheit gegen die »Kontinuitätshistorie« als »kritische anklagende und richtende Geschichte« aus, die eine »Konstruktion der Wünschbarkeiten, des Wie-es-hätte-sein-Sollen« darstelle und nicht sachgerecht sei, weil sie das Frühere vom Späteren her erkläre. Aber er stimmt andererseits mit Fischers Schlußwendung weitgehend überein, wenn er zu Anfang sagt: »Wir stehen der deutschen Geschichte mit großer Distanz gegenüber, und zumal die imperiale Phase der deutschen Geschichte zwischen 1871 und 1945 ist für das historische, das gebildete Bewußtsein zumeist nicht mehr nostalgisch erinnerte Nähe, sondern, wo nicht gespenstisch und feindlich, einfach fremd.« Gerade diese Ferne ist aber nach Nipperdey die Voraussetzung dafür, daß wir uns den Fragen der jüngsten deutschen Geschichte in wissenschaftlichem Geiste und nicht in der Attitüde des Anklägers zuwenden können.

Ganz anders als Fischer beginnt Nipperdey mit der Hervorhebung der Faktoren, die gerade diskontinuierlich, die »epochal« an dieser Geschichte sind, und er führt einen Begriff ein, der bei Fischer nicht vorkommt, weil er innerhalb des Ersten Weltkriegs noch keinen Platz finden kann, den Begriff »Faschismus«.[4] Von 1919 an gibt es ja in fast ganz Europa politische Bewegungen, die vorher als solche kaum auch

111

nur in Ansätzen existierten, und es ist ein Epochenklima wahrzunehmen, das solche Bewegungen begünstigte. Ohne bestimmte und keineswegs nur deutsche, sondern europäische Kontinuitäten wie die Krise des Liberalismus, die Mobilisierung der Massen, den Sozialdarwinismus, die Entchristianisierung usw. ist der Nationalsozialismus nicht vorstellbar, und für die marxistische Interpretation ist die nationalsozialistische Machtergreifung einfach ein besonderer Fall der Krise des Kapitalismus.

Aber so wichtig und unentbehrlich solche Momente und Konstellationen für die historische Erklärung sind, so wenig sind sie doch zureichend, denn die Krise des Kapitalismus brachte eben bloß in Deutschland den Nationalsozialismus hervor, und die Säkularisierung führte in Frankreich zu anderen Konsequenzen. Daher ist die Erörterung von deutschen Kontinuitätsmodellen nicht zu entbehren, und Nipperdey weist zunächst die sogenannten Tacitushypothesen zurück, welche – wie Edmond Vermeil – auf die mittelalterliche Kaiserpolitik oder – wie Barrington Moore – auf die Niederlage der Bauern im Bauernkrieg als den Anfang der verhängnisvollen Kontinuität zurückgreifen. Ebensowenig ist die Linie von Luther über Friedrich den Großen und Bismarck zu Nietzsche und Hitler überzeugend begründbar. Sichere Ausgangsstationen sind nur die Art der Reichsgründung und das Wesen der Industriellen Revolution. Von da an gibt es eine Hauptkontinuitätslinie, aber es gibt auch Gegenkontinuitäten der nicht notwendigerweise definitiv Besiegten: die marxistische, die radikaldemokratische, die föderalistische oder auch die preußische der Gegner Bismarcks, etwa der Brüder Gerlach.

Über die Bedeutung der alten Machteliten für die Ermöglichung des Umschwungs von 1933, der Machteliten des »preußisch-deutschen Nationalstaats«, urteilt Nipperdey nicht viel anders als Fischer, aber die Unternehmer trennt er stärker von ihnen, denn ein Phänomen wie den »organisierten Kapitalismus« habe es ja auch in den USA gegeben. Den Kontinuitäten innerhalb der politischen Kultur schreibt er ein eigenes Gewicht zu, das nicht einfach aus »Trägerschichten« abgeleitet werden kann, so dem schon recht spezifischen, auch durch allgemeine Zeitverhältnisse mitgeprägten Nationalismus, dem Militarismus und insbesondere der obrigkeitsstaatlichen Kontinuität mit dem Vertrauen in den »Dr. von Staat« und generell dem Primat der Ordnung vor der Freiheit. Dazu gehört aber auch das harmonistische Gesellschaftsmodell, welches Konflikte und Pluralismus stigmatisiert und sich mit dem frühen Thomas Mann nach »machtgeschützter Innerlichkeit« sehnt.

Von großer Bedeutung waren nach Nipperdey indessen auch die »durch das Tempo der Modernisierung verursachten Verunsicherungen und Verwerfungen«, und der Nationalsozialismus gehörte mit seiner Mischung moderner und vor- oder antimoderner Züge ebenfalls zu den Antworten auf die Modernitätskrise. Dies ist aber schwerlich spezifisch deutsch, und für nicht spezifisch deutsch erklärt Nipperdey auch den Antisemitismus und den Antimarxismus, denn der erste zählte nicht zu den dominanten Kontinuitäten der deutschen Geschichte, und der antisozialistische Affekt gegen die Sozialdemokraten und zumal gegen die Kommunisten, die »die bürgerliche Welt mit ihrer Vernichtung bedrohten«, trägt zwar wesentlich zur Erklärung von 1933 bei, war aber in ganz Europa verbreitet.

Das Eigentümliche des Nationalsozialismus besteht erst darin, »daß er an diese Kontinuitäten anknüpft und sie doch zerbricht«. Diesen »qualitativen Bruch« hebt Nipperdey viel stärker hervor als Fischer. Der Unterschied zwischen Bismarck und Stresemann auf der einen Seite und Hitler auf der anderen ist für ihn weitaus größer als die Übereinstimmungen in der Machtpolitik. Das nationalsozialistische Rasseimperium wäre nicht die Vollendung, sondern die Negation der Nation gewesen; die Waffen-SS war in Verhalten und Zielsetzung etwas anderes als das Heer, und der totalitäre Staat des Nationalsozialismus unterschied sich trotz aller äußerlichen Ähnlichkeiten essentiell vom traditionellen Obrigkeitsstaat. So erklärt sich der Erfolg des Nationalsozialismus nach Nipperdey gerade aus seiner »Omnibus-Struktur«, »aus der Tatsache, daß er eine Reihe von Kontinuitäten miteinander verband und jedem die seine versprach«. Aber es ist unzulässig, alles Frühere von 1933 her zu erklären und damit die einzelnen Traditionen auf die Gestalt festzulegen, die sie 1933 in dem auch durch Zufälligkeiten und individuelle Tatsachen wie die Person Hitlers geprägten Zusammenhang angenommen haben.

Daher verfehlt gerade die Kontinuitätshistorie, die so gern von »Realitätsblindheit« in bezug auf andere spricht, letzten Endes die geschichtliche Realität, die das Gute und das Böse vielfältig miteinander verschränkt sein läßt, die widersprüchlich und ambivalent und – »um ein heute verfemtes Wort zu benutzen«, tragisch, d. h. von unlösbaren Widersprüchen erfüllt ist. Und von dem sehr konkreten Postulat, daß

113

wir nicht »anachronistisch unsere Maßstäbe an die Vergangenheit« anlegen sollten, macht Nipperdey den Schritt zu einer philosophischen Aussage: Die Geschichtswissenschaft halte gegen alle Absolutheitsansprüche technischer oder ideologischer Art die Zukunft offen: »Sie stabilisiert das Bewußtsein unserer Pluralität, unserer Endlichkeit, unserer Freiheit.«

Wenn Nipperdeys Aufsatz einen Übergang zur Philosophie oder – um den Titel einer anderen Arbeit von ihm zu zitieren – zur »anthropologischen Dimension der Geschichtswissenschaft« darstellt und nicht eigentlich die Darlegung einer schroffen Gegenposition zu Fischer bedeutet, so wird festzustellen sein, daß eine radikale Diskontinuitätsthese in keiner größeren Darstellung oder Untersuchung verfochten wird, denn allzu offensichtlich ist die Fortexistenz der »alten Eliten« und ihre weitgehende Zusammenarbeit mit dem nationalsozialistischen Regime. Es sind einzelne Momente und Bereiche, wo das Überwiegen von Diskontinuität vermerkt werden muß, und in vielen Fällen erst in der Spätzeit des Regimes, d. h. im Kriege.

So konstatiert Lothar Gruchmann, das »Blutschutzgesetz« von 1935 habe im Gegensatz zu vielen anderen juristischen Neuerungen der nationalsozialistischen Zeit »keine Wurzel in den herkömmlichen Reformvorstellungen der Justiz« gehabt. Gleichwohl sei es hinter den Forderungen des radikalen Parteiflügels weit zurückgeblieben, der die Geltung bis auf »Achteljuden« ausgedehnt wissen wollte und die Todesstrafe für »Rassenschänder« verlangte.[5] Zu einem ähnlichen Ergebnis kommt Shulamit Volkov, indem sie nach Kontinuität und Diskontinuität im deutschen Antisemitismus zwischen 1878 und 1945 fragt. Nach ihrer Auffassung werden die Kontinuitätskräfte überbewertet, weil im einseitig auf Deutschland gerichteten Blick die Ähnlichkeit zwischen dem Antisemitismus der wilhelminischen Ära und dem der Dritten Republik in Frankreich nicht sichtbar wird. Eben dadurch wird ein grundlegender Tatbestand vernachlässigt: daß Hitler ein Täter und Agitator des gesprochenen Wortes war, während alle früheren Antisemiten, selbst Dühring, nur Schreiber waren.[6] Klaus Hildebrand zeigt in seinem Buch *Vom Reich zum Weltreich*, wie schwer es den rechtsgerichteten Vorkämpfern einer Kolonialpolitik in der Weimarer Republik fiel, den »Qualitätssprung« zu begreifen, den die nationalsozialistische Machtergreifung auch und gerade in ihrem Bereich bedeutete, so daß der eine oder andere öffentlich »gegen die beginnende Überfremdung

der traditionellen Gedanken der Übersee- und Kolonialpolitik« durch
die nationalsozialistischen Siedlungsideen und kontinentalen Raumvor-
stellungen protestierte.[7] Lothar Kettenacker, Vertreter einer »Kleinbürgerthese«, die eher für Kontinuität zu sprechen scheint, hebt doch mit
großem Nachdruck hervor, daß das Verhältnis zwischen Führer und
Volk »ein ganz anderes« gewesen sei als das zwischen Wilhelm II. und
seinen Untertanen.[8]

Vor allem aber haben die Nationalsozialisten selbst den Bruch zwischen ihrem Regime und den sogenannten »Wegbereitern« unterstrichen, sobald der Enthusiasmus der »nationalen Erhebung« an sein
Ende gekommen war. Es besteht kein Zweifel, daß Hitler entschlossen
war, mit den »reaktionären alten Diplomaten im Auswärtigen Amt«
möglichst bald vollständig aufzuräumen, und die Ernennung Ribbentrops war ein praktischer Schritt auf diesem Wege, der sehr rasch die
»Nazifizierung« der wichtigen Abteilung »D« mit sich brachte, freilich
bis 1945 nicht zum vollständigen Abschluß gelangte. Auch der nationalsozialistische Soziologe, der die Feststellung traf, »die frühere wirtschaftliche Führungsschicht« (sei) der seit 1933 führenden »soldatisch-
kriegerischen Elite« untergeordnet[9], sprach nicht von einer »Ersetzung« der einen Schicht durch die andere. Eine radikale Diskontinuitätsthese wie hinsichtlich der bolschewistischen Sowjetunion konnte in
bezug auf Deutschland nicht aufgestellt werden.

Daher ist der Vorrang der Kontinuitätsthesen begreiflich, und wir
haben Fritz Fischer nicht ohne Grund an die erste Stelle gesetzt.
Überaus einflußreich war ja schon die extreme Kontinuitätsthese gewe-
sen, die William S. Shirer in seinem weitverbreiteten Buch *The Rise and
Fall of the Third Reich* 1960 propagierte. Ähnliches trifft auf den ersten
Beitrag in dem mehrbändigen Sammelwerk *Das Deutsche Reich und der
Zweite Weltkrieg* von Wolfram Wette zu: *Ideologien, Propaganda und
Innenpolitik als Voraussetzungen der Kriegspolitik des Dritten Reiches*.[10]
Hier werden viele Zitate aus nahezu allen Parteien und Richtungen der
Weimarer Republik mit Ausnahme der Sozialdemokraten angeführt,
die zeigen, daß die Hitlersche Erscheinungsform des radikalen Revisio-
nismus nicht etwa marginal war, sondern aufs beste in eine breite
Tendenz hineinpaßte. So zitiert Wette eine von einem protestantischen
Pfarrer verfaßte und von der DNVP vertriebene Broschüre mit dem
Titel *Die Stellung des evangelischen Christen zum Pazifismus*, worin der
humanitäre und der christliche Pazifismus als »gefährlicher Wahn«

bezeichnet wird, der nur dem Bolschewismus Vorschub leiste. Und Ernst Jünger läßt sich von Adolf Hitler kaum unterscheiden, wenn er 1925 in *Feuer und Blut* schreibt: »Den Drang ins Weite und Grenzenlose, wir tragen ihn als unser germanisches Erbteil im Blut, und wir hoffen, daß es sich dereinst zu einem Imperialismus gestalten wird, der sich nicht wie jener kümmerliche von gestern auf einige Vorrechte, Grenzprovinzen und Südseeinseln richtet, sondern der wirklich aufs Ganze geht.«[11]

Allerdings ist diese Kontinuitätsthese in sich selbst ein Diskontinuitätsnachweis hinsichtlich der Beziehung zwischen dem Dritten Reich und der Bundesrepublik, denn das Militärgeschichtliche Forschungsamt, von dem das Werk herausgegeben wird, ist aller Vermutung nach das einzige von der Armee eines Staates finanzierte Institut der Welt, das dem Krieg, der sein Thema ist, in einer so gut wie ausschließlich kritischen und negativen Einstellung begegnet, d. h., es ist ein Beispiel für das nahezu totale Vorwalten der »Selbstkritik« nach dem Zweiten Weltkrieg, die nach dem ersten Krieg nur ein untergeordnetes, sich mühsam behauptendes Moment gewesen war.

In jüngster Zeit ist diese Kontinuitätsthese noch ein gutes Stück weiter vorangetrieben worden. In der umfangreichen Studie von Götz Aly und Susanne Heim *Vordenker der Vernichtung* sind es nicht die handgreiflich provokatorischen Sätze aus der Literatur des »Soldatischen Nationalismus« oder des »Alldeutschen Verbandes«, welche die Kontinuität zwischen der Opposition in der Weimarer Republik und dem nationalsozialistischen Regime begründen, sondern die Aufmerksamkeit wird auf einen scheinbar marginalen Teil der Literatur der nationalsozialistischen Zeit gerichtet. Er wurde von jungen Männern verfaßt, die später in der Bundesrepublik Deutschland eine bedeutende Rolle spielten.

So gab es im Dritten Reich die Schriften und Aktivitäten des *Reichskuratoriums für Wirtschaftlichkeit*, das heute unter dem Namen *Rationalisierungskuratorium der deutschen Wirtschaft* tätig ist, und zwar unter führender Beteiligung von Experten, die den Umbruch von 1945 ohne Schaden überstanden haben. Dr. Theodor Oberländer, im Krieg nach Meinung der Autoren »Massenmörder«, wurde sogar in Bonn Minister, und 1981/82 gehörte er »zu den Erstunterzeichnern des fremdenfeindlichen ›Heidelberger Manifests‹«. Werner Conze, später einer der bekanntesten Historiker der Bundesrepublik, schrieb über die agrarische »Überbevölkerung« im Osten Europas, und man weiß, daß die Nationalsozialisten dann im Krieg dieses Problem durch schlichte Vernichtung der überschüssigen Bevölkerung »gelöst« haben.[12] Die Folgerung, die sich aus all dem ergibt, läßt sich in Kürze so ausdrücken: Die Bundesrepublik unterband zwar jede öffentliche Wirksamkeit von Spitzenpolitikern des Dritten Reiches, soweit diese nicht schon von den Alliierten hingerichtet waren, und produzierte dadurch einen Schein von Diskontinuität. Aber in Wahrheit wurde sie von den viel wichtigeren jungen Männern im zweiten und dritten Glied, den mörderischen Experten und »Vordenkern der Vernichtung«, aufgebaut.

Das eigentlich Interessante an den Auffassungen von Aly und Heim ist aber, daß sie gerade nicht von dem üblichen Zorn gegen die »Reaktionäre« bestimmt sind, sondern daß sie den Bestrebungen dieser Männer einen hohen Grad von Modernität zuschreiben, denn sie seien von dem Ideal geleitet gewesen, eine »Zwei-Drittel-Gesellschaft mit hoher sozialer Mobilität« ins Leben zu rufen, wie sie dann in der Bundesrepublik tatsächlich verwirklicht wurde.[13] Aly und Heim müssen sich freilich den Einwand gefallen lassen, daß die Untersuchung der agrarischen Überbevölkerung in Polen ein wissenschaftlich ebenso legitimes Unternehmen war wie die Zwillingsforschung und daß weder aus dem einen noch aus dem anderen die Aktivitäten Himmlers als des *Reichskommissars für die Festigung des deutschen Volkstums* noch die Experimente des Dr. Mengele in Auschwitz mit Notwendigkeit resultierten.

Auch die gesamteuropäische, in ihrer Grundlage marxistische Version der Kontinuitätsthese hat in letzter Zeit von seiten jüngerer Forscher extreme Formen angenommen. So hat die Arbeit einer Gruppe in den Werksarchiven der Daimler-Benz-Aktiengesellschaft nicht bloß den Nachweis erbracht, daß eine beträchtliche Kontinuität der inneren Politik und des führenden Personals zu verzeichnen ist, sondern ausgehend vom Engagement der Firma in Südafrika werden konzentrische Kreise des Ausbeutungsverhältnisses konstruiert, die von den Preußen über die Deutschen bis zu »den Weißen« und »dem Westen« reichen.[14]

Gewiß wäre es unzulässig, tüchtigen jungen Forschern wie Aly und Heim politische Intentionen fragwürdiger Art zu unterstellen, aber eine innere Nähe ihrer These zu den Vorwürfen, die von den Protagonisten der DDR seit den Anfängen gegen die Bundesrepublik vorgebracht wurden, läßt sich schlechterdings nicht übersehen.

So erklärte Albert Norden 1962 unter der Überschrift *Goebbels-*

*Journalisten in Bonner Diensten,* die engsten Mitarbeiter des Bundeskanzlers Adenauer seien im Dritten Reich ganz im Sinne von Goebbels tätig gewesen: der Autor eines »antisowjetischen Hetzfilms« Felix von Eckardt, der »Judenvernichter (sic!) Globke«, die NS-Journalisten Lemmer und Thedieck sowie in nicht-amtlicher Zusammenarbeit Axel Springer, Hans Zehrer, Ferdinand Fried, Adalbert Weinstein und Helmut Sündermann. Der Journalist Werner Höfer habe das Todesurteil gegen den jungen Pianisten Kreiten gerechtfertigt; der FDP-Politiker Zoglmann sei ein hoher Hitlerjugendführer gewesen, und Giselher Wirsing habe zu den wertvollsten Mitarbeitern Himmlers gezählt.

Eine entgegengesetzte Kontinuitätsthese wurde ebenfalls schon früh in der Bundesrepublik vertreten; diese These konnte allerdings weitaus weniger mit der Aufzählung einzelner Personen arbeiten, besaß aber eine solide Grundlage in den konkreten Erfahrungen zahlloser Menschen. So schrieb Hans Schlange-Schöningen, der bald darauf Leiter der Zweizonenverwaltung für Ernährung und Landwirtschaft wurde, im Jahr 1946 in einem Bericht über einen Besuch in Thüringen, den er für die Britische Militärregierung verfaßte, was man in der sowjetischen Besatzungszone wahrnehme, das sei nichts anderes als »eine neue Art von Naziregiment in kommunistischer Verkleidung«. Die Bevölkerung würde zwar, wenn sie sich frei äußern dürfte, zu 90 Prozent gegen die Kommunisten stimmen, aber die Russen seien offenbar entschlossen, in ihrer Besatzungszone zu bleiben und diese »zu einem Sowjetstaat auszubauen«. Nicht zuletzt deshalb hätten sie die Bodenreform durchgeführt, bei der es sich in Wahrheit »um Vernichtung der Intelligenz (handle), wie das in Rußland der Fall war«.[15]

Auch diese Auffassung löst Fragen aus, zum Beispiel, inwiefern das kommunistische Regime in der SBZ eine Abwandlung des nationalsozialistischen sein konnte, da es doch im Dritten Reich keinerlei Entsprechung zu einer solchen »Bodenreform« gegeben hatte. Aber vor allem ist zu konstatieren, daß die beiden Staaten, die unter der Ägide der Besatzungsmächte auf dem Boden Deutschlands entstanden, entgegengesetzte Kontinuitäts- bzw. Diskontinuitätsthesen ausbilden *mußten,* wenn sie sich selbst rechtfertigen wollten: Der eine mußte dem anderen eine Kontinuität zum Dritten Reich bzw. eine Affinität zu diesem zuschreiben und für sich selbst gerade die Diskontinuität in Anspruch nehmen. Daß eine so zwingende politische Notwendigkeit erhebliche Auswirkungen auch für die Wissenschaft hatte, liegt auf der Hand, und daran ist nichts von vornherein Illegitimes, wenn man sich vor Augen hält, daß es bestimmte offenkundige Tatbestände gab, die für die Wissenschaft so grundlegend waren wie für die Politik. Aber Wissenschaft muß Tatbestände auf andere Weise erörtern als die Politik, und der Aufsatz von Nipperdey zeigt das auf paradigmatische Weise. Der Kontinuitätsthese ist jedoch die stärkere Wirkungskraft zuzuschreiben, zumal ihr ja keine ausgeprägte Diskontinuitätsthese gegenübersteht, sofern man nicht die »epochale« Konzeption der nichtmarxistischen Faschismustheorie als solche auffassen will. Daher sind vor allem an die Kontinuitätsthese weiterführende Fragen zu richten.

Vernachlässigen Fritz Fischer und Wolfram Wette nicht allzusehr den zeitgeschichtlichen Zusammenhang, der eben nicht stabile »reaktionäre Kräfte« ebenso stabilen »progressiven« Kräften entgegenstellte, sondern übergreifende Tatbestände und »Aktionen und Reaktionen« in sich schloß, die Wandlungen auslösten, nämlich Stärkung oder Schwächung der Kontrahenten? So schrieb im Jahr 1924 einer der schärfsten Gegner der Weimarer Rechten, Emil Julius Gumbel, die törichte Haltung der Alliierten in der Frage der Auslieferung der »Kriegsverbrecher« habe den Nationalismus in Deutschland außerordentlich gestärkt.[16] Und der langjährige Ministerpräsident des »roten Preußen«, der Sozialdemokrat Otto Braun, behauptet in seinen Memoiren *Von Weimar bis Hitler*, nur unglaubliche politische Kurzsichtigkeit habe annehmen können, »daß ein großes kulturell hochstehendes Volk wie das deutsche sich diese ihm aufgezwungene Wehrlosigkeit auf die Dauer würde gefallen lassen.«[17]

Aber hatten, wenn das richtig war, die Vorkämpfer der »Wehrhaftmachung« auf der Rechten, über die Wette so negativ urteilt, gegenüber dem radikalen Pazifismus großer Teile von Brauns eigener Partei nicht recht? Gibt es in der Geschichte irgendein Beispiel dafür, daß ein bedeutender Staat, der einen Krieg verloren hatte, sich durch den Mund seiner führenden Schichten mit diesem Ergebnis schlicht »abfand«, wie es Fritz Fischer verlangt? Hat sich nach 1871 Frankreich, haben sich nach 1967 die Araber in diesem Sinne mit den Ergebnissen eines verlorenen Krieges »abgefunden« und auf jeden »Revisionismus« verzichtet? Betrieb nicht der »feste reaktionäre Kern«, von dem Fischer spricht, ganz einfach die Politik, die in einem Zeitalter der souveränen Machtstaaten von jeder Großmacht auf diese oder jene Weise betrieben wurde, und waren es nicht weithin zufällige Umstände des Kriegsgeschehens, die für die Niederlage entscheidend waren, und nicht etwa strukturelle Schwächen, zu denen es in allen anderen Staaten Entsprechungen gab?

Vor allem aber: Wie hätte eine grundlegende Alternative zu der als verhängnisvoll betrachteten Entwicklung ausgesehen, wenn man *nicht* sagen konnte, einige glückliche Umstände hätten den General Schleicher an der Macht halten können und die Geschichte Deutschlands wäre ganz anders verlaufen? Mußte man dann nicht annehmen, eine glücklichere Entwicklung habe nur eintreten können, wenn im Jahre 1918 eine »echte Revolution« nicht bloß die »Junker«, sondern auch diejenigen hinweggefegt hätte, die sich ihnen angeschlossen hatten: die Großindustriellen, die Kleinbürger, ja sogar die reformistischen Sozialdemokraten? Nur dann hätte eine neue führende Schicht oder vielleicht sogar einfach »das Volk« einen unbedingten Willen zum Frieden an den Tag legen und alle konfliktträchtigen Privilegien beseitigen können. Aber gab es egoistische Großindustrielle nicht auch in Frankreich, existierten nicht auch in England »Mittelschichten« mit ihren Borniertheiten und irrationalen Emotionen? Mußte jene Revolution nicht weit über Deutschland hinausgreifen, mußte sie nicht ein ganzes Weltsystem, »den Kapitalismus«, vernichten, wenn endlich für die ganze Menschheit ein friedlicher und harmonischer Zustand gewonnen werden sollte? Mußte die ausgeprägte Kontinuitätsthese nicht, möglicherweise ganz ohne den Willen ihrer Urheber, zu dem marxistischen Begriff der antikapitalistischen Endrevolution führen, wenn sie nicht in schwarzem Pessimismus enden wollte? Wenn ja, dann stand es außer Zweifel, daß der Nationalsozialismus nichts anderes als »die Gegenrevolution« war. Aber jeder unbefangene Hinblick auf Normalität und Stabilität mußte doch den Eindruck erwecken, daß der Nationalsozialismus auf irgendeine Weise »revolutionär« war. Die Frage nach Kontinuität oder Diskontinuität des Nationalsozialismus gegenüber der deutschen oder auch der europäischen Geschichte führt notwendigerweise zu der weiteren Frage: War der Nationalsozialismus gegenrevolutionär, oder war er revolutionär?

# 4. Der Nationalsozialismus –
## gegenrevolutionär oder revolutionär?

Die Frage, ob der Nationalsozialismus gegenrevolutionär oder revolutionär gewesen sei, läßt sich anscheinend denkbar leicht beantworten: Als Hitler im Jahr 1924 seine Verteidigungsrede vor dem Volksgerichtshof in München hielt, da sagte er am Schluß: ». . . wenn ich heute als Revolutionär hier stehe, so stehe ich hier als Revolutionär gegen die Revolution.«[1] Es ist höchst unwahrscheinlich, daß dieser Satz eine *captatio benevolentiae* gegenüber den konservativen Richtern sein sollte, denn zehn Jahre später erklärte Hitler als Reichskanzler mit dem größten Nachdruck: »In den nächsten tausend Jahren findet in Deutschland keine Revolution mehr statt.«[2] Allerdings wird hier stillschweigend vorausgesetzt, daß der Umbruch von 1933 tatsächlich eine Revolution war, aber doch eben jene »Revolution gegen die Revolution«. Andererseits hatte Hitler schon vor 1923 sich selbst und seine Bewegung fast unverhüllt mit Christus und dem Christentum auf eine Stufe gestellt und behauptet, was sich heute anbahne, werde größer sein als der Weltkrieg, und es werde auf deutschem Boden für die ganze Welt ausgefochten werden.[3] Bloße Erhaltung und Bewahrung erstrebte der Nationalsozialismus also in Hitlers Augen schon in den frühesten Zeiten offensichtlich nicht.

Bereits hier ist also eine Doppeldeutigkeit zu bemerken, die in den spätesten Zeiten nur eine andere Form annimmt. Hitlers Haß auf den Bolschewismus bleibt unverändert, so sehr seine Hochschätzung Stalins wächst, aber er spricht wiederholt sein Bedauern aus, daß er nicht die »Rotspanier« so weit unterstützt habe, daß sie mit dem »reaktionären Geschmeiß« in Spanien fertiggeworden wären, und in seinen letzten Gesprächen im Führerbunker rechnet er es sich selbst als Fehler an, nicht den Aufstand der Inder und des Islam gegen die Engländer unterstützt zu haben.

Zu einem eindeutigen Befund ist erst zu gelangen, wenn die Frage gestellt wird, für wen Hitler immer und unzweifelhaft ein Gegenrevolutionär war und welche Partei Hitler selbst immer und unzweideutig bekämpft hat. Vor dem Volksgerichtshof drückte Hitler 1924 seine innerste Absicht folgendermaßen aus: »Was mir vor Augen stand, das war vom ersten Tage an tausendmal mehr, als Minister zu werden. Ich wollte der Zerbrecher des Marxismus werden. Ich werde diese Aufgabe lösen . . .«[4] Was der Marxismus sein wollte, war damals seit einem halben Jahrhundert ebenso klar: Er wollte der Zerbrecher des »Kapitalismus« sein oder, um ein von Marx selbst nicht selten verwendetes Bild zu übernehmen, der Totengräber der »alten bürgerlichen Gesellschaft«.

Der Kapitalismus und die bürgerliche Gesellschaft waren für Marx aber nicht oder nicht ausschließlich beklagenswerte und unnatürliche Abirrungen von einem normalen und gerechten Zustand gesellschaftlichen Lebens, wie für viele sogenannte Frühsozialisten, sondern sie waren die notwendigen Resultate des gesamten bisherigen Geschichtsprozesses, und ihre Zerstörung durch die von den Marxisten geführte »Arbeiterklasse« würde nicht Abbau oder Vernichtung bedeuten, sondern im Sinne der Hegelschen Dialektik eine Emporhebung auf eine höhere Stufe. Diese höchste und endgültige Stufe wurde aber zugleich als eine Rückkehr zu der Ausgangsstufe verstanden, dem sogenannten Urkommunismus, und als »Aufhebung des Privateigentums« bedeutete sie doch einen schroffen Gegensatz zu allem, was es je in der Geschichte gegeben hatte, die letzten Endes als eine Abirrung aufgehoben werden mußte. Dieser marxistische Revolutionsbegriff ist also in hohem Maße philosophisch und normativ: »Revolution« ist für ihn nicht ein Faktum, das beschrieben werden kann, sondern eine Norm, an der sich alles messen lassen muß, was möglicherweise den Anspruch erhebt, eine Revolution zu sein, und von der aus jede Bewegung als »Gegenrevolution« oder vielleicht als Pseudo-Revolution bestimmt werden kann, die dieser Revolution entgegentritt oder sich zu ihr in einem Konkurrenzverhältnis befindet.

Dieser Begriff steht also in der Nachfolge einer Auffassung, die einen zunächst aus der Astronomie stammenden Begriff mit ganz positivem Akzent zu einem geschichtlichen gemacht hatte, und dafür war der Terminus *glorious revolution* kennzeichnend, mit dem die Engländer die erfolgreiche Abwehr der absolutistischen Bestrebungen des Stuart-Königs Jakob II. im Jahre 1688/89 bezeichnet hatten; allerdings war in ihm die ursprüngliche Bedeutung der »Rückwendung« oder der Restauration des Früheren und Besseren noch deutlich genug erkennbar. Im 18. Jahrhundert aber wurde der Begriff mit der Fortschrittsphilosophie einiger Aufklärer zusammengebracht, die den Menschen als das sich selbst verbessernde und vervollkommnende Wesen verstanden und darin seine metaphysische Auszeichnung erblickten, und in diesem Sinne legten die Amerikaner ihren Unabhängigkeitskampf gegen die englische Krone aus, der infolgedessen kein provinzielles Ereignis mehr war, in dem es vor allem um Steuern und Branntweinhandel ging, sondern der Anfang einer Wiedergeburt des Menschen selbst, ja eines Befreiungsprozesses, der eines Tages auch die Welt der Finsternis und feudalen Tyrannei in Europa und Asien ergreifen werde.

Eine klassische Formulierung dieses Revolutionsbegriffs stammt von Jules Michelet: Revolutionen zu verurteilen heiße Gott verurteilen. Revolution in diesem Sinne ist also der Gang Gottes durch die Geschichte, der große Befreiungsprozeß, der den Menschen aus der Enge, Dürftigkeit und Abhängigkeit erlöst, welche seiner Natur nicht entsprechen, und der ihn schließlich auf die Höhe der ihrer selbst gewissen, über Laster und Engherzigkeit erhabenen Freiheit aller, also zu einem Endstadium von universaler Art emporhebt. In dieser Tradition steht auch der Marxismus, und darin dürfte seine außerordentliche Anziehungskraft gerade für die aufkommende Schicht der Intellektuellen zum überwiegenden Teil bestanden haben.

Der italienische Philosophiehistoriker und Geschichtsdenker Augusto Del Noce hat diesen normativen Begriff der Revolution in seinem Buch *Il suicidio della Rivoluzione* sehr gut gekennzeichnet: »Man hat häufig die Notwendigkeit unterstrichen, Begriffe der Gnostik zu verwenden, um die Idee der Revolution zu definieren. Der gegenwärtige Äon ist so sehr verdorben, die menschliche Lage ist darin eine so elende, daß die Auflösung der gesamten Ordnung notwendig wird; die Revolution wird nicht eine neue geschichtliche Form innerhalb des gegenwärtigen Zeitalters sein, sondern dessen Auslöschung bedeuten. Infolgedessen zielt die Idee der Revolution auf die radikale Verneinung der existierenden Gesellschaft und den Mythos eines vollkommenen Endzustandes. Oder, anders ausgedrückt, *die* Revolution, mit einem Großbuchstaben am Anfang und ohne Plural, ist ein einzigartiges Ereignis, schmerzhaft wie die Qualen der Geburt, das den Übergang aus dem Reich der Notwendigkeit in das Reich der Freiheit mittels einer klaren Negation der Institutionen und Ideen der Vergangenheit hervorbringt und das eine Zukunft erzeugt, in welcher nichts mehr der früheren Geschichte ähnlich ist, so daß mit ihr die Lösung des Rätsels der Geschichte gegeben ist.«[5]

Tatsächlich umschreibt Del Noce hier mit knappen Worten, was Karl Marx in seiner Schrift über Nationalökonomie und Philosophie mit ausführlichen und klassischen Formulierungen sagt, und die enge Zusammengehörigkeit des Marxschen Revolutionsbegriffs mit der religiösen und gnostischen Vorstellung einer Erlösung der Menschheit aus einer tiefen Verderbtheit, ja »Sündhaftigkeit« der bisherigen Existenz läßt sich nicht bezweifeln. Deshalb darf es sich nicht um eine national begrenzte Revolution handeln, sondern diese Endrevolution muß in allen fortgeschrittenen Ländern gleichzeitig stattfinden; sie muß eine Weltrevolution sein, denn sie wird die ganze Welt völlig verändern. Daß das ganze System des *Ancien régime*, das in der Mitte des 19. Jahrhunderts in England und Frankreich kaum minder vorherrschte als in Österreich und England, nicht-revolutionär sein will und gegenüber der Revolution überall, wo sie sich in immer neuen Stößen bemerkbar macht wie in Frankreich nach 1789 und in ganz Europa 1848/49, »gegenrevolutionär« sein muß, versteht sich von selbst, auch wenn die Protagonisten nur von »Restauration« sprechen, wie es ja schon Joseph de Maistre im Jahr 1796 formulierte: »Nous ne voulons pas la contre-révolution, mais le contraire de la révolution.«[6]

Und doch war der Marxismus von der Fortschrittsphilosophie der Aufklärung, in deren Fußstapfen er trat, auch wieder sehr verschieden. Für Adam Smith und Richard Cobden war es keine Schwierigkeit, ein positives Verhältnis zum Begriff der »Industriellen Revolution« zu finden, der mehr und mehr verwendet wurde, um die tiefen Veränderungen zu bezeichnen, welche das Aufkommen einer maschinellen Industrie, zunächst in England seit etwa 1760 und dann in Belgien und anderen Ländern des Kontinents, nach sich zog. Die Ersetzung der Subsistenz- und Regionalwirtschaft durch eine nationale und tendenziell weltweite Marktwirtschaft, die Überführung großer Teile der Agrarbevölkerung in industrielle Tätigkeiten, die wachsende Spezialisierung und Professionalisierung konnten als Teil des Ausweitungs- und Befreiungsprozesses gesehen werden, und die Nöte und Schwierigkeiten, die damit verknüpft waren, ließen sich als temporäre Übergangskrisen verstehen, die über kurz oder lang zu einer im universalen Freihandel der Güter, Kapitalien und Ideen vereinten Welt führen und allen Individuen die Möglichkeit des »Strebens nach Glück« geben würde.

Marx und Engels dagegen waren von Anfang an die schärfsten Kritiker *dieser* Revolution, die nach ihrer Auffassung die geschichtliche Selbstentfremdung und Versachlichung des Menschen zu ihrem Höhepunkt brachte, und daher würde ihre Revolution nicht durch Fortentwicklung, sondern durch einen totalen Umbruch hindurch in das Reich der Freiheit und zum Ausscheiden des Menschen aus den düsteren Gesetzmäßigkeiten des animalischen Kampfes ums Dasein führen. Insofern muß man auch dem Marxismus eine Mehrdeutigkeit zuschreiben. Er stand einerseits in der Nachfolge der »Zivilisations-« und Fortschrittsphilosophie etwa Voltaires, aber noch stärker war er mit einer viel älteren Tradition verbunden: der Tradition der biblischen Lehre vom Sündenfall und vom möglichen Übergang in den »ganz anderen« Zustand des »Himmelreiches«.

Nicht mehr nur doppeldeutig, sondern mehrdeutig wurde der Marxismus, als eine Partei, die sich mit starker Betonung marxistisch nannte, in einem riesigen, aber nach allgemeiner Auffassung »zurückgebliebenen« Staat die Macht ergriff und damit in Gegensatz zu einer Marxschen Hauptlehre geriet. Der berühmteste marxistische Theoretiker der Zeit, Karl Kautsky, kennzeichnete das Regime der bolschewistischen Partei Lenins als »tatarischen Sozialismus«, und Otto Bauer glaubte, ein Regime, welches das russische Bürgertum vernichtet hatte, als »bürgerliche Revolution« kennzeichnen zu müssen, um im Einklang mit den geläufigen Begriffen vom Gang der Weltgeschichte bleiben zu können.

So hatte der normative Begriff der Revolution bereits 1918/19 seine Eindeutigkeit und Überzeugungskraft weitgehend verloren, denn Liberale, orthodoxe Marxisten und leninistische Marxisten stritten sich um die richtige Auslegung. Damit konnte ein empirischer Revolutionsbegriff an Kraft gewinnen, der unter Revolution weiter nichts als einen Vorgang nichtnormaler, tiefgreifender und meist von Gewalttätigkeit begleiteter Veränderung verstand, die sich auf einzelne Bereiche wie Politik, Wirtschaft und Kultur erstrecken und vielfältige Formen annehmen konnte, aber nie »total« im Sinne des normativen Revolutionsbegriffs sein würde. So sprachen z. B. die Italiener von ihrer »parlamentarischen Revolution« im Jahre 1876, als »die Linke« die bis dahin regierende Rechte an der Macht abgelöst hatte, ohne daß Gewalttätigkeit vorhergegangen oder nachher gravierende Veränderungen wirtschaftlicher Art eingetreten wären. Es war also möglich, einen Vorgang als Revolution im Vollsinn zu bezeichnen, die aus der Perspektive des normativen Begriffs »Gegenrevolution« oder »Pseudorevolution« genannt werden muß.

Überall wo der Nationalsozialismus mit starkem Nachdruck als »Gegenrevolution« bezeichnet wird, liegt der marxistische Begriff der »großen Revolution« zugrunde, die eine fundamentale Veränderung aller Verhältnisse hervorbringen und insbesondere die Produktionsmittel den Händen der »aneignenden Klasse«, der Kapitalisten oder Unternehmer, entwinden wird, um sie »dem Volk« zu geben, das dadurch endlich zum Herrn seines Geschicks wird. Wie mächtig diese Vorstellung war, geht nicht nur aus theoretischen Äußerungen hervor wie etwa bei Arthur Rosenberg aus dem Jahre 1934: was sich hinter der Oberfläche des Nationalsozialismus verberge, sei gar nichts Geheimnisvolles und Überraschendes, sondern ein alter Bekannter der Arbeiterbewegung, der konterrevolutionäre Kapitalist, der sich nur ein anderes Mäntelchen umgehängt habe[7], sondern auch aus Aussagen kommunistischer Politiker kurz vor der nationalsozialistischen Machtergreifung. So sagte der Reichstagsabgeordnete Hermann Remmele im Februar 1931: wie ein angeschossenes Raubtier schlage der Kapitalismus um sich, wie eine verwundete Bestie, der nur noch der entscheidende Todesstoß versetzt werden müsse. Unmöglich könne die Front der Bourgeoisie mit ihren sozialfaschistischen Lakaien und ihren nationalsozialistischen Mördern den Vormarsch des Bolschewismus ins Herz Europas aufhalten.[8]

In der wissenschaftlichen Literatur der Zeit nach 1945 gab es für diese Ansicht wenig Spielraum, denn der feste Glaube an die bevorstehende große Revolution war gerade durch den Sieg und die relativ lange Lebensdauer des Nationalsozialismus erschüttert worden. Auch die zweite Vorhersage, der Nationalsozialismus werde sehr bald infolge der unvermeidbaren Enttäuschung seiner Anhänger zusammenbrechen und damit werde der Weg für die genuine und große Revolution frei sein, hatte sich ja als unzutreffend erwiesen. Daher waren die 1945 aus Moskau zurückkehrenden Kommunisten zunächst bereit, eigene schwere Fehler wie etwa den Kampf gegen den »Sozialfaschismus« einzugestehen und sogar von der »Schuld der deutschen Arbeiterklasse« zu sprechen.

Aber relativ bald gewann die alte Zuversicht von neuem die Oberhand, und jetzt war immer wieder vom bevorstehenden Sieg des »sozialistischen Weltsystems« über den »verfaulenden Kapitalismus« die Rede, und es ließen sich ja nicht wenige bemerkenswerte Tatsachen anführen wie vor allem der Triumph der chinesischen Kommunisten im Jahr 1949. Diese Überzeugung blieb in der DDR, wenngleich mehr und mehr geschwächt, bis zu ihrem Ende alleinherrschend, und noch im Sommer 1989 konnte Erich Honecker mit einer allerdings schon beinahe rührend wirkenden Gläubigkeit sagen, den Sozialismus in seinem Lauf halte »weder Ochs noch Esel« auf. In der alten Bundesrepublik wurde allerdings die Auffassung, mit der Sowjetunion sei 1917 etwas ganz Neues und Positives zur Existenz gelangt, das die ganze Welt, wenn auch nicht über Nacht, trotz des offenen oder raffinierten Widerstandes von Faschismus und Kapitalismus zu Frieden und Wohlstand führen werde, nur von wenigen Autoren vertreten, die meist aus dem Marburger Umkreis von Wolfgang Abendroth stammten.

Aber wieviel innere Kraft der Glaube an die große und erlösende Revolution besaß, wurde nicht in erster Linie von Marxisten, sondern von Linksliberalen unter Beweis gestellt. So traf Alan Bullock noch 1990 mit großer Selbstverständlichkeit die Unterscheidung zwischen einer »echten Revolution«, nämlich der russischen, und einer offenbar unechten, der nationalsozialistischen.[9] Hans Mommsen erklärte, daß Hitler keinesfalls »mit weltgeschichtlichen Revolutionären vom Schlage Lenins oder Jeffersons« auf eine Stufe gestellt werden dürfe, denn »wie immer man zum System der Sowjetunion stehen mag, die revolutionäre Schöpfung Lenins hat, selbst unter den unglücklichen Vorzeichen der Stalinschen Diktatur, nicht die Fähigkeit zur Systemstabilisierung verloren, und seine politischen Normen sind, so wenig sie in den mehr als 60 Jahren seines Bestandes eingelöst sind, himmelweit von der pseudorevolutionären Schöpfung Hitlers entfernt«.[10] Andere Autoren kennzeichnen Hitlers Machtergreifung als »eine Ersatzrevolution, da sie keinen grundlegenden sozialen und wirtschaftlichen Wandel in sich schloß«[11], und auch Martin Broszat betonte 1970, daß die nationalsozialistische »Revolution« (sic!) nicht im Zeichen einer Neuordnung gestanden habe.[12] Eine gewisse Abwandlung liegt dann vor, wenn behauptet wird, der Nationalsozialismus habe eine grundsätzlich neue Variante des Revolutionsbegriffs verkörpert, »nämlich den verspäteten Aufstand der kleinbürgerlichen Massen gegen die Moderne«.[13]

Der Begriff der »Verspätung« spielt bei nicht wenigen Autoren eine große Rolle, und zwar mit dem Blick auf die deutsche Geschichte im ganzen, als deren konsequente Ausformung der Nationalsozialismus sich zeige, wie auch Helmuth Plessner 1959 in seinem Buch *Die verspätete Nation* nachzuweisen suchte.[14] Nach Ralf Dahrendorf war die deutsche industrielle Revolution von oben der Modellfall der »verspäteten Industrialisierung«; in Deutschland habe es im Gegensatz zu England keine »klassische Bourgeoisie« gegeben; das deutsche Bürgertum habe sich vielmehr in seiner sozialen und politischen Stellung und seiner Mentalität jener älteren feudalen Schicht unterworfen, »die nach dem englischen Vorbild ihr Gegner hätte sein sollen.«[15] Der Umbruch von 1918/19 bedeutete keine Revolution, denn nach wie vor unterwarfen sich die wirtschaftlichen Führungsgruppen den Werten und auch den Mitgliedern der alten feudalen Oberschicht. Da die »Staatsgläubigkeit« infolge der Lassalleschen Tradition auch unter den Arbeitern stark war, hatte die Utopie einer konfliktfreien Gesellschaft die Vorherrschaft, und sie deutete mit ihrem Autoritarismus auf den nationalsozialistischen Totalitarismus voraus. Der Intellektuelle mit kritischer Distanz war in Deutschland ein seltenes Phänomen, und so konnte die nationalsozialistische Pseudo-Revolution sich durchsetzen, die allerdings gegen ihre Absicht den Boden für die echte Modernisierung nach 1945 schuf, weil durch den Krieg »die alte preußische Oberschicht« und Preußen selbst beseitigt wurden. In dieser »Verspätungstheorie« spielt also die Bourgeoisie, anders als für die Marxisten, auch heute noch eine positive und revolutionäre Rolle, und mit der positiven und auch für die Zukunft gültigen Hervorhebung der »Konflikte« steht sie in grundsätzlichem Gegensatz zum Marxismus, aber auch hier ist die Orientierung an der Vorstellung der »reinigenden Revolution« erkennbar, für die England allerdings ein wenig überzeugendes Beispiel ist, ebenso wie es sich einigermaßen kurios ausnimmt, eine Industrialisierung »verspätet« zu nennen, wenn sie bald nach der englischen und ersten einsetzte.

David Schoenbaum rückte dagegen in seinem Buch mit dem Titel *Hitler's social revolution,* der in der deutschen Ausgabe auf symptomatische Weise in *Die braune Revolution* verändert wurde, ein Stückchen weiter auf die These zu, daß der Nationalsozialismus in sich selbst und nicht bloß in seinen Folgen eine echte, wenn auch gewiß nicht die »große« Revolution gewesen sei. Hitlers Gefolgschaft verkörperte in ihrer ideologischen Vielseitigkeit und in der Vielzahl ihrer Organisationsformen »zugleich ein revolutionäres und ein konservatives Prinzip«. Der Wille zu größerer Gleichheit innerhalb der »Volksgemeinschaft« war genuin, aber damit war nicht wirtschaftliche, sondern »sozusagen geistige Gleichheit« gemeint. So war es charakteristisch, daß Hitler nach der Vollendung der Neuen Reichskanzlei zuerst die Bauarbeiter empfing und erst vier Tage später die Diplomaten. Allerdings dachte er offensichtlich nicht daran, die Bauarbeiter den Diplomaten nach Einkommen und Ansehen gleichzustellen, und man mag sich hier des aufschlußreichen Satzes von Friedrich Engels erinnern, das sei ein schöner Sozialismus, der die Architekten und die Karrenschieber von Profession verewige.

Aber ein anderer Marxscher Begriff wird von Schoenbaum, bewußt oder unbewußt, aufgegriffen, nämlich der einer »stillen sozialen Revolution«, die sich sogar in der konservativsten aller Waffengattungen, der Armee, ausgewirkt habe. Deren Generäle waren im Jahr 1939 nur noch zu einem Viertel adlig, während in der Reichswehr noch fast zwei Drittel einen adligen Namen getragen hatten. Aber eine grundlegende Neuordnung der ostdeutschen Besitz- und Betriebsstruktur fand nicht statt, obwohl ostdeutsche Gauleiter wie Koch in Ostpreußen und der ehemalige Landarbeiter Hildebrandt in Mecklenburg sich gern wie Sozialrevolutionäre gerierten – sie mußte, wie man hinzufügen darf, bis zur großen »Bodenreform« der SED im Jahre 1946 warten.[16]

Eine interessante Unterscheidung wird getroffen, wenn der Terminus »Revolution« ohne Vorbehalt auf die »SA- und Parteirevolution« angewendet wird, die Hitler schon im Sommer 1933 zurückzudämmen und zu domestizieren suchte und die er dann mit der Niederwerfung des »Röhm-Putsches« im Zusammenspiel mit den etablierten Mächten endgültig zerschlug.[17] Aber bekanntlich gehörte zu dieser Niederwerfung einer Revolution mit Hilfe der Reichswehr ein gegen die Reichswehr gerichteter Akt, zu dem es in der Revolution von 1918/19 nicht einmal eine entfernte Analogie gegeben hatte: Die Generäle von Schleicher und von Bredow wurden ohne Gerichtsverfahren erschossen. Karl Dietrich Bracher erklärt daher die Bezeichnung »gesellschaftliche Revolution« für gerechtfertigt und nennt den Nationalsozialismus an anderer Stelle eine »paradoxe Revolution sui generis«.[18]

Eine genauere Bestimmung liegt vor, wenn Martin Broszat im Nationalsozialismus so etwas wie eine Revolution gegen eine Reaktion sehen will, nämlich gegen die »Fortschreibung der seit der Kaiserzeit noch stark ständisch verfaßten deutschen Gesellschaft«, wie sie sich in der

Weimarer Republik vollzogen hatte, so daß sie sich als »ein Stück nachgeholter bürgerlicher Revolution« darstellt, »wenn auch mit rückwärts gewandter Ideologie«.[19] Mithin war der Nationalsozialismus revolutionär und gegenrevolutionär, fortschrittlich und rückschrittlich zugleich, und ein solches Phänomen muß man unzweifelhaft »paradox« nennen, vorausgesetzt, die Vorstellung der »reinen« oder »totalen« Revolution ist immer noch leitend.

Aber wenn im Hinblick auf die Innenpolitik Zweifel hinsichtlich des revolutionären Charakters angebracht sind, so ist im Bereich der Außenpolitik kaum etwas Umwälzenderes vorstellbar, als es Hitlers im Sommer 1942 schon fast verwirklichte Ziele waren: ein »germanisches« oder »arisches« Weltreich, das sich von den Pyrenäen bis zum Ural, von Narvik bis mindestens zum Brenner erstreckte und dessen Führer als »Herr der Welt« in der Hauptstadt »Germania« residierte, die einst den Namen Berlin getragen hatte. War Hitler nicht zumindest in der Außenpolitik ein »reiner« Revolutionär? Wie reaktionär mußte Churchill sich ausnehmen, der lediglich das englische Empire erhalten wollte, oder gar Charles de Gaulle, dem es um die Wiederherstellung der Großmachtposition Frankreichs ging!

Aber Marxisten und Liberale müßten unisono antworten: so gewaltig diese Veränderungen auch gewesen seien, sie hätten doch nichts anderes bedeutet als den Aufbau einer extremen Verteidigungsstellung gegen das von Hitler als Drohung empfundene Fortschreiten der marxistischen Weltrevolution oder der liberalen Weltzivilisation. Wenn man dem Glaubensmoment der Unvermeidlichkeit und der reinen Positivität skeptisch gegenübersteht, resultiert die interessante These von Klaus Hildebrand, die Versailler Nachkriegsordnung sei durch »die drei revolutionären Mächte« erschüttert worden, den Nationalsozialismus, den Bolschewismus und die liberale Weltzivilisation der USA. Fraglich ist dann allerdings, ob es konsequent und überzeugend ist, wenn Hildebrand die Mächte der Versailler Ordnung wegen ihres »Waffenstillstands mit der Gewalt« tadelt.[20] Aber an anderer Stelle gesteht er Hitler die Qualität des Revolutionärs auch im Hinblick auf die Innenpolitik zu, und zwar gerade im Zusammenhang mit der von anderen Autoren so sehr stigmatisierten und als Einwand gegen den revolutionären Charakter betrachteten Kollaboration der Konservativen: »Wider Willen und Wissen gebar der Konservativismus jenen Revolutionär, der nur scheinbar sein Büttel (war) und in Wirklichkeit zu seinem Henker wurde.«[21]

Es war indessen einem sehr jungen Autor vorbehalten, Hitler ohne Umschweife und Einschränkungen als »Revolutionär« zu bezeichnen und dieser These ein umfangreiches Buch zu widmen.[22] Selbst die strengsten Kritiker konnten Rainer Zitelmann das überraschende Verdienst nicht absprechen, nach bald 30 Jahren Hitler-Forschung noch eine Fülle unentdeckten oder unbeachteten Quellenmaterials erschlossen zu haben, in dem auch zahlreiche Äußerungen Hitlers zum Begriff der Revolution und zu einzelnen revolutionären Geschehnissen enthalten sind. So stellt sich Hitler als ein Mann dar, der im Begriff stand, einen dritten und genuin revolutionären Weg zwischen den Extremen von Kommunismus und Kapitalismus einzuschlagen, der sich aber von der eigenen Widersprüchlichkeit und von gewissen »Wahnideen« nicht zu befreien vermochte. Ein Anklang des Positiven ist trotz der gravierenden Einschränkungen nicht zu verkennen, und dieser Anklang hat viel zornige Kritik hervorgerufen.

Als »reiner« Revolutionär in ausschließlich negativer Bedeutung wurde Hitler als personale Verkörperung der nationalsozialistischen Bewegung in vielen Äußerungen aus dem Bereich des konservativen Widerstandes während des Krieges und zumal in dessen letzten Jahren betrachtet. Der Nationalsozialismus galt hier als »brauner Bolschewismus«, der dasselbe Ziel der vollständigen und verhängnisvollen Zerstörung der gesamten gesellschaftlichen Ordnung verfolge, wenn auch mit raffinierteren und gerade deshalb besonders gefährlichen Methoden.

Damit sind wir nach einem Rundgang wieder an unserem Ausgangspunkt angekommen, aber dieser hat sich auf sonderbare Weise verändert. Zu Beginn war die Rede von der marxistischen, der »großen« Revolution, und Hitler erschien, sogar nach seinen eigenen Worten, als der paradigmatische Gegenrevolutionär. Am Ende stellte sich Hitler aber selbst als radikaler Revolutionär dar, als »brauner Bolschewist«, ebenso gefährlich und lediglich raffinierter als seine Brüder im Geiste. Freilich nahm er sich scheinbar nur in den Augen der »Konservativen« während der letzten Kriegsjahre so aus, und dies muß ein Anlaß sein, abermals die Bedeutung der »Sichtweisen« zu unterstreichen. Aber ganz Ähnliches war schon von Sozialdemokraten in der Weimarer Republik gesagt worden, und in der Emigrationszeitschrift *Das Neue Tagebuch* von Leopold Schwarzschild war 1938 mit großer Selbstverständlichkeit vom »deutschen Bolschewismus« die Rede. Offenbar gibt es Deutungen, für die so viel spricht, daß sie verschiedenen Sichtweisen gemeinsam sind und dadurch in die Nähe von »Einsichten« rücken, ganz wie es in der Wissenschaft möglich sein sollte, durch prüfenden Vergleich über Ausgangsperspektiven hinwegzukommen und sie wenigstens zu modifizieren.

Aber wenn die Auffassung, der Nationalsozialismus habe große Ähnlichkeit mit dem Bolschewismus gehabt, mehr als eine bloße und politisch begründete Sichtweise ist, dann darf sie sich doch nicht einfach über die gegenteilige Sichtweise hinwegsetzen, die auch diejenige Hitlers war, nämlich daß der Nationalsozialismus der schärfste Gegner des Bolschewismus sei. Waren Hitlers antimarxistische Aussagen nur eine Lockspeise, um die Konservativen zu gewinnen, oder war die spätere Ähnlichkeit mit dem Bolschewismus bloß von äußerer, die Konservativen grundlos erschreckender Art, wie ja alle Kriegführenden ähnliche Uniformen und Waffen haben, um einander besser töten zu können? Oder war die nationalsozialistische Revolution doch von ganz eigentümlicher, paradoxer und widersprüchlicher Natur, so daß weder die Rede vom »Vorwand« noch von der »Uniform« richtig ist?

Abermals lasse ich zwecks Veranschaulichung zwei Autoren etwas ausführlicher zu Wort kommen. Der eine ist Horst Möller, heute als Nachfolger Martin Broszats der Direktor des Instituts für Zeitgeschichte, der andere Eugen Weber, Amerikaner rumänischer Abkunft und geistreicher Verfasser vieler Bücher, darunter eines Standardwerks über die Action française.

Möllers Thema ist insofern eingeschränkt, als er ausdrücklich nur von der »nationalsozialistischen Machtergreifung« handelt und im Hinblick auf sie die Frage aufwirft, ob sie »Konterrevolution oder Revolution« gewesen sei.[23] Er geht von der Feststellung aus, daß die deutsche Revolution von 1918/19 sich dadurch von anderen Revolutionen, insbesondere von der französischen der Jahre seit 1789, unterschieden habe, daß sie *nicht* einen »Mythos ihrer selbst« hervorzubringen vermocht habe und eher eine »pragmatische Bewältigung der Katastrophe« gewesen sei, so daß sie sowohl nach Meinung ihrer Freunde wie ihrer Gegner als kraftlos galt. Kennzeichnend für eine ambivalente Haltung gegenüber dieser Revolution sind nach Möller die Aussagen von Ernst Troeltsch, und er hätte als Beispiel auch Arthur Rosenberg anführen können, den Althistoriker der Berliner Universität und kommunistischen Reichstagsabgeordneten, der heute fast nur noch als Verfasser der höchst einflußreichen *Geschichte der Weimarer Republik* bekannt ist. Darin erklärte er es 1934 für den todbringenden Grundmangel der Revolution, daß sie nicht »reinen Tisch« gemacht und alle Reaktionäre aus ihren Stellungen entfernt habe. Aber derselbe Mann hatte 1928 ein Buch über die *Entstehung der Weimarer Republik* veröffentlicht, in dem er die im Oktober 1918 vollzogene Parlamentarisierung der Reichsverfassung als den eigentlichen und entscheidenden Umbruch bezeichnete und die Ereignisse des November als eine unnötige Revolution betrachtete, mit denen die Massen »im Grunde gegen sich selbst« rebelliert hätten.

Die Geringschätzung der Novemberrevolution rührte bei linken und insbesondere bei marxistischen Autoren vor allem aus der Überzeugung her, daß eine echte Revolution den Übergang der staatlichen Macht von einer sozialen Schicht auf die andere herbeiführen müsse, wie sie ja in der Marxschen Forderung nach Eroberung »der« politischen Macht durch »die Arbeiterklasse« bereits enthalten war. Eben deshalb wurde übersehen, daß durch die Revolution ein tiefgreifender gesellschaftlicher Strukturwandel gefördert und beschleunigt worden war, den es in Ansätzen allerdings schon vorher gegeben hatte. Aber zu einer »Lösung« der anstehenden Probleme war es nicht gekommen, und die »Fundamentalkrise von Staat und Gesellschaft« wirkte fort. Deshalb konnte Hans Freyer 1931 eine *Revolution von rechts* postulieren, und Kurt Hiller beklagte in der *Weltbühne* die »nationalistische Rückwärtserei in Deutschland«. Die nationalsozialistische Machtergreifung erfolgte in dieser Situation und war selbst ein Teil der Situation. Sie machte sich sozusagen sowohl Freyers wie Hillers Konzept zu eigen, und daher ist sie nicht »in ein schlichtes Links-Rechts-Schema« einzuordnen.

Der Begriff der »nationalen Revolution« richtete sich sowohl gegen links wie gegen rechts und akzeptierte gleichwohl wesentliche Forderungen sowohl der Rechten wie der Linken: Wie die Rechte lehnten die Nationalsozialisten die »internationalistische Revolution« des marxistischen Proletariats ab, aber mit der Forderung der »Volksgemeinschaft« übernahmen sie einen wesentlichen Teil der linken Vorstellung von der »klassenlosen Gesellschaft«. Viele für alle Revolutionen kennzeichnende Merkmale sind auch bei der nationalsozialistischen Machtergreifung nicht zu übersehen, so die Ideologisierung, Polarisierung und Politisierung, der dramatische Kampf um Herrschaftspositionen, die symbolhaften Höhepunkte unter starker Beteiligung von Volksmassen wie etwa der Fackelzug vor Hitler und Hindenburg am Abend des 30. Januar 1933, der Übergang zur Eindämmung radikaler Aktionen von unten.

Die Änderungen in der Führungsschicht vollzogen sich zwar relativ langsam, aber sie waren »ungleich radikaler« als die von 1918/19, und insofern ist die nationalsozialistische Machtergreifung eine Fortsetzung der Revolution von 1918/19. In vielen gesellschaftlichen Sektoren wurde die überkommene Herrschaftsstruktur vollkommen zerschlagen und gegen neue, parteimäßige Hierarchien ausgetauscht, die eine weitgehende Demokratisierung voraussetzen, nämlich die freie Zugänglichkeit von Führungspositionen für Angehörige der bis dahin weitgehend ausgeschlossenen Schichten. Möller übersieht zwar keineswegs, daß viele Ideologeme des Nationalsozialismus als »reaktionär« zu bezeichnen sind, aber im ganzen plädiert er dafür, der nationalsozialistischen Machtergreifung den Charakter der genuinen Revolution zuzuerkennen, obwohl sie selbstverständlich keine »totale« Revolution im Sinne des Marxismus war.

Eugen Weber kommt nur am Rande seines 1975 erschienenen Beitrages auf die nationalsozialistische Machtergreifung zu sprechen, denn er stellt allgemeine Überlegungen zum Revolutionsbegriff an, wie schon der Titel erkennen läßt *Revolution? Counterrevolution? What revolution?*[24] Wie Del Noce unterscheidet er *die* Revolution und die konkreten Revolutionen und er stellt die These auf: »The Revolution survives all revolutions.« Das ließe sich auch folgendermaßen ausdrücken: Die Vorstellung von der großen, alle Probleme lösenden Revolution wird durch keine der tatsächlichen Revolutionen eingelöst und taucht daher immer wieder von neuem auf.

Weber zeigt an konkreten Beispielen, wie stark die Begriffe Revolution und Konterrevolution von Auslegungen abhängen: Die Revolution von 1830 wird z. B. heute meist bloß als erfolgreicher Aufstand angesehen, aber den Zeitgenossen galt sie als echte Revolution, und viele Gruppierungen und Tendenzen, die sich selbst für revolutionär hielten, sind von ihren Feinden als konterrevolutionär gebrandmarkt worden: Girondisten und »Enragés«, Proudhonianer, Trotzkisten und die Matrosen von Kronstadt. Weber zufolge bezichtigten sich die ihrem Anspruch nach revolutionären Regime in Moskau und Belgrad, Tirana und Peking gegenseitig, konterrevolutionär zu sein. Und war nicht die Französische Revolution im Innersten konservativ, auf Erhaltung und

Ausbau des zentralisierten Staates ausgerichtet und so sehr vergangenheitsbezogen, daß sie sogar den klassisch-römischen Begriff des »Proletariers« wiederbelebte? Heute machen revolutionäre Schriftsteller der Dritten Welt wie Frantz Fanon gerade solche Schichten – die Bauern und das Lumpenproletariat – zu Trägerschichten der Revolution, die einst in marxistischen Augen die konterrevolutionären Trägerschichten der Faschismen waren.

Daher spricht sich Weber mit Entschiedenheit dafür aus, auch die faschistischen Bewegungen dem Begriff der Revolution zu subsumieren, ja er fragt, ob nicht gerade die in faschistischen Bewegungen hervortretende Mischung revolutionärer und »konterrevolutionärer« Charakterzüge »a more appropriate response to modern conditions« gewesen sei. Aber auch wenn diese Kennzeichnung nicht richtig wäre, müßte man das Geschehen der letzten 100 Jahre folgendermaßen charakterisieren: »Not counterrevolution but integration, appropriation of the Revolution, of revolutions, of revolutionary ideas, mark the practice of the last hundred years.« Mit anderen Worten: Alle politischen Bestrebungen, zumindest in der westlichen Welt, ob sie sich nun »revolutionär« oder »konterrevolutionär« nannten, sind auf die Etablierung der »Konsumgesellschaft« hinausgelaufen, und deshalb wird das Denken blockiert, wenn es den historischen Wandel mit Hilfe so unpräziser Begriffe wie Revolution oder Konterrevolution zu erfassen sucht.

Vielleicht läßt sich zusammenfassend und weiterführend folgendes sagen[25]: Die Vorstellung von der großen, alle Probleme lösenden, die ganze Menschheit befreienden Revolution ist älter und mächtiger als jede konkrete Revolution. Sie wird daher immer wieder enttäuscht und lebt immer wieder von neuem auf, sei es auch nur in der Form der Hoffnung auf ein »großes Aufräumen« oder einen »clean sweep«. Alle Revolutionen, die wir in der europäischen Geschichte kennen, waren indessen nicht »vollständige« Umwälzungen in diesem Sinne, sondern »unvollständige« Revolutionen, auch die Französische Revolution, die zwar viele Adlige hinrichtete, aber die »noblesse de France« keineswegs beseitigte, sondern bloß dauerhaft schwächte. Nur in der russischen Oktoberrevolution vollzog sich eine echte Klassenvernichtung, und sie allein war in diesem Sinne eine vollständige Revolution, aber sie blieb gleichwohl an die Vergangenheit des Landes gebunden, in dem sie stattfand, und ob die revolutionäre Klassenvernichtung als »fortschrittlich« gelten darf, ist längst überaus zweifelhaft geworden. Dennoch hat keine andere Revolution so viel Grund, sich als »totale« Revolution im Marxschen Sinne zu betrachten, wie die russische.

Innerhalb der langen Reihe der »unvollständigen« oder »europäischen« Revolutionen haben die faschistischen Umwälzungen und insbesondere der Nationalsozialismus als »umwegige Revolutionen« einen ganz eigenartigen Platz, nämlich als Revolutionen, die als »Konterrevolutionen« gegen die bloß vorgestellte »totale« Revolution auftreten und dann doch mehr und mehr tiefgreifende Veränderungen bewerkstelligen, so daß sie den Bündnispartnern von gestern verdächtig und verhaßt werden. Aber auch wenn die Charakterisierung des Nationalsozialismus als »gegenrevolutionär« zurückzuweisen ist, weil sie von einem allzu »absoluten« Standpunkt aus erfolgt, so ist damit noch nicht erwiesen, daß der Nationalsozialismus, weil er als »revolutionär« bezeichnet werden muß, deshalb auch schon als »modernisierend« gelten darf. Es könnte sein, daß gerade revolutionäre Vorgänge die Modernisierung eines Landes aufhalten und daß es keine bessere Voraussetzung gibt als eine stabile Evolution. Wenn die »große« Revolution der Blickpunkt des Marxismus und auch des Sowjetkommunismus ist, aus dem her der Nationalsozialismus verstanden wird, so hat der Begriff »Modernisierung« bzw. »Modernität« aus der Perspektive der amerikanischen Tradition eine ähnliche Rolle zu spielen.

# 5. Der Nationalsozialismus –
## antimodern oder modernisierend?

Modernisierungstheorien gibt es in beträchtlicher Anzahl, nicht anders als Revolutionstheorien, und sowohl über die einen wie über die anderen sind wiederum viele Bücher geschrieben worden. Beide wurzeln gleichermaßen in einer Philosophie, die im schroffen Gegensatz zu der metaphysischen Tradition des Abendlandes mit ihrer Hochschätzung des »zeitlosen Seins« und der »Vernunftwahrheiten« die Geschichte zu einem philosophiewürdigen Thema machte, weil diese den Fortschritt der Menschheit zu Tugend, Glück, Freiheit und Wohlstand bedeute. Schon in der Entgegensetzung von »dunklem Mittelalter« und »Aufklärung« als dem *siècle des lumières* war diese Philosophie im Keim enthalten, und nach den Anfängen bei Turgot, Voltaire und Condorcet erfuhr sie ihre höchste Ausbildung in der Philosophie des Deutschen Idealismus, ansatzweise schon in Kants Umriß der Geschichte »in weltbürgerlicher Absicht« und auf die einflußreichste Weise bei Hegel.

Für Hegel ist die Weltgeschichte »der Fortschritt im Bewußtsein der Freiheit«, und sie führt von der Tierverehrung im Alten Orient, die den Menschen entwürdigt, zum Freiheitsbewußtsein der germanischen Welt, zum Bewußtsein, daß der Mensch als solcher frei ist. Diese Wahrheit ist aber keine Gegebenheit, sondern sie muß errungen werden, und sie lebt nicht nur in den Köpfen einzelner Menschen, sondern sie breitet sich auf das ganze Leben aus, etwa in der Gestalt der protestantischen Kirchen, aber auch in einer neuen Erscheinungsform von »Industrie und Gewerbe«, die seit der Reformation vom Verdammungsurteil der Antike und der Katholischen Kirche befreit und damit in die Welt der Sittlichkeit eingetreten sind. Allerdings glaubt Hegel nicht, daß das Wirtschaftsleben jemals vollständig sittlich werden kann oder werden sollte; die »bürgerliche Gesellschaft« muß vom Egoismus der wirtschaftenden Subjekte bestimmt bleiben, und nur »der Staat« macht die Wirtschaft zu einem untergeordneten Moment des Ganzen. Hegel verändert damit den Begriff der »bürgerlichen Gesellschaft« auf folgenreiche Weise, denn bis dahin bedeutete *societas civilis* so viel wie »Zivilisation« im Gegensatz zur *societas naturalis* des Naturzustandes, und sie konnte nicht in einen Gegensatz zum »Staat« gestellt werden.

Aber es war auch möglich, eine Freiheitsgeschichte der Menschheit als Geschichte der Zivilisierung zu schreiben, und das taten vornehmlich französische Historiker wie Guizot und Mignet seit den zwanziger Jahren des 19. Jahrhunderts, indem sie den Weg zum Triumph des »Dritten Standes« oder des »Bürgertums« verfolgten, dessen wichtigste und letzte Etappe die Französische Revolution gewesen war. Tocqueville bezog 1835 Amerika in die Betrachtung ein, und zwar unter dem Hauptgesichtspunkt der Ausbreitung der »Demokratie«, die er mit der Zivilisation in eine enge, aber ambivalente Beziehung brachte. Das Werk von Marx ging in der Spur Hegels von dem Postulat aus, die Philosophie durch ihre Verwirklichung aufzuheben, d. h. auch die bürgerliche Gesellschaft Hegels zu versittlichen und hier ebenfalls eine Identität von Einzelinteresse und Allgemeininteresse durchzusetzen. Der Weg zu dieser höchsten Stufe war für Marx eine Folge von Revolutionen, die aber keineswegs immer politisch und gewalttätig sein mußten wie die »bürgerliche Revolution«, sondern sich fast unbemerkt in den Tiefen der Gesellschaft als »stille soziale Revolution« vollziehen konnten. Hier verschwimmt also die Unterscheidung von »Revolution« und »Evolution«, und dadurch wird es möglich, die Ausdehnung und Verfeinerung der Zivilisation unter weitgehendem Verzicht auf den Revolutionsbegriff zu beschreiben.

Dies ist der Ausgangspunkt für die Modernisierungstheorien, die also eine selbständige, wenn man will, »vormarxistische« Wurzel in der Zivilisationsgeschichte und in der Lehre von der Industriegesellschaft haben, die aber doch nach 1945 vornehmlich in den USA und in England auch deshalb entwickelt wurden, um der Anziehungskraft der marxistischen Revolutionskonzeption eine gleichrangige Alternative gegenüberzustellen. Das wohl wichtigste Werk dieser Richtung *The Stages of Economic Growth* von Walt Whitman Rostow, 1959 zuerst erschienen, trug den Untertitel *A non-Communist Manifesto*. Es ist ja ein auffälliger Tatbestand, daß die Engländer und Amerikaner die ersten waren, die dem Begriff der »Revolution« die rundum positive Bedeutung gaben und ihm immer freundlich gesinnt blieben, daß aber ihre sozialen Systeme die am wenigsten revolutionären, die stabilsten und insofern konservativsten der Welt sind. In England hat die letzte Revolution 1689 stattgefunden, und dabei handelte es sich, wie wir gesehen haben, um eine »konservative Revolution«, und in Amerika war der Unabhängigkeitskrieg nur als Bekämpfung und Vertreibung der »Loyalisten« so etwas wie eine Revolution, aber seit den Anfängen ist das politische System nur noch durch vorsichtige Anpassungen verändert worden.

Wenn bei Rostow alle Gesellschaften in ihrer Entwicklung einem ganz deterministisch und ökonomisch gefaßten Schema folgen, nämlich von der traditionellen Gesellschaft über das Stadium des Starts *(takeoff)* hin zur »Reife« der Konsum- und Wohlfahrtsgesellschaft, dann sind alle Gesellschaften, d. h. Staaten der Welt in einem Wettlauf begriffen, und an der Spitze, schon hinter dem Ziel, befinden sich die USA, Kanada und Australien, während die Sowjetunion irgendwo im Hinterfeld in der Nähe Indiens und Portugals zu plazieren ist. Revolutionen haben hier nur die untergeordnete Bedeutung, daß sie unter Umständen durch die gewaltsame Beseitigung der traditionellen Gesellschaft den Weg zum »Start« freimachen, aber oft genug sind sie auch durch die Erzeugung von zu viel Unruhe ein hinderlicher Faktor wie in vielen Staaten Südamerikas und Asiens. Die russische Revolution war eine Modernisierungsrevolution, und sie wird insofern von Rostow mit wohlwollenden Augen gesehen, aber ihr Anspruch, eine höhere Stufe der Menschheitsentwicklung begründet zu haben, erscheint im Rahmen dieser Wachstumslehre als absurd oder kurios, denn das Pro-Kopf-Produkt kann sich nicht entfernt mit dem der USA oder Kanadas messen.

Bei der nationalsozialistischen Revolution verhielt es sich nach Rostow ganz anders: Deutschland stand während der Weimarer Republik dicht vor der Schwelle des Übergangs zur Konsumgesellschaft, aber es wählte den längst überholten Weg kriegerischer Expansion und stürzte sich dadurch ins Unglück. Der beste und sicherste Weg, um das Ziel zu erreichen, war offenbar der englisch-amerikanische der stabilen Evolution, und das Ziel der Gesellschaft des Massenkonsums orientiert sich unverkennbar an der amerikanischen Wirklichkeit; in Abwandlung des bekannten Goethe-Wortes könnte man Rostows Auffassung so umschreiben: »An Amerika hängt, nach Amerika drängt doch alles« –, aber nur die zurückgebliebensten Reaktionäre würden wie Goethe hinzufügen: »Ach wir Armen.«

Im Anschluß an Rostow und teilweise in kritischer Distanz zu ihm haben andere Modernisierungstheoretiker eine Anzahl von Merkmalen benannt, an denen eine moderne Gesellschaft erkennbar ist: Verstädterung, Rückgang der Geburtenzahlen, Industrialisierung auch des an Zahl der Beschäftigten immer weiter zurückgehenden landwirtschaftlichen Sektors, Säkularisierung als Zurücktreten religiöser und kirchlicher Einflüsse, Auflösung oder doch Lockerung überkommener Autoritätsstrukturen und Abhängigkeitsverhältnisse, Demokratisierung im Sinne zunehmender Partizipation der Massen am politischen Leben, Emanzipation der Individuen, Liberalisierung des Strafrechts, Überwindung des »Militarismus«, hoher Bildungsstand der gesamten Bevölkerung, starke horizontale und vertikale Mobilität, Zentralisierung und Bürokratisierung des Staates, hohe Lebenserwartung des einzelnen, große Produktivität, weitgehende Differenzierung und Professionalisierung der Tätigkeiten verbunden mit einer Tendenz zur Egalisierung der Einkommen, d. h. zur »Mittelstandsgesellschaft«, hoher Stand der Technik, durchgehend Orientierung an universalistischen Werten usw. Die traditionelle Gesellschaft weist durchweg die gegenteiligen Kennzeichen auf: stabile Stände- bzw. Kastenordnung, Vorwiegen der agrarischen Produktion, Vorherrschaft religiöser, auf ein Jenseits gerichteter Ideen, geringe Produktivität, Großfamilien, niedrige Lebenserwartung usw.

Wenn »Modernität« das Ensemble der zuerst aufgezählten Merkmale ist, dann sind offenbar nur liberal-demokratische Gesellschaften nach dem Muster des Hauptteils der »westlichen Welt« und insbesondere der USA »modern«, und selbst solche Gesellschaften befinden sich auf einem Irrweg, welche zwar »Modernisierung« im Sinne von Industrialisierung anstreben, aber die innere Verbindung von Industrialisierung und Bewegungsfreiheit für Individuen und Güter leugnen, d. h. die totalitären Entwicklungsdiktaturen. Es kann aber auch totalitäre Diktaturen geben, die »Modernität« grundsätzlich verneinen und sich von archaischen Leitbildern leiten lassen. Schließlich läßt sich noch eine Anzahl traditioneller Gesellschaften auffinden, die sich auf diese oder jene Weise gegen Modernität sträuben, aber meist immerhin den einen oder anderen modernen Charakterzug übernommen haben.

Es ist ein außerordentlich einfaches und einleuchtendes Bild der Welt, das den Modernisierungstheorien zugrunde liegt und von ihnen auf mancherlei Weise verfeinert wird. Ein naheliegender Einwand lautet natürlich, daß die amerikanische Gesellschaft dem Bilde, das die Modernisierungstheorien zeichnen, zum guten Teil nicht entspricht: Das politische System weicht mit seinem Mangel an klar ausgebildeten Parteien höchst auffällig von den Staaten Europas ab und könnte sogar »archaisch« genannt werden; große Teile der Bevölkerung hängen einem religiösen Fundamentalismus an; das Riesengebiet des Mittleren Westens gilt als besonders provinziell, und sogar die Bevölkerung der Ostküste nimmt nur wenig Anteil an weltpolitischen Vorgängen; die Einkommensunterschiede sind gewaltig und scheinen noch immer gewaltiger zu werden. Einwänden wie diesen kann man jedoch dadurch begegnen, daß man auch Amerika erst auf dem Wege hin zu dem Ideal- und Endzustand der ausgeglichenen, aber nicht undifferenzierten Mittelstandsgesellschaft begriffen sieht. Mithin wäre die Modernität Amerikas nicht *eine* Art der Modernität unter anderen Arten, aber sie wäre eine unvollkommene, selbst noch in einem Prozeß der Modernisierung begriffene Modernität.

Das nationalsozialistische Regime fordert die Modernisierungstheorie ebenso wie die marxistische bzw. sowjetische Revolutionstheorie zu einer einfachen und nachdrücklichen Antwort heraus: Wenn es für diese eine besonders ausgeprägte Gestalt »der Gegenrevolution« ist, so ist es für jene ein Paradigma des Antimodernen inmitten der modernen Welt.

Das Unmoderne und Antimoderne am Nationalsozialismus fällt in der Tat schon beim ersten Blick ins Auge: Hitler verurteilte in *Mein Kampf* emphatisch eine »ebenso ungesunde wie schädliche Industrialisierung«; er verachtete die zivile Existenz und wollte die deutsche Jugend »zäh wie Leder, flink wie Windhunde und hart wie Kruppstahl«, d. h. als vorbildliche Soldaten sehen; er sprach mit verächtlichen und feindseligen Wendungen von der Emanzipation der Frau und von den Bildungsbestrebungen zurückgebliebener Völker und Rassen; er führte zwei so moderne Phänomene wie Kapitalismus und Kommunismus mit ganz negativem Akzent auf »die Juden« als angebliche Urheber zurück, er schätzte das Britische Weltreich sehr hoch und war bereit, aktiv an dessen Erhaltung mitzuwirken; er erklärte Rußland für »unser Indien«; er orientierte sich am Römischen Weltreich und an den Momumentalbauten der Antike und des Mittelalters; er traf eine Unterscheidung zwischen »höheren« und »niedrigen« Rassen und wollte eine Weltherrschaft »der Germanen« herbeiführen oder definitiv befestigen; sein Judenhaß trug mittelalterliche Züge: Schon der Judenboy-kott vom 1. April 1933 veranlaßte kluge und gebildete Menschen, wie wir gesehen haben, zu dem Ausruf »Das Mittelalter, Pfui Teufel«, und noch viel eindeutiger knüpfte das Pogrom vom 9. November 1938 sowie die Kennzeichnung der Juden durch einen gelben Stern im Herbst 1941 an primitive Verhältnisse und ferne Zeiten an. Daß der Nationalsozialismus schon 1933 für so viele Menschen innerhalb und außerhalb Deutschlands ein »Rückfall in die Barbarei« war, bedeutete in gewisser Weise eine Vorwegnahme der Modernisierungstheorien und stützte sich doch mit großer Selbstverständlichkeit auf die altüberliefer-ten Lehren vom Fortschreiten der Zivilisation und von der Überwin-dung barbarischer und traditioneller Zustände.

Aber reichte es aus, das nationalsozialistische Regime als barbarisch und antimodern zu bezeichnen? Bestand das eigentlich Beunruhigende nicht darin, daß dieser antimoderne und barbarische Staat so gut im Wettlauf der modernen Staaten mithalten konnte; daß seine Produktion in erstaunlicher Weise anstieg; daß nicht wenige Sozialreformer in England mit Staunen und Neid auf eine Sozialpolitik blickten, der man selbst kaum etwas entgegenzustellen hatte; daß während des Krieges die modernsten technischen Durchbrüche in Deutschland kaum weniger erzielt wurden als in dem von der Natur so sehr bevorzugten Amerika? Eine einfache Erklärung für den scheinbaren Widerspruch drängte sich auf: Dieses Regime verfolgte antimoderne Ziele mit modernen Mitteln.

Im ganzen gesehen, dürfte diese Interpretation richtig sein. Aber die Frage ist, ob Ziele und Mittel einander so schroff gegenübergestellt werden können. Haben nicht die Mittel notwendigerweise auch Aus-wirkungen für die Ziele, und schließen die Ziele nicht bestimmte Mittel von vornherein aus?

Ich werde im folgenden, ohne die Autoren namentlich zu erwähnen, eine Anzahl von Aussagen aus der Literatur, ergänzt durch einige Äußerungen von Zeitgenossen anführen, zunächst zu den antimoder-nen und dann zu den modernen oder pseudomodernen Kennzeichen des Nationalsozialismus.

Heinrich Himmler sagte im August 1942 nach einer Fahrt durch die Ukraine, man könne die soziale Frage nur dadurch lösen, daß man die anderen totschlage, um ihre Äcker zu bekommen.[1] Unter den »Grund-gesetzen der SS« findet sich der Satz, jeder SS-Mann habe das Recht und die Pflicht, seine Ehre mit der Waffe zu verteidigen.[2] Adolf Hitler war in seinem Kunstgeschmack ganz an den Traditionen des 19. Jahrhunderts orientiert und daher voller Feindseligkeit gegen die künstlerische »Moderne«, und so war es nicht verwunderlich, daß in den Ausstellungen im Haus der Deutschen Kunst in München Darstellungen der Industrie und der industriellen Arbeit so gut wie abwesend waren. Albert Speer sah nach seinem eigenen Zeugnis in Hitler »den Bewahrer der Welt des 19. Jahrhunderts gegen jene beunruhigende großstädtische Welt«, die er fürchtete, weil sie die Erde »ins Technische, Moderne, Häßliche« verwandle.[3] Eine Autorin kennzeichnet die Einstellung des Nationalsozialismus zur »Frauenfrage« als Versuch, »das Rad der Geschichte zurückzudrehen«[4]; ein Autor sieht im nationalsozialistischen »Führerstaat« als dem Vollzugsorgan für die Durchführung des Führerwillens das genaue Gegenteil zum »modernen Staatsbegriff«.[5] Darüber hinaus war der Nationalsozialismus nach dem Urteil eines anderen Autors eine »Gegenbewegung zu dem gesamtkulturellen Vorgang, den man mit Max Weber als abendländische Rationalisierung oder nach heutigem Sprachgebrauch als Modernisierung zu bezeichnen pflegt«, und insofern bildete er auch einen Gegensatz zum »totalen Staat«, wie ihn etwa Lenin mit seiner klaren Aufgabenverteilung zwischen Partei und Staat inauguriert habe, während im nationalsozialistischen Regime »ein unübersichtliches Geflecht persönlicher Bevollmächtigung und unklarer Kompetenzabgrenzung staatszersetzend und chaotisch war«.[6]

In einer Darstellung des hessischen Landlebens wird der Nationalsozialismus als »Radikalisierung der herrschenden Dorfideologie« beschrieben, welche allerdings Generationskonflikte zwischen der radikaleren Dorfjugend und den traditionalistischen Alten hervorrief.[7] In allgemeineren Termini kann das auch so ausgedrückt werden, daß die Deutschen »partout nicht Industriegesellschaft werden, sondern ›Volksgemeinschaft‹ bleiben wollten«.[8] So schützte das Regime auf bevölkerungs- und familienpolitischem Gebiet überkommene Strukturen mit großer Energie und bewahrte sie vor »einem Wandel hin zu einer modernen Industriegesellschaft«.[9] Die Gesamturteile der Historiker heben dieses Moment des Antimodernen in aller Regel stark hervor: Für Karl Dietrich Bracher ist der Nationalsozialismus vor allem durch seine »antistädtische, antimodernistische Ideologie« gekennzeichnet[10]; Hans Mommsen spricht von der »im tiefsten Sinne reaktionären Diktatur Hitlers«[11]; Joachim Fest läßt in der Tradition der pessimistischen Zivilisationskritik Hitlers Entschlossenheit begründet sein, »sich diesem

Prozeß entgegenzustemmen[12]. Von einem anderen Historiker wird der Nationalsozialismus als praktischer und gewalttätiger »Widerstand gegen die Transzendenz« definiert, was wohl am ehesten als Feindschaft gegen den Fortschritt verstanden werden dürfte.[13]

Aber in der Literatur findet sich auch eine überraschend große Zahl von Feststellungen, die explizit oder implizit auf »moderne Züge« des Nationalsozialismus Bezug nehmen. Die Energie der neuen Eliten der nationalsozialistischen Bewegung wäre schlechterdings nicht zu verstehen »ohne so viel erfinderische, innovationsfähige, leistungskräftige, auf Effizienz bedachte Kräfte aus dem bürgerlichen Mittelstand«, und damit werden nicht nur die marxistischen Behauptungen über den »menschlichen Staub« der »deklassierten Kleinbürger« zurückgewiesen, sondern es wird schon eine heute mehr und mehr in den Vordergrund tretende Theorie vorweggenommen, daß die Dynamik der Mittelschichten und nicht etwa die der Arbeiterschaft das bewegende Moment in allen modernen Gesellschaften sei.[14] Modern war zweifellos auch die Vision Robert Leys von kleinen Reihenhäusern im Grünen zwecks »Entproletarisierung«, denn sie entsprach der damals in den USA beginnenden Entwicklung von *suburbia*. Die »Deutsche Arbeitsfront«, schreibt derselbe Autor, war »ein Vorläufer der heutigen Informations- und Dienstleistungsgesellschaft«, und sehr viele Einzelheiten dieser »Leistungsgesellschaft von der Wiege bis zur Bahre« seien für sich betrachtet, »erstaunlich progressiv und vernünftig« gewesen.[15]

Aber es gab nicht nur Parallelen zu amerikanischen Entwicklungstendenzen, sondern in einzelnen Punkten war das nationalsozialistische Deutschland den Amerikanern weit voraus: So leicht man über das »Projekt Schönheit der Arbeit«, über die Anlage von Sportplätzen und Kindergärten und über die verbilligten Reisen der NSG »Kraft durch Freude« spotten kann, wenn man sich am Ideal der »klassenlosen Gesellschaft« orientiert, so wenig sollte doch übersehen werden, daß Deutschland im Bereich der sozialen Vorsorge der künftigen Wohlstandsgesellschaft weit näher war als Amerika. Und betontermaßen »modern« war nicht so sehr der Autobahnbau als solcher, sondern die Tatsache, daß ein so enthusiastischer Vorkämpfer der Technik wie der Reichskommissar für das Straßenwesen, Fritz Todt, bei der Streckenführung landschaftliche und ökologische Gesichtspunkte in einem Ausmaß berücksichtigte, das längst noch nicht selbstverständlich war.[16]

Daß Hitler eine De-Industrialisierung Deutschlands als Fernziel im

Auge gehabt hätte, ist schon angesichts seiner Vorhersage unhaltbar, der Kraftwagenbestand würde eines Tages drei bis fünf Millionen Fahrzeuge umfassen, was vom Blickpunkt der dreißiger Jahre aus eine geradezu ungeheuerliche Steigerung in sich schloß, und weder die Idee noch die Konstruktion des »Volkswagens« fand bekanntlich 1945 ein Ende. Die Öffnung aller Führungspositionen für Menschen aller Schichten war keine bloße Propagandafloskel: Der Kommandeur der Leibstandarte Adolf Hitler, SS-Obergruppenführer Sepp Dietrich, war der uneheliche Sohn eines bayerischen Bauernmädchens, und im Paradigma einer nationalsozialistischen Ehe, derjenigen zwischen der »Reichsfrauenführerin« Gertrud Scholtz-Klink und dem SS-Obergruppenführer Heißmeyer, fanden sich die Tochter eines kleinstädtischen Buchhalters und der Sohn eines Bauern zusammen.[17]

Ein Konzept der Re-agrarisierung wurde im Weimarer Deutschland von nationalökonomischen Reformern wie Friedländer-Prechtl und Werner Sombart vertreten, und das nicht aus reaktionärer Gesinnung, sondern weil sie es infolge der starken ausländischen Behinderungen der deutschen Exportindustrie für unumgänglich hielten, die beschäftigungslosen Arbeiter auf dem Lande anzusiedeln und im ganzen »den Gürtel enger zu schnallen«: Hitlers Auffassung war aber gerade dadurch gekennzeichnet, daß er eine Senkung des Lebensstandards für die Masse der Bevölkerung ablehnte und den Ausweg nur in der Eroberung neuen Lebensraums sehen konnte, der nicht bloß Siedlungsgebiet für Bauern, sondern auch Absatzraum für die deutsche Industrie sein würde. Man sollte nicht übersehen, daß die Konzeption der Lebensraumgewinnung *auch* eine Konzeption der »Europäisierung« und »Modernisierung« war. Deutsche Kultur sollte den angeblich kulturlosen Osten durchdringen; deutsche Autobahnen sollten den straßenarmen Raum bis zum Schwarzen Meer erschließen, und man mochte sich die Frage stellen, ob die andere Konzeption sich damit auf die Dauer vereinbaren ließ, derzufolge die einheimische Bevölkerung im Status analphabetischer Kolonialsklaven bleiben sollte.

Wenn Göring Berlin zur »Zentrale des europäischen Warenmarkts« machen wollte, dann mußte er eine ständige Vergrößerung der Warenströme und nicht deren Verringerung im Auge haben[18], und Hitler wollte zwar seine Heimatstadt Linz zu einer Hauptstadt der Kunst machen, aber er hielt auch gegen alle Einwände an seinem Plan der Errichtung eines riesigen Industriewerks in der Nähe der Stadt fest.[19]

Sogar das Nahziel Himmlers, eine »große wirtschaftliche von Deutschland geführte Konföderation europäischer und nordafrikanischer Staaten«, wird man schwerlich antimodern nennen können.[20] Eine antitraditionalistische Einstellung und modernisierende Wirkung wird in vielen Werken auch der Partei als solcher und nicht zuletzt der Hitlerjugend zugeschrieben. Der Kampf gegen die Katholische Kirche war zumal in Bayern weitgehend ein Kampf gegen die »modernisierungsfeindliche Mentalität der Bevölkerung«, die Festigkeit der alten Familienstrukturen und generell gegen das traditionelle Milieu.[21] Die nationalsozialistische Frauenpolitik hatte sogar nach Auffassung betont fortschrittlicher Autorinnen und Autoren nicht ausschließlich ein rückwärtsgewandtes Gesicht: BDM und NS-Frauenschaften wirkten unter manchen Aspekten aktivierend, ja emanzipierend. Im öffentlichen Dienst war seit 1937 für unverheiratete Mütter die Anrede »Frau« gesetzlich vorgeschrieben[22], und das Mutterschaftsgesetz der Kriegszeit bedeutete eine soziale Hilfe, »wie sie noch in keinem anderen Lande verwirklicht« war.[23] Viele HJ-Führer empfanden ein tiefes Ressentiment gegen die bunten Schülermützen der Gymnasiasten, und es geschah nicht selten, daß ein Jungzug- oder Fähnleinführer aus der marschierenden Kolonne heraustrat und einem am Straßenrand stehenden Schüler die Mütze vom Kopf schlug. Die Vernichtung der Konfessionsschulen durch die Nationalsozialisten wurde nach 1945 rückgängig gemacht, aber nur zeitweise, und eine christliche Partei setzte sogar in Bayern endgültig das durch, womit die Nationalsozialisten, wenn auch in ganz anderem Geiste, vorangegangen waren.

Ein Marxist wie Tim Mason beurteilt das »Gesetz zur Ordnung der nationalen Arbeit« von 1934 ganz anders als die meisten Linksliberalen, die darin den Sieg des »Herr-im-Hause-Standpunkts« der Unternehmer sehen wollen: es habe vielmehr »die bewußt fortschrittliche Tendenz des technokratischen Kapitalismus« verkörpert, und in Amerika wie in England fänden sich auffallende Entsprechungen.[24] Die These von der deutschen »Rückständigkeit« und von den deutschen Archaismen wird auch von den Engländern Tom Blackbourn und Geoff Eley in Zweifel gezogen, die die Existenz eines deutschen »Sonderweges« in Abrede stellen und schon das Kaiserreich für einen sehr entwickelten und modernen kapitalistischen Staat erklären, so daß am Ende die Verbrechen des Nationalsozialismus als eine spezifische Verwirklichung von Möglichkeiten des modernen Kapitalismus erscheinen.[25] Die inter-

essantesten Thesen über die Modernität des Nationalsozialismus sind
erst in letzter Zeit von jüngeren, durchweg dezidiert »linken« Historikern entwickelt worden, weil sie den positiven Akzent des Begriffs der
»Modernisierung«, der die meisten Autoren veranlaßt, nur sehr zögernd einzelne »moderne Züge« des Nationalsozialismus einzuräumen, durch ein negatives Urteil ersetzen, das allerdings wohl auch ein
Nachklang der marxistischen Verurteilung des »Kapitalismus« ist. In
dem schon erwähnten Buch von Götz Aly und Susanne Heim *Vordenker
der Vernichtung* erscheint sogar Auschwitz sozusagen als die extreme
Zuspitzung der Wegrationalisierung kleiner Betriebe und mindestens
als »Mittel, das der schnelleren Industrialisierung und Agrarrationalisie-
rung des ›Schwellenlandes‹ Generalgouvernement dienen sollte«. Deshalb wird das Verständnis des Nationalsozialismus als eines Rückfalls in
die Barbarei zurückgewiesen; der Zusammenhang zwischen Auschwitz und »den damaligen deutschen Zukunftsprojekten für ein moder-
nisiertes und befriedetes Europa« mache vielmehr deutlich, daß nicht
ein Bruch mit der westlichen Zivilisation vorlag, sondern »eine ihr
innewohnende Möglichkeit«.[26]
Ähnliches gilt für die Euthanasie; auch sie war nicht etwa das Werk
konservativer Ärzte, sondern sie hing in ihren Ursprüngen und auch im
Akt der Ausführung eng mit dem »therapeutischen Idealismus« der
reformgesinnten Psychiater zusammen, und daher verstanden die Männer der Euthanasie-Zentrale in der Berliner Tiergartenstraße das Widerstreben vieler Anstaltsdirektoren gegen ihre Pläne als »Hemmnis für
den säkularen Modernisierungsprozeß der Psychiatrie«.[27]
Der allgemeinen Problematik dieses verwirrenden Nebeneinanders
moderner und antimoderner Züge begegnen viele Autoren durch einfache Unterscheidungen, etwa die, daß die Nationalsozialisten den technischen Fortschritt bejaht, den politischen, sozialen und philosophischen Fortschritt aber zurückgewiesen hätten[28], oder durch eine These
wie die folgende: »›Modernisierung‹ kann aber auch eine Reorganisa-
tion der Gesellschaft unter Beibehaltung der alten Machtverhältnisse,
also einen im sozialen Sinne höchst ›reaktionären‹ Vorgang meinen.«[29]
Diese These führt notwendigerweise zu der Folgerung, daß auch die
Modernisierung in den USA nur eine bestimmte Art von Modernisierung und nicht etwa deren Paradigma ist, nämlich eine »reaktionäre
Modernisierung«, und die weitere Folgerung wäre kaum zu umgehen,
daß eine »moderne Modernisierung« nur in der Sowjetunion stattge-

funden habe, weil nur dort die »alten Machtverhältnisse« vollständig beseitigt wurden.

Wenn hier also die Vorstellung von der »großen« Revolution letztlich leitend ist, so stellt sich der Amerikaner Jeffrey Herf in seinem Buch *Reactionary modernism* auf den Boden der Modernisierungstheorie, denn er schränkt den Begriff auf Deutschland ein, genauer auf Deutschland als »erste neue Nation«, wie er im Anschluß an Dahrendorf formuliert, d. h. als erstes Beispiel einer »nachholenden Modernisierung«, in der heute die ganze »Dritte Welt« begriffen ist. Schon im nationalsozialistischen Deutschland wurde der Anspruch erhoben, der heute z. B. in den islamischen Ländern mehr oder weniger selbstverständlich ist: daß das Land technisch fortgeschritten sein könne und dennoch seine »Seele«, d. h. seine überlieferte Identität bewahren müsse. So war nach Herf die selektive Annahme und zugleich die Zurückweisung der »kapitalistischen Modernität« schon für die Schriftsteller der Konservativen Revolution kennzeichnend. Sie waren »reaktionäre Modernisten«, und Hitler gehörte zur gleichen Richtung, obwohl natürlich ein großer Unterschied darin besteht, daß bei Hans Freyer, Carl Schmitt und Martin Heidegger keine Reduzierung auf den Kampf gegen die Juden vorgenommen wird. Die Schwäche des Liberalismus ist überall die Grundvoraussetzung für das verwirrende Nebeneinander, das die falsche Fragestellung erzeugt: War der Nationalsozialismus – bzw. der Nasserismus oder Chomeinismus – modern, oder war er antimodern?[30]

Aber diese These von der Verschränkung entgegengesetzter Momente hat es nicht verhindert, daß in der Literatur sowohl die Auffassung vertreten wurde, der Nationalsozialismus sei primär antimodern gewesen, wie die entgegengesetzte Meinung, der Nationalsozialismus habe in erster Linie ein positives Verhältnis zur Modernisierung gehabt.

Henry A. Turner macht sich in seinem Aufsatz *Faschismus und Antimodernismus* zum Verfechter der negativen These, mit der er zugleich einen Beitrag zur Entscheidung der Frage nach der Legitimität des Faschismusbegriffs leisten will.[31] Er stützt sich ausdrücklich auf die Modernisierungstheorie und nennt als Hauptkennzeichen des schnellen Wandlungsprozesses, der im Grunde überall gleich verlaufe, »Industrialisierung, Verstädterung, Säkularisierung und Rationalisierung«. In den Augen der Nationalsozialisten war nun dieser Prozeß »absolut unvereinbar mit dem, was sie für den einzig wahren Quell des sozialen

Lebens hielten, der Volkskultur«. Daher waren sie entschlossen, nicht nur – wie die Konservativen – den Prozeß zu verzögern, sondern sie nahmen sich »eine grundlegende Umwandlung der bestehenden gesellschaftlichen Wirklichkeit« vor, und deshalb sind sie von manchen Autoren als »Revolutionäre« bezeichnet worden, obwohl doch mit Revolution normalerweise die Bedeutung von »fortschrittlich«, »vorwärtsgerichtet« verbunden wird.

Die Nationalsozialisten aber suchten ihre Vorbilder in der Vergangenheit, und zwar in einer mythischen und eklektisch zurechtgemachten Vergangenheit. Ihr Denken ist am besten als eine »utopische Form des Anti-Modernismus« zu kennzeichnen – »utopisch«, weil es ein nicht realisierbares Allheilmittel im Auge hatte. Auch ihr linker Flügel vertrat nicht etwa eine Version des »modernen Sozialismus«, sondern gehörte in die Tradition des rückwärtsgewandten Anti-Kapitalismus. Daher wollten sie einen großen Teil des deutschen Volkes aus der industriellen Welt befreien und ihm eine Rückkehr zum einfachen Leben auf dem Lande und zugleich zu den kriegerischen Werten der Vergangenheit ermöglichen. Deshalb sollte »Lebensraum« im Sinne von »Ackerboden« erobert werden. Zwar sollte auf Industrieprodukte nicht verzichtet werden, aber die »Industriegesellschaft« wurde verneint.

Um ihren Krieg führen zu können, mußten sie zwangsläufig die Modernisierung praktizieren, aber die Ziele blieben immer fortschrittsfeindlich. Nun ist es nach Turner fraglich, ob die italienischen Faschisten ebenfalls eine fortschrittsfeindliche und antimoderne Politik trieben, und sicherlich können »Faschisten« wie Jacques Doriot, Oswald Mosley und Juan Perón nicht als Anti-Modernisten bezeichnet werden. Daher gelangt Turner am Schluß zu der Frage, ob der Terminus »Faschismus« wirklich ein legitimer Gattungsbegriff ist oder ob er »mehr Unklarheit und Verwirrung als Klarheit« schafft. So ist der Begriff der »Modernisierung« für Turner eine Art Sprengmittel, dem der Begriff »Faschismus« nicht widerstehen kann.

Erst im Jahr 1991 erschien ein Buch, das dem Nationalsozialismus überwiegend moderne Züge zuerkennt, ohne den Begriff »Moderne« negativ zu fassen. Es handelt sich um das von Michael Prinz und Rainer Zitelmann herausgegebene Sammelwerk *Nationalsozialismus und Modernisierung*, das meist Beiträge jüngerer Historiker umfaßt.[32] Von einem amerikanischen Autor wird eingeräumt, daß zwar kein Versuch vorliege, das nationalsozialistische System zu rehabilitieren, aber das Potential dazu stecke in der »revisionistischen« Position, die in den meisten Beiträgen vertreten werde.[33]

Rainer Zitelmann macht aber schon in dem ersten Beitrag des Buches deutlich, daß er dem Nationalsozialismus zwar »Modernität« zuschreibt, deren Vorkämpfer – neben Hitler selbst – Technokraten wie Heydrich und Backe gewesen seien, die über den »Mystizismus« von Himmler und Darré gespottet hätten, daß aber diese Modernität mit der eigentlichen, der liberalen Modernität nicht gleichzusetzen sei, sondern vielmehr »die andere, die totalitäre Möglichkeit der Moderne« repräsentiere.[34] Eine Autorin betont zwar sehr stark, daß die NSDAP »eine im Kern traditionsfeindliche, modernisierende Kraft« war, aber sie stellt an einem konkreten Beispiel den Widerstand eines »rückständigen« Teils der Gesellschaft doch mit so viel Sympathie dar, daß der Leser zu der paradoxen Frage getrieben wird, ob nicht die Existenz und Wirkungsmacht des »Reaktionären« einen unentbehrlichen Bestandteil der echten, der nicht-totalitären Modernisierung bilde.[35]

Im ganzen wird in den Beiträgen aber eine Anzahl von Tatbeständen angeführt, denen man als einzelnen genuine Modernität schwerlich absprechen kann, so etwa die nationalsozialistische Raumforschung und Raumplanung, die Pläne zur Förderung des Massenwohnungsbaus unter maßgeblicher Beteiligung ehemaliger Mitarbeiter des »Bauhauses«; die Förderung der Kinder unbemittelter Eltern in den Nationalpolitischen Erziehungsanstalten und den Adolf-Hitler-Schulen; die Durchsetzung der Gemeinschaftsschule, die Weimarer »Volksgeschichte« als Vorläuferin der späteren Sozialgeschichte, die starke Demokratisierung innerhalb der Wehrmacht, der Charakter der NSDAP als »Volkspartei«, die Vorwegnahme des Keynesianismus bei den Maßnahmen zur Arbeitsbeschaffung.[36] Bei dem einen oder anderen Autor kommt auch die betont negative, aber nicht »konservative« Wertung der Moderne zum Vorschein, so etwa mit der These, der Nationalsozialismus habe die »pathologischen« Tendenzen des Modernisierungsprozesses offengelegt, denn in den Augen der Täter habe sich der Massenmord der Euthanasie »als angewandte Wissenschaft« ausgenommen.[37] Und die Unterscheidung zwischen einer liberalen und einer totalitären Modernisierung wird offensichtlich in Zweifel gezogen oder direkt verneint, wenn einer der Autoren schreibt: »Was gemeinhin als ›Propaganda‹ verharmlost wurde, enthüllt sich als modernes Regierungsinstrument

nach amerikanischem Vorbild, mit welchem die Demokratien der nach-
bürgerlichen Gesellschaft unverändert Herrschaft ausüben und ihr tech-
nokratisches System zu verewigen suchen.«[38]

Es ist also sehr zweifelhaft, ob die Modernisierungstheorie zu sicheren Resultaten hinsichtlich des Nationalsozialismus führt, aber ihre
Ergebnisse sind immerhin der Realität ein gutes Stück näher als diejenigen der »großen« oder marxistischen Revolutionstheorie. Da sie vornehmlich von Soziologen und Politologen entwickelt worden ist, hat sie
von Historikern nicht wenig Kritik hinnehmen müssen: Steckt in ihr
nicht zu viel amerikanische Selbstgefälligkeit und intellektueller Imperialismus? Stehen Tradition und Modernität wirklich nur in einem
negativen Verhältnis; wurde nicht das altertümliche Adelsparlament in
London zur Mutter aller Parlamente? Entdeckt nicht die Geschichtswissenschaft an vielen Stellen »eine fast schizophren anmutende Nachbarschaft von Innovationsbereitschaft und Konservativismus in ein und
derselben Person oder Gruppe«, z. B. in der rheinischen Unternehmer-
schaft des 19. Jahrhunderts? Sind nicht die wesentlichen demokratischen Ordnungsideen und politischen Institutionen *vor* der Industrialisierung entwickelt worden, und gibt es nicht auch Industrialisierung
*ohne* Demokratisierung? Sind England und die USA in ihrer Lebens-
wirklichkeit tatsächlich so demokratisch und egalitär, wie ihre Lobredner behaupten oder suggerieren? Ist der Begriff der Modernisierung
nicht allzu eng an die okzidentale Geschichte geknüpft?[39]

Auch wir haben uns bisher überwiegend in der Nähe des theoretischen Bereichs bewegt, als wir nach der Beziehung des Nationalsozialismus zu nicht-nationalsozialistischen Realitäten gefragt haben: War
Affinität bzw. Kontinuität zu verzeichnen, war das Verhältnis revolutionär oder konterrevolutionär, wirkte der Nationalsozialismus im Kontext modernisierend, oder war er eine Verkörperung des (längst vorhandenen) Antimodernen?[40] Es wird nun Zeit, daß wir uns »der Sache
selbst« zuwenden: dem Nationalsozialismus in seiner inneren Struktur
und seiner unmittelbaren Auseinandersetzung mit anderen Phänomenen. Unsere erste Frage muß dahin gehen, ob der Nationalsozialismus
monokratisch oder polykratisch strukturiert war, und diese Frage ist
nicht zu beantworten, wenn man nicht vor allem den Mann zum
Thema macht, der entweder der charismatische Gründer oder ein von
den Anhängern der Bewegung erfundener Mythos war, nämlich Adolf
Hitler.

# 6. Adolf Hitler

In einem Punkte können und sollten die wenigen verbliebenen Anhänger Hitlers mit seinen zahlreichen Gegnern und mit den distanziertesten Historikern übereinstimmen: daß es sich um einen Mann handelte, dessen Leben als schlechterdings außerordentlich, ja singulär bezeichnet werden muß – singulär nicht im Sinne von »individuell«, sondern von »unvergleichbar«, was freilich erst durch einen Vergleich anschaulich gemacht werden kann. Da taucht bald nach dem Kriege aus der grauen Masse der demobilisierten Soldaten ein Mann auf, der über nichts verfügt, was ihn aus dieser Masse herausheben könnte: keine gute Herkunft, weder akademische Bildung noch Verbindungen oder Geld. Aber er besitzt eine Fähigkeit, die schon in den frühesten Aussagen von Beobachtern faßbar wird: »Mensch, der hat a Goschn«, sagte Anton Drexler, als Hitler in einer Versammlung der »Deutschen Arbeiterpartei« am 12. September 1919 erstmals das Wort ergriffen hatte.[1] Und in den Berichten der Vorgesetzten wird die Rednergabe dieses »Bildungsoffiziers«, der über den militärischen Rang eines Gefreiten nicht hinausgekommen war, rühmend hervorgehoben.

Aber es handelt sich offensichtlich nicht um die Begabung eines Rhetors und Wortkünstlers; in einem Bericht über eine frühe Versammlung der *Deutschen Arbeiterpartei* schreibt der Informant, der Redner sei »in eine Wut« geraten, und die Teilnehmer hätten immer wieder »Sehr richtig« gerufen.[2] Dieser Hitler war also ein Überzeugter und ein Überzeugender aus einem starken emotionalen Impuls heraus, und dieser Impuls entsprach offenbar den Empfindungen von vielen seiner Zuhörer. Was die Emotion aufrührte, war der verlorene Krieg und nicht zuletzt das »Diktat von Versailles«, wie aus zahlreichen frühen Reden bzw. den überlieferten Redeentwürfen deutlich wird, die sich wieder und wieder mit den Themen »Versailles« und »Brest-Litowsk« befassen. Der Redner ist also ein Mann der »positiven Kriegserfahrung«, welche nach dem November 1918 durchweg zugleich eine »negative Revolutionserfahrung« war, und diese negative Erfahrung ist bei Hitler nicht national oder gar lokal beschränkt, etwa auf den Haß gegen Eisner und Leviné, sondern sie bezieht in starkem Maße auch die russische Revolution ein, die von Hitler immer wieder als ein mörderisches Unternehmen, als »Vernichtung der nationalen Intelligenz« angeklagt wird. Nach verbreiteter Meinung waren die Urheber der russischen Revolution ebenso wie Eisner und Leviné Juden, und wenn gemäß einer alten, geraume Zeit auch unter Sozialisten mächtigen Tradition die Juden mit »dem Kapitalismus« in engen Zusammenhang gebracht werden, dann ist eine sinnlich wahrnehmbare Erscheinung gefunden, auf die sich jene »Wut«, aus positiver Kriegserfahrung und negativer Revolutionserfahrung geboren, konzentrieren kann.

»Antisemitische Agitatoren« hatte es aber auch vor dem Kriege schon gegeben, und wenn man diesen Begriff verwendet, übersieht man die qualitative Differenz, die durch die beiden völlig neuartigen Erfahrungen hervorgerufen wurde. Einen idealtypischen Ort nahm Hitler nicht schon durch seinen Haß gegen Versailles und seine Judenfeindschaft ein, sondern durch den wieder und wieder verkündeten Willen, gegenüber der »marxistischen« Bewegung der antinationalen »Novemberverbrecher« eine entgegengesetzte Bewegung von gleicher – man könnte sagen »totalitärer« – Entschlossenheit zu begründen und zum Siege zu führen. Die generelle Anklage gegen »die Juden« gehörte nicht mit innerer Notwendigkeit dazu, denn in Italien agierte um die gleiche Zeit eine schroff antimarxistische oder antisozialistische Partei, die eine Anzahl von Juden zu ihren Mitgliedern zählte, aber die Attacke entsprach anscheinend einem starken Drang des Redners nach Anschaulichkeit, und ihr kamen starke Emotionen im Publikum entgegen.

Die besondere Fähigkeit des noch Unbekannten war also nicht so sehr die ungewöhnliche Rednergabe aus starker Emotionalität, sondern die Tatsache, daß er mitreißender als andere eine idealtypische Position zu vertreten wußte. So gewinnt er Anhänger, Freunde, Protektion, nicht zuletzt von seiten des Generals Ludendorff, der in München seinen Wohnsitz genommen hat. Aber wenn Hitler 1922 schon nicht selten »der König von München« genannt wird, so ist er im Grunde doch immer noch ein Niemand, der auf linkische Weise in den Salons der älteren Damen, die ihn mit der »großen Welt« Münchens in Verbindung bringen, tiefe Verbeugungen macht und sich anscheinend als bloßen »Trommler« für die nationale Bewegung Ludendorffs empfindet. Aber schon beim Putsch in der tiefen deutschen Krise vom November 1923 will *er* die Regierung Deutschlands übernehmen, während Ludendorff Kriegsminister werden soll, und nach dem Scheitern spielt *er* vor dem Münchener Volksgericht die Hauptrolle, indem er sich mit sehr eindrucksvollen Reden vom Angeklagten zum Ankläger aufschwingt.

Nach seiner Entlassung aus der Festungshaft muß er jedoch wieder ganz von vorn beginnen, und seine Gegner spotten über den gescheiterten »bayerischen Mussolini im Westentaschenformat« oder über den »schönen Adolf«, wenn sie ihn überhaupt noch erwähnen. Im Jahr 1928 erringt seine kleine Partei 12 Reichstagssitze von über 600, aber die Parteiarmee der SA ist bereits zum gefürchteten Gegner des viel stärkeren *Roten Frontkämpferbundes* und seiner Nachfolgeorganisationen geworden, und er bleibt der unumstrittene Führer seiner eigenen Partei im Lager der extremen Rechten, die so sehr zur Zersplitterung neigt, weil sie so viele potentielle Führer aufweist. Die Septemberwahlen von 1930 machen die NSDAP zur zweitstärksten in Deutschland, und Hitler vermag trotz allen revolutionären Ungestüms in der SA an seinem »Legalitätskurs« festzuhalten. Jetzt fließt ihm auch Geld zu, wie allen erfolgreichen Parteiführern, die Hoffnung oder Furcht hervorrufen, aber noch immer ist seine stärkste Waffe die Kraft seines »Glaubens«, der in Riesenversammlungen große Massen in Ekstase versetzt und doch auch im kleinen Kreise gegenüber einzelnen hohen Offizieren und Industriellen wirksam ist.

Nach den Juliwahlen von 1932 ist seine Partei die weitaus stärkste im Reichstag, und nach den Regeln des Systems müßte er den Auftrag zur Regierungsbildung erhalten. Aber der Reichspräsident von Hindenburg lehnt Hitlers (vielleicht nur angebliche) Forderung nach der totalen Macht ab, und er wird erst anderen Sinnes, als dieser sich in der überaus schwierigen Situation nach den Novemberwahlen von 1932 anscheinend bereit findet, als dekorative Spitze eines konservativen Kabinetts einer Mehrheit von Deutschnationalen zu figurieren. Und doch vollzieht sich diese Regierungsbildung unter ganz anderen Umständen als jede andere in der Weimarer Republik, weil sie eine Revolution von unten entfesselt, die von oben, d. h. von Hitler gelenkt wird, obwohl sie hie und da aus dem Ruder zu laufen droht. Gleichwohl scheinen Mißtrauen und Feindseligkeit, die dem neuen Reichskanzler, dem Verfasser von *Mein Kampf* vor allem im Ausland entgegengebracht werden, überwältigend stark, und viele, die Kommunisten an der Spitze, erwarten zuversichtlich, daß Hitler und seine Partei bald »abgewirtschaftet« haben. Aber es gelingt ihm durch eine neue Wirtschaftspolitik, die keineswegs von vornherein auf Kriegsvorbereitung ausgerichtet ist, die Arbeitslosigkeit zu beseitigen, unter Ausnutzung aller Gegebenheiten und günstiger Umstände den drohenden Zusammenschluß seiner auswärtigen Gegner zu verhindern, und 1938 erzwingt er im Einklang mit dem Prinzip des »Selbstbestimmungsrechts der Völker« die stärkste territoriale Veränderung in Europa seit 1919, so daß ein »Großdeutschland« entsteht und das Versailler System nahezu vollständig zum Einsturz gebracht ist.

Er will nun unzweifelhaft den großen Krieg zwecks Erfüllung dessen, was er seit der frühesten Zeit als seine »Mission« betrachtete: die Vernichtung des Zentrums »der Revolution« in Moskau und die Eroberung von »Lebensraum« bis zum Ural für Deutschland, und zwar im Bündnis mit Großbritannien oder unter dessen wohlwollender Duldung. Gegen seinen Wunsch und doch auf seine ausschließliche Initiative hin wird er in einen europäischen Krieg verwickelt, der ihn im Laufe eines Jahres zum Herrn über Kontinentaleuropa werden läßt. Es ist nicht ausgemacht, daß dieser Krieg trotz der überwältigenden Anfangserfolge verloren gehen *mußte*, und wir werden sehr unterschiedliche Auffassungen dazu kennenlernen. Noch umstrittener ist die Frage der Bedeutung des Hitler-Stalin-Pakts und der Vorgeschichte des Angriffs auf die Sowjetunion.

Sicher ist, daß noch nie ein Europäer, selbst Napoleon nicht, über so große Teile des europäischen Festlandes geboten hatte wie der 1919 noch völlig unbekannte Soldat und Versammlungsredner im Oktober 1941, als die Spitzen seiner Truppen die Vorstädte Moskaus erreichten und die Sowjetregierung die Hauptstadt verlassen hatte. Er selbst hat später den verfrühten Wintereinbruch oder auch die Verlegung des Angriffsdatums infolge von Mussolinis törichtem Angriff auf Griechenland verantwortlich gemacht, aber wahrscheinlicher ist, daß der Sieg so gut wie sicher gewesen wäre, wenn er mit dem ganzen Gewicht seiner damals fast unbegrenzten Autorität die japanischen Bundesgenossen, wie Stalin es späterhin gegenüber seinen westlichen Alliierten tat, zur Eröffnung einer »zweiten Front« aufgefordert hätte. Die Folgen würden die Welt vollständig verändert haben, obwohl selbst dann von einer

»Weltherrschaft« Deutschlands im Sinne einer umfassenden *pax Germanica* nicht die Rede hätte sein können[3], und das Bewußtsein der Größe der überstandenen Gefahr verlieh dem paradoxen Bündnis der Todfeinde, die von Hitler zusammengeführt wurden, einen guten Teil seiner Stärke und Entschlossenheit. Wie sich in den folgenden Jahren Notwendigkeit und Zufälligkeit zueinander verhielten, ist hier nicht zu erörtern, und jedermann weiß, daß dem Beinahe-Triumph von 1941 die Total-Niederlage von 1945 folgte, die nicht nur eine militärische, sondern infolge der Aufdeckung der ideologisch begründeten Untaten des Regimes auch eine moralische Katastrophe für Deutschland war und für Hitler den Tod durch eigene Hand bedeutete.

Wo ist in der neueren Geschichte ein angemessener Vergleich für diese staunenswerte und rätselvolle Lebensbahn vom unbekannten Mitglied einer großen Masse von Namenlosen zum Herrn von Deutschland und Europa und zum Tod in einem Bunker zu finden, der schon im feindlichen Granatfeuer lag?

Napoleon I. – von kleinadliger und nichtfranzösischer Herkunft – war zuerst nur einer unter den Feldherren, die im Rahmen einer kämpfenden Volksrevolution aufzusteigen pflegen. Er drängte die anderen erst allmählich durch sein militärisches Genie und seine politische Begabung in die zweite Reihe zurück. Auf dem Gipfel seiner Macht heiratete er eine Kaisertochter, und nach der ersten Niederlage machte ihn die Koalition seiner Feinde zum Fürsten eines kleinen Inselreichs. Erst die zweite Niederlage führte in die Verbannung, in der er aber noch wesentliche Grundlagen für seinen dauernden Ruhm legen konnte, der schon relativ bald die erste und sehr heftige Verdammung des »teuflischen Usurpators« ablöste.

Sein Neffe Louis Bonaparte galt seinen Feinden lange Zeit als eine lächerliche, ja groteske Figur, aber er wurde 1848 vom Volke mit großer Mehrheit zum Präsidenten der Republik gewählt und machte sich 1851/52 durch einen Staatsstreich zum Kaiser Napoleon III. Er wurde zum erfolgreichen Vorkämpfer des Prinzips der Nationalität und blieb gerade deshalb nach Meinung fast aller Konservativen der Erz-Aufrührer; er behauptete sich fast zwei Jahrzehnte lang und verlor den Thron erst infolge der militärischen Niederlage gegen Bismarcks Deutschland. Er starb im Exil, aber seine Anhänger blieben noch für geraume Zeit eine anerkannte Macht unter den französischen Parteien.

Wladimir Iljitsch Lenin, Sohn eines geadelten Schuldirektors und promovierter Jurist, stellte sich an die Spitze einer Bewegung, der von vielen Seiten der unausweichliche Sieg vorausgesagt wurde, obwohl sie noch unterdrückt und illegal war, nämlich der sozialistischen Arbeiterbewegung. Er ergriff im Zeichen der faktisch schon eingetretenen, aber offiziell noch nicht zugegebenen Kriegsniederlage Rußlands 1917 in einem Putsch die Macht, der gegen die anderen sozialistischen Parteien gerichtet war und doch schon bald als »Oktoberrevolution« zum Mythos wurde, weil keine andere Partei auch nur entfernt eine solche Kraft der Überzeugung und eines globalen Sendungsbewußtseins an den Tag zu legen vermochte. Die Partei der Bolschewiki setzte sich unter Lenins so gut wie unbestrittener Führung in einem großen Bürgerkrieg durch, und er starb 1924 als der hochgeehrte, bald schon kultisch glorifizierte Führer des völlig neuartigen Staates einer Parteidiktatur.

Benito Mussolinis Ursprünge waren ebenso bescheiden wie die Herkunft Hitlers. Aber er wurde von seinem Vater in früher Jugend zum sozialistischen Glauben und zur aktiven Teilnahme an der Arbeiterbewegung erzogen, und er erwarb sich als Agitator ein beträchtliches Maß an Bildung, so daß er eine Zeitlang an einer höheren Schule unterrichten konnte. Mit kaum mehr als 30 Jahren stand er an der Spitze der großen und legalen, aber revolutionär gesinnten Sozialistischen Partei Italiens. Gegen die pazifistischen Neigungen seines marxistischen Glaubens machte er sich zu Beginn des Krieges zum Vorkämpfer der Intervention Italiens, und die Folge war sein Absinken in die politische Bedeutungslosigkeit. Aber der zum entschiedenen Antisozialisten gewordene linkssozialistische Revolutionär trat im März 1919 an die Spitze der neuartigen Partei der Faschisten, und nach der merkwürdigen und halbrevolutionären Machtergreifung durch den »Marsch auf Rom« im Oktober 1922 war er für über zwei Jahrzehnte der »Duce« Italiens, der 1935 unter geschickter Ausnutzung der durch Hitler geschaffenen Situation den letzten staatlichen Eroberungsfeldzug des europäischen Kolonialismus erfolgreich ins Werk setzte und dann als Verbündeter Hitlers früher als dieser militärisch besiegt wurde, bevor ihn antifaschistische Partisanen zusammen mit seiner Geliebten hinrichteten oder ermordeten, wie man je nach Perspektive sagen kann.

Josif Wissarionowitsch Stalin war, anders als Lenin, Hitler und Mussolini, aber etwa so wie Napoleon III. ein »Nachfolger«. Von ebenso bescheidener Herkunft wie Hitler und Mussolini, vollzog sich sein

Aufstieg in Amtszimmern und Kongreßsälen, wo er sich in den erbitterten Fraktionskämpfen nach Lenins Tod durchzusetzen wußte. Er führte die größte und opferreichste soziale Revolution durch, die bis dahin jemals irgendwo stattgefunden hatte, nämlich die sogenannte Kollektivierung der Landwirtschaft, die mit der großenteils physischen Vernichtung der wohlhabenderen Bauern, der Kulaken, identisch war. Nachdem er auch das Offizierskorps der Roten Armee zu großen Teilen vernichtet hatte, blieb seine Stellung trotz der schweren Anfangsniederlagen im Krieg gegen Hitler unangefochten, und als »Generalissimus« brachte er den größten und blutigsten Krieg der Geschichte, von seinen »kapitalistischen« Verbündeten unterstützt, zum siegreichen Ende. Er starb als unbeschränkter Alleinherrscher 1953, von vielen Millionen in der ganzen Welt betrauert und beweint, obwohl er doch bereits im Frieden mehr Menschen zu Tode gebracht hatte, als Hitler während eines Krieges Zivilisten hatte töten lassen. Aber schon drei Jahre später wurde er von seinem Nachfolger gewissermaßen geistig gestürzt, und nach dem Zusammenbruch des großen Staates, der unter seiner Ägide 1924 den Namen »Sowjetunion« angenommen hatte, ist es in Rußland nahezu selbstverständlich und in Deutschland immerhin zulässig geworden, ihn mit Hitler zu vergleichen, ja gleichzusetzen.

Kein Lebenslauf dieser großen Gewaltherrscher, Usurpatoren, Tyrannen oder Diktatoren ist auch nur annähernd so erstaunlich und »unglaubwürdig« wie derjenige Hitlers, und angesichts dieses Überblicks, der gewiß sowohl manches zuspitzt wie vieles ausläßt, drängt sich die Aussage auf: Es kann sich unmöglich um einen bloßen Bohemien, Faulpelz, ungebildeten Kuchenverschlinger und nicht einmal um einen bloßen Fanatiker gehandelt haben, der sich mit Hilfe einer Schar von Landsknechten, Dummköpfen, Säufern, Prahlhänsen und Nichtstuern auf der Grundlage von Hintertreppenintrigen die Macht über ein modernes Land verschaffte und dessen Bevölkerung durch einen gnadenlosen Terror in einen sinnlosen und von vornherein verlorenen Krieg hineinzwang. Mit hoher Wahrscheinlichkeit muß dieser Mann vielmehr als eine Verkörperung des »deutschen Volksgeistes« gelten, weil er dem innersten Fühlen und Denken einer großen Mehrheit von Deutschen eine Stimme gab, wenngleich eine verzerrende und übersteigernde Stimme – als ein Medium, das nur aussprach, was die Massen auf dumpfe Weise empfanden, als Wortführer einer machtvollen Tradition, die von ihm allerdings auf ein niedriges und massengerechtes

Niveau gebracht wurde. Hitlers Selbstcharakterisierung wurde schon erwähnt: er sei nicht ein Diktator oder ein Kaiser, sondern »der deutsche Volksführer«[4], und die jubelnde Zustimmung, die ihm hier wie auch sonst wieder und wieder zuteil wurde, scheint in sich ein Beweis für die Richtigkeit dieser Kennzeichnung zu sein.

Ein aller Sympathien für Hitler und den Nationalsozialismus ganz unverdächtiger Schriftsteller, Günter de Bruyn, hat in seinen interessanten Erinnerungen die eigene »konstitutionelle Unvereinbarkeit« mit dem Nationalsozialismus sehr überzeugend herausgestellt, und er berichtet auch von vielen negativen Äußerungen über die Partei, den Kriegsdienst und die Angst der Bombennächte, aber er unterstreicht dennoch mit großem Nachdruck, daß ihm so gut wie nie jemand begegnet sei, der die Herrschaft »des Führers« und dessen Qualifikation in Zweifel gezogen habe; sie habe vielmehr überall als selbstverständlich und legitim gegolten. Diese »Identität von Führer und Volk« kann nun von den Gegnern angesichts der Verfolgungen und der späteren Massenverbrechen in aller Regel mit einem ganz negativen Akzent versehen werden und zur Verurteilung »der Deutschen« führen, sofern Hitler nicht mit marxistischen Wendungen als Vorkämpfer bloß des »Kleinbürgertums« und damit »klassenmäßig« verstanden wird. Nur ganz ausnahmsweise und fast ausschließlich in der Literatur der extremen Rechten wird der »monolithischen Einheit« eine positive Wertung zuteil.

Die Verurteilung Hitlers kann eine gröbere und eine subtilere Gestalt haben; sie reicht von der Anklage gegen »die deutsche Bestie« bis hin zu der These, daß ein großes Volk und eine bedeutende Tradition durch die Zeitumstände auf eine Ebene heruntergebracht worden seien, wo ein Mann wie Hitler zu ihrem Sprecher werden konnte, so daß von »Tragik« zu reden wäre. Dieser zweiten Auffassung nähert sich der unlängst verstorbene deutschjüdische, bis zu seinem Tod in London wirkende Emigrant Joseph Peter Stern in seinem Buch *Hitler. Der Führer und das Volk*.[5] Er erklärt es zu Beginn für sein Ziel, »Verständnis für die scheinbar unerklärliche Anziehungskraft Hitlers zu gewinnen«, und er scheut vor der Behauptung nicht zurück, die wahre Natur des Mannes werde durch die Clownerie eines Charlie Chaplin oder durch die witzlose Komödie eines Bert Brecht eher verschleiert und trivialisiert als erklärt, ja es sei der gesamten schönen Literatur nicht gelungen, »die zentrale Gestalt der deutschen und europäischen Geschichte im ersten

Drittel des 20. Jahrhunderts« zu erhellen, von ein paar Seiten bei Richard Hughes und Günter Grass abgesehen. Nach Sterns Auffassung ist die Zeit der Anklagen und Verurteilungen vorbei, und mithin darf und muß wieder festgestellt werden, daß Hitlers politischer Erfolg »in der deutschen Geschichte seinesgleichen nicht hatte« und daß einer ganzen Reihe von militärischen Erfolgen Hitlers »in der modernen Geschichte nichts zur Seite gestellt werden« kann.

Stern läßt sich also offenbar von der Maxime leiten, daß man in erster Linie die Stärken und nicht die Schwächen eines Gegners wahrnehmen muß; denn ein Gegner Hitlers und des Volkes, das Hitler zu seinen Erfolgen emportrug, bleibt er ohne Zweifel. So ist die Orientierung der nationalsozialistischen Ideologie an »agrarischen Werten« in einer sehr edlen Tradition der Deutschen mitbegründet, der Tradition der Romantik, die freilich eine gemeineuropäische Erscheinung war und auch in nichtdeutschen Dichtern wie W. B. Yeats, Ezra Pound und D. H. Lawrence fortlebt. Spezifisch deutsch sei erst die Verquickung mit der technologischen Mentalität, wie sie etwa in Ernst Jüngers *Arbeiter* zu finden sei. Präfigurationen von nationalsozialistischen Auffassungen finden sich nicht nur bei Nietzsche, sondern auch bei Heine. Parallelen zu Hitlers Ideen lassen sich bei Jaspers, Freud und C. G. Jung entdecken. Aber Hitler unterscheidet sich von ihnen allen doch dadurch, daß er »aus Schwäche Unrecht macht« und eine »Ethik« entwickelt, die ihren höchsten Wert in der Vernichtung der Ethik selber sieht. Diese abstrakte Vernichtungsforderung bringt Stern dann aufs engste mit der konkreten Vernichtung der Juden zusammen, und am Ende läuft das Buch, das Hitler so ernst nimmt und ihn als Teil eines »welthistorischen Dramas« verstehen will, doch auf eine Anklage gegen das deutsche Volk hinaus, in dessen Namen Geistliche erfolgreich zugunsten arischer Geisteskranker protestiert hätten, während »Proteste zugunsten ihrer jüdischen Mitbürger« von deutscher Seite nie erfolgt seien. Auch die Judenvernichtung steht also in der Tradition der deutschen Geschichte, und auch sie ist ein Werk von »Führer und Volk«, selbst wenn die überwiegende Mehrheit der Deutschen davon keine Kenntnis hatte.[6]

Natürlich herrschen die negativen Urteile über Hitler zumal in der deutschen Literatur bei weitem vor, teils mit der Tendenz, ihn von der Masse des deutschen Volkes möglichst weit abzuheben, dann wieder mit der Absicht, die Komplizenschaft der führenden Schichten stark herauszustellen. Wenn Hitler von K. D. Bracher als der »Tagedieb von

Linz« bezeichnet wird, der keine normale Berufsausbildung gehabt
habe, dann wird damit natürlich auch indirekt die Lebensführung und
das intellektuelle Niveau des »Führers und Reichskanzlers« kritisiert[7];
Joachim Fest zählt ihn in seinem Buch *Das Gesicht des Dritten Reiches* zu
den »Nullpunktexistenzen«, aus denen sich seine »amorphe, trübe
Persönlichkeit« herausgehoben habe[8]; nach Hans Mommsen ist es ein
»grandioses Mißverständnis«, Hitler staatsmännische Fähigkeiten zuzuschreiben, weil er weiter nichts als ein »politischer Falschmünzer«
gewesen sei.[9] Ganz negativ urteilt die psychoanalytische und »psycho-
historische« Literatur, die durchweg das spätere Verhalten des »Führers« aus Erfahrungen der Kindheit und Jugend abzuleiten sucht. So
glaubt Erich Fromm, eine »nekrophile« Veranlagung Hitlers konstatieren zu dürfen, und er erklärt sie aus einer »bösartigen inzestuösen
Bindung an die Mutter«.[10] Rudolf Binion ist dagegen geneigt, Hitlers
Mutterliebe zwar als auffallend stark, aber nicht als abnormal zu betrachten und seine Obsession durch Vorstellungen wie die vom »jüdischen Völkergift«, von gesellschaftlichen Seuchen und menschlichen
Bakterien auf die falsche Behandlung seiner krebskranken Mutter durch
einen jüdischen Arzt zurückzuführen. Daraus sei Hitlers Judenhaß
entstanden, da er den unbewußten Haß auf den konkreten Arzt auf die
ganze Gruppe projiziert habe, während zwischen ihm und dem Arzt
Dr. Bloch ein Verhältnis wechselseitiger Hochachtung bestanden habe,
das bis zu Blochs von Hitler begünstigter Emigration im Jahre 1940
fortgedauert habe.[11]

Nun mag der einfache Leser oder auch Historiker zwar einige mit
Bewunderung vermischte Skepsis hinsichtlich des souveränen Um-
gangs mit unbewußten Vorgängen in Hitlers oder anderer Menschen
Psyche empfinden, wie er in der psychohistorischen Literatur vorliegt,
aber eine sehr wichtige Frage hat Binion mit Recht hervorgehoben und
zu einer bemerkenswerten Entscheidung gebracht: Erst durch seine
Erfahrungen während der Novemberrevolution in Pasewalk sei Hitler
»ein anderer« geworden, und damals habe sein vielleicht schon vorher
vorhandener Antisemitismus seine eigentliche Relevanz gewonnen. Die
wichtige Frage nach der Hierarchie der Motive Hitlers und nach dem
Zeitpunkt ihres Hervortretens wird hier also immerhin aufgeworfen
und zugunsten des Antisemitismus entschieden, aber gerade nicht
zugunsten eines in Wien oder gar in Linz entstandenen und auf den
befremdenden Anblick von »Kaftanjuden« aus Polen oder Rumänien

zurückzuführenden Antisemitismus. Ein Teil dieser und einer gewissen angrenzenden Literatur thematisiert insbesondere das Sexualleben Hitlers zwecks Erklärung seines politischen Verhaltens und Fehlverhaltens und geht oft genug in höchst unappetitliche Einzelheiten hinein, die doch wohl der Einsicht in das Unbewußte schwerlich entnommen sein können und durchweg auf Vermutungen und Gerüchten beruhen, aber in keinem Fall auch nur das Geringste zur Erhellung von Hitlerschen Entschlüssen beitragen. Ein amerikanischer Autor, der sich durch Untersuchungen über die deutschen Freikorps einen Namen gemacht hat, will das allerdings nicht gelten lassen, und da er nicht Hitlers sexuelle Monstrositäten, sondern dessen Phobien für grundlegend hält, führt er Hitlers wiederholte Forderung »keine Kapitulation!« darauf zurück, daß Hitler das Wort »copulation« ständig im Sinn hatte, aber davor zurückschreckte, es auszusprechen.[12]

Im allgemeinen lassen sich in der ausländischen historischen Literatur häufiger positivere Aussagen über einzelne Züge von Hitlers Persönlichkeit bzw. zu seinen Leistungen finden als in der deutschen. Lloyd George schrieb nach dem schon erwähnten Besuch auf dem Berghof an Ribbentrop: »He is the greatest piece of luck that has come to your country since Bismarck, and personnally I would say since Frederick the Great.«[13] Aber auch in der Nachkriegszeit fehlte es nicht ganz an Analogien. So behauptet der englische Historiker des deutsch-russischen Krieges, es bestehe kaum ein Zweifel, daß Hitlers Beurteilung der sowjetischen Absichten auf lange Sicht richtig gewesen sei, jedenfalls weit richtiger als die Einschätzungen der anglo-amerikanischen Politiker jener Zeit.[14] Alan Bullock schreibt in seinem Buch *Hitler und Stalin*, im Hinblick auf Ideen und Innovationen auf militärischem Gebiet sei Hitler allen anderen Staatsmännern, einschließlich Stalin, ebensoweit voraus gewesen wie den militärischen Fachleuten seiner Gegner, wenn er auch bei der Durchführung meist nervös und zögerlich gewesen sei. Ganz ähnlich wie Seaton ist er der Überzeugung, daß Hitlers Voraussagen über den Kalten Krieg und Deutschland der Wahrheit nähergekommen seien als die drei alliierten Führer mit ihrer Bekundung von Jalta.[15]

Noch ein gutes Stück weiter geht David Irving in seinem Buch *Führer und Reichskanzler* von 1989, wo er die Frage aufwirft, ob Hitler nicht in Zukunft als »der Große« bezeichnet werden würde. Manchmal unterscheidet sich Irving hier nur noch wenig von der Hitler-Trilogie Erich Kerns, die dem rechtsradikalen Spektrum zugezählt werden muß, und eine Wendung wie die folgende klingt auf enthüllende Weise pathetisch, obwohl sie im Kern der Aussage richtig sein mag: »Als er dieses letzte Hochland seines Schicksalsweges überschritt, strahlte Hitler auf seine Besucher noch immer die namenlose Energie eines Messias aus.«[16]

Aber auch in den Erinnerungen und Kommentaren Henry Pickers zu seinen Aufzeichnungen der *Tischgespräche* ist nicht wenig von der »Faszination« zu spüren, die Hitler auch auf seine engere Umgebung ausübte, und in der umfangreichen Einleitung zur Ausgabe von 1963 durch Percy Ernst Schramm wird ausdrücklich die weit verbreitete – im Grunde für alle Gegner Hitlers tief beschämende – Auffassung zurückgewiesen, Hitler sei ein Mensch ohne Wissen und Bildung gewesen: Er verstand das Englische und Französische und ein wenig sogar das Italienische; er las sehr viel und hatte ein erstaunliches Wissen auf vielen Gebieten, das Schramm mit Recht »autodidaktisch« nennt, ohne freilich zu berücksichtigen, daß ein nicht-autodidaktisches Wissen nur auf engen Gebieten möglich ist.[17] Das Wissen eines Spezialisten hatte Hitler aber auf dem Gebiet der Rüstung, wie niemand verkennen kann, der die Protokolle seiner Besprechungen mit Albert Speer liest. Richtig ist allerdings, daß ihm die Zurückhaltung und Besonnenheit fremd waren, die der normale Sachkenner gerade aus der Vertrautheit mit den Unvollkommenheiten seines Wissens auch in solche Bereiche einbringt, wo er nur als Autodidakt ein Wissender sein kann. Ferner fehlte ihm offenbar der Wunsch, aus Gesprächen mit bedeutenden Wissenschaftlern Gewinn zu ziehen, und selbst nationalsozialistische Gelehrte wurden zu seiner Tafel nie hinzugezogen. Maßgebend dafür war offenbar seine tiefe Abneigung gegen »Intellektuelle« und Professoren; die Gesellschaft, die er als adäquat empfand, waren neben Militärs und Alten Kämpfern am ehesten Künstler und Künstlerinnen des Theaterfachs. Insofern muß man doch sagen, daß er im Sinne der Überlieferung des Deutschen Idealismus *nicht* »gebildet« war.

Es würde zu weit führen, die Einschätzungen der Persönlichkeit Hitlers in den großen Biographien nachzuzeichnen: bei Alan Bullock, Joachim Fest, John Toland und anderen. Der wesentliche Streitpunkt unter diesen Autoren ist der, bis zu welchem Grade Hitlers Selbstverständnis ernst zu nehmen ist, d. h. ob seine »Weltanschauung« bloß ein Vorwand für ein opportunistisches Machtstreben war oder ob der Glaube an seine »Mission« und der Wille zu deren Realisierung letzthin bestimmend war, entgegen allen praktischen und opportunistischen

Erwägungen, bis hin zur Selbstzerstörung. (Keinen Streitpunkt bildet dagegen die Frage, ob Hitler der Letztverantwortliche für die »Judenvernichtung« war.) Ich weise statt dessen auf die grundlegende Studie des Freiburger Historikers Gerhard Schreiber hin.[18] Mit Schreibers Buch liegt ein Gesamtüberblick vor, der, was die Anzahl der aufgeführten Titel betrifft, kaum Wünsche übrigläßt. Das Material ist nach Sachgebieten geordnet, und der Hitler-Interpretation der Zeit vor 1945 wird mehr Platz eingeräumt als der »gegenwärtigen Hitlerforschung«.

Auch hier sollen zur Veranschaulichung zwei Autoren etwas ausführlicher zu Wort kommen, die in ihrem konkreten Vorgehen und in ihren einzelnen Urteilen einen beträchtlichen Gegensatz verkörpern, obwohl sie in der Grundauffassung schwerlich weit voneinander entfernt sind; der eine wird von Schreiber nur in einer Fußnote erwähnt und der andere mit wenigen Worten als »essayistisch« gekennzeichnet.

Helmut Heiber, viele Jahre lang Mitarbeiter des Instituts für Zeitgeschichte, hat zahlreiche Arbeiten zur Geschichte des Nationalsozialismus verfaßt, darunter auch die umfangreiche und überaus gelehrte Abhandlung über das *Reichsinstitut für die Geschichte des neuen Deutschlands*, des Zentrums der Konstruktion eines nationalsozialistischen Bildes von der deutschen Geschichte unter Leitung von Walter Frank. Seine Hitler-Biographie erschien erstmals 1960 und war also eine der ersten.[19] Er widmet der Jugendzeit Hitlers viel Platz, und seine scharfzüngige Ironie findet hier weite Wirkungsmöglichkeiten. Zunächst ist es ja tatsächlich eine ganz objektive Ironie, daß Hitler nur deshalb 1932 Braunschweigischer Regierungsrat und damit deutscher Staatsbürger werden konnte, weil sein eigenes Gesetz zur Wiederherstellung des Berufsbeamtentums noch nicht in Kraft war, denn mit der Erbringung des Ariernachweises hätte er große Schwierigkeiten gehabt. Der Erzeuger seines Vaters war nämlich unbekannt, und ein Mann namens Frankenberger aus Graz, der möglicherweise ein Jude war, hatte der ledigen Bauerstochter Anna Maria Schicklgruber, Hitlers Großmutter, lange Jahre Alimente gezahlt, bevor sie den Müllergesellen Johann Georg Hiedler heiratete.

Aber Ironie ist auch dem jungen Mann gegenüber angebracht, der seine Notsituation später in *Mein Kampf* so beredt zu schildern wußte und doch lange Jahre ein in der Schule gescheiterter Müßiggänger war, der seiner Mutter auf der Tasche lag: »beileibe kein hungerndes Proletarierkind, sondern ein eher verzogener Bürgersohn«. Nach dem Tode der Mutter – den Arzt Dr. Bloch erwähnt Heiber gar nicht – geriet er allerdings in Wien nach dem Scheitern seiner Pläne, eine Ausbildung als Kunstmaler oder Architekt zu erhalten, in eine elende Lage, und er führte einige Zeit sogar »eine Clochard-Existenz«. Von da aus gelangt Heiber gleich zu einer ersten Globaldeutung: »Vom Komplex eigener Minderwertigkeit wurde Hitler durch die 56 Jahre seines Daseins gejagt, in seinem Zeichen hat er später Kriege begonnen, verlorene Kämpfe nicht abgebrochen und Millionen Menschen geopfert – um von den anderen nur ja ernst genommen zu werden.«[20] Anders als Binion leitet Heiber Hitlers Judenhaß, »seine einzige echte Überzeugung und Herzstück seiner Weltanschauung«, aus dem Zorn über einen Juden namens Neumann ab, der seine Aquarelle verkauft und ihn dabei übervorteilt habe, daneben allerdings auch aus der Begegnung mit den *Ostara-Heften* des entlaufenen Mönchs Georg Lanz zu Liebenfels mit ihrer Mythologie des Kampfes der blonden und blauäugigen »Arioheroiker« gegen die niederrassigen »Äfflinge«. Das eigentliche Problem sei indessen, so Heiber, daß später im Zeichen dieses »Unfugs« »große Teile eines geistig bedeutenden Volkes zu einer tobenden Masse kritikloser Claqueure werden konnten«.[22]

Durch den Krieg und das Zusammentreffen mit der DAP verwandelt sich jedoch der »bis dahin auf fast allen Gebieten unbrauchbare und untalentierte Bummelant aus Österreich« auf erstaunliche Weise, und Heiber kann nicht umhin, ihm »phänomenale Leistungen« bei der Werbung für seine Partei zu attestieren. Er bleibt für ihn gleichwohl der Partei gegenüber »Dompteur im Raubtierkäfig« und für die Massenseele »Schamane«. Aber bei der Schilderung der ersten Jahre des Reichskanzlers, den »eine Masse gesichtsloser Larven« an die Macht getragen habe, weil sie eben in einer so schamanenhaften Existenz »ihre Imago« verspürte, ruft Heiber sich doch gewissermaßen selbst zur Abstandnahme von seiner Neigung zum Ironisieren auf: »Das alles – wie gesagt – muß man sehen, und es ist sinnlos, darüber mit Stillschweigen oder ausschließlich abfälligen Bemerkungen hinwegzugehen«.[22] Und wie beim Bau der Autobahnen erwies sich »Hitlers Konzeption« bekanntlich auch beim Feldzug gegen Frankreich als richtig, und als entscheidenden Fehler rechnet Heiber dem Feldherrn Hitler die »Unterschätzung der Regenerationsfähigkeit und der gewaltigen Reserven der Roten Armee sowie der Stabilität des bolschewistischen Regimes« an. Eben diese Unterschätzung teilte Hitler aber nicht nur mit seinen

Generälen, sondern mit fast allen militärischen Experten in England und Amerika.

In der Vorgeschichte der Machtergreifung rührt Heiber, wenngleich nur mit flüchtigen Worten, an einen eminent wichtigen Tatbestand: die interessantesten Gewinner der Wahl vom 6. November 1932 seien die Kommunisten gewesen, und das hätte genügt, »um an verschiedenen Masten die Notsignale hochgehen zu lassen«. Aber erst auf der letzten Seite wird deutlich, weshalb die ironisierende Herausstellung der dunklen Seiten und Absonderlichkeiten dieses Lebens auch dann einen guten Sinn haben würde, wenn die Fülle der objektiven historischen Umstände einen angemessenen Platz erhalten hätte, denn der Vernichtungsbefehl, den Hitler unmittelbar vor dem Ende gab, war schlechterdings nur von einer ganz exzeptionellen und in der Tat »niedrigen« Natur zu erwarten: »So also sah er letzten Endes aus, dieser glühende Patriot und Nationalist, dieser leidenschaftliche Götzendiener eines Volkes, dem er schließlich mit seinem Zerstörungsbefehl vom 19. März 1945 vorsätzlich ›die Grundlagen zum primitivsten Weiterleben‹ zu nehmen gedachte!«[23]

Sebastian Haffner verwendet in seinen *Anmerkungen zu Hitler* nur wenige Zeilen auf dessen Jugendzeit.[24] Aber er stimmt mit Heiber darin überein, daß Hitlers Leben alles gefehlt habe, »was einem Menschenleben normalerweise Schwere, Wärme und Würde gibt: Bildung, Beruf, Liebe und Freundschaft, Ehe und Vaterschaft«. In dem Fehlen dieses »Menschlichen« erblickt Haffner den Unterschied gegenüber Männern wie Napoleon, Bismarck, Lenin und Mao. Innerlich bewegt hätten Hitler nur zwei Dinge: die Politik und die Juden. Aber nach 1918 waren die »Umstände« anders als vor dem Krieg, wo Hitler auf seine Mitmenschen wie ein »Spinner« wirkte: Große Massen waren politisiert, und die Juden waren, wie man ergänzen muß, viel stärker in den Gesichtskreis dieser Masse getreten als vorher. Als Massenbeherrscher gewann Hitler jetzt »das Gefühl politischer und intellektueller Überlegenheit über alle denkbaren Konkurrenten«. Und so konnte sich die Massensehnsucht nach »dem Mann«, »dem Führer« auf ihn richten, die kein Geringerer als Stefan George in großartigen Gedichten zum Ausdruck gebracht hatte.

Anders als Heiber beginnt Haffner nach dem einleitenden und zusammenfassenden Kapitel über das Leben, sicher zur Überraschung vieler Leser, mit einem Kapitel, das »Leistungen« überschrieben ist. An die erste Stelle ist Hitlers »Wirtschaftswunder« zu stellen, das einen Übergang von Depression zu Wirtschaftsblüte ohne Inflation bei völlig stabilen Löhnen und Preisen in sich schloß. »Das ist später nicht einmal Ludwig Erhard gelungen.« Deutschland bis 1938 zur stärksten Militär- und Luftmacht zu machen war »eine unglaubliche Leistung«. Der Entschluß, selbständige Panzerdivisionen und -armeen zu bilden, war »seine größte Leistung auf militärischem Gebiet«.[25] Daß er die große Mehrheit des deutschen Volkes für sich gewann, war seine »größte Leistung«. Die nationalsozialistische »Volksgemeinschaft« war gegenüber der überlieferten Ständegesellschaft »fortschrittlich«. Offenbar läßt sich Haffner wie Stern von der Überzeugung leiten, daß man die eigene Position stärkt, wenn man die Stärke des Gegners anerkennt, und er warnt ausdrücklich davor, »der Versuchung zur Unterschätzung zu schnell nachzugeben«. Deshalb kann er ein Kapitel über Hitlers »Erfolge« anschließen, und der Eindruck ist schwerlich irreführend, daß er Hitlers Erfolge gegenüber dem Weimarer Parteiensystem und auch gegenüber der Versailler Friedensordnung für in der Sache wohlbegründet hält. Selbst gegen seine militärischen Kritiker will er ihn »ein wenig in Schutz nehmen«. Aber der Umschlag steht schon dicht bevor, denn Hitlers Erfolge waren nach Haffner insofern doch nicht genuin, als er »immer nur das Fallende (stürzte), nur das schon Sterbende tötete«.[26]

Damit wird der Übergang zu seinen »Irrtümern« gemacht. Zu diesen zählt sein durch eine unklare Rassenlehre begründeter Kampf gegen die Juden, aber auch die Reduzierung der ganzen Geschichte auf Konflikte, die er bis auf die utopische Perspektive mit den Marxisten teilt. Zwar »wohnt Hitler durchaus in der Wahrheit«, soweit er das Faktum der Kämpfe und Kriege konstatierte, aber er machte aus dem Faktum eine Norm, und darin bestand sein grundsätzlicher Irrtum. Daher ist seine Vorstellung vom »Lebensraum« eine irrtümliche, un-europäische Konzeption. Und er täuschte sich durchaus über die Juden, denen er mythologisierend eine Einheitlichkeit zuschrieb, die sie keineswegs besaßen. Damit ist der Übergang zum Kapitel über Hitlers »Fehler« vollzogen. Zwar macht Haffner die bemerkenswerte Konzession, daß das Europa des 20. Jahrhunderts »nur noch die Wahl zwischen deutscher und amerikanischer Vorherrschaft« gehabt habe, aber die Chance einer europäischen Einigung wurde von Hitler gerade vertan, weil er »kein generöser Sieger« war. Haffner schreckt sogar von der Spekulation nicht zurück, daß ohne Hitlers Verfolgung der in Wahrheit

deutschfreundlichen Juden die Atombombe vielleicht zuerst in Deutschland entwickelt worden wäre. Der letztlich kriegsentscheidende Fehler
war der »unprovozierte Überfall auf Rußland«, denn Rußland mit
seinen 200 Millionen Menschen« war ganz einfach stärker als Deutschland mit seinen 80 Millionen«.[27] Erst jetzt folgt das Kapitel über die
»Verbrechen«, und hier trennt Haffner die Hitlerschen oder nationalsozialistischen Massenmorde »zwecks Ausrottung ganzer Bevölkerungsgruppen«, die als »Ungeziefer« angesehen wurden, scharf von den
Massakern, Geiselerschießungen, Bombardierungen von Wohngebieten als »gewöhnlichen Kriegsverbrechen«. Auch die »Judenvernichtung« ist für Haffner nur eins dieser spezifischen Verbrechen, wenn
auch das umfangreichste und »größte«, zugleich aber geheimste. Seit
Dezember 1941 wird Hitler endgültig zum Massenmörder, der die
»Lust des Killers« genießt.

Das eigenartigste und für viele Menschen gewiß aufregendste Kapitel
ist aber erst das letzte, das »Verrat« überschrieben ist. Hier stellt Haffner
die These auf, den größten Schaden habe Hitler nicht den Völkern
zugefügt, an denen er seine größten Verbrechen verübt habe, denn die
Sowjetunion sei durch ihn zur Supermacht geworden und Israel überhaupt erst zum Staat. Objektiv weit größer sei der Schaden, den Hitler
England zugefügt habe, das durch ihn sein Weltreich verloren habe, und
auch Frankreich habe eine dauerhafte Statusminderung erfahren. »Bei
weitem am meisten« habe Hitler, »ganz objektiv betrachtet«, Deutschland geschädigt. Sieben Millionen Todesopfer kostete Hitler Deutschland, eine größere Zahl als bei Juden und Polen, und das Deutsche Reich
»ist von der Landkarte verschwunden«. Hitlers letztes Programm für
Deutschland war der Volkstod. Spätestens in seiner letzten Phase wurde
Hitler zum bewußten »Verräter an Deutschland«. Damit wendet sich
Haffner schroff gegen alle kollektivistischen Schuldzuschreibungen,
denn einzig und allein Hitler war unter allen Nationalsozialisten zu
einem solchen Verrat fähig: »Hitler steht in keiner deutschen Tradition,
am wenigsten in der protestantisch-preußischen.« Er fällt aus der deutschen Geschichte heraus; das Wort vom Gottgesandten hat insofern
Wahrheit in sich, als er »ein unerklärlich von außen Hereingeschnei-
ter« war – nicht etwa bloß »aus Österreich«, sondern »Hitler kam für
die Deutschen immer nur von weither; erst eine Weile vom Himmel
hoch; nachher dann, daß Gott erbarm, aus den tiefsten Schlünden der
Hölle.«[28]

Die Deutschen waren nur deshalb Hitlers »auserwähltes Volk«, weil sein eingeborener Machtinstinkt sie als das zweifellos größte Machtpotential Europas zum Instrument für die Verwirklichung seiner erträumten »Mission« ersah, die mit den wirklichen deutschen Interessen und Zielen nichts zu tun hatte, wie man hinzufügen darf. Und daraus resultiert für Haffner eine ganz gegenwartsbezogene Forderung: es sei nicht gut, daß die Erinnerung an Hitler unter den Deutschen so schwach geworden sei, und es sei noch weniger gut, »daß viele Deutsche sich seit Hitler nicht mehr trauen, Patrioten zu sein. Denn die deutsche Geschichte ist mit Hitler nicht zu Ende. Wer das Gegenteil glaubt und sich womöglich darüber freut, weiß gar nicht, wie sehr er damit Hitlers letzten Willen erfüllt.«[29]

Man fragt sich, weshalb Sebastian Haffners Versuch, in starkem Gegensatz zu Heiber und anderen Interpreten Hitlers Stärken aufzuzeigen, um ihn dann um so entschiedener mit ausgesprochener Orientierung an »Deutschland« zu verurteilen, nicht schon im Jahre 1978 jene Eruptionen von Zorn und Haß hervorgerufen hat, die sich acht Jahre später über die Initiatoren des sogenannten Historikerstreits ergossen. Vermutlich schützte ihn seine Qualität als ehemaliger Emigrant und die Tatsache, daß man sich seiner sehr »linken« Äußerungen zur Ostpolitik und zur Frage der Oder-Neiße-Grenze erinnerte. So blieb es beim Ausdruck von Unbehagen und gemäßigter Kritik, doch als Versuch, Hitler erst dann zu verurteilen, nachdem er ernst genommen und in der Außerordentlichkeit seiner Persönlichkeit gewürdigt worden war, hat dieser kurze Essay bis heute nicht seinesgleichen.[30]

Aber mit keinem Wort äußert sich Haffner zu der Frage, ob das Dritte Reich, staatsrechtlich gesehen, eine Monokratie Hitlers oder aber eine Polykratie gewesen sei; vermutlich deshalb, weil er die Frage für unangebracht, nämlich für gegenstandslos hält. In großen Teilen der Literatur über den Nationalsozialismus wird ihr jedoch beträchtliche Bedeutung zugeschrieben.

169

# 7. Hitlers Drittes Reich:
## Monokratie oder Polykratie?

Wenn man sich der Frage »Monokratie oder Polykratie?« nähern will, muß man zuerst nach dem Verhältnis zwischen Hitler und seinen »Paladinen« fragen, d. h. nach dem obersten Führungskorps von Partei und Staat. In seinem *Gesicht des Dritten Reiches* hat Joachim Fest sehr negative Porträts der führenden Männer des nationalsozialistischen Regimes gezeichnet – von Hitler über Göring, Goebbels, Heydrich und Ribbentrop bis zu Franz von Papen sowie »General Icks« und »Professor NSDAP« als Personifizierungen des Offizierskorps und der rechtsgerichteten Intellektuellen. Ein anderer Autor hat geschrieben: »Das Dritte Reich eignet sich hervorragend zur Karikatur. Hitler ist sozusagen für Chaplin wie geschaffen. Der ›Reichstrunkenbold‹ Ley, der hetzerische Pornograph Streicher, der stiernackige Bormann, der eitle Versager Göring, der bebrillte ›Reichsheini‹ Himmler, der sich für eine Inkarnation des ersten Sachsenkönigs hielt: das ergibt eine Porträtgalerie, die durch ihre immanente Lächerlichkeit sozusagen stets von neuem Selbstmord begeht.«[1] Ganz anders klang allerdings das, was Heinrich Himmler nach dem Zeugnis seines finnischen Masseurs Felix Kersten in den letzten Wochen des Krieges sagte: »Mit den Nationalsozialisten geht die Auslese des deutschen Volkes zugrunde, das ist sehr traurig und bitter. Der Rest, der dann in Deutschland regieren wird, interessiert uns nicht; mit dem können die Alliierten machen, was sie wollen.«[2] Auch diese Aussage sollte man nicht von vornherein vom Tisch wischen, wenn man Sebastian Haffners Mahnung berücksichtigen will, sich nicht einer allzu bequemen Unterschätzung hinzugeben, und es wäre eine objektiv wichtige, bis heute meines Wissens nicht beantwortete Frage, wieviele Träger des EK 1 sich jeweils unter 10 000 führenden Männern der NSDAP, der DNVP, des Zentrums und der Sozialdemokraten 1932 befanden; es ist nicht von vornherein abwegig zu vermuten, daß ein auffallend großer Anteil zwar nicht »der deutschen Elite« schlechthin, wohl aber der kriegerischen Elite Deutschlands, soweit sie nach 1918 zu einer zivilen Existenz zurückgekehrt war, sich in der NSDAP versammelt hatte, zumal wenn man die DNVP hinzunimmt, die ja bekanntlich schon bald nach der »Machtergreifung« mehr oder weniger mit der NSDAP verschmolz. Es wäre weiter zu fragen, ob für die wenigen Dutzend Männer der obersten Führung das gleiche zutraf, und die Antwort müßte sicherlich »Ja« lauten, obwohl der Propagandachef Goebbels und der Parteiideologe Rosenberg keine Soldaten gewesen waren und Himmler nicht mehr an die Front gekommen war.[3] Aber auch Heiber bestreitet nicht, daß Hitler im Kriege große Tapferkeit unter Beweis gestellt und sein Eisernes Kreuz Erster Klasse verdient hatte, und das gleiche gilt für Männer wie Göring als Träger des Ordens »Pour le mérite«, für Heß, Ley und Ribbentrop.

In diesem Punkt unterscheiden sich die Paladine also nicht von Hitler, aber wenn man die verschiedenen Lebensläufe vergleicht, dann fällt vor allem dies auf, daß keiner eine so eigenartige, abseitige, durch Dunkelheiten gekennzeichnete und »verbummelte« Jugend aufwies wie Hitler. Göring ist oft als »Morphinist« bezeichnet worden und Ley als Trinker, aber bei beiden handelte es sich um Folgeerscheinungen von schweren Kriegsverwundungen. Daß Rosenberg vermutlich auch estnische Vorfahren hatte, daß Heß ein Auslandsdeutscher war und daß Himmler oft als »Hühnerzüchter« bezeichnet wird, hat wenig Bedeutung; mit Hitler verglichen hatten sie alle relativ normale Lebensläufe aufzuweisen, und das ist wohl gemeint, wenn sie sehr häufig »Kleinbürger« genannt werden – eine Bezeichnung, die kurioserweise oft auch auf Hitler angewendet wird, dem doch so häufig der höchst kleinbürgerliche Vorwurf gemacht wird, er habe keine reguläre Berufsausbildung gehabt.

In der Tat kann das Verhältnis der Paladine zu Hitler sehr kurz und apodiktisch charakterisiert werden: Sie standen von den ersten Anfängen bis zum Ende unter seinem Bann, wie Albert Speer schrieb, »sie gehorchten ihm blind, ohne eigenen Willen«.[4] Göring sagte, jedesmal wenn er zum Führer gehe, rutsche ihm das Herz in die Hosen.[5] Von Himmler ist bekannt, daß er »vor lauter Angst und Seligkeit« zitterte, wenn er ins Führerhauptquartier bestellt wurde, und er nahm Haltung an, wenn Hitler ihn anrief.[6] Aber schon nach dem mißlungenen Putsch von 1923 waren sich die streitenden Parteiführer in die Arme gesunken, als Hitler in der Versammlung vom 27. Februar 1925 wieder die Führung übernahm. Goebbbels' Hörigkeit gegenüber Hitler braucht nicht hervorgehoben zu werden, und daß sie nicht vorgespiegelt war, stellte er durch seinen Selbstmord unter Beweis. Als Göring in den letzten Kriegstagen die ganz naheliegende Anfrage an den in Berlin eingeschlossenen Hitler richtete, ob er als der designierte Nachfolger nun die politische Leitung in die Hand nehmen dürfe, ließ er sich auf Hitlers Funkspruch hin nicht nur widerstandslos von einer SS-Abteilung gefangennehmen, sondern er hat allem Anschein nach sich selbst nachträglich den Vorwurf der Illoyalität gemacht. Als Schlüsselwort, das weitere Ausführungen erspart, können zwei Sätze gelten, die Göring kurz vor dem Ausbruch des Krieges zu dem eifrig um die Erhaltung des Friedens bemühten Botschafter Großbritanniens Sir Nevile Henderson sagte: »Wenn eine Entscheidung getroffen werden muß, zählt keiner von uns mehr als die Steine, auf denen wir stehen. Der Führer allein entscheidet.«[7]

Das Verhältnis der Paladine zu ihrem Führer war also das von gläubigen Anhängern zu dem charismatischen Heilsbringer, und die quasireligiösen Töne, die wieder und wieder vernehmbar wurden, waren insofern genuin. Im Nürnberger Prozeß gegen die »Hauptkriegsverbrecher« trennte sich nur Hans Frank, der ehemalige Generalgouverneur von Polen, innerlich vollständig von Hitler, und von den Größen zweiten Ranges folgte ihm am ehesten der ehemalige Reichspressechef Dr. Otto Dietrich. Selbst der Generaloberst Jodl, Hitlers engster strategischer Berater, der vor schweren Auseinandersetzungen nicht zurückgeschreckt war, brachte noch in der Todeszelle seine ungebrochene Bewunderung und Loyalität gegenüber dem »Führer« zum Ausdruck.[8]

Insofern ist es also rätselhaft, inwiefern der Terminus »Polykratie« jemals in Gebrauch kommen und zur Erörterung gestellt werden konnte. Aber es läßt sich andererseits nicht bestreiten, daß schon während des nationalsozialistischen Regimes und von führenden Nationalsozialisten selbst immer wieder von »chaotischen Verhältnissen« gesprochen und über »Kompetenzstreitigkeiten« geklagt wurde, daß von »NS-Kampfspielen« geredet wurde, mit negativer Akzentuierung, daß Konflikte zwischen Reichsleitern und Ministern sowie zwischen Reichsleitern untereinander an der Tagesordnung waren. So schrieb der bayerische Gauleiter und Innenminister Adolf Wagner im Juni 1934 an den Reichs- und preußischen Innenminister Wilhelm Frick: »Nach der heutigen Rechtslage unterstehen Ihnen als dem Reichsinnenminister die Reichsstatthalter. Adolf Hitler ist Reichsstatthalter in Preußen. Er hat seine

Rechte an den preußischen Ministerpräsidenten delegiert, Sie selbst sind
aber auch preußischer Innenminister. Als Reichsinnenminister unter-
steht Ihnen also rechtlich Adolf Hitler und der preußische Ministerpräsident. Da Sie personengleich mit dem preußischen Innenminister sind,
unterstehen Sie wiederum dem preußischen Ministerpräsidenten und
sich selbst als Reichsinnenminister. Ich bin zwar kein Rechtsgelehrter
und Historiker, glaube aber, daß es eine solche Konstruktion kaum je
gegeben hat.«[9]

Joseph Goebbels schrieb 1942 in sein Tagebuch über die Innenpolitik
im »Führerstaat«: »Jeder tut und läßt, was er will, weil nirgendwo eine
starke Autorität aufgebaut ist . . . Die Partei geht ihre eigenen Wege und
läßt sich von niemandem hineinreden.«[10] Schon gleich nach dem Ausbruch des Krieges hatte Alfred Rosenberg seinem Tagebuch anvertraut:
»*Ich* jedenfalls halte Ribbentrop für den Verbrecher Iswolsky, der auch
aus gekränkter Eitelkeit die ›Gründe‹ zu seiner politischen Haltung
schöpfte.«[11] Dieser Ribbentrop hatte als Leiter des *Büros Ribbentrop*
seine Laufbahn begonnen, eines merkwürdigen Konkurrenzunterneh-
mens zum Auswärtigen Amt, und Rosenberg stand an der Spitze des
*Außenpolitischen Amtes der NSDAP*, das sich ebenfalls mit der Außenpolitik beschäftigte. Als vierte einschlägige Organisation ist noch die
*Auslandsorganisation* der NSDAP unter dem Gauleiter Bohle zu nennen, welche für alle Reichsdeutschen im Ausland zuständig war, während die *Volksdeutsche Mittelstelle* unter dem SS-Obergruppenführer
Lorenz sich der Volksdeutschen im Ausland annahm.[12] Während des
Krieges entsandte Himmler Polizeiattachés an die deutschen Gesandt-
schaften bzw. Botschaften im Ausland, und im Reichskommissariat
Niederlande amtierten zwei Generalkommissare, die von der SS bzw.
der Partei ernannt waren und sich nicht dem Reichskommissar Seyß-
Inquart, sondern Himmler bzw. Bormann unterstellt fühlten.

Das System der für das ganze Reich zuständigen Sonderbeauftragten
hatte mit der Ernennung Fritz Todts zum Generalinspektor für das
Straßenwesen im Sommer 1933 seinen Anfang genommen, gegen den
sich die vorhandenen Reichsbehörden vergeblich zu wehren suchten.
Als der Vierjahresplan in Gang gebracht wurde, standen folgende
Dienststellen und Behörden mit unklar festgelegten Kompetenzen nebeneinander: Der Rohstoff- und Devisenstab Görings, der Reichswirtschaftsminister als Generalbevollmächtigter für die Kriegswirtschaft, das
Reichsernährungsministerium, das sogenannte »Büro Keppler«, die

kriegswirtschaftliche Abteilung des Reichskriegsministeriums, der Reichsforstmeister u. a.[13] Es ist mithin kein Wunder, daß schon bald nach dem Kriege ein Buch erschien, das den Titel trug *Die autoritäre Anarchie*.[14] Forscher wie Reinhard Bollmus und Dieter Rebentisch haben in ihren Untersuchungen über *Das Amt Rosenberg und seine Gegner* und *Staat und Verwaltung im Zweiten Weltkrieg* viele dieser Kompetenzkonflikte, Streitigkeiten und chaotischen Verhältnisse bis in kleine Details hinein offengelegt.[15]

Wir wollen einige dieser Konflikte anhand der *Akten der Parteikanzlei* verfolgen, die 1983 vom Institut für Zeitgeschichte in mühsamer Arbeit aus den Beständen anderer Dienststellen rekonstruiert und in zwei umfangreichen Bänden mit einem Registerband publiziert worden sind.

Der Landwirtschaftsminister Darré und der Reichswirtschaftsminister Schacht streiten um die Zuteilung von Devisen; Schacht verwahrt sich gegen Eingriffe der *Deutschen Arbeitsfront* in die Zuständigkeit der Organisation der gewerblichen Wirtschaft; der »Stellvertreter des Führers« Rudolf Heß wendet sich gegen die exorbitanten Ansprüche der DAF Robert Leys, der zugleich »Reichsorganisationsleiter« der Partei ist; Kreisleiter und Landräte ringen um Kompetenzen; die Gauleiter des Rheinlands streiten sich, weil nur einem von ihnen, Terboven, das staatliche Amt des Oberpräsidenten übertragen worden ist; im Dauerkonflikt befinden sich der Reichsarbeitsminister Seldte und der Führer der DAF Ley; der Stabschef des »Stellvertreters des Führers« Martin Bormann und der Leiter der »Kanzlei des Führers der NSDAP«, Philipp Bouhler tragen einen Kompetenz- und Rangkonflikt aus; im Wohnungs- und Siedlungswesen entsteht ein »fürchterlicher Wirrwarr«; verschiedene Gauleiter beklagen sich über den SD des RFSS: er entwickle sich zu einer Partei-Überwachungs-Organisation; im Generalgouvernement stehen sich der Generalgouverneur Frank und der Sicherheitsbeauftragte SS-Obergruppenführer Krüger in bitterster Feindschaft gegenüber; Rosenberg übt als Reichsminister für die besetzten Ostgebiete scharfe Kritik an dem »Durcheinander der verschiedenen Generalbeauftragten«; zwischen Speer und Goebbels bzw. Bormann kommt es zu scharfen Auseinandersetzungen über die Frage der Priorität von Waffen oder von Soldaten.[16]

Der zweite Band beginnt wieder mit dem Jahr 1933: Rosenberg kritisiert Goebbels wegen seiner »Verharmlosung Stefan Zweigs« und der Protektion von »Berliner Kunstbolschewisten«; Bormann wendet sich mit Klagen über das Verhalten der Wehrmacht an Hitlers Adjutanten (und früheren Vorgesetzten im Weltkrieg) Fritz Wiedemann: die Wehrmacht habe noch immer kein Verbot erlassen, in »Judengeschäften« zu kaufen, und in den Kirchen seien ministrierende Soldaten in Uniform zu sehen; Rosenberg kritisiert Schirach wegen einer unhaltbaren Kant-Interpretation in der HJ-Zeitschrift *Wille und Macht.* Ley stößt auf Widerstand von allen Seiten, weil sein Plan einer Einheitsrente das Leistungsprinzip unterminiere; der Reichskirchenminister Kerrl äußert sich sehr negativ gegen den antichristlichen »Neuheiden« Rosenberg; Alfred Rosenberg klagt den persönlichen Referenten des Reichserziehungsministers Bernhard Rust an, sich in seinem wissenschaftlichen Hauptwerk fast ausschließlich auf jüdische Autoren gestützt zu haben.[17]

Man sollte sich aber nicht damit begnügen, »Konflikte«, »Kompetenzstreitigkeiten« und das daraus resultierende »Chaos« lediglich zu konstatieren, sondern es ist notwendig, auf die Verschiedenartigkeit dieser Auseinandersetzungen hinzuweisen und deren Charakter näher zu bestimmen, und zwar unter Heranziehung weiterer Beispiele.

Bei nicht ganz wenigen der immer wieder aufgeführten Konflikte handelt es sich um normale Auseinandersetzungen zwischen einzelnen Abteilungen der Staatsbürokratie, etwa darum, welches Ministerium diese oder jene Angelegenheit federführend betreut. Etwas Ungewöhnliches ist nur dann zu verzeichnen, wenn die eine Behörde sich deshalb durchsetzt, weil ihr Chef die einflußreichere Parteiposition innehat.

Einen ganz anderen Charakter haben die persönlichen Streitigkeiten zwischen hohen Parteifunktionären. So hatte z. B. der Gauleiter Kube einen anonymen, mit »Einige Berliner Juden« unterzeichneten Brief an den obersten Parteirichter Buch geschrieben und behauptet, daß dessen Frau jüdischer Abstammung sei. Der Sachverhalt wurde aufgedeckt, und Kube mußte auf Befehl Hitlers sein Amt niederlegen. Gleichwohl wurde er während des Krieges zum Reichskommissar in Weißrußland ernannt, wo er, altbewährter Antisemit, sich in den Augen der SS als »Judenfreund« erwies und schließlich dem Anschlag einer russischen Hausangestellten zum Opfer fiel. Von sehr viel harmloserer Art war der Streit zwischen Himmler und dem Danziger Gauleiter Forster, der den letzteren zu der Äußerung veranlaßte, wenn er so aussehe wie Himmler, würde er von »Rasse« überhaupt nicht reden.[18] Himmler war dadurch sehr gekränkt, nicht anders, als es vor der Machtergreifung

Goebbels gewesen war, auf dessen Klumpfuß Erich Koch in einem ungezeichneten Artikel unter Anspielung auf die Rassenlehre hingewiesen hatte. Solche Konflikte unter führenden Parteigenossen waren relativ häufig, und nicht immer waren sie rein persönlich, sondern hin und wieder kamen auch ideologische und soziologische Momente ins Spiel, etwa in den Konflikten zwischen Kerrl und Rosenberg oder zwischen Todt und Ley. So gut wie nie führten diese Konflikte aber zu Todesfolgen; innerhalb der NSDAP hat es nur *eine* große blutige »Säuberung« gegeben, diejenige aus Anlaß des sogenannten Röhm-Putsches, und sie leitet schon zur nächsten Art von Konflikten über.

Die SA war ja 1933 und 1934 in gewisser Weise die Speerspitze der Partei, weil sie sich durch Kommissare überall in die Verwaltung und das ganze Leben einmischte und anscheinend die Absicht hatte, eine große staatliche Institution zu beseitigen, um sich selbst an deren Stelle zu setzen, nämlich die Wehrmacht. Hitlers Handeln vom 30. Juni 1934 entschied nicht nur den schweren Konflikt zwischen SA und Wehrmacht, zwischen Parteiarmee und Staatsarmee, sondern sie bedeutete auch das Ende der SA-Kommissare auf allen Ebenen ebenso wie das Ende der Rede von der »zweiten Revolution«. Sie schloß aber keineswegs das Ende aller Konflikte zwischen Partei und Staat in sich, so sehr Hitler bemüht war, die Aufgaben klar zu trennen und die Partei auf die »Menschenführung« zu beschränken. Aber da Rudolf Heß seit Ende 1933 auch Reichsminister war und ein Mitwirkungsrecht bei allen Beamtenernennungen hatte, waren ständige Kämpfe um das Ausmaß des Parteieinflusses in den einzelnen Ministerien unvermeidlich. Der Ausgang war sehr unterschiedlich: In manchen Bereichen setzte sich die Partei, genauer gesagt die SS vollständig durch, so im ganzen Polizeiwesen, manche Ministerien blieben dagegen nahezu »nazifrei«, wie man sagen könnte. Von Gau zu Gau, von Kreis zu Kreis, von Stadt zu Stadt herrschte ein andersartiges Verhältnis zwischen Gauleiter und Oberpräsident, Kreisleiter und Landrat, Parteidienststellen und Oberbürgermeister. Nur die Wehrmacht blieb fast völlig unabhängig von Parteieinflüssen, wenn sie auch in ihr Offizierskorps immer mehr junge Nationalsozialisten aufnehmen mußte, oft ehemalige Hitlerjugendführer. Dieser permanente Konflikt zwischen Partei und Staat, der sich auf so vielen Ebenen mit so unterschiedlichen, aber immer prekären Ergebnissen abspielte, war eine Grundwirklichkeit des Dritten Reiches. Man kann aber nicht sagen, daß er ein bloßes Zwischenstadium dargestellt habe, das schließlich nach Analogie der Sowjetunion in der vollständigen Parteiherrschaft habe enden müssen, denn Hitler lehnte eine solche Zielsetzung ausdrücklich ab, und es war sicherlich kennzeichnend, daß es zwar zu dem symptomatischen Konflikt zwischen Göring und der Stahlindustrie um den Bau der Hermann-Göring-Werke in Salzgitter kam, daß aber sowohl Hitler wie auch die große Mehrheit der Parteiführer die Idee einer Verstaatlichung der Privatindustrie immer und mit prinzipieller Begründung zurückwiesen.

Das Ende der SA-Kommissare bedeutete jedoch keineswegs das Ende des Systems der Sonderbeauftragten überhaupt, und es ist möglich, daß alle, die über das System klagten, zu wenig die Vorteile bedachten, die aus dem scheinbaren oder wirklichen Wirrwarr resultieren konnten. So schreibt zum Beispiel Hans Kehrl, einer der wichtigsten Männer bei der wirtschaftlichen Mobilisierung, über seine anfängliche Tätigkeit in der »Dienststelle Keppler«: »Ob es sich bei uns um eine staatliche Dienststelle, eine Parteidienststelle oder was immer sonst handelte, hat sich nie klären lassen. Wir legten auch keinen großen Wert darauf, denn die gewisse Unklarheit ermöglichte uns eine extensive Auslegung unserer Befugnisse.«[19] Den höchsten Grad objektiver Notwendigkeit erreichten die Konflikte unter den nächsten Gefolgsmännern Hitlers natürlich dort, wo es, wie in dem erwähnten Konflikt zwischen Speer und Goebbels, um die potentiell kriegsentscheidende Verteilung knapper Mittel ging, und hier spielte die Frage, ob jemand als Minister, als Sonderbeauftragter oder als Parteivertreter fungierte, keine entscheidende Rolle mehr.

Aber kann aus dem allen auf die Existenz einer »Polykratie« im Dritten Reich geschlossen werden? Von einer Polykratie spricht man, wenn mehrere weitgehend selbständige Herrschaftsträger untereinander um definitive und grundlegende Beschlüsse ringen und ein nomineller Oberster Befehlshaber die Ergebnisse dieses Ringens bloß ratifiziert. Eine solche Situation war in Japan gegeben, wo z. B. die Armee 1941 in den Krieg gegen die Sowjetunion eintreten wollte, während die Marine für eine Expansion in den südostasiatischen Raum und damit für den Krieg gegen die USA eintrat. In diesem Ringen setzte sich die Marine mit Hilfe starker Kräfte in der Diplomatie durch, und der Kaiser akzeptierte den Beschluß.[20] Es läßt sich nicht bestreiten, daß es in Deutschland gewisse Analogien gab. Nach Wolfgang Michalka existierten bis tief in den Krieg hinein mehrere Konzeptionen der deutschen Außenpolitik, von denen diejenige Hitlers nur eine war[21], z. B. die Konzeption Ribbentrops eines anti-englischen Kontinentalbündnisses unter Einschluß der Sowjetunion. In der strategischen Hauptfrage plädierte die Marine mit großer Entschiedenheit für den Vorrang der Kriegführung gegen England. Aber es gibt in jeder politischen Situation ganz objektiv verschiedene Handlungs- und Lösungsmöglichkeiten, und zu allen Zeiten hatten selbst absolute Herrscher ihre Berater. Die Vorstellung fordert zum Spott heraus, Ribbentrop, dessen Servilität gegenüber Hitler doch nur allzu bekannt ist, habe an seiner Konzeption auch *gegen* Hitler festgehalten und den Versuch gemacht, sie durch ein Bündnis mit anderen »Paladinen« *gegen* Hitler durchzusetzen. Was man zugunsten der »Polykratie« anführen könnte, wäre allenfalls ein Vorgang wie der, daß es Lammers gelang, im Einklang mit Göring einen Plan Hitlers zu torpedieren, Belgien zu teilen.[22] Aber offensichtlich sah Hitler die Angelegenheit als weniger wichtig an, und diese Nachgiebigkeit macht den Kern der Sache nur um so deutlicher: daß Hitler eine Anzahl wichtiger Entscheidungen persönlich initiierte, etwa die »Arbeitsbeschaffung«, und daß er in allen zentralen, zumal außenpolitischen und militärischen Fragen, allein die letzte Entscheidung traf. Das schon erwähnte Schlüsselwort Görings ist durch ein anderes zu ergänzen: »Ein Wort des Führers, und jeder stürzt.«[23]

Das Dritte Reich war eine Monokratie von ausgeprägter Art, und gerade weil es eine solche Monokratie war, konnte und mußte es auf den unteren Ebenen eine Art von Polykratie sein. Wenn an der Spitze des Staates eine charismatische Persönlichkeit steht, der alle Männer des zweiten Ranges bis hin zur Hörigkeit ergeben sind, dann zählen letzten Endes nur die Entscheidungen dieses obersten Führers, und niemand hat die geringste Chance, irgendetwas Wichtiges *gegen* dessen Willen durchzusetzen. Aber da der Mann an der Spitze unmöglich das ganze Getriebe eines großen Staates in den Details kennen kann, müssen zahlreiche Entscheidungen von den obersten Untergebenen getroffen werden, und jeder von diesen wird bestrebt sein, Rückendeckung durch den Obersten Befehlshaber zu erlangen. Daraus entwickelt sich notwendigerweise ein heftiges Ringen um den »Zugang zum Machthaber« (um mit Carl Schmitt zu sprechen) und um die Erlangung von Kompetenzen und Sonderbefugnissen. Es ist möglich, daß der Monokrat diese Konflikte sogar nach dem Prinzip *Divide et impera* begünstigt, weil dadurch seine eigene Position sicherer wird. Es ist aber fraglich, ob Hitler eine solche Taktik überhaupt nötig hatte, denn man hat mit Recht darauf hingewiesen, daß er den Aufbau so riesiger Machtkomplexe wie Görings Wirtschaftsimperium oder Himmlers SS-Staat keinesfalls hätte dulden dürfen, wenn er sich der Loyalität dieser Gefolgsleute nicht vollständig sicher gewesen wäre.[24] Viel wahrscheinlicher ist, daß eine gewisse Verworrenheit und Undurchsichtigkeit Hitler deshalb willkommen war, weil sich darin »ungewöhnliche« Maßnahmen etwa des »Volkstumskampfes« besser verwirklichen ließen als in einem übersichtlich strukturierten System von Befehlswegen.

Gleichwohl hat Hans Mommsen des öfteren von dem »schwachen Diktator« Hitler gesprochen, und in seinem Artikel »Nationalsozialismus« in der Enzyklopädie *Sowjetsystem und demokratische Gesellschaft* hat er die folgende Definition gegeben: Hitler sei ein »entscheidungsunwilliger, häufig unsicherer, ausschließlich auf Wahrung seines Prestiges und seiner persönlichen Autorität bedachter, aufs stärkste von der jeweiligen Umgebung beeinflußter, in mancher Hinsicht schwacher Diktator« gewesen.[25] In gewisser Weise war diese Auffassung sogar älter als die heute vorherrschende Meinung über den »Herrn des Dritten Reiches«. Nicht bloß die Kommunisten und die meisten Sozialisten hatten Hitler vor 1933 als einen vorgeschobenen Strohmann der eigentlich Herrschenden von Schwerindustrie und Großlandwirtschaft gesehen, Ossietzky hatte ihn »eine feige verweichlichte Pyjama-Existenz« genannt[26], und Sir Nevile Henderson betrachtete ihn als einen vernünftigen und gemäßigten Mann, der von den »Extremisten« in seiner Umgebung zu unheilvollen Entschlüssen getrieben werde. Noch viel gravierender ist, daß Joseph Goebbels während des Krieges nicht selten Zweifel hinsichtlich der Entschlußkraft Hitlers äußerte und sich einmal, wenn das Zeugnis eines Mitarbeiters richtig ist, sogar zu dem Ausruf hinreißen ließ: »Ich müßte der Führer sein!«[27] Die These vom »schwachen Diktator« ist also nicht leichthin abzutun, und der Streit zwischen den Intentionalisten bzw. Programmologen, geführt von Klaus Hildebrand, und den Funktionalisten um Hans Mommsen und auch Martin Broszat ist durch Deduktionen allein nicht zu entscheiden.

Peter Hüttenberger hat 1983 einen Beitrag mit dem Titel *Nationalsozialistische Polykratie* veröffentlicht, der die Argumente der »Funktionalisten« gut zusammenfaßt.[28] Hüttenberger geht von den klassischen Untersuchungen der Emigranten Ernst Fraenkel über den »Doppelstaat« und Franz Neumann, »Behemoth«, aus, und er ergänzt sie durch den Bezug auf den marxistischen Ansatz Tim Masons und den Begriff Robert Dahls der »Polyarchie«. Von da aus läßt sich der Begriff »Polykratie« als ein »Zustand von Herrschaft« verstehen, der nicht auf einer allseits anerkannten Verfassung beruht, sondern sich entsprechend einem »Wildwuchs« der jeweiligen Kräfteverhältnisse entwickelt. Für das Jahr 1933 spricht Hüttenberger von einem »Pakt von Großwirtschaft, Reichswehr und NS«. Das Verhältnis blieb jedoch nicht unverändert, und als das »dynamischste Elemente« erwies sich die NSDAP, obwohl sie weder die Produktionsmittel besaß noch über eigene Waffen verfügte. In einem inneren Differenzierungsprozeß bildete der Nationalsozialismus zwei besonders starke Machtkomplexe, denjenigen der NSDAP/ PO und denjenigen von SS/SD/Gestapo. Die hohe Beamtenschaft und die Juristen konnten sich der »Penetration« durch die Partei viel weniger entziehen als die Wehrmacht oder die Großwirtschaft, und sie verloren daher rasch an Einfluß und Prestige. Um *trotz* der Differenzierungsprozesse eine anschauliche Einheit zu bewahren, mußten die führenden Nationalsozialisten »Hitler zur symbolhaften Figur hochstilisieren«. Wehrmacht und Großwirtschaft behielten aber bei aller Expansion der parteimäßigen Organisationen einen großen Teil ihrer Autonomie, denn die Nationalsozialisten wagten keine einschneidenden Eingriffe in die Eigentums- und Verfügungsverhältnisse der Industrie, und noch 1939 hätte eine »massive Verweigerung der Mitarbeit durch Wehrmacht und Industrie« den Krieg verhindern können. Das Resümee von Hüttenbergers Beitrag lautet, das Dritte Reich habe in den zwölf Jahren seiner Existenz kein stabiles Machtgleichgewicht zwischen den Herrschaftsträgern herausgebildet. »Eine eindeutige Hegemonie der einen über die anderen, vergleichsweise der Herrschaft der Kommunistischen Partei in der Sowjetunion über Staat, Wirtschaft und Gesellschaft bestand nicht, wobei allerdings das wachsende Umsichgreifen der verschiedenen nationalsozialistischen Herrschaftskomplexe nicht zu unterschätzen ist.« Auf die Beziehungen zwischen den Herrschaftsträgern und der Bevölkerung kommt Hüttenberger erst abschließend zu sprechen, und er faßt dieses Verhältnis im wesentlichen als eine »Kontrolle« auf, die durch den fortbestehenden Einfluß der Kirchen nur wenig eingeschränkt, aber durch »die Verschleierung des polykratischen Charakters der Herrschaft durch personale und ideologische Symbole«, wie z. B. die »charismatische Aura des Führers« gestärkt worden sei. Diese

Verschleierung nun, die »Anerkennung der Symbolhaftigkeit Hitlers in der Bevölkerung«, war nach Hüttenberger »fast perfekt«.

Nun gibt es zweifellos einen idealtypischen Begriff, den man dem einer »Polykratie« schroff entgegensetzen kann, nämlich die totale Herrschaft einer Partei, welche keinen auch nur einigermaßen autonomen Bezirk in der Gesellschaft anerkennt und die ihre Verkörperung in einem kleinen Gremium von völlig gleichgesinnten Männern oder auch in einem obersten Führer findet. Es liegt gewiß nahe, diesen Idealtyp in der Herrschaft der KPdSU verwirklicht zu sehen und die Frage zu vernachlässigen, ob nicht auch hier von betimmten Arten der Polykratie, der Oligarchie und gravierender innerparteilicher Konflikte gesprochen werden muß. Dann aber besagt Hüttenbergers These nichts anderes, als daß die Nationalsozialisten keine Kommunisten waren und eben deshalb ein polykratisches System hervorbringen mußten. Tatsächlich war die deutsche Gesellschaft am Ende des Jahres 1932 »pluralistisch«, und die nationalsozialistische Revolution beseitigte nur einige Faktoren dieses Pluralismus, etwa Arbeiterbewegung und Gewerkschaften und zugleich den offenen Ausdruck des Pluralismus im ganzen, aber nicht diesen selbst, wie es in der Sowjetunion durch die »Klassenvernichtung« von Adel, Bürgertum und schließlich selbstwirtschaftendem Bauerntum tatsächlich geschehen war. Hitler und der Nationalsozialismus waren nicht in der Lage und anscheinend auch nicht willens, den Lebensstandard der Bevölkerung um die Hälfte zu senken, wie Stalin es während der Jahre der Kollektivierung tat, und Hitler scheute tatsächlich alle Maßnahmen, die die »Stimmung« im Volk wesentlich verschlechtert hätten. Die nationalsozialistische Bewegung war nicht »monolithisch«, sondern sie trug die objektiven Spuren des ursprünglich voll ausgebildeten Pluralismus in sich selbst, z. B. im Gegeneinander des Schachtschen Reichswirtschaftsministeriums und der Leyschen Arbeitsfront oder in der Verteidigung lokaler Interessen gegen den bürokratischen Zentralismus durch einige Gauleiter. Wenn Hitler oftmals Entscheidungen auswich, die von streitenden Gau- und Reichsleitern von ihm erwartet wurden, und wenn er den Betreffenden häufig empfahl, selbst nach Kompromissen zu suchen, dann verhielt er sich der »pluralistischen« Struktur der Gesellschaft gemäß, in der er nicht nur deshalb der »Monokrat« der gravierendsten Entscheidungen sein konnte, weil eine »Verschleierung«, die die Anerkennung der »Symbolhaftigkeit« einer bestimmten Person durch die Bevölkerung herbeiführt, dieser Person eine überragende Macht in die Hand gibt – was immer die »Verschleierer« und »Symbolisierer« sich gedacht haben mögen –, sondern weil es auf den unteren Ebenen viele »Polykraten« geben mußte. Das Rätsel besteht nicht darin, wieso in einem totalitären Regime des faschistischen Typus polykratische Strukturen existieren konnten, sondern wieso ein einzelner Mann so viel Macht zu gewinnen vermochte, daß er versuchen konnte, eine »Vision« zu verwirklichen, die über alle Vorstellungen seiner Gefolgsleute sowie der anderen »Polykraten« und der großen Massen des Volkes weit hinausging, obwohl eine abgestufte Verwandtschaft der Grundauffassungen zweifellos zu konstatieren ist. Aber bevor wir zu den Konzeptionen des Autokraten Hitler zurückkehren, müssen wir diese Vielfalt des Nationalsozialismus als partielle Konsequenz der gesellschaftlichen Pluralität, aus der er hervorging, und damit auch seine Soziologie und sein Verhältnis zu einigen gesellschaftlichen Kräften ins Auge fassen, zu denen er in einem eigenartigen Verhältnis von Übereinstimmung und Feindschaft stand.

# 8. Soziologie und Vielfalt
## des Nationalsozialismus

Wenn wir von der »pluralistischen Gesellschaft« sprechen, in der wir leben, so ist der Begriff so zu verstehen, daß Gruppen von unterschiedlicher geistiger Herkunft, Einstellung und Interessenlage ihre Auffassungen und Ziele frei zu artikulieren vermögen und daß keine zentrale
Autorität existiert, die eine einheitliche »Weltanschauung« durchzusetzen bestrebt ist oder bereits durchgesetzt hat. Die ersten Anfänge dieses
Pluralismus sind in der konfessionellen »Toleranz« zu erblicken, mit der
die bis dahin alleinherrschende Konfession einer anderen das Recht
einräumte, ihre Gottesdienste zu feiern und sich öffentlich zu betätigen.
Insofern sind die Anfänge der »pluralistischen«, »westlichen« oder
»liberalen« Gesellschaft an die Verschiedenheiten der christlichen Glau-
bensrichtungen geknüpft, die als dauerhafte durch die Reformation
hervorgebracht wurden, d. h. vor allem die katholische, die lutherisch-
protestantische und die calvinisch-protestantische Konfession.

Der französische Absolutismus gewährte im Gefolge der konfessionellen Bürgerkriege den Hugenotten zunächst Toleranz, zog diese Toleranz aber durch die Aufhebung des Edikts von Nantes im Jahre 1685
wieder zurück, und Frankreich blieb formell bis zur Französischen Revolution ein katholischer Staat, in dessen Innerem jedoch durch die Aufklärer bereits ein Toleranzbegriff ausgearbeitet wurde, der sich sogar auf
Deisten und Atheisten erstreckte. In England setzte sich während des
17. Jahrhunderts die anglikanische Staatskirche nach schweren Kämpfen durch, aber sie mußte den besiegten Bürgerkriegsfeinden, den
Dissenters oder Nonconformists, ein gewisses Maß an Toleranz gewähren, und da auch sie den Absolutismus der Stuart-Könige bekämpft
hatte, wurde England zum Ursprungsland des Parlamentarismus und
des Liberalismus. Preußen, seinen Anfängen nach durchaus protestan-
tisch und schon als Militärstaat alles andere als liberal, wurde dennoch
schon im 18. Jahrhundert als Staat der Toleranz bekannt, und der Satz

Friedrichs II. wurde häufig zitiert, daß jeder nach seiner Konfession selig werden solle – ein Satz, der bereits eine Skepsis und Gleichgültigkeit gegenüber den christlichen Lehren anklingen läßt, die für einen beträchtlichen Teil der Aufklärer kennzeichnend waren.

So erfuhr der Toleranzbegriff eine Ausweitung weg vom Religiös-Konfessionellen zum Sozialen: Der »Dritte Stand«, auch »Bürgertum« genannt, konnte gegenüber dem herrschenden Adel den Anspruch auf Gleichberechtigung und schließlich sogar auf Vormacht erheben. In den Freimaurerlogen und in den *sociétés de pensée* des französischen 18. Jahrhunderts fanden sich liberale Adlige und gebildete Bürger auf der Basis der Gleichheit zusammen, und der Abbé Sieyès erhob unmittelbar vor der Revolution die Forderung, der Dritte Stand müsse in Zukunft »alles« sein, nachdem er bisher »nichts« gewesen sei. Als diese Forderung während der Revolution, insbesondere unter der Jakobinerherrschaft 1793/94, auf blutige Weise in die Wirklichkeit umgesetzt zu werden schien, kräftigte sich dadurch eine »konservative Reaktion«, welche Anhänger aller christlichen Konfessionen in der – ursprünglich bloß katholischen – Kritik am auflösenden und zersetzenden Liberalismus zusammenführte. Auf der Gegenseite wiederum bildete sich schon während der Restaurationszeit eine Partei, die dem Liberalismus wegen seiner angeblichen Inkonsequenz Vorwürfe machte und den Schritt von der bloß formalen zur materialen, d. h. sozialen Gleichheit postulierte, die nur durch die Einführung des Gemeineigentums gesichert werden könne.

So entwickelten sich während des 19. Jahrhunderts überall in Europa, aber in sehr unterschiedlicher Stärke, die großen Parteirichtungen, die auch heute noch existieren: der gemeinchristliche Konservativismus, der geraume Zeit gleichmäßig für »Thron und Altar« eintrat; der gemäßigte Liberalismus, der unter Berufung auf Locke und Montesquieu uneingeschränkt das System der Gewaltenteilung und des repräsentativen Parlamentarismus befürwortete; der radikale Liberalismus, dessen Anhänger sich schon häufig als »Demokraten« bezeichneten und der Liberismus genannt werden sollte, weil er den Raum der individuellen Freiheit gegen alle institutionellen Beschränkungen auszuweiten strebte, auch gegen das Erbrecht und die Ehe; und schließlich der Sozialismus, der die uralte Lehre vom Privateigentum als der Wurzel des Übels aufgriff und die »Sozialisierung der Produktionsmittel« verlangte. Man konnte diese Gegensätze nunmehr rein sozial interpre-

tieren: durch den Konservativismus verteidigte der »Feudaladel« seinen
altüberlieferten, aber mehr und mehr zeitwidrigen Vorrang; mit dem
Liberalismus nahm das besitzende und gebildete Bürgertum ebenfalls
mehr und mehr eine Verteidigungsposition ein; im Liberismus meldete
das Kleinbürgertum seine Ansprüche auf Mitwirkung und zunächst auf
die Erlangung des Allgemeinen Wahlrechts an; durch den Sozialismus
artikulierte die neue, von der Industriellen Revolution hervorgebrachte
Schicht der Arbeiter ihr Verlangen nach vollständiger und »realer«
Gleichheit aller Angehörigen des Staates und letzten Endes aller Menschen.

Man konnte allerdings auch sagen, die verschiedenen Schichten oder
Klassen dieses »Liberalen Systems« stünden nicht so abgeschlossen
einander gegenüber, der Tendenz zum Klassenkampf habe immer eine
Gegentendenz zur Klassensynthese entsprochen, wie sie ja schon in den
Termini »Feudalisierung des Bürgertums« und »Verbürgerlichung der
Aristokratie der Arbeiterklasse« zum Ausdruck komme; die Rede vom
verwerflichen Festhalten der herrschenden Klasse an ihren »Privilegien«
sei vornehmlich Demagogie, weil eine herrschende Klasse für die
Selbstbehauptung eines Staates im Ringen der Mächte unentbehrlich
sei, so daß der Versuch, sie zu beseitigen, eine gravierende Gefährdung
des staatlichen Ganzen bedeute; daß sogar ganz reaktionäre Auffassungen in einer neuen Situation eine unerwartete Relevanz bekommen
könnten, so daß sie unentbehrliche Alternativen innerhalb der sich in
eine unbekannte Zukunft entwickelnden Gesellschaft seien, deren Wesen durch den Terminus »Kapitalismus« keineswegs erschöpft werde.
Diese Gesellschaft des Liberalen Systems sei also nicht eine bloße
Übergangsform zwischen dem Frühkapitalismus des chaotischen Wett-
bewerbs unter Individuen und Staaten und der direkten Herrschaft der
Überzahl einfacher Menschen, welche über kurz oder lang das Ende
aller Herrschaft bedeuten werde, sondern sie sei trotz und gerade wegen
der permanenten Krisen, in denen sie sich bewege, die beste und effi-
zienteste Organisationsform einer modernen, in Schichten, Völker und
Staaten gegliederten Gesellschaft.

Wenn wir diese gegenwärtige Gesellschaft möglichst unbefangen ins
Auge fassen, dann stellen wir fest, daß sie überall jedenfalls nach Ein-
kommensgruppen erhebliche Verschiedenheiten aufweist und zumindest insoweit durch »soziale Ungleichheiten« oder durch Stratifikation
gekennzeichnet ist. Von der breiten Basis der einkommensschwachen

Gruppen aus wird sie in vertikaler Richtung immer schmaler bis hin zur Spitze der wenigen Milliardäre. Aber in großen Teilen der Dritten Welt ist die Basis mit nur geringen Unterschieden gewaltig groß, und eine winzige Spitze von Reichen schwebt nahezu unverbunden über dem Ganzen. Im Westen dagegen wird der Gesellschaftsaufbau oft mit einer bauchigen Flasche verglichen, wo die Mitte größeren Umfang als die Basis hat, und nicht selten ist von einer »Zweidrittel-Gesellschaft« die Rede, die also nicht mehr durch den uralten Gegensatz zwischen den zahllosen Armen und den wenigen Reichen gekennzeichnet ist. Das schließt nicht aus, daß eine Gruppe von industriellen und finanziellen Großeigentümern über gewaltige Macht verfügt, aber es ist sehr zweifelhaft, ob man sie wirklich noch mit dem Terminus der »herrschenden Klasse« bezeichnen sollte, denn im System der »kapitalistischen Konkurrenz« muß selbst die reichste und mächtigste Firma so sehr darauf bedacht sein, nicht in die »roten Zahlen« zu geraten, daß die »Sachzwänge« (die freilich oft genug falsch eingeschätzt werden) von überwältigender Stärke sind. Dennoch können von Land zu Land und von Staat zu Staat die Unterschiede innerhalb des »marktwirtschaftlichen« Systems außerordentlich groß sein; so sind in den USA die Einkommensunterschiede weitaus schroffer und sichtbarer als in Deutschland, das viel früher mit der »Sozialpolitik« begann, und in England gehören heute noch große Teile von London einem hohen Adligen, dessen Vermögen also auf der Fortschreibung eines sehr alten Ausgangspunktes beruht.

Wenn man sich nun vor Augen stellt, daß in jeder Einkommensgruppe sogar die älteste Erscheinungsform der Pluralität, die konfessionelle, auch heute noch fortlebt und um 1930 sogar recht kräftig war, daß in jeder Gruppe »Konservative« und »Liberale« zu finden sind, d. h. solche, denen die unübersehbaren Veränderungen zu schnell, und solche, denen sie zu langsam vorankommen, und daß es sich dabei keineswegs um fixe Gruppierungen handelt, sondern daß je nach den Umständen die jeweilige Stärke rasch wechselt, dann wird klar, auf welche Schwierigkeiten die marxistisch-kommunistische bzw. egalitäre Auffassung treffen muß, wie sie heute etwa in beinahe klassischer Simplizität von dem Marburger Politikwissenschaftler Reinhard Kühnl vertreten wird: Im Emanzipationsprozeß der Moderne habe die Forderung der Massen nach realer Gleichheit immer mehr an Kraft gewonnen, und die Revolution der Armen, welche in einer industriellen

Gesellschaft nichts anderes als die Revolution der produktiven, allen Reichtum der Übrigen hervorbringenden Klasse sei, würde diese reale Gleichheit längst herbeigeführt haben, wenn sie nicht von der herrschenden Klasse verhindert worden wäre, indem man die autoritären Vorurteile der unteren, weitgehend verelendeten und deklassierten Mittelschicht gleichsam entfesselt und in die Form faschistischer Parteien gebracht habe, die dann allerdings eine Art von Autonomie entwickelt und nach ihrer Machtübernahme für die herrschende Klasse eine gewisse, wenngleich begrenzte Gefahr dargestellt hätten.[1]

An dieser Auffassung dürfte so viel richtig sein, daß sich in allen modernen Gesellschaften seit etwa dem Ende des 19. Jahrhunderts, wenngleich in sehr unterschiedlicher Stärke, sozialistische und überwiegend marxistische Parteien gebildet haben, die wegen ihres Aufrufs zum Klassenkampf der Arbeiter gegen »die Kapitalisten« ein erhebliches Maß an Beunruhigung unter allen anderen Schichten und Parteien hervorriefen, denn »Klassenkampf« wurde ausdrücklich als »Klassenkrieg« und »Endkampf« verstanden, so daß eine Aufkündigung des elementarsten aller gesellschaftlichen Tatbestände vorlag, nämlich die Negation des staatlichen »Friedensraums« durch das Postulat der gewalttätigen Übernahme »der« Macht, d. h. des Bürgerkrieges. Allerdings hatte gerade Friedrich Engels in seinen letzten Lebensjahren diese Konzeption revidiert, weil er meinte, seine Hoffnungen auf eine Eroberung der Macht durch die Gewinnung einer Mehrheit der Wähler setzen zu können, aber die Annahme war sicherlich naiv, die gesamte Struktur eines Staates werde sich widerstandslos beseitigen lassen, wenn eine Partei in einem möglicherweise bloß temporären Aufschwung 51 Prozent der Wählerstimmen erringe, denn bekanntlich wird schon für einfache Verfassungsänderungen in aller Regel eine Zweidrittelmehrheit verlangt.

Der Irrtum Kühnls und der meisten Marxisten besteht in der Meinung, eine moderne pluralistische Gesellschaft sei dichotomisch in eine kleine Gruppe von ausbeutenden »Kapitalisten« und die »ungeheure Mehrheit« der ausgebeuteten Proletarier geteilt, und nur ein falsches Bewußtsein verhülle für einige Arbeiter und für viele Angehörige der zunehmend zwischen »Kapital und Arbeit« zerriebenen Mittelklasse die klare Sicht auf die Realität. Diese Gesellschaft war vielmehr in weit höherem und wesentlicherem Maße differenziert; die Mittelschichten nahmen an Zahl nicht ab, sondern im Gegenteil zu, obwohl die wirtschaftliche Lage ihrer Angehörigen sich nicht wesentlich von der Lage der »Proletarier« unterscheiden mochte. Der individuelle Selbstbehauptungs- und Aufstiegswille dieser Schichten setzte eine viel stärkere Dynamik in Gang als der auf Solidaritätsempfindungen beruhende Gleichheitsdrang nicht etwa »der Arbeiter«, sondern des überwiegenden Teils der unteren Arbeiterschichten. Allerdings mußte die unvermeidbare Re-aktion der pluralistischen Gesellschaft als solcher eine um so radikalere Gestalt annehmen, je stärker der radikale Teil der marxistischen Bewegung war. Nirgendwo gab es innerhalb einer pluralistischen Gesellschaft eine stärkere kommunistische Partei als in Deutschland, aber die Schwäche dieser Stärke bestand nicht nur in der Heftigkeit der Re-aktion, die sie in jedem Fall hervorrufen mußte, sondern in dem Sieg, den die führende Partei der Weltbewegung im größten Staat der Erde errungen hatte, in einem Staat, der Deutschland nah benachbart war. Eine unerwartete Stärke bestand jedoch darin, daß zahlreiche Intellektuelle, also unter sozialen Gesichtspunkten Angehörige der Mittelschichten, jene wertende Soziologie überzeugend fanden, welche »den Arbeitern« bzw. »der Partei der Arbeiter« einen essentiellen Vorrang vor den Mittelschichten bzw. den Parteien der Mittelschichten zuschrieb, denn die Selbstkritik ist im Kleinbürgertum und auch im Großbürgertum viel verbreiteter als unter Arbeitern. Aus dieser Selbstkritik war letzten Endes auch der Marxismus als Weltanschauung und nicht als bloße Interessenvertretung hervorgegangen.

Die Hauptthese dieser Soziologie *muß* dahin gehen, daß »die Arbeiter« in ihrer überwältigenden Mehrheit entschiedene Gegner des Nationalsozialismus und überhaupt aller faschistischen Parteien waren und daß daher das Kleinbürgertum die Hauptmasse der Anhänger des Nationalsozialismus gestellt habe. Die Behauptung, die Massenpartei des Nationalsozialismus hätte sich überwiegend aus Angehörigen der Oberklasse rekrutiert, war ja offenkundig unsinnig, und infolgedessen war gar keine andere Antwort als die »Kleinbürgerthese« möglich. Sie konnte sich ohne Zweifel auf Tatsachen stützen, die nicht nur professionellen Soziologen, sondern allen Zeitungslesern in die Augen sprangen: Alle »bürgerlichen« Parteien, d. h. vor allem die links- und die rechtsliberale Partei, die DDP und die DVP sowie die »Wirtschaftsparteien«, erlitten in den Wahlkämpfen von 1930 bis 1932 schwere Verluste, ja sie wurden nahezu aufgerieben, und zwar immer zugunsten der Nationalsozialisten. Die marxistischen Arbeiterparteien dagegen, die Sozialdemokraten und die Kommunisten, behaupteten sich, und Verschiebungen traten überwiegend zwischen ihnen auf, und zwar zum Vorteil der Kommunisten. Freilich ließ sich nicht leugnen, daß die Nationalsozialisten selbst sich rühmten, eine starke Anhängerschaft unter den Arbeitern zu besitzen, die etwa ein Drittel ihrer Wählerstimmen ausmachte. Wenn das auch nur annähernd richtig war, konnte sogar am 31. Juli 1932 längst nicht die ganze Mittelschicht nationalsozialistisch gewählt haben, und gewisse Verfeinerungen waren erforderlich. Sie wurden durch die Deklassiertenthese und durch die Zurückgebliebenheitsthese vorgenommen: Nicht der Mittelstand im ganzen, sondern seine deklassierten, durch die wirtschaftliche Krise aus der Bahn geworfenen Mitglieder, nicht zuletzt die vormaligen Offiziere, die keinen Weg in ein normales bürgerliches Leben zu finden vermochten, bildeten den aktiven Kern der Anhänger, und die Arbeiter, die die NSDAP wählten, stammten überwiegend vom Lande und arbeiteten in kleinen Betrieben oder zählten zu den erwerbslosen Protestwählern, waren mithin keine »eigentlichen« Arbeiter, d. h. Industriearbeiter. Durch die Zurückgebliebenheitsthese ließ sich zugleich erklären, warum die Nationalsozialisten in katholischen Gegenden wie in Bayern und im Rheinland weit geringere Fortschritte machten als unter der protestantischen Bevölkerung Norddeutschlands. Auch an dieser Erklärung des Konfessionsunterschiedes durch ökonomische Differenzen war sicherlich etwas Richtiges, sofern man die Kausalität nicht allzu einseitig faßte, denn schon Max Weber hatte beobachtet, daß es viel weniger katholische als protestantische Abiturienten gab und daß die Katholiken im allgemeinen unter den Unternehmern nicht einmal im Rheinland proportional vertreten waren.

Die »bürgerliche« Soziologie hat weitere Verfeinerungen und Differenzierungen vorgenommen, vor allem durch die Hervorhebung der Bedeutung von Alter, Geschlecht und geographischer Lage: Die Nationalsozialisten waren, wie die Kommunisten, eine Partei der Jugend, und Radikalität war mithin weniger durch die soziale Position als durch das Lebensalter bestimmt; Frauen wählten anders als Männer, wenn auch das Ausmaß ihrer Neigung zum Nationalsozialismus umstritten blieb; eine gefährdete Grenzregion wie Ostpreußen wählte mehr Nationalsozialisten als eine binnendeutsche Landschaft. Aber auch hier wird häufig die Neigung erkennbar, den Arbeiteranteil als unbedeutend einzuschätzen und damit die Vorstellung zu verbinden, der Mittelschichtencharakter der NSDAP sei ein Beweis für Rückschrittlichkeit.

Als Beispiel für eine umfangreiche soziologische Untersuchung der NSDAP nenne ich das Buch des in Kanada lehrenden Historikers Michael Kater *The Nazi Party. A Social Profile of Members and Leaders, 1919–1945*.[2] Kater unterscheidet folgende Klassen: Unterschicht, unterer Mittelstand, der sowohl den »alten« wie den »neuen« Mittelstand umfaßt, und die Elite, zu der der obere Mittelstand und die frühere Aristokratie zählen. Jede dieser Klassen teilt er in »occupational subgroups« ein, die Arbeiter in ungelernte Arbeiter, vom Handwerk herkommende Facharbeiter und »andere Facharbeiter«. Die untere Mittelschicht weist sechs Untergruppen auf: Handwerksmeister, nicht-akademische Angehörige freier Berufe, kleine und mittlere Angestellte, kleine und mittlere Beamte, selbständige Kaufleute, selbständige Bauern und Fischer. Die Elite hat fünf Untergruppen: Manager, höhere und fast durchweg akademisch gebildete Beamte, Angehörige freier Berufe mit Universitätsabschluß, Schüler der gymnasialen Abschlußklassen sowie Universitätsstudenten und schließlich Unternehmer. Daß hier bei den Zuordnungen mancherlei Schwierigkeiten zu verzeichnen sind, versteht sich für Kater von selbst; das Hauptproblem besteht aber darin, ob die Facharbeiter dem Kleinbürgertum zuzurechnen sind oder nicht. Kater ist davon überzeugt, daß sie überwiegend über ein »Klassenbewußtsein« verfügten, das ein Hauptkennzeichen des »Proletariats« ist, daß dieses Klassenbewußtsein aber weit eher auf die Durchsetzung von Lohnerhöhungen als auf den Willen ausgerichtet war, die höheren Klassen zu enteignen. Unter quantitativen Gesichtspunkten ergibt sich daher der Prozentsatz von 54,56 für die Unterschicht, 42,65 für die Untere Mittelschicht und 2,78 für die Elite. Eine unveränderliche Zusammengehörigkeit von sozialer Position und politischer Parteizugehörigkeit bzw. -sympathie ist nicht durchweg zu konstatieren, und Kater spricht sogar von einer »exchangeability« zwischen NSDAP und KPD als Ausdrucksformen von radikalem Protest.

Aber auch Kater betrachtet nur die beiden Arbeiterparteien als Repräsentanten von »genuinen proletarischen Interessen« und sieht darin den Tatbestand begründet, daß die *Nationalsozialistische Betriebszellenorganisation* in den großen Industriebetrieben nur langsam vorwärts kam und unter den Angestellten (»white collar«) erheblich mehr Mitglieder hatte als unter den Arbeitern (»blue collar«). Er hebt daher als besonders wichtiges Ergebnis hervor, daß die Arbeiter unter den Parteimitgliedern, obwohl recht zahlreich, dennoch im Vergleich zu ihrem

Anteil an der Bevölkerung, deutlich »unterrepräsentiert« waren. 30 Prozent sind, wie sich versteht, erheblich weniger als 54 Prozent. Es gab allerdings kleinere Industriestädte, wie z. B. das Textilzentrum Gronau in Westfalen, wo die Mitgliedschaft der NSDAP so gut wie ausschließlich aus Handarbeitern bestand. Die frühen Kriegsjahre bedeuteten auch generell eine erhebliche Verstärkung des Arbeiterzustroms zur NSDAP, und Kater hält die Rede vom »Widerstand der Arbeiterschaft« nicht für gerechtfertigt, denn nach seiner Meinung erwiesen sich die deutschen Arbeiter im Zweiten Weltkrieg als ebenso patriotisch wie im Ersten Weltkrieg. Dagegen ging der Anteil der Elite zurück, und von hier aus könnte es so aussehen, als habe sich die NSDAP mehr und mehr zu einer sozialrevolutionären Arbeiterpartei gewandelt. Aber eine solche soziale Revolution stand nach Kater auch gegen Ende des Krieges nicht in Aussicht, und er konstatiert, daß das Regime zwar keine Stärkung der Klassenunterschiede mit sich brachte, aber auch keine wesentliche Schwächung, so daß die Rede von der »Volksgemeinschaft« bis zum Ende von demagogischer oder beschwichtigender Natur blieb.

Aber was die Funktionäre der Partei angeht, so stimmt Kater nicht der Meinung zu, sie seien »Deklassierte« oder »Verlierer« oder »Randexistenzen« gewesen. Wohl aber waren Arbeiter im höheren Führerkorps noch weit mehr unterrepräsentiert als unter den einfachen Parteimitgliedern, und der ehemalige Landarbeiter Friedrich Hildebrandt blieb unter den Gauleitern eine Ausnahme. So macht sich Kater letzten Endes doch die »Kleinbürgerthese« zu eigen: »The German Kleinbürger pubs of the Time of Struggle became, as it were, the seed beds of totalitarianism in the much wider landscape of National Socialist dictatorship.« Dieses sein Ergebnis unterstreicht er noch durch ein Zitat von Wolfgang Sauer, nach dem »die unteren Mittelschichten, sowohl die städtischen wie die ländlichen, mindestens einer der Hauptbestandteile faschistischer Bewegungen waren«. In einem statistischen Anhang legt er eine Fülle von unter großem Arbeitsaufwand erarbeiteten Zahlen vor, die in mancherlei Variationen das Ergebnis bestätigen, die untere Mittelschicht, innerhalb der Bevölkerung nur 45 Prozent ausmachend, habe in der nationalsozialistischen Partei einen von den einfachen Mitgliedern bis zum höheren Führerkorps ständig ansteigenden Anteil von erheblich mehr bzw. weit mehr als 50 Prozent gehabt.[3]

Eine gewisse Abwandlung dieser These hat der englische Historiker

Conan Fischer vorgenommen, der in seinem Buch *Storm Troopers* eine »soziale, ökonomische und ideologische Analyse« der SA der Kampfzeit vorlegt und dabei zeigt, daß mindestens die Berliner SA-Lokale keineswegs einen kleinbürgerlichen, sondern durchaus einen proletarischen oder proletenhaften Charakter hatten, denn die Berliner SA »was largely working class and certainly lacked any substantial membership from the independent Mittelstand«.[4] Daher stimmt Fisher der unter den Zeitgenossen weit verbreiteten Überzeugung zu, viele SA-Stürme hätten Beefsteaks geglichen: außen braun, innen rot.[5] Aber die Mittelstandsthese bleibt doch insofern erhalten, als sich bei der sozialen Analyse der höheren SA-Führer herausstellt, daß hier der Mittelstand – nicht zuletzt ehemalige Offiziere – einen weit überproportionalen Anteil hatte.

Mit großer Entschiedenheit haben in jüngster Zeit Vertreter der historischen Wahlforschung, an erster Stelle Jürgen W. Falter, die Auffassung zurückgewiesen, die Arbeiter seien dem Nationalsozialismus gegenüber »immun« und die Angestellten »anfällig« gewesen.[6] Sobald die Forschung sich von dem wissenschaftlich unzulässigen, aber tief im Marxismus begründeten Werturteil freigemacht habe, daß die Arbeiter fortschrittlich und die Angehörigen der Mittelschichten reaktionär gewesen seien, müsse das Ergebnis lauten, die NSDAP sei nach ihrer sozialen Zusammenfassung eine »Volkspartei« und gerade keine »Klassenpartei« gewesen. In der Tat sind die üblichen Ergebnisse der »Soziologie des Nationalsozialismus« von großer Banalität: Wenn in einer Gesellschaft die Mehrheit der Arbeiter einer marxistischen, die Bedeutung und Rolle der »Proletarier« sehr stark hervorhebenden Partei angehört, dann kann eine anti- oder nichtmarxistische Massenpartei, die in freien Wahlen mehr als ein Drittel der Stimmen erringt, die Hauptmasse ihrer Anhänger nirgendwo anders als in einer »Mittelschicht« gewonnen haben, die mehr als 40 Prozent der Bevölkerung umfaßt. Aber die interessante Frage kann doch nur die sein, weshalb eine solche Mittelklassepartei bis zu einem Drittel ihrer Mitglieder aus Arbeitern rekrutieren kann und ob sie dann nicht »Volkspartei« genannt werden muß. Und könnte es nicht sein, daß gerade nicht die Arbeiterschaft, sondern die Mittelschicht zur großen Mehrheit der Bevölkerung heranwächst, die dann freilich nach Habitus und Mentalität weder dem marxistischen Begriff der »Proletarier« noch der liberalen Vorstellung vom »Bürger« gleichkommt? Müßte man dann nicht sagen, daß die marxistische Idee der »Revolution des Proletariats« um so weniger Chancen der Verwirklichung hat, je eindeutiger die pluralistische Gesellschaft schon zu einer Mittelstandsgesellschaft geworden ist, und daß die Radikalität oder Nicht-Radikalität der Antwort auf die Herausforderung überhaupt nicht aus soziologischen Tatbeständen, sondern nur aus historischen und politischen Gegebenheiten verständlich gemacht werden kann?

Daß der Nationalsozialismus nicht-revolutionär im marxistischen Sinne war, bedeutete nichts anderes, als daß sein Regime zwar politisch totalitär war, aber den überlieferten sozialen Pluralismus bewahrte. Die öffentliche Auseinandersetzung zwischen den sozialen Faktoren des Systems existierte nicht mehr, aber sie setzte sich im Rahmen der nationalsozialistischen Führung fort, wenn auch in veränderter Weise, da die These von der grundsätzlichen Interessenidentität aller Schichten innerhalb der »Volksgemeinschaft« von allen akzeptiert war. Aber die »Deutsche Arbeitsfront« mußte sich irgendwie in die Spur der Gewerkschaften stellen, die in ihr aufgegangen waren, und sie mußte daher eine Sozialpolitik vertreten, die den Millionenmassen ihrer Mitglieder Vorteile bot. So wirkte Robert Ley schon früh und unverkennbar auf eine Verringerung oder sogar Beseitigung des Unterschieds zwischen Angestellten und Arbeitern hin, aber mit der deutlichen Tendenz einer Angleichung des Status der Arbeiter an den der Angestellten, und man wird schwerlich umhin können, diese Tendenz als »fortschrittlich« zu bezeichnen. Institutionen wie die NSG *Kraft durch Freude* und Einrichtungen wie *Schönheit der Arbeit* nahmen nicht wenig von dem vorweg, was später im Sozialstaat, wenngleich auf individueller Basis, selbstverständlich werden sollte, und sie riefen bei Engländern und Amerikanern viel Bewunderung hervor. Leys große Pläne für eine einheitliche Altersversorgung und ein umfassendes Wohnungsbau- und Siedlungsprogramm blieben während des Krieges zwar im Planungsstadium stecken, dürfen jedoch vermutlich mit den gleichzeitigen Planungen des Engländers Beveridge auf eine Stufe gestellt werden. Aber gerade Tendenzen wie diese riefen im nationalsozialistischen Führungskorps starke Widerstände hervor, weil sie »kollektivistisch« seien und das Leistungsprinzip in Frage stellten, ja möglicherweise auf die Dauer die Existenz des Mittelstandes gefährden könnten. Der SS-Brigadeführer Otto Ohlendorf, im Kriege Chef des Amtes III des RSHA, des eigentlichen SD (»Deutsche Lebensgebiete«), sah sich selbst als einen Vorkämpfer des Mittelstandes, und er war als Geschäftsführer der *Reichsgruppe Handel* auch amtlich dafür zuständig, bis er im letzten Kriegsjahr als stellvertretender Staatssekretär im Reichswirtschaftsministerium in die bürokratische Führungsspitze des Reiches einrückte. In Nürnberg wurde er zum Tode verurteilt, weil er auf Betreiben seines Gegners Heydrich mit der Führung einer Einsatzgruppe im Osten beauftragt wurde und nach eigenen Angaben für den Tod von 90 000 Juden verantwortlich war, aber Ankläger und Richter bezeugten ihm gleichwohl viel Respekt und verglichen ihn mit der in England allbekannten Figur des Dr. Jekyll und Mr. Hyde.[7]

Zum Tode verurteilt und hingerichtet wurde auch der Graf Fritz-Dietlof von der Schulenburg, stellvertretender Polizeipräsident von Berlin, aber nicht von den Alliierten, sondern von den Nationalsozialisten wegen seiner Teilnahme an der Verschwörung des 20. Juli. Vorher hatte er im Nationalsozialismus die einzige Möglichkeit für die innere Erneuerung des Adels gesehen, und man darf vermutlich sagen, er habe jedenfalls, nicht anders als der Graf Helldorf und der SS-Obergruppenführer Josias Erbprinz von Waldeck, mit Bestimmtheit erwartet, daß der Adel innerhalb des nationalsozialistischen Regimes eine Aufgabe und eine Zukunft haben werde.

Ähnliches wird man von den Industriellen und den Industriemanagern sagen dürfen, die sich dem Nationalsozialismus aus Überzeugung zur Verfügung stellten, wie das Vorstandsmitglied der IG-Farben Carl Krauch oder Jakob Werlin, ein maßgebender Mann der Daimler-Benz-AG. Sie konnten sich auf die wiederholt und mit Nachdruck zum Ausdruck gebrachte Absicht Hitlers berufen, das Privateigentum zu respektieren und keine staatssozialistische Planwirtschaft einzuführen, und man wird diese Auffassung zum Kern der Konzeption Hitlers rechnen müssen, die unter diesem Gesichtspunkt aus der Perspektive des Jahres 1992 durchaus nicht rückschrittlich erscheint. Aber das Verhältnis war gleichwohl kompliziert, und es war sicher nicht ohne Vorbedeutung, daß Fritz Thyssen, der bedeutendste Helfer des frühen Nationalsozialismus unter den Industriellen, im Jahr 1939 aus Deutschland emigrierte.

Dennoch ist die innere Vielfalt des Nationalsozialismus mit diesen unter der Decke des totalitären Staates fortwirkenden Differenzen keineswegs erschöpft. Der Reichsinnenminister Frick war sicherlich ein ebensoguter Nationalsozialist wie die Gauleiter, und er war nicht anders als deren Mehrzahl ein Angehöriger der Mittelschicht, aber er geriet bald in Konflikt mit vielen von ihnen, weil er den Staat und seine Beamten gegen die Eingriffsversuche der Partei verteidigte und sich überdies zum Vorkämpfer der bürokratischen Zentralisierung machte. Den radikalen Gauleitern wie Erich Koch in Ostpreußen standen ausgesprochen gemäßigte Gauleiter wie Josef Wagner in Bochum und Rudolf Jordan in Halle gegenüber – die übrigens beide als katholische Lehrer wegen ihrer nationalsozialistischen Betätigung aus dem Schuldienst entlassen worden waren; die »Deklassiertenthese« müßte man also umkehren.

Man könnte darin das Fortwirken des frühesten großen Gegensatzes innerhalb der nationalsozialistischen Partei sehen, des Gegensatzes zwischen der primär national-sozialistischen und nach Osten orientierten Linken der Brüder Gregor und Otto Straßer und der in weit stärkerem Maße antikommunistischen und antisemitischen sowie westlich orientierten Rechten um Adolf Hitler und Alfred Rosenberg. Es waren zum guten Teil frühere Vertreter dieser Linken wie der eben erwähnte Erich Koch, die während des Krieges im Osten eine brutale Vernichtungspolitik betrieben. Eine Verallgemeinerung ist allerdings nicht zulässig: Heinrich Himmler war wie Hitler selbst ausgesprochen »westlich« orientiert, und Karl Wahl, Gauleiter in Augsburg, der nie aus der Kirche austrat, bezeichnete sich selbst mit Nachdruck als einen »nationalen Sozialisten«.[8] Besonders eigenartig waren die Verhältnisse in Nürnberg. Hier stieß die Herrschaft Julius Streichers auf viel Widerstand innerhalb der Partei, und es war der Unterstützung dieses Widerstandes durch den Polizeipräsidenten und SS-Obergruppenführer Benno Martin zu verdanken, daß Streicher über einen der von ihm verursachten Skandale zu Fall kam und von Hitler zum Rückzug auf sein Gut gezwungen wurde. Einer dieser Skandale hatte darin bestanden, daß Streicher einen »Volljuden« bei seinem *Stürmer* beschäftigte, weil er für dessen Frau »etwas übrig hatte«. Auf der anderen Seite war es nach einem Lokalhistoriker in der »Stadt der Reichsparteitage« möglich, daß ein erklärter Gegner der Partei bis 1939 an der Spitze der örtlichen Gestapo stand.[9]

Aber auch andere Repräsentanten des Komplexes Gestapo-SS-SD hatten stärkste Vorbehalte gegen die Entwicklung der Hitlerschen Politik seit 1939. Otto Ohlendorf kritisierte die faschistischen, d. h. staatstotalitären Tendenzen im Nationalsozialismus; der Verfasser der Boxheimer Dokumente und spätere Reichsbeauftragte in Dänemark, SS-Obergruppenführer Dr. Werner Best, schrieb 1942 in einer nationalsozialistischen Zeitschrift einen anonymen Artikel mit dem Titel *Herrschaft oder*

*Führungsvolk?*, der unverhüllt gegen das Konzept eines »übervölkischen« Imperialismus polemisierte und einen künftigen Niedergang prophezeite, der auf einen »kurzen Herrenwahn« notwendigerweise folgen müsse. Der Chef des SS-Führungshauptamtes, der General der Waffen-SS Gottlob Berger, stammte aus der Tradition des schwäbischen Pietismus, und er trat während des Krieges nachdrücklich für eine grundsätzliche Änderung der Ostpolitik ein, die er von ihrer antislawischen Tendenz befreien und ganz auf den Antibolschewismus als die Basis für ein künftiges Zusammenwirken der europäischen Völker, natürlich unter der Führung Deutschlands, gründen wollte.[10] Offenbar waren für ihn nicht opportunistische Erwägungen leitend, wie später für Himmler, der sich 1944 zur Unterstützung Wlassows entschloß, den er noch ein Jahr zuvor einen »bolschewistischen Metzgergesellen« genannt hatte.[11]

Aber alle – die Radikalen und die Gemäßigten, die Imperialisten und die Völkischen, die Kollektivisten und die Befürworter der privaten Initiative und des Leistungsprinzips, die Antisemiten und die »Zionisten«, die »Gottgläubigen« und die Katholiken – waren ganz überwiegend Angehörige der gleichen Schicht, nämlich der Mittelschicht, und aus dieser sozialen Abkunft läßt sich nur eine einzige Gemeinsamkeit ableiten, nämlich die Verneinung des Konzepts der sozialistisch-proletarischen Revolution. Schon der ebenso gemeinsame Wille zur Selbstbehauptung der deutschen Nation auch gegen die Einflüsse des »westlichen Liberalismus« läßt sich aus der Soziologie allein nicht verständlich machen. Noch viel weniger ist die Soziologie hilfreich, wenn es um die Individualitäten Adolf Hitlers und seiner Paladine geht. Daß Hitler ein »typischer Kleinbürger« gewesen sei, ist eine in der Literatur häufig vertretene These, und es ist sicherlich richtig, daß Hitlers Kunstgeschmack dem der Jahrhundertwende und nicht den Künstlern der »Avantgarde« und der »Moderne« entsprach. Aber das Hauptkennzeichen des Kleinbürgers ist seine Angepaßtheit und ängstliche Ordentlichkeit; die Grundzüge von Hitlers Charakter – der infantile, der monomane, der mediumistische[12] – sind das genaue Gegenteil davon, und wenn eine soziologische Charakterisierung haltbar wäre, dann wäre es am ehesten die allenfalls halbsoziologische des »Künstlers«; Hermann Göring wird in der Literatur, die ihm nach Hitler und neben Goebbels die meisten Biographien gewidmet hat, meist als prachtliebender Renaissancemensch beschrieben, und das mag man seiner großbürgerlichen Herkunft zuschreiben.

Aber Albert Speer und der Nationalsozialist unter den Generälen, von Reichenau, entstammten ebenfalls dem Großbürgertum bzw. dem Adel, aber sie hatten keineswegs die gleichen »barocken« Züge aufzuweisen. Eine auffallende und am ehesten soziologisch ableitbare Gemeinsamkeit bestand wohl darin, daß viele nationalsozialistische Führer, die in hohe Staatsstellungen gelangten – aber keineswegs alle –, eine starke Neigung zu einem repräsentativen und luxuriösen Lebensstil erkennen ließen: Joachim von Ribbentrop auf Schloß Fuschl, Hans Frank auf dem Wawel in Krakau, Arthur Greiser im Schloß zu Posen, Baldur von Schirach in der Wiener Hofburg. Es wäre indessen durch den Vergleich mit anderen Regimen zunächst einmal zu untersuchen, ob die Neigung zu Luxus und damit meist auch zu Korruption tatsächlich eine kleinbürgerliche und nicht vielmehr eine allgemein menschliche Eigenschaft ist.

Es gab also eine soziologische oder pluralistische und eine politische oder ideologische Vielfalt innerhalb des Nationalsozialismus selbst. Überraschend stark und ganz nichtsoziologisch war z. B. eine »grüne« Tendenz im Nationalsozialismus, mit einzelnen kuriosen Zügen bei dem »Kräuterkenner« Himmler, aber durchaus modern bei Todt, Darré und anderen, so daß ein jüngerer Autor zu dem Ergebnis gelangt, der Nationalsozialismus habe sich in verblüffend moderner Weise mit ökologischen Problemen beschäftigt, und er sei als eine Präfiguration des Naturschutzes zu betrachten.[13] Aber im Rahmen des nationalsozialistischen Regimes existierte darüber hinaus eine Pluralität gesellschaftlicher Kräfte, die als solche nicht nationalsozialistisch waren, wohl aber überwiegend mit dem Nationalsozialismus sympathisierten und ihm nach einer weitverbreiteten Überzeugung sogar zum Machtgewinn verhalfen. Dabei handelt es sich um die »führenden Schichten«, um die Industriellen, die hohen Juristen und um die maßgebenden Generäle.

# 9. Industrie, Justiz, Wehrmacht und der Nationalsozialismus

Kein Thema, das mit dem Nationalsozialismus zusammenhängt, hat gleich zu Anfang so starke und vor allem publizistische Aufmerksamkeit gefunden wie die Beziehungen zwischen der Industrie und dem Nationalsozialismus. Die weitere Frage, wie sich dieses Verhältnis nach der Machtergreifung entwickelt hat, war für die Öffentlichkeit weniger interessant, rief aber nach dem Krieg starke Kontroversen in der Wissenschaft hervor und wurde ebenfalls mit aktuellen politischen Interessen verknüpft. Die Überzeugung, daß »die Industriellen« oder »das Finanzkapital« oder »das große Geld« ganz besonders mächtig sind und daß deren Interessen entscheidenden Einfluß auf die Politik ausüben, ist ja keineswegs bloß für Marxisten selbstverständlich, aber nur für Marxisten steht der Wille zum Sturz dieser Macht ganz im Vordergrund, und sie sind überzeugt, daß »die Bourgeoisie« in ihrem letztlich zum Scheitern verurteilten Kampf gegen den unaufhaltsamen Vormarsch »der Massen« oder »des Sozialismus« nach Hilfskräften Ausschau hält und ihr bestes Machtmittel, nämlich das Geld, zu deren Gewinnung anwendet. Schon Karl Marx selbst hatte im »Bonapartismus« die »letzte Karte« der Bourgeoisie gesehen, und als Benito Mussolini, fast schon so etwas wie der »Duce« der Sozialistischen Partei Italiens, im Herbst 1914 auf die Seite der Interventionisten überging und seine eigene Zeitung gründete, da fragte die gesamte Presse der Partei sehr insistent »Chi paga?«.

Daß die Massenbewegung des Nationalsozialismus viel Geld benötigte, um ihre Veranstaltungen durchzuführen, ihre Presse aufrechtzuerhalten und ihre Parteiarmee zu organisieren, war selbstverständlich, und es war ja allgemein bekannt, daß einzelne Industrielle, Firmen und auch Industrieverbände bestimmte Parteien mit erheblichen Geldzahlungen unterstützten, durchweg die »bürgerlichen« Parteien, aber war nicht auch die NSDAP eine »bürgerliche Partei«? Nicht wenigen unter den

NSDAP-Mitgliedern erschien es jedoch unzulässig und paradox, daß Adolf Hitler, der Führer einer »Arbeiterpartei«, schon in den späten zwanziger Jahren offensichtlich den Kontakt zu »der Ruhrindustrie« suchte; auch aus diesen Bedenken resultierte die Trennung Otto Straßers und seiner Anhänger von Hitlers Partei im Jahre 1930.

Hitlers Rede vor dem Düsseldorfer »Industrieklub« am 27. Januar 1932 rief gewaltiges Aufsehen hervor, und der Verdacht lag nahe, daß sie ein erfolgreicher Versuch gewesen sei, Industriegelder in die Kassen der NSDAP zu lenken. Im September desselben Jahres meldete das *Berliner Tageblatt*, Emil Kirdorf, der Mitbegründer der *Gelsenkirchener Bergwerks-AG*, welcher sich schon früher als Anhänger Hitlers zu erkennen gegeben hatte, habe einen Beschluß des mächtigen *Rheinisch-Westfälischen Kohlensyndikats* durchgesetzt, daß alle angeschlossenen Unternehmen zur Finanzierung der NSDAP pro Tonne verkaufter Steinkohle 5 Pfennig zahlen sollten. Nach dem Krieg erhöhte das *Neue Deutschland* die Summe auf 50 Pfennig, aber es handelte sich um eine handgreifliche Falschmeldung, denn dieses Syndikat hatte vier Arbeitervertreter im Aufsichtsrat und einen im Vorstand, und es stand überdies unter der direkten Kontrolle der preußischen Regierung.[1] Andere Zeitungsmeldungen berichteten von Zahlungen Friedrich Flicks, und sie waren zugleich richtig und falsch oder besser: in ihrer Richtigkeit unwahr, weil sie nicht erwähnten, daß sogar die Sozialdemokraten bedacht worden waren und daß die bürgerlichen Parteien weit höhere Summen erhalten hatten.

Die Nationalsozialisten machten jedoch selbst kein Geheimnis daraus, daß sie beträchtliche Geldspenden erhielten, und jedermann konnte in Goebbels' *Vom Kaiserhof zur Reichskanzlei* lesen, daß die Partei zwar in großen finanziellen Schwierigkeiten gesteckt habe, daß ihr aber dann plötzlich eine große Summe zugeflossen sei. Und im ersten Jahr des Krieges erschien in England ein Buch mit dem Titel *I paid Hitler*, das von keinem Geringeren als Fritz Thyssen stammte, dem ehemaligen Aufsichtsratsvorsitzenden der *Vereinigten Stahlwerke*, der inzwischen aus Deutschland geflohen war und der von den großen Summen berichtete, die er und andere Industrielle der Nationalsozialistischen Partei hatten zukommen lassen, etwa zwei Millionen pro Jahr. Die Vormacht der kapitalistischen Welt, die USA, schloß sich der für alle Sozialisten selbstverständlichen Überzeugung an und stellte zahlreiche Industrielle, unter ihnen Friedrich Flick und – in Vertretung seines verhandlungsunfähigen Vaters – Alfried Krupp in einem der großen Nürnberger »Nachfolgeprozesse« vor Gericht, überwiegend wegen angeblicher Kriegsverbrechen, aber auch wegen der finanziellen Unterstützung der Nationalsozialisten.

Die zugrundeliegende Überzeugung war offenbar, daß das Geld politische Macht zu kaufen vermag und daß die Nationalsozialisten eine einflußreiche Randpartei geblieben wären, wenn die Industriegelder sie nicht groß gemacht hätten. Das entsprach aufs beste bestimmten zeitgenössischen Karikaturen, die Hitler mit aufgerissenem Mund und ausgestreckter rechter Hand zeigen, während die Linke hinter dem Rücken verborgen ist, so daß ein dickbäuchiger Kapitalist große Geldscheine hineinstecken kann. Hitler als bezahlter Diener des Großkapitals – das ist die populärste und einfachste aller Auffassungen hinsichtlich des Verhältnisses von Industrie und Nationalsozialismus. In der Bundesrepublik Deutschland trat sie nach 1950 stark in den Hintergrund, aber in der DDR setzte sie sich ungebrochen fort, und 1967 erregte das Büchlein von Eberhard Czichon, einem in der DDR lebenden Autor, auch in der Bundesrepublik großes Aufsehen: *Wer verhalf Hitler zur Macht? Zum Anteil der deutschen Industrie an der Zerstörung der Weimarer Republik.*[2] Czichon beruft sich zu Beginn ausdrücklich auf die »Nachfolgeprozesse«, deren Gegenstand »die Installation einer nationalsozialistischen Herrschaftsform« durch die deutsche Industrie gewesen sei. Erst das Geld einflußreicher Großindustrieller habe Hitler aus der Rolle eines »unbedeutenden Führers politischer Abenteurer« herausgehoben und Emil Kirdorf sei der erste gewesen, der Hitlers »Brauchbarkeit« erkannt habe. Kirdorf sei es auch gewesen, der jenen Beschluß des Rheinisch-Westfälischen Kohlensyndikats zustande gebracht habe, und Czichon versäumt es nicht, die Quelle anzugeben, nämlich die erwähnte Meldung des *Berliner Tageblatts* vom 27. September 1932.

Aber im Kern besteht das Buch gerade nicht in der Wiederholung fragwürdiger oder falscher Pressemeldungen über konkrete Geldzahlungen konkreter Personen, sondern Czichon trifft eine Unterscheidung zwischen solchen Schwerindustriellen, die sich bereits 1931 darauf einigten, »in Deutschland einen faschistischen Staat zu errichten«, und einer anderen Gruppe, vornehmlich aus der Chemie-, Elektro- und Verarbeitungsindustrie sowie des Exporthandels, die weiterhin das Kabinett Brüning unterstützten.[3] Sie befürworteten eine aktive Konjunkturpolitik und vertraten also eine Konzeption des Staatsmonopolkapitalismus. Dazu gehörten unter anderen Carl Friedrich von Siemens, Robert Bosch und Otto Wolff. Czichon nennt sie die »deutschen Keynesianer«, die sich den Vertretern der Schwerindustrie des Ruhrgebiets wie Fritz Thyssen, Albert Vögler und Ernst Poensgen von den Vereinigten Stahlwerken entgegenstellten. Innerhalb der Keynesianer unterscheidet Czichon nun noch eine rechte Gruppe, die den Reichskanzler von Papen unterstützte, weil sie ihre Interessen durch diesen vertreten sah, und eine linke Variante, welche die politische Linie Kurt von Schleichers bejahte. Zu der ersten Gruppe gehörten Carl Duisberg von der IG-Farben, Paul Reusch von der Gutehoffnungshütte, der Bankier Robert Pferdmenges, Paul Silverberg von der Rheinischen Braunkohlen-AG und andere; als ihr Sprachrohr sind die *Deutschen Führerbriefe* anzusehen, die von Silverberg finanziert wurden. Mitglieder der zweiten Gruppe waren u. a. Otto Wolff, Gustav Krupp von Bohlen und Halbach und Ludwig Kastl, der einflußreiche Geschäftsführer des *Reichsverbands der deutschen Industrie*. Nach dem ungünstigen Ergebnis der Reichstagswahl vom 6. November 1932 war den »Nazi-Industriellen« klar, daß sie nun mit aller Macht auf eine Kanzlerschaft Hitlers hinarbeiten müßten, und unter der Federführung von Hjalmar Schacht richteten sie eine Eingabe an Hindenburg, die die Bildung eines »Präsidialkabinetts unter Hitler als dem Führer der größten nationalen Gruppe« forderte. Hitler hatte längst durch seinen Wirtschaftsbeauftragten Wilhelm Keppler einen Kreis von sympathisierenden Industriellen bilden lassen, den sogenannten Keppler-Kreis, und Papen näherte sich dieser Gruppe, weil er nicht nur wegen seiner Ablösung durch Schleicher gekränkt war, sondern auch starke Bedenken gegen die »linkskeynesianische«, auf staatliche Arbeitsbeschaffung, Enteignung der ostelbischen Junker und freundschaftliche Beziehungen mit der Sowjetunion gerichtete Politik seines Nachfolgers hatte. Jetzt waren auch die IG-Farben bereit, 100 000 RM an die Hitler-Partei zu zahlen, und mit Hilfe Silverbergs brachte der Keppler-Kreis sogar eine Million RM auf. Durch das Treffen zwischen Papen und Hitler im Hause des Kölner Bankiers Kurt von Schröder am 4. Januar 1933 wurden die Weichen endgültig gestellt, und Czichon gelangt zu dem Ergebnis, daß »eine Mehrheitsgruppe deutscher Industrieller, Bankiers und Großagrarier« Hitlers Kanzlerschaft gewollt und organisiert habe, und zwar deshalb, weil sie durch Hitler eine Aufrüstung in Gang setzen wollte, »um über sie eine höhere Rendite ihres Kapitals zu erzielen« und auch Schutz »vor der wachsenden demokratischen Kampfbereitschaft der Massen« zu erlangen, denn selbst Carl Friedrich von Siemens hatte ja Ende 1931 in einer Rede vor amerikanischen Industriellen in New York die Auffassung vertreten, »angesichts einer ›bolschewistischen Gefahr‹ sei Hitler immer noch das kleinere Übel«.[4]

Czichon war sich anscheinend nicht darüber im klaren, daß er mit seiner Unterscheidung von mehreren Gruppen innerhalb »der Industrie« etwas ganz Ähnliches sagte, wie es August Heinrichsbauer, der tatsächlich vor 1933 ein Interessenvertreter des Bergbaus gewesen war, schon 1948 in seiner Schrift über Schwerindustrie und Politik getan hatte, die allgemein als »apologetisch« eingeschätzt wurde: das Unternehmertum sei auf die verschiedensten politischen Parteien aufgeteilt gewesen und habe keine einheitliche Linie verfolgt, von der unbestreitbaren und selbstverständlichen Tatsache abgesehen, daß die »bürgerlichen Parteien« DNVP, DVP und Zentrum durch Geldzuwendungen unterstützt worden seien. Aber Czichon ist nicht nur insofern auf seine Weise apologetisch, als er den Aufruf der KPD zum Generalstreik gegen die Regierung Hitler verteidigt, sondern er ist aggressiv-politisch, indem er behauptet, hinter denen, die heute (d. h. 1967) für die Notstandsgesetze einträten, seien soziologisch wieder die gleichen Industriellen-Gruppen zu finden, deren Repräsentanten sich auch (sic!) im Jahre 1932 für die Kanzlerschaft Hitlers entschieden hätten. Es gehört auf das gleiche Blatt, wenn Czichon es nicht unterläßt, den jungen Ludwig Erhard zu erwähnen, – wenngleich nur als Anhänger der rechten Keynesianer.[5]

Aber die aktualistisch-politische Tendenz, die in nahezu der ganzen kommunistischen Literatur anzutreffen ist, stellt nicht notwendigerweise die Unrichtigkeit aller Resultate oder gar die Fragwürdigkeit der vorgelegten Dokumente unter Beweis. Und erst recht wäre die Behauptung falsch, nur Kommunisten hätten den deutschen Industriellen oder doch einem großen Teil von ihnen die Hauptverantwortung für die »Machtübergabe« an Hitler zugeschrieben. So hat zum Beispiel Dirk Stegmann 1973 im *Archiv für Sozialgeschichte* einen Beitrag mit dem Titel *Zum Verhältnis von Großindustrie und Nationalsozialismus 1930–1933* veröffentlicht, der diese Verantwortung auf einer höheren Ebene der Fragestellung nachzuweisen versucht.[6] Er geht von Friedrich Meineckes kleiner Schrift von 1946 *Die deutsche Katastrophe* aus, wo als die Wurzeln des Nationalsozialismus die Fehlentwicklung des deutschen

Bürgertums und vor allem der »unsoziale Herrengeist« der »Scharfma-
cher der Schwerindustrie« sowie der »junkerlichen Bürokraten« in den
Ministerien namhaft gemacht worden seien. Nach dem Krieg sei die
alldeutsche Ideologie nebst dem Manipulationsinstrument des Antisemitismus von großen Teilen der »konservativen Führungsschichten« in
der Absicht übernommen worden, »Arbeiter und Angestellte und das
während des Krieges pauperisierte Kleinbürgertum für eine system-
erhaltende (sic!) Politik zu mobilisieren«. Es wird nicht recht klar, ob
Stegmann unter »System« hier den Kapitalismus oder bloß »die Privilegien« der alten Führungsschichten versteht, aber jedenfalls sieht er die
Verantwortung der Großindustrie mehr in der Gemeinsamkeit einer
reaktionären Denkweise als in Geldzahlungen von der einen an die
andere Seite. Die Interessenvertreter der Schwerindustrie strebten nicht
anders als die Nationalsozialisten die Zerschlagung der Gewerkschaften
an, und sie begründeten diesen Vernichtungswunsch mit der Polemik
gegen einen »gesetzwidrigen und wirtschaftszerstörenden Gewerk-
schaftsmonopolismus«, der durch den Aufbau eines autoritären Staates
gebrochen werden müsse.[7] Allerdings legt Stegmann in einem langen
Dokumentenanhang auch Schriftstücke vor, die zeigen, wie groß zumindest in Teilen der Industrie das Mißtrauen gegenüber den wirt-
schaftspolitischen Vorstellungen der Nationalsozialisten war, die vielen
schlicht als »sozialistisch« galten.[8]

Der amerikanische Historiker Henry Ashby Turner hat sich große
Verdienste dadurch erworben, daß er den Finger nicht so sehr auf die
Differenzen innerhalb der Industrie, sondern auf die Unterschiede
innerhalb der nationalsozialistischen Partei gelegt hat. Dadurch wird
klar, daß die Unterstützung, die Hitler tatsächlich durch Industrielle
erhielt, dem »Gemäßigten« galten, der allein imstande sei, die sozialistischen Tendenzen eines Großteils seiner Anhänger zu zügeln und die
größte aller Gefahren zu überwinden, nämlich das Zusammenfließen
des linken Flügels der NSDAP mit der KPD. Man wird schwerlich in
Abrede stellen können, daß »der Kapitalismus« als auf die Erzielung
von Gewinn oder auf »Rentabilität« ausgerichtete Privatwirtschaft im
Deutschland der Weltwirtschaftskrise und der 6 Millionen Arbeitslosen
einen sehr schweren Stand hatte und daß es für seine Verfechter nur
allzu gute Gründe gab, der großen Partei stärkste Aufmerksamkeit zu
widmen, die sich »sozialistisch« nannte, aber diesen Sozialismus nicht
mit den Begriffen der »Expropriation der Expropriateure« und der

Einführung der Planwirtschaft verband, zumindest nicht nach den Aussagen des Parteiführers. Das Interesse für diese Partei und die Unterstützung des »philokapitalistischen« Hitler gegen den großen »realsozialistischen«, wenn auch nicht marxistischen und internationalistischen Teil seiner Anhänger war insofern die natürlichste Sache von der Welt. Daß damit die Fehleinschätzung verbunden war, der »Antisemitismus« sei ebenso wie der »Sozialismus« ein reines und provisorisches Agitationsmittel, wird natürlich von Turner nicht geleugnet, aber wer mit dem Rücken zur Wand steht, läßt sich in aller Regel von den nächstliegenden Eindrücken leiten.

Und so widerlegt Turner zunächst die zahlreichen Legenden, die der angreifende, gegen die »Systemerhaltung« gerichtete Teil der Politiker und Journalisten vor 1933 in die Welt gesetzt hat und die nach 1945 mit großer Begierde wiederaufgegriffen wurden. Emil Kirdorf, so argumentiert Turner, war 1927 schon ein alter Mann von fast 80 Jahren, der kaum persönliches Vermögen und nur noch wenig Einfluß besaß; die große Mehrheit der deutschen Großunternehmer hat Hitlers Triumph weder gewünscht noch materiell dazu beigetragen; Fritz Thyssens Buch *I paid Hitler* wurde großenteils von einem »ghost-writer« geschrieben, und es ist in seinen Einzelaussagen alles andere als zuverlässig; die geheimnisvolle »Ruhrlade« hatte keine gemeinsame Politik; die Quittung über die 100 000 RM, die von der IG-Farben an die NSDAP gezahlt wurden, stammt nicht, wie Czichon behauptet, aus dem Jahre 1932, sondern aus dem Jahre 1944. All dies findet sich in Turners Aufsatzsammlung *Faschismus und Kapitalismus in Deutschland.*[9] Mit seinem umfangreichen Buch *Die Großunternehmer und der Aufstieg Hitlers* hat Turner 1985 das »vorläufig endgültige« Standardwerk zu den Beziehungen zwischen der deutschen Industrie und der NSDAP vorgelegt. An dessen Ende wendet er sich sehr nachdrücklich gegen »hochtrabende Theorien über Kapitalismus und Faschismus«, d. h. gegen die marxistischen Faschismustheorien, die so viele empirisch ungesicherte Behauptungen übernommen hatten, weil sie die vornationalsozialistische Kapitalismuskritik aufgreifen und den Nationalsozialismus zu diesem Zweck instrumentalisieren wollten, aber er erwartet vermutlich nicht, daß ihm der charakteristische Vorwurf der »Apologie« erspart bleibt, wenn er im letzten Satz schreibt: »Die Ergebnisse dieser Studie zeigen, daß man dann nur zu einem Urteil kommen kann: Wenn es auch viele legitime Gründe gibt, den organisierten industriellen

Großkapitalismus des zwanzigsten Jahrhunderts zu tadeln, die Verantwortung für das Dritte Reich ist ihm nicht anzulasten.«[10]

So viel ließ sich allerdings schon im Sommer 1933 mit Bestimmtheit sagen, daß die Industriellen einen für sie selbst sehr gefährlichen Weg eingeschlagen haben würden, wenn sie tatsächlich das nationalsozialistische Regime »installiert« hätten. Parteibeauftragte waren in die Räume des einst so mächtigen *Reichsverbands der Deutschen Industrie* eingedrungen, und sie hatten die Entfernung aller Juden aus dem Präsidium und der Geschäftsführung durchgesetzt, unter ihnen Kastl und Silverberg, die doch angeblich so viel zur Errichtung der nationalsozialistischen Herrschaft beigetragen hatten. Der Verband hieß jetzt nach der Verschmelzung mit dem Arbeitgeberverband *Reichsstand der deutschen Industrie*, und der Vorsitzende Krupp von Bohlen und Halbach steuerte einen sehr vorsichtigen Kurs der Anpassung, der jeden Konflikt mit der herrschenden Partei zu vermeiden suchte.[11]

Drei Jahre später drohte Hitler in seiner Denkschrift zum Vierjahresplan der Privatindustrie im Falle des Versagens scharfe Maßnahmen bis hin zur Verstaatlichung an; wenig später ließ Hermann Göring den riesigen Konzern der Hermann-Göring-Werke in Salzgitter gegen den heftigen Widerstand der Ruhrindustriellen errichten, und bei allen so überaus schwerwiegenden politischen Entschlüssen der nächsten Jahre wurden Vertreter der Industrie nicht einmal konsultiert. Die nationalsozialistische Politik des Antisemitismus und der Autarkie setzte sich in präzedenzloser Weise über die Interessen der Exportindustrie hinweg, aber niemand riskierte ein Wort öffentlichen Protests. Selbst die unorthodoxen Marxisten in der Emigration begannen umzudenken. Zwar war Max Horkheimers Diktum von 1939, wer vom Kapitalismus nicht reden wolle, der solle auch vom Faschismus schweigen, ganz konventionell, aber eine Reihe von anderen Aussagen in seinem Aufsatz »Die Juden und Europa« wichen weit von den überlieferten Auffassungen ab, etwa die Behauptung, Heere von Arbeitslosen und Kleinbürgern liebten Hitler auf der ganzen Erde um des Antisemitismus willen, und für den Faschismus als Weltsystem »wäre ökonomisch kein Ende abzusehen«.[12] Horkheimers Freund Friedrich Pollock subsumierte das nationalsozialistische Wirtschaftssystem nicht mehr unter den überlieferten Begriff des Kapitalismus, d. h. des Privatkapitalismus, weil dessen wesentlichste Eigenschaften keine grundlegende Bedeutung mehr hätten, z. B. das Profitstreben, das zwar noch existiere, aber nicht mehr den Kapitalfluß dirigiere. Die nationalsozialistische Wirtschaft sei nicht mehr profitorientiert, sondern gebrauchsorientiert, wenn auch nur zugunsten der staatlich befohlenen Produktion von Waffen. Insofern besteht nach Pollock der Anspruch des Nationalsozialismus zu Recht, eine neue Wirtschaftsordnung zu sein, die zwar das Gegenteil eines genuinen Sozialismus darstellt, aber auch dem echten und bisher allein bekannten Kapitalismus entgegengesetzt ist.[13]

Wenn das richtig ist, dann war die nationalsozialistische Politik keine bloße Funktion der Ökonomie, denn sie hat die Ökonomie tief verändert, und in der Nachkriegszeit hat sich daraus jenseits des Streits, wer wem wann Geld gezahlt hat, eine grundsätzliche Debatte über das Verhältnis von Ökonomie und Politik entwickelt, die auf der einen Seite hauptsächlich von Tim Mason und auf der anderen von DDR-Historikern wie Eberhard Czichon, Dietrich Eichholtz und Kurt Gossweiler geführt wurde. Tim Mason begründete den »Primat der Politik« mit dem Befund, daß »die Innen- und Außenpolitik der nationalsozialistischen Staatsführung ab 1936 in zunehmendem Maße von der Bestimmung durch die ökonomisch herrschenden Klassen unabhängig wurde, ihren Interessen sogar in wesentlichen Punkten zuwiderlief«. Nicht einmal eine indirekte Beteiligung von Wirtschaftsführern und -verbänden an der staatspolitischen Willensbildung im Dritten Reich läßt sich nach Mason ohne weiteres nachweisen. Was übrigblieb, waren nur noch die zersplitterten Interessen einzelner Firmen, denen die anwachsende Macht der *Deutschen Arbeitsfront* bedrohlich gegenüberstand. Auch die »Ringe« und »Ausschüsse« der späteren »Selbstverantwortung der deutschen Industrie« unter dem Rüstungsminister Speer hatten nur ein Mitspracherecht in Fragen des »Wie« der Produktion, aber in den entscheidenden Fragen der Strategie und der Außenpolitik waren sie völlig einflußlos. So kam eine »Verselbständigung des Staates« zustande, »wie sie in der Geschichte ihresgleichen sucht«.[14]

Czichon hält dagegen den Primat der Industrie, ja die »politisch-ökonomische Omnipotenz« der herrschenden Klasse im staatsmonopolitischen Kapitalismus dadurch aufrecht, daß er einen Begriff wie »die Gruppierung Krauch-Göring« bildet und vor der kühnen These nicht zurückschreckt, es sei nicht »Hitlers Weg« gewesen, der zur Kriegsauslösung von 1939 führte, sondern der Weg der deutschen Großindustrie mit ihrem unersättlichen Expansionismus, der z. B. im Zusammenwirken von IG-Farbenindustrie, Hermann Josef Abs von der Deutschen

Bank und dem »Mitteleuropäischen Wirtschaftstag« geplant worden sei. Daher habe es auch nach 1937 keine selbständige Machtposition der nationalsozialistischen Führung gegenüber dem Oligopol der Großindustrie gegeben, die vielmehr zwecks Maximierung ihrer Profite die Hitlersche Kriegspolitik dirigierte und finanzierte.[15] Etwas vorsichtiger formulieren Eichholtz und Gossweiler, daß »der Hitlerfaschismus die bis dahin höchste Potenzierung und gewaltsame Ausprägung imperialistischer deutscher Politik verkörperte«. Die nationalsozialistische Politik wäre also nichts anderes als die potenzierte deutsche Wirtschaft, und als solche mag sie mit den Einzelinteressen oder den Überzeugungen einiger Industrieller in Konflikt geraten, ohne daß dadurch ein Primat einer (nicht-ökonomischen) Politik konstituiert wird.[16]

Paradoxerweise ist von hier der Schritt nicht mehr sehr weit bis zu der These, daß Hitler und seine Nationalsozialisten die perfekte Verkörperung der deutschen Lebensinteressen gewesen seien – sofern man die Auffassung für richtig hält, daß das Wirtschaftsleben ein letztlich auf die Anwendung von Gewalt hinauslaufender Kampf ist, und sofern man von dem Glauben Abschied nimmt, daß dieser kapitalistisch/imperialistische Kampf durch einen Welt-Sozialismus aufgehoben werden könne. Zum Beweis dafür, daß es Paradoxien auf allen Seiten gibt, führe ich noch das Beispiel von Alfred Sohn-Rethel an, dessen Buch *Ökonomie und Klassenstruktur im deutschen Faschismus* (1973) unter den neomarxistischen Studenten und Dozenten der siebziger Jahre große Popularität gewann. Auch Sohn-Rethel ist der Meinung, daß »die Faschistengarde der Bourgeoisie keineswegs ausschließlich deren gehorsam dienendes Werkzeug zur politischen Entmachtung des Proletariats« sei, wie sich schon an der haßerfüllten Verzweiflung der Exportindustrie zeigen ließe, und das Resultat ist »die politische Gefangenschaft der Bourgeoisie in ihrer faschistischen Diktatur«.[17] So etwas ist sicher eine große objektive Paradoxie, aber bemerkenswert ist auch die andere Paradoxie, daß eben dieser Sohn-Rethel vor 1933 der Redakteur der *Deutschen Führerbriefe* war, der seinen marxistischen Freunden die Formulierungen lieferte, welche sie zum Nachweis des Zusammenspiels von Industrie und Nationalsozialismus anführten.

Eine Analogie dazu, und zwar eine viel wichtigere, könnte man vielleicht im Bereich der Justiz wahrnehmen: Roland Freisler, lange Zeit Staatssekretär im Reichsjustizministerium und dann von 1942 bis 1945 der allbekannte und berüchtigte Vorsitzende des »Volksgerichtshofes«, war 1917/18 als Kriegsgefangener in Rußland gewesen und hatte sich dort angeblich als bolschewistischer Kommissar betätigt. Hitler selbst sagte in einem seiner Tischgespräche, Freisler sei »in seiner ganzen Art ein Bolschewik«.[18] Aber wenn das Gerücht auf Tatsachen beruhte, kann Freisler allenfalls ein »Renegat« gewesen sein, welcher der entgegengesetzten Sache mit dem gleichen Fanatismus diente; irgendein ernstzunehmender Hinweis auf die Fortexistenz kommunistischer Überzeugungen liegt nicht vor. Richtig ist alledings, daß er neben dem späteren Justizminister Thierack der einzige Nationalsozialist in den höchsten Rängen der Justizverwaltung war, die im übrigen fest in deutschnationalen oder »konservativen« Händen blieb.

Eben deshalb hat die Justiz des Dritten Reiches heftige Angriffe auf sich gezogen, die nicht wie bei den Industriellen in erster Linie das Verhalten unmittelbar vor der Zeit des Dritten Reiches betreffen, sondern die frühen Weimarer Jahre, wo die Justiz dem Nationalsozialismus bereits den Weg gebahnt habe. In einem Buch von Ingo Müller mit dem kennzeichnenden Titel *Furchtbare Juristen. Die unbewältigte Vergangenheit unserer Justiz* erstreckt sich die Anklage sogar noch weiter in die Vergangenheit zurück: schon unter Bismarck sei der bis dahin weithin liberalen Justiz das Rückgrat gebrochen worden und nur der habe die lange Studien- und Vorbereitungszeit erfolgreich abschließen können, der »in besonderem Maße staatstreu und willfährig« war.[19] Diese konservative Einstellung und die personelle Kontinuität bewahrte die Justiz auch nach dem Sturz des Kaiserreiches, und daraus resultierte die Einseitigkeit der überwiegend gegen die Linke gerichteten Urteile. Nach Müller wurde der gewalttätige Charakter der nationalsozialistischen Bewegung nicht zur Kenntnis genommen; Werner Best, der Verfasser der *Boxheimer Dokumente*, wurde von der Anklage des Hochverrats freigesprochen; Carl Schmitt machte das Freund-Feind-Denken hoffähig, und das Reichsgericht ließ sich von der »Fiktion« leiten, daß die KPD stets den Umsturz plane und daß jede kommunistische Tätigkeit daher Vorbereitung zum Hochverrat sei. Die bayerische Justiz hielt unter dem Minister Franz Gürtner ihre schützende Hand über Hitler, und so wirkten die deutschen Richter und Staatsanwälte nach dem 30. Januar 1933 gutenteils aus Überzeugung an der Zerstörung des Rechtsstaates durch die Nationalsozialisten mit, die ja schon wenige Tage nach der Machtergreifung mit der Verordnung des Reichspräsidenten »zum Schutz des deutschen Volkes« begann und sich über die Verkündung des permanenten Ausnahmezustandes durch die Reichstagsbrandverordnung, die Errichtung des »Volksgerichtshofs« zur Aburteilung von Hoch- und Landesverrat und die antisemitischen Nürnberger Gesetze bis zu jener Abmachung zwischen Thierack und Himmler fortsetzte, die einen großen Teil der Rechtspflege der Willkür von Gestapo und SS auslieferte. Ein Ringen zwischen einem Normenstaat und einem Maßnahmenstaat, wie es Ernst Fraenkel gesehen hatte, kann Müller nicht wahrnehmen; für ihn stellte sich die Justiz vollständig und freiwillig in den Dienst des Maßnahmenstaates.

Der Autor führt zahlreiche Gerichtsurteile an, die unfaßbar hart oder geradezu unbegreiflich sind. So wurde im Jahre 1941 der jüdische Kaufmann und Vorsteher der Kultusgemeinde Nürnberg Leo Katzenberger zum Tode verurteilt, weil er angeblich Rassenschande mit einer jungen Deutschen begangen hatte. Sowohl der Mann wie die Frau stellten den Tatbestand in Abrede, die Indizienbeweise waren mehr als dürftig, und das sogenannte Blutschutzgesetz sah keine Todesstrafe vor. Aber der vorsitzende Richter Dr. Rothaug, der freilich einer der berüchtigtsten nationalsozialistischen Juristen war, kombinierte das Gesetz mit der Volksschädlingsverordnung und gelangte so zu dem Todesurteil. Ein solches Urteil war selbst dann als Justizmord zu bezeichnen, wenn man eine Definition des Justizministers auf sämtliche Richter ausdehnte, die Gürtner 1937 nur auf die Richter des Volksgerichtshofs bezogen hatte: sie seien eine »Kampftruppe . . . zur Niederschlagung und Abwehr aller Angriffe gegen die äußere und innere Sicherheit des Reiches«.[20] In diesem Jahr sprach der Volksgerichtshof 32 Todesurteile aus, und noch im Jahre 1939 betrug die Zahl 36. 1941 waren es 102, aber 1942 unter Freisler vergrößerte sich die Zahl um mehr als das Zehnfache auf 1192, und 1944 wurden mehr als 2000 Angeklagte zum Tode verurteilt und zum weitaus größten Teil auch hingerichtet.

Ein Student, der zufällig in einem Restaurant in der Nähe des Tisches gesessen hatte, wo Freisler und dessen Mitrichter während einer Verhandlungspause zu Mittag gegessen hatten, berichtete einigen Kommilitonen voller Entsetzen, mit welcher Selbstverständlichkeit und Unbewegtheit Redewendungen wie »Kopf ab« und »Rübe runter« zwischen diesen Tischgästen hin und her gegangen seien. So wurde z. B. die Frau eines Kinobesitzers hingerichtet, die einem zu spät kommenden Soldaten den Zutritt verwehrt und dann mit ihm ein Gespräch geführt hatte, in dem sie sich angeblich defätistisch äußerte. Obwohl Aussage gegen

Aussage stand und der Verdacht nahelag, daß es sich um einen Racheakt des Soldaten handelte, wurde die Frau zum Tode verurteilt.[21] Als grundsätzlich todeswürdig galten noch im Jahre 1944 Äußerungen wie die folgenden: der Krieg sei verloren, eine Militärdiktatur müsse eingerichtet werden, der Führer sei krank oder ein Mörder usw. Müller erweckt den Eindruck, daß nahezu alle Richter den gesetzlichen Vorschriften die schärfste mögliche Auslegung gegeben hätten und daß mithin von den etwa 50 000 Todesurteilen, die von der Justiz einschließlich der Militärjustiz ausgesprochen wurden, sehr viele oder sogar die meisten den Richtern als Schuld zuzurechnen seien. Deshalb gerät ihm sein Schlußkapitel über die Restauration des Justizwesens in der Bundesrepublik zu einer wahren Anklageschrift, da keiner der Blutrichter und nicht einmal die Angehörigen des Volksgerichtshofes ernsthaft bestraft worden seien; vielmehr hätten sie durchweg wieder juristische Positionen erhalten, oder sie seien mindestens mit guten Pensionen in den Ruhestand versetzt worden. Daraus schließt Müller, daß sich im Justizwesen eine verhängnisvolle Kontinuität vom Bismarckreich über die Weimarer Republik und das Dritte Reich bis in die Bundesrepublik erstreckte.

Ein ganz anderes Bild ergibt sich dagegen aus dem älteren Buch von Hubert Schorn über die Richter im Dritten Reich[22] und auch aus dem dreibändigen Sammelwerk *Die deutsche Justiz und der Nationalsozialismus*, das unter der Verantwortung des Instituts für Zeitgeschichte herausgegeben wurde und in dem unter anderen Autoren auch der Präsident des Bundesgerichtshofs Dr. Weinkauff zu Wort kam.[23] Hier wird von harten Auseinandersetzungen zwischen Justiz und Gestapo berichtet, von zahlreichen Beanstandungen von Gerichtsurteilen durch den Reichsführer SS, von riskanten Versuchen der Richter, den gesetzlichen Vorschriften die für die Angeklagten günstigste Auslegung zu geben. Die häufigen Zornesausbrüche Hitlers gegen die Justiz müssen ja zureichende Gründe gehabt haben. Tatsächlich gewinnt auch der heutige Leser der SD-Berichte *Meldungen aus dem Reich* nicht den Eindruck, daß die deutsche Bevölkerung während des Krieges aus lauter verschüchterten Menschen auf der einen Seite und aus lauter Blutrichtern auf der anderen Seite bestanden habe. So findet sich z. B. ein Bericht, daß eine Stenotypistin in Frankfurt zu zwei Jahren Gefängnis (!) verurteilt worden sei, weil sie das folgende Gedicht geschrieben und verbreitet habe:

»Der nach russischer Art regiert,
sein Haar nach französischer Mode frisiert,
Sein Schnurrbart nach englischer Art geschoren,
Und selbst nicht in Deutschland geboren,
Der uns den Römischen Gruß gelehrt,
Von unseren Frauen viel Kinder begehrt
Und selbst keine erzeugen kann,
Das ist in Deutschland der führende Mann.«[24]

Die weitaus umfassendste und wissenschaftlichste Darstellung hat Lothar Gruchman in seinem mehr als tausend Seiten starken Werk *Justiz im Dritten Reich 1933–1940. Anpassung und Unterwerfung in der Ära Gürtner* gegeben, in dessen Vorwort der Satz zu lesen ist, wer in oder zwischen den Zeilen politisch-edukatorischer Absichten« erwarte, brauche mit der Lektüre erst gar nicht zu beginnen. In der Tat ist schon das Bild, das er zu Beginn von dem Reichsjustizminister Gürtner entwirft, von viel Verständnis geprägt. Wenn man will, handelt es sich um das Bild eines Kleinbürgers, der sich aus einfachen Verhältnissen mit großer Tüchtigkeit und Zielstrebigkeit zum »Einser-Juristen« ausbildet, der im Beruf strikte Rechtlichkeit an den Tag legt, aber keineswegs ein trockner und amusischer Pedant ist, der im Krieg als Offizier an der Palästinafront kämpft und das EK I erwirbt und der dann 1919 nach München zurückkehrt, wo wenige Tage zuvor die Räterepublik ausgerufen worden war. Gruchmann hebt hervor, es sei für Gürtner eine prägende Erfahrung gewesen, daß sein Vorgesetzter, der Erste Staatsanwalt, im Münchener Justizpalast von Rotarmisten mit der Begründung verhaftet werden sollte, er sei der »Generalstabschef der Bourgeoisie«.[25] Hier ist offenbar das wichtigste Motiv zu suchen, das zu dem ersten und nächstliegenden Wunsch hinzukam, Deutschland trotz seiner Niederlage wieder als starken und angesehenen Staat zu sehen.

So war sein »Konservativismus« einerseits selbstverständlich, und man sagt schwerlich zu viel, wenn man behauptet, ein Mann wie Gürtner würde in nahezu jedem System in die führende Schicht aufgestiegen sein und einen Willen zur »Systemerhaltung« an den Tag gelegt haben, der Juristen in allen System kennzeichnen muß, welche nicht reif zum Untergang sind. Aber erst die Erinnerung an die Bedrohung durch die Räterepublik brachte ihn offenbar dazu, für eine neue Bewegung Sympathie zu empfinden, die in ihrer Emotionalität und Aufgeregtheit das

Gegenteil seiner Natur darstellte und doch in ihren Motiven den seinen so ähnlich war. So wurde er zu einem »Wegbereiter« der Machtergreifung und wurde doch von Himmler und Heydrich als Gegner betrachtet, der an obsoleten Paragraphen festhalte und deshalb für den großen Kampf hinderlich sei, den Adolf Hitler zur Rettung Deutschlands und Europas führe. Die eigentliche Frage muß offenbar lauten: War Himmlers und Heydrichs Vernichtungswille die notwendige Konsequenz von Gürtners »Konservativismus«, oder war in diesem Konservativismus gerade der »rationale Kern« dessen verkörpert, was von Himmler und Heydrich in ideologischem Fanatismus zu einer willkürlichen Extremform gebracht wurde?

Man kann sich diese Frage durch das Beispiel der Reichswehr anschaulicher machen. Jeder Staat hat bewaffnete Streitkräfte, und in keinem Staat hat sich bisher die ethisch respektable Forderung der genuinen Pazifisten durchgesetzt, man solle einseitig auf diese Streitkräfte verzichten, gleich welche Folgen daraus entstehen würden. Nirgendwo ist die Forderung akzeptiert, die immerhin ein Schritt auf einen Idealzustand hin wäre, daß die Armee nicht »systemerhaltend« sein dürfe und der Staatsführung keinen Gehorsam schulde. Die Streitkräfte des Deutschen Reiches waren von den siegreichen Alliierten auf 100 000 Mann beschränkt worden, und das war eine außerordentliche Diskriminierung, die nur dadurch verständlich und doch zugleich absurd wurde, daß sie sich gegen eine Armee richtete, die kurz zuvor noch die beste der Welt gewesen war. Jeder Angehörige dieser Armee mußte den Wunsch haben, daß sie wieder zu einer normalen, mit den Streitkräften der Nachbarstaaten gleichartigen Armee werden würde. Ich erinnere an die oben zitierte Aussage von Otto Braun[26], die vermutlich den Auffassungen der großen Mehrheit seiner Partei entsprach.

Die Absicht, zu einer »Normalisierung« und damit zur Wiedergewinnung der »Wehrhoheit« zu gelangen, war also völlig rational und gerechtfertigt. Die Dinge wurden aber dadurch kompliziert, daß mit dieser Wiederherstellung, mit der nationalen Restitution, der Wille zur Revision der Grenzen verbunden sein konnte und daß sich daraus eine schwere Kriegsgefahr ergab. Daher empfahl eine andere Gruppierung ein grundsätzliches »Sich-Abfinden« und erweckte dadurch den Verdacht, das gerechtfertigte Verlangen einer großen Mehrheit zu hintertreiben. Wieder eine andere Gruppierung, die KPD, verband einen grundsätzlichen Pazifismus mit dem Willen zum innenpolitischen Um-

212

sturz und mit der Bewunderung für einen fremden Staat, der eine große Armee besaß. Die Partei der nationalen Restitution reichte über die »bürgerlichen« oder »rechtsgerichteten« Parteien hinaus, aber sie war doch nicht die Partei der Gesamtheit, wie es nahegelegen hätte. Spezifisch deutsch war, daß sie zugleich nach dem Prinzip des Selbstbestimmungsrechts der Völker die Partei der großdeutschen Konstitution sein konnte, aber nur teilweise war.

Aus der deutschen Situation allein war es dagegen nicht erklärbar, daß an den Rändern dieser großen und nur partiell organisierten Partei eine andere Gruppierung aufwuchs, die eine ganz radikale, auf Weltmacht, ja in gewisser Weise auf Weltherrschaft hinzielende »große Lösung« der innen- und außenpolitischen Probleme Deutschlands erreichen wollte. Dieser Wille war vom Blickpunkt der Nation aus irrational und überaus gefährlich, aber er konnte das legitime Verlangen nach nationaler Restitution zu einem Instrument und einer ersten Etappe machen.

Es war begreiflich, daß die Reichswehr und ihre Generäle Sympathie für eine Partei empfanden, die dem legitimen Anliegen der Wiedergewinnung der Wehrhoheit positiver als die anderen gegenüberstand und ihm die Massenunterstützung brachte, welche sie selbst nicht hatten gewinnen können. Es ist ebenso begreiflich, daß sie die Unabhängigkeit ihrer Position zu wahren wünschten und nichts mehr fürchteten als eine Wiederholung der Konstellation des Weltkriegs, zu der die Machtergreifung jener in ihren Nahzielen sympathischen, aber in der Ganzheit ihrer Intentionen fremdartigen Partei der NSDAP führen konnte. Diese Situation war nicht im genauen Sinne tragisch, denn sowohl Brüning wie Papen und Schleicher waren Verfechter der Restitutionspolitik, aber da es höchst ungewiß war, ob sie sich würden durchsetzen können, und da nach dem 6. November 1932 ein Ineinanderfließen des linken Flügels der NSDAP und der KPD drohte, ist die Zustimmung der Reichswehr zur Machtübernahme Hitlers und zu der »nationalen Erhebung« durchaus nachvollziehbar. Dennoch mußte diese Zustimmung für die Reichswehr der Anfang einer Tragödie sein, wenn der neue Reichskanzler wirklich imstande war, jene »große Lösung« ins Werk zu setzen, die der »großen Lösung« des Bolschewismus zugleich entgegengesetzt und ähnlich war.

Für diese Situation besteht in der historischen Literatur wenig Verständnis. Aus dem Wissen um Kriegsbeginn und Kriegsende heraus

werden Vorwürfe gegen ein Fortleben des preußisch-junkerlichen Krie-
gerethos in der »überpolitischen« Reichswehr des Generals Seeckt
erhoben, und man sieht ein verdientes, seit langem vorbereitetes Schicksal darin, daß der von Hindenburg und nicht etwa von Hitler ernannte
Reichswehrminister von Blomberg die Wehrmacht nach dem Tode
Hindenburgs einen persönlichen Treueid auf den »Führer des Deutschen Reiches und Volkes« ablegen ließ, daß eine Mischung von Torheit
und Schwäche mit der Blomberg- und Fritsch-Krise des Januar/Februar
1937 zum Verlust der Autonomie des Heeres und der Wehrmacht als
ganzer führte, daß das Widerstreben vieler Generale gegen Hitlers
Kriegspläne ohne Erfolg blieb und daß diese Wehrmacht schließlich in
einer präzedenzlosen Niederlage zusammen mit ihrem Obersten Befehlshaber zugrunde ging.

In der Interpretation von Klaus Jürgen Müller, einem der besten
Kenner der deutschen Militärgeschichte, stellt sich der Sachverhalt so
dar, daß der veraltete und längst reaktionär gewordene Anspruch des
Offizierskorps der Reichswehr, auch eine politische Elite zu sein, durch
den Aufbau eines Massenheeres mit weitgehend nationalsozialistischen
jüngeren Offizieren zerbrochen wurde, und zwar ganz im Sinne jener
fortschrittlichen Entwicklung, die in den Demokratien der Gegenwart
die Offiziere zu militärischen Technikern ohne politischen Anspruch
gemacht hat. Was sich unter den Generälen und Offizieren an Widerstand gegen Hitler regte, war also ganz überwiegend reaktionär, obwohl
Hitler nach Müllers Auffassung natürlich nicht etwa fortschrittlich
war.[27]

Dieses Widerstreben und dieser Widerstand von seiten des Offizierskorps der Wehrmacht war aber nicht nur viel ausgeprägter als entsprechende Regungen im Bereich der Industrie und der Justiz, sondern es
handelte sich um die einzige Tendenz, die den Nationalsozialismus und
Hitler während des Dritten Reiches von innen ernsthaft zu gefährden
vermochte. Wenn wir uns daher jetzt der Literatur zuwenden, die dem
»deutschen Widerstand gegen Hitler« gewidmet ist, so müssen wir
nach diesen allgemeinen Überlegungen gleich wieder mit der Wehrmacht beginnen.

# 10. Der Widerstand gegen den Nationalsozialismus und der Kirchenkampf

Keins unserer Themen hatte und hat eine so große und unmittelbare politische Bedeutung wie der »Widerstand gegen den Nationalsozialismus«. Als die Meldung vom Attentat des 20. Juli 1944 durch die Welt ging, da sagte Winston Churchill, es handle sich um »Ausrottungskämpfe innerhalb der deutschen Führung«; auch die Presse der alliierten Mächte war allenfalls der Meinung, die deutschen »Junker« hätten einen verzweifelten Versuch unternommen, sich selbst und ihre Privilegien dadurch vor dem bevorstehenden Untergang zu retten, daß sie einen »Führer« zu beseitigen versuchten, den sie selbst an die Macht gebracht hätten. Diese Erklärung paßte gut zu der vorherrschenden Meinung im alliierten Lager, die das ganze deutsche Volk schuldig sprach, nachdem die Entgegensetzung von Hitler bzw. Nationalsozialismus und Volk, welche die Engländer in den Anfängen des Krieges vorgenommen hatten, ihre Glaubwürdigkeit verloren hatte.

Es war Hans Rothfels, bis 1938 Geschichtsprofessor in Königsberg und patriotischer deutscher Jude oder besser jüdischer Deutscher, der dieser Auffassung 1948 mit einem Buch über den deutschen Widerstand entgegentrat und die Überzeugung rechtfertigte, nicht erst am 20. Juli und nicht nur von einer kleinen Offiziersgruppe sei Widerstand geleistet worden, sondern eine bewußte und aktive Ablehnung des Nationalsozialismus sei in weiten Teilen der deutschen Elite und auch des Volkes zu verzeichnen gewesen.[1] In den USA und in England fiel diese Interpretation angesichts des beginnenden Kalten Krieges nicht auf ganz unfruchtbaren Boden, und es schien möglich, das neue, in Einigung begriffene Europa als ein Europa der Widerstandsbewegungen aufzufassen. Wie hätte der Gedanke einer »Europa-Armee« und später der Bundeswehr gerechtfertigt werden sollen, wenn es in der nahen Vergangenheit keine Vorbilder gegeben hätte, auf die man sich berufen konnte? Das Buch von Eberhard Zeller *Geist der Freiheit* machte 1957 keineswegs ausschließlich, wie der Untertitel vermuten ließ, den »20. Juli« zum Thema, sondern es stellte in beinahe hymnischem Ton die Widerstandskämpfer vom Generalstabschef Ludwig Beck über die Sozialisten und den Kreisauer Kreis bis hin zu Claus und Berthold von Stauffenberg und die zahlreichen Mitverschworenen als makellose Helden und Kämpfer für eine sittliche Weltordnung dar.[2]

Diese Tendenz der Rechtfertigung, ja Verherrlichung ist bis heute lebendig geblieben, unzweifelhaft aus guten Gründen. Aber wenn Peter Hoffmann am Anfang seines Standardwerks *Widerstand, Staatsstreich, Attentat* rühmend von »all den tapferen und mutigen Menschen« spricht, »die gegen den Nationalsozialismus tätig waren«, so berichtet er doch wenige Seiten später, daß die von Robert Uhrig geführte ›Robby-Gruppe‹ in den Berliner Osram-Werken seit 1938 kommunistische Agitation und Rüstungsspionage für die Sowjetunion vorbereitet und dann ab 1941 in der Kriegsorganisation der Sowjetspionage mitgewirkt habe[3] – offenbar gab es also unter den »tapferen und mutigen Menschen« die schroffsten Gegensätze.

In der Tat wurde die deutsche Widerstandsbewegung in der Sowjetunion und in der DDR ganz anders beurteilt als in der Bundesrepublik Deutschland und teilweise im übrigen Westen. Wirklichen und kontinuierlichen Widerstand hätten in der ganzen Zeit des nationalsozialistischen Regimes nur die deutsche Arbeiterklasse und ihre Vorhut, die kommunistische Partei Deutschlands, geleistet, wie etwa der sowjetische Autor Daniil Melnikow 1966 in seinem Buch *20. Juli 1944 – Legende und Wirklichkeit* schrieb.[4] In der vordersten Front kämpften etwa die Saefkow-Jacob-Bästlein-Gruppe, von der insgesamt nicht weniger als 400 Mitglieder von der Gestapo umgebracht worden seien; auch die Gruppe Schulze-Boysen-Harnack, die zwar überwiegend aus bürgerlichen Mitgliedern bestand, aber aus tiefer Überzeugung die Zusammenarbeit mit der Sowjetunion suchte und deshalb von den deutschen Faschisten als Spionageorganisation *Rote Kapelle* verleumdet worden sei. Der weitaus größere Teil der keineswegs einheitlichen Widerstandsbewegung vertrat nach Melnikow aber kapitalistische Klasseninteressen und wollte in den Dienst der Westmächte treten, angefangen von Goerdeler, dem Vertrauensmann zahlreicher Industrieller wie Reusch, Vögler, Bosch und Siemens, über ausgesprochene Militaristen wie die Generäle Witzleben, Stülpnagel und Hoepner sowie die Gruppe Canaris-Oster in der Abwehr und auch reaktionär gesinnte Führer der

SPD wie Noske und Dahrendorf bis hin zu Himmler und Schellenberg. Alle diese Leute wußten genau, »daß die Verschwörung allein das Ziel verfolgte, die Herrschaft der gleichen Kräfte aufrechtzuerhalten, die auch im faschistischen Deutschland an der Macht waren«.[5] Allerdings gab es auch einen »demokratischen Flügel«, zu dem ein Teil der Kreisauer unter Führung von Helmuth James von Moltke und vor allem Claus von Stauffenberg zählte, der die verhängnisvolle einseitige Westorientierung aufgeben wollte, ja nach der Meinung von Allen Dulles, dem amerikanischen Partner der pro-westlichen Richtung, sogar mit dem Gedanken spielte, eine Revolution der Arbeiter, Bauern und Soldaten herbeizuführen und die Hilfe der Roten Armee für ein nach russischem Muster organisiertes kommunistisches Deutschland zu erlangen.[6] Und ebenso wie sich in der Verschwörung ein progressiver und ein reaktionärer Flügel entgegenstanden, so stehen sich heute in Westdeutschland eine progressive und eine reaktionäre Historikerfraktion gegenüber, von denen die eine und zunächst noch weit stärkere unter der Führung des Goerdeler-Biographen Gerhard Ritter zu einer vollständigen Rechtfertigung Hitlers tendiert, während die andere und zukunftsvollere unter dem Einfluß der Geschichtsschreibung der DDR steht.

An diesem Beispiel wird nur allzu klar, wie eng die wissenschaftliche Kontroverse um den deutschen Widerstand mit den Frontlinien des Kalten Krieges verknüpft war. Ganz gewiß hätte der »progressive« Flügel der deutschen Historiker die Schwarzweißzeichnung des sowjetischen Autors ebenso zurückgewiesen wie die eigene Einstufung als von der DDR beeinflußte Gruppe. Eine erste Paradoxie besteht ja schon darin, daß Hans Mommsen, sicher einer der Hauptvertreter der »Progressiven« beim Urteil über den deutschen Widerstand, von vielen Progressivisten und DDR-Historikern wegen seiner Stellungnahme zum Reichstagsbrand aufs heftigste als Revisionist und Hitler-Apologet angegriffen wurde. Aber so viel ist sicherlich richtig, daß die Einheit des Wortes »Widerstand« die starken Gegensätze verdeckt, die es zweifelhaft erscheinen lassen, ob überhaupt von einer einheitlichen Bewegung die Rede sein kann, und daß gerade die große politische Bedeutung, die der Interpretation des Widerstandes in den Anfängen der Bundesrepublik Deutschland zukam, eine kritische Überprüfung herausforderte. Heute ist die Tendenz zur »Entmonumentalisierung« des Widerstandes, für die z. B. das Buch von Heinz Höhne über den Admiral Canaris charakteristisch ist, mindestens ebenso stark wie die glorifizierende

217

Richtung. Bevor wir uns einigen dieser Versuche zuwenden, müssen aber allgemeine Überlegungen zum Thema »Widerstand« und »Kirchenkampf« angestellt werden.

Der Nationalsozialismus errang bei den Reichstagswahlen vom 5. März 1933 nur zusammen mit den verbündeten Deutschnationalen eine ganz knappe Mehrheit. Nach den Regeln des liberal-parlamentarischen Systems würden die Parteien, welche die andere Hälfte der Wähler vertraten, nun eine Opposition gebildet und das Ergebnis bei den nächsten Wahlen möglicherweise umgekehrt haben. Aber das nationalsozialistische Regime beruhte nicht in erster Linie auf Wahlen, sondern auf einer mit Terror verbundenen Volksbewegung. Dieser Volksbewegung, die sich »nationale Erhebung« nannte, kamen in den meisten anderen Parteien starke Tendenzen entgegen, und es wäre vermutlich verfehlt, bloß von »Kapitulationsbereitschaft« zu sprechen.

Claus von Stauffenberg setzte sich am 30. Januar als junger Offizier in voller Uniform an die Spitze einer begeisterten Menschenmenge in Bamberg, und als er deshalb von anderen Offizieren getadelt wurde, sprach er abschätzig von deren Mangel an Verständnis für eine Volksbewegung.[7] Ähnliches gilt für die wichtigsten Mitglieder der späteren Verschwörung, für Henning von Tresckow, Hans Oster und viele andere. Carl Friedrich Goerdeler blieb noch geraume Zeit Oberbürgermeister von Leipzig und ließ sich 1934 von Hitler zum Reichspreiskommissar ernennen. Otto Knab, der schon 1934 in die Emigration ging und sich als einer der schärfsten Gegner Hitlers erwies, legte 1933 eine freundliche Sympathie für die nationale Erhebung an den Tag.[8] Der Generalsuperintendent Otto Dibelius, später ein starker Gegner des Nationalsozialismus, hielt vor der Veranstaltung in der Potsdamer Garnisonkirche die protestantische Festpredigt in der Nicolai-Kirche. Selbst die Fraktion der Sozialdemokraten stimmte am 17. Mai der »Friedensrede« Hitlers zu, und die meisten einfachen Parteimitglieder verhielten sich passiv. Zahlreiche ehemalige Kommunisten traten in die SA ein oder machten auf andere Weise ihren Frieden mit dem Regime.

Nur die kommunistischen Aktivisten, der Kern der Partei, leisteten dem Regime von Anfang an und so gut wie ausnahmslos Widerstand, aber es ist sehr zweifelhaft, ob man deren Aktivitäten unter den politischen Begriff des »Widerstandes« subsumieren darf. Diese Kommunisten waren jetzt gnadenlos Verfolgte, aber sie waren seit den ersten Anfängen ihrer Partei die Angreifer gewesen, und bis 1935 hielten sie

mindestens formell an der Überzeugung fest, daß in Deutschland eine
revolutionäre Situation gegeben sei, die sie in aller Kürze zur alleinigen
Macht bringen werde. Daher sollte man sie erst von dem Zeitpunkt an
zum »Widerstand« rechnen, als sie sich auf eine längere Dauer des
Regimes einstellten und sich gezwungen sahen, nach Verbündeten
unter anderen »Hitler-Gegnern« Ausschau zu halten – und zwar nicht
mehr nur unter der »Basis«, um die klassenverräterischen Führer der
»Sozialfaschisten« zu isolieren –, wo sie sich also einen Begriff des
»Antifaschismus« zu eigen machten, der nicht mehr bloß für sie selbst
Gültigkeit hatte.

Um diese Zeit hatte aber der »Kirchenkampf« bereits begonnen, und
der ehemalige U-Boot-Kommandant und Freikorpskämpfer Martin
Niemöller, der noch am 5. März für die NSDAP stimmte, hatte sich
nun an die Spitze des *Pfarrernotbundes* gestellt, der sich gegen die
Neuorganisation der evangelischen Kirche durch die Deutschen Christen sowie gegen die Einführung des Arierparagraphen in die Kirche
sperrte. Eben dieser Kirchenkampf und die »Staatsmorde« des 30. Juni
1934 brachten nicht wenige Offiziere, die zunächst mit der nationalen
Erhebung sympathisiert hatten, zur Ablehnung des nationalsozialistischen Regimes, ja zu ausgesprochener Feindschaft dagegen, z. B. Hans
Oster und das ehemalige Mitglied der Organisation des Kapitäns Ehr-
hardt Helmut Groscurth.

Eine organisierte Opposition kam unter den Militärs aber erst in dem
Augenblick zustande, als Hitler im Jahre 1938 unverkennbar zum Krieg
gegen die Teschechoslowakei trieb, und für Augenblicke sah es so aus,
daß unter der geistigen Führung des Generalstabschefs des Heeres eine
Einheitsfront der Generäle zustande kommen würde, die Hitler entmachtet haben würde, wenn Neville Chamberlain sich nicht zum
Einlenken entschlossen hätte. Dieser Widerstand der Generäle erneu-
erte sich, als Hitler nach dem Sieg über Polen sofort eine West-Offensive
in Gang setzen wollte. Aber im Sommer 1940 war klar geworden, daß
die Heerführer sich viel zu sehr am Ersten Weltkrieg orientiert und
daher Frankreichs militärische Stärke weit überschätzt hatten. So wurde
Hitler nun erstmals auch von den Generälen als der Feldherr anerkannt,
der er gerade als »Volksführer« sein wollte. Daher gab es keinen
Widerstand gegen den Angriffsbefehl auf Sowjetrußland unter den
Offizieren, und erst der Umschwung des Kriegsglücks seit Stalingrad
änderte die Situation von neuem. Dennoch wäre es falsch, das Motiv

der Abwendung der Katastrophe für das einzig wirksame zu halten, ebenso falsch wie die Annahme, nur Unentschlossenheit oder gar Feigheit hätten die Generäle davon abgehalten, den Entschluß zum Vorgehen gegen Hitler zu fassen. Claus von Stauffenberg hatte Hitlers Krieg früh verurteilt, aber er hatte auch gesagt, er könne nicht der Untertan eines Kleinbürgers sein[9], und der spätere Generalmajor Stieff hatte bereits angesichts der Greueltaten der SS in Polen geschrieben, er schäme sich, ein Deutscher zu sein.[10]

Soziale und ethische Motive waren neben den militärischen Einsichten sehr wirksam; die ersten treten mit besonderer Klarheit im Tagebuch Ulrich von Hassells zu Tage, der das Ziel der Nationalsozialisten im »Zerbrechen der Oberschichten« und in der Herbeiführung einer quasi-bolschewistischen Kultur- und Seelenlosigkeit erblickte[11]; die zweiten im Briefwechsel von Helmuth James von Moltke, der schon 1943 die Niederlage nicht nur als unabwendbar, sondern als die Voraussetzung für die unumgängliche Buße des deutschen Volkes betrachtete. Vor dem Volksgerichtshof schrak später Hans-Bernd von Haeften nicht davor zurück, Hitler als den »großen Vollstrecker des Bösen« zu bezeichnen.[12] Andererseits läßt sich nicht bestreiten, daß der spätere Generalfeldmarschall von Bock schon 1934 gute Gründe hatte zu sagen, wenn er einen gegen Hitler gerichteten Befehl gebe, würde er sofort von seinen eigenen Soldaten niedergeschossen werden.[13] Die nationalsozialistische Erziehung der jungen Offiziere war ja dann tatsächlich einer der Hauptgründe, weshalb Stauffenbergs Attentat auch in Berlin ohne Erfolg blieb. Aber noch im Scheitern war der Versuch, Hitler zu stürzen, voller Paradoxien: In Paris setzte sich ein General, der Blutordensträger der Partei war, an die Spitze des Stoßtrupps, der die obersten SS-Führer verhaften sollte.[14]

Die eigentliche Bedeutung des 20. Juli liegt jedoch nicht in der Zündung der Bombe durch Stauffenberg und nicht in dem mißglückten Versuch, trotz Hitlers Überleben und trotz des späten Eintreffens von Stauffenberg in Berlin das Unternehmen »Walküre« in Gang zu setzen, sondern darin, daß sich bei der Vorbereitung nicht wenige Vertreter der ehemaligen Deutschnationalen, des Zentrums, der Sozialdemokraten und der Kommunisten zusammengefunden hatten, die alle im Vergleich zu 1933 ein Umdenken vollzogen hatten, das Hitlers Machtergreifung verhindert haben würde, wenn es 1932 zustande gekommen wäre. Aber es war gleichwohl keineswegs ausgemacht, daß so unterschiedliche Gruppierungen, in denen der ganze Pluralismus einer modernen Gesellschaft zum Vorschein kam, auch ohne den gemeinsamen Feind Hitler auf die Dauer hätten zusammenarbeiten können. Jedenfalls begannen schon bald nach 1945 unter den Historikern Kontroversen, die bis zu einem gewissen Grade die Fortsetzung der nicht zur Austragung gelangten Differenzen unter den »Widerständlern« selbst waren.

Dabei hat die Frage der West- oder Ostorientierung beträchtliche Bedeutung, vornehmlich im Hinblick auf Stauffenberg, wo das jüngst erschienene Buch von Peter Hoffmann eine klare Entscheidung zugunsten der Westorientierung trifft.[15] Aber selbst Ulrich von Hassell hatte im August 1943 in sein Tagebuch geschrieben: »Tatsächlich liegt eine gesunde europäische Mitte im Interesse sowohl des Ostens wie des Westens. Ich ziehe bei diesem Mühlespiel das westliche Ziel vor, nehme aber zur Not auch die Verständigung mit Rußland in Kauf. Trott ganz mit mir einig, die anderen aus theoretisch-moralischen Gesichtspunkten, die ich an sich verstehe, bedenklich, aber langsam sich überzeugend«.[16] Es werden also auch in Zukunft noch mancherlei Kontroversen auszutragen sein, aber dieser Fragenkomplex tritt doch an Bedeutung hinter jenem anderen zurück, der sehr knapp im Untertitel der von Bodo Scheurig herausgegebenen und sehr nützlichen Dokumentensammlung formuliert ist: *Deutscher Widerstand 1938–1944. Fortschritt oder Reaktion?*[17] Hier sind unter anderem die großen Denkschriften Goerdelers und Becks aus den Jahren 1941 und 1944 abgedruckt, die *Das Ziel* und *Der Weg* überschrieben sind und die in den Augen heutiger Leser in der Tat sofort Zweifel an der demokratischen Rechtgläubigkeit ihrer Verfasser und auch am Realismus ihrer außenpolitischen Zielsetzungen hervorrufen.

Für die erste Welle der Veröffentlichungen hatte hier noch kein ernstes Problem gelegen, zumal damals in der Bundesrepublik die Gleichsetzung von »kommunistisch« bzw. »kommunistenfreundlich« mit »fortschrittlich« und von »antikommunistisch« mit »reaktionär« als grotesk galt. Aber es fehlte ebenso die bedingungslose Orientierung an der Weimarer Republik, die sich bei vielen Autoren der späten vierziger und der fünfziger Jahre mit der negativen Vorstellung vom »Parteienstreit« und von »Demagogie« verband, und es steht ja außer Zweifel, daß das Grundgesetz zu einem Teil auch gegen die Weimarer Reichsverfassung geschrieben wurde, indem es die 5 Prozent-Klausel einführte und die plebiszitären Momente weitgehend eliminierte.

In der zweiten Hälfte der sechziger Jahre hatte sich die Situation gewandelt, und so konnte der zitierte Untertitel Beifall finden. Die kennzeichnendste Publikation erblickte 1966 das Licht, nämlich die Zusammenstellung von »vier historisch-kritischen Studien« von Hermann Graml, Hans Mommsen, Hans-Joachim Reichhardt und Ernst Wolf, die unter dem Titel *Der deutsche Widerstand gegen Hitler* von Walter Schmitthenner und Hans Buchheim herausgegeben wurde.[18] Das größte Aufsehen erregte der Beitrag von Hans Mommsen über *Gesellschaftsbild und Verfassungspläne des deutschen Widerstands.*[19] Obwohl sich Mommsen zu Beginn von den Auffassungen Hannah Arendts und George K. Romosers absetzt, die den deutschen Widerstand schlicht für »reaktionär« und eine Fortsetzung der »Konservativen Revolution« erklärt hatten, und die begrifflichen Schemata von Fortschritt und Reaktion sowie von links und rechts als unzureichend bezeichnet, hebt er doch vornehmlich bestimmte Merkmale des Denkens der Verschwörer hervor, die in der Gegenwart Befremden erregen müssen: Fast durchweg herrschte die Ablehnung einer antagonistischen Gesellschaft, d. h. der liberalen Anerkennung der gesellschaftlichen Konflikte vor; man wandte sich gegen Massenbetriebe und Apparate; Fritz-Dietlof von der Schulenburg träumte nicht als einziger von einem »dritten Weg« der Deutschen, welcher sowohl den Bolschewismus wie den parasitären Kapitalismus in einer neuen Gemeinschaftsordnung überwinden werde; selbst Moltke und Yorck dachten ausgesprochen aristokratisch und lehnten die egalitäre Gesellschaft ab; der Pluralismus wurde vielfach als »Polykratie« betrachtet und kritisiert; die Verfassungspläne von Popitz, Hassell und Jessen und weithin sogar der Kreisauer, die für Familienväter Zusatzstimmen vorsahen und den Frauen kein passives Wahlrecht gewährten sowie ein an das Blocksystem erinnerndes Prinzip anteiliger Repräsentation einführten, waren eher dem faschistischen als dem konservativen Typus zuzurechnen, und dazu paßte die Absicht, Betriebgewerkschaften einzurichten. So war es nicht allzu überraschend, daß W. von Einsiedel vor einer »zu weitgehenden Technisierung der Landwirtschaft« warnte, daß man gegen eine »unorganische Industrialisierung« Stellung nahm und sogar manche Einrichtungen des nationalsozialistischen Staates wie die NSV und den Arbeitsdienst beibehalten wollte. Die durchgehend antikommunistische Einstellung der Verschwörer wird von Mommsen sehr kritisch betrachtet und für die »Befangenheit« in überholten Vorstellungen verantwortlich gemacht, für eine Befangenheit, die schroffe Gegensätze keineswegs ausschloß, denn in den Augen der Kreisauer war Goerdeler ein Reaktionär, Goerdeler aber hielt die Kreisauer für Salonbolschewisten. Nur ganz am Rande werden »konstruktive Vorschläge« wie Dezentralisierung und Errichtung von Trabantenstädten sowie die Absicht erwähnt, »vernünftige«, von Moskau unabhängige Kommunisten an der Regierung zu beteiligen; die Frage, ob es sich hier nicht um überraschend »fortschrittliche«, die spätere ökologische Bewegung und den Eurokommunismus vorwegnehmende Züge gehandelt habe, wird von Mommsen begreiflicherweise noch nicht gestellt.

Eine gefährliche Konsequenz könnte sich indes aus der Hervorhebung des »Reaktionären« am deutschen Widerstand nur allzuleicht ergeben, nämlich der Eindruck, daß dann die Nationalsozialisten zwar gewiß nicht im absoluten und paradigmatischen Sinne »fortschrittlich«, waren, aber doch fortschrittlicher als ihre Gegner. Doch schon die Frage wird durch die Schlußwendung zurückgewiesen: im Scheitern des deutschen Widerstandes habe sich das definitive Ende des »deutschen Weges« vollzogen; das überlieferte deutsche politische Denken, von dem der ganze Widerstand geprägt gewesen sei, habe eine »verspätete Emanzipation in sozialer Hinsicht« widergespiegelt und sich deshalb als unfähig erwiesen, »eine den Bedingungen der modernen Industriegesellschaft entsprechende Alternative zur im tiefsten Sinn reaktionären Diktatur Hitlers zu entwickeln«.[20]

Hermann Graml unterstreicht vor allem das Illusionäre der außenpolitischen Vorstellungen großer Teile des Widerstandes[21]: Noch Ende 1944 hielt Goerdeler ja die Forderung aufrecht, daß Deutschland die Ostgrenze von 1914 sowie Österreich und das Sudetengebiet behalten müsse. Aber Graml macht auch anderen Gegnern Hitlers einen Vorwurf daraus, daß sie die »großdeutsche Lösung« 1940 als unwiderruflich behandelt und sogar von einer »deutschen Führung« Europas gesprochen hätten. Wenn Hassell eine Einigung Europas »unter der Fahne des Antibolschewismus« verlangte, so war das keine ausreichende ideelle und politische Begründung, zumal die »verführerische Vision eines Deutschen Reiches mittelalterlichen Umfangs und preußisch-konservativer Prägung« für die meisten im Vordergrund stand. Daher bedeutete es sogar für Moltke »Resignation«, daß er 1943 den Verlust Schlesiens als unvermeidbar erkannte und den Amerikanern den Gedanken übermittelte, er und seine Gruppe hielten aus morali-

schen und politischen Gründen eine unbezweifelbare militärische Niederlage und Besetzung Deutschlands für absolut notwendig und daher
erkenne er die Forderung nach bedingungsloser Kooperation als berechtigt an.[22]

Aber ist eine solche Kontaktaufnahme mit dem Feind nicht als
»Landesverrat« zu bezeichnen? Einer der stärksten Gegensätze unter
den Widerstandskämpfern bestand ja darin, daß die einen zwar den
»Hochverrat« bejahten, aber den »Landesverrat« strikt ablehnten, während andere den »Landesverrat« für ein zwingendes Gebot hielten, weil
es sich nicht mehr um einen Kampf zwischen Nationalstaaten, sondern
zwischen Weltanschauungen handle. Für die Kommunisten war diese
Auffassung selbstverständlich, wie Hans J. Reichhardt in seinem Beitrag
über den Widerstand der Arbeiterbewegung zeigt[23], und der Theologe
Ernst Wolf bezieht ausdrücklich die *Rote Kapelle* mit in den Kreis der
legitimen Widerstandsbewegung ein, indem er den antikommunistisch
verschleierten Nationalismus zurückweist, der hier mit Ausdrücken
wie »Spionage« arbeite.[24] Wolf betont vielmehr sehr stark die Unbe-
dingtheit der Forderung, die aus der Einsicht resultieren mußte, daß
Hitler »der Erzfeind der Welt« sei, wie es Tresckow unmittelbar vor
seinem Tode am 20. Juli formulierte. Um den Vorrang der moralischen
Motive im Vergleich zu den politischen zu unterstreichen, zitiert Wolf
auch eine andere Äußerung Tresckows, die dieser Anfang Juni 1944
gegenüber Stauffenberg tat: »Das Attentat muß erfolgen, coûte que
coûte. Sollte es nicht gelingen, so muß trotzdem in Berlin gehandelt
werden. Denn es kommt nicht mehr auf den praktischen Zweck an,
sondern darauf, daß der deutsche Widerstand vor der Welt und vor der
Geschichte den entscheidenden Wurf gewagt hat. Alles andere ist
daneben gleichgültig.«[25]

Diese moralisch-religiöse Auffassung ist für den einfachen Menschen
nicht leicht nachvollziehbar, aber sie hat sich in der etablierten Literatur
stärker ausgewirkt als die simple Verratsthese, die – etwa mit heftigen
Angriffen gegen die Bekanntgabe der vorgesehenen Angriffstermine im
Westen an den holländischen Militärattaché durch Oberst Oster – auf
die rechtsextreme Literatur beschränkt geblieben ist, nachdem sie in den
Gerichtssälen, u. a. bei dem sogenannten Remer-Prozeß, eine Niederlage erlitten hatte. Daß aber auch diese anspruchsvolle Auffassung der
Gefahr allzu großer Vereinfachungen nicht entgeht, wird in der Regel
besonders deutlich, wenn die Frage nach dem Verhältnis des deutschen

Widerstandes zu den Juden gestellt wird. Ausdrücklich hat das Christoph Dipper in seinem Trierer Habilitationsvortrag getan, der 1983 in *Geschichte und Gesellschaft* publiziert wurde.[26] Hier weist Dipper gleich zu Beginn darauf hin, »daß die Entrechtung und Diskriminierung des jüdischen Bevölkerungsteils aktiven Widerstand nicht hervorzurufen vermocht hat und daß die schließliche Judenvernichtung ein Problem war, das offensichtlich nicht im Zentrum der Überlegungen und Sorgen gestanden hat«. Dies gilt auch für die deutsche Linke, für die nie eine »Judenfrage« existierte und die im nationalsozialistischen Antisemitismus bloß ein Mittel der Manipulation und Ablenkung sah. Aber im konservativen Widerstand war nicht nur ein »Schweigen« zu verzeichnen, sondern hier waren nicht wenige davon überzeugt, daß es tatsächlich eine »Judenfrage« gebe, die »gelöst« werden müsse. Während des Krieges waren die Männer des Widerstandes über die Tatsache der Judenvernichtung sehr gut unterrichtet, und Moltke sprach schon im Oktober 1942 in einem Brief davon, daß in »Hochöfen« täglich 6000 Menschen »verarbeitet« würden; auch Goerdeler erwähnte und verurteilte selbstverständlich in seiner Denkschrift von 1944 *Der Weg* die »Ungeheuerlichkeit der planmäßig und bestialisch vollzogenen Ausrottung der Juden«. Aber für Goerdeler war es gleichwohl eine »Binsenweisheit«, daß »das jüdische Volk einer anderen Rasse angehört«; deshalb solle ein Judenstaat in Teilen Kanadas oder Südamerikas geschaffen werden.

Nicht nur Goerdeler, sondern viele Mitglieder des Widerstandes steckten nach Dipper »voller antisemitischer Ressentiments«, und das ganze Entsetzen angesichts der »Endlösung« war nicht imstande, diese vollständig zu vertreiben. Popitz legte sogar eine scharf antisemitische Einstellung an den Tag, zumindest in den Befragungen durch die Gestapo nach dem 20. Juli, die in den sogenannten Kaltenbrunner-Berichten publiziert sind, und er begründete seine Einstellung mit seinen Erfahrungen in der »Systemzeit«.[27] Im Rückblick auf die Zeit um 1933 gelangt Dipper zu der allgemeineren These einer weitgehenden Affinität von Nationalsozialisten, der traditionellen Rechten, der Reichswehr und erheblicher Teile des deutschen Volkes infolge der vom wilhelminischen Antisemitismus vorbereiteten Überzeugung, es gebe eine Judenfrage, die zur Lösung anstehe. Auch hierin kamen die »zutiefst antimodernistischen Züge« zum Vorschein, die das Staats- und Gesellschaftsbild auch der deutschen Konservativen bestimmten. Gleichwohl ist eine Unterscheidung zwischen dem auf physische Vernichtung ausgehenden Antisemitismus der Nationalsozialisten und dem auf Trennung zweier Völker hinarbeitenden Antisemitismus des Widerstandes vorzunehmen. Die weitgehende Affinität ist aber keinesfalls in Abrede zu stellen, und sie rechtfertigt die gemeinsame Subsumtion unter den Begriff »Antisemitismus«. Sie erklärt zugleich das Ausbleiben nachdrücklicher Proteste und Aktionen.

Die Fragen nach der Festigkeit moralischer Prinzipien und nach der Einstellung zum Antisemitismus müssen sich natürlich vor allem die christlichen Kirchen gefallen lassen, obwohl ihre Einbeziehung in den Begriff des »Widerstandes« umstritten ist. Die Bekennende Kirche hat es bis 1945 immer abgelehnt, sich als Bestandteil eines politischen Widerstandes zu betrachten; auch die Position der Katholischen Kirche beruhte darauf, daß sie nur einen Verteidigungskampf gegen die totalitären oder neuheidnischen Übergriffe in die vom Reichskonkordat geschützten Bereiche des Glaubens und der Seelsorge führte. Aber andererseits ist nicht zu bestreiten, daß für einige der wichtigsten Vertreter des militärischen Widerstandes der Kirchenkampf der Jahre 1933/34 das wichtigste Motiv für den Abschied von der anfänglichen Sympathie mit dem Nationalsozialismus war und daß insofern der Kirchenkampf doch ein Bestandteil des Widerstandes, ja dessen früheste Ursache war.

Um so gewichtiger ist natürlich der Vorwurf der Affinität und des Antisemitismus, wenn er gegen die christlichen Kirchen gerichtet wird. Auch hier bedeutete der Anfang der sechziger Jahre einen Umbruch in der Interpretation. Bis dahin war ganz überwiegend die Widerstandshaltung der Kirchen herausgestellt worden, und sowohl auf katholischer wie auf protestantischer Seite waren Institutionen wie die *Kommission für Zeitgeschichte* und die *Kommission der Evangelischen Kirche in Deutschland für die Geschichte des Kirchenkampfes* entstanden, die zahlreiche Publikationen herausbrachten, welche fast ausnahmslos den Gegensatz zwischen Kirche und Nationalsozialismus herausstellten.

Um so größeres Aufsehen erregte ein Aufsatz des jungen Juristen und damaligen Assistenten Ernst-Wolfgang Böckenförde im *Hochland* 1960/61, in dem in selbstkritischer Absicht die Äußerungen und Handlungen führender Katholiken aufgeführt wurden, die eine positive Einstellung zum Nationalsozialismus erkennen ließen.[28] Von jüdischer Seite folgte nicht viel später das Buch von Günter Lewy *Die katholische Kirche und das Dritte Reich*, wo die Fragestellung Dippers mit der

Einschränkung auf die Katholische Kirche in einem zentalen Kapitel vorweggenommen wurde. Lewy erinnert an die judenfeindliche Haltung der Kirche im Mittelalter und legt damit den Gedanken nahe, daß nicht bloß ein Verhältnis der Affinität, sondern sogar der Kausalität oder zumindest der *conditio sine qua non* zwischen dem christlich-katholischen und dem nationalsozialistischen Antisemitismus bestanden habe. Hier sei letztlich der Grund dafür zu finden, daß die Kirche es unterlassen habe, gegen die Vernichtungspolitik der Nationalsozialisten zu protestieren oder dagegen aktiv zu werden. Zwar läßt sich nach Lewy nicht leugnen, daß die Katholische Kirche nach 1933 mit Nachdruck für die christlichen Juden eintrat und während des Krieges nicht selten ihre entschiedene Ablehnung der Tötung unschuldiger Menschen zu erkennen gab, aber ein ausdrückliches Eintreten für die Juden als solche sucht man vergeblich. Der Dompropst Lichtenberg in Berlin blieb eine Ausnahme, und »das Wort, das den Gläubigen unter Strafe der Exkommunikation verboten hätte, weiterhin am Judenmord mitzuarbeiten, wurde nie gesprochen«.[29]

Dieses Versagen des Episkopats war zugleich ein Versagen des »katholischen Milieus«, dem allerdings eine weitverbreitete Indifferenz der ganzen deutschen Bevölkerung entsprach. Auch der Papst schwieg, obwohl er dafür Sorge trug, daß die geplante Deportierung der römischen Juden von Priestern, Klöstern und der Bevölkerung weitgehend sabotiert wurde. Lewy glaubt, die Ursache in dem starken Antibolschewismus des Papstes sehen zu dürfen, der ihn davon Abstand nehmen ließ, auch nur den Eindruck zu erwecken, er sei bereit, den deutschen Krieg gegen die Sowjetunion zu sabotieren. Dabei waren Proteste keineswegs aussichtslos, denn gegen die Euthanasie, die Tötung der Geisteskranken, hatte die Kirche energisch und öffentlich Stellung genommen, und zwar nicht ohne Erfolg. Daher darf und muß man vom »Versagen« der Kirche sprechen, und dieses Versagen bedeutete Schuld.

Ernst Klee, dessen Buch *Die SA Jesu Christi* schon erwähnt worden ist, hat im Rahmen seiner noch schärferen Anklagen einige Sätze aus dem Antwortschreiben zitiert, das der Geistliche Vertrauensrat der Deutschen Evangelischen Kirche im Mai 1942 an den württembergischen Landesbischof Wurm richtete, der bei staatlichen und kirchlichen Stellen für die Juden eingetreten war und u. a. ein öffentliches Bittgebet für die Juden angeregt hatte. Diese Sätze sind ein wahres Schlüsselwort, und sie bringen die tiefe Schwierigkeit, in der sich beide Konfessionen befanden, viel besser zum Vorschein, als es die Klagen Dippers und Lewys über christlichen und wilhelminischen Antisemitismus tun. Sie lauten: »Das Judentum ist für uns Deutsche ohne Frage Feindvolk. Auch von den in Deutschland lebenden Juden ist mit Sicherheit anzunehmen, daß sie einen Sieg der deutschen Waffen mit Leidenschaft nicht wollen. Wie sollen wir uns aber im Gebet für Führer, Heer und Volk mit denen vereinigen können, die statt des Sieges, den wir erbitten, die Niederlage herbeisehnen?«[30]

Hier liegt in der Tat der fundamentale Unterschied gegenüber dem Eintreten für die Geisteskranken, und der Hinweis ist zwar richtig, aber nicht überzeugend, diese Feindschaft sei nur allzu selbstverständlich und von Hitler verursacht gewesen, denn die Argumentation Dippers und Lewys läuft in der Tat auf eine Variation des bekannten Bibelwortes hinaus, nämlich »Was hülfe es der Nation, wenn sie die ganze Welt gewänne und doch Schaden nähme an ihrer Seele?« Es ist mir zwar zweifelhaft, ob die beiden Autoren sich über die volle Konsequenz ihrer Aussagen im klaren sind, aber diese Konsequenz stellt tatsächlich den subtilsten Punkt in den Kontroversen um den deutschen Widerstand dar, und ich halte die These für richtig, daß man die Niederlage des eigenen Vaterlandes wollen muß, wenn der Sieg dieses Vaterlandes nur unter gravierendem und dauerndem Verstoß gegen die höchsten ethischen Prinzipien errungen werden kann. Aber sogar Dietrich Bonhoeffer sprach nach dem Ausbruch des Krieges von der »fürchterlichen Alternative«, entweder in die Niederlage der eigenen Nation einzuwilligen oder die Zerstörung der christlichen Zivilisation in Kauf zu nehmen.[31] Deshalb sollte auch die Gegenposition immerhin respektiert und nicht mit der allzu simplen Anklage gegen einen generischen Antisemitismus in ihrem Gewicht verkannt werden, einer Anklage, die auf drei sehr bestreitbaren Voraussetzungen beruht: daß eine Mehrheit der deutschen Bevölkerung von mehr als von bloßen »Deportationen« wußte, daß die Juden an den großen Auseinandersetzungen des Jahrhunderts nur passiv beteiligt gewesen seien und daß ein Sieg der Alliierten mit Sicherheit einen Triumph der christlichen Zivilisation bedeuten würde.

Die adäquate Frage, die an den Widerstand und an die Kirchen zu richten wäre, scheint mir daher nicht zu sein, ob viele einzelne sich die höchste, aber auch schwierigste aller Maximen zu eigen machten, die man in Abwandlung eines lateinischen Satzes so formulieren könnte

*Fiant moralia, pereat patria,* so daß das häufig erörterte Problem, ob man aus Vaterlandsliebe einen Tyrannenmord begehen dürfe, ganz an Gewicht verliert. Sie sollte vielmehr so lauten: Ist es schon Widerstand, wenn eine im System des liberaldemokratischen Staates relativ selbständige Institution nach der Machtergreifung einer Partei mit totalitärem Anspruch diese ihre Eigenart und relative Selbständigkeit mit Entschiedenheit und Geschick verteidigt, oder ist der Begriff des Widerstandes so zu bestimmen, daß der Sturz des Regimes das Ziel sein muß? Fast alle als »Widerstand gegen den Nationalsozialismus« charakterisierten Bestrebungen sind ein solcher »Selbsterhaltungswiderstand« gewesen, von den Kirchen über die Wehrmacht bis zu der höheren Beamtenschaft. Die überaus wichtige Institution des Mehrparteiensystems konnte sich nicht halten, weil sich von Anfang an ein konzentrierter Angriff dagegen richtete. Aber ein Einparteiregime, das eine weitgehend selbständige Kirche und eine weitgehend selbständige Wehrmacht in sich enthält, ist nicht wirklich totalitär. Wenn die herrschende Partei sich vornehmen will, alle diese Institutionen »gleichzuschalten«, muß sie sehr viel Kraft und Dynamik aufweisen, und es müssen ihr Tendenzen in den angegriffenen Institutionen selbst entgegenkommen. Es ist ausgeschlossen, daß dies gerade die konservativeren Kräfte sind; alles spricht im Gegenteil dafür, daß gerade die »Progressiveren« die Sprengung der alten Routine und einen Ausgleich mit dem »Neuen« anstreben.

So sind in der Tat die Anfänge der Deutschen Christen auf dem Reformflügel der protestantischen Kirchen anzusiedeln, und diejenigen, die nicht mehr »deutsche Katholiken«, sondern nur noch »katholische Deutsche« sein wollten, etwa die *Arbeitsgemeinschaft katholischer Deutscher* Franz von Papens, waren der im Prozeß der Säkularisierung oder auch Modernisierung zweifellos fortgeschrittenste Teil der Katholiken. Und damit stellt sich die Ausgangsfrage von neuem: War nicht der Nationalsozialismus im Vergleich zu den Amtskirchen und dem noch so stark am Kaiserreich und am Weltkrieg orientierten Heer das progressivere und modernere Phänomen, obwohl er natürlich nicht in einem absoluten Sinne fortschrittlich war? Wenn man die vom Institut für Zeitgeschichte herausgegebene sechsbändige Reihe *Bayern in der NS-Zeit* heranzieht und insbesondere die interessanten Überlegungen zur Kenntnis nimmt, mit denen Martin Broszat den Begriff der »Resistenz« einführt[32], dann muß man sich fragen, ob die menschlich rührenden Bilder unbedingter Kirchentreue aus der bayerischen Provinz, historisch gesehen, nicht dem »Abfallhaufen der Geschichte« zuzurechnen sind, auf den Trotzki im Jahre 1917 bekanntlich die Vertreter des nicht-bolschewistischen Sozialismus verbannt wissen wollte.

Und läßt sich Ähnliches nicht auch zu dem sagen, was die Situation beider Kirchen im Dritten Reich viel stärker bestimmte als eine »Affinität im Antisemitismus«, nämlich ihre enge Verwandtschaft mit der jüdischen Religion nicht nur im Universalismus und Messianismus, sondern auch in der Einschätzung des »Buchs der Bücher«, das doch von der Wissenschaft längst »entsakralisiert« und auf den Status einer Geschichtserzählung reduziert worden war? Der Versuch der Einführung des »Arierparagraphen« in den kirchlichen Bereich rief mehr als alles andere Niemöllers Pfarrernotbund und die Bekennende Kirche ins Leben, so daß Hitlers Plan, eine evangelische Reichskirche unter einem deutschchristlichen Reichsbischof gründen zu lassen, scheiterte. Gegen niemanden hat die katholische Kirche so erbittert und öffentlich gekämpft wie gegen Alfred Rosenberg und das »Neuheidentum« der Einbindung der Deutschen in ein germanisches Blut und eine germanische Rasse, die nicht zuletzt durch die Fremdheit gegenüber der »widernatürlichen« Kirchenlehre gekennzeichnet waren. Was ist im modernen westlichen Wohlfahrtsstaat von all den uralten Formeln und Begriffen des »jüdisch-christlichen Dogmatismus« (um die Sprache der Nationalsozialisten zu verwenden) noch für die Massen wirklich lebendig und lebensbestimmend geblieben? War der Nationalsozialismus nicht, dem äußeren Anschein zuwider, ein Übergang zu der »glaubenslosen Gesellschaft« von heute, und erweisen sich nicht im Rückblick die Kirchen und das Heer, die Justiz und die Beamtenschaft als Teil einer älteren Vergangenheit, denen gegenüber der Nationalsozialismus im historischen Recht war?

Es ist hart, eine solche Frage auch nur zu stellen, zumal dann, wenn man Ludwig Beck neben Sepp Dietrich, Ulrich von Hassell neben Joachim von Ribbentrop, Claus von Stauffenberg neben Otto Skorzeny vor seinem geistigen Auge vorüberziehen läßt. Aber eine Antwort ist keineswegs zu erlangen, solange man nicht andere welthistorische Phänomene neben dem Nationalsozialismus ins Auge faßt und solange man nicht die Möglichkeit einräumt, daß das Nebeneinander »reaktionärer«, nicht mehr zeitgerechter Institutionen gerade das modernste und zukunftsvollste Modell sein mag, sobald es sich nicht um ein *bloßes* Nebeneinander, eine unbewegliche »Versäulung«, sondern um ein Mit-

und auch Gegeneinander ohne wechselseitige Vernichtungsintention handelt.

Diese Frage kann und soll hier noch nicht beantwortet werden. Aber einiges Material dazu stellen schon die großen Einzelkontroversen bereit, denen wir uns jetzt zuwenden wollen, bevor wir die nationalsozialistische Außenpolitik und das Nationalsozialistische am Zweiten Weltkrieg zum Thema machen. Als naheliegenden Übergang wähle ich die Kontroverse um die Haltung der Kirchen 1933 und damit zugleich um das Reichskonkordat. Darauf sollen die Auseinandersetzungen um den Reichstagsbrand vom 27. Februar 1933 und um den Flug von Rudolf Heß nach England am 10. Mai 1941 folgen.

# 11. Einzelkontroversen

Die bewegte Diskussion, die Ernst-Wolfgang Böckenförde durch seinen Aufsatz *Der deutsche Katholizismus im Jahre 1933* auslöste[1], war nicht eigentlich eine Einzelkontroverse, denn sie gehörte in den Rahmen jener großen Auseinandersetzungen über Affinität oder Nicht-Affinität von Klassen, Parteien oder Ideologien zum Nationalsozialismus, welche wohl als die Hauptlinie dieser Debatten anzusehen ist. Aber sie hatte dadurch einen ganz eigentümlichen Charakter, daß Wehrmacht, Bürokratie, Preußen, Bürgertum usw. frühzeitig und heftig von außen angegriffen worden waren, durch die Alliierten in den Nürnberger Prozessen und durch die alten innenpolitischen Gegner in Deutschland, während der Katholizismus, nicht anders als die Bekennende Kirche, der Front der »antifaschistischen« Gegner des Nationalsozialismus zugerechnet wurde. Man hatte mit Recht auf die frühe Unterdrückung der katholischen Presse und die Beeinträchtigung des Vereinswesens, auf den Kampf gegen Alfred Rosenberg und dessen *Mythus des 20. Jahrhunderts*, auf die päpstliche Enzyklika *Mit brennender Sorge*, auf die Einlieferung vieler Geistlicher in Konzentrationslager, auf die Vertreibung des Bischofs Sproll in Rottenburg und vieles andere hinweisen können, und der Münchener Weihbischof Neuhäusler hatte das in seinem Buch *Kreuz und Hakenkreuz* bereits 1946 nachdrücklich getan. Eine Schulderklärung, wie die der Evangelischen Kirche in Stuttgart, die doch auch auf viele Kämpfe und Leiden hinweisen konnte, hatte es nicht gegeben, und als im Jahre 1958 Papst Pius XII., der frühere Kardinalstaatssekretär Eugenio Pacelli, starb, da gab es in ganz Westeuropa so starke Trauerkundgebungen, daß man wirklich den Eindruck haben konnte, ein »Vater des Abendlandes« sei gestorben.

Aber nur fünf Jahre später wurde derselbe Papst mit äußerster Schärfe von einem bis dahin unbekannten Literaten angegriffen, von Rolf Hochhuth, dessen Drama *Der Stellvertreter* bald in fast der ganzen Welt sehr

232

bekannt wurde. Er stellte die Frage nach dem »Schweigen des Papstes«, ließ Kurt Gerstein als Augenzeugen der Judenvernichtung auftreten und suchte gleichzeitig die materiellen Interessen des Papstes
und der Kirche anzuprangern. Böckenfördes Artikel war im Gegensatz dazu kein Angriff von außen, sondern ein Ausdruck von Selbstkritik, und als Motto stand ein Satz des damaligen Bundespräsidenten
Heinrich Lübke an der Spitze, nicht durch Schweigen lasse sich die
Last der Vergangenheit abtragen, allerdings seien immer auch die
Umstände zu würdigen.

Böckenförde legte den Finger besonders auf die verhängnisvolle
Rolle des Prälaten Kaas, des Führers der Zentrumspartei, der schon
am Tage nach der Wahl vom 5. März dem Vizekanzler von Papen ein
Angebot zur Zusammenarbeit gemacht habe und bald darauf nach
Rom gefahren sei, um die Konkordatsverhandlungen einzuleiten, so
daß die führerlose Partei in immer größere Bedrängnis geraten sei. In
der Erklärung der Fuldaer Bischofskonferenz vom 28. März 1933
seien dann die Warnungen gegenüber dem Nationalsozialismus ausdrücklich zurückgenommen worden, und schon vor dem Abschluß
des Konkordats hätten die Verlautbarungen führender Bischöfe wie
des Kardinals Bertram in Breslau und des Erzbischofs Gröber in Freiburg eine Fülle von Lobeserhebungen für den »Volkskanzler« enthalten, hauptsächlich wegen der erfolgreichen Bekämpfung von Bolschewismus und Unsittlichkeit. Professoren wie Michael Schmaus, Joseph
Lortz und Jakob Hommes, der Abt von Maria Laach Ildefons Herwegen, aber auch viele Männer, die später im Kampf gegen den Nationalsozialismus hervortreten sollten, wie der Bischof von Münster Clemens August von Galen, der spätere KZ-Häftling und Verfasser des
Buches über den *SS-Staat* Eugen Kogon und der spätere Herausgeber
des *Rheinischen Merkur* Franz Albert Kramer hätten sich damals sehr
positiv zum Nationalsozialismus geäußert. Die bedrängende Frage,
wie es dazu kommen konnte, beantwortet Böckenförde durch den
Hinweis auf den eingewurzelten Anti-Liberalismus der Kirche und
ihre Ablehnung der Säkularisierung, aber er redet gleichwohl nicht
einer bloßen Anpassung der Kirche an die weltliche Gesellschaft das
Wort, sondern beklagt im Gegenteil die gegenwärtige Assimilierung
der Kirche an die Gesellschaft, die der damaligen Assimilierung an den
Staat entspreche, während es doch nötig sei, die Differenz anzuerkennen und auszuhalten.

Von den zahlreichen Entgegnungen, die der Artikel nach sich zog, erfolgte die von Hans Buchheim noch im selben Jahrgang der Zeitschrift. Buchheim machte Böckenförde zum Vorwurf, sich nur an die eine Hälfte des Mottos gehalten und eben die »Umstände« nicht berücksichtigt zu haben, z. B. die überwältigende Macht der »nationalen Erhebung«, welcher niemand direkten Widerstand leisten konnte; von den Sympathisanten dieser Jahre aber seien viele schon bald anderen Sinnes geworden oder sie hätten sich ganz von der Kirche entfernt.

Eine besondere Einzelkontroverse innerhalb dieses größeren Rahmens von Selbstkritik und Selbstverteidigung der Katholischen Kirche ist die Auseinandersetzung um das Zustandekommen und die Bedeutung des Reichskonkordats. Handelte es sich dabei um eine Kapitulation der Kirche oder im Gegenteil um das höchste Maß an Selbstbehauptung, das unter den gegebenen Umständen überhaupt möglich war? Wurde Hitler und seinem Regime damit erstmals die erwünschte internationale Anerkennung zuteil, oder ist diese Behauptung nicht zutreffend? Lag ein Verrat des Prälaten Kaas und des Vatikans an der Zentrumspartei vor, oder ergriff Eugenio Pacelli mit großem Geschick die einzige Möglichkeit, um die Selbständigkeit der Kirche zu sichern?

Es waren vor allem zwei Historiker, der Katholik Konrad Repgen und der Protestant Klaus Scholder, die diese Kontroverse auch vor einer größeren Öffentlichkeit austrugen, und ich begnüge mich damit, einen Blick auf die beiden Artikel zu werfen, die 1978 in demselben Heft der *Vierteljahrshefte für Zeitgeschichte* publiziert wurden und die alle wünschenswerten Hinweise auf Quelleneditionen und weitere Literatur enthalten.[2]

Repgens Artikel *Über die Entstehung der Reichskonkordats-Offerte im Frühjahr 1933 und die Bedeutung des Reichskonkordats* nimmt vornehmlich auf die Auffassungen Bezug, die Klaus Scholder im ersten Band von *Die Kirchen und das Dritte Reich* entwickelt hatte, nämlich, daß ein Zusammenhang zwischen der Auflösung der Zentrumspartei und dem Abschluß des Reichskonkordats bestanden habe, mit anderen Worten, daß der Vatikan sich gegen das Angebot eines Reichskonkordats von seiten Hitlers mit der Auflösung der Zentrumspartei einverstanden erklärt habe, und zwar unter wesentlicher Beteiligung des Führers eben dieser Partei. Dabei geht es zum guten Teil um die Frage der Interpretation einiger Artikel und Reden von Ludwig Kaas aus der Zeit vor dem

30. Januar 1933, in denen Scholder eine starke Affinität zum italienischen Faschismus und indirekt zum Nationalsozialismus erkennen will, während Repgen im Gegenteil Vieldeutigkeit und bloß eine Bejahung des autoritären »Systems Brüning« wahrnimmt. Am Ende gelangt Repgen zu dem Ergebnis, das Reichskonkordat sei das »Gegenteil einer Kapitulation«, nämlich »die vertragsrechtliche Form der Nicht-Anpassung der katholischen Kirche« gewesen.[3] Das Zentrum hatte seinen Kampf dagegen schon durch die Wahl vom 5. März verloren, deren Ergebnis ihm die Schlüsselrolle nahm, über die es in der Weimarer Republik immer verfügt hatte. Dieses grundlegende Faktum war nicht eine Folge, sondern die Voraussetzung des Handelns der Kirche und auch des Prälaten Kaas.

Klaus Scholder macht schon zu Beginn seiner Antwort *Altes und Neues zur Vorgeschichte des Reichskonkordats* den ganz aktuellen Streitpunkt deutlich, der so häufig auch in hochgelehrten Kontroversen zum Vorschein gelangt, indem er schreibt, das Ziel von Repgens Argumentation bestehe darin, »den Vatikan von jeder Mitverantwortung für die Vorgeschichte des Konkordats und damit zugleich von jeder Verstrickung in die Machtergreifung Hitlers zu entlasten«.[4] Man mag darin einen Nachklang des alten Kampfes zwischen Katholizismus und Protestantismus sehen, aber Scholder kann für seine gegenteilige Ansicht das Zeugnis von Heinrich Brüning anführen, und er besteht darauf, Hitler einen »Katholiken« zu nennen, den Repgen als »Renegaten« bezeichnet hatte, denn Hitler habe sich seit seiner Ministrantenzeit im Benediktinerstift Lambach bei Linz immer ganz im katholischen Milieu bewegt und er habe dazu geneigt, die Macht der Kirche zu überschätzen. Eben deshalb habe er sein Handeln so zielstrebig auf die Vernichtung des politischen Katholizismus ausgerichtet und dabei habe er die Hilfe der Kirche gefunden. Entscheidend für die Zustimmung Pacellis war aber nach Scholder Hitlers Antikommunismus, der für ihn offenbar eine stärkere Hilfe bedeutete als die angeschlagene Zentrumspartei. Daher war das Entsetzen aller katholischen Hitler-Gegner über den Abschluß des Konkordats groß, und Hitler erreichte sein Ziel: Beseitigung des Widerstandes der katholischen Bevölkerung, wie schon ein Vergleich der Wahlergebnisse vom 5. März und vom 12. November zeige. Allerdings will Scholder das Vieldeutige und Vielschichtige der Ereignisse nicht weginterpretieren, wie es nach seiner Auffassung Repgen tut. Er verschweigt daher nicht eine Äußerung, die Pacelli bereits am

19. August 1933, also vor der Ratifizierung des Vertrages, gegenüber
dem britischen Geschäftsträger Ivone Kirkpatrick tat: eine Pistole sei
gegen seinen Kopf gerichtet gewesen und er habe keine Alternative
gehabt.[5]

Wenn es richtig ist, daß Hitler einen vermutlich übermäßigen Respekt vor der Macht der Katholischen Kirche und ihrem Einfluß auf die
deutsche Bevölkerung hatte, dann ist es nicht unwahrscheinlich, daß er
auch die Macht und die Möglichkeiten eines anderen Gegners überschätzte, nämlich des Kommunismus. Von hier aus kann man vielleicht
die größte und bekannteste aller Einzelkontroversen, den Streit um den
Reichstagsbrand vom 27. Februar 1933 und um die Notverordnung
»zum Schutz von Volk und Staat« vom folgenden Tage, auf die einfachste Formel bringen. Die einen glauben, daß Hitler im Kommunismus
einen großen und überaus gefährlichen Feind sah, der in der noch
ungefestigten Situation der Wochen nach der Machtergreifung seine
immer wieder verkündeten Absichten in die Tat umsetzen, den Generalstreik ausrufen und den »bewaffneten Aufstand« beginnen werde.
Deshalb sei Hitler angesichts des brennenden Reichstags völlig von der
Überzeugung durchdrungen gewesen, dies sei das langerwartete »Fanal« und nur ganz radikale Maßnahmen könnten den Aufstand noch im
Keim ersticken. Eben deshalb habe er die (schon von der Polizei der
Weimarer Republik gegen Kommunisten *und* Nationalsozialisten vorbereitete) große Verhaftungsaktion befohlen und den Reichspräsidenten zur Unterzeichnung jener Verordnung veranlaßt, die zunächst nur
gegen »kommunistische staatsgefährdende Gewaltakte« gerichtet gewesen sei und dann allerdings schon bald auf alle Gegner des Regimes
ausgedehnt wurde. Die Möglichkeit, daß der im brennenden Reichstag
verhaftete und sich als Kommunist und Revolutionär bekennende
24jährige Holländer Marinus van der Lubbe mit seiner Aussage recht
haben könne, er habe das Gebäude ganz allein in Brand gesteckt, wurde
weder von Hitler noch von Göring oder Hindenburg ernsthaft in
Erwägung gezogen, weil sich van der Lubbe kaum mehr als 20 Minuten
allein im Reichstag aufgehalten hatte und weil es ausgeschlossen schien,
daß ein einzelner in so kurzer Zeit ein so gewaltiges Feuer, das die
Kuppel des Plenarsaales zum Einsturz brachte, mit so geringfügigen
Hilfsmitteln wie Streichhölzern und Kohleanzündern hätte hervorrufen
können.

Von derselben Überzeugung waren aber auch Hitlers Gegner erfüllt, zumal angesichts der bevorstehenden Wahlen das cui bono auf der Hand zu liegen schien. Schon in der Brandnacht entstand daher das Gerücht, »die Nazis selbst« hätten den Reichstag angezündet, und Göring verstärkte sogar die Verdachtsmomente, weil er gleich behauptete, die kommunistischen Täter müßten einen unterirdischen Gang benutzt haben, der vom Reichstag zum Kesselhaus auf der anderen Seite der Spree führte. Aber dieser Gang, durch den die Heizungsrohre liefen, hatte auch eine Abzweigung zum Palais des Reichstagspräsidenten, also Görings, das ebenfalls vom Kesselhaus aus beheizt wurde. Was lag näher als der Gedanke, daß ein Trupp von SA-Leuten mit Wissen Görings von diesem Gebäude aus in den Reichstag gelangt sei und den Plenarsaal mit leicht entflammbaren Materialien präpariert habe, um dem auf andere Weise »präparierten« Brandstifter van der Lubbe die Gelegenheit zu geben, mit seinen kleinen Mitteln das große Feuer hervorzubringen? Hier lag mithin eine ganz andere Grundauffassung zugrunde: Hitler und seine nächste Umgebung waren kaltberechnende und gangsterhafte Verschwörer, die ihren Hauptfeind, die Kommunistische Partei, welche keinerlei Aktivität an den Tag legte, weil sie den baldigen Zusammenbruch des Regimes vorhersah und erst dann ihre Revolution machen wollte, zerschlagen und durch den Brand die Bevölkerung bewegen wollten, am 5. März der NSDAP die Stimme zu geben.

Waren die Nationalsozialisten von Leidenschaften wie Zorn und Angst geprägte Ideologen in gefährdeter Position, oder waren sie kalt berechnende und skrupellose Gangster, denen es ausschließlich auf die Erhaltung und Befestigung ihrer Macht ankam?

Alle Augenzeugenberichte vermitteln den Eindruck, daß Hitler in der Brandnacht ebenso die Merkmale genuiner Überraschung an den Tag legte wie Papen und Göring, daß er aber geradezu die Nerven verlor und in hemmungslosen Zornesausbrüchen die Verhaftung und Hinrichtung aller kommunistischen Abgeordneten verlangte. Göring wiederum ging über die ersten Aussagen der Kriminalbeamten, die van der Lubbes Alleintäterschaft für sehr wahrscheinlich hielten, hinweg und versteifte sich auf die kommunistische Urheberschaft, zumal als die Polizei nicht nur den Reichstagsabgeordneten Torgler in Gewahrsam genommen, sondern auch drei bulgarische Kommunisten verhaftet hatte, von denen einer tatsächlich ein »großer Fisch« war, nämlich der führende Kominternfunktionär Georgij Dimitrow. Aber gerade diese

Tatsache und das Gefühl der eigenen Unschuld spornten zumal die emigrierten Kommunisten in Paris zu stärkster Aktivität an, und noch im Sommer erschien, von Willi Münzenberg und seinen Mitarbeitern erarbeitet und, wie wir heute wissen, zum guten Teil gefälscht[6], das *Braunbuch über Reichstagsbrand und Hitlerterror,* das bis jetzt das grundlegende Werk für die »NS-Täterschaftsthese« blieb.

Mit völliger Skrupellosigkeit, aber im Bewußtsein der guten und bald siegreichen Sache mischte man in Paris Richtiges und Falsches, Erfundenes und Feststehendes und machte damit gewaltigen Eindruck auf die Weltöffentlichkeit. Da ging ein SA-Trupp unter der Führung des schlesischen Gruppenführers und einstigen Fememörders Heines mit Brandmaterialien durch den unterirdischen Gang und ließ dann am Tatort nur den jungen Holländer zurück, der, wie ein Zeuge in München gesehen haben wollte, als Lustknabe auf der Liebesliste von Stabschef Röhm verzeichnet war; da druckte man ein angebliches Memorandum des deutschnationalen Fraktionsführers Dr. Oberfohren ab, das die Kennzeichen der kommunistischen Parteisprache nur allzu deutlich erkennen ließ, und behauptete, Oberfohren habe nicht etwa, wie die offizielle Version lautete, infolge von Auseinandersetzungen mit dem Parteivorsitzenden Hugenberg Selbstmord verübt, sondern er sei von den Nazis getötet worden. Man brachte es fertig, einen englischen Lord als Verfasser des Vorworts zu gewinnen, und im zweiten Teil waren zahlreiche Beispiele des Nazi-Terrors geschildert, die überzeugend zu wirken vermochten und großenteils auf authentischen Nachrichten beruhten.

Was die Gegenpublikation der Nationalsozialisten hätte sein müssen, der Prozeß gegen die Reichstagsbrandstifter vor dem Reichsgericht in Leipzig, endete im Winter 1933 mit einer weltweit wahrgenommenen Niederlage, denn Göring und Goebbels behaupteten sich als Zeugen nur sehr mühsam gegen den scharfzüngigen und höchst selbst- oder besser parteibewußt auftretenden Dimitrow, und alle angeklagten Kommunisten wurden freigesprochen. Nur van der Lubbe wurde zum Tode verurteilt und starb am 10. Januar 1934. Das *Rotbuch,* das seine holländischen Freunde herausgebracht hatten und das ebenso scharf gegen die Lügen des *Braunbuches* wie gegen die »Unterdrückung des Proletariats« durch die Faschisten protestierte, wurde weder in Deutschland noch in der Welt zur Kenntnis genommen. Es hätte allerdings zeigen können, daß van der Lubbe tatsächlich ein Fanal für den Aufstand der Arbeiter-

klasse hatte entzünden wollen und daß in dem holländischen Rätekom-
munisten die ganze Willenskraft und alle Emotionen lebendig waren,
die Hitler anscheinend zu Unrecht der KPD zuschrieb, die in dieser
Publikation als verbürgerlichtes und kraftloses Anhängsel der russischen, auf Ruhe an den Grenzen bedachten Außenpolitik angeklagt
wurde.

Damit hatte sich die These von der Alleintäterschaft in Deutschland
durchgesetzt, aber allem Anschein nach blieb Hitler, wie eine in Goebbels' Tagebuch überlieferte Bemerkung zeigt, von der Schuld der Kommunisten überzeugt.[7] In den Nürnberger Prozessen kam es zu einer
scharfen Befragung Görings, die ergebnislos verlief, und zu Zeugenaussagen des Generals Halder, durch die indessen Görings Schuld keineswegs bewiesen wurde. In der Welt war jedoch die Überzeugung von der
Schuld der Nationalsozialisten längst fest verwurzelt, und Hermann
Rauschnings *Gespräche mit Hitler* hatten dazu entscheidend beigetragen, aber diese Schuld galt nach Lage der Dinge jetzt beinahe als
»quantité négligeable«, zumal sie zur Entlastung des deutschen Volkes
angeführt werden konnte, das, wie Allen Dulles sich ausdrückte, zum
»ersten besetzten Gebiet« und zur Beute von Gangstern geworden sei.[8]
In der deutschen wissenschaftlichen Literatur, so auch in Karl Dietrich
Brachers Darstellung der Machtergreifung, wurde die These von der
Schuld der Nationalsozialisten am Reichstagsbrand nicht ernsthaft in
Zweifel gezogen.

So erregte es großes Aufsehen, als im Jahr 1959/60 im *Spiegel* eine
Serie erschien, welche die Alleintäterthese erneut und in gewisser Weise
erstmals zu begründen unternahm.[9] Das Aufsehen steigerte sich noch,
als dann 1962 das umfangreiche Buch *Der Reichstagsbrand. Legende und
Wirklichkeit* erschien und damit auch der Name des Verfassers allgemein bekannt wurde: Fritz Tobias, ein Beamter des niedersächsischen
Verfassungsschutzes und »Amateurhistoriker«.[10] Tobias hatte sich seit
langem für das Problem dieser Brandstiftung interessiert, und er hatte
nach seiner eigenen Aussage an die 500 Aktenordner mit Material
gesammelt. Daß Tobias mit großem Nachdruck die Fälschungen des
*Braunbuchs* hervorhob, wurde ohne viel Widerstreben akzeptiert, denn
die antikommunistische Motivation des Verfassers galt noch nicht als
Einwand. Aber es mußte Bedenken erwecken, daß Tobias die Konster-
nation, in die Hitler nach den Aussagen der Augenzeugen geriet, ohne
weiteres zum Nennwert akzeptierte und sich auch die Auffassung

zu eigen machte, die Reichstagsbrandverordnung sei nicht schon vorbereitet gewesen, sondern sie sei improvisiert worden. In diesem
Punkt polemisiert Tobias ausdrücklich gegen Walther Hofer, der bis
1960 am Friedrich-Meinecke-Institut der Freien Universität tätig war
und der in seinen bekannten Dokumentensammlungen die Urheberschaft der Nationalsozialisten mit ebenso großer Selbstverständlichkeit zugrunde gelegt hatte wie die These von der »Entfesselung« des
Zweiten Weltkriegs durch Hitler. Ebenso bedenklich war nach Meinung mancher Kritiker und Leser, daß Tobias die nationalsozialistischen Behauptungen über die kommunistischen Bürgerkriegsdrohun-
gen sehr ernst nahm und manche Zitate aus Verlautbarungen der KPD
anführte, die in diese Richtung wiesen. Allerdings unterstrich er gleichzeitig auch die faktische Passivität der kommunistischen Führer, von
denen z. B. Thälmann nach der späteren Erzählung Torglers am Tag
nach Schleichers Entlassung alle Warnungen mit der Bemerkung vom
Tisch wischte, die deutsche Bourgeoisie werde Hitler bestimmt nicht
zur Macht kommen lassen, und seelenruhig mit einigen Freunden zum
Kegeln ging.[11]

Auch ein Historiker wie Karl Dietrich Bracher mußte sich gekränkt
fühlen, denn er hatte in einer seiner Publikationen zum Widerstand den
Branddirektor Gempp, der sich durch sein Verhalten in der Brandnacht
bei Göring mißliebig gemacht hatte, unter die Helden des Widerstands
aufgenommen, weil Gempp später aus diesem Grunde von den Nationalsozialisten verfolgt worden und zu Tode gebracht worden sei. Tobias
hingegen erklärte die Korruptionsvorwürfe, die gegen Gempp erhoben
worden waren, für berechtigt und dessen Tod für Selbstmord.[12] Seine
Darstellung des Prozesses vor dem Reichsgericht ließ Göring nicht
durch Dimitrow widerlegt und verspottet werden, sondern er sah »die
Vertreter zweier feindlicher Weltanschauungen« einander gegenüberstehen, und er zitiert auch solche Sätze Dimitrows, die ganz ungewollt
unter Beweis stellen, welch hohes Maß an Redefreiheit den Angeklagten
noch gewährt wurde: »Diese Weltanschauung, diese bolschewistische
Weltanschauung regiert die Sowjetunion, das größte und beste Land in
der Welt. Ist das bekannt?«

Großen Anstoß mußte es erregen, daß Tobias in seinem Nachwort
die Behauptung aufstellte, in der Nacht des 27. Februar sei »aus dem
zivilen Reichskanzler . . . in einer Sternstunde der Menschheit im flam-
menlodernden Symbol des besiegten Weimarer Staates der macht-

berauschte, sendungsbesessene Diktator Adolf Hitler« geworden.[13] Und wenn Tobias mit der brandstiftenden SA-Kolonne natürlich auch jeden Zusammenhang zwischen dem Reichstagsbrand und den Morden des 30. Juni 1934 oder auch der »Köpenicker Blutwoche« abstritt, wo angeblich viele Mitwisser umgebracht worden seien, so blieb doch im Bereich der SA genug an rätselhaften Todesfällen oder schlichten Ermordungen zurück, um der »Gangster«-These weiterhin Rückhalt zu bieten. An Kritik fehlte es daher auch bald nach der Publikation des Buches nicht.

Zunächst aber erhielt Fritz Tobias wertvolle Hilfe durch Hans Mommsen, damals noch Mitarbeiter des Instituts für Zeitgeschichte, und zwar durch dessen Aufsatz *Der Reichstagsbrand und seine politischen Folgen.* Die Veröffentlichung erfolgte im Jahrgang 1964 der *Vierteljahrshefte* und wurde durch recht vorsichtige Bemerkungen des Herausgebers Hans Rothfels eingeleitet.[14] Mommsen bestätigte nahezu alle Befunde von Tobias, aber bei der Begründung wird doch ein anderer Ton angeschlagen, so wenn er sagt, der Nationalsozialismus habe »im Unterschied zum Bolschewismus keine zweckgerichtete, planvolle Revolutionsstrategie« besessen, sondern viele seiner Erfolge seien »ungeduldigen, unbedachten und meist augenblicksgebundenen ›Sofortentscheidungen‹ bei stärkster Flexibilität der allgemeinen Ziele« zu verdanken.[15] Daher liegt im Grunde keine positive oder auch nur verständnisvolle Aussage vor, wenn Mommsen schreibt: »Das waren keine zynisch-berechnenden Machtpolitiker, die sich nur nach außen hin in Szene setzten«, auch dann nicht, wenn er sagt, Görings Glaube an den kommunistischen Aufstand sei nicht bloß »Ausfluß seiner erregten Phantasie« gewesen. Der Tendenz nach bedeutet es nämlich schon den Vorwurf gegen die führenden Schichten und bürgerlichen Kreise, den Mommsen später in immer neuen Variationen erhoben hat, wenn er in der Zusammenfassung feststellt, die Nationalsozialisten hätten zwar »die übertriebene Furcht bestimmter sozialer Schichten vor kommunistischen und marxistischen Bestrebungen zur Machtgewinnung« benutzt, aber sie seien zugleich selbst »darin befangen« gewesen.[16]

Dennoch bedeutete Mommsens Aufsatz eine starke Unterstützung für Tobias, und die Folge war eins der merkwürdigsten Ereignisse, die in der deutschen Wissenschaftsgeschichte zu verzeichnen sind. Im Jahr 1968 wurde nämlich in Luxemburg ein *Europäisches Komitee zur wissenschaftlichen Erforschung der Ursachen und Folgen der Gewaltherrschaft* begründet, das dann unter dem Namen *Luxemburger Komitee* bekannt wurde. Die Gründung erfolgte zu dem unverhüllten Zweck, die Tobias-Mommsensche These von der Alleintäterschaft van der Lubbes zu widerlegen und definitive Beweise für die Schuld der Nationalsozialisten zu erbringen. Das Komitee versammelte eine Fülle großer Namen, darunter Walther Hofer, Karl Dietrich Bracher, Willy Brandt, André Malraux, Golo Mann und der luxemburgische Parlamentspräsident Pierre Grégoire. Daß so viele Politiker und Wissenschaftler sich zum Zweck des Beweises einer bestimmten These zusammenfanden, war sicher sehr ungewöhnlich, aber ungemein bedenklich war die Tatsache, daß der überaus aktive Generalsekretär ein wissenschaftlich völlig Unbekannter mit nicht ganz durchsichtiger Vergangenheit war, nämlich der Jugoslawe Edouard Calic. Einige der ursprünglichen Mitglieder zogen sich denn auch bald zurück oder nahmen an den Arbeiten nur geringen Anteil, wie etwa Karl Dietrich Bracher. Andererseits konnte man Walther Hofer allenfalls ein allzu starkes Engagement in der schweizerischen Politik vorwerfen, und ein Mann wie Friedrich Zipfel genoß als sorgfältiger Nur-Historiker allgemeines Ansehen.

Im Jahr 1972 erschien der erste Band einer Dokumentation, herausgegeben von Walther Hofer, Edouard Calic, Karl Stephan und Friedrich Zipfel.[17] Schon die Einleitung Hofers macht mit sehr polemischen Wendungen gegen die »NS-Unschuldsthese« die politischen oder besser nationalpädagogischen Intentionen des Komitees überdeutlich, vor allem mit dem Argument, aus der These von der Alleintäterschaft könne sich die Folgerung ergeben, »daß die braunen Machthaber dann wohl auch für andere ... Verbrechen nicht verantwortlich seien wie etwa die Entfesselung des Zweiten Weltkriegs oder die Vernichtung von Millionen von Juden«.[18] Manche Dokumente, die abgedruckt werden, sind indes nützlich, weil sie Versunkenes wieder ans Licht bringen: Auszüge aus der Anklageschrift, Gutachten der Sachverständigen, schließlich auch eine thermodynamische Expertise aus dem Jahr 1970, welche die Auffassungen der zeitgenössischen Sachverständigen bestätigt, ein solches Feuer könne nicht von einem einzelnen Brandstifter gelegt worden sein. Gegen Ende folgen Zeugenaussagen von Feuerwehrleuten, die eine Anzahl von Verdachtsgründen bestätigen, aber überwiegend aus der Zeit nach 1960 stammen. Sehr fragwürdig sind mehrere kommentierende Behauptungen, etwa die, vieles deute darauf hin, daß Hans von Dohnanyi 1945 (sic!) »nicht zuletzt wegen seiner

Kenntnisse über den Reichstagsbrand« ohne Gerichtsurteil liquidiert worden sei; der Gerichtsvorsitzende Bünger habe unter starkem politischem Druck gestanden, denn sein Haus sei nachts durch einen Polizisten mit Hund bewacht worden; schließlich auch der Versuch, die Alleintäterthese als ein Werk der Gestapo zu kennzeichnen, weil die vernehmenden Kriminalbeamten später zur Gestapo gehörten usw.[19]

Dennoch mußte dieser erste Band als beachtenswerter Beitrag zu einer noch nicht definitiv entschiedenen Kontroverse gelten. Wirklich Neues brachte aber erst der zweite Band, der 1978 erschien, nämlich eine Anzahl bisher unbekannter Zeugenaussagen, vor allem Aufzeichnungen und Berichte über Aussagen des im Juni 1934 erschossenen Eugen von Kessel, Aufzeichnungen von Gesprächen des Herausgebers der *Leipziger Neuesten Nachrichten* Richard Breiting mit Alfred Hugenberg, Erklärungen des ehemaligen Reichstagspräsidenten Paul Löbe und des ehemaligen Reichsministers Treviranus.[20] Alle diese Dokumente stammten aber aus der Zeit nach 1960 oder waren nur indirekt überliefert, und schon eine frühere Publikation von Breiting-Papieren durch Calic über angebliche Gespräche mit Hitler war mit viel Mißtrauen aufgenommen worden.[21] Erstaunlicherweise führte die *Zeit* durch die Feder von Karl-Heinz Janßen 1979 einen äußerst heftigen Angriff gegen Calic und das Komitee, dem sie nichts Geringeres als Dokumentenfälschung vorwarf.[22]

Im Jahr 1986 griffen mehrere Historiker, unter ihnen auch Tobias, Janßen und Hans Mommsen, den Fälschungsvorwurf wieder auf und versprachen die definitive *Aufklärung einer historischen Legende.*[23] Was sie zusammen mit Uwe Backes, Henning Köhler und Eckhard Jesse tatsächlich zustande brachten, war eine starke Infragestellung der vom Komitee neu vorgelegten Dokumente und der Arbeit des Komitees im ganzen. Ihr größter Erfolg bestand aber darin, daß die Komiteemitglieder trotz der gravierenden Vorwürfe keinen Beleidigungsprozeß anstrengten und daß Walther Hofer sich erst nach langem Zögern bereitfand, die in seiner Hand befindlichen und überwiegend bloß als Kopien existierenden Dokumente einer neutralen Instanz, nämlich dem Bundesarchiv Koblenz, zur Prüfung vorzulegen. Diese Prüfung erwies sich dann jedoch als undurchführbar, weil so gut wie keine Originale beigebracht wurden; ein Beamter des Bundesarchivs, Josef Henke, hat 1990 darüber in *Geschichte und Gesellschaft* berichtet.[24] In einer zusammenfassenden Stellungnahme *Die Kontroverse um den Reichstagsbrand* kam

Ulrich von Hehl 1988 zu dem Ergebnis, die Alleintäterschaft van der Lubbes sei als (sehr) wahrscheinlich anzunehmen und eine Tatbeteiligung oder -ausführung durch ein NS-Brandstiftungskommando bleibe lediglich als vage (Denk-)Möglichkeit übrig.[25] Von Hehl unterläßt es auch nicht, auf den eigenartigen Tatbestand hinzuweisen, daß im gegenwärtigen »Historikerstreit« der Vorwurf der »Verharmlosung« des Nationalsozialismus auch von Historikern erhoben werde, die sich in der Reichstagsbrandkontroverse selbst damit attackiert sahen und deren Vorurteile ebenso klar erkennbar seien wie diejenigen des Luxemburger Komitees.

Eine endgültige Entscheidung ist in dieser Kontroverse also nicht gefallen. Der starke Punkt des Luxemburger Komitees und schon des *Braunbuchs* ist nicht zwingend entkräftet, weil nur nach Analogien gesucht und kein Experiment angestellt werden kann, nämlich die Behauptung, es sei technisch unmöglich, daß ein solcher Brand innerhalb der gegebenen Zeit von einem einzelnen Täter mit derart dürftigen Hilfsmitteln hervorgebracht werden könne. Aber dieses Insistieren auf der Frage nach den erforderlichen Tatbedingungen und nach dem Charakter der »Tatwaffe« läßt sich nicht willkürlich beschränken, und die Luxemburger müßten ihren ideologischen Gegnern die Fragerechte einräumen, die sie selbst in Anspruch nehmen. Darauf ist zurückzukommen.[26] Wenn die Inbrandsetzung des Reichstags durch einen einzigen Täter technisch nicht möglich war, dann kann sie nicht stattgefunden haben, selbst wenn ein Geständnis des Täters und zahlreiche auf ihn hinweisende Indizien vorhanden wären.

Aber auch der starke Punkt der Alleintäterschaftsthese könnte noch stärker herausgestellt werden. Die Frage, ob die Nationalsozialisten, Hitler und Göring eingeschlossen, in bestimmten Vorstellungen »befangen« waren, läßt sich anhand zahlreicher Aussagen überprüfen, wenngleich nicht zwingend beweisen, und schon Tobias hat eine kennzeichnende Stelle aus dem Buch des zeitgenössischen Autors Erich Czech-Jochberg angeführt.[27] Aber auch nachträgliche Aussagen sind nicht von vornherein als wertlos abzutun, und ich zitiere eine Stelle aus den Erinnerungen des Gauleiters Jordan: »Die folgenden Wochen waren nicht nur bei uns geschwängert von der Psychose eines täglich zu erwartenden bewaffneten Aufstandes der KPD. Illegale Flugblätter der KPD-Führung forderten sofortiges Handeln, riefen auf zur Aktion: ein klarer Befehl . . . ließ freilich auf sich warten. Um so unsicherer und hektischer wurde die Stimmung in beiden Lagern ... Wir ... wußten es: Stehende und fliegende kommunistische Erschießungskommandos hätten in den deutschen Städten und Dörfern gewütet wie allerorts, wo Kommunisten im Bürgerkrieg zur Macht gekommen sind – in erster Linie aber wären wir Nationalsozialisten an der Reihe gewesen.«[28]

Die Aufrichtigkeit und Glaubwürdigkeit dieser Aussagen kann nicht durch den Hinweis erschüttert werden, daß Jordan ein hoher national-sozialistischer Funktionär gewesen sei, denn genau des beschriebenen Verfahrens hatten sich die Kommunisten wiederholt unter Hinweis auf ihre Revolutionen in Rußland und China gerühmt.

Auch um den Charakter und die Glaubwürdigkeit von anderen führenden Anhängern Hitlers haben sich in der Literatur Einzelkontro-versen entwickelt, und es ist schon festgestellt worden, daß die Autoren, die eine einzelne nationalsozialistische Persönlichkeit zum Thema ma-chen, dabei nicht ganz selten zu einem positiveren Urteil gelangen, als es in den Pauschal- oder Kurzaussagen der allgemeinen Literatur zu finden ist. Was Albert Speer betrifft, so hat Adelbert Reif sogar ein ganzes Buch mit relativ unterschiedlichen Urteilen unter dem Titel *Albert Speer. Kontroversen um ein deutsches Phänomen* herausgebracht[29], und danach sorgte eine schroffe Attacke von Matthias Schmidt wieder für erhebli-ches Aufsehen.[30]

Ich will abschließend jedoch eine andere Kontroverse skizzieren, eine Kontroverse, die gutenteils mehr potentiell als real ist. Die erste große und ungeklärte Frage ist: Flog Rudolf Heß, der »Stellvertreter des Führers« als Parteichef, aber auch der nach Göring als zweiter Nachfol-ger des Staatsführers vorgesehene Reichsminister, am 10. Mai 1941 mit Wissen Hitlers nach England, um Friedensvorschläge zu überbringen, oder war Hitler von diesem Vorhaben vorher nicht unterrichtet wor-den? Wenn die Behauptung richtig ist, daß Heß kurz vor dem Abflug ein vierstündiges Gespräch mit Hitler gehabt habe, ist die Wahrschein-lichkeit von Hitlers Kenntnis sehr groß.[31] Heß selbst war der einzige, der über ein genaues Wissen verfügte, und er hat bis zu seinem Tode geschwiegen. Die schon erwähnte Aussage von Hitlers Kammerdiener Linge weist jedenfalls darauf hin, daß Hitler informiert war.[32] Irving weiß nur von einem sehr kurzen Vieraugengespräch zwischen Hitler und Heß nach der Reichstagsrede Hitlers vom 4. Mai.[33] Lew Besy-menski berichtet von einem Zusammentreffen zwischen Heß und Rosenberg unmittelbar vor dem Flug.[34] Sicher bezeugt ist Hitlers von allen Anwesenden als ungeheuchelt charakterisierte Erregung nach dem Bekanntwerden des Fluges. Falls Hitler doch informiert gewesen wäre, dann würde diese Erregung auf ein sehr hohes Maß an schauspielerischem Talent hinweisen und indirekt die Thesen von Tobias und Mommsen in Zweifel ziehen. Aber selbst wenn Hitler nicht unterrichtet war, taucht die weitere Frage auf, ob Heß sich wirklich als Friedensbote verstand oder ob er nur herbeiführen wollte, was Hitler so lange vergeblich erstrebt hatte: mit England Frieden zu schließen, um so besser Krieg gegen die Sowjetunion führen zu können. Was aus den Gesprächen, die die englische Regierung durch Sir Ivone Kirkpatrick und durch Lord John Simon mit Heß führte, bekannt geworden ist, läßt keine klare Antwort zu, weil Heß freie Hand für Deutschland in Europa forderte, aber offenließ, ob er die Sowjetunion zu Europa rechnete oder nicht. Aufschlußreich dürfte die nachträgliche Aussage des Reichsfinanzministers von Schwerin-Krosigk sein: »Um die Osterzeit 1941 sagte Heß dem Finanzminister, es sei unerträglich, daß die beiden besten Völker der Welt, die Engländer und die Deutschen, sich gegenseitig zerfleischten ... daß er es vielmehr für eins der Fundamente der Weltkultur halte und daher erhalten wolle ...«[35] Diese auch sonst vielfach bezeugte Meinung von Heß legt die Vermutung nahe, daß Heß auch ohne die ausdrückliche oder unausdrückliche Zustimmung Hitlers, aber im Einklang mit dessen alten Wünschen, den überaus kühnen Versuch der Friedensstiftung in letzter Minute unternahm.

Eine ganz andere und nur von der Heß nahestehenden Seite lange Zeit nach dem Kriege aufgeworfene Frage lautet, ob Heß als »Parlamentär« anzusehen war, so daß die Engländer kein Recht gehabt hätten, ihn mit der Begründung gefangenzusetzen, er sei ein Kriegsverbrecher. Obwohl Juristen imstande sind, viele überraschende und für den Laien unverständliche Argumente vorzubringen, halte ich diese These für verfehlt, weil Heß keine Beglaubigung mit sich führte und auch durch die bekannten Meldungen, er habe in einem Anfall von Geisteskrankheit gehandelt, schon ausdrücklich desavouiert wurde, bevor seine Mission richtig beginnen konnte. Aber damit ist die Frage nicht entschieden, ob er nicht als eine kuriose Mischung von selbsternanntem Parlamentär und Kriegsgefangenem hätte repatriiert werden müssen. Aber die englische Regierung hat offenbar im Falle Heß einiges zu verbergen, und gewisse Papiere werden bekanntlich noch lange unter strengem Verschluß bleiben.

Nicht nur in Deutschland nahezu unbestritten ist die Tatsache, daß es eine unerhörte Grausamkeit war, einen zunehmend hilflosen alten Menschen nach der Entlassung seiner letzten Mitgefangenen noch jahrzehntelang in Einzelhaft zu halten, ihm simple Informationen zu verwehren und ihn vom einfachsten Kontakt mit seiner Familie fast vollständig fernzuhalten. Engländer, Amerikaner und Franzosen beriefen sich immer wieder auf den bösen Willen der Sowjetunion, die in der Tat nie aufhörte, hinter dem Flug von Heß einen deutschen und vielleicht sogar deutsch-englischen Anschlag gegen sie selbst zu vermuten.

Weshalb die Engländer bis heute nicht auf den geradezu ungeheuerlichen Vorwurf von Heß' Verteidiger Dr. Alfred Seidl reagiert haben, der über neunzigjährige Greis sei am 17. August 1987 im Alliierten Militärgefängnis in Berlin-Spandau ermordet worden[36], ist rätselhaft und bis heute nicht zum Gegenstand einer Kontroverse geworden.

So könnte die Erörterung der vorhandenen und der nur potentiellen Kontroversen über Hunderte von Seiten hinweg fortgesetzt werden, aber wir werden uns jetzt einer Frage zuwenden, die keine bloße Einzelkontroverse ist, nämlich der Frage nach der nationalsozialistischen Außenpolitik, genauer gesagt, nach dem Nationalsozialistischen in der Außenpolitik des Deutschen Reiches von 1933 bis 1945.

# 12. Die nationalsozialistische Außenpolitik

Auf den ersten Blick sieht es so aus, als könne es hinsichtlich der nationalsozialistischen Außenpolitik keinerlei oder allenfalls ganz untergeordnete Kontroversen um die »alternativen« Konzeptionen Ribbentrops oder Görings geben. Adolf Hitler hatte ja seine außenpolitischen Ziele schon 1927 im zweiten Band von *Mein Kampf* mit der größten Klarheit verkündet, und der Kern dieses Programms lautete: Das Verlangen nach Wiederherstellung der Grenzen von 1914 ist verbrecherisch, weil es Deutschland in einen Krieg mit allen seinen Nachbarn verwickeln muß und im günstigsten Fall kleine Gewinne mit einem riesigen Blutverlust erkauft, aber ebenso verkehrt wäre eine Wiederaufnahme der »Weltpolitik« des Kaiserreichs mit ihrer Orientierung am Export von Waren und an der Gewinnung überseeischer Kolonialgebiete. Das einzige angemessene Ziel ist die Eroberung von neuem Lebensraum im Osten Europas, weil sie das deutsche Volk als das beste und tüchtigste der Welt aus seiner eingeengten Lage in Mitteleuropa befreit und ein natürliches Verhältnis zwischen Volkszahl und Raum herstellt, das im Mittelalter durch die damalige Ostkolonisation gesichert worden war. Auch vor 1933 wurden die folgenden Sätze immer wieder von den Gegnern Hitlers angeführt: »Wir Nationalsozialisten . . . stoppen den ewigen Germanenzug nach dem Süden und Westen Europas und weisen den Blick nach dem Land im Osten. Wir schließen endlich ab die Kolonial- und Handelspolitik der Vorkriegszeit und gehen über zur Bodenpolitik der Zukunft. Wenn wir aber heute in Europa von neuem Grund und Boden reden, können wir in erster Linie nur an Rußland und die ihm untertanen Randstaaten denken.«[1]

Das ist eine Konzeption der Außenpolitik nicht etwa nur als Kriegspolitik, sondern als Politik eines gigantischen Eroberungskrieges, der nicht bloß einen völligen Umsturz der Machtverhältnisse in der Welt, sondern ein ebenso gigantisches Programm der Austreibung und Vernichtung in sich schloß. Der »Ackerboden«, den Hitler zur Sicherung der Ernährungsbasis des deutschen Volkes gewinnen wollte, war ja keineswegs leer, sondern sogar übervölkert. Man konnte also auch 1927 bereits sagen, daß das Programm dieses Politikers in sich selbst ein Kriegsverbrechen war und daß alle, die es sich zu eigen machten, von vornherein als Kriegsverbrecher zu betrachten seien, denn es war ganz offensichtlich, daß solche Intentionen sich nicht ohne einen großen Krieg verwirklichen lassen würden, wie Hitler selbst im übrigen mit klaren Worten sagte. Fraglich konnte dann lediglich sein, ob diese Raumpolitik nach Hitler bloß zu einer Weltmachtstellung Deutschlands führen sollte oder ob nichts Geringeres als die Weltherrschaft angestrebt wurde. Für das eine wie für das andere ließen sich Belege in *Mein Kampf* finden; einmal die durch Sperrdruck hervorgehobene Aussage »Deutschland wird entweder Weltmacht oder überhaupt nicht sein«, und dann der durch seine Stellung ganz am Schluß des Buches noch stärker hervorgehobene Satz: »Ein Staat, der im Zeitalter der Rassenvergiftung sich der Pflege seiner besten rassischen Elemente widmet, muß eines Tages zum Herrn der Erde werden.«[2]

Es hätte mithin, so sollte man meinen, im Jahr 1930 nur *ein* Gebot geben dürfen: einen solchen Politiker durch Einweisung in ein Irrenhaus unschädlich zu machen und seine Partei zu verbieten. Im intellektuellen Bereich hätte die Aufgabe bloß darin bestehen können, das Programm als einen Fiebertraum zu enthüllen, der aus dem Weltkrieg entstanden und nur aus dieser Prämisse verständlich war. Bei Freund und Feind war ja, wenngleich mit entgegengesetzter Wertung, die Auffassung verbreitet, daß Deutschland so gut wie allein vier Jahre lang gegen die ganze übrige Welt gekämpft habe; jeder Deutsche hatte am eigenen Leib erfahren, daß letztlich die englische Blockade für den alliierten Sieg entscheidend gewesen war, und jeder Deutsche erinnerte sich, daß Deutschland 1917/18 Rußland in die Knie gezwungen und die Randstaaten sowie die Ukraine erobert hatte, so daß für einen Augenblick die Hoffnung aufgekommen war, der Hunger des »Kohlrübenwinters« könne sich nicht mehr wiederholen, weil Deutschland sich aus den Schwarzerdegebieten des Ostens sicher versorgen könne. Aber der Weltkrieg war verloren; nur ein Irrsinniger, so muß es im Rückblick scheinen und so mußten es bereits die Zeitzeugen sehen, konnte die Wiederaufnahme des großen Blutvergießens postulieren.

Aber auch Adolf Hitler wollte »die« Wiederaufnahme nicht. Er kritisierte vielmehr die Vorkriegspolitik aufs schärfste, die zu dem Vielfrontenkrieg geführt habe, und er war nicht weit davon entfernt, die kaiserliche Regierung mit der Kriegsschuld zu belasten, nicht anders, als die Alliierten es taten, wenngleich aus dem entgegengesetzten Grunde. Er verlangte ein Bündnis mit Italien, das doch 1915 freiwillig in den Krieg eingetreten war und im Friedensvertrag Südtirol an sich gerissen hatte, und er erstrebte ein Bündnis mit England, das doch so vielen Deutschen als der eigentliche Feind galt, der aus »Handelsneid« den Krieg vorbereitet habe. Und das Rußland, das Hitler erobern wollte, war nicht mehr das Rußland der Zaren, sondern das Rußland der Bolschewiki und der Verkündung der »Weltrevolution«: Hitlers Programm war in sich ein Beweis für die Veränderung der Situation im Vergleich zu 1914, und aus dieser Situation heraus rief es nicht so viel an Empörung und Widerstand hervor, wie man rückschauend meinen möchte. Man konnte ja sagen, wer auch nur das Ziel eines Wiederaufstiegs Deutschlands zur europäischen Großmacht verfolge, der müsse »verbal« ein größeres Ziel ins Auge fassen, aber die ungeheure Macht der Umstände und Realitäten werde ihn schon zwingen, von überzogenen Wunschträumen Abstand zu nehmen. So hat Hitler selbst, als er während der ersten Jahre nach der Machtergreifung gefragt wurde, weshalb er, der doch so nachdrücklich für eine deutsch-französische Versöhnung eintrete, nicht die gegen den »Erbfeind« Frankreich gerichteten Stellen in den neuen Auflagen von *Mein Kampf* korrigiere, geantwortet, er trage seine Korrekturen nicht in ein gewöhnliches Buch, sondern in das große Buch der Geschichte ein.

In der Tat wurde auch nach 1945 in der Literatur die Auffassung vertreten, Hitler sei im Grunde bloß ein deutscher Revisionist gewesen wie so viele seiner Landsleute und nur durch die Reaktionen der anderen Staaten sei er in den Zweiten Weltkrieg verwickelt worden. Manche Autoren neigen dazu, wie es schon viele von Hitlers Gefolgsleuten taten, einen Bruch zwischen dem »völkischen« Denkansatz und der mit der Besetzung der »Rest-Tschechei« eingeleiteten imperialistischen Politik zu sehen; nach anderen Historikern hatte Hitler von vornherein die Absicht, nach einem »Stufenplan« durch eine Folge von Blitzkriegen für Deutschland den Status einer Weltmacht zu erringen, während für andere Hitlers letztes und ernsthaft angestrebtes Ziel die Erringung der Weltherrschaft war. Nun lassen sich in der Tat Stufen einer möglichen deutschen Außenpolitik unterscheiden, die von einem bestimmten Punkte an nicht mehr bloß eine deutsche, sondern eine »nationalsozialistische« Außenpolitik sein mußte. Ich skizziere sie flüchtig, ohne von Anfang an vorauszusetzen, daß die verschiedenen Stufen durch einen Plan miteinander verbunden sein *mußten*.

Wir haben von der »nationalen Restitution« als einem Ziel gesprochen, das so gut wie allen Parteien der Weimarer Republik gemeinsam war, so sehr das Ausmaß dieser Restitution strittig war. Deutschland war 1914 mindestens eine europäische Großmacht gewesen, und sogar diesen Status hatte es 1918/19 durch den Frieden von Versailles und dessen Folgeverträge verloren. Es hatte in Ost und West, im Norden und faktisch auch im Süden beträchtliche Gebiete eingebüßt; ihm waren starke Rüstungsbeschränkungen auferlegt worden, und die Reparationen, die es zu zahlen hatte, waren nach damaligen Maßstäben ungeheuer. Ein Teil des Landes war entmilitarisiert; über seine eigenen Ströme besaß es keine Souveränität. So gut wie allgemeiner Konsensus herrschte über die Ziele der Abschüttelung der Reparationen, der Wiederherstellung der »Wehrhoheit« und der Grenzkorrektur im Osten, die ein Ende des »polnischen Korridors« in sich schließen würde. Diese Restitutionspolitik sollte aber eine Friedenspolitik sein, und so stellte auch Hitler sie dar, von seiner »Friedensrede« am 17. Mai 1933 bis zu den weitreichenden Vorschlägen, die er 1936 nach der Wiederbesetzung des Rheinlandes machte.

Ein Ziel anderer Art war die großdeutsche Konstitution. Dieses Ziel der Vereinigung Österreichs und möglicherweise der Sudetengebiete mit dem übrigen Deutschland war schon 1848 von einer starken Partei angestrebt worden, und es schien sich ausgerechnet 1918/19 unter den Zeichen der Niederlage zu realisieren, als sowohl die Österreicher wie die Sudetendeutschen für den Anschluß an das Deutsche Reich stimmten. Aber die Alliierten hatten aus Teilen des habsburgischen Kaiser- und Königreichs den neuen Staat der Tschechoslowakei geschaffen und über Deutsch-Österreich ein »Anschlußverbot« verhängt. Auch der Weimarer Republik war die Politik der großdeutschen Konstitution nicht fremd gewesen, und Brüning hätte eine Zollunion zwischen Deutschland und Österreich durchgesetzt, wenn nicht die starke Gegenwirkung der Franzosen letztlich die Oberhand gewonnen hätte. Dieses Ziel befand sich im Einklang mit dem Selbstbestimmungsrecht der Völker und ergab sich ebenfalls zwingend aus dem völkischen Prinzip der Nationalsozialisten. »Großdeutschland« wäre auch unter

einem parlamentarischen Regime die führende Macht Kontinentaleuropas gewesen, aber erst 1938 gestanden die Westmächte Hitler zu,
was sie der Weimarer Republik verweigert hatten. Noch 1939 war
indessen das elementarste der »Weimarer« Desiderate nicht erreicht: die
Rückkehr Danzigs ins Reich und die Beseitigung des polnischen Korridors. Dennoch hätten aller Vermutung nach starke Kräfte in England
auch zur Lösung dieser Frage die Hand geboten; ob unter den oppositionellen Kräften um Churchill und in der Labour Party schon jetzt ein
entschlossener Wille vorhanden war, Deutschlands Hegemonie über
Zentraleuropa nicht hinzunehmen, ist strittig.

Deutschland unterschied sich von allen übrigen Staaten Europas
nicht nur dadurch, daß es einen großen Krieg verloren hatte und in
Gestalt von zwei deutschen Staaten existierte, sondern daß es in nahezu
allen Staaten Osteuropas starke deutsche Volksgruppen gab. Daher
wurde es vorstellbar, daß eine weitergreifende und »imperialistische«
Außenpolitik sich dieser Volksgruppen bediente, um die betreffenden
Staaten zu schwächen und sie in Abhängigkeit von Deutschland zu
bringen, sei es in wirtschaftliche, sei es in politische Abhängigkeit. Eine
ökonomische Ostpolitik mußte nicht notwendigerweise kriegerisch
sein, wohl aber die politische Ostpolitik. In jedem Falle war ein bedeutender Tatbestand die Grundlage: Es war nicht von der Natur bestimmt, ob die weiten Gebiete, die in Osteuropa zwischen Deutschland
und dem eigentlichen Rußland gelegen waren – Polen, Weißrußland,
die Ukraine, aber auch Jugoslawien und Rumänien – sich stärker nach
Deutschland oder nach Rußland orientierten. Wenn diese Orientierung
auf Deutschland zu erfolgte, dann war Deutschland zur führenden
Macht in Gesamteuropa geworden. Aber weder die Ukraine noch
Weißrußland konnten sich frei entscheiden, denn sie waren Bestandteile
des zentralistisch regierten Staates Sowjetunion. Ein Entscheidungskampf zwischen Rußland und Deutschland um die Gebiete der Welt,
die der britische Geopolitiker Mackinder die »Weltinsel« oder das
»Herzland« nannte, hätte nicht von vornherein einem moralischen
Verdikt unterliegen müssen. Er konnte als von Deutschland initiierter
und unterstützter Freiheitskampf der bisher unterdrückten kleineren
Völker Osteuropas gedeutet werden und hätte zur Konstituierung einer
deutsch-russischen Supermacht führen können, die auch über Westeuropa die Hegemonie ausgeübt hätte.

Unter einem »Weimarer« Regime war diese Entwicklung jedoch

unvorstellbar; nur ein Einparteistaat, der auch die Auslandsdeutschen fest zu organisieren vermochte, konnte sich einen derartigen Umsturz zum Ziel setzen. Aber im Prinzip war ein deutschbestimmtes Osteuropa nicht unmoralischer als ein russisch beherrschtes Osteuropa – vorausgesetzt, daß jede antislawische Tendenz ferngehalten wurde. Unter dieser Bedingung darf man hier den »rationalen Kern« von Hitlers Konzeption des »Lebensraumes« sehen, denn auch die Vereinigten Staaten und das zaristische Rußland waren keineswegs von jeher und »von Natur« Großräume gewesen. Aber es war nur allzu wahrscheinlich, daß eine Partei wie die nationalsozialistische, die sich in so starkem Maße auf die antipolnische und generell antislawische Einstellung der »Alldeutschen« stützte, nichts anderes herbeiführen würde als den großen »Rassenkampf« zwischen Germanen und Slawen, von dem schon im 19. Jahrhundert und auch von Karl Marx nicht selten gesprochen worden war. Aber eine bloße »Wahnidee« war diese dritte Stufe einer deutschen und erste Stufe einer »nationalsozialistischen« Außenpolitik nicht. Es war allerdings sehr wahrscheinlich, daß viele von denen, die enthusiastische Anhänger der nationalen Restitution und der großdeutschen Konstitution gewesen waren, diese dritte Konzeption auch in ihrer rationalen Erscheinungsform mit Nachdruck ablehnen würden, weil ein entschiedener Widerstand Englands und auch der USA zu erwarten war und mithin ein Zweiter Weltkrieg die Folge sein müßte.

Eine ganz neuartige vierte Stufe, für die es im 19. Jahrhundert weder Analogien noch Prophezeiungen gegeben hatte, resultierte aus dem Tatbestand, daß Rußland eben nicht mehr nur das russische Imperium, sondern die revolutionäre Sowjetunion war, die sich zur staatlichen Vorkämpferin der marxistischen Lehre gemacht hatte und sich die größten Ziele setzte, die ein Staat sich überhaupt setzen konnte: die Zerstörung des westlichen Imperialismus in Asien, die Beseitigung des kapitalistischen Systems und die »Verschmelzung« der Arbeiter und Bauern der ganzen Welt zu einer einheitlichen Sowjetrepublik. Zwar sollte diese Weltrevolution nicht durch eine militärische Eroberung von seiten der Sowjetunion zustande kommen, sondern durch die Kraft »der Arbeiter« selbst. Aber es war die Rote Armee, die den weitaus größten Teil des Zarenreichs zusammengehalten hatte, die Georgien besetzte, die Polen um ein Haar überrannte, und überall verbreitete Slogans wie »Heute Europa und morgen die ganze Welt!« waren zumindest mißverständlich.

Daß die ganze »westliche« oder »bürgerliche« Welt sich bedroht fühlte und zu heftigen Reaktionen neigte, war das Natürlichste von der Welt, und es lag nahe, daß Deutschland sich zum Vorkämpfer der antibolschewistischen Sache machte. Zwar war auch die Weimarer Republik in ihren führenden Schichten und Parteien antibolschewistisch gewesen, aber mußte der Vorkämpfer nicht zuerst einmal die Gefahr innerhalb der eigenen Grenzen niederwerfen, und gab es dafür nicht ein großes Vorbild, nämlich das faschistische Italien? Eine primär antibolschewistische militante Außenpolitik konnte im damaligen Europa keine parlamentarische Außenpolitik sein. Die elementare Voraussetzung der Konzeption des antibolschewistischen Vorkämpfertums für Deutschland war jedoch die Mitwirkung oder wenigstens wohlwollende Neutralität der angelsächsischen Hauptmächte des »Kapitalismus«. Schon der Verdacht, der Antibolschewismus sei nur ein Instrument für die andere Stufe der Supermacht-Bildung in der Mitte und im Osten Europas, mußte die antibolschewistische Konzeption aufs stärkste gefährden, und jene antislawische Version mußte sie zum Scheitern bringen. Die Vorstellung einer künftigen Weltherrschaft aber setzte sogar einen militärischen Kampf mit England und den USA voraus, und es ist nicht möglich, auch hier noch einen »rationalen Kern« zu erkennen. Es war zwar richtig, daß Deutschland sich von 1914 bis 1918 einige Jahre gegen die »ganze Welt« behauptet hatte und insofern seiner Potenz nach wohl tatsächlich die militärisch stärkste Macht der Erde war, aber jedermann wußte, daß die Amerikaner im Sommer 1918 erst am Anfang ihres Eingreifens gestanden hatten und daß Deutschland an Produktionskraft den USA weit unterlegen war.

Die Konzeption einer »Weltherrschaft« Deutschlands war also eine Konzeption des Irrsinns, und wenn es eine solche fünfte Stufe der »deutschen«, d. h. der nationalsozialistischen Außenpolitik überhaupt geben konnte, dann mußte ein Sachverhalt vorliegen, der abermals von anderer Art war. Dieser Sachverhalt war der Antisemitismus, genauer gesagt, die den Antijudaismus als Schlüssel benutzende Zivilisationskritik, welche Deutschland die »Weltmission« zuschrieb, einen »dritten Weg« zwischen Bolschewismus und Kapitalismus einzuschlagen und die Ursache der modernen Dekadenz zu beseitigen, nämlich »den Juden«. Möglicherweise war die Konzeption eines »dritten Weges« nicht so irrational und töricht, wie sie heute fast durchweg hingestellt wird, aber die Idee des »Welteroberungskrieges« muß in der Tat als

»Wahnidee« bezeichnet werden. *Wenn* sie jedoch gefaßt wurde, dann baute sie sich auf Stufen auf, denen Berechtigung und Verständlichkeit oder zumindest ein »rationaler Kern« nicht abzusprechen waren. Und selbst eine »Wahnidee« ist nicht durch die absolute Unmöglichkeit der Verwirklichung charakterisiert.

Es gab im Jahr 1941, wie wir noch sehen werden, einen Zeitpunkt, da so etwas wie Weltherrschaft tatsächlich in der Reichweite Hitlers lag. Daß es sich hierbei um die letzte Etappe eines »Stufenplans« handelte, ist damit allerdings noch nicht ausgemacht. Darüber gibt es in der Literatur Kontroversen, und es findet sich sogar die These, daß Hitler weiter nichts als ein deutscher Revisionist gewesen sei. Aber bevor wir uns wieder der Literatur zuwenden, wollen wir uns fragen, ob es auch vor dem Ausbruch des Zweiten Weltkrieges Institutionen für eine »deutsche« und für eine »spezifisch nationalsozialistische« Außenpolitik gab.

Die überkommene und noch für längere Zeit maßgebende Institution der deutschen Außenpolitik war das Auswärtige Amt. Die Position des Außenministers durfte Hitler im Januar 1933 ebensowenig mit einem Politiker seiner Wahl besetzen wie diejenige des Reichswehrministers, und Hindenburg hatte sich dafür entschieden, den Außenminister der Kabinette Papen und Schleicher beizubehalten, nämlich Konstantin Freiherr von Neurath. Wohl alle höheren Beamten dieser großen Organisation mit ihrem weltumfassenden Netz von Vertretungen waren Verfechter der außenpolitischen Revision, d. h. der Wiederherstellung des Großmachtstatus Deutschlands, und die meisten dürften in weiterer Perspektive auch die großdeutsche Konstitution ins Auge gefaßt haben. In der Kabinettssitzung vom 7. April 1933 entwickelte Neurath ein Programm dieses Revisionismus: der Vertrag von Versailles sehe die Möglichkeiten von Revisionen ausdrücklich vor und es gelte, alle Energien für die Verwirklichung einzusetzen. Der Prozeß sei bereits im Gange und habe auch schon Erfolge gezeitigt, wie z. B. die Aufhebung der Rheinlandbesetzung und die annähernd völlige Beseitigung der Reparationen; eine Wiederaufrüstung könne im Augenblick nur durch das Verlangen nach der Abrüstung der anderen Völker eingeleitet werden; territoriale Grenzrevisionen könnten erst dann angeschnitten werden, »wenn Deutschland militärisch, politisch und finanziell erstarkt ist«; das Hauptziel bleibe die Umgestaltung der Ostgrenze, und zwar sei eine »totale Lösung« anzustreben; auch eine Sonderlösung für

Danzig sei abzulehnen. Kein Interesse bestehe dagegen an einer Aufwerfung der elsaß-lothringischen Frage, und der Anschluß Österreichs könne einstweilen (sic!) wegen der Gegnerschaft Italiens nicht aktiv betrieben werden. Eine Verständigung mit Polen sei weder möglich noch erwünscht; die Rückendeckung Rußlands sei nicht zu entbehren; unter allen Umständen seien kriegerische Verwicklungen zu vermeiden, »denen wir zur Zeit (sic!) nicht gewachsen sind«. Erst wenn Deutschland völlig erstarkt sei, werde das Bild anders aussehen.[3]

Was Neurath hier entwickelte, war also das Programm eines Teilrevisionismus, der einen späteren Krieg gegen Polen nicht ausschloß und gerade deshalb ein gutes Verhältnis zu Rußland, Italien und England herstellen wollte. Es ist sehr wahrscheinlich, daß Stresemann diesem Programm seine Zustimmung gegeben haben würde, wenn er noch gelebt hätte. Es handelt sich in der Tat um die fast unumgängliche Außenpolitik eines besiegten und aus Klugheit teilrevisionistischen Staates. Diese Zielsetzung war aber für den Augenblick radikaler als diejenige Hitlers, der in seiner Rede vom 17. Mai weitaus sanftere Töne anschlug und im Januar 1934 einen Nichtangriffspakt mit Polen schloß, welcher im Auswärtigen Amt große Bedenken hervorrief. Die erste Reaktion der Behörde auf die Machtergreifung der Nationalsozialisten ließ sich auf die Formel bringen: »Es wird nichts so heiß gegessen, wie es gekocht wird.« Im Besitz der Macht würden sich die Nationalsozialisten als vernünftige Menschen und nicht wie vorher als Demagogen zeigen. Nur ein einziger deutscher Diplomat trat zum Zeichen des Protests von seinem Amt zurück, der deutsche Botschafter in Washington von Prittwitz-Gaffron; aber andererseits gab es unter den höheren Beamten keinen einzigen überzeugten Nationalsozialisten, und 1933 wurde kaum ein Nationalsozialist neu eingestellt.[4] Bis zum Februar 1938, d. h. bis zur Ablösung Konstantin von Neuraths durch Joachim von Ribbentrop, setzten auch ausländische Diplomaten viel Vertrauen in die Kontinuität der deutschen Außenpolitik, so scharf sie die innenpolitischen Maßnahmen des Regimes ablehnen mochten. Hitler allerdings hatte zu Alfred Rosenberg bereits 1934 gesagt, das Auswärtige Amt sei trotz aller Loyalität Neuraths eine »Verschwörergesellschaft«, und nach dem zu erwartenden Tode Hindenburgs werde die Zeit kommen, wo man ein paar Dutzend dieser Verschwörer hinter Schloß und Riegel setzen müsse.[5]

Diese Äußerung blieb den Diplomaten zwar verborgen, und die

entsprechenden Taten folgten nicht, aber daß es außer der »deutschen« eine »nationalsozialistische« Außenpolitik geben könne, war auch der großen Öffentlichkeit schon seit dem 1. April 1933 bekannt, als auf Befehl Hitlers ein *Außenpolitisches Amt der NSDAP* errichtet und zu dessen Chef Alfred Rosenberg ernannt wurde. Für einige Zeit wurde vermutet, daß damit ein Übergang zu der Betrauung Rosenbergs mit dem Außenministerium gemacht werden sollte. Diese Vermutung erwies sich nicht als richtig, und das APA blieb eine relativ kleine Konkurrenzinstitution zum Auswärtigen Amt. Gleichwohl war sein Einfluß nicht zu unterschätzen. Rosenberg und seine Mitarbeiter konnten mancherlei Fäden spinnen, wo das Auswärtige Amt keine direkten Wirkungsmöglichkeiten besaß. So gab es für geraume Zeit eine bemerkenswerte Zusammenarbeit mit führenden Männern des britischen Luftwaffengeneralstabs und anderen englischen Persönlichkeiten, so daß hier eine potentielle Linie der britischen Außenpolitik zum Vorschein кam, die über die bloße *Appeasement*-Politik weit hinausging und Hitlers Vorstellungen von einem deutsch-britischen Bündnis immerhin ansatzweise entsprach.

Die Ost-Abteilung des Amtes unter Dr. Georg Leibbrandt hatte viele Kontakte zu Emigranten und ließ sich von der Vorstellung leiten, Deutschland werde den Freiheitskampf der kleinen in der Sowjetunion gefesselten Völker, insbesondere der Ukrainer, unterstützen und damit zugleich den säkularen Kampf gegen den Bolschewismus fördern. Freilich machten die Gegensätze unter den Emigranten die Arbeit häufig schwierig, aber die gutenteils baltischen Mitarbeiter Rosenbergs, neben Leibbrandt besonders Arno Schickedanz, die Großrussen unter dem General Biskupskij und die Organisation ukrainischer Nationalisten (OUN) unter Eugen Konovaletz konnten sich doch wenigstens darauf einigen, daß der Bolschewismus das Erzeugnis einer fremden Rasse, nämlich des Judentums, sei. Es war naheliegend, daß auch Kontakte zu faschistischen und philofaschistischen Richtungen oder Tendenzen in anderen europäischen Ländern aufgenommen wurden, z. B. in Rumänien. Später war es Rosenberg, der die Kontakte zwischen Hitler und dem Norweger Quisling vermittelte. Sogar zu Afghanistan stellte das APA Verbindungen her, die nicht ohne Bedeutung waren. Aber es gelang Rosenberg nie, das neuzuschaffende Amt eines Reichsbeauftragten für die Abwehr des Bolschewismus zu erhalten oder gar das Außenministerium in die Hand zu bekommen.[6]

Nicht einmal im Bereich der antibolschewistischen Politik besaß er die alleinige Federführung, denn in Goebbels' Propagandaministerium gab es eine eigene Unterabteilung unter dem Ministerialrat Dr. Eberhard Taubert, die ihrerseits diesen Kampf führte, und zwar vor allem mittels einer Organisation, die sich »Antikomintern« nannte und die ihren Feind dadurch nachahmte, daß sie ebensowenig wie die Komintern eine staatliche Institution sein wollte. Sie arbeitete unter der Leitung von Männern wie Dr. Adolf Ehrt, der ebenso wie weitere Mitarbeiter ein Rußland-Deutscher war und die bolschewistische Revolution aus eigener Anschauung kannte. Über ihren Verlag, den Nibelungen-Verlag, übte die Antikomintern eine intensive Propagandatätigkeit aus und veröffentlichte zahlreiche Bücher und Schriften, die heute als »antibolschewistische Greuelpropaganda« abgetan werden, von denen aber einige noch heute und gerade heute als aufschlußreiche Quellenwerke gelten müssen wie z. B. das Buch des ehemaligen stellvertretenden Volkskommissars für das Forstwesen Karl Albrecht *Der verratene Sozialismus*. Man wird aber Hans-Adolf Jacobsen, dem Verfasser des Standardwerks *Nationalsozialistische Außenpolitik 1933–1938* zustimmen müssen, wenn er schreibt, verglichen mit dem, was die Komintern erreichte, die mit Hilfe legaler und illegaler kommunistischer Parteien in über 70 Ländern der Erde und mit zündenden Parolen wie »Proletarier aller Länder, vereinigt euch« arbeitete, sei das Wirken der Antikomintern Stückwerk geblieben, und auf die englische Öffentlichkeit hätten die Unterdrückung der »Röhm-Revolte«, der Kirchenkampf, die Einmischung in Österreich und die Lehre vom »nordischen Herrenmenschen« viel nachhaltiger gewirkt als die Meldungen aus der Sowjetunion[7] – allerdings gewiß auch deshalb, wie man hinzufügen muß, weil die Sowjetunion so viel weiter von England entfernt war als Deutschland und weil die philosowjetische Richtung in der Öffentlichkeit sehr viel aktiver war als die philofaschistische.

Eine ausgesprochene nationalsozialistische Organisation, zu der es allerdings im faschistischen Italien ein Analogon gab, bildete die *Auslandsorganisation* (AO) der NSDAP, d. h. die Organisation der im Ausland lebenden Parteigenossen und tendenziell aller Reichsdeutschen. An der Spitze stand der noch sehr junge Gauleiter Ernst Wilhelm Bohle, der eine Zeitlang als Staatssekretär im Auswärtigen Amt tätig war. Daraus resultierte eine Fülle von Kompetenzkonflikten und Streitigkeiten im Ausland wie im Inland, nicht zuletzt zwischen Bohle selbst und Ribbentrop, doch in einigen Ländern wurde der deutschen Kolonie eine bis dahin ganz unbekannte Geschlossenheit aufgeprägt, die von den fremden Regierungen nicht selten als bedrohlich empfunden wurde. Aber überall handelte es sich doch nur um relativ kleine Gruppen, und daher war die Organisation des eigentlichen Auslandsdeutschtums viel wichtiger, d. h. der Menschen deutscher Herkunft und Muttersprache, die eine fremde Staatsangehörigkeit besaßen. Hier war die Kontinuität zur Weimarer Zeit schon durch den *Verein für das Deutschtum im Ausland* gegeben, der zunächst lediglich eine neue Leitung erhielt, der aber schließlich von der *Volksdeutschen Mittelstelle* unter dem SS-Obergruppenführer Lorenz abgelöst wurde, so daß eine Zentralbehörde mit Befehlsgewalt entstanden war. Die Deutschen des Sudetenlandes, Polens, aber auch Rumäniens und anderer osteuropäischer Länder spielten dann trotz der weiterhin vorhandenen inneren Differenzen eine gewisse Rolle bei der Zerschlagung bzw. Gleichschaltung der Staaten, in denen sie lebten.[8]

Die erfolgreichste nationalsozialistische Parallelorganisation zum Auswärtigen Amt war die *Dienststelle Ribbentrop*, die im April 1934 zunächst zur Unterstützung des Beauftragten für Abrüstungsfragen Joachim von Ribbentrop gegründet wurde und die sich nach der Ernennung ihres Chefs zum Botschafter in London zu einem weithin deckungsgleichen, allerdings weit kleineren Parallelunternehmen zum Auswärtigen Amt auswuchs. Nach der Ernennung Ribbentrops zum Außenminister im Februar 1938 wurde es zur Keimzelle der »Nazifizierung« des Auswärtigen Amtes. Während des Krieges gelangten ehemalige Mitarbeiter der Dienststelle wie Martin Luther und Rudolf Likus bis in die Spitzen der großen Behörde. Aber lange Zeit wußte der Staatssekretär von Weizsäcker das Vordringen der jungen Nationalsozialisten zu verzögern, und noch am Ende des Krieges war das Auswärtige Amt in seinem Personalbestand nicht wirklich nationalsozialistisch, obwohl es schon seit geraumer Zeit eine nationalsozialistische Außenpolitik verfolgte.[9]

Einen ganz anderen Aspekt, nämlich die steigende Einflußnahme der SS und die Verstrickung der Behörde in die Endlösung, hat Hans-Jürgen Döscher zum Thema gemacht, aber er beschränkt sich weitgehend auf eine der Abteilungen, die Abteilung »D« (»Deutschland«). Nur hier wurde nationalsozialistische Außenpolitik auch offiziell von Nationalsozialisten gemacht.[10]

Die Stufen, von denen oben die Rede war, sind Sinnstufen, nicht von vornherein chronologische Etappen und auch nicht notwendigerweise durch einen »Stufenplan« im Kopf eines einzelnen Menschen miteinander verbunden. Aber der Blick auf die Institutionen der Außenpolitik zeigt doch mit großer Deutlichkeit, daß APA wie AO, VoMI und die Antikomintern überflüssig gewesen wären, wenn Hitler nur eine »deutsche« Außenpolitik hätte führen wollen. Das APA läßt sich wie die Antikomintern der Stufe einer international-antibolschewistischen Politik zuordnen, die VoMI der tendenziell antislawischen Weltreichspolitik; die Abteilung »D« des Auswärtigen Amtes war mit der Deportierung ausländischer Juden und insofern mit der »Endlösung« befaßt. Aber es ist nicht von vornherein ausgeschlossen, die eine oder die andere oder auch mehrere Stufen für unwichtig oder für Vorwände oder Einbildungen zu erklären. Es ist ja auch zweifellos möglich, das APA als gescheitert, die Antikomintern als ineffizient und die VoMI als harmlos einzuschätzen. Trotz aller ins Auge springenden Eindeutigkeit gibt es Platz für wissenschaftliche Kontroversen auch in der Literatur über die nationalsozialistische Außenpolitik.

Der erste vielbemerkte Einbruch eines »Revisionismus« in die solide Phalanx der etablierten Literatur, wie sie etwa durch Walther Hofers Buch *Die Entfesselung des Zweiten Weltkriegs* repräsentiert wurde[11], war die Studie eines weitbekannten, durchaus linksorientierten, aber auch als exzentrisch geltenden englischen Historikers Alan John Percivale Taylor *The Origins of the Second World War* von 1961, dessen deutsche Übersetzung ein Jahr darauf unter dem Titel *Die Ursprünge des Zweiten Weltkriegs. Die Jahre 1933–1939* herauskam[12]. Taylor sieht in Hitler einen Revisionisten, der sich nicht wesentlich von Stresemann unterschieden habe, und er läßt vor allem solche Züge hervortreten, die Hitler als einen maßvollen Politiker mit legitimen Forderungen erscheinen lassen, der 1939 weit von dem Willen entfernt gewesen sei, einen Krieg gegen die Westmächte zu entfesseln. Gewiß habe er gerade 1938 mit Krieg gedroht, aber dabei habe es sich um Bluff oder Wachträume gehandelt, denen keine ernsthafte Bedeutung zuzuschreiben sei. Deutschland sei ja 1939 auf einen großen Krieg gar nicht vorbereitet gewesen und daher habe Hitler ihn auch nicht anstreben können. Das Hoßbach-Protokoll sei erst in Nürnberg zu einem Beweis für einen Kriegswillen Hitlers gemacht worden; in Wahrheit habe es sich um eine Art Aufmunterung für seine allzu bequemen Mitarbeiter gehandelt.

Walther Hofer übt in der vierten Auflage seines Buches äußerst scharfe Kritik an Taylor und hält ihm alle Äußerungen Hitlers von *Mein Kampf* bis zur Ansprache vom 22. August 1939 vor Augen, die er übersehen oder heruntergespielt habe. In seiner volkspädagogischen Erregung verkennt Hofer jedoch kurioserweise vollkommen die geradezu handgreiflich politisch-aktuelle Intention des keineswegs »deutschfreundlichen« Engländers: Taylor will die Deutschen vor jedem Revisionismus hinsichtlich der Oder-Neiße-Grenze warnen, weil aus der einen revisionistischen Forderung, sei es auch im Zusammenspiel mit Einwirkungen und Umständen, immer weitere revisionistische Forderungen erwachsen würden, die dann plötzlich eine ungewollte und unvorhergesehene Katastrophe herbeiführen könnten – wie es auch bei Hitler der Fall war. Der Sinn von Taylors Buch ließe sich auch so formulieren: die erste Stufe, die Stufe des maßvoll scheinenden Revisionismus, genüge durchaus, um im Wirkungsgeflecht der Realität die anderen »Stufen« hervorzubringen, obwohl es dafür keinen »Plan« gab und ernstzunehmende spezifische Ursachen nicht vorhanden waren.

Aber Hofer hatte sicher insoweit recht, als er Taylor die vollständige Mißachtung der Bedeutung der Ideologie vorwarf. Diesen Vorwurf konnte man indes gegen den anderen Autor einer revisionistischen Geschichtsschreibung nicht erheben, die zu Beginn der sechziger Jahre die Gemüter erhitzte, nämlich gegen den Amerikaner David Hoggan. Zwar ist auch für Hoggan Hitler ein maßvoller Politiker, der nur berechtigte Revisionsforderungen erhebt, während Lord Halifax als ein durchtriebener Machtpolitiker und Kriegsurheber erscheint. Aber es wird doch immer wieder deutlich, daß Hoggan nicht so sehr mit dem Revisionisten als vielmehr mit dem Antikommunisten Hitler sympathisiert, z. B. wenn er das Scheitern des von Hitler geplanten deutsch-polnischen Bündnisses beklagt und schreibt: »Wahrscheinlich aber ist es, daß ein deutsch-polnisches Bündnis der Felsen hätte sein können, an dem sich die sowjetische Flut gebrochen hätte. Die gegenwärtige Macht der Bolschewisten ist so groß, daß niemand weiß, ob es noch möglich ist, die Welteroberung durch sie zu verhindern. Das Versäumnis eines deutsch-polnischen Zusammengehens ist eine der größten Tragödien der Weltgeschichte.«[13]

In den achtziger Jahren hat ein in Südafrika wirkender deutscher Historiker diesen Faden wieder aufgegriffen, nämlich Dirk Kunert in seinem Buch *Ein Weltkrieg wird programmiert. Hitler, Roosevelt, Stalin:*

*Die Vorgeschichte des 2. Weltkrieges nach Primärquellen.*[14] Kunert wendet seine Aufmerksamkeit besonders Stalin und Roosevelt als den Gegenspielern Hitlers zu, und er sieht in Stalin den genuinen Fortsetzer der weltrevolutionären Politik Lenins, der daher von vornherein auf eine Isolierung und Ächtung von Hitlers Deutschland ausgehen mußte. Roosevelt aber, selbst von philobolschewistischen Neigungen erfüllt und von den »Salonbolschewisten« in seiner Umgebung wie Harry Hopkins und Felix Frankfurter, aber auch von der linksliberalen Presse getrieben, spielte Stalin in die Hände, indem er 1937 von sich aus und ohne genuinen Grund den Wirtschaftskrieg gegen Deutschland erklärte. So kam die deutschfreundliche und vernünftige Gegenlinie nicht zum Zuge, deren Vertreter von Bewunderung für die Ordnung und die Leistungen des Dritten Reiches erfüllt waren, etwa der Admiral Leahy, aber auch, wie man hinzufügen müßte, der weltberühmte Ozeanflieger Charles Lindbergh und der spätere General Wedemeyer. Manchmal sieht es so aus, als mache Kunert letztes Endes »die Juden« verantwortlich, die ja unzweifelhaft in Roosevelts Umgebung und in den maßgebenden Presseorganen stark vertreten waren, aber dieser Eindruck dürfte irreführend sein, denn im Anhang druckt Kunert einen Brief im Faksimile ab, den Bernard Baruch, das Musterbild eines »jüdischen Finanzoligarchen«, am 30. September 1938 an den amerikanischen Botschafter in Berlin, Hugh R. Wilson, geschrieben hat. Hier unterstreicht Baruch sehr stark sein negatives Urteil über Versailles und seine eigenen Versuche, die Bedingungen zugunsten Deutschlands zu mildern. Im letzten Satz heißt es: »If it had not been for Hitler's activities against some of the unfortunate people in his realm, I might have found myself going along with him.«[15]

Überraschende Perspektiven und wichtige Denkanstöße lassen sich aber auch in der nicht-revisionistischen Literatur finden, so etwa in Bernd Martins Untersuchung *Friedensinitiativen und Machtpolitik im Zweiten Weltkrieg 1939–1942*[16], wo der Verfasser aus den Akten über die Gespräche berichtet, die Roosevelts Abgesandter Sumner Welles 1940 bei seiner Rundreise durch Europa, die ihn auch Berlin besuchen ließ, in London mit britischen Staatsmännern führte. Als Churchills Meinung sei klar erkennbar gewesen, daß Deutschlands Hegemonie über Zentraleuropa ein für allemal gebrochen werden müsse, und der Kriegsminister Stanley sei der Ansicht gewesen, das Deutsche Reich solle in Kleinstaaten zerstückelt und Berlin müsse dem Erdboden gleichgemacht werden. Lloyd George dagegen habe die Auffassung vertreten, man solle Zentraleuropa dem Reich als Einflußsphäre zuerkennen und Deutschland als gleichwertige Großmacht akzeptieren. Auch Chamberlain, Halifax, Simon, Hoare, Astor und Kreise der hohen Beamtenschaft und der Wirtschaft seien, zumindest nach der Auffassung des irischen Außenministeriums, zum Ausgleich bereit gewesen.[17] Mithin gab es auch während des Krieges noch eine andere, eine »deutschfreundliche Linie«, ganz wie zur gleichen Zeit in Amerika und erst recht in großen Teilen Kontinentaleuropas, wo man längst bereit war, eine Mitteleuropa beherrschende deutsche Großmacht zu akzeptieren. Hitlers Handlungen waren daher zum guten Teil nicht Ausfluß seines »Programms«, sondern Reaktionen auf die für ihn schwer verständlichen Reaktionen seiner Gegner, nicht zuletzt auf Churchills Brandrede vom 14. Juli 1940, die sein Friedensangebot schon ante festum zunichte machte.

Wenn Martins Buch geeignet ist, die »andere«, die re-aktive Seite von Hitlers Außenpolitik und auch das Vorliegen ausgeprägter Vernichtungsintentionen auf der englischen Seite deutlich zu machen, so war die in Deutschland einflußreichste Auffassung der Hitlerschen Außenpolitik doch die These vom »Stufenplan«, wie sie in erster Linie von Andreas Hillgruber und Klaus Hildebrand vertreten wurde. Hier erscheint Hitler als der Hauptinitiator der Weltgeschichte des 20. Jahrhunderts, der bereits in *Mein Kampf* den Plan der Errichtung eines deutschen Kolonialimperiums unverhüllt darlegte und ihn konsequent, wenn auch nicht ohne pragmatische, aber immer bloß temporäre Anpassung an die Umstände zu realisieren suchte, und zwar über die Stufen der Restitution der deutschen Großmachtstellung und der Errichtung eines großdeutschen Reiches hinweg. Wenn Hitler im Sommer 1940 sein Ziel noch darin sah, mit England »auf der Basis der Teilung der Welt« in Fühlung zu kommen, so ging er mit der gleichzeitigen Forderung nach Kolonien doch ebenso darüber hinaus, wie er es zuvor schon mit dem sogenannten »Z«-Plan getan hatte, dem Projekt des Baus einer riesigen Überwasserflotte, die nur für eine spätere Auseinandersetzung mit Amerika bzw. einem sich verweigernden England gedacht sein konnte. Ribbentrops Lieblingsidee eines Kontinentalblocks zwecks Aufteilung des britischen Empire unter Deutschland, Italien, die Sowjetunion und Japan blieb eine Episode, die von Hitler schwerlich ernst genommen wurde. In der Euphorie des scheinbar schon errungenen Sieges über die Sowjetunion im Sommer 1941 leitete Hitler Rüstungsverschiebungen zugunsten von Luftwaffe und Marine ein, die darauf hindeuteten, daß er den Entscheidungskampf um die Weltherrschaft gegen die USA, den er ursprünglich einer späteren Generation zugedacht hatte, nun noch selbst zu führen beabsichtigte.

An dieser historiographischen Konzeption, die Klaus Hildebrand u. a. in seinem Buch *Deutsche Außenpolitik 1933–1945. Kalkül oder Dogma* und Andreas Hillgruber in seiner umfassenden Untersuchung über Hitlers Strategie 1940/41 sowie in mehreren Aufsätzen entwickelt hat[18], ist nicht kontrovers, daß Hitlers Vorstellungen und Ideen ernst genommen werden, die es schon als solche überaus wahrscheinlich machen, daß er *kein* gewöhnlicher, maßvoller, vernünftiger, wenn auch gelegentlich zum Bluff und zur Großsprecherei neigender Politiker war. Kontrovers ist die Vernachlässigung des defensiven Moments und der anderen globalen Konzeptionen, auf die Hitler möglicherweise nur eine Antwort zu geben versuchte. Wir haben allerdings gesehen, daß Hildebrand in einem Aufsatz in der *Historischen Zeitschrift*[19] das Aufeinanderstoßen von *drei* revolutionären Konzeptionen in der ersten Hälfte des 20. Jahrhunderts konstatierte, von denen die nationalsozialistische nur eine und nicht die früheste war, und auch Andreas Hillgruber hat nicht immer und ausschließlich das offensive Moment in Hitlers Handeln betont. Eine offene Frage bleibt bei beiden, ob und wie ein Wille zur Weltherrschaft bei Hitler sich mit seiner Grundvorstellung vom ewigen Kampf der Naturwesen vereinbaren läßt. Konnte es bei Hitler wirklich ein Analogon zur liberalen und marxistischen Idee vom Ewigen Frieden geben, sei es auch aufgrund der antiliberalen und antimarxistischen Konzeption der unantastbaren Herrschaft einer höheren Rasse?

Eine Antwort auf diese Frage hat Jochen Thies in seinem Buch *Architekt der Weltherrschaft. Die »Endziele« Hitlers* zu geben versucht.[20] Seine Originalität besteht darin, daß er unter häufiger Heranziehung von Speers *Erinnerungen* auch Hitlers architektonischen Pläne schildert, die in sich einen Beweis für Hitlers Absicht darstellen, die Weltherrschaft zu erringen. Schon vor dem Ausbruch des Krieges hatte Hitler ja einen Umbau von Berlin in Gang setzen lassen, dessen Monumentalarchitektur alle in der Welt vorhandenen Bauwerke einschließlich des Petersdoms und des Pariser Arc de Triomphe weit übertreffen würde: Über der 220 Meter hohen Kuppel der 200 000 Menschen fassenden

»Halle des Volkes« sollte sich als symbolhafter Abschluß ein riesiger Reichsadler erheben, der in seinen Fängen aber nicht mehr das Hakenkreuz, sondern die Weltkugel halten sollte. In dem neben der Halle anzulegenden Führerpalais sollte der Diplomatenweg zum »Herrn der Welt« nicht weniger als einen halben Kilometer betragen, und Berlin würde unter dem Namen »Germania« die Welthauptstadt sein.[21] Eine Entsprechung zur Gigantomanie dieser Entwürfe glaubt Thies ebenfalls in Hitlers Feldzugs- und Rüstungsplänen der Jahre 1940/41 zu erkennen, die letzten Endes auch einen Krieg mit Japan im Auge gehabt hätten. Ganz ähnlich hatte aber schon Ende 1939 eine Denkschrift aus den Kreisen des militärischen Widerstandes Hitlers Pläne charakterisiert: Hitler verfolge mit der Dynamik des geborenen Anarchisten »das Ziel einer ideenlosen Weltherrschaft«, welche die »Zersetzung aller geschichtlichen Bindungen und aller kulturellen Gebundenheiten« bedeute, die einst den Ruhm Europas ausgemacht hätten.[22]

Thies zieht als Resümee seiner Untersuchung eine Folgerung, die auch bei Hildebrand angedeutet ist[23]: »Stellvertretend für die Menschheit beabsichtigte Hitler, als ›Erlöser‹ mit der Weltherrschaft der ›arischen Rasse‹ zugleich einen biologischen Endzustand der Welt zu sichern, der die Rolle der Erde als ›Wanderpokal‹, der immer wieder dem stärksten Volk neu vergeben werde, beenden würde.«[24] Ein so umfassendes Ziel hatte sich in der Tat noch nie ein »Welteroberer« gestellt, aber für Hitler wäre es ein Ziel gewesen, das in offenem Widerspruch zu einer Grundlage seiner Weltanschauung gestanden hätte, der Lehre vom ewigen Kampf, der die Voraussetzung allen Fortschritts und aller Höherentwicklung ist. Wenn Hitler tatsächlich die Weltherrschaft einer »höheren Rasse« in diesem buchstäblichen Sinne realisieren wollte, dann verwickelte er sich in einen unaufhebbaren Widerspruch, weil diese Art von Weltherrschaft kaum anders denn als »Friedensreich« gedacht werden kann.

Daher hat Dietrich Aigner diese Interpretation mit guten Argumenten zurückgewiesen und darauf bestanden, daß Hitler zwar Weltmacht in Gestalt des europäischen Kontinentalimperiums erstrebte, aber nicht eine »Weltherrschaft«, welche militärische Siege über die anderen Weltmächte der USA, des britischen Empire und Japans vorausgesetzt hätte.[25] Aigner hätte sich auch auf andere Äußerungen Hitlers berufen können wie etwa: vielleicht werde das germanische Reich »in hundert Jahren« einen Krieg gegen Italien führen müssen.[26] Die Frage nach dem

»letzten Ziel« der Außenpolitik Hitlers läßt sich daher nicht mit völliger Eindeutigkeit beantworten.

Wohl aber kann man mit Bestimmtheit sagen, daß der Krieg, den Hitler tatsächlich führte, jedenfalls kein Offensivkrieg um die Weltherrschaft war, sondern daß er den USA genau in dem Augenblick den Krieg erklärte, als er schon zu der Einsicht gelangt war, daß er den Gesamtkrieg nicht werde gewinnen können; als er sich demnach, global gesehen, bereits endgültig in einer Defensivposition befand. Aber dieser Krieg war nur teilweise ein »nationalsozialistischer Krieg«, ganz wie Hitlers Außenpolitik nur teilweise eine »nationalsozialistische Außenpolitik« darstellte. Jetzt ist daher die Frage aufzuwerfen, auf welche Weise in der Literatur dieses »Nationalsozialistische am Zweiten Weltkrieg« gesehen und bestimmt wird.

# 13. Der nationalsozialistische Krieg

Man kann sich viele weitere Fragen sparen, wenn man lediglich feststellt, daß der Krieg, der am 1. September 1939 als lokaler Krieg zwischen Deutschland und Polen begann, der bereits am 3. September durch die Kriegserklärungen Englands und Frankreichs zum europäischen Krieg wurde, der am 22. Juni 1941 mit Hitlers Angriff gegen die Sowjetunion den Charakter des ideologischen Vernichtungskampfes gewann und mit Hitlers Kriegserklärung an die USA am 11. Dezember 1941 sich endgültig zum Weltkrieg wandelte, als ganzer ein nationalsozialistischer Krieg war, weil es unvorstellbar ist, daß ein liberaldemokratisches System auch nur die Vorbereitungen der Jahre von 1933 bis 1939 hätte treffen können oder gar die Möglichkeit eines Krieges gegen England und Frankreich in Kauf genommen haben würde. Die These ist zwar richtig, und sie läßt sich sogar ausdehnen, denn es ist ebenso unvorstellbar, daß ein liberaldemokratisches Regime in Italien den kolonialen Eroberungskrieg gegen Äthiopien hätte vorbereiten und führen können. Es bedurfte dazu der diktatorischen Gewalt eines einzelnen, der Beherrschung aller Zweige des öffentlichen Lebens durch eine ideologisch ausgerichtete Partei und also der vollständigen Abwesenheit einer artikulationsfähigen Opposition. Diese Kennzeichen waren indessen auch in der Sowjetunion gegeben, und wir werden uns noch der Frage zuwenden müssen, ob etwa eine Unterscheidung zwischen der Aggressivität der faschistischen Staaten und der Nicht-Aggressivität bzw. Friedfertigkeit des kommunistischen Staates getroffen werden muß.

Vor allem aber gab es Grundlagen und Wirklichkeiten, die als solche nicht nationalsozialistisch oder faschistisch waren. Insofern kann man sagen, daß der Angriff gegen Polen als solcher ein »Weimarer« Krieg gewesen ist, denn alle Weimarer Politiker waren sich in der Überzeugung einig gewesen, daß die Teilung Deutschlands durch den Polnischen Korridor keine Dauer haben dürfe. Selbst die neuartigen strategi-

schen Mittel, mit denen der Krieg geführt wurde – der rückhaltlose
Einsatz der modernen Technik, die Kesselschlachten, das nervenzer-
mürbende Heulen der Sturzkampfbomber –, hätten möglicherweise
von einer vergrößerten Reichswehr ebenballs verwendet werden können. Der Hitler-Stalin-Pakt konnte als eine Wiederholung von Rapallo
betrachtet werden. Aber von einer anderen Qualität waren das Geheime Zusatzprotokoll als Kriegs- und Teilungspakt gegenüber Polen
und nicht minder die provisorische Friedensregelung, die große Teile
der von Deutschland besetzten Hälfte Polens dem Reich einverleibte
und aus dem Rest ein »Generalgouvernement« schuf, das nach dem
Präzedens des »Protektorats« die kleinen Staaten Europas ahnen ließ,
welchen Status sie in einem deutschbeherrschten Kontinent erhalten
könnten.

Eine neue Qualität kam auch der Ansprache Hitlers vom 23. November 1939 zu, die allerdings Vorgänger bis zurück zum 3. Februar
1933 hatte[1], jener Ansprache, mit der Hitler die widerstrebenden Generäle auf den Angriff im Westen vorbereiten wollte und in der es hieß:
»Man wird mir vorwerfen: Kampf und wieder Kampf. Ich sehe im
Kampf das Schicksal aller Wesen... Die steigende Volkszahl erforderte
größeren Lebensraum. Mein Ziel war, ein vernünftiges Verhältnis zwischen Volkszahl und Volksraum herbeizuführen.... Ein Volk, das die
Kraft nicht aufbringt zum Kampf, muß abtreten... Grundsätzlich habe
ich die Wehrmacht nicht aufgestellt, um nicht zu schlagen. Der Entschluß zum Schlagen war immer in mir... Das ganze bedeutet den
Abschluß des Weltkrieges, nicht eine Einzelaktion. Es handelt sich...
um Sein oder Nichtsein der Nation... Ich werde in diesem Kampf
stehen oder fallen. Ich werde die Niederlage meines Volkes nicht überleben. Nach außen keine Kapitulation, nach innen keine Revolution.«[2]

Wenn »Lebensraum« als »Siedlungsraum« aufgefaßt wurde, dann lag
eine neue Art des Krieges vor, denn eine vergleichbare Idee war während des Ersten Weltkrieges nur von Randgruppen vertreten worden.
Als »Abschluß des Weltkrieges« war der Krieg aber gleichwohl ein »europäischer Normalkrieg«, der mit den bis dahin üblichen Methoden
geführt werden konnte und zu den bis dahin üblichen Folgen führen
würde: Besetzung eines Landes mit oder ohne Weiteramtieren der bisherigen Regierung, Friedensschlüsse mit gewissen Gebietsverlusten,
Beachtung der Haager Landkriegsordnung und entsprechende Behandlung der Kriegsgefangenen. Ein »europäischer Normalkrieg« war

schon die Besetzung Dänemarks und Norwegens im April, die als »Überfall« falsch charakterisiert ist, weil es sich um eine Präventivaktion gegenüber einem bevorstehenden englischen Zugriff handelte. Ein »europäischer Normalkrieg« war auch der Westfeldzug mit den triumphalen Erfolgen einer neuen Strategie, an deren Ausarbeitung Hitler, von nun an auch Feldherr, neben General von Manstein großen Anteil gehabt hatte. Die Kontroverse, ob Hitler aus Gründen seiner England-freundlichkeit die Panzertruppen vor Dünkirchen angehalten und das Entkommen des englischen Expeditionsheers ermöglicht habe oder ob taktische Zwänge vorlagen, braucht in unserem Zusammenhang nicht zu interessieren, da an der Aufrichtigkeit von Hitlers Wunsch, mit England zu einem Ausgleich zu gelangen, ohnehin kein Zweifel bestehen kann. Ein »europäischer Normalkrieg« in prononciertem Sinne war der Kampf, der in Nordafrika zwischen den Engländern und den deutsch-italienischen Verbänden unter dem General Rommel, dem »Wüstenfuchs«, ausgetragen wurden.

Die radikal neuartige Qualität dieses Krieges, die freilich unter dem Gesichtspunkt der Eroberung und Unterdrückung eine Fortsetzung des Krieges gegen Polen war, wurde jedoch sichtbar, als Hitler unter Anknüpfung an die Vorstellungen und Emotionen des russischen Bürgerkriegs den ideologischen Vernichtungskampf gegen die Sowjetunion als das Mutterland der »Weltgefahr des jüdischen Bolschewismus« proklamierte. Wir haben die aufschlußreichsten Sätze Hitlers bereits angeführt und uns auch die Ereignisse in aller Kürze vor Augen gestellt. Wir befassen uns jetzt mit der zentralen Kontroverse, ob der deutsche Angriff auf die Sowjetunion trotz der Eroberungs- und Vernichtungsintentionen Hitlers, über die unter den Autoren Einmütigkeit besteht, vielleicht trotzdem ein Präventivkrieg war.

Schon die erste Verlautbarung der deutschen Regierung hob diesen Präventivcharakter hervor, unter anderem mit dem Hinweis auf die sowjetische Truppenkonzentration an der rumänischen Grenze, und insofern scheint es sich schlicht um eine nationalsozialistische These zu handeln, die das Nationalsozialistische an diesem Krieg zu verhüllen bestrebt war. Man mochte sagen, daß das Büchlein eines führenden hohen Offiziers, Erich Helmdachs, das 1975 unter dem Titel *Überfall?* erschien und vor allem die Angriffsaufstellung der Roten Armee herausstellte, bloß das Wiederaufgreifen dieser These bedeutete.[3] Aber es war sehr bemerkenswert, daß ein Mitarbeiter des Militärgeschichtlichen

Forschungsamtes, Joachim Hoffmann, in seinem Beitrag zu dem Sammelwerk *Das Deutsche Reich und der Zweite Weltkrieg*, 1986 in minuziöser Untersuchung zu dem gleichen Ergebnis kam[4] – wenn auch offensichtlich gegen die Überzeugungen der Mehrheit der Mitarbeiter des Amtes, so daß ihm große Schwierigkeiten erwuchsen.

Den Charakter einer Sensation hatte um die gleiche Zeit das Buch eines hochangesehenen Philosophen, der sich zur Überraschung des Publikums in das Gebiet der Zeitgeschichte hineinwagte: Ernst Topitschs *Stalins Krieg. Die sowjetische Langzeitstrategie gegen den Westen als rationale Machtpolitik.*[5] Schon der Titel war eine außerordentliche Herausforderung für die etablierte Auffassung, daß es sich um »Hitlers Krieg« gehandelt habe, und Topitsch versteckte überdies die aktuellen Bezüge seiner Auffassung in keiner Weise: Es komme darauf an, dem gegenwärtigen Zangengriff der »sowjetischen Psychostrategie« und der »Zermürbungsarbeit der Pseudo-Moralisten« im Westen entgegenzutreten und das Bewußtsein wiederherzustellen, daß von Lenins Zeit an ein umfassender und mit allen Mitteln geführter Krieg des Kommunismus gegen den westlichen Kapitalismus geführt worden sei, in dessen Rahmen Hitler weiter nichts als ein Werkzeug der überlegenen Strategie Stalins gewesen sei. Sowohl Hitler wie Japan gegenüber habe Stalins Verschlagenheit den Weg für den späteren Sieg vorbereitet, und den Angelsachsen sei überhaupt nicht bewußt geworden, daß sie ihren Hauptfeind unterstützten, als sie der Sowjetunion durch die Lieferung von fast 500 000 Kraftfahrzeugen eine elementare Voraussetzung für ihren Triumph schufen. Bei aller Verurteilung der Torheit Hitlers kommt Topitsch daher zu dem Resultat, daß »Europa dem Opfergang der deutschen Soldaten auch einiges verdankt«, und damit zog er die Angriffe seiner Gegner natürlich erst recht auf sich.[6]

Eine neue Ebene betrat das 1989 unter einem Pseudonym veröffentlichte Buch eines ehemaligen hohen sowjetischen Offiziers, Viktor Suworows: *Der Eisbrecher. Hitler in Stalins Kalkül.*[7] Suworow zieht vor allen Dingen sowjetische Literatur heran, sowohl Zeitungsartikel und Aufrufe der Vorkriegszeit wie die späteren Darstellungen und Autobiographien sowjetischer Generäle, und das Bild, das sich ergibt, unterscheidet sich fundamental von dem offiziellen und in der westlichen Literatur ebenfalls vorherrschenden Bild der friedlichen, unvorbereiteten und schmählich überfallenen Sowjetunion. Auch Suworow unterstreicht die Riesenzahl der an der Grenze aufgestellten Panzer, die den deutschen Kampfwagen an Zahl und großenteils an Qualität erheblich überlegen waren. Neu aber und frappierend ist seine Behauptung, daß ein Teil dieser Panzer auf sowjetischem Boden gar nicht einsetzbar war, sondern sich nach Ausrüstung und präzedenzloser Geschwindigkeit nur für den Angriff auf mitteleuropäischen Straßen eignete. Sehr überraschend und aufschlußreich ist auch die These, daß die Sowjetunion an ausgebildeten Fallschirmspringern etwa 200mal so viele besaß wie die ganze übrige Welt, und erschütternd ist die Vermutung, daß die Kosten der Ausbildung eines Fallschirmspringers so hoch waren, daß sie den Hungertod eines Kindes bedeuteten. Suworow hebt auch die bekannte Tatsache hervor, daß die sowjetische Verteidigungsdoktrin ganz und gar auf den Angriff eingestellt war, für den sie freilich immer ein höheres Recht der Verteidigung in Anspruch nahm.

Frappierend ist im Rückblick nicht minder die Offenheit, mit der im Frieden ausführliche Beschreibungen der künftigen Kriegführung insbesondere gegen Deutschland in öffentlich zugänglichen Organen und sogar in der *Prawda* erscheinen konnten. Solche Beschreibungen waren übrigens, wie Akten des Reichssicherheitshauptamts unter Beweis stellen, den deutschen Behörden bekannt[8], und die Frage kann nicht unzulässig sein, ob nicht solche Publikationen, zu denen es in Deutschland keine Entsprechung gab, einen Präventivkrieg zu legitimieren vermochten. Für Suworow aber lassen sich alle Einzelbeobachtungen und -feststellungen aus einer einzigen Grundtatsache ableiten: daß Stalin nicht in erster Linie ein verschlagener Asiat war, sondern daß er wie alle seine Mitstreiter von der Leninschen Idee beherrscht blieb, die Weltrevolution, der allgemeine Kampf der Ausgebeuteten gegen die Ausbeuter, stehe auf der Tagesordnung der Weltgeschichte und die Sowjetunion verschaffe mit ihrer Hochrüstung dieser Weltrevolution das scharfe Schwert, ohne das sie nicht den endgültigen Sieg erringen könne.

Nur deshalb konnte die *Prawda* am 18. August 1940 die folgenden Sätze schreiben: »Und wenn der Marschall der Revolution Genosse Stalin das Signal geben wird, werden sich Hunderttausende von Flugzeugführern, Navigatoren, Fallschirmspringern mit der geballten Wucht ihrer Waffe auf das Haupt des Feindes stürzen, mit der Waffe der sozialistischen Gerechtigkeit. Die sowjetischen Luftflotten werden der Menschheit das Glück bringen.« Nur deshalb konnte die polnische Kommunistin Wanda Wassilewska schreiben, die Sklaven würden nicht mehr lange mit ihren Ketten klirren, die »Befreiung der ganzen Welt«

stehe kurz bevor.[9] Nichts ist in der Tat einleuchtender, sofern man der Auffassung ist, daß die großen Grundüberzeugungen und -emotionen, auf die sich die Ideologien gründen, nicht etwa angesichts schwieriger Realitäten verschwinden, sondern wirksam bleiben und in Entscheidungssituationen klar hervortreten: Nichts hatte ja die Bolschewiki im Bürgerkrieg so sehr beflügelt wie der Glaube, daß sie bestimmt seien, die Welt im ganzen in einen völlig neuen Zustand zu führen, den Zustand des definitiven Friedens, und daß die letzte Etappe auf diesem Wege von blutigem Kampf erfüllt sein werde, dem Kampf der Sklaven gegen die Herren, der Armen gegen die Reichen.

Wer Ideologien ernst nimmt, kann die Präventivkriegsthese nicht von vornherein apodiktisch ablehnen. Wer allerdings glaubt, daß ideologische Überzeugungen weiter nichts als Vorwände für die Fortführung des privilegierten Lebens herrschender Klassen sind, der muß es für selbstverständlich halten, daß Stalin, seine Generäle und seine Industriedirektoren auf keinen Fall die Vorteile einbüßen wollten, die sie so hoch über die jämmerliche Lebenslage der sowjetischen Durchschnittsmenschen emporhoben. Letzten Endes hängt das historisch-politische Urteil hier von einem anthropologischen Urteil ab: Sind die Menschen lediglich egoistische, auf ihre unmittelbaren und überwiegend materiellen Vorteile bedachte Wesen, oder können sie bereit sein, sogar ihr Leben in einem großen Aufschwung zugunsten eines größeren Ganzen und selbst einer »bloßen Idee« zu opfern?

Zu fragen ist, ob dieser kommunistischen und offenkundig sozialreligiösen, »messianischen« Idee vom letzten Kampf für das endgültige Friedensreich auf dieser Erde auf der nationalsozialistischen Seite eine direkte Antwort gegenüberstand, und es ist eine noch unausgetragene Kontroverse, ob es sich dabei um eine Antwort auf der gleichen Ebene handeln konnte. Sicherlich war es eine bloß vorläufige Antwort, wenn Hitler vor dem Beginn des Unternehmens Barbarossa erklärte, der Kampf gelte dem »Gift der Zersetzung«. Aber es ist eine bemerkenswerte Tatsache, daß es wohl nur im nationalsozialistischen Deutschland Denker und Schriftsteller gab, die eine positive Philosophie des Krieges als solchen entwickelten. So wurde im Jahre 1943 ein Buch von Kurt Eggers veröffentlicht, das den Titel trug: *Vater aller Dinge. Ein Buch des Krieges*, wo der Krieg als das Heilmittel gegen die Dekadenz des bürgerlichen Strebens nach Behaglichkeit und Sattheit gepriesen wird, als der Erzeuger eines nicht amputierten, man könnte auch sagen eines nichtentfremdeten Lebens, in dem der Mensch wieder zum Herrn der Technik wird.[10] Aber es ist wahrscheinlich, daß die eigentliche nationalsozialistische Konzeption mehr zum Inhalt hatte als ein Lob der Tapferkeit und den Willen, dem deutschen Volk die Rohstoffe zu erkämpfen, die ihm fehlten. Darauf wird später zurückzukommen sein.

Eine andere unausgetragene Kontroverse dreht sich um die Frage, ob Hitler seinen Krieg hätte gewinnen können. In Deutschland herrscht die Meinung vor, daß Hitler diesen Krieg schon verloren hatte, bevor er den ersten Schuß abfeuern ließ, die als Frage formulierte und einleuchtende Antwort des kleinen Fritzchen ist schon erwähnt worden.[11] Die Literatur der Kriegsgegner ist allerdings nicht durchweg dieser Auffassung. Für alle sowjetischen Autoren verstand es sich bis vor kurzem noch von selbst, daß Hitler vom mächtigsten aller Geschichtsgesetze zur Niederlage verdammt war, dem Gesetz des unausweichlichen Sieges des Sozialismus.[12] In der angloamerikanischen Literatur sieht das Bild partiell anders aus. Der englische Historiker des deutsch-russischen Krieges Albert Seaton hält es für wahrscheinlich, daß die Sowjetunion rasch besiegt worden wäre, wenn Hitler gegenüber Japan auf der Eröffnung einer Front im Fernen Osten bestanden hätte, und er stimmt der nationalsozialistischen These zu, daß der entscheidende Schritt zum Siege getan worden wäre, wenn das Wetter im Oktober noch drei weitere Wochen trocken, mild und klar geblieben wäre. Auch nach der verlorenen Winterschlacht vor Moskau bestanden angesichts der Überlegenheit der deutschen Taktik noch gute Chancen, die indessen von der immer unsicherer und stümperhafter werdenden Führung Hitlers vertan wurden, so daß Hitler schließlich als der »Kriegsverlustschuldige« (wie man formulieren könnte) erscheint.[13] Winterbotham meint, daß der ganze Zweite Weltkrieg »ein Kampf auf Messers Schneide« gewesen sei, der ohne »Ultra« schwerlich gewonnen worden wäre.[14] Großadmiral Dönitz zitiert in seinen Erinnerungen einen englischen Autor, der schrieb, noch im März 1943 habe der englischen Admiralität die Niederlage ins Gesicht gestarrt.[15] Auch Alan Bullock ist der Auffassung, Hitler habe den Seekrieg gewinnen können, wenn er dem U-Boot-Bau zur rechten Zeit Priorität eingeräumt hätte.[16] David Irving glaubt sogar, der Krieg sei auch Mitte 1944 noch nicht definitiv entschieden gewesen, und selbst General Eisenhower deutete an, daß die große Invasion hätte mißlingen können, wenn die deutschen V-Waffen sechs Monate früher fertig geworden wären.[17]

In der Tat macht sich jeder die Sache viel zu leicht, der Hitler hauptsächlich deshalb verurteilt, weil Deutschland und Europa 1945 in einem
Inferno aus Feuer und Blut unterzugehen schienen. Wer Hitler verurteilt, muß in der Lage sein, das schon im Hinblick auf das Jahr 1940/41
und vor allem unter dem Gesichtspunkt der Möglichkeit zu tun, daß
Hitler im Oktober 1941 nach einer Eroberung Moskaus und nach
einem Vorstoß der Japaner bis in die Mitte Sibiriens zwar keineswegs
der Herr der Welt, wohl aber der Sieger des kürzesten und entschei-
dendsten – und dabei relativ unblutigen – Krieges der Weltgeschichte
gewesen wäre. In Teilen des deutschen Widerstandes war diese –
ethische, ja religiöse und eben nicht machtpolitische – Einstellung
selbstverständlich, aber die Vermutung ist schwerlich ganz abwegig, daß
viele nachgeborene »Antifaschisten« von heute zu den begeisterten
Verehrern des gottgleichen Führers gehört haben würden, wenn sie
nach einem solchen Siege in Deutschland aufgewachsen wären.

Von hier aus ist ein neuer Blick auf die »Schuldfrage« möglich. Zuvor
sollen aber einige der »kleineren Kontroversen« wenigstens erwähnt
werden, die von einzelnen Tatbeständen oder Problemen des Zweiten
Weltkrieges ihren Ausgang nehmen bzw. nehmen können: Wollte Hitler aus Angst vor einer Mißstimmung unter den deutschen Massen
einen »leichten Krieg« führen, der nur in einer Aneinanderreihung von
»Blitzfeldzügen« bestand, oder waren dem deutschen Volk auch schon
vor 1939 große Opfer und Entbehrungen abverlangt worden?[18] Damit
zusammenhängend: War der nationalsozialistische Krieg ein improvi-
sierter Krieg, oder ließen die rasch wechselnden Situationen langfristige
Planungen nicht zu? Ging die Initiative zum Nichtangriffspakt vom
23. August 1939 von Hitler oder von Stalin aus? Entschied sich Hitler in
starker Unterschätzung des Gegners und aus Leichtfertigkeit für das
»Unternehmen Barbarossa«, oder fehlte es ihm nicht an Bewußtsein für
die damit verbundenen Gefahren und Risiken?[19] 

Wie stark waren die Kräfte in der deutschen Führung, die im Osten
einer »Befreiungspolitik« und nicht einer Unterdrückungspolitik das
Wort redeten? Welche Chancen ließen sich der »Kollaboration« in
Westeuropa, den »deutschfreundlichen« und antikommunistischen
Tendenzen in Polen und den faschistischen Bewegungen wie der »Ei-
sernen Garde« in Rumänien zuschreiben? Welche Bedeutung kommt
dem »Verrat im Zweiten Weltkrieg« zu; wie verlaufen die Grenzlinien
zum »Widerstand«? Ist die These der Gestapo in der Realität begrün-

det, die Mehrzahl der katholischen Priester wünsche die Niederlage Deutschlands und betrachte Churchill und Roosevelt als Vorkämpfer des Christentums? Darf man von einer »Bolschewisierung des Nationalsozialismus« durch den Krieg sprechen, wie sie etwa in Hitlers Hochschätzung Stalins und in Goebbels' Behauptung zum Vorschein käme, die sowjetischen Generäle seien als »Thälmann-Typen« den deutschen Generälen überlegen?[20] Kann man sagen, daß nur die Waffen-SS einen »nationalsozialistischen Krieg« führte?

Alle diese wirklichen oder potentiellen Kontroversen lassen sich auf die Frage reduzieren, ob Hitler einen in höherem Maße »nationalsozialistischen", d. h. einen konzentrierteren, rücksichtsloseren und erfolgreicheren Krieg hätte führen können, einen Krieg, der keine Schuldvorwürfe gegen Polen, England und Amerika nötig gehabt hätte.

Solange man von »Kriegsschuld« spricht, setzt man ja ein negatives Urteil über den Krieg als solchen voraus. Wenn der Krieg dagegen als höchste Ausdrucksform des Lebens aufgefaßt wird, wie von Kurt Eggers, dann bedarf es der moralischen Abwehr eines Kriegsschuldvorwurfs nicht: Das stärkere Leben folgt dem Gesetz des Seins, indem es sich über die bisherigen Grenzen ausdehnt. Dies war im Grunde auch Hitlers Auffassung, und es ist eine merkwürdige Reverenz an die Adresse des Gegners, wenn er die Behauptung aufstellt, nur die Machenschaften des Weltjudentums verwickelten die Völker in große Kriege. Tatsächlich wäre eine Frage nach der Kriegsschuld gar nicht aufgekommen, wenn Hitler im Herbst 1941 seinen »Endsieg« errungen hätte: Für viele Jahrzehnte, ja vielleicht sogar Jahrhunderte wäre es in Europa die etablierte Auffassung gewesen, daß der Führer auf der Grundlage eines elementaren historischen Rechts Polen angegriffen habe, um das Versailler System endgültig umzustürzen und die bessere Weltordnung der Hegemonie eines von Deutschland geführten europäisch-afrikanischen Großraums zu begründen. Aber auch wenn der »Marschall der Revolution« Stalin nach jenem *Prawda*-Zitat schon eine Woche vor dem 22. Juni 1941 seine Panzerarmeen und Luftflotten nach Westen in Gang gesetzt hätte, würde nach dem Erfolg niemand in Sowjet-Europa die Frage aufgeworfen haben, ob der Feldzug nicht als Angriffskrieg moralisch zu verurteilen sei, denn der Wille der Geschichte steht natürlich weit über den moralisierenden Urteilen der Menschen und zumal von »Klassenfeinden«.

Aber Hitler und auch Stalin siegten sogar in ihren besten Zeiten nie genug, um auf die Verteidigung gegen Schuldvorwürfe und auf eigene Anklagen zu verzichten. Und deshalb gibt es nach der weit überwiegenden Meinung der Autoren keine »Kriegsschuldfrage« des Zweiten Weltkriegs, weil die Kriegsschuld ganz eindeutig Hitler und dem nationalsozialistischen Deutschland zuzuschreiben ist. Man könnte beinahe sagen, diese Auffassung sei schon a priori richtig, denn es besteht in allen vergleichbaren Fällen eine hohe Wahrscheinlichkeit, daß nach einem Kriege die Forderungen des besiegten und revisionistischen Staates zu einem neuen Kriege führen werden, es sei denn, dieser Staat fände sich ohne weiteres mit der Niederlage ab und wäre mithin gar nicht oder nur im harmlosesten Sinne revisionistisch oder die Siegermächte wären von sich aus zu beträchtlichen Konzessionen bereit. Danzig und der Korridor waren ein schweres, auch in der Weimarer Zeit lebendig empfundenes Ärgernis, aber Hitler ließ den ersten Schuß abfeuern, und dazu war er nicht gezwungen. Mithin war er zweifellos der Urheber und Kriegsschuldige, denn von einem drohenden Angriff der Polen konnte trotz gewisser Großsprechereien in der polnischen Presse nicht die Rede sein.

Aber die Einmütigkeit der Historiker kommt doch rasch an ein Ende, wenn die Frage gestellt wird, ob nicht anderen Mächten eine Mitschuld zuzuschreiben ist. Nur die sowjetischen Autoren waren bis zum Zerfall des Staates so gut wie ausnahmslos der Meinung, der Nichtangriffspakt sei eine reine und unumgängliche Verteidigungsmaßnahme gewesen. Überall in der westlichen Welt wird zumindest erwogen, ob nicht auch der schuldig gesprochen werden muß, der den Weg zum Kriege freigegeben hat. Aber welche Konsequenz soll man ziehen, wenn der Engländer Bullock und der Deutsche Dülffer behaupten, Hitler habe den Krieg erst in den Jahren 1943/44 bzw. 1940–42 führen wollen?[21] Handelte es sich dann nicht doch, dem Titel des Hogganschen Buches gemäß, um einen »erzwungenen Krieg«? Der Japaner Miyake muß sich bei seiner Erörterung der Kriegsursachen ausdrücklich gegen den Verdacht verwahren, er wolle Großbritannien die Kriegsschuld unterstellen.[22] Die britische »Garantie« für Polen kann ja in der Tat als eine »Aufreizung zur Unvernunft« betrachtet werden. Was soll man zu Roosevelt sagen, wenn Bernd Martin recht hat, der von der durch ihren Präsidenten »planmäßig zum Kriegseintritt gedrängten« amerikanischen Nation spricht[23], durch einen Präsidenten, dessen langfristiges Ziel darin bestanden habe, Amerika zur führenden Weltmacht zu erheben? Immerhin war Hitler in der Nachkriegswelt zwischen 1918 und 1939 mit seinen Weltmachtplänen nicht so isoliert, wie es beim Blick auf die saturierten und stagnierenden Siegermächte England und Frankreich aussieht. Mithin wäre die »Schuldfrage des Zweiten Weltkriegs« doch um vieles komplizierter, als die meisten Historiker annehmen.

Hier muß nun ein bisher vernachlässigter Gesichtspunkt in den Vordergrund gerückt werden. Roosevelt setzte sich – Kriegsschuld hin, Kriegsschuld her – mit seinen Plänen weitgehend durch, und daraus entstand nichts Schlimmeres als eine relativ offene Welt im riesigen *informal empire* der Amerikaner, eine Welt voller einzelner Konflikte und Spannungen, ja sogar mit starken antiamerikanischen Tendenzen, aber im ganzen doch eine Welt in dynamischer ökonomischer Entwicklung und mit einem hohen Maß an Freiheit für den einzelnen und für die Nationen. Stalins Sieg war nicht der Sieg des »Marschalls der Revolution«, denn er reichte nicht über die Grenzen des Besatzungsgebiets seiner Truppen in Mitteleuropa hinaus, und er schloß ein starkes Maß an Unterdrückung für die osteuropäischen Völker in sich. Aber er sicherte trotz des Kalten Krieges mit den ökonomisch weit überlegenen USA den inneren Frieden des Vielvölkerstaates und der Nationen des Ostblocks, und er führte eine wenn auch langsame Besserung der Lebenslage herbei.

Hitlers Triumph würde dagegen, wenn wir seinen eigenen Aussagen folgen und die 1941 klar erkennbaren Linien verlängern, folgende Konsequenzen gehabt haben: Einschmelzung der kleinen Staaten des europäischen Westens und Nordens in ein neues »germanisches« Reich; Herabdrückung der lateinischen Staaten zu Satellitenstaaten; Verwandlung des slawischen Ostens bis zum Ural in ein Kolonialgebiet; Herrschaft brutaler »Vizekönige« nach dem Muster Erich Kochs über eine rechtlose und analphabetische Bevölkerung; Vernichtung der christlichen Kirchen, öffentliche Erhängung des Bischofs Graf Galen in Münster und anderer Gegner des deutschen Sieges; Ausrichtung des übriggebliebenen intellektuellen Lebens auf den Kultus des gottgleichen Führers; Verwandlung Deutschlands in eine Art Zuchtstall zwecks Bekämpfung des drohenden Volkstodes und Produktion der für die Selbstbehauptung erforderlichen 250 Millionen Deutschen; Ausmerzung von Geisteskranken und Geistesschwachen in ganz Europa; Vertreibung aller Juden nach Madagaskar. Nichts Derartiges hätte es in der »amerikanischen« Welt gegeben, selbst wenn Roosevelt eindeutig »Kriegsschuld« zuzuschreiben gewesen wäre; nur einige der »harmloseren« Kennzeichen wurden im Imperium Stalins und seiner Nachfolger zur Wirklichkeit.

Wir haben bisher das am meisten unterscheidende Kennzeichen des nationalsozialistischen Krieges nur gelegentlich und am Rande erwähnt: die Vernichtungspolitik gegenüber Erbkranken, Geistesschwachen, Zigeunern und Slawen und vor allem die »Endlösung der Judenfrage«. Diese Politik wird von allen Autoren verurteilt, sogar von den sogenannten Radikalen Revisionisten, und doch existiert auch im Hinblick auf sie eine Reihe von Kontroversen.

# 14. Die nationalsozialistische Vernichtungspolitik und die »Endlösung der Judenfrage«

Die Frage ist legitim, ob schon die Vernichtung des parlamentarischen Systems durch die Nationalsozialisten als »Vernichtungspolitik« zu bezeichnen ist. Deren Anfänge wären dann bereits auf den 4. Februar 1933 zu datieren, nämlich auf die Verordnung des Reichspräsidenten »zum Schutze des deutschen Volkes«, mit welcher dem Reichsinnenminister ungewöhnliche Vollmachten gegeben und in der Sache den nicht-nationalsozialistischen Parteien gravierende Einschränkungen auferlegt wurden. Diese Linie würde über die Reichstagsbrandverordnung vom 28. Februar, das Ermächtigungsgesetz vom 24. März, das Gesetz gegen die Neubildung von Parteien vom 14. Juli bis zum Gesetz zur Sicherung der Einheit von Partei und Staat vom 1. Dezember 1933 führen, welches die endgültige Institutionalisierung des Einparteistaates und damit des »Totalitarismus« bedeutete. Eine andere, nicht unmittelbar politische und eher »soziale« Linie könnte von dem »Judenboykott« des 1. April 1933 über das Gesetz zur Wiederherstellung des Berufsbeamtentums vom 7. April zunächst zu den »Nürnberger Gesetzen« führen.

Aber die Antwort auf die eingangs gestellte Frage muß wohl »Nein« lauten, obwohl ein Zusammenhang mit der eigentlichen Vernichtungspolitik nicht zu leugnen ist. Die politische Vernichtung des Mehrparteiensystems und des politischen Pluralismus resultierte, wie das Beispiel Italiens noch deutlicher erkennen läßt, aus einem bürgerkriegsähnlichen Zustand und ähnelte in mancher Hinsicht einer Wiederherstellung, der Wiederherstellung eindeutiger Machtverhältnisse, wie sie vor dem Ersten Weltkrieg auch in Italien bestanden hatten, so daß man annehmen konnte, es habe sich nur um die Beseitigung der temporären Turbulenz eines unregierbaren Systems gehandelt. Die Unterdrückung der Parteienvielfalt war überdies im Europa der ersten Nachkriegszeit so verbreitet, daß sie nicht als ein Spezifikum des Nationalsozialismus gelten kann. Der Judenboykott ist nicht als der Anfang einer systematischen Vernichtungspolitik zu betrachten, denn er war eher eine Reaktion als eine Aktion, auch wenn die Aktion der verschiedenen Boykottforderungen im Ausland und der beginnende Boykott des deutschen Exports ihrerseits Reaktionen auf die Machtergreifung einer antisemitischen Partei waren. Auch das Gesetz zur Wiederherstellung des Berufsbeamtentums vernichtete mit seinem Arierparagraphen nicht eigentlich die soziale Existenz der betroffenen jüdischen Beamten, da es nur eine Versetzung in den Ruhestand vorsah und eine wichtige Ausnahmeregelung aufwies. Man konnte sein Ziel in der Herstellung einer Proportionalität sehen, und die Nürnberger Gesetze liefen, so schien es, eher auf die Trennung zweier Völker als auf die Austreibung der weitaus kleineren Gruppe hinaus. Aber so mehrdeutig beide Gesetze waren und so gewiß ihnen Diskriminierung und Druck zur Auswanderung inhärent waren, so gewiß darf von einer ersten Stufe zur physischen Extermination nicht die Rede sein.

Etwas von vornherein qualitativ Neuartiges stellte dagegen wegen des Eingriffs in die Sphäre körperlicher Unversehrtheit das Gesetz zur Verhütung erbkranken Nachwuchses vom 14. Juli 1933 dar. Es bestimmte, daß Erbkranke durch einen chirurgischen Eingriff unfruchtbar gemacht werden könnten. Als Erbkrankheiten wurden u. a. aufgezählt: angeborener Schwachsinn, Schizophrenie, manisch-depressives Irresein, erbliche Blindheit, schwere erbliche körperliche Mißbildung. Damit stellte sich das Gesetz in eine Tradition, die keineswegs spezifisch nationalsozialistisch war, die vielmehr möglicherweise mit Darwin, jedenfalls aber mit Darwinisten wie Francis Galton, Wilhelm Schallmayer und Alfred Ploetz und mit der Bewegung der Rassenhygiene und Eugenik begonnen hatte. Daß die »Minderwertigen« überhand nähmen, war schon vor dem Ersten Weltkrieg eine verbreitete Sorge gewesen, und die »kontraselektorischen« Wirkungen des »antinatürlichen« Zivilisationsprozesses waren von den »Sozialdarwinisten« sehr hervorgehoben worden. Im Jahr 1920 hatten zwei angesehene Gelehrte, der Jurist Karl Binding und der Mediziner Alfred E. Hoche, die »Freigabe der Vernichtung lebensunwerten Lebens« gefordert, und ein führender sozialdemokratischer Arzt, Alfred Grotjahn, war bis zu der These gelangt, die Anzahl der Minderwertigen, deren Fortpflanzung unerwünscht sei, betrage nicht weniger als ein Drittel der Bevölkerung. Es handelte sich also um »negative Bevölkerungspolitik«, und die

entsprechende Tendenz ließ sich in mehreren der am meisten »fortgeschrittenen« Länder erkennen, nicht zuletzt in den USA.

Aber der nationalsozialistische Staat setzte sich an die Spitze dieser
älteren und durchaus internationalen Tendenzen und brachte etwas
qualitativ Andersartiges hervor, indem er eine neue Institution einführte, nämlich die Erbgesundheitsgerichte, deren Beschlüssen Zwangs-
charakter zukam, da sie »auch gegen den Willen des Unfruchtbarzuma-
chenden« auszuführen waren.[1] Den größeren Zusammenhang, in dem
diese Gesetzgebung zu sehen war, machte der Reichsinnenminister
Frick durch eine Rede auf der ersten Sitzung des »Sachverständigenbei-
rats für Bevölkerungs- und Rassenpolitik« am 28. Juni 1933 klar: Verstädterung und Industrialisierung Deutschlands hätten als Folge des
liberalistischen Wirtschaftssystems zum »sittlichen Verfall unseres Volkes« geführt und den Willen zum Kinde getötet. Der Individualismus
habe aber auch eine »übertriebene Fürsorge« für Minderwertige und
Asoziale hervorgerufen, deren Kosten nicht mehr tragbar seien. Erst die
wissenschaftlich begründete Vererbungslehre habe nun die Möglichkeit
geschaffen, eine falsch verstandene Nächstenliebe sowie die Dogmen
vergangener Jahrhunderte zu überwinden und zu einer rassenhygieni-
schen Politik der »Ausmerze und Auslese« zu gelangen. »Wir müssen
wieder den Mut haben, unseren Volkskörper nach seinem Erbwert zu
gliedern«, erklärte der Minister. Nur dadurch werde die »Aufartung
und Bestandserhaltung unseres deutschen Volkes im Herzen Europas«
gewährleistet.[2]

Damit waren – weit über den Ausgangspunkt der verständlichen und
berechtigten Wahrnehmung gravierender »Zivilisationsschäden« hinaus – die Grundideen eines »biologischen Sozialismus« umrissen, der
ganz wie der soziale Sozialismus Elend und Not »abschaffen« will, aber
nicht durch eine tiefgreifende Veränderung der Organisation der Produktion, sondern durch einen quasi-ärztlichen Eingriff in angebliche
Wucherungen, welche die Gesundheit des »Volkskörpers« gefährden.
Adolf Hitler selbst hatte ja schon in einer frühen Rede davon gesprochen, es werde eine Stärkung des Volkes bedeuten, wenn einige Hunderttausende unter den schwächsten der Neugeborenen jährlich beseitigt werden würden, und die Kennzeichnung der Natur als »grausame
Königin aller Weisheit« ist eine zentrale Aussage in *Mein Kampf*.[3] Schon
damit, aber auch durch den von Frick verwendeten Ausdruck »Aufartung« zeichnete sich die Möglichkeit ab, daß ein konsequent auf Verbes-

serung der »Volkssubstanz« ausgehender Sozialismus neuer Art den Begriff »Ausmerze« auch als physische Extermination auffassen und auf große Teile des Volkes anwenden würde. In Anlehnung an die Rassenlehre etwa Hans F. K. Günthers mit ihrer wertenden Unterscheidung von »nordischer«, »fälischer«, »dinarischer« und »ostischer« Rasse innerhalb des deutschen Volkes sowie aufgrund der Kenntnis der »Mendelschen Gesetze« würde es also in einem vorstellbaren Extrem denkbar und wünschbar sein, etwa die rundköpfigen Bayern und die ostischen Schlesier zum Verschwinden zu bringen und die langschädeligen und blonden Friesen zum Normaltyp des ebenso heimatverbundenen wie kinderfreudigen Deutschen zu machen.

Kaum irgendwo wird deutlicher, daß das entschieden Revolutionäre zugleich ausgesprochen reaktionär sein kann oder besser, daß eine ganz reaktionäre und vergangenheitsorientierte Vorstellung einen revolutionären Charakter gewinnen kann, wenn man sie radikalisiert und eine Verknüpfung mit modernen Vorstellungen vornimmt. Aber es ist klar, daß dieser extreme Veränderungswille, der sich primär auf das eigene Volk richtet, ganz selbstverständlich nicht nur das Kranke, sondern auch das Fremde auszuscheiden bestrebt sein muß. Insofern ist die Verbindung zu den »Nürnberger Gesetzen« leicht herzustellen. Und wenn sich auf den ersten Blick eine Analogie zu dem Einwanderungsgesetz der USA von 1924 wahrnehmen läßt, das ja betontermaßen bestrebt war, den germanischen oder »kaukasischen« Charakter der Bevölkerung zu sichern, so wird der essentielle Unterschied doch in dem Augenblick deutlich, wo dem politischen Gegner »Minderwertigkeit« zugeschrieben und das Fremde als gefährlich betrachtet wird. Es wird dann sogar vorstellbar, daß die Anhänger der ehemaligen sozialistischen Parteien, soweit sie nicht bloß »verführt« sind, als »Untermenschen« von schlechter Rassenqualität gelten, die ausgemerzt werden müssen, sei es durch Sterilisierung, sei es notfalls durch physische Extermination, und daß die Juden als die intellektuellen Führer dieses Untergrunds zum mindesten auszutreiben sind. Dieser »negativen Bevölkerungspolitik« muß aber eine »positive Bevölkerungspolitik« entsprechen, etwa durch Ehestandsdarlehen für gesunde Volksgenossen oder, wie es in der SS der Fall war, durch eine zielbewußte Politik von Eheförderung und Eheverboten. Ein Erfolg der nationalsozialistischen »positiven Bevölkerungspolitik« läßt sich nicht in Abrede stellen: Von 1933 an war eine beträchtliche Zunahme der Geburtenziffern zu verzeichnen, und das war einer der Hauptgründe dafür, daß Mussolini zu der Überzeugung gelangte, er müsse sein Schicksal mit dem des aufsteigenden Deutschland und nicht mit dem der »Greisenvölker des Westens« verbinden.

So bildet eine Vernichtungspolitik auf der Grundlage sozialer, biologischer und auch metabiologischer Motive die Kehrseite einer großangelegten »Gesundungspolitik«, die ihrerseits von Anfang an auch sehr negativ gesehen worden ist, besonders von der Katholischen Kirche, da ihr eine unverkennbare Feindschaft gegen die Monogamie innewohnte. Nicht ohne Grund wurde das künftige »gesunde Deutschland« als ein »Zuchtstall« bezeichnet, und mit der SS-Institution »Lebensborn« verknüpften sich – übrigens zu Unrecht[4] – Vorstellungen von »Beschälanstalt«. Aber festzuhalten ist, daß Vernichtungspolitik und »Gesundungspolitik« gerade in ihren Anfängen ein einheitliches Ganzes bildeten und daß zunächst die Affinität zu älteren und nicht-nationalsozialistischen Vorstellungen nicht zu übersehen war.

Die nationalsozialistische Zwangssterilisierung hat lange Zeit wenig Beachtung gefunden, obwohl ein »Ärzteprozeß« zu den Nürnberger Nachfolgeprozessen gehörte und Alexander Mitscherlich schon 1947 zusammen mit Fred Mielke ein Buch über *Medizin ohne Menschlichkeit* veröffentlichte. Erst Gisela Bock hat sie ausführlich zum Thema gemacht, und zwar in einer Untersuchung, die zwar den Charakter einer feministischen, ebenso »antirassistischen« wie »antisexistischen« Kampfschrift aufweist, der aber wissenschaftliche Verdienste nicht abzusprechen sind. Die Autorin weist vor allem darauf hin, daß zumal unter den zwangssterilisierten Frauen eine beträchtliche Anzahl von Todesopfern zu verzeichnen war und daß die Gesamtzahl der Sterilisierten nicht weniger als 500 000 betrug, so daß die Zahl von zwei Millionen Opfern, die der Verband der Sterilisierten nannte, *nicht* »eine ganz maßlose Übertreibung« ist, wie behauptet wurde.[5] Besonders interessant ist die Schilderung zahlreicher Einzelfälle, die deutlich machen, aufgrund welcher kurioser und ganz schulartiger Fragen (»Wo und von was lebt der afrikanische Fischreiher?«) »erblicher Schwachsinn« diagnostiziert wurde, so daß die ganze Aktion geradezu den Anschein erweckt, als hätten die besseren Schüler die Sitzenbleiber auszuschalten versucht.

Ungemein bewegend ist die von Bock zitierte Aussage einer Theresia S. vor dem Erbgesundheitsgericht: »Ich lege Ihnen also klar, daß ich nicht schwachsinnig, sondern bloß arm bin, nicht erblich belastet mit

283

keiner Krankheit, sondern bloß gedrückt und schikaniert . . . wäre es nicht besser, wenn armer Leute Kind sofort ertränkt würde?« Aber wenn Gisela Bock ausschließlich das »soziale« Moment hervorhebt und die Existenz biologischer Tatbestände nach dem Muster der Aussage Simone de Beauvoirs, man werde nicht als Frau geboren, sondern dazu erzogen, geradezu leugnet, fällt sie in das dem Nationalsozialismus entgegengesetzte Extrem, so daß ihre These wenig glaubwürdig erscheint, die nationalsozialistische Politik habe gegen »die Frauen« einen Zweifrontenkrieg geführt. Doch auch Gisela Bock muß zugeben, daß sozialreformerische Verbände 1933 das Sterilisationsgesetz begrüßten, so daß die Charakterisierung des Gesetzes als »sozialreaktionär« nicht adäquat erscheint.[6]

Der Hintergrund des gewiß vorhandenen sozialen Motivs war zweifellos die Sorge von Angehörigen der gebildeten Schichten, die ungebildeten und nach ihrer Auffassung weithin minderwertigen Schichten vermehrten sich in einem überproportionalen Maße. Diese Befürchtung ließ sich leicht aus dem Inland auf das Ausland übertragen. Götz Aly und Susanne Heim zitieren in ihren *Vordenkern der Vernichtung,* wo sie das Moderne der nationalsozialistischen Vernichtungspolitik noch viel stärker hervorheben, als Gisela Bock es tut, eine Stelle aus dem Tagebuch eines später sehr bekannten Anatomen aus dem Jahre 1935: »Das polnische Volk vermehrt sich doppelt so stark wie das deutsche. . . . Die viel primitiveren slawischen Völker werden das deutsche Volk, das sich bei weitem nicht genügend vermehrt, auffressen.«[7] Hitler selbst dachte ganz ähnlich über die »biologische Stärke« der Russen und Slawen, die es erforderlich mache, eine Politik der Schwächung des Slawentums durchzuführen, wie sie dann von der SS im »Generalplan Ost« theoretisch umrissen und später durch Hitlers Verwerfung des Wlassowschen Angebots auch praktisch in die Tat umgesetzt wurde. Zwischen dem frühen Gesetz über die Zwangssterilisation von Deutschen und der späteren Schwächungs- bzw. partiellen Ausrottungspolitik gegenüber Polen und Russen ist also eine enge Verbindung zu erkennen, die zumindest auf den ersten Blick mit der geplanten Niederwerfung des Bolschewismus nichts zu tun hat.

Ebenso deutlich ist die Verknüpfung mit der späteren »Euthanasie« während des Krieges. Hitler hatte bekanntlich durch einen schriftlichen, auf den Tag des Kriegsausbruchs vordatierten Befehl den Weg zur Vernichtung von »lebensunwertem Leben« freigegeben, und die Tötung von etwa 100 000 Geisteskranken und schwer Körperbehinderten war die Folge, bis die Aktion im Sommer 1941, abgesehen von geheimgehaltenen Fortsetzungen, beendet wurde, nicht zuletzt aufgrund entschiedener Proteste von Vertretern der christlichen Kirchen. Dieser Verknüpfung ist Hans-Walter Schmuhl in seiner umfangreichen Untersuchung über *Rassenhygiene, Nationalsozialismus, Euthanasie* nachgegangen.[8] Schmuhl weist mit Recht darauf hin, daß bereits 1935 mit der gesetzlichen Freigabe der Abtreibung bei erbkranken Frauen ein erster Schritt in Richtung auf die »Vernichtung lebensunwerten Lebens« vollzogen worden sei, durch eben dieselben Nationalsozialisten, welche im Normalfall die Abtreibung unter schwere Strafe stellten. Aber gerade hier wird die Wechselbezogenheit von »negativer« und »positiver« Bevölkerungspolitik besonders deutlich. Ebensowenig wie Aly/Heim und Bock stellt Schmuhl in Abrede, daß es gerade die reformerische, »progressive« Richtung in der Medizin war, welche die Vernichtungspolitik befürwortete und ein hohes Maß an therapeutischem Idealismus investierte, weil sie der Überzeugung war, daß damit eine bedeutende Quelle von Leid und Elend beseitigt werde. In einem glaubwürdigen Bericht heißt es sogar, bei den jüngeren Kollegen habe eine »wie von einem Missionsgedanken getragene Begeisterung« geherrscht. Merkwürdig ist, daß der durchaus linksorientierte Autor mit seinem moralischen Urteil in große Nähe zum Vatikan gerät, denn das Heilige Offizium war 1940 die einzige in der ganzen Welt bekannte Institution, welche die »Vernichtung lebensunwerten Lebens« ausdrücklich untersagte.[9] Der Einschränkung des »Rechts auf Leben« durch die Belange des »Volkskörpers« steht Schmuhl mit scharfer Kritik gegenüber – die Frage allerdings, ob eine noch weitergehende Einschränkung durch die Belange des Individuums ebenfalls einem Verdammungsurteil unterliegen müsse, wird nicht aufgeworfen.

Es kann kein Zweifel sein, daß die Vergasungen von Kranken in Anstalten wie Grafeneck, Hadamar und Bernburg durch das sogenannte »T 4«-Personal[10] des Leiters der *Kanzlei des Führers der NSDAP* Philipp Bouhler und seines Mitarbeiters Viktor Brack ganz unmittelbar einen Übergang zu dem bekanntesten Teilbereich der Vernichtungspolitik darstellt, der »Endlösung der Judenfrage«, die sich aus dieser Perspektive tatsächlich wie ein untergeordnetes Teilglied in dem Gesamtkomplex der negativen und der positiven, der inländischen und der ausländischen Bevölkerungspolitik des Nationalsozialismus ausnehmen könnte. Dieser Eindruck ist jedoch oberflächlich und insofern irreführend, und deshalb soll zunächst noch ein Blick auf die nationalsozialistische »Zigeunerpolitik« geworfen werden, die ebenfalls eine Vernichtungs-, ja Endlösungspolitik war, da ihr 15 000 von 20 000 deutschen Zigeunern und insgesamt nach allerdings kaum überprüfbaren Aussagen etwa 500 000 Menschen zum Opfer fielen.[11]

Nirgendwo wird die Kontinuität so handgreiflich, in der die nationalsozialistische Politik stand, und nirgendwo so sehr deren moderner Charakter, sofern man unter »modern« die Beseitigung des Altertümlichen und eben »Unmodernen« versteht. Die Zigeuner waren ja in ihren beiden Hauptstämmen der Sinti und Roma wie ein Stück Urzeit, das in das moderne Europa hineinreichte: nomadisierende Sippen, die primitiven Beschäftigungen wie Scherenschleifen und Korbflechten nachgingen, aber auch – sei es aus Not, sei es aus Neigung – eine starke Tendenz zur Kleinkriminalität aufwiesen. So gab es schon früh rigide Maßnahmen der Behörden zur Bekämpfung der »Zigeunerplage«, die im Dritten Reich zunächst bloß fortgesetzt wurden. Unübersehbar und neuartig war in staatlichen Randbezirken ein gewisses, manchmal deutlich sympathisierendes Interesse für die »rassereinen« Zigeuner, von denen die »Mischlinge« allerdings sehr stark abgehoben wurden. Es ist keineswegs ausgemacht, daß Dr. Robert Ritter, der die *Rassenhygienische und Bevölkerungsbiologische Forschungsstelle am Reichsgesundheitsamt* leitete, mit seinen ausgedehnten Untersuchungen eine physische Eliminierung vorbereiten wollte. Aber nach dem Ausbruch des Krieges radikalisierte sich das zuerst bloß »ordnungspolizeiliche« Vorgehen sehr rasch, und viele Tausende von Zigeunern wurden nach Auschwitz deportiert, wo sie zunächst in einem »Familienlager« relativ unbehelligt lebten, aber dann nach übereinstimmenden Aussagen zahlreicher Zeugen im Juli und August 1944 in die Gaskammern geschickt wurden, soweit sie nicht arbeitsfähig waren.

Die Juden wurden jedoch nicht wie die Zigeuner als »Landplage« aufgefaßt, nicht wie die Erbkranken und die Asozialen als »minderwertig«, nicht wie die Polen und Russen als eine »biologische Gefahr«, denn als ein überwiegend städtischer und wohlhabender Bevölkerungsteil vermehrten sie sich nur wenig. Von Anfang an wurden auf sie andere Metaphern angewendet als auf Erbkranke, Slawen und Zigeuner: Bakterien, Bazillen, Parasiten, Gift. Daher ist es von vornherein wahrscheinlich, daß der »Endlösung der Judenfrage« auch im Rahmen der nationalsozialistischen Vernichtungspolitik ein ganz spezifischer Platz zugeschrieben werden muß.

Es ist umstritten, auf welchen Zeitpunkt der Beginn der »eigentlichen« Endlösung anzusetzen ist. Die »Reichskristallnacht« vom 9. November 1938 ist mit hoher Wahrscheinlichkeit noch der Phase der Austreibungspolitik zuzurechnen, obwohl im Anschluß an die Brandlegungen und Zerstörungen viele Tausende von Männern in die Konzentrationslager eingeliefert und mindestens dreißig bis vierzig Juden ermordet wurden. Aber typologisch ähnelten die Ereignisse den Ausschreitungen von 1935, die durch die Regelung der Nürnberger Gesetze beendet wurden, und sowohl Göring als auch Himmler und Heydrich sparten nicht mit scharfer Kritik. Fast alle, die in die Konzentrationslager gebracht worden waren, wurden bald entlassen, mußten sich aber verpflichten, Deutschland so bald wie möglich zu verlassen.

Einen ersten entscheidenden Einschnitt bildet der Kriegsausbruch. Bekanntlich markierte er den Beginn der »Euthanasie«, und Hitler sanktionierte sie durch seine Unterschrift, wenn er sie nicht sogar initiierte. Im September sprach Heydrich in einem Schnellbrief an die Chefs der Einsatzgruppen in Polen erstmals im Hinblick auf die Juden von einem »Endziel«, das vorläufig streng geheimzuhalten sei.[12] Es ist indessen möglich, ja wahrscheinlich, daß er an die »territoriale Endlösung« dachte, von der 1940 des öfteren die Rede war, manchmal in Gestalt des sogenannten »Madagaskar-Plans«, manchmal auch in Form konkreter Vorbereitungen für die Schaffung eines »Judengebiets« nicht weit von der deutsch-sowjetischen Grenze. Aber noch bis zum Oktober 1941 war die Auswanderung der deutschen Juden erlaubt; der Vertreibungs-, der Ansiedlungs- und der Tötungsplan scheinen sich eine Zeitlang in den Köpfen der Verantwortlichen überschnitten zu haben. Im Frühjahr 1940 erfolgten die ersten »Umsiedlungen« von deutschen Juden aus Stettin und Breslau in polnische Ghettos, die von Anfang an Zentren des Hungers und der Seuchen waren. Die Einsatzgruppen der SS und der deutsche »Selbstschutz« hatten in den eroberten Gebieten eine beträchtliche Anzahl von Polen und auch von Juden getötet, und dabei handelte es sich schwerlich bloß um exzessive Racheakte, sondern die Intention einer »völkischen Flurbereinigung« war nicht zu übersehen, insbesondere in den dem Reich eingegliederten Gegenden.

Dennoch wurde eine ganz neue Stufe betreten, als die Vorbereitungen zur Operation »Barbarossa« im Frühjahr 1941 zu konkreten Plänen und Handlungsanweisungen gediehen. Daß ein »Weltanschauungskrieg« geführt werden würde[13], hatte Hitler früh und unzweideutig klar gemacht – der »Kommissarbefehl« vom 6. Juni war die handgreiflichste Konsequenz: völkerrechtswidrig für alle »Normalkriege«, eine Selbstverständlichkeit jedoch, wenn dieser Krieg zugleich eine Wiederaufnahme des russischen Bürgerkriegs war. Die Pläne für das Vorgehen der Einsatzgruppen im rückwärtigen Frontgebiet gingen aber selbst darüber noch weit hinaus, und es scheint, daß Heydrich im Juni bei seinem Zusammentreffen mit den künftigen Kommandeuren der Einsatzgruppen und Einsatzkommandos in Preetz bereits die Erschießung aller Juden befohlen hat. Der Hintergrund war selbstverständlich die Vermutung, daß die sowjetischen Juden in ihrer Mehrheit Anhänger und Vorkämpfer des Bolschewismus seien, aber daß der Schuldspruch auf »alle« ausgedehnt wurde, resultierte aus der Grundauffassung der Rassenlehre. In der ersten schriftlichen Fixierung dieser Befehle vom 2. Juli werden allerdings nur die »Juden in Partei- und Staatsstellungen« den zu exekutierenden Personen zugerechnet[14], und es ist nicht völlig auszuschließen, daß es sich dabei nicht um eine Verengung des ursprünglichen Befehls handelte, sondern daß die Einsatzgruppen erst im Verlauf ihrer Aktionen die Erweiterung auf »alle Juden« unter Einschluß von Frauen und Kindern vornahmen. So viel wird aus den Meldungen der Einsatzgruppen, die unter dem Titel »Ereignismeldungen UdSSR« vollständig – wenn auch in Berlin aus noch umfangreicheren Materialien kompiliert und redigiert – erhalten sind, ganz klar, daß schon am 24. Juni Massenerschießungen von Juden in Litauen stattfanden und daß bereits wenig später eine groteske Unproportionalität zutage tritt, indem etwa berichtet wird, an bestimmten Plätzen seien 70 Kommunisten und 10 000 Juden erschossen worden. Auf den 31. Juli war die Ermächtigung zur Vorbereitung einer »Gesamtlösung der Judenfrage« im deutschen Einflußgebiet in Europa datiert, die Heydrich sich von Göring geben ließ.[15] Schon bis zum Herbst waren mehrere hunderttausend sowjetische Juden vom hohen Norden bis zum tiefen Süden des riesigen Landes zu Opfern der Einsatzgruppen geworden. Selbst bei großzügigster Auslegung des Begriffs der »Prävention« und vollem Verständnis für die tatsächliche Gefährdung der deutschen Truppen durch den von Stalin proklamierten Partisanenkrieg muß von »Genozid« gesprochen werden, der sich bis in das Frühjahr 1942 hinein fortsetzte.[16]

Um diese Zeit war aber bereits eine abermals »höhere«, d. h. schlimmere Stufe erreicht worden. Nun wurden nämlich auch die Juden, die sich in polnischen Ghettos oder – im übrigen Europa – noch »auf freiem Fuß« befanden, zu Objekten der Ausrottungspolitik. Im November 1941 wurden starke Transporte deutscher Juden nach Kowno und Riga gebracht und dort erschossen. Und schon etwas früher waren in dem noch im Bau befindlichen Konzentrationslager Auschwitz erste Versuche mit einem neuen Tötungsmittel gemacht worden, nämlich mit Gas, dem im September oder Oktober einige hundert »sowjetische Kriegsgefangene«, d. h. wohl überwiegend Kommissare der Roten Armee, zum Opfer fielen. Wenig später, noch im Dezember, begannen die Tötungen von Juden mittels Gaswagen in Chelmno (Kulmhof), das wie Auschwitz formell auf Reichsboden lag.

Am 20. Januar 1942 fand in Berlin die sogenannte Wannseekonferenz statt, deren Bedeutung allerdings meist überschätzt wird, denn es handelte sich im wesentlichen bloß um die Bekanntgabe von längst gefaßten Beschlüssen, die der Chef der RSHA den Teilnehmern, zum guten Teil Beamten der Reichsverwaltung, mitteilte. Im März begannen in dem kleinen Lager Belzec die ersten stationären Gaskammern zu arbeiten, in denen bis 1943 etwa 500 000 Menschen starben. Wenig später war auch das Lager Sobibor am Bug fertig; hier wurden ebenfalls Autoabgase als Tötungsmittel benutzt, und 200 000 Menschen, Männer, Frauen und Kinder, durchweg Juden, verloren ihr Leben. Eine noch größere Anzahl von Opfern forderte Treblinka – zwischen 900 000 und 1 200 000. Sehr viele stammten aus dem Warschauer Ghetto, dessen Überlebende bei ihrem verzweifelten Aufstand im März 1943 fast ausnahmslos umkamen. In Majdanek bei Lublin starb anscheinend eine größere Anzahl durch Seuchen als durch Gas, und die Polen waren gegenüber den etwa 50 000 Juden in der Überzahl.

Erst seit dem Sommer 1943 wurde Auschwitz-Birkenau, mit bis zu 140 000 Insassen das größte Lager im Gesamtkomplex Auschwitz, zu dem auch die riesigen Industrieanlagen in Monowitz gehörten, die wichtigste Vernichtungsstätte.[17] Das besondere Kennzeichen war die Verwendung des Entwesungsmittels Zyklon B zur Tötung von Menschen. Die Zahl der Opfer war kaum höher als in Treblinka, aber über Auschwitz existieren viel mehr Berichte. Erst nachdem im Sommer 1944 an die 400 000 ungarische Juden in den Gaskammern der vier großen Krematorien ermordet worden waren, stoppte Himmler die »Endlösung« Ende November 1944. Insgesamt fielen ihr zwischen fünf und sechs Millionen Juden zum Opfer. Selbst unter quantitativen Gesichtspunkten ist im Rahmen der nationalsozialistischen Vernichtungspolitik allenfalls der Tod von über drei Millionen sowjetischer Kriegsgefangener zu vergleichen, der aber nicht durchweg absichtlich herbeigeführt wurde. Es gibt daher gute Gründe, die nationalsozialistische »Judenvernichtung« als den größten und schrecklichsten Massenmord der Weltgeschichte zu bezeichnen.

Die Beweise, auf die sich die etablierte Literatur bei ihrer Darstellung und Interpretation der »Endlösung« oder des »Holocaust« stützt, sind überwältigend. Sie können in drei Hauptgruppen eingeteilt werden: die öffentlichen Aussagen von Zeitgenossen, die Geständnisse bzw. Aussagen von Tätern und Opfern, die nachträglich bekannt gewordenen Dokumente aus der Kriegszeit.

Die öffentlichen Aussagen von Zeitgenossen haben natürlich keinen direkten Beweiswert; aber in ihnen wird die Atmosphäre und die Denkweise anschaulich, ohne die eine solche Tat nicht vorstellbar wäre. Daß die Juden als Parasiten bezeichnet und mit Bakterien oder Trichinen verglichen wurden, war freilich auch im Vorkriegs-Antisemitismus üblich gewesen, und nicht wenige Autoren greifen sogar bis auf einen christlichen »Antisemitismus« zurück, der in den Juden das Volk der Gottesmörder gesehen habe. Adolf Hitlers Brief an Adolf Gemlich vom 16. September 1919, das erste politische Dokument seiner Laufbahn, geschrieben auf die Aufforderung seines Vorgesetzten im Lager Lechfeld hin, hat aber einen neuartigen Charakter, weil der Verfasser schon zwei Jahre später nicht mehr eine marginale Erscheinung war, sondern an der Spitze einer beachtlichen Bewegung stand. Dadurch gewinnt die Behauptung, das jüdische Wirken werde in seinen Folgen zur »Rassentuberkulose der Völker«, bedeutend an Gewicht, und die Forderung, zunächst müßten die Juden unter eine »Fremdengesetzgebung« gestellt werden, das letzte Ziel aber müsse »unverrückbar die Entfernung der Juden überhaupt« sein, bleibt daher nicht mehr das folgenlose Gerede eines einzelnen.[18]

In der Tat bindet das im Februar 1920 verkündete Programm der neugegründeten Partei das Bürgerrecht an das »deutsche Blut« und schließt die Juden ausdrücklich davon aus. Die frühen Reden Hitlers sind dadurch gekennzeichnet, daß »die Juden« zum Universalschlüssel für das Verständnis zahlreicher moderner Erscheinungen gemacht werden: für die Revolution von 1918, für die Börse, für den Marxismus, für den Parlamentarismus und für die Demokratie. Immer wieder ist vom jüdischen »Gift« und von den Juden als den Erregern einer »Seuche« die Rede. Für sich genommen, kann jede einzelne dieser Äußerungen als Version von verbreitetem Stammtischpolitisieren und -geschimpfe abgetan werden, aber daß sie sich im Kopf dieses Mannes zu einer »Weltanschauung« verbanden, die handlungsleitend werden mußte, da sie von einem Durchschnittsmenschen gar nicht hätte formuliert werden können, stellte spätestens die ungeheuerliche Aussage unter Beweis, die sich schon am Anfang des ersten Bandes von *Mein Kampf* findet: »Siegt der Jude mit Hilfe seines marxistischen Glaubensbekenntnisses über die Völker dieser Welt, dann wird seine Krone der Totenkranz der Menschheit sein, dann wird dieser Planet wieder wie einst vor Jahrmillionen menschenleer durch den Äther ziehen. Die ewige Natur rächt unerbittlich die Übertretung ihrer Gebote. So glaube ich heute im Sinne des allmächtigen Schöpfers zu handeln: Indem ich mich des Juden erwehre, kämpfe ich für das Werk des Herrn.«[19]

Weitere Zitate sind nicht erforderlich, um zu zeigen, daß »der Jude« tatsächlich im Zentrum von Hitlers »Weltanschauung« stand und daß man Hitler für einen bloßen Schwätzer erklären muß, wenn man ihm den Willen abspricht, aus diesem seinem »Glauben« auch praktische Konsequenzen zu ziehen. Zwar neigten längst nicht alle Nationalsozialisten zu einem so überschießenden Erklärungsansatz, und der Antisemitismus vieler Gefolgsleute blieb vulgär, so etwa, wenn Joseph Goebbels in einer frühen Rede sagte, man halte ihm entgegen, der Jude sei doch auch ein Mensch, aber der Floh sei auch ein Tier, und kein angenehmes, dessen man sich erwehren müsse.[20] Und der oberste Parteirichter Buch, ehemaliger Offizier und gewiß kein Rabauke, schrieb 1938: »Der Jude ist kein Mensch. Er ist eine Fäulniserscheinung.«[21] Zu dieser Zeit waren die Juden schon seit drei Jahren keine »Reichsbürger« mehr; die einstige Biertischpartei hatte längst unter Beweis gestellt, daß ihr Programm nicht aus bloßen Redensarten bestand.

Daß die Juden im Falle eines Krieges einem schlimmen Schicksal entgegengehen würden, mußte Ausländern so gut wie Inländern klar sein, die den Führer und Reichskanzler am 30. Januar 1939 im Reichstag folgendes sagen hörten: »Ich will heute wieder ein Prophet sein: Wenn es dem internationalen Finanzjudentum inner- und außerhalb Europas gelingen sollte, die Völker noch einmal in einen Weltkrieg zu

291

stürzen, dann wird das Ergebnis nicht die Bolschewisierung der Erde und damit der Sieg des Judentums sein, sondern die Vernichtung der jüdischen Rasse in Europa.«[22] Auf diese Prophezeiung kam Hitler im Verlauf des Krieges noch mehrere Male zurück, und nur ganz leichtfertige Zuhörer konnten die Tatsachenfeststellung überhören, die in der zentralen Aussage seiner Rede vom 30. September 1942 enthalten war: »Die Juden haben einst auch in Deutschland über meine Prophezeiungen gelacht. Ich weiß nicht, ob sie auch heute noch lachen oder ob ihnen nicht das Lachen bereits vergangen ist. Ich kann aber auch jetzt nur versichern: Es wird ihnen das Lachen überall vergehen. Und ich werde auch mit diesen Prophezeiungen recht behalten.«[23] Um diese Zeit hatten die Deportationen längst begonnen, und das Warschauer Ghetto war bereits so gut wie leer. Jedermann im Inland und im Ausland wußte das oder konnte es wissen. Es ließ sich mit Bestimmtheit sagen, daß die Juden zum mindesten an einigen Stellen im Osten konzentriert und daß sie im Hinblick auf Ernährung und Hygiene schlechter gestellt werden würden als Polen und Serben in dem durch die englische Blockade von überseeischen Lebensmitteltransporten abgeschnittenen Europa.

In der amerikanischen Presse waren um diese Zeit bereits die ersten Meldungen über Massenvernichtungen von Hunderttausenden durch Giftgas, Dampf oder Elektrizität erschienen. Man mochte sie als Sensationsmeldungen und Kriegspropaganda abtun. Aber daß Hunger und Seuchen schon zahllose Opfer gefordert hatten und weiterhin fordern würden, besaß den höchsten Grad von Wahrscheinlichkeit, und in der jüdischen Presse, die auch in die Akten des RSHA gelangte, war 1943 und 1944 mit einer gewissen und heute befremdenden Selbstverständlichkeit davon die Rede, daß das osteuropäische Judentum vernichtet sei und daß alles darauf ankomme, für die wenigen Überlebenden einen Zugang nach Palästina zu öffnen.[24] Deutsche konnten das freilich nicht lesen, aber sie mußten vermuten, daß Julius Streicher, obzwar als Gauleiter suspendiert, über gute Informationen verfügte, wenn er in einem Artikel seines *Stürmer* am 28. Januar 1943 schrieb: »Das Weltjudentum, das mit dem Blute sich bekämpfender Völker ein großes Weltgeschäft machen wollte, eilt mit Riesenschritten seiner Ausrottung entgegen.«[25]

Nach dem Ende des Krieges wurde eine erhebliche Anzahl von SS-Offizieren und von Angehörigen der Wachmannschaften, die in den Vernichtungslagern tätig gewesen waren, von den Alliierten verhaftet, wenn auch viele der wichtigsten Männer wie Himmler Selbstmord begangen hatten oder wie Adolf Eichmann ins Ausland zu fliehen vermochten. Schon im November 1945 sagte der ehemalige Sturmbannführer im RSHA Dr. Wilhelm Hoetl unter Eid aus, er habe sich Ende August 1944 mit Eichmann unterhalten und dieser habe gesagt, »in den verschiedenen Vernichtungslagern seien etwa vier Millionen Juden getötet worden, während weitere zwei Millionen auf andere Weise den Tod fanden«, vornehmlich durch die Massenerschießungen der Einsatzgruppen in der Sowjetunion.[26] Ähnliche Aussagen machte ein enger Mitarbeiter Eichmanns, der Obersturmführer Dieter Wisliceny.

Am wichtigsten aber war das Geständnis, das Rudolf Höß, der langjährige Kommandant von Auschwitz, vor dem Nürnberger Gerichtshof als Zeuge der Anklage ablegte und das offensichtlich bei den Angeklagten tiefe Erschütterung auslöste.[27] Höß hat diese Aussagen wenig später in den Aufzeichnungen wiederholt, die er in polnischer Haft vor seiner Hinrichtung niederschrieb und die im Jahre 1959 zusammen mit einer ebenfalls in polnischer Haft geschriebenen *Autobiographie* herausgegeben wurden. Die wichtigste Stelle hat folgenden Wortlaut: »Im Sommer 1941, den genauen Zeitpunkt vermag ich z. Z. nicht anzugeben, wurde ich plötzlich zum Reichsführer SS nach Berlin befohlen. . . . Entgegen seiner sonstigen Gepflogenheit eröffnete er mir, ohne Beisein eines Adjutanten, dem Sinne nach folgendes: Der Führer hat die Endlösung der Judenfrage befohlen, wir – die SS – haben diesen Befehl durchzuführen. Die bestehenden Vernichtungsstellen im Osten sind nicht in der Lage, die beabsichtigten großen Aktionen durchzuführen. Ich habe daher Auschwitz dafür bestimmt. . . . Gelingt es uns jetzt nicht, die biologischen Grundlagen des Judentums zu zerstören, so werden einst die Juden das deutsche Volk vernichten.«[28]

Im weiteren Verlauf beschreibt Höß die Vernichtungsvorgänge sehr ausführlich: die ersten Massenvergasungen in zwei umgebauten Bauerngehöften, genannt »Bunker 1« und »Bunker 2«, die starke Ausweitung der »Kapazität« durch den Bau der vier großen Krematorien mit den unter der Erde gelegenen, in den Bauzeichnungen als »Leichenhallen« getarnten Gaskammern, die 1944 erreichte Höchstzahl von 9000 Vergasungen und Einäscherungen am Tage, die zusätzlichen Verbrennungen in tiefen Gruben. Was die Gesamtzahl der Opfer betrifft, so korrigiert er allerdings die von ihm in Nürnberg genannte Zahl von 2,5 Millionen als »viel zu hoch«.[29] Offenbar bedeutete ihm diese Verringerung der Zahl aber keine qualitative Differenz, und seine Beschreibung der grauenhaften Vorgänge im einzelnen wurde durch spätere Augenzeugenberichte von Angehörigen der jüdischen »Sonderkommandos« nur ergänzt und weiter veranschaulicht, aber nicht essentiell verändert.

Die Erinnerungsliteratur von Betroffenen füllt ganze Bibliotheken und ist immer noch zu einem guten Teil in Archiven verborgen. Sie bezieht sich allerdings vornehmlich auf die Lebensbedingungen in den Vernichtungslagern und nicht zuletzt auf die Selektionen an der Rampe von Birkenau; Augenzeugenberichte von Angehörigen der Sonderkommandos existieren nur relativ wenige, etwa von Dr. Miklos Nyiszli, Henryk Tauber und Filip Müller. Wohl aber gibt es viele Aussagen von SS-Leuten, die in den großen Nachkriegsprozessen gemacht wurden, vor allem in dem Frankfurter Auschwitz-Prozeß und dem Düsseldorfer Treblinka-Prozeß. Die Tatsache der Vergasungen war für alle selbstverständlich, auch für die Verteidiger, wenngleich von den einzelnen durchweg behauptet wurde, sie seien persönlich nicht unmittelbar beteiligt gewesen.

Besonders wichtig sind auch die Dokumente aus der Zeit des Vernichtungsprozesses selbst, die nachträglich ans Licht kamen. So existiert ein Aktenvermerk des Leiters des SD-Abschnitts Posen, des SS-Sturmbannführers Höppner, der bereits am 16. Juli 1941 niedergeschrieben und an Eichmann übersandt wurde. Dort wird der Plan skizziert, sämtliche Juden des Warthegaus in einem für 300 000 Personen eingerichteten Lager zu konzentrieren, und dann heißt es: »Es besteht in diesem Winter die Gefahr, daß die Juden nicht mehr sämtlich ernährt werden können. Es ist ernsthaft zu erwägen, ob es nicht die humanste Lösung ist, die Juden, soweit sie nicht arbeitseinsatzfähig sind, durch irgendein schnell wirkendes Mittel zu erledigen. Auf jeden Fall wäre dies angenehmer, als sie verhungern zu lassen.«[30]

Schon wenige Monate später verfaßte ein untergeordneter Beamter des Ministeriums für die besetzten Ostgebiete, der Amtsgerichtsrat Dr. Wetzel, den Entwurf eines Ministerschreibens vom 25. Oktober, das an den Reichskommissar für das Ostland, den Gauleiter Lohse, gerichtet war. Darin ist von den »Vergasungsapparaten« des Oberdienstleiters Brack von der Kanzlei des Führers die Rede, und dann heißt es: »Nach Sachlage bestehen keine Bedenken, wenn diejenigen Juden, die nicht arbeitsfähig sind, mit den Brackschen Hilfsmitteln beseitigt werden. Auf diese Weise dürften dann auch Vorgänge, wie sie sich bei den Erschießungen der Juden in Wilna . . . ergaben und die . . . kaum gebilligt werden können, nicht mehr möglich sein.«[31]

Diese beiden Schreiben wurden in der Literatur häufig zitiert, weil sie sehr frühe Zeugnisse sind, aber auch, weil sie unter Beweis stellen, daß untergeordnete Instanzen Pläne schmiedeten, weil offensichtlich zentrale Anweisungen noch nicht vorlagen. Nirgendwo vollständig publiziert, aber im Bundesarchiv leicht zugänglich und in dem Standardwerk von Helmut Krausnick und Hans Heinrich Wilhelm über *Die Truppe des Weltanschauungskrieges* ausführlich zitiert, sind die schon erwähnten *Ereignismeldungen UdSSR* der Einsatzgruppen als wichtigste Quellen für die Massenerschießungen in der Sowjetunion. Hierhin gehören auch die umfangreichen Berichte der SS-Generäle Stahlecker und Katzmann über die Judenvernichtung im Baltikum und in Galizien.[32] Es gibt jedoch auch zahlreiche Zeugnisse aus der Kriegszeit, in denen die Vernichtung der Juden nebenher wie eine allbekannte Tatsache erwähnt wird, so in Briefen des Warschauer Stadtmedizinalrats Dr. Hagen an Hitler persönlich und des Württembergischen Landesbischofs D. Theophil Wurm an das Reichsinnenministerium, und es existieren Tagebuchaufzeichnungen deutscher Soldaten, wo von dem süßlichen Leichen- und Verbrennungsgeruch die Rede ist, den sie bei Eisenbahnfahrten in der unmittelbaren Nähe von Auschwitz oder Belzec wahrgenommen haben.[33] Am beweiskräftigsten sind aber wohl drei Aufzeichnungen bzw. Aussagen von Vertretern der obersten Staatsspitze. Im Tagebuch von Joseph Goebbels findet sich unter dem Datum des 27. März 1942 die folgende Eintragung: »Aus dem Generalgouvernement werden jetzt, bei Lublin beginnend, die Juden nach dem Osten abgeschoben. Es wird hier ein ziemlich barbarisches und nicht näher zu beschreibendes Verfahren angewandt, und von den Juden selbst bleibt nicht mehr viel übrig . . . An den Juden wird ein Strafgericht vollzogen, das zwar barbarisch ist, das sie aber vollauf verdient haben . . . Es ist ein Kampf auf Leben und Tod zwischen der arischen Rasse und dem jüdischen Bazillus. Keine andere Regierung und kein anderes Regime konnte die Kraft aufbringen, diese Frage generell zu lösen. Auch hier ist der Führer der unentwegte Vorkämpfer und Wortführer einer radikalen Lösung . . .«[34]

Den besten Einblick in die Mentalität Heinrich Himmlers gewähren die Geheimreden, die der Reichsführer SS, der seit 1943 auch Reichsinnenminister war, bei verschiedenen Gelegenheiten vor SS-Offizieren und Wehrmachtgenerälen gehalten hat. Die aufschlußreichste davon ist die Rede bei der Tagung der SS-Gruppenführer am 4. Oktober 1943 in Posen. Dort heißt es: »Ich will hier vor Ihnen in aller Offenheit auch ein ganz schweres Kapitel erwähnen . . . Ich meine jetzt die Judenevakuierung, die Ausrottung des jüdischen Volkes . . . Dies durchgehalten zu haben und dabei – abgesehen von Ausnahmen menschlicher Schwächen – anständig geblieben zu sein, das hat uns hart gemacht. Das ist ein niemals geschriebenes und niemals zu schreibendes Ruhmesblatt unserer Geschichte . . .«[35]

Hans Frank, der es 1942 wagte, Hitlers ausdrücklichem Wunsch entgegenzuhandeln und in öffentlichen Reden für das Prinzip des Rechts einzutreten, war vermutlich von den Auffassungen des Durchschnitts auch der gebildeteren Nationalsozialisten nicht sehr weit entfernt, als er am 16. Dezember 1941 in Krakau sagte: »Wenn die Judensippschaft in Europa den Krieg überleben würde, wir aber unser bestes Blut für die Erhaltung Europas geopfert hätten, dann würde dieser Krieg doch nur einen Teilerfolg darstellen. Ich werde daher den Juden gegenüber grundsätzlich nur von der Erwartung ausgehen, daß sie verschwinden. Sie müssen weg . . .«[36] Es ist nicht leicht verständlich, weshalb er vier Jahre später in Nürnberg durch die Enthüllungen von Höß und anderen so sehr schockiert war.

Ein kaum minder unverdächtiger Zeuge, der ehemalige stellvertretende Reichspressechef Helmut Sündermann, berichtet in seinen Erinnerungen folgendes über ein Gespräch, das er am 3. April 1945 mit dem Chef des RSHA Ernst Kaltenbrunner geführt habe, da er von diesem ein Dementi erhalten wollte, um den russischen Meldungen über das »Vernichtungslager Auschwitz« entgegentreten zu können: »Kaltenbrunner ließ mich in seiner verschlossenen Art ruhig aussprechen, dann sah er mich mit einem, mir unvergeßlichen, halb finsteren, halb traurigen Blick an und sagte langsam: ›Da ist nichts zu dementieren.‹«[37]

Ich schließe die Beweise mit dem Hinweis auf drei Vorgänge ab, die in der Literatur kaum je oder gar nicht erwähnt werden und den Akten des Politischen Archivs des Auswärtigen Amtes bzw. des Berliner Document Center zu entnehmen sind.

Bei einer Tagung der Judenreferenten der deutschen Missionen in Europa in Krummhübel am 3. und 4. April 1944 sagte laut dem vertraulichen Protokoll der Gesandte Six, die physische Beseitigung des

Ostjudentums entziehe dem Judentum die biologischen Reserven, und der Legationsrat von Thadden referierte über die judenpolitische Lage in Europa. Von dem Protokollanten wird vermerkt: »Da die von dem Referenten vorgetragenen Einzelheiten über den Stand der Exekutivmaßnahmen in den einzelnen Ländern geheimzuhalten sind, ist von der Aufnahme ins Protokoll abgesehen worden.«[38]

In der Angelegenheit einer chilenischen Jüdin namens Erna Paneth wandte sich der Vortragende Legationsrat Günther vom Auswärtigen Amt an den zuständigen Beamten im RSHA mit der Aufforderung, den Aufenthaltsort dieser evakuierten Person bekanntzugeben, da die chilenische Regierung vorstellig geworden sei. Günther hält in einer Aktennotiz fest, der Oberregierungsrat Krönig habe geantwortet, eine Eruierung des Aufenthaltsortes sei nicht möglich, da die Erna Paneth »nicht mehr sei«, und es sei mithin zu befürchten, daß die chilenische Regierung zu Gegenmaßnahmen schreiten werde, »wenn sie erfährt, daß die Erna Paneth anläßlich der Evakuierung ums Leben gekommen ist.«[39]

In der im Document Center aufgewahrten »Akte Globocnik« findet sich unter den Aktenzeichen 62143 g Rs eine Aufstellung mit der Unterschrift Globocniks, der zufolge nach der »Verarbeitung und Sortierung des Anfalles Reinhardt« bisher 1800 Waggons Textilien abgeliefert worden seien.[40]

Es bedarf nicht der Anführung von weiteren Zeugnissen und Dokumenten; an der Faktizität großangelegter Vernichtungsmaßnahmen gegenüber dem deutschen und europäischen Judentum ist ein vernünftiger Zweifel nicht möglich. Sie waren kein »Detail im Zweiten Weltkrieg« – obwohl sie sogar Männern wie Göring und Speer wohl nur ansatz- oder vermutungsweise bekannt waren –, denn sie waren mit dem Kern von Hitlers »Weltanschauung« aufs engste verknüpft.

Dennoch gibt es auch zu diesem Thema Kontroversen in der Literatur, und zum Abschluß will ich wieder einige Wissenschaftler direkt zu Wort kommen lassen, diesmal wegen der Wichtigkeit des Themas vier, von denen zwei den »Intentionalisten« und zwei den »Funktionalisten« zuzuzählen sind: Hermann Graml und Eberhard Jäckel auf der einen Seite und Martin Broszat sowie Hans Mommsen auf der anderen. Ich beginne mit den Intentionalisten, obwohl die Beiträge zeitlich später liegen, denn diese sind Neuformulierungen der während langer Zeit nahezu selbstverständlichen Auffassung, daß Hitler allein der eigentliche Urheber der »Endlösung« war, die mithin von seinen Intentionen herzuleiten ist. Die Funktionalisten traten erst später hervor, indem sie sich auf die Vorstellung von der Polykratie und vom »Führungschaos« stützten, so daß die Endlösung viel mehr aus den Funktionen oder der Dysfunktion des Systems und seiner »kumulativen Radikalisierung« als aus der Ideologie und den Befehlen Hitlers zu erkläern ist.

Hermann Graml hat den zweiten Band der Festschrift für Werner Jochmann mit einem Aufsatz *Zur Genesis der Endlösung* eingeleitet, der zunächst polemisch zu der These David Irvings Stellung nimmt, Hitler sei über die Judenvernichtung nicht oder nur höchst unzureichend informiert gewesen, und er wendet sich auch ausdrücklich gegen die Aufsätze von Broszat und Mommsen, auf die weiter unten einzugehen ist.[41] Aber im Kern vertritt er die Auffasung, die als die nächstliegende zu bezeichnen ist: man müsse von dem modernen Antisemitismus der Wilhelm Marr und Eugen Dühring ausgehen, die die immerhin begreifliche Auffassung weiter Kreise, daß die Juden – objektiv wegen »des jüdischen Vorsprungs in emanzipatorischem Denken und Handeln« – Symbolfiguren von ungeliebten Modernisierungsprozessen seien, in eine Ätiologie von »Krankheitserregern« fortbildeten, so daß eine begrenzte Regelung der »selbstgeschaffenen Judenfrage« nicht mehr möglich schien, wie schon der Satz Lagardes zeige: »Mit Trichinen und Bazillen wird nicht verhandelt, Trichinen und Bazillen . . . werden so rasch wie nur möglich vernichtet.«

Der nationalsozialistische Antisemitismus war also nichts wirklich Neues, obwohl er einige zusätzliche aktivierende Impulse in sich aufnahm wie etwa die sozialdarwinistisch modifizierte Rassenlehre, den Antibolschewismus und die Idee der Verschwörung des internationalen Judentums zur Vernichtung der arischen Rasse. In den Stationen der nationalsozialistischen Judenverfolgung dürfe daher nicht ein Prozeß der Radikalisierung gsehen werden, sondern es handle sich um einen »Reifungs- und Entfaltungsprozeß einer ihrem Wesen nach radikalen Überzeugung«. Die Stärke der zugrundeliegenden Überzeugung darf nach Graml nicht verkannt werden: »Nur die Kraft einer außergewöhnlich stark entwickelten Überzeugung vermochte der NS-Judenverfolgung eine Dynamik zu geben, die wieder und wieder mit außenpolitischen, wirtschaftlichen und militärischen Interessen in Konflikt geriet und solche Interessen oft genug verletzte oder völlig ignorierte«. Nur deshalb konnte der Prozeß, dessen logisches Telos die »Endlösung« als physische Vernichtung war, in weniger als neun Jahren ablaufen. Es ist unrichtig, daß Eichmann und die Mitglieder der Einsatzgruppen keine Antisemiten gewesen seien. Schon der Madagaskar-Plan war ein Vernichtungsplan. Geradezu töricht ist die Vorstellung, Hitler und seine Leute seien gewillt gewesen, in dem eroberten Ostraum, aus dem sie 40 Millionen Slawen vertreiben wollten, einige Millionen Juden anzusiedeln. Bei der Wannsee-Konferenz wurde zwar nicht dem Protokoll nach, wohl aber nach den späteren Aussagen Eichmanns von »Töten« und »Vernichten« gesprochen. Die Massentötungen der Einsatzgruppen waren nicht exorbitante Präventivmaßnahmen der Kriegführung, sondern sie stellten einen Teil der »Endlösung« dar. Es gibt nicht den geringsten Grund, an den häufig wiederholten Versicherungen Himmlers zu zweifeln, er tue nichts, was der Führer nicht wisse, oder: der Führer habe die Durchführung dieses »sehr schweren« Befehls auf seine Schultern gelegt.

Nicht minder entschieden äußerst sich Eberhard Jäckel in dem von ihm selbst und Jürgen Rohwer herausgegebenen Sammelwerk *Der Mord an den Juden im Zweiten Weltkrieg*, und zwar in zwei Diskussionsbeiträgen. Es handelt sich um die Publikation der Beiträge zu einem Kongreß, der 1984 in Stuttgart stattgefunden hat.[42] Ich nenne den Titel auch deshalb, weil hier eine Anzahl von Historikern zusammenkamen, deren Werke viel zur Darstellung und Interpretation der nun meist schon »Holocaust« genannten »Endlösung« beigetragen haben: Saul Friedländer, Karl Schleunes, Helmut Krausnick, Wolfgang Scheffler, Yehuda Bauer und andere, an erster Stelle Raul Hilberg, dessen monumentales Buch *Die Vernichtung der europäischen Juden* seit seinem ersten Erscheinen im Jahre 1961 als »das« Standardwerk gilt.[43] Eberhard Jäckel wiederum hatte seine Einschätzung der fundamentalen Wichtigkeit von Hitlers Ideologie in dem Buch *Hitlers Weltanschauung* umrissen, das von vielen Historikern, wenngleich nicht von ihm selbst, als der entscheidende Durchbruch zu dieser Thematik betrachtet wird.[44]

In seinem Stuttgarter Diskussionsbeitrag weist Jäckel darauf hin, daß »Göring, Himmler, Goebbels und viele andere« Bedenken hatten, als die Tötungen in Gang gesetzt wurden, und er führt auch jene Tagebucheintragung von Goebbels vom 27. März 1942 an.[45] Mithin muß man auf der einen Seite so gut wie alle Paladine sehen, die entsetzt waren, als der Gedanke einer »systematischen Tötung der Juden durch den Staat« in die Tat umgesetzt werden sollte, und auf der anderen Seite Hitler allein. Hitler auf den zweiten Platz zu verweisen sei völlig ungerechtfertigt, und man müsse wohl sagen, daß dafür »moralische, vielleicht sogar volkspädagogische Gründe« maßgebend seien.

Moralische und volkspädagogische Motive lassen sich tatsächlich in Martin Broszats Aufsatz »Hitler und die Genesis der Endlösung« nicht übersehen, der wohl erstmals und jedenfalls auf die wirkungsvollste Weise die funktionalistische Auffassung formulierte.[46] Broszats Ausgangspunkt ist David Irvings Buch *Hitler und seine Feldherren,* das nichts anderes als eine Apologie Hitlers von seiten eines anerkannten Forschers darstelle, eine Apologie, in welcher die »Unperson« Hitler und dessen »heillos menschenfeindliche Egozentrik« zum Verschwinden gebracht werde, indem die immer noch verehrungsvolle Perspektive der nächsten Mitarbeiter Hitlers weithin übernommen werde.

Aber Broszat scheut sich nicht, Mängel unseres Wissens hinsichtlich der Endlösung einzuräumen, und er weigert sich, den Hinweis auf Hitlers ideologischen Fanatismus schon für die adäquate Erklärung der tatsächlichen Vorgänge zu halten. Von zentraler Bedeutung sei, daß Hitler Mitte Oktober 1941 endgültig die Deportation der deutschen und tendenziell auch der westeuropäischen Juden befahl, bevor ein Plan ausgearbeitet war, was mit den in »den Osten« verbrachten Menschen überhaupt geschehen solle. Unter Berufung auf Uwe Dietrich Adams Studie zur *Judenpolitik im Dritten Reich* von 1972 stellt er die These auf, daß die physische Liquidierung der Juden »stück- und schubweise in Gang gesetzt«, d. h. weitgehend »improvisiert« worden sei und daß auch die Ermächtigung Görings vom 31. Juli 1941 nicht auf die physische Liquidierung der Juden ausgerichtet gewesen sei. Broszat beruft sich auf den eben zitierten Brief Höppners, der ja in der Tat den Gedanken nahelegt, nur die »Säuberung« Deutschlands und Europas von Juden sei Hitlers klar artikulierte Absicht gewesen und das weitere Verfahren habe er den Gefolgsleuten der unteren Ebene überlassen, die dann tatsächlich, wie Höppner, aus »humanen Motiven« die Massentötung als realistischen Ausweg gewählt hätten. Daher nimmt Broszat an, »daß es überhaupt keinen umfassenden allgemeinen Vernichtungsbefehl gegeben hat, das ›Programm‹ der Judenvernichtung sich vielmehr aus Einzelaktionen heraus bis zum Frühjahr 1942 allmählich institutionell und faktisch entwickelte und nach der Errichtung der Vernichtungslager in Polen (zwischen Dezember 1941 und Juli 1942) bestimmenden Charakter erhielt.«[47] Nach Broszat könnte also die »Endlösung« sehr wohl als ein »Detail im Zweiten Weltkrieg« bezeichnet werden, denn er behauptet, sie sei »auch« als Ausweg aus einer Sackgasse entstanden, in die man sich selbst manövriert hatte.

Allerdings führt Broszat ebenfalls eine ganze Anzahl von »aggressiven, Hitlers Destruktionswillen klar bekundenden Äußerungen zur Judenfrage« an, so daß der mögliche Verdacht, auch Broszat betreibe eine Apologie Hitlers – und zwar durch eine »Herabstufung« seiner Rolle – unbegründet erscheint, zumal er sich am Schluß wieder der Polemik gegen Irving zuwendet. Damit gelangt er letzten Endes doch wieder zu der alleinigen Letztverantwortung Hitlers zurück, und es bleibt nicht viel mehr als die unbestreitbare Tatsache übrig, daß Hitler bei der Judenvernichtung aus oftmals unterschiedlichen Motiven und aufgrund selbstverschuldeter Realitäten, etwa der Entwicklung der Ghettos zu »Seuchenherden«, »so viele ›Mittäter‹ und ›Helfer‹« fand.[48]

Bei der Lektüre von Hans Mommsens Aufsatz *Die Realisierung des Utopischen: Die ›Endlösung der Judenfrage‹ im Dritten Reich* kann man den Eindruck gewinnen, diese Mittäter und Helfer seien die eigentlichen Täter gewesen.[49] Wenn Mommsen Hitler schon seit langem als einen »schwachen Diktator« charakterisiert hatte, so stellt er ihn in diesem Aufsatz als eine Art Träumer dar, der sich scheut, aus der »ideologischen Scheinwelt«, in der er lebte, zur praktischen Tat, zur »Realisierung« überzugehen, und es seinen Gefolgsleuten überließ, das zu verwirklichen, von dem sie annahmen, daß der Führer es wünsche. Dabei hatte sich Hitler immer eher als ein Gemäßigter gezeigt, sobald konkrete Handlungsalternativen in Frage standen, und daher betont Mommsen mit Nachdruck, er vertrete mit Broszat »den metaphorisch-propagandistischen Charakter der einschlägigen Hitlerschen Äußerungen, der einer Konkretisierung der Ausrottung-Metapher entgegensteht«.[50]

So war nach Mommsen im Frühjahr 1940 ein Gesamtprogramm für eine exterminierende »Endlösung« noch keineswegs vorhanden, und das Madagaskar-Projekt war *nicht* eine Verschleierung mörderischer Absichten. Der Einsatz von Gaswagen diente ursprünglich der Abstellung von Unzuträglichkeiten bei den Massenerschießungen, und der Wunsch, »humaner« zu verfahren, als es beim Verhungernlassen der Fall gewesen wäre, war kein bloßer Vorwand.[51] Sogar fanatische Antisemiten protestierten gegen die systematische Zuendeführung des Vernichtungsprogramms, und jeder einzelne Beteiligte wäre vermutlich zurückgeschreckt, wenn er das Ganze hätte überblicken können. Aber die Segmente des nationalsozialistischen Machtapparates trieben sich in ihrem unkoordinierten Nebeneinander gegenseitig zu immer schlimmeren Extremen, so daß es zu einer »kumulativen Radikalisierung« des Prozesses kam. So handelte es sich beim Holocaust um eine »perfekte Improvisation, die jeweils aus früheren Planungsstufen hervorging und diese eskalierte. Einmal voll in Gang gesetzt, entfaltete die Vernichtung der Arbeitsunfähigen eine eigene Dynamik.« Nach Mommsen sind weit mehr Menschen für den Holocaust verantwortlich als Hitler allein, und daraus ergibt sich eine Gesamtverantwortung der deutschen Oberschichten, welche weit antisemitischer waren als die Bevölkerung im ganzen. Und letzten Endes sieht Mommsen im Holocaust ein Zeichen für die »anhaltende Gefährdung auch vorgeschrittener Industriegesellschaften«, die »in manipulativer Verformung der öffentlichen und privaten Moral« bestehe.[52]

Das moralische und nationalpädagogische Motiv, von dem Graml spricht, ist also sehr klar zu erkennen, denn je eindeutiger Hitler der Urheber und Initiator der »Endlösung« ist, um so schwieriger wird es, eine größere Anzahl von Menschen mit Schuld zu beladen und zur Umkehr aufzurufen. Was faktisch eine sehr weitgehende Entlastung und insofern eine Apologie Hitlers ist, wird offenbar für die Öffentlichkeit dadurch akzeptabel, daß der Schuldvorwurf auf die deutschen Oberschichten, aber doch wohl schwerlich auf die gesamte Bevölkerung »auch« der »vorgeschrittenen« – der »kapitalistischen«? – Industriegesellschaften ausgedehnt wird. Insofern dürfte Mommsens Interpretation des »Holocaust« eine Version der altüberlieferten sozialistischen Auffassung sein, die ja immer gegen die Hervorhebung der Rolle einzelner Menschen und für die Unterstreichung der Wichtigkeit herrschender Klassen und beherrschter Massen war. Mithin liegt »subjektiv« keinesfalls eine Hitler-Apologie vor.

Ich übergehe weitere Kontroversen, vor allem um den Zeitpunkt, zu dem der Führerbefehl erteilt wurde, sofern es einen solchen Befehl gegeben hat – zweifellos eine wichtige Kontroverse, denn von ihrer Entscheidung hängt die Antwort auf die Frage ab, ob der Entschluß zur Judenvernichtung ein Resultat des Triumphgefühls im Sommer 1941 oder aber der Vorahnung der Niederlage sechs Monate später war. Für Hans Mommsen kann das jedoch keine sinnvolle Kontroverse sein, da es nach seiner Meinung einen solchen Führerbefehl nie gegeben hat. Aber nicht jedermann hat aus dieser Prämisse den Schluß gezogen, daß die deutschen Oberschichten oder das deutsche Volk oder vielleicht der Kapitalismus die eigentlich Schuldigen seien. Man kann nämlich auch einen Schritt in die umgekehrte Richtung tun und behaupten, eine »Endlösung der Judenfrage« im Sinne einer systematischen Extermination habe es nie gegeben, es handle sich vielmehr um eine Erfindung der alliierten Kriegspropaganda. Diesen Schritt haben die sogenannten (radikalen) Revisionisten getan, und die These von Hans Mommsen ist wissenschaftlich schwerlich zu halten, das »rechtsradikale Schrifttum« könne nur ignoriert werden, weil es nicht unter den Begriff der »ernsthaft betriebenen Forschung« zu subsumieren sei.[53]

## 15. Die »Endlösung der Judenfrage« in der Sicht des radikalen Revisionismus

Hans Mommsens These wäre nur dann richtig, wenn der radikale Revisionismus mit der Literatur der deutschen radikalen Rechten, jenes »Neonazismus« identisch wäre, der in den ersten zwei Jahrzehnten nach dem Krieg noch eng mit dem »Altnationalsozialismus« verbunden war, d. h. mit den politischen Bestrebungen und literarischen Artikulationen ehemaliger Nationalsozialisten, die – meist unter Verurteilung der »Bösewichter« in Hitlers Umgebung –, den Kern ihrer alten Auffassungen festhielten, daher schon früh »alliierte Propagandalügen« zurückwiesen und eine Gegenrechnung aufzustellen versuchten. Eine solche Gleichsetzung wäre jedoch irreführend; denn dieser radikale Revisionismus ist weit mehr in Frankreich und in den USA begründet worden als in Deutschland, und es läßt sich nicht bestreiten, daß seine Vorkämpfer sich in der Thematik sehr gut auskennen und Untersuchungen vorgelegt haben, die nach Beherrschung des Quellenmaterials und zumal in der Quellenkritik diejenigen der etablierten Historiker in Deutschland vermutlich übertreffen. Ferner ist es nicht richtig, daß diese Vorkämpfer durchweg »rechts« sind. Es handelt sich vielmehr zu einem guten Teil um sogenannte »Libertarier« bzw. Anarchisten, die das Recht auf freie Meinungsäußerung gefährdet sehen und der etablierten Auffassung eine Nähe zum Imperialismus zuschreiben.[1] Eine personelle Kontinuität mit dem »Altnationalsozialismus« ist also meist gar nicht gegeben. Der Begriff »Neonazismus« ist hier mithin als ein bloßer Kampfbegriff zu betrachten, mit dessen Hilfe man sich die sachliche Auseinandersetzung ersparen will.

Der Begründer dieses radikalen Revisionismus ist der Franzose Paul Rassinier, ehemaliger Deportierter und KZ-Häftling in Buchenwald und Dora-Mittelbau, nach dem Kriege sozialistischer Abgeordneter in der Nationalversammlung, also ein Mann der Linken. Was ihn zum Revisionisten machte, waren offensichtlich bestimmte Erfahrungen der

KZ-Zeit und auch der Nachkriegsperiode: Die Leute, die ihn und seinesgleichen gequält hatten und die der Masse der Häftlinge die Lebens-
mittelpakete gestohlen hatten, waren nicht in erster Linie die SS-Män-
ner gewesen, sondern Mitgefangene, die »Kapos«, die Angehörigen der
»Lageraristokratie«, und das hieß praktisch die organisierten Kommunisten und deren Freunde, welche sich durch ihre gute Organisation
und ihr Zusammengehörigkeitsgefühl die wichtigsten Funktionen in
der Häftlingsleitung gesichert hatten – bis hin zur Macht über Leben
und Tod, die immer zugunsten von »Genossen« ausgeübt wurde. Und
nach dem Kriege waren es gerade diese Männer, welche die Bücher und
Tatsachenberichte über die Konzentrationslager schrieben und einen
haßerfüllten Mythos von ihren eigenen Leiden und von den Untaten
»der SS« schufen.

Dabei weiß Rassinier natürlich genau, daß die schrecklichen Zustände, die er anschaulich beschreibt, letzten Endes auf den Krieg und
die nationalsozialistischen Gründer der Konzentrationslager zurückzuführen sind, aber er wehrt sich gegen den Mangel an Differenzierung,
der z. B. die Stufen innerhalb des Systems vom normalen Konzentrationslager bis zum »Straflager« nicht wahrnimmt; er kritisiert die
Gleichsetzung von »Greuel« und »deutsch«, und er weist die Un-
schulds- und Schuldzuschreibungen zurück, die den wahren Verhältnissen in den Lagern nicht gerecht werden. Zu den Autoren, die er
scharf attackiert, gehört auch Eugen Kogon, dessen Buch *Der SS-Staat*
das deutsche Bild der KZs für Jahrzehnte bestimmen sollte. Aber
Rassiniers Abneigung gegen alle, die nach dem Kriege so gut wie
unumschränkt das Sagen hatten, führte ihn schon bald dazu, auch die
jüdischen Berichte über die »Endlösung« in Zweifel zu ziehen, weil er
an ihnen die Kennzeichen jener »Gerüchte« wahrzunehmen glaubte,
die er während seiner Häftlingszeit so gut kennengelernt hatte, und weil
er offenbar eine tiefe Abneigung gegen das zionistische Israel empfand,
das die Leiden und den Tod der nicht-zionistischen Juden in Auschwitz
und Treblinka benutzte, um straflos, ja unter der Sympathie der Weltöffentlichkeit, Leiden, Vertreibung und Tod über die palästinensischen
Einwohner des Landes zu bringen, das sie, obwohl selbst ganz überwiegend atheistisch, unter Berufung auch auf die Bibel erobern und koloni-
sieren wollten.[2] So schrieb er nach seinem Erfahrungsbericht *Les men-
songes d'Ulysse* auch ein Buch *Das Drama der europäischen Juden*, in dem
er Hilberg den Vorwurf macht, er gehe über die gravierende Wider-

sprüchlichkeit der Zeugenaussagen hinweg, da es ihm nur darauf ankomme, durch übertriebene Zahlenangaben die ungeheuren Subsidien
für Israel zu rechtfertigen.[3]

Auf diese Weise gehen Erfahrung und daraus resultierende (oder
vielleicht auch vorher schon vorhandene) Abneigung bei Rassinier
Hand in Hand und legen den Grundstein für den radikalen Revisionismus. Eine Erfahrung oder Empfindung war dann offenbar auch für
den Mann leitend, der nach dem Tode von Rassinier und weithin auf
ihn gestützt zur führenden Persönlichkeit unter den radikalen Revisionisten wurde, für Robert Faurisson, einen Literaturprofessor an der
Universität Lyon, der 1978 in *Le Monde* einen Aufsatz über das
»Problem der Gaskammern« veröffentlichte und seither unablässig
und nachdrücklich, über Rassinier weit hinausgehend, die These vertritt, Gaskammern zwecks Tötung von Menschen habe es gar nicht
gegeben, sondern es handle sich um eine Erfindung der alliierten
Kriegspropaganda und der zionistischen Nachkriegsansprüche. Auch
er kam von der Linken her, und auch für ihn scheint eine einfache
Erfahrung bzw. ein Eindruck maßgebend gewesen zu sein: daß er bei
einem Besuch in Auschwitz von der Kleinheit und Primitivität der
dort gezeigten Einrichtungen frappiert war und den Gedanken unvoll-
ziehbar fand, hier seien Millionen von Menschen getötet worden, ohne
daß noch Spuren zu entdecken seien.

Im Jahre 1987 kam das erste Heft der *Annales d'Histoire révisionniste*
heraus, und obwohl die Auflage relativ klein war, erregten Faurisson
und seine Mitarbeiter in Frankreich viel Beunruhigung, die bis zu
physischen Angriffen gegen seine Person und schließlich sogar zur
Verabschiedung eines Gesetzes führten, welches die Leugnung des an
den Juden begangenen Völkermordes unter Strafe stellt. Es ist anzunehmen, daß das starke Maß an Feindschaft, das Faurisson hervorrief, nicht
in erster Linie auf seine zweifellos kenntnisreichen und argumentieren-
den Aufsätze zurückzuführen ist, sondern auf seine Neigung zu außerordentlich aggressiven und verallgemeinernden Formulierungen, die
eine propagandistische oder politische und eben nicht bloß wissenschaftliche Intention zu erkennen gaben, z. B. die folgende: »Les pré-
tendues chambres à gaz hitlériennes et le prétendu génocide des juifs
forment un seul et même mensonge, qui a permis une gigantesque
escroquerie politico-financière, dont les principaux bénéficiaires sont
l'Etat d'Israel et le sionisme international, et dont les principales victimes

sont le peuple allemand – *mais non pas ses dirigeants* – et le peuple palestinien tout entier.«[4]

Man kann nicht sagen, daß Faurisson bei den vielen Auseinandersetzungen mit Gegnern wie Pierre Vidal-Naquet und Georges Wellers immer den kürzeren gezogen hat, aber er setzte sich doch selbst oft genug offenkundig ins Unrecht, so wenn er behauptete, Treblinka sei weiter nichts als ein kleines Durchgangslager gewesen, und wenn er Heydrichs im Wannsee-Protokoll festgehaltene Äußerung, »der allfällig verbleibende Restbestand« der Juden werde »entsprechend behandelt werden müssen«, da die Erfahrung der Geschichte zeige, daß dieser »bei Freilassung als Keimzelle eines neuen jüdischen Aufbaus« anzusehen sei, so interpretierte, daß Heydrich diese Freilassung und diesen Aufbau positiv ins Auge gefaßt habe, sozusagen als die wünschenswerte Umwandlung der kosmopolitischen Juden in landverbundene und hart arbeitende Zionisten.[5]

Unabhängig von den Franzosen und von Faurisson hatte sich in den USA eine Gruppe von radikalen Revisionisten gebildet, als deren führender Kopf Arthur R. Butz angesehen werden kann, ein Professor für Computertechnologie in Chicago, der 1977 das Buch *The Hoax of the Twentieth Century. The Case against the presumed Extermination of European Jewry* veröffentlicht hatte. Es gelang ihnen, ein eigenes Institut zu gründen – The Institute for Historical Review –, das 1984 durch einen Brandanschlag völlig zerstört, aber wiederaufgebaut wurde. Ihre Zeitschrift *The Journal of Historical Review* befand sich 1989 schon im 9. Jahrgang, während Faurissons *Annales* nach zwei Jahrgängen ein Ende gefunden hatten und eine Nachfolgezeitschrift[6] über sechs Nummern nicht hinausgelangt war. Der bekannteste Historiker, den diese überaus aktive Gruppe an sich zu ziehen vermochte, war David Irving. Dieser stellte nach der Entdeckung eines Himmlerschen Telegramms, das im Hinblick auf einen Transport deutscher Juden »keine Liquidierung« befahl, die überaus kühne These auf, Hitler habe von der »Endlösung« keine Kenntnis gehabt, und kam dann mehr und mehr zu der Überzeugung, die ganze Endlösung sei als Programm systematischer Extermination eine Erfindung der britischen Propaganda gewesen.

Anders als in Frankreich und in den USA handelte es sich in der Bundesrepublik Deutschland bei vergleichbaren Publikationen in der Tat eher um Produkte der extremen Rechten, die mit Alt-Nationalsozialisten in mehr oder weniger enger Beziehung stand. Das gilt auch für

die Zeitschrift *Historische Tatsachen*, die von Udo Walendy herausgegeben wird, einem Autor, der mehrere Bücher über die »Kriegsschuldfrage« verfaßt hat. Das vergleichsweise größte Aufsehen erregte in
Deutschland das Buch des Hamburger Juristen Wilhelm Stäglich über
den *Auschwitz-Mythos*.[7] Stäglich war während des Krieges als Offizier
eine Zeitlang in der Nähe von Auschwitz stationiert gewesen, und er
hatte dort nach seiner glaubwürdigen Aussage nichts von all dem
wahrgenommen, was in Zeugenberichten immer wieder behauptet
wurde: den durchdringenden Geruch von verbrannten Leichen und
den aus den Kaminen der Krematorien unablässig aufsteigenden Rauch
– freilich kannte er nur das Stammlager Auschwitz, und Birkenau hatte
er nie betreten. Das Buch enthält aber neben Argumenten und Beob-
achtungen, die ernst genommen zu werden verdienen, eine so weitgehende Übernahme der nationalsozialistischen Terminologie und damit
der Polemik gegen »jüdisch-bolschewistische« Propaganda, daß seine
Indizierung verständlich ist. Ob allerdings die Entziehung des juristischen Doktorgrades durch die Universität Göttingen eine angemessene
Reaktion war, dürfte nicht leicht zu entscheiden sein.

Bei allen Unterschieden zwischen den nationalen Traditionen, den
Persönlichkeiten und den Publikationen sind die Ähnlichkeiten doch
groß genug, daß eine systematische Darstellung der Hauptargumente
und der Interpretationstendenzen möglich und geboten ist. Die verbreitete Meinung, daß jeder Zweifel an den herrschenden Auffassungen
über den »Holocaust« und die sechs Millionen seiner Opfer von vornherein als Zeichen einer bösartigen und unmenschlichen Gesinnung zu
betrachten und möglichst zu verbieten ist, kann angesichts der fundamentalen Bedeutung der Maxime »De omnibus dubitandum est« für
die Wissenschaft keinesfalls akzeptiert werden, ja sie ist als ein Anschlag
gegen das Prinzip der Wissenschaftsfreiheit zurückzuweisen.

Die These, es habe so etwas wie ausgedehnte Vernichtungsmaßnahmen gegen Juden, Zigeuner, Geisteskranke und Slawen überhaupt nicht
gegeben, richtet sich auf ähnliche Weise selbst wie die Behauptung,
Napoleon habe gar nicht existiert, und sie sollte als Eigentümlichkeit
eines winzigen *lunatic fringe* unbeachtet bleiben. Aber die Fragen nach
der Zuverlässigkeit von Zeugenaussagen, der Beweiskraft von Dokumenten, der technischen Möglichkeit bestimmter Vorgänge, der Glaubwürdigkeit von Zahlenangaben, der Gewichtung der Umstände sind
nicht nur zulässig, sondern wissenschaftlich unumgänglich, und jeder

Versuch, bestimmte Argumente und Beweise durch Totschweigen oder Verbote aus der Welt zu schaffen, muß als illegitim gelten. Tatsächlich ist es vom »wissenschaftlich anerkannten« Funktionalismus bis zum nicht-propagandistischen Teil des radikalen Revisionismus nur ein kleiner Schritt.

Die Zuverlässigkeit bestimmter Zeugenaussagen wird in dieser radikalrevisionistischen Literatur – aber nicht *nur* in ihr – nachdrücklich in Zweifel gezogen. Das gilt in erster Linie für den Bericht von Kurt Gerstein, der geraume Zeit die meistzitierte Quelle für die Tatsache der Massenvergasungen war. Gerstein, einem Mitglied der Bekennenden Kirche und scharfem Gegner des Nationalsozialismus, war es gelungen, SS-Offizier zu werden und die Position eines für die Hygiene in den Lagern verantwortlichen Mannes zu erhalten, denn er wollte dem Wahrheitsgehalt der Gerüchte auf die Spur kommen, die über Ermordungen von Geisteskranken und Massentötungen von Juden in Umlauf waren.

Im Juni 1942, so lautet sein Bericht, habe er den Auftrag erhalten, zusammen mit dem Marburger Professor Pfannenstiel das Lager Belzec zu besuchen, und dort sei er in Anwesenheit von Globocnik zum Zeugen einer Massenvergasung von Juden durch Dieselabgase geworden. 700 bis 800 Menschen seien in einen Raum von 25 Quadratmetern gedrängt worden, und dann sollte der Dieselmotor angelassen werden. Mit der Stoppuhr in der Hand verfolgt Gerstein die zunächst vergeblichen Versuche, die Maschine zu starten, aber dazu werden nicht weniger als 2 Stunden 49 Minuten benötigt. 25 Minuten später sind die meisten der Eingeschlossenen tot, wie Professor Pfannenstiel mit einem Blick durch das kleine Fenster der hölzernen Tür feststellt, und dann werden die Toten, dicht aneinander stehend, durch ukrainische Helfer herausgeholt; die Goldzähne werden herausgebrochen, und die Leichen werden verscharrt bzw. verbrannt. Am nächsten Tage habe er in Treblinka denselben Vorgang in noch größerem Ausmaß beobachten können und erfahren, daß die täglichen Kapazitäten von Belzec ein Maximum von 15 000 Personen, die von Sobibor von 20 000 Personen und die von Treblinka von 25 000 Personen pro Tag erreichten. Insgesamt seien bereits 25 Millionen Menschen getötet worden, nicht nur Juden, sondern zum überwiegenden Teil Polen und Juden.

Diese Angaben erschienen von Anfang an nicht recht glaubwürdig, und schon Hans Rothfels äußerte Zweifel, als er den Gerstein-Bericht in der ersten Nummer der *Vierteljahrshefte für Zeitgeschichte* 1953 veröffentlichte.[8] Die essentielle Richtigkeit wurde aber nicht in Frage gestellt, und man nahm an, daß Gerstein in der Aufregung die Zahlen übertrieben und die Quadratmeter falsch angegeben habe; ein Autor, Léon Poliakow, änderte sogar stillschweigend die »25« in »93«. Aber auch die Umstände des Zustandekommens der verschiedenen Versionen des Berichts waren ungeklärt, und das rätselhafteste war der Tod Gersteins in einem französischen Militärgefängnis im Sommer 1945. Erst im Jahre 1985 schrieb ein Anhänger Faurissons, Henri Roques, eine äußerst detaillierte Untersuchung, die zu Unrecht, wenngleich nicht ganz ohne Grund, als Leugnung der Endlösung insgesamt verstanden und deshalb heftig angegriffen wurde.[9] Aber wenn man die zahlreichen vergleichbaren, als einzelne vielleicht unzuverlässigen Zeugenaussagen heranzieht und vor allem die Tatsache berücksichtigt, daß Professor Pfannenstiel nach dem Krieg die Aussagen Gesteins zwar stark abschwächte, aber doch im Kern bestätigte, dann wird man vermutlich zu dem Urteil gelangen müssen: »Etwas Derartiges läßt sich nicht erfinden, doch es läßt sich nur allzu leicht übertreiben.« Im übrigen ist es symptomatisch, daß der Gerstein-Bericht, ja selbst der Name Gerstein sowohl bei Jäckel-Rohwer wie bei Longerich überhaupt nicht mehr vorkommt, ohne daß eine Erklärung gegeben würde, die vermutlich positiv auf die Kritik der radikalen Revisionisten hätte Bezug nehmen müssen.

Der wichtigste und meistzitierte aller Zeugen, Rudolf Höß, hatte nun selbst von einer Übertreibung gesprochen, die er mit der Angabe von 2,5 Millionen Opfern vorgenommen habe[10], aber es ist in der Tat merkwürdig und bedenklich, daß diese Aussage in der etablierten Literatur weithin übergangen wird und daß kaum irgendwo auch nur andeutungsweise ein anderer Satz erwähnt wird, der von dem Herausgeber Martin Broszat nicht getilgt wurde, so daß er ins Auge springen müßte: »Es wurde mir [nach der Verhaftung im März 1946] übel zugesetzt durch die Field-Security-Police ... Unter schlagenden Beweisen kam meine erste Vernehmung zustande. Was in dem Protokoll drinsteht, weiß ich nicht, obwohl ich es unterschrieben habe.«[11] Das heißt mit anderen Worten: Höß wurde durch Folterungen zu seiner Aussagen gezwungen. Unter juristischen Gesichtspunkten war seine Zeugenaussage also nichtig.[12] Aber eine zweite Aussage ist ebenso gut begründet: Es ist vorstellbar, daß deutsche Offiziere sich unter der Folter zwingen ließen, überhöhte Zahlen anzugeben; es ist jedoch unvorstellbar, daß sie eine Aussage machten, die in der Sache völlig gegenstandslos war und die, wie sie genau wußten, als schwerste Belastung für die ganze Nation gelten mußte. Es ist schlechterdings unwahrscheinlich, daß Höß und andere SS-Offiziere aus bloßer Feigheit und Angst um ihr sowieso verwirktes Leben einen so ungeheuerlichen Tatbestand erfunden haben könnten.

Wie berechtigt und unumgänglich die Kritik an Zeugenaussagen ist, läßt sich auch am Beispiel von Filip Müller zeigen. Filip Müller war ein Mitglied des jüdischen »Sonderkommandos« in Auschwitz, und er will dort nicht weniger als drei Jahre verbracht haben.[13] Nach seiner Erzählung war eines Tages die Verzweiflung in ihm so übermächtig geworden, daß er beschloß, mit den Opfern in den Tod zu gehen. Er begab sich also – offenbar ein Angekleideter unter Nackten – vom Krematorium im ersten Stock in die unterirdische Gaskammer, die durch eine Tür mit dem Auskleideraum verbunden war. Einige entblößte Mädchen hätten sich aber um ihn gedrängt und ihm heftig widersprochen. Er müsse am Leben bleiben und von ihren letzten Stunden berichten und er solle vor allem die goldene Kette eines der Mädchen an deren Freund gelangen lassen. Er habe gezögert, aber dann hätten ihn die Mädchen an Armen und Beinen gepackt, um ihn trotz seiner Gegenwehr bis zur Tür der Gaskammer zu schleppen. Wenn man sich nun vor Augen hält, daß in der Gaskammer von 200 Quadratmetern an die 2000 Menschen zusammengedrängt wurden, dann wird man um die Feststellung nicht herumkommen können, daß diese Erzählung kaum mehr als Phantasie sein dürfte. Und damit verlieren andere Aussagen Müllers ebenfalls an Glaubwürdigkeit, wie etwa die, daß die Leichen in Gruben von zwei Metern Tiefe verbrannt und immer wieder mit Menschenfett begossen worden seien, das sich »an den beiden Stirnseiten« der Grube reichlich angesammelt habe.[14] Aber auch hier darf man bei der bloßen Zurückweisung nicht stehenbleiben: Es gibt die entsprechenden Aussagen der Augenzeugen Miklos Nyiszli, Henryk Tauber und anderer, und es gibt nicht zuletzt die aus den Jahren von 1945 bis 1947 stammenden Zeichnungen und Gemälde von David Olère. Es hätte einer geradezu übermenschlichen Phantasie bedurft, um diese bei allen möglichen Übertreibungen im Kern übereinstimmenden Aussagen aus dem Nichts hervorzubringen.

Der Macht der Gerüchte und der Phantasie, die im Prinzip von keinem der Autoren bestritten wird, ist auch Jean-Claude Pressac nachgegangen, dessen umfangreiches und reich illustriertes Buch *Ausch-witz. Technique and Operation of the Gas Chambers* – 1989 in New York von der Beate Klarsfeld Foundation herausgebracht – die umfassendste und sorgfältigste Untersuchung der technischen Aspekte der Gaskam-mern ist, in dem der Autor aber auch sehr erwägenswerte Vermutungen über die Zahlenangaben der Zeugen anstellt. Er kommt zu dem Er-gebnis, daß eine Teilung durch 4 der Wahrheit am nächsten kommen dürfte, und man wird sich hier der entsprechenden und durchaus unabhängigen Feststellung in dem Buch von Gisela Bock über angebli-che und wirkliche Zahlen bei den Sterilisationsopfern erinnern.[15]

Überhöhte Zahlen zu kritisieren ist keineswegs bloß ein Kennzeichen der Literatur der radikalen Revisionisten, denn schon Gerald Reitlinger hatte die Gesamtzahl der Opfer der Endlösung auf etwa 4,5 Millionen geschätzt und also die Zahl von 6 Millionen zurückgewiesen, die Martin Broszat eine »symbolische« nannte. Eine geradezu offizielle Korrektur der Zahlenangaben fand in jüngster Zeit statt, als die Zahl von »vier Millionen« auf der Gedenktafel im Lager Auschwitz auf eine Million gesenkt wurde. Der bekannte israelische Experte Yehuda Bauer stimmte dieser Herabsetzung im wesentlichen zu, aber es ist rätselhaft, weshalb er in einer früheren Publikation die Zahl der Auschwitz-Opfer zwi-schen einer und dreieinhalb Millionen ansetzte und doch an der Ge-samtzahl von 5,8 Millionen festhielt.[16] Es ist nicht darum herumzu-kommen, die Kritik der radikalen Revisionisten an der Zahl von »sechs Millionen« für begründet – wenn auch keineswegs für zwingend – zu halten. Aber wenn einige von ihnen bis auf 300 000 Opfer zurückge-hen, machen sie sich mit einer an Sicherheit grenzenden Wahrschein-lichkeit einer Untertreibung schuldig, die noch ausgeprägter und un-glaubwürdiger ist als jene Übertreibung.

Neben der Kritik an Zeugenaussagen und an Zahlenangaben ist die Kritik an Schlüsseldokumenten ein Hauptthema der radikalen Revisio-nisten. Einen Übergang bilden die Meldungen und Bücher aus der Kriegszeit, die natürlich allesamt auf Zeugenaussagen und -vermutun-gen beruhen und voll von Widersprüchen oder Unwahrscheinlichkei-ten sind. So behauptet der Pole Jan Karski in seinem 1944 in Boston erschienenen Buch *Story of a Secret State*, er habe in Verkleidung das Lager Belzec besucht und dabei festgestellt, daß die dort mit Zügen eintreffenden Juden in andere Züge umgeladen würden, die mit ge-löschtem Kalk gefüllt seien. Dieses Material verbrenne die Körper der

Eingeschlossenen, so daß nach einer Fahrt von 80 Kilometern alle tot seien und irgendwo in den Wäldern ausgeladen und verscharrt würden.[17] Von Gaskammern schreibt Karski dagegen nichts.

Andere Meldungen der Kriegszeit wußten zu berichten, daß die Juden sich auf riesigen Metallplatten aufstellen müßten, um dann durch Stromstöße getötet und durch eine ingeniöse Vorrichtung in ihr Grab befördert zu werden. In anderen Berichten war von Kammern mit heißem Dampf die Rede, in denen die Juden getötet würden, oder von Räumen, aus denen die Luft zu Tötungszwecken herausgepumpt würde.[18] Während häufig von dem unerträglichen Gestank berichtet wird, der sich kilometerweit um die Todeslager und also bis zu den nahegelegenen Bahnlinien ausgebreitet habe, wird in einem anderen Zeugnis behauptet, die Geheimhaltung sei in Treblinka so strikt gewesen, daß auf einem Wachtturm eine elektrische Sirene plaziert gewesen sei, mit der deutschen Flugzeugen bedeutet worden sei, ihren Kurs zu ändern.[19] Ungemein naheliegend ist die Frage, weshalb die Alliierten trotz eines gut ausgebauten Nachrichtensystems bis zum Sommer 1944 nichts von den Vorgängen in Auschwitz gewußt hätten und erst durch den Bericht von zwei Spätlingen unter den zahlreichen Flüchtlingen bzw. Entlassenen, Rudolf Vrbas und Alfred Wetzlers, unterrichtet worden seien. Auch hier stehen die unterschiedlichsten Zahlenangaben im Vordergrund, denn in einem besonders wichtigen Telegramm des Vertreters des World Jewish Congress in Genf, Gerhard Riegers, wird die Gesamtzahl der in deutschem Machtbereich befindlichen Juden mit 3,5 bis 4 Millionen angegeben.[20]

Wichtiger aber ist die Kritik an Schlüssel-Dokumenten, vor allem an dem sogenannten *Wannsee-Protokoll*. So viel ist unzweifelhaft richtig, daß es sich nicht um ein »Protokoll« handelt und daß an keiner Stelle ausdrücklich von »Töten« oder »Beseitigen« die Rede ist. Aber Walendy tritt auch dem Entdecker, dem Nürnberger stellvertretenden Chefankläger Robert Kempner, mit dem größten Mißtrauen gegenüber und erklärt es für wahrscheinlich, daß die entscheidenden Stellen des Textes gefälscht sind, ja, daß infolge sprachlicher Unbeholfenheit die Urheberschaft eines mit der deutschen Sprache nicht oder nicht mehr vertrauten Fälschers angenommen werden muß.[21] Dieser Fälschungsvorwurf wird hauptsächlich auf die angebliche Existenz einer riesigen Fälscherzentrale in einem jüdischen DP-Lager bei München gestützt, und der Verdacht wird auf viele andere Schlüsseldokumente ausgedehnt, sogar auf die Geheimreden Himmlers, auch die vom 4. Oktober 1943, die ja in der Tat nur in einer kaum verständlichen Plattenaufnahme überliefert ist. Die Tatsache, daß so viele Nürnberger Dokumente nur als Kopien vorgelegt wurden und daß die Originale überwiegend bis heute nicht zugänglich sind, ist ein weiteres Argument, das nicht leichtfertig abgetan werden sollte.

Aber es gibt zahlreiche Reden Himmlers, an deren Echtheit nicht der geringste Zweifel besteht, weil sie nämlich während der nationalsozialistischen Zeit ganz offiziell gedruckt wurden, und aus ihnen ergeben sich bestimmte Eigentümlichkeiten der Auffassung, des Duktus und des Stils, die auch in den Geheimreden anzutreffen sind, so daß der Fälschungsvorwurf die Existenz von geradezu genialen Imitatoren und Fälschern voraussetzt. Zu beweisen, daß die Berichte der Einsatzgruppen Fälschungen sind, ist meines Wissens bisher niemals auch nur versucht worden; einigermaßen haltbar könnte nur die Behauptung sein, daß die Zahlen von den Führern der Einsatzkommandos überhöht wurden, um die eigene Tüchtigkeit in ein günstigeres Licht zu stellen; aber wenn das so wäre, würde der Beweis zu einer unerwarteten Konsequenz führen: Die hohen Zahlen müßten bei der Staatsspitze willkommen gewesen sein, und damit würde das Gegenteil von dem bewiesen sein, was bewiesen werden sollte.

Seit einiger Zeit ist die Behauptung zum Zentrum der radikalrevisionistischen Argumentation geworden, eine Massenvergasung von vielen Tausenden von Menschen an einem Tage in einem einzelnen Lager sei technisch unmöglich gewesen. Nicht die Kritik an unglaubwürdigen und widerspruchsvollen Zeugenaussagen und auch nicht mehr der Hinweis darauf, daß Zyklon B ein unentbehrliches Entwesungsmittel und der Terminus »Vergasung« im Sinne von Ungezieferbekämpfung ganz geläufig war, ist der Inhalt des sogenannten »Leuchter-Gutachtens«, das bei dem Prozeß gegen den eingewanderten Deutschen Ernst Zündel in Toronto von der Verteidigung eingeholt und dem Gericht vorgelegt wurde, sondern Gesteinsproben und chemische Analysen.[22] Daß ein allem Anschein nach ganz unpolitischer Ingenieur sich bereit fand, nach Auschwitz zu reisen und ohne Wissen der Museumsleitung eine Anzahl von Proben zu entnehmen, war vermutlich darauf zurückzuführen, daß dieser Experte für die in einigen Staaten der USA üblichen Hinrichtungen in Gaskammern mit den umständlichen Vorbereitungen und Sicherheitsmaßnahmen vertraut war, die im Umkreis solcher Hinrichtungen vorgeschrieben und erforderlich sind.[23] Das Ergebnis, zu dem er und das chemische Laboratorium gelangten, bestand darin, daß die Proben, die den als »Gaskammern« bezeichneten Räumen entnommen wurden, nur ganz geringe Spuren von Cyanid aufwiesen, während in den Entwesungsräumen sehr hohe Konzentrationen nachgewiesen wurden. Daraus zog Leuchter den Schluß, daß Vergasungen von Menschen in den betreffenden Räumen nicht stattgefunden haben könnten. Dieses Ergebnis wurde von Faurisson und anderen als der definitive Sieg des Revisionismus gefeiert. Es dauerte allerdings nicht lange, bis Widerspruch erfolgte. Jean-Claude Pressac und andere Spezialisten machten geltend, es sei längst bekannt, daß die Wände der Entwesungsräume sich bläulich verfärbt hätten, wie es von Zyklon B als »Preußischblau« zu erwarten sei, und daß die Wände der Gaskammern, genauer gesagt der zur Menschentötung bestimmten Gaskammern, diese Färbung nicht aufwiesen. Das erkläre sich daraus, daß zur Bekämpfung von Läusen und anderen Schädlingen eine höhere Konzentration und eine weit längere Einwirkungsdauer des Giftes erforderlich sei; überdies nehme der menschliche Körper beträchtliche Teile des Giftes in sich auf und die Räume seien durch mächtige Ventilatoren von den Gasen gereinigt worden. Darüber hinaus machte es sich Pressac zur Aufgabe, das Argument zu untersuchen, bei den sogenannten Gaskammern habe es sich in Wahrheit um Leichenkeller gehandelt und die Einrichtung sei technisch viel zu primitiv gewesen, als daß die so oft beschriebenen Vorgänge hätten stattfinden können.

Bei einer peniblen Untersuchung der Bauzeichnungen und der noch vorhandenen Überreste wie der gasdichten Türen gelangt Pressac zu der These, daß mit den Planungen und der ersten Bauphase der Krematorien in Birkenau kein »krimineller Zweck« verbunden war, daß aber nachträglich eine entsprechende Änderung erfolgte. Mit anderen Worten: Die großen Krematorien wurden gebaut, um des grassierenden Typhus Herr zu werden, und die unterirdischen Räume waren in der Tat als Leichenkeller vorgesehen, aber später wurde die Anlage auf Menschenvernichtung umgestellt. Aus den zeitgenössischen Quellen und Überresten kann Pressac indessen nur eruieren, daß der eine oder der andere Handwerker in seinen Arbeitsberichten gelegentlich das Wort »Gaskammer« an Stelle von »Leichenkeller« benutzte und daß die gassicheren Türen einen merkwürdigen Unterschied aufweisen: Einige haben ein Gitter vor der Innenseite des

Gucklochs und andere nicht. So zieht denn auch Pressac in starkem Maße die Augenzeugenberichte heran, deren Widersprüchlichkeit er unterstreicht[24], die er aber trotz der Übertreibungen bei den Zahlenangaben für glaubwürdig hält.

Aber das letzte Wort ist bei den Auseinandersetzungen zwischen den technischen Experten noch längst nicht gesprochen, und Faurisson durfte es als einen Triumph seiner Sache ansehen, als ein bekannter amerikanisch-jüdischer Historiker, Arno J. Mayer, in seinem Buch über die Endlösung, das im ganzen eine antichristliche und antideutsche Kampfschrift ist, hinsichtlich der Gaskammern zu der Aussage gelangte, die Zeugnisse über deren Existenz seien »rar und unzuverlässig«.[25] So wird eine merkwürdige Parallele zur Kontroverse um den Reichstagsbrand sichtbar: wenn den technischen Experten der Nachweis gelänge, daß die »Tatwaffe«, van der Lubbes Kohleanzünder, nicht imstande war, das Feuer während der zur Verfügung stehenden Zeit zu entfachen, würden alle Zeugenaussagen, welche auf die Alleintäterschaft van der Lubbes hindeuten, von vornherein wertlos sein. Dasselbe muß für die »Tatwaffe« der Räume und des Zyklon B bzw. der Abgase von Dieselmotoren gelten. In jedem Falle muß aber den radikalen Revisionisten das Verdienst zugeschrieben werden – wie Raul Hilberg es getan hat, – durch ihre provozierenden Thesen die etablierte Geschichtsschreibung zur Überprüfung und besseren Begründung ihrer Ergebnisse und Annahmen zu zwingen.

Schließlich haben die radikalen Revisionisten auch dazu einen Beitrag geleistet, die »Umstände« hervorzuheben, in deren Rahmen die Endlösung sich vollzog. Der wichtigste dieser Umstände ist für sie die Kriegspropaganda der Alliierten, und wenn man mit großer Bestimmtheit sagen kann, daß keine Darstellung eines zugleich tief bewegenden und versteckten Ereignisses richtig sein kann, die alle Gerüchte und auf Hörensagen beruhenden Aussagen als wahr unterstellt, so sollte man ebenfalls mit einer nahezu apriorischen Gewißheit behaupten können, daß die tatsächlichen Ereignisse dem Bild nicht entsprechen werden, das die Kriegspropaganda von ihnen zeichnete. Man braucht nur das Buch von Sefton Delmer *Die Deutschen und ich* zu lesen, um zu erkennen, von welch zynischer Skrupellosigkeit die englische Propaganda gekennzeichnet war, und es genügt die Lektüre der ersten Molotow-Note über die angeblich extrem sadistischen Greueltaten der deutschen Truppen (nicht etwa der Einsatzgruppen) gegenüber der sowjetischen Bevölkerung (nicht etwa den Juden), um ein starkes Mißtrauen gegenüber sowjetischen Anklagen hervorzurufen.

Die radikalen Revisionisten führen deshalb immer wieder die Tatsache an, daß die Sowjets die Massentötung von 15 000 polnischen Offizieren bei Katyn den Deutschen in die Schuhe schoben, und die ersten sowjetischen Meldungen nach der Eroberung des Lagers Majdanek bei Lublin berichteten von 1 500 000 Opfern, während heute selbst die höchsten Schätzungen nicht über 200 000 hinausgehen. Andererseits sprachen diese Meldungen und auch die Berichte von westalliierten Kriegsberichterstattern davon, es seien wahre Skeletthalden und ungeheure Massengräber entdeckt worden, so daß die spätere These von der Beseitigung aller Spuren von vornherein fragwürdig wurde.[26] Und nicht allein Faurisson, sondern auch ein so unverdächtiger Autor wie Walter Laqueur wußte zu berichten, im Jahre 1916 hätten die Alliierten gemeldet, die Bulgaren hätten in Zusammenarbeit mit den Österreichern 700 000 Serben vergast.[27] Im Zweiten Weltkrieg aber scheint das genaue Gegenteil der Fall gewesen zu sein, d. h. die Propaganda blieb weiter hinter den Ereignissen zurück: Laqueur schrieb ein Buch mit dem Titel *Was niemand wissen wollte*, während David S. Wyman sogar Böswilligkeit bei Roosevelt und den anderen Alliierten vermutete, so daß der Vorwurf der Kollektivschuld von den Deutschen auf die ganze christlich-westliche Welt ausgeweitet wird.[28] Die radikalen Revisionisten ziehen aus diesem erstaunlichen Zurückbleiben der Propaganda gegenüber den tatsächlichen Ereignissen gerade den Schluß, daß die Alliierten so lange nichts von Auschwitz berichteten, weil in Auschwitz die angeblichen Massentötungen nicht stattfanden.

Aber selbst Faurisson kann die »Ereignismeldungen UdSSR« nicht für gefälscht erklären, und er hält offenbar auch die Geheimreden Himmlers für echt. Er stellt jedoch das Ganze in den Zusammenhang des Kampfes gegen die Partisanen, und er scheut sich nicht einmal, in diesem Zusammenhang Himmlers Aussagen über die Tötung von Frauen und Kindern zu zitieren und damit Himmlers irrwitzige Behauptung ernst zu nehmen, er habe das Aufwachsen von »Rächern« verhindern müssen.[29] Dicht an das Absurde grenzen auch Behauptungen in der radikalrevisionistischen Literatur, die »Reichskristallnacht« sei von jüdischen Organisationen inszeniert worden und die »nach Osten« deportierten Juden seien in abseits gelegenen Gegenden Weißrußlands angesiedelt worden, wo sie heute noch lebten.[30]

Nicht das geringste unter den Motiven der nicht-deutschen Revisionisten ist aber die Selbstkritik, die an der »doppelten Moral« Anstoß nimmt, mit der nicht nur die sowjetischen Massenmörder, sondern auch die amerikanischen und englischen Urheber der Luftangriffe auf die Zivilbevölkerung von ihrer Schuld ablenken wollen, indem sie Hitler und die Deutschen für alleinschuldig erklären, obwohl doch Deutsche und Japaner ebenso als »Holocaust survivors« bezeichnet werden müßten wie die Juden.[31] Es ist leicht zu sehen, daß damit zugleich eine alte Traditionslinie fortgesetzt wird, nämlich die Polemik gegen den Eintritt der USA in den Ersten und dann in den Zweiten Weltkrieg sowie gegen Churchills Entschlossenheit, den von Hitler angebotenen Ausgleich abzulehnen. Das *Journal of Historical Review* beschäftigt sich daher nicht ausschließlich mit der »Endlösung«, sondern auch mit Fragen der Schuld am Ersten Weltkrieg und mit der britischen Politik in der Zwischenkriegszeit. Es kann sich also auf so bedeutende Historiker wie Harry Elmer Barnes und Charles Tansill als Vorgänger berufen, und Martin Broszat dürfte recht haben, wenn er im Falle von David Irving eine Entsprechung von Churchill-Haß und Hitler-Freundschaft konstatiert.[32]

Letzten Endes müßte also eine neue Gesamtinterpretation der Geschichte des 20. Jahrhunderts das eigentliche Ziel der radikalen Revisionisten sein. Aber auch dann, wenn man bemüht ist, Motive wie diejenigen der Selbstkritik und der Kritik am »zweierlei Maß« zu würdigen und den Thesen sowie den Ergebnissen nicht von vornherein und ohne Prüfung allen Wert abzusprechen, wie es freilich in der Regel geschieht, wird man zu der folgenden Gesamtbewertung gelangen müssen: Die radikalen Revisionisten, und insbesondere die Franzosen unter ihnen, fixieren ihre Aufmerksamkeit ganz überwiegend auf die Probleme der »Endlösung«, ja der »Gaskammern«, und sie blenden alles aus, was doch mit dieser »Endlösung« in unübersehbarem Zusammenhang steht: die frühen und späten Aussagen Hitlers; die Herabwürdigung der Juden, die schon der Trennungs- und der Vertreibungspolitik inhärent war; das Konzept der biologischen »Gesundung« des Volkskörpers und damit die Sterilisierungspolitik und die Euthanasie; die Politik der völkischen Flurbereinigung im Osten; die Intentionen des »Generalplans Ost«. Indem man alle weitgesteckten Absichten in Abrede stellt und damit die ideologischen Überzeugungen der radikalen Nationalsozialisten und insbesondere Hitlers nicht ernst nimmt, macht man Hitler,

Himmler und Heydrich zu wohlmeinenden und etwas dümmlichen Biedermännern, ja Irving scheut sich nicht, an einer Stelle Hitler als den »wichtigsten Freund« zu bezeichnen, den die Juden im nationalsozialistischen Deutschland hatten.[33]

Auf der anderen Seite wird in manchen Andeutungen klar, daß mindestens einige Vertreter dieser Schule die Juden und die jüdische Tradition für eine überaus gefährliche und verhängnisvolle Erscheinung halten, die mit allen Mitteln bekämpft zu haben Hitler als Verdienst und nicht als Verbrechen angerechnet werden sollte. So bewegt sich der radikale Revisionismus zwischen einer Verharmlosung und zugleich Herabsetzung Hitlers und seiner Gefolgsleute als bloßer deutscher Nationalisten und einer halbversteckten Bejahung seiner weiterreichenden Grundauffassungen und Ziele.

Damit ist er das genaue Gegenbild zu der etablierten Literatur, die in unkritischer Übernahme nahezu aller Zeugenaussagen und unter weitgehender Ausblendung der Voraussetzungen und Umstände die Endlösung und den Nationalsozialismus nicht nur zu einem singulären, sondern zu einem geradezu einzigen, allen Vergleichen entzogenen und letztlich nur nach dem Muster von Dantes Inferno beschreibbaren Phänomen zu machen tendiert.[34] Freilich lassen sich auch in dieser etablierten Literatur bedeutende Differenzen aufweisen, nicht anders als in der radikalrevisionistischen, und es wäre ungerecht, ihr im ganzen das Bemühen um Wissenschaftlichkeit absprechen zu wollen. Aber der übliche Ausgangspunkt beim Imperialismus des wilhelminischen Deutschland oder beim Revisionismus der Weimarer Republik ist nach meiner Überzeugung unzureichend. Ein anderer und fundamentaler Ansatz ist erforderlich, wenn man in die Dimension kommen will, wo über den Nationalsozialismus wirklich gestritten werden kann, weil er allem Streit zuvor wirklich ernst genommen wird. Die Hauptfrage dieses Ansatzes gilt nicht zuerst dem Nationalsozialismus, sondern dem Bolschewismus und zunächst gerade nicht der vorfindbaren Gestalt von 1917, sondern seiner uralten Wurzel. Damit ist nun der Übergang zum zweiten Teil des Buches zu machen, in dem es nicht mehr um vorhandene – heutige –, sondern um potentielle – künftige –, bisher allenfalls in Ansätzen umrissene Streitpunkte geht.

# II
# KÜNFTIGE KONTROVERSEN

# 1. Die Ewige Linke

Ich gehe im folgenden von einer grundlegenden Annahme aus, für die es auch bisher schon genug an Hinweisen und Bestätigungen gab: daß der Nationalsozialismus auf überaus starken Emotionen beruhte, daß diese Emotionen überwiegend einen negativen und abwehrenden Charakter hatten, daß bestimmte Erfahrungen für diese Emotionen maßgebend waren und daß alle »weltanschaulichen« Aussagen mit diesen Erfahrungen und Emotionen aufs engste verknüpft waren. Selbstverständlich und unbestreitbar ist diese Annahme allerdings nicht, und einige der Gegenargumente sollen gleich dargestellt werden.

Von Göring wird erzählt, daß er nach seiner Gefangennahme durch die Amerikaner gesagt habe: »Wenigstens 12 Jahre anständig gelebt.« Der Drang nach Selbstdarstellung und der Wunsch, ein Leben in Luxus zu führen, wären also für diesen Mann maßgebend gewesen, und mit einiger Verallgemeinerung ließe sich sagen: Eine Gruppe von Lebenshungrigen oder gar von Gangstern habe sich unter Ausnutzung besonderer Umstände Deutschlands bemächtigt, um ein »Leben aus dem Vollen« zu führen.[1]

Joseph Goebbels hat einmal geschrieben, er lege jetzt wieder »die antibolschewistische Walze« auf und erhoffe sich davon großen Erfolg.[2] Kühle Techniker der Macht hätten also verbreitete Emotionen und ideologische Überzeugungen mit rationalem Kalkül in ihr Spiel eingebracht, das ausschließlich der Erhaltung der Macht gedient habe.

Adolf Hitler selbst hat zu Beginn des Krieges von den Ölfeldern, dem Gummi und den Erdschätzen gesprochen, um die es bei dem bevorstehenden Kampf gehe[3]; was war der Nationalsozialismus anderes als eine Potenzierung des deutschen Imperialismus, des Triebs zur Eroberung und zum Mehr-haben-Wollen?

Thomas Mann hätte allerdings wohl noch in den letzten Monaten des Zweiten Weltkrieges auf solche Hinweise geantwortet, es sei gleichgül-

tig, was Göring, Goebbels und selbst Hitler sich vorgestellt und gedacht
hätten, denn – so schrieb er im Juli 1944 in sein Tagebuch – man solle
sich nicht ausreden lassen, daß der Nationalsozialismus »eine enthusiastische und funkensprühende Revolution, eine deutsche Volksbewegung mit einer ungeheuren seelischen Investierung von Glauben und
Begeisterung« gewesen sei.[4] Der Nationalsozialismus als Erfüllung der
alten deutschen Sehnsucht nach »Gemeinschaft«, nach Überwindung
des zerspaltenden Individualismus – mithin dürfte und sollte von starken Emotionen die Rede sein, aber diese Emotionen wären doch in
erster Linie positiv und bejahend, nicht defensiv und von Ängsten
erfüllt.

Wenn wir aus der bloßen Gegenüberstellung von Meinungen herauskommen wollen, dann müssen wir zeigen, was dieses Phänomen war,
das im Europa der Nachkriegszeit außerordentlich heftige, langdau-
ernde und in der Hauptsache negative Emotionen hervorzurufen vermochte, weil es selbst von ungemein starken Emotionen bestimmt war.
Ein solches Phänomen war nicht das Judentum und nur partiell der
Friede von Versailles, sondern allem zuvor der Bolschewismus, der
gegenüber großen Bevölkerungsgruppen eine glaubwürdige Vernich-
tungsdrohung aussprach. So ist zunächst zu fragen, was das Eigentümliche und Unverwechselbare der gewalttätigen Machtergreifung der
*Kommunistischen Partei (Bolschewiki)* im Jahre 1917 war und ob sie in
einem Zusammenhang mit einem ganz elementaren gesellschaftlichen
Tatbestand zu sehen ist, der unvergleichlich älter war als die von Lenin
erst 15 Jahre zuvor gegründete Partei.

Ich stelle die These auf, daß sie der bis dahin gewaltigste Vorstoß der
»Ewigen Linken» war, d. h. einer Empfindungs- und Denktendenz, die
an den vorhandenen gesellschaftlichen Verhältnissen Anstoß nimmt,
weil sie sie für »ungerecht« hält. Als ungerecht gilt jede Situation, die
dem einen mehr an Gütern und Lebensmöglichkeiten gibt als dem
anderen, die also gegen die »Brüderlichkeit« oder besser »Geschwister-
lichkeit« verstößt, welche als Forderung der Natur des Menschen selbst
entspringt, denn nirgendwo legt die Natur auf zwingende Weise fest,
wer über- und wer untergeordnet, wer Herr und wer Knecht, wer reich
und wer arm ist; alle diese »Verhältnisse« sind vielmehr aus Gewalt und
Willkür entstanden, und als »naturwidrige« können und sollen sie
beseitigt werden.

Der Gegensatz zwischen »Reichen« und »Armen« ist der gesellschaftliche Elementargegensatz schlechthin; es gibt kein Land und keine Zeit, wo er nicht auf die eine oder andere Weise zu beobachten wäre. Freilich ist dieser Gegensatz nicht in einem absoluten Sinne »ewig«. Für viele Zehntausende von Jahren lebten die Menschen in kleinen Sippen- und Stammesgemeinschaften, und die Lebenshaltung des Sippenälte- sten oder auch des Stammeshäuptlings hob sich nicht essentiell aus der allgemeinen Dürftigkeit heraus. Erst als die Häuptlinge unter den Zei- chen drohender Kriege mit Nachbarn oder Invasoren Helfer um sich sammelten, die in erster Linie Krieger waren, konnte man eine Un- terscheidung zwischen einer nichtarbeitend-kriegerischen und einer arbeitenden, d. h. das Land bestellenden »Klasse« treffen. Erst als die Häuptlinge zu »Königen« und die Männer des Gefolges zu großen Landbesitzern und Priestern geworden waren, läßt sich von einer Ge- sellschaft der »Hochkultur« reden. Die einen, so könnte man vereinfa- chend sagen, führten nun ein ästhetisches Leben inmitten von Palästen und Kunstwerken, die anderen aber arbeiteten von früh bis spät im Schweiße ihres Angesichts. Wohin immer wir unsere Blick im Raum der klassischen Mittelmeerkultur richten, dort finden wir Reiche und Arme, Herren und Knechte, Müßige und Arbeitende. Und überall regte sich unter den Armen, den Sklaven und den Unterworfenen, dumpf oder artikuliert, das Aufbegehren gegen die Ungerechtigkeit, das ursprünglich vor allem das Widerstreben gegen die »Arbeit für andere« war.

Überall war der »herrschenden Klasse« nichts wichtiger, als das Aufbegehren und die Unruhe der »plebs« oder des »populus« und gar der Sklaven möglichst im Keim zu ersticken. Keine Strafe war hart genug, um dieses Ziel zu erreichen: Wenn in einem römischen Hause der Herr von einem der Sklaven ermordet wurde, wurden alle Sklaven, die unter demselben Dach wohnten und also auch nur im entferntesten einer Komplizenschaft verdächtigt werden konnten, hingerichtet, ein- schließlich der Frauen und Kinder. In einer Senatsdebatte, von der Tacitus in den »Annalen« erzählt, fragte der Jurist Cassius Longinus: »Wer ist noch sicher, falls nicht alle 400 Sklaven des Pedanius Secundus hingerichtet werden?«[5] Und als der große Sklavenaufstand des Spar- takus niedergeschlagen war, da war die Straße von Capua bis Rom von 6000 gekreuzigten Sklaven gesäumt. Die Spartaner erklärten von Zeit zu Zeit den unterworfenen Heloten ganz offiziell den Krieg, damit Banden von jungen Spartiaten durch die Dörfer der Heloten ziehen und mit Brand und Mord ein Regime des Schreckens aufrichten konnten. Aber wenn man sich fragt, weshalb nicht die ungeheure Mehrzahl der Sklavenbevölkerung die freien Bürger der griechischen und italienischen Städte durch einen gewaltigen Aufstand einfach auslöschte, dann muß man zunächst antworten, daß die Sklaven mit einem Organisationsverbot belegt und deshalb in normalen Zeiten trotz ihrer großen Zahl hilflos waren. Man muß jedoch auch hinzufügen, daß die Institution der Sklaverei als solche nie in Frage gestellt wurde, nicht einmal von den Sklaven selbst.

Die »Verhältnisse« bedeuten eben nicht nur Druck, sondern sie sind auch das Gewohnte und Vertraute, das anzurühren einen Sprung ins Dunkel bedeutet. Und schließlich gab es in Rom und anderen Städten nicht nur die winzige Adelsschicht auf der einen und riesige Sklavenmassen auf der anderen Seite, sondern es existierte die große Menge von persönlich freien, aber besitzlosen Bürgern, die mehr und mehr vom Staat durch Getreidespenden unterhalten wurden. Sie würden nie gemeinsame Sache mit den Sklaven machen, aber auch sie setzten die senatorische Partei oft genug in Schrecken, zumal sie nicht unorganisiert waren, sondern in den Volkstribunen Anführer und Interessenvertreter besaßen. Von der Zeit des Tiberius Gracchus bis zur Errichtung der Herrschaft Cäsars war die römische Geschichte tatsächlich weitgehend eine Geschichte von Klassenkämpfen, die auf der Seite des Volkes häufig von einer »enthusiastischen Wut« und auf seiten der Optimaten von dem Schrecken gekennzeichnet war, der durch Drohungen wie die folgenden hervorgerufen waren: man werde die Senatoren lebendig verbrennen, und die Tempel und den Rest obendrein. Von den Banden des Clodius wurden nicht selten alle, die ihnen begegneten, getötet, »und insbesondere diejenigen, die schöne Kleider und Goldringe trugen«.[6]

Aber in der ganzen klassischen Antike wurde höchstens in Ansätzen einer Lehre vom Recht der Armen und vom Unrecht der Reichen entwickelt. Die Sehnsucht nach einem Zustand, der eben keine durch Ungerechtigkeit gekennzeichneten »Verhältnisse« mehr hervorbringen würde, weil er auf der Gleichheit der Individuen beruhen würde, fand ihren Ausweg in den sogenannten »Staatsromanen«, die man heute »Utopien« nennt und die doch die Erinnerung an frühere Zustände bewahren, so phantasievoll sie sie ausschmücken mögen. Der Begriff der »Ewigen Linken« muß also nochmals eingegrenzt werden. Jenes dumpfe Aufbegehren, das in Rom und Griechenland zu Sklavenaufständen und Volksaufruhr führte, ist nur die Basis der »Ewigen Linken«; als sie selbst tritt sie erst hervor, wenn sie zu einer Lehre fortgebildet wird, zu einer Lehre von der Gegenwart als dem Reich der Ungerechtigkeit und von der fernen Vergangenheit und einer erhofften Zukunft als der Herrschaft der Gerechtigkeit und also dem »Reich Gottes«.

Nirgendwo ist dieser Schritt unübersehbarer vollzogen worden als im alten Israel. Max Weber hat die Propheten bekanntlich »heilige Demagogen« genannt, und mit größerer Sprachgewalt waren die Reichen in der Tat noch nie angegriffen worden als von Jesaja: »Weh denen, die ein Haus zum anderen bringen und einen Acker an den anderen rücken, bis kein Raum mehr da ist und sie allein das Land besitzen.«[7] Und der »Prediger« macht daraus eine ganz allgemeine Aussage: »Wiederum sah ich alles Unrecht an, das unter der Sonne geschieht, und siehe, da waren Tränen derer, die Unrecht litten und keinen Tröster hatten. Und die ihnen Gewalt antaten, waren zu mächtig, so daß sie keinen Tröster hatten.«[8] Aber alles Unrecht der Gegenwart wird in Zukunft vom Antlitz der Erde vertilgt sein, wenn der Messias sein Reich in Israel errichtet: »(Er) wird mit Gerechtigkeit richten die Armen und rechtes Urteil sprechen den Elenden im Lande, und er wird mit dem Stabe seines Mundes die Gewalttätigen schlagen und mit dem Odem seiner Lippen den Gottlosen töten . . . Da werden die Wölfe bei den Lämmern wohnen und die Panther bei den Böcken lagern. . . . Man wird nirgends Sünde tun noch freveln auf meinem ganzen heiligen Berge, denn das Land wird voll Erkenntnis des HERRN sein, wie Wasser das Meer bedeckt.«[9] Nur an dieser Stelle der alten Welt wird ein »Messianismus« greifbar, der primär vom Kampf gegen die »Ungerechtigkeit« ausgeht, so gewiß die Lehre vom Einen Gott und die zuversichtliche Hoffnung auf den künftigen Sieg Israels in Gestalt eines universalen Friedensreiches, wo die Völker »ihre Schwerter zu Pflugscharen und ihre Spieße zu Sicheln machen und hinfort nicht mehr lernen, Krieg zu führen,« unentbehrliche Elemente sind.[10]

Es ist nicht verwunderlich, daß alle Bauernaufstände und alle Häresien im christlichen Abendland sich auf Sprüche des Alten Testaments berufen konnten. Schon aus den Schriften der Kirchenlehrer kann man ja ein ganzes Corpus von Verurteilungen des »Mammon« und des Luxus zusam.nenstellen. Die ontologische Soziologie des Thomas von Aquin, die jedem menschlichen »Stand« vom Kaiser und Papst bis hin zum Bettler einen sinnvollen Platz in der menschlichen Welt zuwies, war nur eine fragile Form über jenen Urempfindungen, die wenig später im englischen und im deutschen Bauernkrieg an die Oberfläche treten sollten: »Als Adam grub und Eva spann, wo war da der Edelmann?« Freilich war es ein Grundkennzeichen der christlichen Orthodoxie, daß das messianische Friedensreich erst im Jenseits zu erwarten sei und daß die Sündhaftigkeit »dieser Welt« viel zu tief verwurzelt sei, als daß sie auf der Erde jemals beseitigt werden könne. Aber die aufständischen Bauern und die häretischen Prediger der Reformationszeit wie Thomas Müntzer griffen gleichwohl den Zornesmut und die Strafpredigten der Propheten wieder auf und blickten »auf einen neuen Himmel und eine neue Erde« voraus.[11]

Im 18. Jahrhundert und in der ersten Hälfte des 19. zog sich das Verlangen nach einer »neuen moralischen Welt« wieder, wie schon in der Antike, in das Entwerfen jener Inselwelten und Phalansteren zurück, wo eine begrenzte Anzahl von Menschen auf der Basis vollständiger Gleichheit, ohne institutionalisierte Führungsfunktionen, ohne verfestigte Arbeitsteilung und ohne Trennung zwischen körperlicher und geistiger Arbeit miteinander leben und »glücklich« sein würden. Im Umkreis von Fourier und Owen kam der Terminus »Sozialismus« auf, und er wurde aufs schroffste der »Konkurrenzwirtschaft« entgegengesetzt, welche die Menschen untereinander zu Feinden macht und den einen reich und den anderen arm werden läßt. Nur bei Babeuf war die Vorstellung vom blutigen Klassenkampf vorherrschend und damit die Bereitschaft, alles zu zerstören, wenn nur die Gleichheit durchgesetzt wird. Daran knüpfte der junge Friedrich Engels an, der sich am Schluß seiner *Lage der arbeitenden Klassen in England* ausdrücklich auf den Schlachtruf der Französischen Revolution »Krieg den Palästen, Friede den Hütten« berief und prophezeite: »Der Krieg der Armen gegen die Reichen wird der blutigste sein, der je geführt worden ist.«[12]

Nichts ist begreiflicher, als daß die Wortführer der »Ewigen Linken« immer vom absoluten Recht ihrer Sache überzeugt waren und meist in den »Verhältnissen« nichts anderes als »das Böse« sahen. Was könnte einleuchtender und zwingender sein als das Gebot, allen anderen Menschen das zuzugestehen, was man für sich selbst in Anspruch nimmt, und sich dem Kategorischen Imperativ zu unterwerfen, den Kant folgendermaßen formuliert hat: »Handle so, daß die Maxime Deines Willens jederzeit zugleich als Prinzip einer allgemeinen Gesetzgebung gelten könnte.«?[13] Aber das heißt mit anderen Worten, daß kein Mensch sich vom Egoismus leiten lassen soll, und Kant selbst hatte ja bezweifelt, ob sich aus so krummen Holze, als woraus der Mensch gemacht sei, jemals etwas ganz Gerades werde zimmern lassen.[14]

Wenn jahrtausendelange Erfahrung irgend etwas unter Beweis stellt, dann ist es die Macht des individuellen und des kollektiven Egoismus unter den Menschen. Es ist indes vermutlich unzureichend, sich nur auf die überwältigende Macht der empirischen Erfahrung zu berufen und bloß in dem kollektiven Egoismus der reichen Klassen den Grund zu sehen, daß nie härtere Strafen verhängt worden sind als nach den Regungen der Ewigen Linken, etwa nach dem Aufstand des Spartakus. Offenbar fühlten »die Herrschenden« etwas angegriffen, was ihnen wichtiger war als ihr Reichtum und selbst als ihr Leben: die Kultur und die Möglichkeit eines kultivierten Lebens, und beides war ja in der Tat seit den frühesten Zeiten der Hochkulturen an die Differenzierung nach Klassen und also an die Unterscheidung von reich und arm geknüpft. Kein Philosoph hat sich so bedingungslos zum Verteidiger der Kultur gemacht wie Friedrich Nietzsche, und aus bestimmten Wendungen seiner Spätphilosophie läßt sich die Vorhersage eines Bürgerkriegs ohnegleichen herauslesen, des weltweiten Bürgerkrieges zwischen den Vorkämpfern der Kultur, welche Gerechtigkeit ausschließt, und den Vorkämpfern der »Gerechtigkeit«, welche sich mit Kultur nicht vereinbaren läßt.[15] Neben dem anthropologischen und dem »ästhetischen« Gesichtspunkt kommt noch ein soziologischer zugunsten der »Verhältnisse« und ihrer Ungerechtigkeit ins Spiel: die Einsicht, daß die alte Dichotomie zwischen »Reichen« und »Armen« in modernen Gesellschaften längst nicht mehr gültig ist, da sich ein in sich vielfältig differenzierter »Mittelbau« zwischen die Extreme geschoben hat und immer mehr an Ausdehnung gewinnt. »Kultur« ist also nur die Glanzseite des einen Komplexes, der erst durch den Egoismus und die Soziologie den festesten Halt gewinnt, ganz wie »Gerechtigkeit« nur die Glanzseite des anderen ist, während der Machtwille (der freilich alle Macht abzuschaffen verspricht) und die Missionsidee zu weit tieferen Eingriffen in das Leben anderer Menschen führen können als der Egoismus der Reichen und der Kulturstolz der Gebildeten.

Aber Nietzsche hätte sich auf eine der stärksten Stimmen der Gegenseite berufen dürfen, nämlich auf Friedrich Engels, der einmal sagte, ohne Sklaverei sei keine griechische Kunst und Wissenschaft möglich gewesen und daher sei es »wohlfeil«, mit moralisierenden Tiraden gegen die Ungerechtigkeit dieser Institution herzuziehen.[16] Eben darin besteht das Eigentümliche des Marxismus, daß er die Diastase von Gerechtigkeit und Kultur für die Vergangenheit voll anerkennt, aber eine künftige Versöhnung vorhersagt. Der Kapitalismus ist für Marx und Engels ja die unerläßliche Voraussetzung des Sozialismus; nur dann, wenn er die Produktivkräfte wo weit entwickelt hat, daß »Reichtum für alle« möglich wird, ist die proletarische Revolution nicht kulturzerstörend, sondern im Gegenteil die Vorbedingung für eine höhere Kultur, die niemanden ausschließt und keinen auf der Stufe bloß primitiver Lebensfristung verharren läßt. Aber es muß die Frage sein, ob der Marxismus als die postulierte Stufe der Versöhnung von Gerechtigkeit und Kultur eine Siegesaussicht haben würde, wenn er nicht jenes Meer von elementaren Emotionen in sein Flußbett leiten könnte, das während der ganzen Geschichte und bis in die unmittelbare Gegenwart hinein von der Erfahrung der Ungerechtigkeit ausgelöst wurde.

So lassen sich in allen zivilisierten Zeiten Artikulationen der Grundempfindungen und Grundleidenschaften der »Ewigen Linken« finden, wenngleich manchmal fast versteckt inmitten einer selbstbewußten, ihre Lebensweisen für selbstverständlich und unantastbar haltenden Kultur, dann aber in Krisenzeiten wieder stark hervortretend und große Aufmerksamkeit auf sich ziehend.

Gracchus Babeuf polemisierte mit großem Nachdruck gegen jene elementare Rechtfertigung von Ungleichheit, welche die Verschiedenheit der Fähigkeiten der einzelnen Menschen betont und für den Tüchtigeren eine größere Belohnung verlangt, und er behauptet, »daß es widersinnig und ungerecht ist, eine größere Belohnung für denjenigen zu verlangen, dessen Arbeit einen höheren Grad von Intelligenz, mehr Fleiß und geistige Anstrengung erfordert; daß diese keineswegs die Kapazität seines Magens vergrößern«. Die Wertung, die der einen Tätigkeit oder Fähigkeit einen Vorrang vor der anderen Tätigkeit oder Fähigkeit zuschreibt, ist eine dem Menschen eigentümliche, aber gerade deshalb verhängnisvolle Eigenheit, und deshalb muß derjenige, der etwa aufgrund irgendwelcher Ansprüche und Wertungen für seine Arbeit das Vierfache des Durchschnittsentgelt verlangt, als ein »Verschwörer gegen die Gesellschaft« betrachtet werden, der deren Gleichgewicht erschüttert und die »unschätzbare Gleichheit« vernichtet. Daher ist jede Art von Reichtum »Diebstahl und Usurpation«, und es ist ein Gebot der Gerechtigkeit, den Usurpatoren das wegzunehmen, was sie geraubt haben. Von der Regierung, die aus seiner Revolution hervorgehen soll, sagt Babeuf: Sie wird »verschwinden machen die Feldmarken, die Hecken, die Mauern, die Schlösser an den Türen, die Streitigkeiten, die Prozesse, die Diebstähle und die Morde, alle Verbrechen; die Gerichtshöfe, die Gefängnisse, die Galgen, die Strafen, die Verzweiflung, welche all diese Übel verursachen; den Neid, die Eifersucht, die Unersättlichkeit, den Hochmut, den Betrug, die Doppelzüngigkeit, mit einem Wort: alle Laster.«[17]

Die Wurzel aller Übel ist also das Privateigentum, durch das sich der Mensch dem Menschen entgegenstellt und aus dem eine entfremdete Welt hervorgeht, in der der Mensch nicht mehr bei sich selbst und in der Natur zu Hause ist. Und Babeufs Mitkämpfer Sylvain Maréchal schreckte in seinem *Manifest der Gleichen* nicht davor zurück, eine unzweideutige Antwort auf das Hauptargument der Gegner zu geben, Gleichheit und Kultur seien nicht miteinander zu vereinbaren, indem er sagte: »Mögen, wenn es sein muß, alle Künste untergehen, wenn uns nur die wirkliche Gleichheit bleibt.«[18]

Von hier aus läßt sich leicht eine Linie zu dem Regime Pol Pots in Kambodscha ziehen, das gewöhnlich mit der Kennzeichnung »primitiv« oder »Steinzeitkommunismus« abgetan wird. Aber die Emotionen, auf denen es beruhte, waren die gleichen, von denen Babeuf und Maréchal sich leiten ließen: der Haß gegen die großen Städte und deren Luxus, Prostitution und Korruption, denen das Elend der Landbevölkerung so schroff gegenüberstand. Und die Verpflanzung der Stadtbevölkerung auf das Land sollte ja auch diesen Städtern den Weg zur Wahrheit des Lebens wieder eröffnen, die sie in ihrer Welt der Künstlichkeit und Unnatur vergessen hatten: »Wenn sie im Schweiße ihres Angesichts das Land bearbeiten, wenn sie säen und ernten, werden die Menschen den wirklichen Wert der Dinge erkennen. Der Mensch muß wissen, daß er aus einem Reiskorn geboren ist.«[19] Dieser »Steinzeitkommunismus« versteht sich also als eine große Gesundheitslehre, die den Menschen aus der Verdorbenheit und Artifizialität einer unnatürlichen Existenz zu den Wurzeln des Menschseins zurückführt und damit allerdings auch jenen Überbau von »Kultur, Bildung und Wissenschaft« zerstört, in dessen Behagen die Menschen der Zivilisation sich über die Ungerechtigkeit und Unnatur hinwegtäuschten, die diese Zivilisation kennzeichneten.

Man spricht mit Recht von dem »Archaischen«, das in solchen Vorstellungen zum Vorschein kommt. Aber die Anknüpfung an das Uralte kann auch für sehr gebildete Menschen faszinierend sein. Der Präsident der chinesischen Akademie der Wissenschaften Kuo-Mu-jo sagte während der Zeit der »Kulturrevolution« zu einem westlichen Besucher: »Im alten China existierte der Kommunismus. Das höchste Ideal unserer gesamten Tradition verlangt von uns den Verzicht auf den Egoismus, das Aufgehen in der Gemeinschaft. Die Menschen sollen wie die Wogen des Meeres sein, man soll sie nicht unterscheiden können.« Hier kommt der Anti-Individualismus, der dem Egalitarismus inhärent ist, aufs klarste zum Ausdruck. Es ist sehr wahrscheinlich, daß Babeuf und Maréchal trotz des Unterschieds der Zeiten und Kulturen dem chinesischen Gelehrten aus vollem Herzen zugestimmt haben würden. Und noch in den Bemerkungen, die der westliche Besucher, keineswegs ein Kommunist oder gar ein gläubiger Anhänger Mao Tse-tungs, an diese Aussagen anschließt, kommt aufrichtige Bewunderung zum Ausdruck: »So wirkt China wie eine klösterliche Gemeinschaft einer Milliarde Menschen, die unbewußt drei Gelübde einhält: Gleichheit in der Arbeit, Mäßigkeit, Aufopferung für das öffentliche Wohl . . .«[20]

Aber nicht etwa nur in der chinesischen, sondern auch in der christlich-abendländischen Tradition gab es Anknüpfungspunkte, die zur Verwerfung »dieser Welt« durch den mächtigen Impuls des ethischen Absolutismus mit seiner Hervorhebung der »Gerechtigkeit« führten. Als Beleg unter vielen kann ein 1931 publizierter Aufsatz des schweizerischen Theologen und »religiösen Sozialisten« Leonhard Ragaz gelten. Sein und seiner Freunde Ausgangspunkte sei der »theokratische Geist des reformierten Christentums« gewesen, »das die ganze Wirklichkeit dem heiligen Willen Gottes unterwerfen will.«. Deshalb ist die Gegnerschaft gegen ein verbürgerlichtes Christentum unumgänglich, das zwar gern ganz allgemein von »Sündhaftigkeit« rede, aber die Ohren verschließe, wenn von der »Sünde des Mammonismus, vielleicht noch besser des Kapitalismus, von der Sünde des Krieges, noch besser: des Militarismus, von der Sünde des Luxus, von der Sünde in der Behandlung der Dienstboten« gesprochen werde. Deshalb bezeichnet Ragaz sich als einen christlichen Kommunisten, denn er habe im Marxismus »ein Aufleben der Gottesreichshoffnung, speziell des prophetischen Messianismus« gesehen und daher sei der Sozialismus heute »durchaus etwas Gottgewolltes und in diesem Sinne etwas Absolutes«, ja er sei es als »socialismus aeternus«, als biblischer Sozialismus, immer gewesen, aber heute sei er »die große Gegenbewegung auf den Egoismus, Materialismus und Atomismus einer ganzen Periode.«[21] Obwohl Ragaz sich gegen »Parteiprogramme« und die leninistische Predigt der Gewaltsamkeit nachdrücklich zur Wehr setzte, ist es nicht schwer zu sehen, wie gewaltig der Impuls der Ewigen Linken im 20. Jahrhundert war, da das säkularisierte Pathos der christlichen Erlösungslehre so leicht zu einer ihrer Triebkräfte werden und die Hoffnung auf den kommenden »Endsieg« stärken konnte.

Aber nie ließ sich übersehen, daß der ethische, ja theokratische Absolutismus der Theologen dem elementaren Haß nah benachbart blieb, der etwa in der folgenden Formulierung einer kommunistischen Zeitung der Weimarer Republik zum Ausdruck kommt: »Das ganze Gesindel, so wie es leibt und lebt, in den Boudoirs, in den Dielen, in den Bordellen, in den Hotels . . . in den Luxuswohnungen – heraus mit ihm und per Schub in die Bergwerke, in die Gruben hinab, in die Schächte hinein!«[22] Der Haß der Armen gegen die Reichen, der Zorn der Benachteiligten gegen die Bevorzugten, das Aufbegehren der Unterdrückten gegen die Unterdrücker waren während der ganzen Zivilisationsgeschichte der Menschheit durchgehende Realitäten, vom Wandel der Zeiten und Kulturen kaum berührt; vom 19. Jahrhundert an wurde dieses Pathos jedoch außerordentlich gefördert durch einen Verlust an Selbstbewußtsein und Selbstvertrauen von seiten der »herrschenden Klassen«, der allerdings zum guten Teil von der fortschreitenden Komplizierung der Lebensverhältnisse verursacht war, welche ihrerseits gerade die so einleuchtende Dichotomie der wenigen »Reichen« und der zahllosen »Armen« immer fragwürdiger machte. Das Merkwürdigste war jedoch, daß nicht wenige der »Reichen« auf die Seite der »Armen« traten oder mindestens mit deren Sache sympathisierten. Auch die christlichen Marxisten unter den religiösen Sozialisten waren ja nicht wirklich »Arme«, sondern sie wurden durch ein Ethos angezogen, das sich der Ethoslosigkeit der modernen oder »kapitalistischen« Gesellschaft entgegenstellte. Und so war es wohl mehr als bloße Ironie und keine zufällig hingeworfene Bemerkung, daß ausgerechnet Churchill 1944 in einer Notiz für Eden schrieb: »Ich weiß, die moderne Ansicht ist die, daß alle reichen Leute ins Jenseits befördert werden sollten, wann immer man ihrer habhaft wird, aber es wäre traurig, wenn wir diese Haltung zum gegenwärtigen Zeitpunkt herauskehren würden.«[23]

Auf der Grundlage so alter und machtvoller Emotionen, die durch die Erfahrungen eines Krieges von beispielloser Dauer und Entsetzlichkeit noch verstärkt worden waren, und angesichts jener tiefen Verunsicherung der führenden Schichten Europas und der USA ergriffen die Bolschewiki in ihrer »Oktoberrevolution« von 1917 die Macht. Diese Machtergreifung erwies sich sehr bald als der erste dauerhafte Sieg der Ewigen Linken in einem großen Staat und insofern als ein schlechthin einzigartiges Ereignis. Der Aufstand der deutschen Bauern war 1525 in Blut ertränkt worden; Gracchus Babeuf wurde verhaftet, bevor er losschlagen konnte; die Kommune von Paris hatte nur eine kurze Existenz, die allerdings Bismarck wie Nietzsche tief erschreckte; die Bolschewiki aber beriefen sich ausdrücklich und von Anfang an auf ihre großen Lehrer und Vorgänger, auf Spartakus und auf Thomas Müntzer, auf die englische und auf die französische Revolution, auf die Pariser Kommune und auf die Kämpfe der ersten russischen Revoluton von 1905. Keinen Augenblick sahen sie ihre Revolution als eine national beschränkte an, nie nahmen sie sich weniger vor, als alle Verhältnisse in der ganzen Welt radikal umzuwandeln, zu keiner Zeit mangelte es ihnen an enthusiastischen Anhängern in nahezu allen Ländern der Welt.

Wie könnte ein so ungeheures Phänomen mit irgendetwas verglichen werden, das im Europa der Vorkriegszeit und sogar der Kriegszeit gang und gäbe war: mit Wahlen, politischen Krisen, Neubildung von Regierungen oder auch Aufrufen zur Versöhnung nach dem zerstörendsten aller Kriege? Daß eine politische Bewegung sich als den Schwertarm der Ewigen Linken verstand und den harten Kampf um ihre Existenz als Regime gewann, wenngleich zunächst nur im beschränkten Riesenraum ihres Ausgangspunkts, das veränderte die Situation Europas und der Welt gründlicher, als es der Krieg für sich allein hätte tun können, denn es war ja durchaus vorstellbar, daß das kriegsbereite Ringen der Staaten weitergegangen wäre wie zuvor, wenngleich gewiß verändert durch die intellektuelle Vorherrschaft einer pazifistischen Grundstimmung, die im Völkerbund eine Institutionalisierung fand. Jetzt aber mußte sich jeder einzelne Staat und jeder einzelne Mensch entscheiden, ob er sich dem Glauben an die bevorstehende Erlösung der Menschheit von der kapitalistischen Sklaverei, den Sowjetrußland der Welt verkündete, anschließen wollte oder ob er diesem Glauben als immerhin verständlichem entgegentreten oder ob er darin das Resultat einer Verschwörung zur Vernichtung der Kultur sehen wollte.

# 2. Der Bolschewismus

Unmittelbar vor seiner Revolution hatte Wladimir Iljitsch Uljanow, der den Parteinamen »Lenin« führte, die Zusammengehörigkeit seiner Partei mit den Grundgedanken der »Ewigen Linken« noch einmal herausgestellt, und zwar in seiner Schrift *Staat und Revolution*. Er erklärt den Staat hier für ein Produkt der Unversöhnlichkeit der Klassengegensätze, und damit postuliert er dessen Verschwinden, da die historische Entwicklung die Menschheit nun an den Vorabend der Marxschen »Diktatur des Proletariats« herangeführt habe, welche zwar eine besonders prononcierte Form der Austragung des Klassengegensatzes sei, aber eben deshalb auch die letzte Form dieses Antagonismus. Ihr folgt eine »höhere Stufe« gesellschaftlicher Organisation, die den Staat, d. h. die Unterdrückung der einen Klasse durch die andere und damit Soldaten, Polizisten, Henker, die Lüge des bürgerlichen Parlamentarimus und die bessere Bezahlung der leitenden Positionen nicht mehr kennen wird, wo es also eine Differenz zwischen Individualinteresse und Allgemeininteresse nicht mehr gibt.

Der Übergang freilich kann nicht gewaltfrei sein, denn als »Demokratismus für die Armen« bringt die Diktatur des Proletariats eine Reihe von Freiheitsbeschränkungen für »die Unterdrücker, die Ausbeuter, die Kapitalisten« mit sich.[1] Danach aber entsteht etwas Uraltes von neuem, denn »die von der kapitalistischen Sklaverei, von den ungezählten Greueln, Brutalitäten, Widersinnigkeiten, Gemeinheiten der kapitalistischen Ausbeutung befreiten Menschen« werden sich dann daran gewöhnen, »die elementaren, von alters her bekannten und seit Jahrtausenden in allen Vorschriften gepredigten Regeln des Zusammenlebens einzuhalten, sie ohne Gewalt, ohne Zwang, ohne Unterordnung, ohne den besonderen Zwangsapparat, der sich Staat nennt, einzuhalten.«[2] Einige Zeit später hat ein anderer Kommunist – wenn der Bericht eines antikommunistischen Autors zutreffend ist – diese Konzeption in einem einzigen Satz artikuliert, der das Ungeheuerliche und Paradoxe noch schärfer zum Vorschein bringt: »Wir Kommunisten pressen alles Elend der Welt in ein Jahrhundert zusammen, um die Welt dadurch für immer von allem Elend zu befreien.«[3] Ein solches Gewaltpostulat zur Abschaffung aller Gewalt hatte es nie zuvor gegeben. Wenn die Kraft eines der größten und begabtesten Völker der Welt in seinen Dienst gestellt wurde, dann entstand ein Phänomen, wie es zuvor in der Weltgeschichte nicht aufzufinden war.

Die wichtigste Voraussetzung für die Entstehung dieses »in der Geschichte bis dahin unbekannte Staatswesen«[4] war aber nun nicht, wie es der Auffassung von Marx und Engels entsprochen hätte, die industrielle und gesellschaftliche Entwicklung, sondern der Krieg. Dieser Krieg hatte Rußland schwerste Opfer gekostet und schlimme Niederlagen eingebracht, so daß die Kriegsmüdigkeit im Frühjahr 1917 sehr groß war. Ebensogroß war allerdings die Unzufriedenheit der »Intelligenzija« mit dem zaristischen System, das man für die Rückschläge verantwortlich machte, ja sogar heimlicher Friedenssondierungen mit den deutschen Verwandten der Zarin anklagte. So standen sich zwei verschiedene Formen der Friedenssehnsucht gegenüber: diejenige der altrussischen Konservativen im Umkreis des Zarenhauses, verkörpert durch die höchst eigentümliche Figur des Mönches Rasputin, und diejenige der Sozialisten, die einen allgemeinen Kompromißfrieden, einen Frieden »ohne Annexionen und Kontributionen« verlangten. Die Liberalen, die sich ein mittleres Maß an gesellschaftlichen Veränderungen, d. h. eine konstitutionelle Monarchie, zum Ziel setzten, sprachen sich dagegen für die bedingungslose Weiterführung des Krieges aus, da ein vom »Despotismus« befreites Rußland nun endlich vollwertig an dem Kampf der fortschrittlichen Westmächte gegen die feudal-reaktionären Mittelmächte teilnehmen könnte. Die »Februarrevolution« von 1917 brachte mit dem Sturz des Zarismus die beiden gegensätzlichen Konzeptionen, diejenige des »Friedens ohne Annexionen und Kontributionen« der sozialistischen Parteien und diejenige des »Siegfriedens im Verein mit den Westmächten«, gemeinsam an die Regierung, und zwar in der Form des prekären Nebeneinanders der »povisorischen Regierung«, in der zunächst die Liberalen die Hauptrolle spielten, und des »Sowjets der Arbeiter- und Bauerndeputierten«, der mit seinem »Befehl Nr. 1« das Sowjetsystem weitgehend auch auf die Armee ausdehnte und damit der Disziplin einen unverwindbaren Schlag versetzte.

Diese Februarrevolution und ihre nächsten Folgen waren eine Umwälzung voller Begeisterung und voller Hoffnung, aber Begeisterung und Hoffnung erstreckten sich auf ganz verschiedene Ziele: auf den allgemeinen Frieden bei den einen und auf den bevorstehenden Sieg bei den anderen. Als die Gruppe der Liberalen sowie der sozialistischen »Vaterlandsverteidiger« ihre Chance nicht wahrzunehmen wußte, da die große Kerenski-Offensive des Juli nach ersten Erfolgen im deutschen Abwehrfeuer blutig zum Erliegen kam, wurde die zunächst sehr kleine Partei der Bolschewiki von den Ereignissen selbst in eine Schlüsselrolle gedrängt: Sie war nun die einzige Partei eines unbedingten Friedenswillens, aber sie war deshalb keineswegs eine »pazifistische Partei«, denn schon gleich nach dem Ausbruch des Krieges hatte Lenin die außerordentliche Forderung erhoben, den imperialistischen Krieg in den Bürgerkrieg zu verwandeln und die Niederlage des eigenen Vaterlandes in Kauf zu nehmen. Lenin handelte dabei unter dem Eindruck der Einmaligkeit der geschichtlichen Stunde. Jetzt oder nie werde die Geißel des Krieges durch eine sozialistische Weltrevolution für immer beseitigt werden und nach dem Verrat der Sozialchauvinisten sei seine Partei berufen, der übrigen Welt das Zeichen zu geben. Daher waren die »Aprilthesen«, die er nach seiner von Deutschland geförderten Rückkehr aus der Schweiz nach Petrograd vorlegte, von unbedingter Feindschaft gegen die »bürgerliche« provisorische Regierung geprägt, und die Entschlossenheit, mit der er inmitten der allgemeinen Überzeugung, alle Parteien der Revolution müßten zusammenstehen, von neuem den sozialrevolutionären Kampf auf Leben und Tod proklamierte, schockierte zuerst sogar seine engsten Anhänger.

Aber im Laufe der nächsten Monate zeigte sich, daß der scheinbar ganz isolierte Führer der Bolschewiki die stärkste Sehnsucht der Soldatenmassen an der Front artikuliert hatte: die Sehnsucht nach Frieden um jeden Preis und den Willen, bei der Rückkehr in die Heimat an der sozialen Revolution der Verteilung des adligen Grundbesitzes unter die landarmen Bauern teilzunehmen. Als der Oberbefehlshaber des Heeres, der Kosakengeneral Kornilow, im September die Ordnung im Lande mit Gewalt wiederherstellen wollte und vom Regierungschef Kerenski als »Konterrevolutionär« gebrandmarkt wurde, da wurden die Bolschewiki, die im Juli einen Putschversuch gemacht hatten und auch als »deutsche Agenten« in Verruf gebracht worden waren, wieder in das Bündnis der »revolutionären Parteien« aufgenommen. Es waren vor allem bolschewistische Agitatoren, die sich mit der Macht ihrer Überzeugungen den zögerlich vorrückenden Soldaten entgegenstellten und sie im Sturm der Parolen vom kommenden Frieden und von der bevorstehenden Agrarrevolution zur Umkehr brachten. Und dann trugen die Tage des Oktober weit weniger den Charakter einer Revolution als die Februartage, denn faktisch handelte es sich um einen Putsch der bolschewistischen Partei gegen die übrigen sozialistischen Parteien, vor allem die Menschewiki und die »Sozialrevolutionäre«, die gewillt waren, auf dem unmittelbar bevorstehenden Zweiten Gesamtrussischen Sowjetkongreß eine »Sowjetregierung« aus allen sozialistischen Parteien unter Ausschluß der »Bürgerlichen« zu bilden. *

Lenin fürchtete nämlich nichts mehr, als von den Revisionisten, »Liquidatoren«, »Vaterlandsverteidigern« der anderen sozialistischen Parteien »eingerahmt« zu werden und seine Handlungsfähigkeit zu verlieren. So wurde unter Heranziehung einiger »linker Sozialrevolutionäre« die Regierung des Rats der Volkskommissare gebildet, und sie verabschiedete sofort das »Dekret über den Frieden« und das »Dekret über das Land«, die das Ausscheiden Rußlands aus dem Krieg so gut wie unvermeidbar machten und zugleich die schon im Gang befindliche Agrarrevolution sanktionierten. Schon dadurch wurde der »Putsch« zum weltgeschichtlichen Ereignis, und er wurde auch in der übrigen Welt weitgehend so empfunden. Sogar unter den Soldaten der Alliierten, die doch durch den bevorstehenden Separatfrieden der Bolschewiki mit den Mittelmächten aufs schwerste gefährdet wurden, erweckte der Umsturz in Petrograd und Moskau die Hoffnung, die »einfachen Menschen« könnten ihr Geschick in die eigenen Hände nehmen und den »Kriegshetzern« das Handwerk legen, und in Deutschland wurden die Berliner Januarstreiks von 1918 nicht zuletzt unter dem Eindruck der russischen Ereignisse ausgerufen.

Erstmals seit dem August 1914 schien etwas qualitativ wirklich Neues eingetreten zu sein: Die Volksmassen, die Opfer des Krieges, regten sich und verlangten ihr Recht auf ein Dasein in Frieden. Die Macht dieses Eindrucks und dieser Grundemotion ist nicht zu überschätzen. In einer der frühesten Geschichten der russischen Revolution schreibt der Verfasser, ein baltischer Adliger, nicht Lenin und Trotzki hätten im Oktober die Macht ergriffen, sondern die Volksmassen selbst, und die Entfesselung von deren anarchischen Instinkten hätte das Bild des Geschehens bestimmt.[5] Aber was dieser gebildete Gegner der

Volksrevolution als archaisch und abstoßend empfand, das wurde von vielen gequälten und hungernden Menschen zumal in Mitteleuropa als das Positivste aufgefaßt: daß endlich nicht mehr kalkulierende Parteiführer die Macht von anderen Parteiführern übernommen hätten, sondern daß die einfachen Menschen selbst und unmittelbar mit ihren Vorgesetzten und Ausbeutern abrechneten, mit anderen Worten: daß nun die »Ewige Linke« selbst zum Durchbruch und zum Siege gelangt sei und daß die Turbulenz, die damit verbunden war, nur ein schwacher und transitorischer Ausgleich für eine vielhundertjährige Unterdrükkung sein würde. ♦

Auch in den Provinzorten des riesigen Reiches war das Grollen des kommenden Erdbebens bereits vor den Februartagen spürbar gewesen. Wir besitzen die Erinnerungen einer Arzttochter aus einer solchen kleinen Stadt, Alexandra Rachmanowas, die nach deren Emigration in Deutschland unter dem Titel *Studenten, Liebe, Tscheka und Tod* publiziert wurden und einen großen Leserkreis fanden.[6] Schon im Dezember 1916 notiert sie, daß es den agitierenden Studenten gelungen sei, die Arbeiter zu Streiks zu veranlassen, in deren Verlauf Rufe wie die folgenden hörbar geworden seien: »Rache allen, Rache allen Bourgeois, allen Satten, allen Reichen, allen Parasiten . . . Tod allen, Tod!« Ende Februar wendet sich ein Streikkomitee mit folgenden Worten an die Arbeiter: »Legt die Arbeit nieder, geht auf die Straße, fordert Frieden, Brot, die Abdankung des Zaren, und zum Teufel mit der ganzen Bourgeoisie!«[7] Im April 1917 weiß Alexandra zu berichten, daß die Disziplin der Armee sich mehr und mehr auflöst, daß Soldaten auf offener Straße sagen, sie pfiffen auf den Sieg, mit und ohne Kontributionen und Annexionen, daß die ganze Stadt voll ist von betrunkenen Soldaten und von Deserteuren, welche die Offiziere zu beleidigen suchen, wo immer sie ihrer ansichtig werden. »Raubt das Geraubte« wird nun zu einem immer wiederholten Kampfruf. Am 4. Mai erwähnt sie Lenin zum erstenmal, »den die Deutschen im plombierten Wagen durch ihr Land hindurchgelassen« hätten. Im Juni wird von der Menge das alte Kloster, der Stolz der Stadt, geplündert, und die meisten Mönche werden erschlagen. Als ein Mühlenbesitzer zu seinen Arbeitern sagt, er könne die geforderten Lohnerhöhungen nicht bewilligen, wird er in die Mühlkästen geworfen, wo er stückweise zermalmt wird. Im September müssen Alexandra und ihre Familie aus ihrer Wohnung flüchten, denn in der Stadtmitte erstürmt der »entmenschte, besoffene

Pöbel« die Wohnungen der »Reichen«, und sie hören Schreie wie diese: »Zum Teufel mit den Burschui. Zerschlagt ihnen die Butterschnauzen . . . Her mit ihnen. Aufhängen! Erschießen!«[8]

Die soziale Revolution hat also schon einen Höhepunkt nach dem anderen erreicht, bevor die Nachricht kommt, die Bolschewiki hätten die Macht übernommen. Das aber bedeutet gerade keine Eindämmung, sondern nur eine Systematisierung der Unruhen. So hat der junge Dozent recht, der die Nachricht von der Machtergreifung brachte und sogleich sagte, dies sei der Todestag der russischen Intelligenz, jener Schicht, die der Wegbereiter der Revolution gewesen war. Jetzt beginnt die Herrschaft der Kommissare, und bis dahin völlig Unvorstellbares wird möglich, z. B. daß ein Kommissar der Frau eines Geheimrats einen Antrag macht und auf deren erschrockene Bemerkung, sie sei doch bereits verheiratet, leichthin sagt: »Nun, das ist sehr einfach, dann erschießen wir ihn eben.« Nach dem Attentat der Sozialrevolutionärin Fannija Kaplan auf Lenin Ende August 1918 sind die bolschewistischen Massen von fessellosem Zorn erfüllt, man martert die in allen Orten Rußlands zu erschießenden Geiseln auf das furchtbarste und proklamiert in Versammlungen und auf Plakaten: »Tod der Bourgeoisie, Tod dem Kapitalismus! Tausend von euch müssen für einen von uns sterben.«[9]

Der Unterschied gegenüber allen vorhergegangenen Revolutionen war in der Tat der, daß die Regierung nicht bestrebt war, den elementaren und gewiß in vielen Fällen nur allzu verständlichen Rachedrang der Volksmassen zu zügeln, sondern daß Lenin, Sinowjew und andere bolschewistische Führer in aller Offenheit und Öffentlichkeit sich die Forderung nach der Vernichtung der Bourgeoisie und auch der Kulaken zu eigen machten, daß sie die Kulaken »Spinnen« und die Gutsbesitzer »Bestien« nannten. Damit trat etwas Präzedenzloses in die moderne Weltgeschichte ein, eine Forderung, von der man geglaubt hatte, es habe sie nur in antiken Stadtstaaten und allenfalls als Realität in den »Mongolenstürmen« gegeben. Schon im Dezember 1917 hatte Lenin ja auf einen erstaunlichen Erfolg der linksliberalen »Kadetten« bei den Wahlen zur Verfassunggebenden Versammlung damit geantwortet, daß er diese Partei nicht etwa bloß verbot, sondern für »vogelfrei« erklärte, d. h. ihre Anhänger der Volkswut auslieferte, und Maxim Gorki, damals noch kein Bolschewist, erklärte in seiner Zeitung *Nowaja Schisn*, die schmale Schicht der gebildeten Menschen in Rußland werde von den Bolschewiki dem Tode überantwortet. Aber Lenin zögerte nicht, auch einen zweiten und entscheidenen Schritt zu tun: Er ließ die Verfassunggebende Versammlung, die *nach* der Machtergreifung der Bolschewiki gewählt worden war, von seinen Soldaten auflösen, weil die Bolschewiki in der Minderheit waren. Und es geschah faktisch auf einen Ratschlag Lenins hin, daß der Armeeoberkommandierende Duchonin von meuternden Soldaten getötet und damit der Weg für eine Übernahme der Armeeführung durch die Bolschewiki endgültig freigemacht wurde.

Lenin spielte ein ungeheures und auch ein überaus riskantes Spiel. Er ließ der Volkswut freien Lauf und stachelte sie sogar noch an, so daß die nie genau zu bestimmende Opferzahl der von den Massen Getöteten und der von der neuerrichteten »Tscheka« Erschossenen innerhalb weniger Monate, noch vor dem eigentlichen Beginn des Bürgerkriegs, viele Zehntausende betragen haben dürfte; er vernichtete das Resultat der einzigen freien Wahlen, die bis dahin in Rußland stattgefunden hatten, er schloß einen vertragswidrigen Separatfrieden mit den Deutschen, der ihn bei den Alliierten als Staatsmann bereits verhaßt machte, bevor er als Sozialrevolutionär richtig erkennbar geworden war; er billigte die Ermordung des Zaren und seiner ganzen Familie; er proklamierte den »Sozialismus«, obwohl er wußte, daß kein orthodoxer Marxist die Voraussetzungen für gegeben hielt. Er hätte von der Fülle des Entsetzlichen, der Risiken, der Kritik von nahestehender Seite erdrückt werden müssen, wenn er nicht von einem großen Glauben erfüllt gewesen wäre: daß alle Opfer dieser Umwälzung geringfügig seien im Vergleich zu den Opfern dieses Krieges und künftiger Kriege; daß überall in der Welt der revolutionäre Wille sich eine Bahn brechen werde, wenn es nur gelinge, Sowjetrußland als den Leuchtturm für die Welt aus diesem Kriege zu retten; daß die Sowjetdemokratie tatsächlich eine »höhere Form« politischer Organisation darstelle als die verlogene repräsentative Demokratie der Westmächte, daß der Sozialismus als die einzig vernünftige Form eines friedlichen, von Staatsgrenzen nicht mehr behinderten Zusammenlebens der Menschheit sich überall durchsetzen werde.

14 Monate nach seiner Revolution, als das Herrschaftsgebiet des Sowjetstaates kaum größer war als dasjenige des alten Großfürstentums Moskau, sah es ganz so aus, als habe Lenins Konzeption triumphiert: Deutschland und Österreich waren besiegt, und die revolutionären Kräfte waren stark, selbst im Lager der siegreichen Westalliierten wurde

nichts so sehr gefürchtet wie der »Bolschewismus« – nicht als ein fernes Regime in Moskau, sondern als eine Geisteshaltung der eigenen Soldaten, die es verbot, die Intervention im Bürgerkrieg zwischen »Roten« und »Weißen« wirklich ernsthaft zu betreiben; Ungarn und Bayern wurden zu Räterepubliken, »wie ein Sturmwind« schien die revolutionäre Feuerbrunst, nach den Verlautbarungen der neugegründeten Dritten Internationale, über ganz Europa hinwegzugehen, und man erwartete mit Zuversicht die Proklamation der internationalen Räterepublik am 1. Mai 1919 in Berlin.

Freilich mochte mancher Antibolschewist über solche Verlautbarungen skeptisch lächeln, da Sowjetrußland im Sommer 1919 in großer Bedrängnis war und sich der angreifenden »Weißen« kaum noch zu erwehren vermochte. Aber schon ein Jahr später standen Lenins Truppen vor Warschau, und ein lähmender Schrecken ergriff die Regierungen in Paris und London, ja selbst in Washington, denn erhebliche Teile der englischen und französischen Arbeiter schienen auf die Parolen aus Moskau eher zu hören als auf die Verlautbarungen der eigenen Regierungen. Nach glaubwürdigen Berichten kümmerten sich sowohl die sowjetische Regierung wie auch der parteitreue Teil der Bevölkerung im Herbst 1923 kaum noch um einheimische Angelegenheiten, weil die bevorstehende Revolution in Deutschland alle Aufmerksamkeit in Anspruch nahm. Zwar bedeutete das Scheitern dieser Hoffnung zugleich den Beginn des Aufstiegs Stalins, aber wenn die Historiker vor allem von den Kämpfen der feindlichen Fraktionen und von Stalins Proklamation des »Sozialismus in einem Lande« zu erzählen wissen, so wird darüber oft versäumt, die entscheidende Frage aufzuwerfen: Blieben der Grundimpuls und die Grundüberzeugung Lenins lebendig, daß die Sowjetunion eine weltgeschichtliche Mission zu erfüllen habe, daß sie als der einzige »Friedensstaat« die Zukunft der Menschheit in ihren Händen trage, daß sie, mit einem Wort, der leuchtende Ideologiestaat sei, der in naher Zukunft alle Staatlichkeit beseitigen und den »einfachen Menschen« in aller Welt zu dem Recht verhelfen werde, das ihnen von Unterdrückern und Ausbeutern jahrtausendelang vorenthalten worden sei? Es spricht sehr vieles dafür, die Frage zu bejahen. Nichts ist unwahrscheinlicher, als daß ein großer, viele Menschen im Innersten ergreifender Impuls plötzlich verschwindet und der kalkulierenden Alltagsrationalität Platz macht, wenn enttäuschende Erfahrungen die ersten Hoffnungen nicht haben zur Erfüllung gelangen lassen.

Karl Albrecht spricht von der begeisternden fanatischen Atmosphäre, die ihn empfangen habe, als er 1925 zum 5. Kongreß der Komintern gereist sei.[10] Immer wieder ist in »Erinnerungen« von Kommunisten die Rede, die noch in den Straflagern den Glauben an ihre Idee nicht verloren hatten, ja sogar mit missionarischem Eifer Proselyten zu machen versuchten.[11] Und deshalb ist auch jener Satz von dem »Marschall der Revolution Stalin«, der die in zwanzig Jahren von Opfern und Entbehrungen zu überwältigender Stärke herangewachsenen Streitkräfte der Revolution bald zur Befreiung aller Völker in Bewegung setzen werde,[12] glaubwürdiger als die Erzählungen vom ängstlichen Despoten im Kreml oder vom Chef eines russischen Nationalismus. Noch kurz vor dem Ende des Regimes, als nach allgemeiner Meinung die Glaubenskraft in Moskau und Leningrad schon fast bis auf Null abgesunken war, schrieb Andrej Gromyko in seinen Erinnerungen: »Der Stern des Sozialismus hat seit Oktober 1917 nie zu leuchten aufgehört ... auf daß er im Lande der Sowjets niemals untergehe ...«[13] Und so wurde noch weit im nachhinein die Bemerkung bestätigt, die Paul Scheffer, Korrespondent des *Berliner Tageblatts* in Moskau, gegen Ende der zwanziger Jahre gemacht hatte: Als wahrer Kern stecke in der Politik der Bolschewiki der Fanatismus und sie seien »Kämpfer wie niemand sonst«.[14]

Es ist daher unumgänglich zu sagen: Der Bolschewismus war als der bis 1945 einzige Versuch, die Lehre des Marxismus und darüber hinaus des Sozialismus in die Wirklichkeit umzusetzen, die mächtigste Ideologie des 20. Jahrhunderts. Sein Staat, die Sowjetunion, war ein von Enthusiasmus getragener und weithin Enthusiasmus verbreitender Staat.

Aber es ist ebenso wahr, zu behaupten, daß Sowjetrußland und dann die Sowjetunion der am meisten Schrecken erregende und terroristischste unter allen Staaten war. Es ist nicht zu leugnen, daß die meisten seiner zahlreichen Feinde diese Feindschaft aus unmittelbaren Erfahrungen herleiteten, aus den Erfahrungen der Zwangsarbeit, des Entzugs der Lebensmittelkarten, der Ausquartierung aus Wohnungen, der Deportierung in Konzentrationslager. Wen man zum Feind erklärt, der *ist* in aller Regel auch ein Feind, und zum Feind waren von den Bolschewiki der gesamte Adel, die ganze Bourgeoisie, die wohlhabenderen Bauern (die Kulaken) und auch die Repräsentanten jener »kleinbürgerlichen Elementargewalt« erklärt worden, die Lenin ganz besonders fürchtete; die Kleinhändler und damit tendenziell auch die kleineren Bauern. Sie

alle waren das Objekt eines Vernichtungswillens, der, wie es der Tradition der »Ewigen Linken« entsprach, auf eine große Reinigung der
Gesellschaft gerichtet war und an sich nicht die physische Extermination zum Ziel hatte, sondern nur jenes »In die Bergwerke hinab« der
Tradition der Ewigen Linken, d. h. die Wiedereinbeziehung des entfremdeten, von Korruption und Habsucht bestimmten Teils des Volkes
in die große Masse der guten und einfachen, der im Schweiße ihres
Angesichts arbeitenden Menschen.

Wie schon die Erinnerungen Alja Rachmanowas zeigen, standen
jedoch auf beiden Seiten große Hindernisse diesem scheinbar so einfachen Prozeß der »Wiedereingliederung« im Wege: Unfähigkeit und
Unwille zur physischen Arbeit bei den Bürgern; Ungeduld und lang
aufgestauter Haß bei den Arbeitern und dem einfachen Volk. So war
der »Klassenmord« schon bald weit mehr als eine Metapher, und nach
dem Ende des Bürgerkrieges erschienen in der ganzen westlichen Welt
zahlreiche Schriften und Bücher, welche die Grausamkeiten dieses
Klassenmordes beschrieben. Das Spektrum reichte von der sensationell
aufgemachten, aber keineswegs ganz unfundierten Schrift von Nilostonski *Der Blutrausch des Bolschewismus* bis zu der auf amtliche Materialien gestützten Schrift des Volkssozialisten S. P. Melgunow *Der rote
Terror in Rußland 1918–1923*, die 1924 in einem Berliner Verlag der
russischen Emigration erschien. Hier wird nicht bestritten, daß während des Bürgerkrieges außerordentliche Grausamkeiten auch auf »wei
ßer« Seite zu verzeichnen waren, aber gleich zu Anfang wird der Finger
auf den essentiellen Unterschied gelegt, und zwar mit der Frage: »Wo
und wann sind jemals Aufrufe zu systematischer und öffentlicher Ausführung von Morden erfolgt? Wo und wann ist das jemals bei General
Denikin, Admiral Koltschak oder Baron Wrangel geschehen?«[15]

Der Unterschied war insofern selbstverständlich, als die »Ewige
Linke« von jeher bloß die Minderheit der schädlichen Reichen vernichten wollte, während diese Reichen sich niemals vornehmen konnten,
die große Mehrheit des Volkes auszurotten. Befehle zur sofortigen
Hinrichtung aller gefangenen »Kommissare«, also der Angehörigen
jener von Trotzki neugeschaffenen und bis dahin im Kriegswesen
unbekannten Institution, wurden ohne jedes Zögern befolgt. Vielleicht
ist der Unterschied weniger in der Größe der zu vernichtenden Gruppe
zu sehen als in dem Gefühl des unbedingten Rechts und der höheren
Moral, von der gerade die Tscheka-Männer erfüllt waren und denen die

Weißen nichts Entsprechendes entgegenzusetzen hatten, welchen es vielmehr häufig genug nicht an Selbstzweifeln wegen der eigenen Perspektivlosigkeit und Dekadenz fehlte. Aber das erhöhte eher noch die Grausigkeit der Berichte von der Schlucht bei Saratow, deren Tiefe immer geringer wurde, da sie durch immer neue Gruppen von Hingerichteten angefüllt wurde; von den mit der Bahn transportierten »Strafexpeditionen« aus Letten und Matrosen, die unterwegs an vielen Stellen anhielten, um Requisitionen, Verhaftungen und Hinrichtungen vorzunehmen; von der Hauptstraße in Sewastopol, wo nach der Rückeroberung an allen Straßenlaternen und Telegraphenpfählen ganze Bündel von toten Offizieren oder Bürgern hingen, die man ohne jedes Verfahren umbrachte; von der Familie aus einer Großmutter und vier kleinen Mädchen, die im Mai 1920 erschossen wurden, weil Sohn und Vater ein Offizier der Weißen war; von den Greueltaten der Vera Grebenniukowa, die im Verlauf von zwei Monaten über 700 Gefangene eigenhändig erschoß, nachdem sie ihnen zuvor die Nase und die Ohren abgeschnitten hatte.[16] Andere Berichte erzählten vom Ausbrechen der goldenen Zähne der Opfer, vom Annageln von Opfern an Scheunentoren und Kreuze, von den entsetzlichen »Pfählungen« von Popen, von der Verbrennung von Offizieren in Kesselfeuerungen, von dem Hineinsenken von Menschen in rasch geschlagene Löcher auf vereisten Flüssen. Im ganzen sind sogar die allerschrecklichsten Berichte nicht unglaubwürdig, wenn man die zwei völlig neuartigen Tatbestände zusammensieht, die in dieser Revolution und in diesem Bürgerkrieg hervortraten: der in Jahrhunderten der Leiden und Demütigungen aufgespeicherte Haß »des Volkes« gegen die müßigen, bloß handeltreibenden und jetzt auch noch kriegsschuldigen Klassen; das Gefühl des absoluten Rechts und der Identität mit den Geschichtsgesetzen, zu dem die Ideologie der Ewigen Linken im Bolschewismus gebracht worden war. Aber nichts war begreiflicher, als daß die Gegner nur einen Ausbruch von elementarer und »asiatischer« Wildheit und – ihr zugrundeliegend und sie lenkend – die fessellose Demagogie eines Häufleins von Berufsrevolutionären und Studenten wahrnahmen. Der Entschluß, sich mit allen Mitteln gegen diese schreckenerregende Revolution zu verteidigen und vor allem diejenigen im eigenen Lande auszuschalten, die den schrecklichen Geschehnissen lautstarken Beifall spendeten, hätte, so sollte man meinen, im europäischen Bürgertum aufkommen müssen und zu Beweisen der Solidarität gegenüber dem vernichteten oder zur

345

Emigration getriebenen Bürgertum Rußlands führen müssen. Es gab in der Tat einen starken Vorkämpfer dieses internationalen Antibolschewismus, der den Weißen unablässig Nachschub zukommen ließ und unermüdlich Reden hielt: Winston Churchill, Englands Kriegsminister, der sich aber gegen den Premier Lloyd George letzten Endes nicht durchzusetzen vermochte. Der Westen blieb im Kern unbewegt, und in Deutschland regten sich 1920 sogar Kräfte, die sich die Rote Armee, welche an der Grenze Ostpreußens und vor Warschau stand, als Verbündeten zur Zerschlagung Polens nutzbar machen wollten.

Tatsächlich ließ sich eine Reihe von Argumenten anführen, daß der Bolschewismus und Sowjetrußland nicht zureichend verstanden wurden, wenn man ausschließlich die enthusiastische und enthusiasmierende Revolution oder ebenso ausschließlich die schreckliche und Schrecken erregende Revolution sehen wollte.

Eine Verteidigung des »bürgerlichen Europa« wäre in der Tat so gut wie chancenlos gewesen, wenn der enthusiasmierende Appell alle »Proletarier« oder »Werktätigen« überzeugt und hingerissen hätte. Aber schon zu einem ganz frühen Zeitpunkt hatten einige der hervorragendsten Marxisten Europas Lenins Revolution das Recht abgesprochen, sich als »marxistisch« zu bezeichnen, ja sie hatten den Bolschewismus sogar als »Konterrevolution« charakterisiert. Karl Kautsky hatte dieses neue und unvorhergesehene Regime sogar einen »tatarischen Sozialismus« genannt, also einen Sozialismus, wie er an anderer Stelle ausführte, der sich der zivilisierenden Wirkung des Marxismus entzogen und die Roheit der ursprünglichen Arbeiterbewegung bewahrt habe.[17] Große Teile der sozialdemokratischen Parteien blieben ja den alten Führern treu, und sogar von der deutschen USPD hatte nur ein Drittel der Mitglieder die Vereinigung mit der KPD bejaht. Auch amerikanische Liberale hatten den »konterrevolutionären« Charakter des Bolschewismus früh gesehen und stigmatisiert. War es nicht die richtige Politik, diese konterrevolutionäre Revolution durch einen *cordon sanitaire* vom zivilisierten Europa fernzuhalten und den nicht allzufernen Augenblick abzuwarten, wo die Flammen erloschen wären und wo im Krater des Vulkans nur noch Asche zu finden wäre? Und ließ sich nicht eine ständige Abfallbewegung der Enttäuschten konstatieren, zu denen eines Tages auch Leo Trotzki gehören würde?

Wer in Lenins letzte Aufzeichnungen hätte hineinschauen können oder wer auch nur die Schriften und Reden seiner letzten gesunden

Jahre las, der mußte die Empfehlung eines klugen Abwartens bekräftigt sehen. Hier finden sich nämlich ganz rührende Ausdrücke der Verwunderung über einen Zustand, den »kein Marx und kein Marxist« vorhergesehen habe, und höchst skeptische Aussagen über die Kultur oder besser die Kulturlosigkeit der Masse der Russen und auch der kommunistischen Führer.

Als Lenin 1921 die Periode der NEP eingeleitet hatte, seitdem mithin Sozialismus und wirtschaftliche Privatinitiative nebst der resultierenden ökonomischen Ungleichheit als vereinbar galten, da konnte die folgende Auffassung als gut begründet gelten: Im Osten Europas war eine staatskapitalistische Notstands- und Entwicklungsdiktatur in einem zurückgebliebenen und durch den Krieg erneut weit zurückgeworfenen Bauernlande entstanden, das allerdings der räumlich größte und potentiell wohl auch der stärkste Staat der Erde war. Man durfte erwarten, daß Fortschritte gemacht werden würden, die auf industriellem Gebiet dem politischen Erfolg der Bewahrung der Einheit des Vielvölkerstaates entsprechen und schließlich die Möglichkeit schaffen würden, beiderseits vorteilhafte Handelsbeziehungen aufzunehmen und das neue russische Reich schließlich wieder in den Kreislauf der (kapitalistischen) Weltwirtschaft einzugliedern.

Auf den Kissen dieser Auffassung ließ sich trefflich ruhen. Aber sie konnte sich beunruhigenden Fragen schwerlich entziehen: Würden die Bolschewiki, die als die fanatischsten Gläubigen begonnen hatten, sich so rasch in quasi-amerikanische Geschäftsleute verwandeln lassen? Würden die kommunistischen Parteien der Welt sich ohne weiteres zu Instrumenten einer traditionellen Außenpolitk machen lassen, oder war hier die Außenpolitik eines großen Staates in den Dienst einer Idee getreten, die auch dann lebendig und wirksam blieb, wenn vorsichtiges Lavieren angebracht war, um den Staat der Revolution, den unentbehrlichen Geburtshelfer der bevorstehenden Weltumwälzung, vor unnötigen Gefahren zu bewahren? Mit der skeptischen Weisheit des westlichen Rationalismus ließ sich eine verläßliche Antwort jedoch schwerlich finden: Hatte man eine Entwicklungsdiktatur oder eine Ideokratie vor sich, sah man sich einem potentiellen Handelspartner oder bald schon der stärksten und angriffswilligsten Streitmacht der Welt konfrontiert? Mit Sicherheit unrecht hatte nur derjenige, dem jedes Empfinden für das Ungewöhnliche und Beunruhigende dieses außerordentlichsten aller Staaten, des ersten Ideologiestaats des 20. Jahrhunderts, abging. Aber das bedeutete nicht notwendigerweise, daß derjenige recht hatte, der sich von diesem Außerordentlichen ein mythologisierendes Bild machte und keine andere Antwort als die des Entscheidungskrieges für möglich hielt. Damit sind wir also wieder zum Nationalsozialismus und zu Hitler zurückgelangt.

# 3. Hitlers Hauptpostulat:
# Ein Antibolschewismus von »bolschewistischer« Geschlossenheit und Glaubenskraft

Wir haben die Literatur über den Nationalsozialismus, wie es scheint, aus dem Auge verloren. Tatsächlich ist darin vom Bolschewismus und gar von der »Ewigen Linken« nie mit einiger Ausführlichkeit die Rede; die Frage, ob die äußere und innere Bezogenheit auf den Bolschewismus für den Nationalsozialismus fundamental ist, wird nirgendwo ausdrücklich aufgeworfen. Zwei der wichtigsten möglichen Antworten waren allerdings schon in der zeitgenössischen Literatur zu finden: Hitlers Erfolge seien zum guten Teil auf seine geschickte Manipulation des »Schreckgespenstes des Bolschewismus« zurückzuführen oder, ganz im Gegenteil, der Nationalsozialismus sei ein »brauner Bolschewismus« gewesen. So betonen die Deutschland-Berichte der Sopade 1935 sehr stark die »Herausstellung des bolschewistischen Popanzes« und die »Wiederaufnahme der dümmsten antibolschewistischen Lügenpropaganda«[1], aber sie wissen auch von der Kritik unter Bürgern und Bauern am »Hitlerbolschewismus« zu berichten, und man fragt sich mit einigem Erstaunen, wieso von einem »Popanz« die Rede sein kann, wenn Ende 1938 die Kriegsfurcht des Bürgertums in ganz Europa folgendermaßen begründet wird: »Offenbar fürchtet das besitzende Bürgertum, daß ein kommender Krieg in ganz Europa eine bolschewistische Revolution nach Art der russischen von 1917 zur Folge haben könnte und daß es dann ähnliche Verfolgungen zu erdulden haben würde wie damals die russische Bourgeoisie und später die Juden in den faschistischen Ländern.«[2] Der Bolschewismus muß also ein außerordentlich ernstzunehmendes Phänomen sein, wenn er eine so weitverbreitete und intensive Furcht zu erzeugen vermag und wenn auf nicht recht durchsichtige Weise auch die Judenverfolgungen im nationalsozialistischen Deutschland mit ihm in Verbindung gebracht werden können. Eine weitgehende Bestätigung wäre auch zahlreichen Äußerungen englischer Politiker zu entnehmen, die im Bolschewismus die größte aller Gefahren erblickten, so etwa, wenn der Premierminister Baldwin im Mai 1937 zum Reichskriegsminister v. Blomberg sagte, im Falle eines Krieges werde »die Vernichtung der europäischen Kultur und der Sieg des Bolschewismus in Europa« die Folge sein.[3] Wie mächtig die Strömung philofaschistischer Sympathie in Europa war und wie lange ihr Ringen mit der antifaschistischen Grundauffassung unentschieden blieb, ist noch nie gründlich untersucht worden. Aber daß die Rede vom »Popanz des Bolschewismus« ein Kampfinstrument der antifaschistischen Propaganda war, läßt sich auch aus Äußerungen eines so unverdächtigen Zeugen wie Gustav Stresemann erschließen, der 1925 seine Warnung vor einem »Kokettieren mit dem Bolschewismus« folgendermaßen begründete: »Wenn die Russen in Berlin sind, weht zunächst die rote Fahne vom Schloß, und man wird in Rußland, wo man die Weltrevolution wünscht, sehr zufrieden sein, Europa bis zur Elbe bolschewisiert zu haben und wird das übrige Deutschland den Franzosen zum Fraß geben.«[4]

Gleichwohl herrscht in der »wissenschaftlichen Literatur« die Auffassung vor, der Bolschewismus sei ein »Gespenst« gewesen, das Hitler zu manipulativen Zwecken je nach Opportunität eingesetzt habe, um die ängstlichen Bürger zu erschrecken. Daß es objektive Gründe für dieses Erschrecken gegeben habe, wird erst gar nicht erwogen, denn daraus, so fürchtet man, könne eine »Verharmlosung« oder gar eine »Apologie« Hitlers erwachsen. So rechnet man die Furcht zu den zahlreichen negativen Kennzeichen des Kleinbürgertums und hat sich alles weitere Nachdenken erspart. Was den inneren Zusammenhang von Bolschewismus und Nationalsozialismus angeht, so war die These, bei beiden habe es sich um »totalitäre« Bewegungen bzw. Regime gehandelt, bis zum Beginn der sechziger Jahre selbstverständlich. Der weiteste Vorstoß zur Bestimmung des inneren Verhältnisses wurde von Karl Dietrich Bracher unternommen, der 1983 schrieb, der Kommunismus habe »die erste und ursprünglichste Spielart des Totalitären« gebildet und das gelte nicht nur zeitlich im Hinblick auf seine Machtergreifung.[5] Darüber aber, ob dieses »Totalitäre« in guten oder in bösen Motiven oder vielleicht in beiden verwurzelt gewesen sei und wie sich die abgeleitete Stufe aus der ursprünglichen herleitet, wird nichts gesagt. Wie der Nationalsozialismus wirklich interpretiert und nicht bloß beschrieben und moralisch beurteilt werden soll, wenn die Beziehung ungeklärt bleibt, die seine Existenz zu einem wesentlichen Teil bestimmte, ist rätselhaft.

Von Adolf Hitlers Verhältnis zum Bolschewismus läßt sich jedenfalls sagen: Es kennzeichnet sein ganzes Leben von den politischen Anfängen bis zum Tode. Dabei nimmt Hitler – trotz der einen oder anderen leichtfertigen Bemerkung – seinen Feind ganz ernst, und er richtet sein eigenes Verhalten an diesem Feinde aus. Seine Äußerungen über den Bolschewismus sind von 1920 bis 1945 von großer Konsistenz und nur insofern von politischen Situationen abhängig, als sie gelegentlich stärker hervor- und manchmal wieder stärker zurücktreten. Im Kern bleiben sie jedoch unverändert, wenn sich auch in seinen letzten Jahren eine bemerkenswerte Wandlung andeutet. Wenn man sie im ganzen betrachtet, sind sie zwar noch nicht seine »Weltanschauung«, aber sie sind die Basis, auf der diese Weltanschauung ruht, und sie wirken sich noch auf scheinbar ganz unabhängige Auffassungen zu anderen Problemen aus. Wer »Hitlers Weltanschauung« als ein theoretisches Denkgebilde zu konstruieren versucht, geht in die Irre.

In den Hitler-Reden der frühesten Nachkriegszeit, die teilweise nur in Gestalt handschriftlicher Notizzettel oder in Berichten von Informanten erhalten sind, taucht der Bolschewismus zum erstenmal am 9. Februar 1920 auf. Hier heißt es »Bolschewisten im Anmarsch. Befreiung des Proletariats. Weltrevolution. Die Russen stehen vor Polen«.[6] Hitler verfolgte also offenbar mit großer Aufmerksamkeit die Vorgänge im Osten, die zu Beginn des Jahres 1920 eine entscheidende Wendung zugunsten der Bolschewiki nahmen. Damals zeichnete sich das Scheitern des großen Plans von Josef Pilsudski ab, im Bündnis mit den »bürgerlichen« Kräften der Ukraine ein Zwischeneuropa zwischen Ostsee und Schwarzem Meer zu schaffen, und zwar als ein Bollwerk der europäischen Zivilisation gegen die barbarischen Bolschewiki. Im April erzählt Hitler dem Polizeibericht zufolge seinem Publikum »von Rußland, das wirtschaftlich zerstört ist, vom dortigen Zwölfstundentag, von der jüdischen Knute, vom Massenmord an der Intelligenz etc. und erntete damit reichen Beifall«.[7] Schon an dieser Stelle wird deutlich, daß Hitler sich mit der Beschreibung von Tatsachen und mit der Forderung nach entschiedenem Widerstand nicht begnügt; vielmehr nimmt er eine Interpretation vor, um das beunruhigende Phänomen in den Weiten des Ostens, das auch in deutschen Versammlungen wahrnehmbar ist, in Gestalt einer Ursachenerklärung mit einer Figur zu verbinden, über die Hitler schon manches zu sagen wußte, bevor er den Bolschewismus kennenlernte, nämlich mit der Figur »des Juden«. Gleichwohl wäre die

These unrichtig, Hitlers längst vorhandener Antisemitismus habe sich sozusagen auf den Bolschewismus als neues Beweismaterial gestürzt. Eine Analyse der späteren Aussagen in *Mein Kampf* über die Ursachen seines Antisemitismus macht klar, daß der Antisemitismus für ihn von Anfang an aufs engste mit dem »Antimarxismus« verknüpft war und daß er allem Anschein nach in der (bekanntlich sehr radikalen) österreichischen Sozialdemokratie eine Partei sah, die bereits alle charakteristischen Züge des Bolschewismus aufwies, mit alleiniger Ausnahme der gewalttätigen Umsetzung in die Praxis.

Auch für Eugen Dühring war ja »die jüdische Sozialdemokratie« als korrumpierte Gestalt eines genuinen Sozialismus der größte Stein des Anstoßes gewesen, und selbst bei Georg Lanz zu Liebenfels läßt sich die Herleitung des Begriffs »Rassenkampf« aus dem Begriff »Klassenkampf« mit Händen greifen. Insofern war der Bolschewismus für Hitler nur eine Bestätigung älterer Überzeugungen, aber er spornte ihn zu äußerster Aktivität an, weil nach seiner Auffassung die Gefahr für die europäische Kultur und für das deutsche Volk nun schlechterdings nicht mehr zu übersehen war. So wird die schlichte Deskription, die den Weltherrschaftsanspruch des Bolschewismus konstatiert und Maßnahmen wie »Enteignung von Grund und Boden«, »Vernichtung des selbständigen Mittelstandes« und »Ausrottung der nationalen Intelligenz« mit negativer Akzentuierung aufzählt, zu einer Ätiologie fortgebildet, die in einem geheimen und bereits jahrtausendealten Weltherrschaftsstreben »der Juden« den erklärenden Hintergrund jenes Weltherrschaftsanspruchs erblickt und damit zugleich die in Deutschland sichtbare »Volksverdummung in Presse, Kunst, Literatur« auf jüdische Urheber zurückführt.

Wie sehr das alles in der feindseligen Auseinandersetzung mit dem »Marxismus« verwurzelt ist, sticht ins Auge, wenn Hitler zu der Forderung gelangt, nicht »Proletariar aller Länder, vereinigt euch« müsse es heißen, sondern »Antisemiten aller Länder, vereinigt euch«.[8] Aus dem beschreibenden und konstatierenden Teil der Aussage ließe sich nur das Motto herleiten »Antikommunisten aller Länder, vereinigt euch«, und damit wäre der faschistischen und der philofaschistischen Grundströmung in Europa Rechnung getragen. Offensichtlich genügt Hitler aber die negativ-emotionale Besetzung des neuen Wortes »Bolschewist« nicht, und er bedarf, auch für sich selbst, eines älteren Haßbildes, sogar auf die erkennbare Gefahr hin, daß der philosemitische Sektor aus der philofaschistischen Grundströmung herausgelöst wird.[9]

Im weiteren Verlauf dieser frühen Jahre gehen beschreibende Warnungen vor dem Ungeheuerlichen, das sich in Rußland abspielt, vor dem »Abschlachten der Geistigen«, der »unerhörten Blutdiktatur«, den »Schlachthäusern«, dem »Blutsumpf des Bolschewismus« mit einer interpretierenden oder spekulierenden Geschichtsdeutung Hand in Hand, die schon im Auszug der alten Juden aus Ägypten eine Präfiguration des bolschewistischen Klassenmords wahrzunehmen glaubt. Eben dadurch wird es möglich, die Begrifflichkeit des Marxismus oder besser der »Ewigen Linken« weitgehend zu übernehmen, von dem eigenen Kampf als einen »Kampf der Massen gegen ihre Unterdrücker« zu sprechen und die Verheerungen des »internationalen Kapitalismus« anzuklagen. Hitlers Antimarxismus ist also von Anfang an ein Quasi-Marxismus, eine feindselige Imitation, aber doch insofern auch eine von Malthus herzuleitende Parallele, als nach Hitler nicht die Produktivkräfte veraltete Produktionsverhältnisse zerbrechen, sondern die Volksvermehrung die Sprengung etablierter Grenzen herbeiführt. Der Kern der politischen Aussage ist jedoch von diesen Interpretationen unabhängig, und er ist durch das vollständige Ernstnehmen der gegnerischen Thesen gekennzeichnet: »Es handelt sich um einen Kampf auf Leben und Tod zwischen zwei Weltanschauungen, die beide nebeneinander nicht zu existieren vermögen und in deren Kampf es nur Sieger und Vernichtete geben wird. Diese Einstellung ist dem Marxismus in Fleisch und Blut übergegangen (siehe Rußland). Ein Sieg der marxistischen Idee bedeutet die vollständige Ausrottung der Gegner, die Bolschewisierung Deutschlands jedoch bedeutet die Vernichtung der gesamten christlich-abendländischen Kultur überhaupt.«[10]

Um die gleiche Zeit gab Lenin seiner Delegation für die Weltwirtschaftskonferenz in Genua die Weisung mit, die pazifistischen und die imperialistischen Teile der Weltbourgeoisie, die ihr dort begegnen würden, gegeneinander auszuspielen, und er ließ erkennen, daß er von der politischen Energie der einen Fraktion so wenig hielt wie von derjenigen der anderen. Hätte er Hitlers Reden studiert, dann wäre er zu der Feststellung gelangt, daß nur hier seine eigene Hauptmaxime »Wer – wen?« vollständig akzeptiert und zu einer bestätigenden Umkehrung gebracht wurde. Der letzte Satz von Hitlers Aussage artikulierte aber eine Überzeugung, die nicht zwingend war: Würde die radikale Umkehrung des feindlichen Prinzips nicht ihrerseits eine tödliche Gefahr für die »christlich-abendländische Kultur« bedeuten, aus der man doch das

Alte Testament unmöglich als die »geile Satansbibel« herausreißen konnte, wie Hitlers Mentor Dietrich Eckart es postulierte? Aber daß Hitlers Entschlossenheit seine Partei auf einen idealtypischen Ort hinführte, mußte jedem klar sein, der den Satz hörte: »Wir wissen, wenn sie ans Ruder kommen, dann rollen unsere Köpfe in den Sand; wir wissen aber auch, wenn wir die Macht in Händen haben werden: Dann gnade euch Gott.«[11] Dieser idealtypische Ort war nichts anderes als die antibolschewistische Partei von bolschewistischer Geschlossenheit und weltanschaulicher Einheit, die dem Haßbild des »Kapitalisten« das Haßbild des »Juden« entgegensetzte und zugleich einige Grundauffassungen der »Ewigen Linken« wie etwa diejenige des Kampfes der Unterdrückten gegen ihre Unterdrücker übernahm. So wurde eine bis dahin unvorstellbare Synthese möglich, nämlich die Zusammenarbeit der ehemaligen Kommunisten als der »Idealisten des Sozialismus« und der früheren Offiziere in den Sturmabteilungen der SA.[12] Der Kern der Sache ist nur allzu klar: daß hier der ursprünglicheren Reinigungsideologie eine bis dahin unbekannte Reinigungsideologie von gleicher unbedingter Entschlossenheit entgegentritt und daß damit das »Relativieren« und die »Kompromißbereitschaft«, die für die Gesellschaftsordnung des Liberalen Systems kennzeichnend sind, auch am anderen Ende des gesellschaftlich-politischen Spektrums zerbrochen werden und eine Alternative aufkommt, die nur noch zwei Unbedingtheiten zur Wahl stellt: »Sowjetstern oder Hakenkreuz«, wie Hitler in völliger Übereinstimmung mit den Kommunisten immer wieder hervorhebt. Es kann nicht den geringsten Zweifel geben, daß Hitler seine innerste Überzeugung zum Ausdruck brachte, als er, wie bereits erwähnt, im März 1924 vor dem Volksgerichtshof in München sagte: »Was ich werden wollte, das war der Zerbrecher des Marxismus. Das ist meine Aufgabe, und ich weiß, wenn ich diese Aufgabe löse, – und ich werde sie lösen –, dann wäre der Titel eines Ministers eine Lächerlichkeit.«[13]

Als Hitler im Dezember 1924 aus der Haft entlassen wurde, hatte sich die Situation in Deutschland von Grund auf verändert. Die »guten Jahre« der Weimarer Republik zeichneten sich ab; die Wahl des Generalfeldmarschalls von Hindenburg zum Reichspräsidenten stand bevor, und die Kommunisten waren dabei, in inneren Kämpfen ihre Niederlage von 1923 zu verarbeiten. Aber Hitler gab in den Reden dieser Periode ganz ähnliche Beschreibungen wie vor 1923, und er gelangte zu denselben Postulaten.[14] Für ihn war es selbstverständlich, daß eine

Weltanschauung nicht unter dem Eindruck von Veränderungen der politischen Oberfläche den Grundcharakter verliert, weder bei den Kommunisten noch bei ihm selbst. Trotz aller »Silberstreifen am Horizont« war er weiterhin der Überzeugung, es gelte, »in letzter Stunde das deutsche Volk noch zu retten«. Nach wie vor sah er die Schwäche des deutschen politischen Bürgertums darin, daß es den brutalen Vernichtungszielen der Gegenseite »nichts Umgekehrtes entgegenzusetzen« habe, und er schreckt nicht einmal vor der Bemerkung zurück, welche die innere Abhängigkeit und Nicht-Originalität seiner Bewegung nur allzu gut erkennen läßt, München müsse »das Moskau unserer Bewegung« werden.[15] So wird es zum obersten Postulat, »ebenso an einen Katechismus« zu glauben, wie es die Kommunisten tun.

Dem Kommunismus ist nämlich nach Hitlers Ansicht eine Qualität zuzuschreiben, die der gesamten bürgerlichen Welt abgeht, nämlich »Größe«: »Hier steht eine andere Gewalt dahinter, eine andere Macht! Sie hat auch ein anderes Programm, tausendmal falsch, aber eine Weltanschauung ist es, tausendmal ein Irrtum, ja ein fluchwürdiges Verbrechen, aber selbst als Verbrechen ist es groß.«[16] Unleugbar hatte Hitler mit seiner Beschreibung und Vorhersage im Kern recht, als er wenig später das Szenario einer kommunistischen Machtergreifung den Zuhörern vor Augen stellte: »Wenn sie dann die Herren Deutschlands sind, glauben Sie mir, in drei Jahren kennen Sie Deutschland nicht mehr. Hunderttausende und Hunderttausende, vielleicht Millionen sind auf dem Schafott zugrundegegangen; der Staat ist umgedreht; wenn jemand vom Mond herunterkäme, würde er Deutschland nicht wiedererkennen, würde sagen: das soll das frühere Deutschland sein? Jede Zeitung, jede Anschlagsäule, jedes Theater, jedes Kino, alles bis zum Eisenbahnzug trägt den Stempel der kommunistischen Propaganda . . . Eine Weltanschauung hat gesiegt und prägt dem öffentlichen Leben ihren Stempel auf.«[17]

Was Hitler hier im Umriß entwickelt, ist in der Tat eine politische Anschauung, die nicht mehr »bürgerlich« genannt werden kann, obwohl sie offensichtlich zur Selbstverteidigung des Bürgertums aufruft, denn sie zeigt dem Entspannten, Vermittelten, Nicht-Konsequenten, das für die auf Kompromiß und Ausgleich bedachte bürgerliche Welt charakteristisch ist, ebensoviel Verachtung wie der ursprüngliche Feind, die »Ewige Linke«. Diese Anschauung sucht die direkte Konfrontation auf Leben und Tod, welche gerade nicht die »bürgerliche Alternative«

ist. Ob freilich diese »bürgerliche Alternative«, und sei es in der Papen-Schleicherschen Modifikation des »starken Staates« oder selbst der Militärdiktatur, im Deutschland der Weltwirtschaftskrise eine »reale Alternative« war, ist eine ganz andere Frage, und bei der Beantwortung sollte man genau hinhören, ob die entschiedenen Befürworter nicht letzten Endes nur eine modifizierte, den Bolschewismus bloß formell ablehnende »sozialistische Alternative« für erstrebenswert halten.

Besonders ausführlich hat sich Hitler zur Frage des Bolschewismus in seiner berühmten Rede vom 27. August 1932 vor dem Düsseldorfer Industrieclub geäußert. Wenn irgendwo, so wird hier etwas von jener anderen Seite der »Ewigen Linken« und des Bolschewismus spürbar, von dem Enthusiasmus, den sie auslösen, von der Faszination, die sie auszuüben verstehen. Es sei falsch, die Sowjetunion als einen Staat unter anderen Staaten zu betrachten. »Nein, eine Weltanschauung hat sich einen Staat erobert, und von ihm ausgehend wird sie die ganze Welt langsam erschüttern und zum Einsturz bringen. Der Bolschewismus wird, wenn sein Weg nicht unterbrochen wird, die Welt genauso einer vollständigen Umwandlung aussetzen wie einst das Christentum . . . in 300 Jahren wird man vielleicht schon wissen, daß es sich fast um eine neue, wenn auch auf anderer Basis aufgebaute Religion handelt. In 300 Jahren wird man, wenn diese Bewegung sich weiter entwickelt, in Lenin nicht nur einen Revolutionär des Jahres 1917 sehen, sondern den Begründer einer neuen Weltlehre, mit einer Verehrung vielleicht wie Buddha. Es ist nicht so, daß diese gigantische Erscheinung etwa aus der heutigen Welt weggedacht werden könnte. Sie ist eine Realität und muß zwangsläufig eine der Voraussetzungen zu unserem Bestand als weiße Rasse zerstören und beseitigen.«[18]

Hitler sieht hier also den Bolschewismus ganz so wie Georgij Sinowjew in seiner Rede bei dem Kongreß der Ostvölker in Baku: nicht als die in nächster Zeit Europa erobernde proletarische Revolution, sondern als die sich über den ganzen Kontinent ausbreitende Bewegung der asiatischen Völker, die dem westlichen oder »weißen« Imperialismus die Lebensgrundlage entziehen und dadurch endlich Europa ebenfalls zur großen Umwälzung reif machen werde. Auch Sinowjew und Lenin hielten auf diesem Weg große Kriege für unvermeidbar, und Hitler postulierte seinerseits den Krieg des »bürgerlichen« Europa und der USA nahezu unverhüllt, da nur die große Defensive eines baldigen Angriffskriegs, der aus der Negierung des gegenwärtigen europäischen und amerikanischen Meinungsklimas mit seiner Gedankenlosigkeit und Leichtfertigkeit erwächst, die erfolgversprechende Antwort auf die gleichsam transzendentale Bedrohung der bisherigen weißen Vorherrschaft sei.

Aber indem Hitler seine radikale Alternative entwickelt, macht er dem Gegner eine Konzession von außerordentlicher Tragweite. Er stellt nämlich die These auf, man müsse in der Parole »Proletarier aller Länder, vereinigt euch« viel mehr sehen als eine politische Kampfparole. In Wirklichkeit handle es sich um die Willenskundgebung von Menschen, die in ihrem Wesen tatsächlich eine gewisse Verwandtschaft mit analogen Völkern einer niedrigen Kulturstufe besitzen. Hitler akzeptiert also die marxistische Unterscheidung zwischen einer »guten« Mehrheit und einer »schlechten« weil ausbeuterischen Minderheit und nimmt lediglich eine vollständige Umwertung vor, die eben dieser Mehrheit, also der großen Masse des Volkes, Minderwertigkeit zuschreibt. Damit macht er sich zum Vorkämpfer einer »nordischen Herrenschicht«, die offensichtlich der kriegerischen Aristokratie des *Ancien régime* nähersteht als dem handeltreibenden Bürgertum des 20. Jahrhunderts.

Den entscheidenden Gedanken aber spart er vor dem Publikum von Industriellen aus: daß es der »jüdische Intellekt« ist, der diesen Appell an die schlechtrassige Menge richtet und damit die Kultur zerstört, welche immer nur die Kultur einer herrschenden und kriegerischen Schicht sein kann. Vermutlich meint Hitler konkret dasselbe, was Himmler später in einer seiner Kriegsreden die »Untermenschenrevolution« der Deserteure und Agitatoren von 1918 nennen wird. Auch hier wird deutlich, daß »Antisemitismus« und »Rassenlehre« nicht theoretische Versatzstücke sind, die eklektisch mit dem Antibolschewismus zu einem »trüben Ideenbrei« zusammengerührt werden, sondern daß die grundlegende politische Erfahrung des Bolschewismus die ideologischen Deutungen aktualisiert und bestimmt.

Dies gilt sogar für die Lehre vom Leben als »Kampf«. Gewiß kann man sie bei den Sozialdarwinisten finden. Weit erhellender als theoretische Ableitungen dürfte indessen eine Stelle aus einer frühen Rede sein. Dort polemisiert Hitler gegen die »fanatische Verbohrtheit« der marxistischen Lehre, »daß eine friedliche Lösung des Klassenproblems unmöglich wäre und daß es sich nur darum handeln könne, wer der Stärkere der beiden Klassen sei und daß dieser Stärkere eben dann den Schwächeren niederwerfen bzw. ihn ausrotten würde und müsse. Also

Bürgerkrieg und Brudermord.«[19] Der praktische Kern von Hitlers Auffassung ist also nicht die ontologische Aussage, daß Leben Kampf bedeutet, sondern die konkrete Aufforderung: »Ermanne dich, leichtfertiges Bürgertum, angesichts der Todesdrohung, und kämpfe den Kampf, den Dein Feind Dir aufzwingt.« Hitlers Lehre vom Kampf ist mithin so wenig wie seine Rassendoktrin oder sein »Antisemitismus« isoliert zu sehen, sondern all das gewinnt seinen eigentlichen Sinn erst im Zusammenhang mit dem Antimarxismus bzw. Antibolschewismus.

Es läßt sich nicht bestreiten, daß Hitlers Alternative »Sowjetstern oder Hakenkreuz« um die Jahreswende 1932/33 für zahllose Menschen zu der schlechthin entscheidenden Frage geworden war und daß sie gerade auch in der führenden Schicht mehr und mehr bestimmend wurde, da man den linken Flügel der Nationalsozialisten so wenig strikt von den Kommunisten getrennt hielt, wie umgekehrt Hitler nicht davon überzeugt war, daß die meisten Sozialdemokraten verläßliche Gegner der KPD seien. Es handelte sich in Wahrheit um die Wahl zwischen zwei radikalen Programmen zur Lösung der Wirtschaftskrise, und es war sehr unwahrscheinlich, daß die Millionenmasse aus allen Schichten, welche die immerhin weniger radikale Lösung, die nationalsozialistische, vorzog, sich bei einem Scheitern ihrer Erwartungen auf die gemäßigten Programme der »bürgerlichen« Parteien bzw. der Sozialdemokraten zurückbesonnen und Deutschland bei Neuwahlen einen Reichstag beschert hätte, wo »die radikalen Parteien« der Kommunisten und Nationalsozialisten *keine* absolute Mehrheit gehabt hätten. Daß Hitler jedenfalls subjektiv in dem Bewußtsein lebte, in letzter Stunde das Schicksal gewendet und den entscheidenden Sieg über den Kommunismus (und nicht etwa über das Judentum oder die Börse oder die Freimaurer) errungen zu haben, unterliegt keinem Zweifel. Auch die Reden des neuen Reichskanzlers zeigten unzweideutig, daß er vor allem seinen Schwur von 1924, der Zerbrecher des Marxismus zu werden, als erfüllt betrachtete. Am 2. März scheute er sich in einer Rede im Sportpalast nicht, den Marxismus auch als Staat anzuprangern, d. h. die Sowjetunion zu attackieren. Dort seien Millionen von Menschen in einem Lande verhungert, das für die ganze Welt eine Kornkammer sein könnte. Offenbar waren für Hitler die Kollektivierung und ihre Folgen so wenig verborgen geblieben wie für Hunderttausende andere Deutsche, aber er sah darin nicht ein neuartiges, ein »stalinistisches« Phänomen, sondern brachte sie unmittelbar mit der Erschießung von »Hunderttausenden, ja Millionen von Menschen« in Zusammenhang, die als »Roter Terror« sein frühestes und stets festgehaltenes Bild des Bolschewismus geprägt hatte. Und wieder fand er bestätigt, was er als die einzige Alternative proklamiert hatte: den nicht-mehr-bürgerlichen oder »bolschewistischen« Antibolschewismus: »Wenn vor diesem Wahnsinn ein schwaches Bürgertum kapitulierte – den Kampf gegen diesen Wahnsinn, den nehmen wir auf.«[20]

Trotzdem blieben die »deutsch-sowjetischen Beziehungen« weiterhin ein Kapitel der deutschen Außenpolitik, und hier ließe sich neben Negativem wie der allmählichen Beendigung der militärischen Zusammenarbeit zwischen Deutschland und der Sowjetunion auch mancherlei Positives berichten, wie etwa die Ratifizierung der ersten Verlängerung des deutsch-sowjetischen Neutralitätsvertrages von 1926, welche schon vor dem Konkordat mit der Katholischen Kirche eine frühe Anerkennung des nationalsozialistischen Regimes bedeutete.

Aber wie unverändert Hitlers Grundeinstellung geblieben war und wie sehr die Fixierung auf den Ideologiestaat im Osten der entscheidende Beweggrund seines Handelns war, wird nirgendwo deutlicher als in der Denkschrift über die Aufgaben des Vierjahresplans vom August 1936, von der nur drei Exemplare angefertigt wurden und die daher keinerlei Propagandaabsichten verfolgen konnte. Hitler sagt indessen nichts anderes, als er schon in zahlreichen Reden erklärt hatte: »Seit dem Ausbruch der Französischen Revolution treibt die Welt in immer schärferem Tempo in eine neue Auseinandersetzung, deren extremste Lösung Bolschewismus heißt, deren Inhalt und Ziel aber nur die Beseitigung und Ersetzung der bislang führenden Gesellschaftsschichten der Menschheit durch das international verbreitete Judentum ist.«[21] Seit der Marxismus sich eines der größten Reiche der Welt als Ausgangsbasis erobert habe, trete »einer in sich selbst weltanschaulich zerrissenen demokratischen Welt ein geschlossener autoritärer weltanschaulich fundierter Angriffswille gegenüber«.

Es steht für Hitler ganz außer Zweifel, daß die Fünfjahrespläne der Sowjetunion in allererster Linie der Rüstung und der Schaffung einer zur Welteroberung bestimmten Angriffsarmee dienen, und tatsächlich wiesen zahlreiche Äußerungen von seiten der Sowjetunion darauf ebenso hin wie die grundsätzlich auf den Kampf im feindlichen Territorium ausgerichtete Militärdoktrin der Roten Armee. Daß Hitler selbst und seine bis dahin vergleichsweise geringfügige Rüstung die Ursache der seit 1929 forcierten Industrialisierungs- und Rüstungsbestrebungen der Sowjetunion sein könnten, wird von ihm nicht ernsthaft erwogen. Dem unvermeidbaren Krieg könnten nicht die »marxistisch infizierten« Demokratien, sondern nur Deutschland und Italien gewachsen sein. Deshalb verlangt Hitler von der Wirtschaft, mit äußerster Anspannung »den Krieg im Frieden vorzubereiten«. Unter diesem Gesichtspunkt ist er sogar bereit, die Existenz der Privatwirtschaft in Frage zu stellen, deren Wert und Unentbehrlichkeit er immer so sehr unterstrichen hatte. Aber wieder ist der Blick auf die Sowjetunion und deren Rüstungsanstrengungen entscheidend. »Die deutsche Wirtschaft aber wird die neuen Wirtschaftsaufgaben begreifen, oder sie wird sich eben unfähig erweisen, in dieser modernen Zeit, in der ein Sowjet-Staat einen Riesenplan aufrichtet, noch weiter zu bestehen. Aber dann wird nicht Deutschland zugrundegehen, sondern es werden dies höchstens einige Wirtschaftler.«[22] Als letzte Perspektive wird indessen nicht etwa, wie man erwarten könnte, auf »europäische« und »antikommunistische« Weise die Rettung des bedrohten Europa und die Einigung des Kontinents als Folge eines siegreichen Krieges gegen die Sowjetunion gesehen, sondern auf »deutsche« und »traditionell-imperialistische« Weise die »Erweiterung des Lebensraumes bzw. der Rohstoff- und Ernährungsbasis unseres Volkes«. Und überdies wird die kollektive Haftbarmachung des Judentums für alle Schäden postuliert, »die durch einzelne Exemplare dieses Verbrechertums der deutschen Wirtschaft und damit dem deutschen Volk zugefügt werden«.[23]

Hitlers Gegner hatten also guten Grund, den für das Ausland bestimmten Erklärungen des Reichskanzlers gegenüber mißtrauisch zu sein. Dieser hatte z. B. im November 1935 in einem Interview mit Hugh Baillie von der *United Press* betont, Deutschland sei »das Bollwerk des Westens gegen den Bolschewismus« und auch die Nürnberger Gesetze, die »nicht-antijüdisch, sondern pro-deutsch« seien, müßten in diesem Zusammenhang gesehen werden, denn fast alle bolschewistischen Agitatoren in Deutschland seien Juden gewesen, und da Deutschland im Gegensatz zu den USA nur durch wenige Meilen von Sowjetrußland getrennt sei, seien Maßnahmen »gegen die Umtriebe der meist jüdischen Agenten des Bolschewismus« gerechtfertigt.[24] Einem Experten mußte es ja als überaus zweifelhaft erscheinen, daß Hitler die vorhandenen und sogar mächtigen philofaschistischen Tendenzen in England und deren Kampf gegen die ebenfalls starke philobolschewistische

Tendenz stärken würde, wenn er von den Engländern einen Verzicht auf ihre philosemitische und »biblische« Tradition verlangte.

Hitler selbst schien jedoch im nicht-öffentlichen Raum ein anderes Verständnis des Bolschewismus zu entwickeln, das zwar zu der gleichen Folgerung der Kriegsbereitschaft führte, aber doch sehr viel weniger emotional war. Durch eine zielbewußte, aber auch rücksichtslose Politik, so sagte er nach dem Bericht von Hans Kehrl Ende April 1937 in einer Geheimrede in Sonthofen, habe der Kommunismus in den letzten Jahren aus dem Bauernvolk des früheren Rußland in weniger als 15 Jahren ein Industrievolk mit großer wirtschaftlicher Potenz geschaffen. Ausgehend von der hohen Begabung und dem Fleiß des russischen Volkes, der unverbrauchten Kraft und der starken Bevölkerungszunahme werde dieser Prozeß sich beschleunigen und in einem weiteren Jahrzehnt werde daraus eine wirtschaftliche und militärische Kraft entstehen, der Europa nichts Gleichwertiges entgegenzusetzen habe. Das sei eine tragische Situation, aber sie sei unvermeidbar. Nur *er* sei imstande, »die Herausforderung des Schicksals« zu meistern, denn die nachfolgende Generation werde »bei weiter verbessertem Lebensstandard und Wohlleben« ebenso wie die dekadenten Demokratien des übrigen Europa von dem großen Angriff überrollt werden, der irgendwann nach zehn oder fünfzehn Jahren stattfinden werde.[25] Die Möglichkeit, daß sich eine friedliche Alternative für die Auseinandersetzung mit dem Bolschewismus abzeichnen könnte: die Alternative der mäßigenden und zersetzenden Einwirkungen des höheren westlichen Lebensstandards auf die Völker des sowjetischen Imperiums, von der sich zur selben Zeit amerikanische *liberals* so viel versprachen, wird von Hitler gar nicht in die Erwägung einbezogen; so fest ist offenbar seine Überzeugung von der inneren Kraft und Beständigkeit einer »Weltanschauung«.

Und deshalb sollte man es nicht für bloße Propaganda und Taktik erklären, daß Hitler beim Reichsparteitag von 1937 eine seiner schärfsten Reden gegen den Bolschewismus hielt, welche diese Kraft und Beständigkeit der Ideologie ganz in der alten Weise hervorhob und alle damals weit verbreiteten Reden von der »nationalen« oder »demokratischen« Wendung Stalins offenbar dem Reich des bloßen Geschwätzes zuwies: »Es erfordert eine gesegnete Naivität, dem Bolschewismus jenen internationalen Charakter, und zwar revolutionären Charakter abzustreiten, in einer Zeit, in der gerade der Bolschewismus selbst kaum einen Tag vergehen läßt, ohne seine weltrevolutionäre Mission als das A und O seines Programms und damit als die Grundlage seiner Existenz zu betonen. . . . Nicht der Nationalsozialismus hat zuerst die Behauptung aufgestellt, daß der Bolschewismus international sei, sondern der Bolschewismus selbst hat sich als die konsequenteste Auslegung des Marxismus feierlich zu seinem internationalen Charakter bekannt.«[26] Die Krise der Gegenwart sei tiefgreifender als irgendeine der bisher bekannten Revolutionen: die Welt befinde sich im Zustand eines sich steigernden Aufruhrs, dessen Führung in Moskau liege und der als ganzer »ein umfassender Generalangriff gegen die heutige Gesellschaftsordnung, gegen unsere Geistes- und Kulturwelt« sei. So gewiß ein Zusammenhang mit dem spanischen Bürgerkrieg und der möglichen Intervention der Westmächte nicht zu übersehen ist, so dürfte doch nur dann mit Recht von »bloßer Propaganda« gesprochen werden, wenn Hitler in früheren Zeiten oder in internen Äußerungen der Gegenwart etwas anderes vorgebracht hätte. Eben das war aber nicht der Fall: Das bolschewistische Rußland war nach wie vor die gigantische Realität, an der sich Hitlers Gedanken und Empfindungen ausrichteten, und allenfalls hätte er aus jener Geheimrede die überraschende Folgerung ableiten müssen, daß entweder die in Sowjetrußland nach wie vor führenden Juden doch keineswegs bloß zu negativ-zerstörerischen Leistungen fähig seien, oder aber, daß konstruktiv denkende Russen die Stelle der jüdischen Agitatoren eingenommen hätten.

Auf der Linie dieser zweiten Denkmöglichkeit lag die Erklärung, die Hitler sich zwischen dem August 1939 und dem Juni 1941 für sein eigenes Handeln, nämlich für den Abschluß des Nichtangriffspaktes gab. Für Augenblicke mußte er die These ernst nehmen, die er bis dahin verächtlich zurückgewiesen hatte: Stalin habe Rußland auf den Weg eines National-Sozialismus gebracht, denn er habe in der großen Säuberung nicht nur Lenins jüdische Gefährten beseitigt, sondern die Juden überhaupt in die zweite und dritte Linie zurückgedrängt. Die Begründung für den Angriff vom 22. Juni, die ganz auf die früheren Begriffe und Vorstellungen zurückgriff, mußte daher etwas Angestrengtes und Artifizielles an sich haben, so wenig daran gezweifelt werden kann, daß der Entschluß Hitler gewissermaßen zu sich zurückführte und ihm wieder das alte Gefühl seiner Mission vermittelte, den Bolschewismus aus der Welt zu bringen. Hitler verstand den Krieg daher als Wiederaufnahme des russischen Bürgerkriegs von 1918–1920 und der deutschen

»Kampfzeit«[27], aber der Antikommunismus war doch nur eins der Momente des Krieges, und er wurde von der deutschen Raumeroberungspolitik sowie von der antijüdischen Vernichtungspolitik manchmal weithin überdeckt. Doch als Moment oder Bestandteil verschwand er nie, und er gelangte etwa in Gestalt der »europäischen« SS-Divisionen zu einer neuartigen Erscheinungsform. Und er verschwand auch nicht im Denken Hitlers, so offenkundig es wurde, daß der deutsche Volkstumspolitiker und der »arische« Judenfeind in Hitler dem Antikommunismus mehr und mehr im Wege standen. Eins der merkwürdigsten Zeugnisse dafür entstammt einer nicht ganz zweifelsfreien Überlieferung, nämlich dem Tagebuch von Felix Kersten, aber es ist glaubwürdig, da sich vergleichbare Äußerungen anderswo nachweisen lassen: »Im Kampf gegen den Bolschewismus ist Deutschland nur die Vorhut des Abendlandes. Amerika und England müssen in diesen Kampf gegen den Bolschewismus eingreifen, wenn sie nicht mitvernichtet werden wollen. Ich habe das gesamte Vermögen des deutschen Volkes in Waffen investiert. Die Waffen und Truppen sind mit voller Wucht gegen Rußland eingesetzt worden. Ist die deutsche Rüstung verbraucht, müssen Amerika und England an unsere Stelle treten, denn eine zweite Rüstung kann das deutsche Volk nicht mehr aufbringen. Amerika und England begreifen das jetzt noch nicht, aber die Zeit kommt.«[28] So skizziert Hitler im Augenblick des endgültigen Umschlags des Kriegsglücks, nämlich im Dezember 1942, den Zusammenhang zwischen der vom Nationalsozialismus bestimmten Epoche und der bevorstehenden Ära des Kalten Krieges, in der die USA die Rolle Deutschlands als des Widerstandszentrums gegen den Bolschewismus würden übernehmen müssen. Aber würde das ohne positive Anteilnahme eines Großteils der amerikanischen Juden überhaupt möglich sein? Darüber hat Hitler so wenig nachgedacht wie über die andere Frage, ob nicht der amerikanische Antibolschewismus einen ganz anderen Charakter tragen würde als der seine. Was ihm in seinen letzten Tagen vorschwebte, war ein gemeinsames Vorgehen von Deutschland und den Westalliierten gegen den »maßlos gewordenen proletarisch-bolschewistischen Koloß und Moloch«.[29] Der »Schlüssel«, die »antisemitische« Auslegung war verschwunden; nur die übermächtige Realität war unter ihrer Selbstbezeichnung zurückgeblieben.[30]

Abschließend ist zu zeigen, daß Hitler den antimarxistischen und antibolschewistischen Impuls, die Angst vor der Vernichtung und den resultierenden Gegenvernichtungswillen, mit den wichtigsten seiner Gefolgsmänner teilte. Im Hinblick auf Göring und Ribbentrop kann gar kein Zweifel bestehen, daß der Antibolschewismus für sie das Hauptmotiv war, denn in ihrer vornationalsozialistischen Zeit hatten beide mancherlei und überwiegend positive Beziehungen zu Juden unterhalten. Ribbentrop glaubte sogar, er könne eine ähnliche Hierarchie der Motive auch Hitler zuschreiben, denn er betont in seinen Erinnerungen ausdrücklich, Hitler habe wiederholt von seiner Entschlossenheit gesprochen, den Bolschewismus auszurotten, aber er habe dabei die Judenfrage nicht erwähnt. Görings Popularität bei den polnischen Generälen beruhte auf der Überzeugung, daß beide Teile primär antibolschewistisch gesinnt seien. Leys Biograph spricht von dessen tiefsitzender Angst vor einem zweiten November 1918, d. h. vor einem kommunistischen Revolutionsversuch. Heß, Himmler und Goebbels waren alle durch die Lektüre antibolschewistischer Schriften stark beeindruckt, und immer fiel ihnen das am meisten ins Auge, was ihre eigene Partei viel später selbst ins Werk setzt. So schrieb Rudolf Heß im April 1927, er habe wieder einmal ein Buch über die Tscheka gelesen, nachdem er schon 1921 das Buch von Nilostonski studiert hatte. Beide Male vermerkt er die »Ausrottung der Intelligenz« als das Erschreckendste, und er hält offenbar die Behauptung für glaubwürdig, die sich in dem zweiten Buch findet, die »Abschlachtung« der Menschen durch die Tscheka erfolge oft »durch Einblasen überhitzten Dampfes« in abgeschlossenen Kammern.[31] Nur wer sich all das lebendig vor Augen stelle, dürfe über die Nationalsozialisten und deren Methoden urteilen.

Goebbels notiert um die gleiche Zeit nach der Lektüre eines Buches von Naschiwin über Rasputin, der Bolschewismus sei »in seiner satanischen Grausamkeit« niederdrückend: »So mag der Teufel wüten, wenn er die Welt beherrscht.«[32] Die Nationalsozialisten würden wahrhaft *patres patriae* sein, wenn sie Deutschland davor bewahrten. Das eigene Handeln wird hier durchweg als Abwehrkampf, ja als »Verzweiflungskampf« gesehen.[33] Heinrich Himmler las im Mai 1924, also bald nach dem Erscheinen, Dietrich Eckarts *Der Bolschewismus von Moses bis Lenin* und gab dazu einen sehr positiven Kommentar ab. 1926 führte er in seiner Leseliste ein Buch von Katharina Haugh-Haough *Hinter den Kulissen des Bolschewismus* auf und bemerkte dazu: »Der Jude entfesselt das Tier und das Verbrechen.«[34]

Solche Äußerungen gelten in der Literatur allenfalls als Beweise von

Vorurteilen und Obsessionen und möglicherweise sogar als Projektionen geheimer Wünsche und Vorsätze auf den Feind. Ob in ihnen ein »rationaler Kern« enthalten sein könnte, wird nicht gefragt. Erst in jüngster Zeit hat ein Historiker den Mut gehabt, aus den Tagebüchern von Joseph Goebbels eine Anzahl von Äußerungen zum Bolschewismus zusammenzustellen, ohne den Eindruck zu scheuen, er wolle dem Autor immerhin subjektive Aufrichtigkeit zugestehen: Hans Heinrich Wilhelm, Mitverfasser des Standardwerks über die Einsatzgruppen und einer der besten Kenner der »Endlösung«.[35] Ich führe einige davon an: »Der rote Terror nimmt in einem Maße zu, das geradezu aufreizend wirkt. Unsere Leute sind in verzweifelter Stimmung.« (25. 6. 1932) »General Schindler erzählt mir von Polen und einer Reise durch Rußland. Fürchterliche Zustände. Ein Mensch ganz wertlos. ›Das Paradies‹. Das haben wir in Deutschland verhindert.« (21. 11. 1935) »Ich lese ›Fabrik des neuen Menschen‹ aus. Man wird von Grauen über den Bolschewismus erfaßt. Der muß an die Wand gequetscht werden. Wie eine Spinne.« (8. 6. 1936) »In Spanien (begehen) die Roten fürchterliche Greueltaten. Wehe, wenn die einmal in Europa das Heft in die Hand bekämen. Dann wären wir alle mit unseren Familien geliefert. Da machte man am besten selbst rechtzeitig Schluß. Aber wir werden schon vorsorgen. Wir kennen sie und richten uns danach.« (11. 8. 1936) »Beim Führer. Er schildert Rußland in seiner Trostlosigkeit und Desorganisation. Dieses Spitzel- und Terrorsystem wäre für deutsche Begriffe ganz unerträglich. Dort herrscht der Wahnsinn . . .« (27. 1. 1937) »Ich lese ein erschreckendes Buch über Rußland. Solonewitsch ›Die Verlorenen‹. Führer will es auch lesen . . . Ich bin tief erschüttert. Dieses Buch muß vom Volke gelesen werden. Das muß jedermann wissen.« (1. 7. 1937) »Ich lese mit Entsetzen Solonewitsch 2. Teil ›Die Verlorenen‹. Das ist in Rußland die Hölle auf Erden. Ausradieren! Muß weg!« (14. 10. 1937) »Bombenattentat der GPU in Sofia auf Solonewitsch. Seine Frau tot, er unverletzt. Das ist Moskau. . . . Diese Sowjets sind wahre Verbrecherorganisationen. Man muß sie mit Feuer und Schwert ausrotten.« (4. 2. 1938)

Es ist mithin in hohem Grade unwahrscheinlich, daß Goebbels eine bloße Propagandarede zum Zweck der Erringung außenpolitischer Erfolge hielt, als er auf dem Parteitag von 1936 den Bolschewismus einen »pathologischen, verbrecherischen Wahnsinn« nannte, der durch die Kollektivierung nicht weniger als 15 Millionen Bauern samt ihren

Familien umgebracht habe.[36] Jedenfalls fand diese Rede auch im Ausland glänzende Aufnahme, und wenig später schien angesichts der Moskauer Prozesse und der großen Säuberung, deren ganzes Ausmaß freilich noch verborgen blieb, ein großer Teil Europas im Antibolschewismus einig zu sein. Wie sehr es auch für Himmler noch im Jahr 1940 selbstverständlich war, den in der Sache durchaus schon vorhandenen Begriff des »Genozids« mit dem Bolschewismus zusammenzubringen und für das eigene Handeln auszuschließen, zeigt seine Bemerkung, er lehne »die bolschewistische Methode der physischen Ausrottung eines Volkes« aus innerer Überzeugung als »ungermanisch und unmöglich« ab.[37]

Wie wenig der Angriff vom 22. Juni 1941 in weiten Teilen der öffentlichen Meinung Europas und auch der USA als »Überfall« aufgefaßt wurde und wie weitgehend er als »Kreuzzug« Billigung, ja Enthusiasmus hervorrief, wird hier und da in der Literatur durchaus wahrgenommen.[38] Noch im Dezember 1942 betonte Himmler mit großem Nachdruck, die SS habe nie eine GPU dargestellt und werde auch nie eine darstellen.[39] Die Erschütterung des Selbstbewußtseins führender Nationalsozialisten ergab sich im weiteren Verlauf gerade aus der Entdeckung, daß eine solche Gleichsetzung von nationalsozialistischem und bolschewistischem Handeln sich nicht in Abrede stellen ließ, und der Gauleiter und Reichskommissar Hinrich Lohse gelangte trotz ausdrücklicher Bejahung der »Sonderbehandlung der Juden« bis zu dem Ausruf »Was ist dagegen Katyn!«[40] Aber die elementare Grundlage des Umdenkens im Kriege, das im Blick auf den Bolschewismus, angefangen bei Hitler, Schrecken *und* Bewunderung an die Stelle des bloßen Schreckens treten ließ, war und blieb die Überzeugung, der Bolschewismus sei ein für »Deutschland« lebensbedrohendes Phänomen von beängstigender Stärke, das mit seinen Ausrottungsmaßnahmen etwas qualitativ Neues und unvergleichlich Schreckliches in die Welt gebracht habe. Sehr wenig wurde allerdings beachtet, daß der Bolschewismus in Rußland nur deshalb stark geworden war, weil unter den Massen der Soldaten seine These Glauben fand, der Zar und die Offiziere führten die Armee absichtlich in Tod und Verderben, daß also die Vernichtungsabsicht weithin auf einer Vernichtungsfurcht beruhte.

Aber die Weltgeschichte des 20. Jahrhunderts wird erst dann verstehbarer, wenn man auch den Gegnern des Bolschewismus diese Verbindung von Vernichtungsfurcht und Vernichtungsabsicht zugesteht und wenn man als schlichte Wahrheit anerkennt, daß die Aussagen der Antibolschewisten über die Untaten des Bolschewismus in der Sache gut begründet waren, wie spätestens seit 1990 niemand in der Welt mehr ernsthaft bestreiten kann, und daß sogar die propagandistischen Übertreibungen in aller Regel einen rationalen Kern aufwiesen.

Gewiß war der Antibolschewismus nicht schon die ganze Ideologie Hitlers und des Nationalsozialismus. Es dürfte jedoch in hohem Grade wahrscheinlich geworden sein, daß er der Grundbestandteil war und daß sogar der »Antisemitismus« von hier aus interpretiert werden sollte und nicht minder die »Rassenlehre«, die Kampf-Doktrin, das Postulat der Eroberung von Lebensraum und das Verlangen nach einer »Gesundung« des Volkes. Aber eines Tages muß die Frage nach der Hierarchie der Motive Hitlers und des Nationalsozialismus zu einem eigenen Streitpunkt in der wissenschaftlichen Literatur werden, und die These vom Vorrang des Antibolschewismus dürfte dabei der Ausgangspunkt sein.

# 4. Die nationalsozialistische Ideologie im ganzen und die Bedeutung des »Antisemitismus«

Ist aus all diesen Darlegungen und Erwägungen nun etwa die Folgerung abzuleiten, daß der Nationalsozialismus als Antibolschewismus im historischen Recht war und daß ein militärischer Sieg Deutschlands und Japans im Jahre 1941 für Europa und die Welt besser gewesen wäre als das Yalta-Hiroshima-Resultat von 1945? Das ist schon deshalb *nicht* der Fall, weil der nationalsozialistische Antibolschewismus mit vielen anderen Motiven verknüpft war, durch die er ebenso geprägt wurde, wie er sie umgekehrt seinerseits prägte. Hitler und seine Anhänger blieben bis zum Ende fanatische deutsche Nationalisten, die den »Marxismus« vor allem deshalb haßten, weil er das deutsche Volk in zwei Teile zerreiße und damit jedes Ausgreifen in die Welt unmöglich mache. Dieses Hinausgreifen in die Welt, die Eroberung von »Lebensraum«, war nach ihrer Auffassung aber gerade deshalb erforderlich, um ein Wiedererstehen der Kluft, der Zerreißung des Volkes in Bürger und Proletarier, für alle Zukunft auszuschließen, denn dies müsse sich aus einer ungesunden Industrialisierung auf engem Raum notwendigerweise ergeben.

Wirklich gefährlich wurde diese Kluft aber nach nationalsozialistischer Interpretation nur durch die Tätigkeit der Juden, die der »Schlüssel« zum Verständnis des Bolschewismus war. Dieser Schlüssel erlaubte, eine eigene Art von Geschichtsphilosophie zu entwickeln und zugleich dem populären Haßbild des Feindes, dem »Kapitalisten«, ein ebenso populäres eigenes Haßbild, »den Juden«, entgegenzustellen. So konnte der Erklärungsgrund das zu Erklärende gleichsam überwachsen, zumal er sich auch für die Aufschließung anderer gefährlicher Phänomene, vor allem des »Volkstodes«, eignete. Mehr noch als Hitler selbst war Heinrich Himmler von dieser Gefahr des biologischen Zugrundegehens des deutschen Volkes überzeugt, nicht selten mit allen Kennzeichen eines höchst angestrengten Optimismus.[1] Wenn »Vermehrung der soldatischsten Naturen im Volk« ein legitimes oberstes

Ziel ist, dann muß man zugeben, daß die SS mit ihrer »positiven Bevölkerungspolitik« den einzigen ernsthaften Versuch darstellte, eine Entwicklung zu verhindern, die heute übermächtig erscheint. Aber auch hier stammt die radikalste und am negativsten formulierte Version von Hitler, und zwar in der schon zitierten Äußerung über den möglichen Sieg »des Juden« über die Völker dieser Welt mittels der marxistischen Lehre, welcher »der Totenkranz der Menschheit« sein werde.[2] Hier wird ganz deutlich, daß der Antibolschewismus nur ein Teil der nationalsozialistischen Ideologie ist, aber gerade der Teil, der alle so naheliegenden Bündnismöglichkeiten zunichte machte, weil er dem Feind an Konsequenz und Radikalität gleichkommen wollte und daher die Maxime »Sozialismus oder Barbarei« bis zu der Alternative forttrieb: Weltherrschaft der arischen Herrenmenschen oder Selbstvernichtung der Menschheit durch die »jüdische« Modernität.

Erst damit tritt »das Ganze« der nationalsozialistischen Ideologie in den Blick, und damit läßt sich das genaue Gegenteil jener potentiell positiven Aussage über den nationalsozialistischen Antibolschewismus rechtfertigen. Um das klar zu machen, ist aber ein Ausholen erforderlich.

Will man die Geschichte der Neuzeit auf eine einfache Formel bringen, dann bietet sich der folgende Satz an: Die ursprünglich allein vollberechtigte Gruppe von Menschen, nämlich die aristokratischen Männer des europäischen und also »weißen« Staatensystems, haben seit dem Zeitalter von Renaissance und Reformation die Welt unterworfen und zu einer noch sehr fragilen Einheit gemacht; sie haben aber zugleich einen Prozeß in Gang gesetzt, der eine ständige Ausweitung dieser Vollberechtigung zum Inhalt hatte und damit seine Urheber mehr und mehr zurücktreten ließ. Der auffallendste Vorgang war zunächst die weitgehend von Aristokraten vorbereitete Erlangung der Gleichberechtigung durch die Männer des »Dritten Standes« oder »des Bürgertums« in der Französischen Revolution. Dieser Prozeß hätte beinahe zur Vernichtung der Aristokratie geführt, brachte aber schließlich doch nur eine Schwächung zuwege. Auf nichtrevolutionäre Weise vollzog sich der gleiche Vorgang in England durch die Reformgesetzgebung von 1832, aber schon wenig später meldeten »die Arbeiter« ihre Ansprüche an. Diese Ansprüche zielten zunächst nicht auf Gleichberechtigung, sondern auf Alleinherrschaft.

Neben den Arbeitern und zum Teil im Bündnis mit ihnen betrieben einige Frauen die Emanzipation ihres Geschlechtes, und um 1900 erhoben auch die Kolonialvölker und die Schwarzen in den USA ihre Stimme. Die größte Entschiedenheit beim Vorantreiben dieses universalen Prozesses legten die Protagonisten der »Ewigen Linken«, die Egalitätsideologen, an den Tag, aber sie riefen auch die stärksten Widerstände hervor, weil leicht erkennbar war, daß sie Modernität als Differenzierung und Abstraktheit ablehnten, um eine Modernität der Gleichheit und Durchsichtigkeit an deren Stelle zu setzen. Dem in der Tendenz totalitären Angriff der Sozialisten und den Forderungen der Kolonialvölker sowie schließlich der Frauen begegnete die noch um 1900 männlich und bürgerlich-aristokratisch geprägte Gesellschaft der europäisch-amerikanischen Welt zögernd und flexibel. So wurden im Lauf vieler Jahrzehnte auch die Besitzlosen und nach dem Weltkrieg die Frauen zum Wahlrecht zugelassen. Aber der Prozeß vollzog sich auf prekäre Weise zwischen den Träumen der noch Minderberechtigten von vollständiger Herrschaft und der Tendenz der »Herrschenden« zur Ablösung der Flexibilität durch Härte und entschiedene Selbstbehauptung. Als scheinbar chaotischer »Markt« der verschiedenartigsten Hervorbringungen materieller und geistiger Art und zugleich als konfliktbereites Staatensystem bot »der Kapitalismus« um die Jahrhundertwende ein Bild, das sowohl zum Stolz auf die »Weltherrschaft der germanischen Völker« wie zur scharfen Kritik an Ungleichheiten und Unausgewogenheiten reichen Anlaß gab.

Der Sieg des Bolschewismus in der russischen Oktoberrevolution bedeutete die bis dahin schärfste Überstürzung und Komplizierung des Prozesses, weil die Bolschewiki wie einst die Jakobiner eine »Vollendung« herbeiführen wollten, die als abstrakter Universalismus eine große Anzahl partikularer Widerstände von Kulturen, Nationen und Klassen stärken und verschärfen mußte, zumal die Widersprüchlichkeit und Paradoxie des weltrevolutionären Anspruchs eines »zurückgebliebenen«, ja bald schon als grausam und despotisch geltenden Staates früh in die Augen sprang. Sehr erhob sich die Frage, was eigentlich bedrohlicher war: der Versuch, den Prozeß von einem (notwendigerweise partikularen) Zentrum aus zu steuern, oder die Bereitschaft, ihn in seiner Unkoordiniertheit und Direktionslosigkeit weitergehen zu lassen, möglicherweise bis hin zu einer zweiten Weltkriegskatastrophe. So bedurfte es bereits eines hohen Maßes an Optimismus, um zu glauben, daß die »große Lösung« einer Weltplanwirtschaft, welche die konfliktträchtige

Weltmarktwirtschaft abzulösen hätte, realisierbar sein würde. Mithin gab es also sehr wohl Raum für eine »kleine Lösung«, die sich das Realisierbare am utopischen »Weltsozialismus« im überschaubaren Rahmen eines Nationalstaates oder eines Bundes von Nationsltaaten zur Aufgabe machen wollte. Ebenso wie es einen Nationalliberalismus und einen Nationalkonservatismus gab, mußte es auch einen National-Sozialismus geben.

Aber wenn ein solcher National-Sozialismus ebenso radikal sein wollte wie sein utopischer Feind und obendrein den Feind des Feindes als eigenen Feind deklarierte, indem er beide durch einen angeblichen »Urheber« zusammenbrachte, dann wurde er auf einen ganz eigentümlichen und verhängnisvollen Weg getrieben. Dann mußte er nämlich eben diesen Prozeß grundsätzlich verneinen, der vom Ausgangspunkt der weißen und männlichen Aristokratie tendenziell zur Gleichberechtigung, wenn auch keineswegs notwendigerweise zur Gleichheit aller Menschen führte, jenen Prozeß, dessen Gefährlichkeit und Schwierigkeit längst offenbar geworden war, der aber nicht im ganzen verneint werden durfte, weil das die Verneinung des Menschseins vieler Menschen bedeuten mußte. Für Hitler waren Schwarze »Halbaffen« und Slawen »Untermenschen«, und deshalb wurde er von seinen Feinden mit Recht als »Feind der Menschheit« gekennzeichnet. Aber sein Nationalsozialismus war ebenso paradox, wie es die »Menschheitslehre im asiatischen oder barbarischen Gewande«, der Bolschewismus, war, denn gerade die kriegerischen Männer der europäischen Aristokratie, zu deren Vorkämpfer er sich machen wollte, hätten ihn und seine Leute keines Blickes gewürdigt. Der antidemokratische und anti-internationalistische Nationalsozialismus trug auf seine Weise die Kennzeichen eines demokratischen und internationalistischen Zeitalters an sich, und sein etwaiger Sieg hätte keineswegs eine Renaissance der Initiativgruppe der Weltgeschichte, der europäischen Aristokratie, bedeutet, sondern die Massenherrschaft einer erst noch zu schaffenden »höheren Rasse« über die weit größere Anzahl derer, welche Gleichberechtigung beanspruchten und beanspruchen durften. Aber dennoch waren auch die anderen nicht im Recht, wenn sie die Initiativgruppe in ihrer inzwischen massenhaft gewordenen Gestalt beseitigen und die Menschheit in eine abstrakte Einheit eines »reinen« Menschseins »verschmelzen« wollten. Ihr Weg bleibt auch dann ein Irrweg, wenn ihren schärfsten Feinden das größere Unrecht zugeschrieben werden muß. Nur ein konfliktreiches und konfliktwilliges, aber nicht mehr von bedingungsloser und ideologischer Feindschaft erfülltes Austarieren der Kulturen, Nationen und Schichten kann zu einer konkreten und mannigfaltigen Einheit des Menschengeschlechts auf seinem Planeten führen, wie sie schon im ersten Wort des ersten Philosophen potentiell enthalten war.

Hitler und sein Nationalsozialismus verneinten diese Einheit grundsätzlich und suchten sie durch eine unwandelbare Hierarchie von »Rassen« zu ersetzen, und deshalb ist der Schuldspruch, der sie treffen muß, unerbittlich und keineswegs bloß moralisch. Aber er darf die Würdigung einzelner ihrer Motive und insbesondere des Antibolschewismus, nicht ausschließen, denn sonst gerät er selbst in den Bereich der mythisierenden Verteufelung, in welcher der Nationalsozialismus mit seiner Anklage gegen die Juden als die »Drahtzieher der Geschicke der Menschheit« sich eingerichtet hatte. Der wissenschaftlichen Maxime der Gerechtigkeit und der Objektivität auch gegenüber dem Nationalsozialismus zu folgen ist ein zwingendes Gebot innerhalb jenes »Austarierens«, welches das gerade Gegenteil des nationalsozialistischen Willens zur »Reinigung der Welt« darstellt.

Nach einem »rationalen Kern« zu fragen heißt also nicht, sich auf die Suche nach einer »rationalen Begründung« zu machen, die gegeben wurde oder die gegeben werden könnte, oder zu behaupten, das gesuchte Motiv habe in sich einen rationalen Charakter. Angenommen, der Widerstand der »Kapitalisten« gegen die Forderungen der Sozialisten habe ausschließlich auf dem Interesse beruht, den Genuß der Vorteile aus ihren riesigen Vermögen nicht zu verlieren, so ließe sich diese Haltung nicht rational, d. h. durch Berufung auf allgemeine Maximen oder Interessen begründen. Aber »verstehbar« wäre dieses Festhalten gleichwohl, und die Charakterisierung als «verbrecherisch« ginge in die Irre. Unter umgekehrten Vorzeichen gilt das gleiche für die »Ewige Linke« und den Bolschewismus; als »räuberischer Anschlag auf Ordnung und Sicherheit« sind sie sicherlich auf unzureichende Weise gekennzeichnet, und das Musterbild einer Interpretation, die einer weltgeschichtlichen Erscheinung keinerlei »rationalen Kern«, keine »Verstehbarkeit« zugesteht, wäre etwa die Definition des Bolschewismus, die sich in einer schroff antibolschewistischen Broschüre findet: es handle sich um »die gewaltigste Organisation der Unterwelt, des Verrats, der Verschwörung und des Verbrechens im Weltmaßstab«.[3] Man kann diese Aussage umkehren und auf den nationalsozialistischen Antibolschewismus anwenden, aber man ist dann ebensoweit von dem für die Geschichtswissenschaft konstitutiven Postulat der Verstehbarkeit entfernt. Es läßt sich vielmehr leicht zeigen, daß der nationalsozialistische Antibolschewismus eine verstehbare und in bestimmten Grenzen sogar berechtigte, aber eben überschießende und in diesem ihrem Überschießen inadäquate Reaktion war. Das gleiche gilt nicht, wenn die nationalsozialistische Ideologie und Praxis als ganze zum Thema wird. Dann enthüllt sie sich als ein durch tiefe Widersprüchlichkeit und Vergeblichkeit gekennzeichnete Reaktion gegen den Fundamentalprozeß der Weltgeschichte selbst, dem freilich von seinen Vorkämpfern eine bestimmte und keineswegs zwingende Auslegung gegeben worden war. Auch der »praktische und gewalttätige Widerstand gegen die Transzendenz«, als welcher der Nationalsozialismus definiert worden ist[4], ist keineswegs unverstehbar und insofern nicht irrational.

Aber die heikelste und die fast völlig ausgesparte Frage lautet, ob auch dem nationalsozialistischen »Antisemitismus« in diesem Sinne ein »rationaler Kern« zuzuschreiben sei oder ob sich die Wissenschaft für immer mit Kennzeichnungen wie »infernalischer Judenhaß« zu begnügen habe. Es wäre nur eine andere Formulierung, wenn man behaupten würde, Hitler habe die Juden als »Sündenböcke« ausgesucht, aber er habe ebensogut und mit ebensoviel Irrationalität die Zigeuner oder die Raucher wählen können. Die radikale Gegenposition wäre, daß die Juden tatsächlich die entschiedensten Feinde Hitlers gewesen wären und unablässig gegen ihn gekämpft hätten. Diese These könnte heute eine ganz positive Betonung erhalten, und so geschieht es von jüdischer Seite in der Literatur nicht ganz selten: Für Shlomo Aronson ist es selbstverständlich, daß die Juden »die bittersten Feinde« Hitlers waren, und Raul Hilberg schreibt: »Während des ganzen Zweiten Weltkrieges machten die Juden die Sache der Alliierten zu ihrer eigenen, wobei sie vielfach Gedanken an ihr eigenes Wohl hintanstellten, und trugen nach Kräften zur Erringung des Endsiegs bei.«[5] Diese Auffassung wird aber in der deutschen Literatur nirgendwo übernommen, weil man fürchtet, sie könne zur Rechtfertigung der Deportationen und des Begriffs »Feindvolk« führen, so wenig sie auch die moralische Verurteilung des Massenmords beeinträchtigt.

Die Perspektive, die in der deutschen Literatur gewählt wird, ist daher ganz überwiegend die der »Opfer« – von Menschen, die sich ohne Widerstand »wie Schafe« zur Schlachtbank führen ließen. Diese

Perspektive ist berechtigt, soweit es sich um deutsche Juden handelt, die wie Hertha Nathorff zunehmend ihrer Arbeits- und schließlich sogar ihrer Lebensmöglichkeiten beraubt wurden, die wie der frühere Major Arthur Weinberg in Theresienstadt infolge unwürdiger Behandlung starben, die wie Dr. Arthur Meyer ein »Feind aller Linksparteien« gewesen waren und nicht verstehen konnten, weshalb sie als Deutsche von Deutschen deportiert werden sollten[6], oder wie Maximilian Späth, der als ehemaliger Freikorpskämpfer Selbstmord beging, als er Deutschland verlassen mußte.[7] Die emanzipierten und voll integrierten deutschen Juden hatten recht, sich als bloße Opfer eines unverdienten Unrechts zu empfinden. Aber gerade sie hatten, wie aus vielen Zeugnissen deutlich wird, die Immigration der »Ostjuden« und insbesondere die Aktivität jüdischer Revolutionäre fast durchweg sehr negativ beurteilt, und sie waren abermals im Recht, wenn sie es für unzulässig hielten, daß sie für das Verhalten und die Aktivitäten dieser »anderen Juden« haftbar gemacht werden sollten.

Aber die Frage war, ob die »Ostjuden« und ob die »Revolutionäre« für sie einfach bloß »andere« waren. Diese Revolutionäre waren zum guten Teil die Söhne des jüdischen Großbürgertums, die gegen ihre Väter rebellierten, weil ihnen die von der jüdischen Religion sanktionierte überaus autoritative Stellung des Vaters unerträglich schien und nicht ohne Grund die Kritik sowohl der Sozialisten wie der Konservativen hervorgerufen hatte, denen sie sich nun weitgehend anschlossen, ob sie wie Arthur Trebitsch gegen die »Judaisierung der Welt« protestierten und nationaler als die Deutschnationalen waren, oder ob sie sich Franz Werfel anschlossen, der den Sturz »Gottvaters« in der Religion, die Beseitigung des Königs als »Vater der Bürger« und die Abschaffung des Unternehmers als »Vater der Arbeiter« verlangte. Der Generationenkampf und die Auseinandersetzung um »Kapitalismus« und »Geldwirtschaft« nahmen unter Juden in aller Regel schärfere Formen an als in der nichtjüdischen Gesellschaft, weil die jüdischen Väter weitaus häufiger erfolgreiche Unternehmer mit vielen »frühkapitalistischen« Kennzeichen waren und die Söhne sich als »Unterdrückte« empfanden, die den Vätern Verrat an den moralischen Maximen des Judentums und zugleich eine ungenügende Selbstbefreiung hin zum Kosmopolitismus oder aber zur Integration in die christliche Gesellschaft vorwarfen. Der Antikapitalismus und der jüdische Selbsthaß waren schon vor dem Ersten Weltkrieg unter der jüngeren Generation der Juden viel weiter verbreitet, als daß man ihnen generell jeden »rationalen Kern« absprechen könnte.[2] Wenn er bei Karl Kraus, Hugo von Hofmannsthal, Carl Sternheim und nicht wenigen anderen die Hinneigung zur etablierten und nichtjüdischen Kultur förderte, so verstärkte er andererseits auch die Neigung, sich den revolutionären Parteien anzuschließen.

So leicht diese Affinität großer Teile der jüngeren jüdischen Generation zu den revolutionären Arbeiterparteien zu erklären ist, so ist in der deutschen Literatur die Frage mit einem kaum je durchbrochenen Tabu belegt, ob es eine innere Affinität zwischen Judentum und Bolschewismus gegeben habe. Dieses Tabu ist insofern berechtigt, als die möglicherweise richtige Aussage, Juden seien in Deutschland wie in Rußland in weit überproportionalem Maße an der revolutionären Bewegung beteiligt gewesen, allzusehr der überschießenden These der Nationalsozialisten benachbart zu sein scheint, die Hitler selbst einmal im Gespräch mit Max Planck auf die einfache Formel brachte, alle Juden seien Kommunisten.

Aber die Grenze bleibt klar markiert, wenn man sich etwa die Familie von Gershom Scholem vor Augen stellt, wie er sie in seiner Autobiographie *Von Berlin nach Jerusalem* geschildert hat. Einer der vier Brüder trat in die Fußstapfen des Unternehmer-Vaters und blieb ein Liberaler; ein anderer entwickelte sich zu einem leidenschaftlichen Deutschnationalen, der die »deutschfeindlichen« Tendenzen der beiden übrigen Brüder scharf verurteilte; Werner Scholem wurde nach früher Opposition gegen das Elternhaus zum Sozialisten und nach dem Kriege zum führenden Mitglied und Reichstagsabgeordneten der KPD; Gershom Scholem schließlich wandte sich früh dem linken Zionismus zu, der jede Art der Assimilation verabscheute, und er wurde dann in Jerusalem zum hochangesehenen Kenner der Kabbala und der alten jüdischen Literatur. Der Prozeß, der nach Meinung Hitlers von den Juden »verursacht« wurde, wirkte also auf das Judentum in hohem Maße verstörend und spaltend; Juden wurden in ausgeprägtem Maße zu Opfern der epochalen Krise, lange bevor sie zu Opfern des nationalsozialistischen Regimes werden konnten.

Aber die Juden hätten von der Krise der Zeit nicht so stark getroffen werden können und sie hätten darauf nicht auf so starke und vielfältige Weise reagiert, wenn sie sich in ihrer religiösen Tradition nicht seit Jahrtausenden als etwas ganz Besonderes verstanden hätten. Dieser Gegensatz gegen die übrige Welt, positiv als singuläres Schicksal des »Volkes

Gottes« verstanden, negativ von den Feinden schon in der Antike durch das Wort vom *odium generis humani* charakterisiert, hielt sich auch im Zeitalter der Abschwächung der Religion oder der »Säkularisierung« durch, und der Vater von Lucy Dawidowicz haßte zwar die Synagoge wegen der überstrengen Erziehung, die ihm dort zuteil geworden war, aber das änderte am Kern seiner Weltsicht nichts, die er seinen Kindern übermittelte: »Wir wurden zu dem Wissen erzogen, daß die Welt in zwei unversöhnliche Gruppen geteilt war: WIR und SIE ... aber wir würden die Oberhand gewinnen, wegen unserer moralischen Tugenden und unserer geistigen Begabung.«[9] Daher hatte der Haß, der sich gegen den Judenfeind richtete, einen anderen Charakter als bei allen anderen Hitlergegnern, denn weder Kommunisten noch Christen besaßen einen so uralten Namen wie *Amalek*, um den neuen Feind zu verdammen.[10] So heißt es ja schon in der Liturgie des Pessach-Festes »Von Geschlecht zu Geschlecht sind sie gegen uns aufgestanden«[11], und im Grunde machte sich Adolf Hitler dieses Verständnis, wenngleich mit umgekehrter Akzentuierung, zu eigen – sofern der Bericht von Linge richtig ist –; als er sagte, die Solidarität der Juden beruhe nicht auf ihrer »Rasse«, sondern auf einer Gemeinschaft des Geistes, der Schicksalsverbundenheit der von jeher Verfolgten.[12]

So kann ein ganz unverdächtiger Zeuge, der bedeutende Holocaust-Forscher Yehuda Bauer, den Nationalsozialisten sogar recht geben, indem er sagt: »Der Nationalsozialismus sah insofern richtig, als er die Juden als ein fremdes, weil andersgläubiges und andersstämmiges Element in der europäischen Gesellschaft darstellte.«[13] Zumindest Chaim Weizmann war von der üblichen Meinung der Philosemiten weit entfernt, wenn er mit großem Nachdruck und allerdings im Zusammenhang der Palästina-Forderung erklärte, es habe den Anschein, daß die Juden in ihren Rucksäcken den Antisemitismus überall hintrügen und dieser könne nur dann ein Ende finden, wenn sie endlich im eigenen Lande zu einem Volk wie die anderen Völker geworden seien.[14] Aber schon Jahre zuvor hatte man in den *NS-Monatsheften* die merkwürdige Aussage finden können, die eine genaue Parallele zur Forderung der »Ewigen Linken« nach der Wiedereinfügung der »bürgerlichen« Parasiten in das Arbeitsleben war, für Ahasver sei nun die Stunde gekommen, wo er den Wanderstab aus der Hand legen und ihn (in Palästina) zum Heil der Welt und seiner selbst mit Hammer und Axt vertauschen werde.[15] So läßt sich eine frappierende Nähe der Konzeptionen von

Zionismus und Nationalsozialismus schlechterdings nicht leugnen. Die Feindschaft rührte nach Auffassung der Nationalsozialisten erst aus der Identifizierung vieler Juden mit der bolschewistischen Revolution her, und nirgendwo scheint das »Überschießen« der nationalsozialistischen Ideologie klarer greifbar zu sein als in der oben erwähnten These Hitlers, der jüdische Intellekt appelliere an die archaischen Schichten im Volk, um dadurch die überlieferte Kultur zu zerstören.

Aber etwa um die Zeit der frühesten Äußerungen Hitlers war in der kommunistischen Zeitschrift *Sowjet* die folgende Charakterisierung der russischen Revolution zu lesen gewesen: »Es war ein Bild, das noch keine Revolution bisher gesehen hatte: der große kämpfende Körper hatte einen Kopf, gebildet in der Schule marxistischer Dialektik und in der Tat gewappnet mit dem Wissen des Jahrhunderts, und dieser Kopf saß auf den Schultern eines an Kräften unverbrauchten Riesen, der Baumstämme umriß, wenn sie ihm im Wege standen.«[16] Mit umgekehrter Wertsetzung entsprach das genau der Auffassung Hitlers. Dasselbe gilt für Lenins Äußerung, die Russen seien zu bequem, aber die Juden seien infolge ihrer Hartnäckigkeit und ihres Fanatismus hervorragende Revolutionäre.[17] Jakob Wassermann sagte in seiner Autobiographie nichts anderes: »Wo das Unbedingte verlangt, wo reiner Tisch gemacht wurde, waren Juden, sind Juden die Führer. Juden sind die Jakobiner der Epoche.«[18]

Die objektivste und wahrhaftigste, weil nicht ausschließlich positive und doch mit innerster Anteilnahme geschriebene Schilderung der Affinität von Judentum und revolutionärer Einstellung hat Arnold Zweig gegeben, und zwar in seiner *Grabrede auf Spartacus*, die er am 23. Januar 1919 in der *Weltbühne* der Erinnerung an Rosa Luxemburg widmete: »Sie war, sie ist die jüdische Revolutionäre des Ostens, die bis in jede Fiber antimilitaristische, der Gewalt feindliche, schließlich selbst der Gewalt verfallene, ein Leben lang kämpfende Trägerin der Idee. Jüdinnen dieser Art, geweiht in ihrer Besessenheit und ganz rein in ihrem Wollen, haben den Zarismus gestürzt ... Frauen, und darum weniger von Hemmungen gehalten, Jüdinnen und darum der gerechteren Gestaltung des Daseins verschrieben, rastlos und von Ungeduld geschüttelt, ohne Wissen von den besonderen Wegen des russischen oder deutschen Volksgeistes, haben sie den Ideen der Revolution gelebt, und ihnen sind sie gestorben. Wir sind sicher, daß die Fäuste der Bürger oder die Kolben, die sie töteten, um so wilder zuschlugen, weil sie eine

Jüdin war, unheimlich fremd wie ein Kobold der Bedürfnislosigkeit, des Opfermuts, der Häßlichkeit und Radikalität – uns aber teuer, weil sie unseres Geistes voll war und ein tapferer Soldat im Kampfe der Menschheit.«[19]

Es wäre leicht, die wenigen Vorbehalte Arnold Zweigs beiseite zu schieben, und auch heute würde die folgende und rein positive Formulierung möglich sein: »Die Juden, am hervorragendsten verkörpert in einer Frau wie Rosa Luxemburg, aber auch in einem Mann wie Leo Trotzki, haben wie kein anderes Volk für die Menschheit und deren revolutionäre Sache gekämpft, geleitet von der uralten messianischen Tradition ihres Selbstverständnisses als des ›Volkes Gottes‹, und wenn sie äußerlich eine Niederlage erlitten, so haben sie innerlich und moralisch doch über ihre Feinde triumphiert und mehr als alle anderen die Einheit der Menschheit nähergebracht.« Aber man brauchte auch kein Nationalsozialist zu sein, um diesen positiven Akzent in einen negativen zu verwandeln und den allzu Israel-zentrierten und utopischen Menschheitstraum Jesajas zu verurteilen. So schrieb einer der entschiedensten Feinde Deutschlands unter den Engländern, Henry Wickham Steed, wenige Jahre später als Zweig, der antizaristische Fanatismus der russischen Juden habe nur unter den militantesten Sekten des Islam eine Parallele gefunden und er habe schon mit der März-Revolution, die »nach Doktrin und Personal großenteils jüdisch« gewesen sei, einen großen Erfolg errungen, aber wenn einmal die russische Bauernschaft die von Lenin und Trotzki im Namen ihres Propheten Marx errichtete »Diktatur des Proletariats« abschütteln werde, dann werde die Welt vielleicht Massaker erleben, neben denen die Pogrome des Zarismus unbedeutend erscheinen würden.[20]

Ernstzunehmende Zeitzeugen, keineswegs Nationalsozialisten oder Deutschnationale, haben also dem Judentum eine außerordentlich bedeutende Rolle bei den großen Kämpfen des 20. Jahrhunderts zugeschrieben, die in der Hauptsache auf der inneren Affinität zu den revolutionären und faktisch zu den bolschewistischen Ideen beruhte. Selbst diese Autoren neigen dazu, von »den« Juden zu sprechen, und damit haben sie in der Sache unrecht. Die assimilierten deutschen Juden waren von einer solchen Affinität weit entfernt, ja sie lehnten sie überwiegend ab. Die zionistischen Juden waren bis auf ihren linken Flügel ebenfalls entschiedene Gegner des Bolschewismus und wurden von diesem sogar generell – einschließlich ihres linken Flügels – als Feinde betrachtet. Die orthodoxen Juden wurden in Sowjetrußland ebenso gnadenlos verfolgt wie die christlichen Kirchen. Eine kollektivistische Verdienst- oder Schuldzuschreibung ist unberechtigt und führt auf den Weg der Mythologisierung.

Aber wenn umgekehrt der Eindruck erweckt wird, die Juden seien ausschließlich Assimilierte, Zionisten oder Orthodoxe gewesen und das Phänomen der fanatischen Revolutionäre habe es überhaupt nicht oder allenfalls in Randschichten gegeben, liegt eine jüdische Selbstherabsetzung vor, die eine »Normalität« in Anspruch nimmt, welche nach 1917 für die Juden ebensowenig charakteristisch war wie für die Deutschen. Nur diese Selbstherabsetzung ermöglicht es, die nationalsozialistische »Satanisierung« des Bolschewismus durch die entsprechende Verteufelung des Nationalsozialismus zu ersetzen und damit ebensoweit aus dem Spektrum wissenschaftlich begründbarer Meinungen herauszufallen, wie es die Nationalsozialisten mit ihrer allem Verstehenwollen entrückten Feindseligkeit gegen die »Ewige Linke« und gegen den Bolschewismus taten. Dann muß es verboten sein, wichtige Ereignisse der Geschichte des 20. Jahrhunderts wie etwa bestimmte Äußerungen und Aktivitäten Chaim Weizmanns auch nur zu erörtern. Dann werden wesentliche Zusammenhänge mit dem Argument, sie könnten mißverstanden werden und den Antisemiten Argumente liefern, ausgeblendet, damit man ein »absolutes Böses« anklagen und eine absolute Einzigartigkeit und Unverstehbarkeit des »Holocaust« behaupten kann.

Niemand aber scheint bereit zu sein, ein einfaches Gedankenexperiment anzustellen und sich zu fragen, ob nicht auf ganz ähnliche Weise von unvergleichbaren Greueltaten und vom »Satanischen« die unbestrittene Rede sein würde, wenn Adolf Hitler und der Nationalsozilismus im Herbst 1941, zweifellos unter dem jubelnden Beifall großer Teile der öffentlichen Meinung in Europa und in den USA, ihren Krieg gewonnen hätten. Kaum eine These ruft heute mehr Zorn und Haß hervor als die, auch der nationalsozialistische »Antisemitismus« habe einen »rationalen Kern« gehabt. Aber wenn man diesen rationalen Kern nicht ebenso ernst nehmen will wie den des nationalsozialistischen Antibolschewismus, macht man sich einer unwissenschaftlichen Zerstörung der Zusammenhänge und der dogmatischen Konstruktion eines »absoluten Bösen« schuldig. Erst wenn man darüber hinweggekommen ist – natürlich mit den Differenzen der Interpretation, die aus

der Unvermeidbarkeit eines breiten wissenschaftlichen Spektrums resultieren –, kann man versuchen, die Geschichte des 20. Jahrhunderts
als die Geschichte eines großen Bürgerkriegs ideologischer Mächte zu
schreiben, der ebensoviel an Heroismus und Tragik wie an Inversionen
und Untaten aufzuweisen hatte.

# 5. Die Ausblendung der Zusammenhänge und die Frage des »absoluten Bösen«

Daß Zusammenhänge auch in der Wissenschaft ausgeblendet werden, ist in der Regel nicht auf intellektuelle Schwäche oder gar auf bösen Willen zurückzuführen; eine solche Ausblendung ist vielmehr im Grundprinzip der Fachwissenschaft beschlossen. Je enger das Gebiet wird, auf dem sich der Fachwissenschaftler in solider Kenntnis der Tatbestände bewegen kann, um so weiter rücken andere Tatbestände von ihm fort, deren Einwirkung auf sein Gebiet dennoch ins Auge sticht. Wer die Politik der DNVP bezüglich der Arbeitslosenversicherung untersucht, wird der außenpolitischen Situation und deren Einwirkungen auf die Innenpolitik im ganzen und auf diesen speziellen Punkt kaum größere Aufmerksamkeit schenken können. Wer Stresemanns Außenpolitik gegenüber Frankreich zum Thema macht, wird den gleichzeitigen und damit verknüpften Intentionen des Parteipolitikers Stresemann nur wenige Worte widmen.

Natürlich fehlt es dem Fachhistoriker nicht an Bewußtsein für die vielfältigen Zusammenhänge, in die der Gegenstand seiner Forschungen hineingestellt ist, aber in aller Regel setzt er eine Vorstellung von den Zusammenhängen voraus, ohne diese eigens zu thematisieren, etwa die Vorstellung von der Auseinandersetzung pazifistisch-humanitärer und kriegerisch-nationalistischer Kräfte, welche die Weimarer Szene beherrscht habe. Erst recht geraten Zusammenhänge dann aus dem Blick, wenn es sich nicht um kausale Verknüpfungen oder zumindest Einflüsse handelt, sondern wenn sich bloß durch Vergleiche Entsprechungen oder »Analogien« konstatieren lassen. Aber wer das Kompetenzchaos im Dritten Reich oder die Konflikte zwischen den Parteiführern behandelt oder wer den scheinbaren Monolithismus als Polykratie zu enthüllen bestrebt ist, der geht doch von der Annahme aus, daß er Merkmale aufdeckt, die für das Dritte Reich kennzeichnend und mithin spezifisch sind. Wenn gravierende Kompetenzkonflikte auch in parlamentarischen Staaten an der Tagesordnung wären, dann würde es sich nicht lohnen, ihrer Existenz im nationalsozialistischen Staat eigens nachzugehen. Wer sich aber entschließt, seine Beschäftigung mit dem Dritten Reich für einige Monate zu unterbrechen und während dieser Zeit nur Bücher zu lesen, die der Geschichte der Sowjetunion gewidmet sind, der wird immer wieder auf Tatsachen stoßen, die ihm vertraut sind und die er für spezifisch nationalsozialistisch gehalten hatte.[1] Da findet er zwar keinen Gegensatz von »Partei« und »Staat«, wohl aber eine ausgeprägte Differenz von »Fachinstanzen«, die oft auch »Staatsorgane« genannt werden, und »Sonderorganen«, die meist im direkten Auftrag der Partei oder des Parteiführers handeln. Er trifft auf Konflikte zwischen diesen Instanzen, welche gelegentlich den Charakter regelrechter Kampagnen annehmen, die sich gegen die Fachinstanzen oder den »Staat« richten. Er stößt auf die Maxime »Die Partei führt, der Staat verwaltet«. Er lernt Verhältnisse kennen, die sich mit den Prinzipien staatlicher Einheitlichkeit und Hierarchie nicht vereinbaren lassen. Da unterstehen die Truppen des NKWD einer eigenen Kommandozentrale, die auch den strategischen und taktischen Einsatz bestimmt, während die Verbände der Waffen-SS militärisch dem Heer eingegliedert waren; da sind die Botschaften im Ausland von Spannungen, ja Haß zwischen den Vertretern des KGB und des militärischen Geheimdienstes erfüllt; da erklärt ein Kommandeur der Grenztruppen in Deutschland, der oberste Militärbefehlshaber habe ihm nichts zu befehlen[2]; da überschneiden sich die Kompetenzbereiche der zahlreichen Sonderbeauftragten; da gibt es gravierende Zielkonflikte zwischen den verschiedenen Planungsinstanzen; da häufen sich die Fehlentscheidungen und Verzögerungen. Zwar wird der Vorrang der Partei und des Politbüros nie ernsthaft in Frage gestellt, aber es ist doch sehr zweifelhaft, ob die große »Säuberung« der Armee in den Jahren 1937 und 1938 nur auf eine Velleität Stalins zurückzuführen war oder ob nicht vielmehr tatsächlich eine Gefahr für die Partei und zumindest für die Willenseinheit in einem künftigen Kriege bestand. Und wieviel tiefgreifender und erbitterter waren die Konflikte zwischen den Parteiführern während der zwanziger Jahre nach Lenins Tode, als die nächsten Mitkämpfer Lenins nicht so sehr von Stalin als vielmehr von einer klaren Mehrheit der Partei ausgeschaltet und mit einiger Verzögerung dem Tode überliefert wurden! Und von Stalin selbst wird nicht anders als von Hitler berichtet, daß er seine Gefolgsmänner gegeneinander ausspielte. Den Monolithismus des Parteistaates als bloßen Schein zu enthüllen wurde zur Hauptintention einer starken Richtung in der amerikanischen Politikwissenschaft, die mit nachdrücklicher Polemik gegen die Totalitarismustheorie die Kämpfe zwischen rivalisierenden Gruppen aufzudecken bestrebt war, etwa zwischen KGB und Armee, zwischen Industriemanagern und Juristen, zwischen Parteiideologen und Schriftstellern.[3] Zwar bezieht sich dieser Versuch, einen »polyarchischen« Charakter des sowjetischen Systems nachzuweisen, auf die Nach-Stalin-Zeit, aber einige Linien lassen sich leicht auch in die Vergangenheit verlängern, und Stalin erscheint dann nicht so sehr als der absolute Herrscher, sondern als der oberste Schiedsrichter zwischen verschiedenen Gruppen und Tendenzen. Selbst in den Untersuchungen der Soziologen ist der Unterschied zwischen der »Arbeiterpartei« KPdSU und der »Mittelklassenpartei« NSDAP nicht so groß, wie man annehmen sollte: Der Anteil der Arbeiter betrug 1970 in der KPdSU 40,1 Prozent, in der Gesamtgesellschaft hingegen 57,6 Prozent.[4] Die Arbeiter waren also in beträchtlichem Maße unterrepräsentiert, und es ist sehr wahrscheinlich, daß diese Unterrepräsentation sich um so stärker ausprägte, je höher die betreffende Ebene war. Im Politbüro Lenins hatte es überhaupt keine Arbeiter gegeben, denn die Führungsgruppe der Bolschewiki gehörte der Intelligenzija an, – und später rekrutierten sich die Parteiführer überwiegend aus Funktionären und Söhnen von Funktionären, die man allenfalls von ihrer Herkunft her als »Arbeiter« bezeichnen konnte. Was die geschlechtsspezifische Zusammensetzung betrifft, so war die KPdSU nicht weniger »männlich« als die NSDAP: Im Verlauf der gesamten Geschichte der Sowjetunion war unter den insgesamt 100 Mitgliedern des Politbüros nur eine einzige Frau zu finden. Ganz anders als im nationalsozialistischen Deutschland spielte die nationale Herkunft eine große Rolle: Nach dem weit überproportionalen Anteil von Nicht-Russen – d. h. Juden, Letten, Georgiern usw. – an den obersten Führungspositionen[5] setzte spätestens mit der großen »Säuberung« eine Normalisierung oder Russifizierung ein; mit Lazar Kaganowitsch schied in der Mitte der fünfziger Jahre der letzte Jude aus dem Politbüro aus.

Was von der Fachwissenschaft über die Kompetenzkonflikte, das »Chaos«, die Polykratie und sogar über die Soziologie des Nationalsozialismus gesagt worden ist, verliert also beim Blick auf die KPdSU weitgehend seinen angeblich einzigartigen Charakter und erweist sich eher als Kennzeichen eines »totalitären« denn eines »faschistischen«

Regimes. Ja, man mag sogar die Frage stellen, ob das »Chaos« einander überschneidender Kompetenzen und von Sonderbehörden nicht auch in einem liberaldemokratischen Staate zu finden ist, sobald außergewöhnliche Aufgaben in Angriff genommen werden. So waren Klagen über chaotische Verhältnisse in den USA weit verbreitet, als Roosevelt den *New Deal* in Gang setzte und zahlreiche Sonderbehörden schuf wie etwa die *Tennessee Valley Authority*, die bei den etablierten Institutionen heftige Widerstände hervorriefen. Gleichwohl bedeuteten die Konkurrenz und das Gegeneinander der Instanzen letzten Endes weder im nationalsozialistischen Deutschland noch in der bolschewistischen Sowjetunion noch in den USA des *New Deal* so viel wie Ineffizienz. Vielmehr ist zu bezweifeln, daß der für Routineaufgaben trefflich organisierte Staatsapparat der Weimarer Zeit oder gar die zaristische Bürokratie imstande gewesen wären, die außerordentlichen Aufgaben zu bewältigen, die sich diese drei Staaten stellten. Der wahre Gegensatz wäre also nicht der zwischen nationalsozialistischem Chaos auf der einen und kommunistischer Durchsichtigkeit und Regelhaftigkeit sowie liberalem Improvisationstalent auf der anderen Seite, sondern derjenige zwischen dem außerordentlichen Unternehmen und der Erfüllung von Routineaufgaben. Mithin wäre die Orientierung am normalen Funktionieren einer normalen Staatsverwaltung, die so große Teile der deutschen wissenschaftlichen Literatur beherrscht, inadäquat: Wer das nationalsozialistische System, seine Leistungen und seine Fehlleistungen, beurteilen will, darf den Blick nicht auf die Staatsverwaltung des Bismarck- Reiches oder der Dritten Republik Frankreichs richten, sondern er muß die Leistungen und Fehlleistungen des »Aufbaus des Sozialismus in einem Lande« oder des Umbaus des Kapitalismus zu sozialstaatlicher Verantwortung in den USA Roosevelts studieren.

All das führt freilich nicht zu der Konsequenz, daß das nationalsozialistische und das bolschewistische System identisch gewesen seien. Der Vergleich läßt vielmehr neben den auffallenden Übereinstimmungen gerade die Differenzen stark hervortreten, vor allem die Differenz zwischen einem genuinen »Parteistaat«, in dem die auf gewalttätige und revolutionäre Weise zur Macht gelangte Partei den alten Staat vollständig zerstört und dann sekundär einen neuen Staat als bloßes Regelorgan aus sich selbst heraussetzt, und dem Parteistaat neuer oder faschistischer Art, der die überkommene Staatsverwaltung ebenso wie die vorhandene Armee im wesentlichen bewahrt und in ständigen Kämpfen mehr

Raum für sich selbst zu gewinnen strebt. Man kann auch von der Differenz zwischen der vollständigen und der unvollständigen bzw. »umwegigen« Revolution sprechen oder vom Unterschied zwischen dem sozialen Totalitarismus eines »proletarischen« und dem sozialen Pluralismus eines »bürgerlichen« Parteistaates. Vergleiche führen nicht zur Ineinssetzung, aber der Mangel an Vergleichen zerstört Zusammenhänge, die nicht deshalb weniger wirklich sind, weil sie bloße Entsprechungen ohne kausale Wirkung oder Wechselwirkung sein können. Der Historiker tut deshalb gut daran, sich die Strukturvergleiche der Politikwissenschaft ständig gegenwärtig zu halten.

Aber der Historiker bewegt sich auf seinem eigensten Felde, wenn es sich um die Ausblendung von Zusammenhängen handelt, die von kausaler Natur bzw. Bestandteile des dichten Beziehungsgewebes sind, in das jedes historische Phänomen hineingestellt ist. Und hier ist es nicht erst die Tendenz der Spezialwissenschaft, sondern bereits die Eigentümlichkeit jener »Sichtweisen«, welche die Ausblendung herbeiführt, die als solche überhaupt erst durch die wissenschaftliche Thematisierung verschiedener Sichtweisen erkennbar wird. Und eben hier macht sich die Tendenz bemerkbar, den Feind zur Verkörperung des »absoluten Bösen« zu machen und damit einen metaphysischen Begriff in die historische Erörterung aufzunehmen.

Wir lassen diese Sichtweisen in der umgekehrten Reihenfolge vor unserem geistigen Auge Revue passieren, wie wir es in der Einleitung getan haben.

Die nationalsozialistische Interpretation des Nationalsozialismus kann ihrem Gegenstand keine Tendenz zum »absoluten Bösen« zuschreiben, denn sie erklärt die »Idee« für gut und deren Protagonisten im ganzen für wohlmeinend. Daher hält sie nur den Mißbrauch für verdammenswert, und sie verurteilt das Verhalten einiger »Verräter« oder Bösewichte in der Führungsmannschaft. Die »Idee« wird in der Regel mit der »völkischen« oder mit der antikommunistischen Konzeption gleichgesetzt, und die augenfällige Abweichung der Wirklichkeit von dieser Idee wird beklagt oder verdammt. Als Urheber der Abweichung gilt im extremen Falle Hitler selbst, der also, wie schon vor 1933 bei Otto Straßer und anderen, als »Verräter« an der Idee des nationalen Sozialismus oder auch der nationalen Selbstbestimmung erscheint. In der Regel sind es aber einige Männer des zweiten Gliedes wie Bormann, Himmler oder Goebbels, die Hitler auf einen verhängnisvollen Weg geführt haben, indem sie eine antichristliche Politik inaugurierten oder den legitimen »zionistischen« Antisemitismus der Trennung zweier Völker in den verbrecherischen Antisemitismus der physischen Ausrottung umwandelten. Immer aber handelte es sich nur um Deformierungen oder Überspitzungen von legitimen Motiven; zum Begriff eines »absoluten Bösen« wäre nur dann zu gelangen, wenn man die Maxime *corruptio optimi pessima* zugrunde legte (was meines Wissens in der betreffenden Literatur aber nirgendwo geschieht). »Das Beste« wäre dann etwa die differenzierte, von den Verführungen des Begriffs der »Klassenlosen Gesellschaft« freigewordene »Volksgemeinschaft« in ihrem führenden Einklang mit den anderen »Volksgemeinschaften« Europas, die ebenfalls die innere Bedrohung durch den Bolschewismus und auch durch den auflösenden Radikal-Liberalismus überwunden hätten. Diese große und wahrhaft zeitgemäße Idee wäre aber von Hitler durch die simplifizierende Ätiologie der Juden als der Urheber aller Übel und durch den nur allzu traditionellen Willen zur Eroberung von »Lebensraum« für Deutschland allein im Innersten verdorben worden, so daß die Rede der Feinde vom »absoluten Bösen« zwar in der Begründung unrichtig, aber doch der Sache nach gerechtfertigt wäre. Die Schwierigkeit für diese Auffassung liegt offensichtlich darin, daß die enge Verknüpfung der unterschiedlichen und auch in ihrem Rang möglicherweise nicht gleichartigen Motive von Anfang an klar erkennbar war und daß man sich schon 1925 von Hitler hätte trennen müssen, wenn man die Konzeption der Eroberung von Lebensraum für verhängnisvoll hielt.

Die Deutschnationalen und die Rechtsliberalen konnten nicht umhin, im Programm der Nationalsozialisten eine Übersteigerung und Zuspitzung ihres eigenen Programms zu sehen. Wenn sie ihr Programm für das *optimum* hielten, konnten sie am ehesten zu der Maxime von der Verderbnis des Besten gelangen. Im allgemeinen neigten sie aber weit mehr dazu – wenn auch erst erheblich später –, den Nationalsozialismus für eine Version des ältesten Feindes, nämlich des Bolschewismus, zu erklären. Dann mußten sie freilich einräumen, schwere Schuld auf sich geladen zu haben, weil sie diese Erkenntnis nicht von vornherein gewonnen und danach gehandelt hatten. So konnte der Nationalsozialismus als die gefährlichere, weil hinterhältigere Gestalt des alten Feindes erscheinen und sich insofern wie ein zweites »absolutes Böses« ausnehmen.

Für die Linksliberalen waren die Ziele des Nationalsozialismus als solche schlecht und geschichtswidrig, mithin »reaktionär«, »barbarisch« oder »mittelalterlich«. Daß dem Prozeß der Zivilisation oder der Aufklärung Widerstände entgegentreten, ist jedoch nicht »böse«, sondern nur allzu natürlich und eben deshalb vollständig vergeblich. In der Geschichte gibt es nichts »absolut Böses«, sondern nur Fortschrittliches und Reaktionäres. Allerdings mag das Reaktionäre von Zeit zu Zeit eine fortschrittliche Maske vor das Gesicht ziehen, und dadurch wird es besonders gefährlich. Möglicherweise ist der Nationalsozialismus eine solche Erscheinung. Aber wenn er »vernunftwidrig« ist, so ist er deshalb noch nicht »böse«. Die Geschichte selbst treibt ihn auf ihren Abfallhaufen. Nur wo der Linksliberalismus sich ernster Selbstzweifel nicht entschlagen konnte, tauchte der Gedanke auf, daß das Geschichts- und Vernunftwidrige für eine unabsehbar lange Periode die Oberhand gewinnen könnte. Dann mochte er Verständnis für eine scheinbar längst überholte Auffassung gewinnen, daß nämlich der Teufel der Herr dieser Welt sei.

Damit erfolgte eine Annäherung an den christlichen Glauben, für den von jeher »das Böse« eine machtvolle Realität gewesen war. Aber war nicht der Abfall vom Christentum, war nicht die »Säkularisierung« und damit die Moderne die gegenwärtige Macht des Bösen? Der Nationalsozialismus war jedoch nicht weltlicher und nicht moderner als Liberalismus und Sozialismus. Lag der Unterschied nicht gerade darin, daß er sich religionsfreundlich gab und den Kirchen zum Kampf gegen einen gemeinsamen Feind, den Bolschewismus, aber auch gegen die »Entsittlichung« die Hand zu reichen schien? War er insofern nicht der große Verwirrer, und heißt Verwirrer auf griechisch nicht *diábolos*? Für einige Christen war der Nationalsozialismus deshalb von Anfang an weit »teuflischer« als der direkte und offene Feind, der Bolschewismus, und insofern weit mehr das »absolute Böse«. Aber die Mehrzahl der Priester und Laien machte sich diese Auffassung nicht zu eigen, und für die beiden Pius-Päpste blieb ebenso wie für die meisten der protestantischen Konservativen der Antikommunismus zentral. Nichts war verständlicher, denn im Gegensatz zu den Nachgeborenen waren Pius XI. und Pius XII. von dem Bewußtsein erfüllt, daß in Sowjetrußland die größte und erfolgreichste Christenverfolgung stattfand, die es auf der Erde je gegeben hatte. Wie aber sollte man die Situation kennzeichnen, welche die Kirche im faktischen Bündnis mit dem hinterhältigeren Feinde gegen den alten und offenen Feind zeigte?

In ähnlicher Lage befanden sich die Sozialdemokraten, so weit sie in der Regel von den Kirchen entfernt sein mochten. Auch für sie war der Bolschewismus der früheste und offene Feind, aber für sie war dieser Feind nicht die sozialistische Idee, die sie im allgemeinen den Bolschewiki zugestanden, sondern die verfrühte, faktische oder auch »asiatische« Verwirklichung der Idee. Für sie mußte also der russische Bolschewismus die *corruptio optimi*, eben der sozialistischen Idee sein, so daß sie sich zu den Bolschewiki in einem ambivalenten und deshalb schwierigen Verhältnis befanden. Der Nationalsozialismus dagegen war bloß die Verkleidung eines altbekannten Feindes, der »feudalen Reaktion«, und sie konnten ihm ohne alle Skrupel entgegentreten. Der vielverwendete Terminus »Rechtsbolschewismus« war jedoch ein Hinweis darauf, daß es möglicherweise auch im Hinblick auf den Nationalsozialismus eine Ambivalenz gab oder aber, daß man sich faktisch bereits den Liberalen angeschlossen hatte, von welchen die kämpferische Gleichsetzung der »Extremisten von links und rechts« stammte.

Aber es waren nur einige wenige Linksliberale, Christen und Sozialdemokraten, die den Nationalsozialismus ernsthaft als das »absolute Böse« betrachteten und ihren Kampf auf die entsprechende Weise führten. Nur die Kommunisten und die Juden hatten insgesamt oder zu großen Teilen Grund genug, dem Nationalsozialismus die radikalste Verurteilung zuteil werden zu lassen. Die Kommunisten sind an erster Stelle zu nennen, weil ihre Haltung einheitlicher war.

Es ist hier nicht zu wiederholen, was über die »Geburt des Kommunismus aus dem Geist der Ewigen Linken« und über die Entschiedenheit seines Kampfes gegen den »Kapitalismus«, d. h. gegen das System der Konkurrenzwirtschaft gesagt worden ist. Jetzt kommt es vornehmlich auf die Feststellung an, daß für die Geschichtslehre des Marxismus der Kapitalismus nichts rein Negatives, geschweige denn das »absolute Böse« ist, denn er ist die Grundvoraussetzung für den Endsieg des Sozialismus. Von hier aus gesehen ist es konsequent, daß Marx den wenigen nach der Vollendung des kapitalistischen Konzentrationsprozesses noch übriggebliebenen »Kapitalmagnaten« zwar den Sturz durch die proletarische Revolution vorhersagt, sie aber danach als Geschäftsführer in den Dienst der siegreichen Arbeiter treten läßt.

Man könnte aus einer Kombination einschlägiger Aussagen von Marx und Engels ein geradezu idyllisches Bild der Zukunft entwickeln: Die marxistische Arbeiterpartei erringt in den fortgeschrittenen Ländern um die gleiche Zeit entscheidende Wahlsiege, und sie einigt sich mit den großen Unternehmern, ihren unentbehrlichen Wegbereitern, auf nahezu freundschaftliche Weise, so daß für eine Übergangszeit die Politik von der Partei, die Wirtschaft aber von den ehemaligen Kapitalisten geleitet wird, bevor Politik und Wirtschaftsleitung als getrennte Bereiche in der vollständigen Selbstverwaltung der Völker bzw. der Bevölkerung ihr definitives Ende finden. Aber die kommunistische Bewegung hätte sich von ihren eigenen Wurzeln abgeschnitten, wenn der humanitäre Rationalismus seine wahren Impulse nicht aus einem Meer von Emotionen hätte ziehen können, die ein finnischer Kommunist mit der folgenden Bestimmung zum Ausdruck brachte: »Die Klasse der Bourgeoisie ist eine Klasse der Raubenden, Tötenden, Verwüstenden, also eine Klasse von Parasiten, die gestürzt, enteignet und beseitigt werden muß.«[6] Auch in diesen Worten kommt jenes Urempfinden der »Ewigen Linken« zum Vorschein, daß die geschichtliche Realität als solche mit ihrer Feindseligkeit der Menschen gegeneinander, mit ihrer Über- und Unterordnung, mit ihrer Ungerechtigkeit schlecht ist. Es bedarf nur einer geringen Beimischung philosophischen Denkens, um zu der Auffassung zu gelangen, daß die gesamte Realität dieser Welt als ein »Fressen und Gefressenwerden« das Böse ist, aus dem heraus der Mensch nach Erlösung streben muß. So kann sich der emotionale Grundimpuls der »Ewigen Linken« mit dem Reinheits- und Erlösungsstreben des Neuplatonismus und der Gnosis verbinden, und noch in der Marxschen Rede vom »Reich der Freiheit« und in Engels' Überzeugung vom Ausscheiden des Menschen aus der Tierheit ist davon etwas zu spüren. So geht die historische und rationalistische Ablehnung des Begriffs eines »absoluten Bösen« mit dessen von weither kommenden Akzeptanz Hand in Hand und trägt zu einer Komplexität des faszinierenden historischen Phänomens bei, die sich nicht auf eine einfache Formel bringen läßt, auch nicht auf die Formel einer »optimistischen Geschichtslehre«.

Aber die gedankliche und die emotionale Version der Lehre stimmten in der Überzeugung überein, daß »der Sozialismus« gegenüber dem Kapitalismus im vollständigen Recht sei, und diese Überzeugung war auch der zentrale Glaubenssatz der Bolschewiki. Daß er dem neuartigen Phänomen des »Faschismus« gegenüber ebenfalls seine Gültigkeit behalte, war für alle Theoretiker der Kommunistischen Internationale selbstverständlich, und diese Selbstgewißheit schwand nicht einmal dann dahin, als die stärkste Kommunistische Partei außerhalb der Sowjetunion, die KPD, die vollständige Niederlage von 1933 erlitten hatte.

Um eine elementare Einsicht konnten die Kommunisten indessen am wenigsten herumkommen: Sie hatten einer, wie sie meinten, kleinen Gruppe von Menschen einen Kampf auf Leben und Tod angekündigt, und sie durften sich nicht beklagen, als diese Gruppe unerwartet viele Helfer fand und als über sie selbst Verfolgung, Vertreibung und politische Vernichtung hereinbrachen. Gewiß mochte die Niederlage nur temporär sein, wenn der Feind mit Lüge und Betrug seine »letzte Karte« ausgespielt hatte, aber es war auch nicht auszuschließen, daß die Hauptursache die Natur einer Gesellschaft war, die durch die simplifizierende Dichotomie von »Ausbeutern« und »Ausgebeuteten« mißverstanden und verzerrt wurde. Jedenfalls konnte spätestens ab 1935 die Zuversicht, die etwa Hermann Remmele in dem oben zitierten Satz von der Unaufhaltsamkeit des bolschewistischen Vormarsches in das Herz Europas zum Ausdruck gebracht hatte[7], nicht mehr aufrechterhalten werden, und die Suche nach »antifaschistischen« Bundesgenossen unter den nichtkommunistischen Parteiführungen (nicht mehr bloß unter deren Anhängern) untergrub die Überzeugung, allein die Kraft der Zukunft zu verkörpern.

Daß der militärische Sieg über das nationalsozialistische Deutschland nur mittels der Hilfe der kapitalistischen Bundesgenossen errungen werden konnte, ließ einen Begriff der »demokratischen Weltkoalition« entstehen, der erst allmählich wieder durch die Überzeugung vom ausschließlichen historischen Recht und vom Alleinbesitz der Wahrheit abgelöst wurde. Aber dieser Anspruch gewann nie die Kraft zurück, die Romain Rolland 1920 mit tiefer Ergriffenheit hatte sagen lassen: »Diese Männer *glauben.*«[8] Der letzte Generalsekretär der KPdSU gab den Anspruch ganz offiziell auf, und die Ereignisse der Jahre 1989/91 stellten endgültig unter Beweis, daß der sowjetische Kommunismus *nicht* im historischen Recht gewesen war, sondern daß er den Kampf gegen den »Kapitalismus« verloren hatte, so gewiß er entscheidend dazu beigetragen hatte, die Wandlung des Kapitalismus zur »sozialen Marktwirtschaft«, zur sozial gezügelten Konkurrenzwirtschaft zu erzwingen.

Aber erhielten damit nicht auch die schärfsten Gegner, die Faschisten und Nationalsozialisten, einen Anteil an historischem Recht, zumindest soweit wie sie überzeugte Antibolschewisten gewesen waren? Sicherlich war es ein Antibolschewismus von anderer, von »bürgerlicher« und individualistisch-konsumgesellschaftlicher Art, der 1989/91 triumphierte, und gerade nicht jener »Antibolschewismus von ›bolschewistischer‹ Geschlossenheit und Glaubenskraft« Hitlers. Aber die zwei Versionen ließen sich nicht vollständig voneinander trennen, und der Nationalsozialismus konnte nicht das »absolute Böse« sein, soweit er sich einem überschießenden Glauben entgegengestellt hatte, der nun als Irrglaube enthüllt war.

So bleiben nur die Juden, die in der Gesamtheit berechtigt zu sein scheinen, im Nationalsozialismus das »absolute Böse« zu sehen. Umständliche Beweise sind in der Tat nicht erforderlich, wenn es richtig ist, daß die Nationalsozialisten versuchten, das »Volk Gottes« oder, in nicht-theologischer Sprache, das »Volk der Menschheit« aus der Welt zu schaffen, um eine menschheitsfeindliche Rassenherrschaft zu errichten. Aber es könnte sein, daß diese Auffassung zwar einen rationalen Kern hat, aber allzu rasch den Begriff der »Menschheit« mit »dem Guten« identifiziert und Zusammenhänge ausblendet, die nicht übersehen werden sollten, zumal gerade sie eine andere Vorstellung vom »Bösen«, freilich nicht vom »absoluten Bösen« nahelegen.

Am 28. August 1941 publizierte die Sowjetregierung einen Beschluß des Obersten Sowjet, die Wolgadeutschen nach Sibirien umzusiedeln, weil sich in ihrer Mitte »Zehntausende von Diversanten und Spionen« befänden, welche gewillt seien, Unruhe zu erzeugen und die sowjetische Verteidigung zu behindern. In Wahrheit hatten die Aus- und Umsiedlungen von Deutschen schon seit 1935 begonnen, und in einem Bericht des deutschen Botschafters in Moskau Graf von der Schulenburg war schon im Sommer 1940 zu lesen gewesen, ein erheblicher Teil der Rußlanddeutschen sei »dem Hunger, der Internierung, der Verschickung und dem Terror« zum Opfer gefallen.[9] Es handelte sich also keineswegs um eine reine Kriegsmaßnahme, aber sie wurde mit der größten Brutalität durchgeführt.

Zahlreiche deutsche Männer wurden gleich erschossen; ein großer Teil der Verschickten starb bei den wochenlangen Transporten in den ungeheizten Zügen. Man blieb also nicht bei dem charakteristischen Verfahren stehen, die »führende Schicht« zu liquidieren, das man im Baltikum und in Ostpolen und insbesondere gegenüber den 15 000 polnischen Offizieren von Katyn angewendet hatte, sondern begann auch mit der Vernichtung der »lebendigen Kräfte« des angeblichen Feindes, dem im Falle der Wolgadeutschen, wie Chruschtschow später ausdrücklich hervorhob, auch die Parteimitglieder und die Komsomolzen hinzugezählt wurden.

Ingeborg Fleischhauer, welche die Vorgänge in einer Miszelle der *Vierteljahrshefte für Zeitgeschichte* ausführlich dargestellt hat[10], berichtet über die deutschen Reaktionen folgendes: »In Deutschland freilich herrschte größte Betroffenheit. Als Reichsminister für die besetzten Ostgebiete hatte Rosenberg nach Bekanntwerden des Dekrets vom 28. 8. 41 ›Richtlinien für die Rundfunkpropaganda zur Verbannung der Wolgadeutschen nach Sibirien‹ festgelegt, in denen er die Juden der besetzten Ostgebiete zu Opfern seiner ohnmächtigen Wut machte. In ihnen hieß es u. a.: ›Es soll in diesen Sendungen unmißverständlich festgestellt werden, daß ihm Falle einer Durchführung des von den Bolschewisten angekündigten Vorhabens der Verschickung der Wolgadeutschen das Judentum in den im deutschen Machtbereich liegenden Gebieten dieses Verbrechen vielfach bezahlen wird. . . . Bei Durchführung des von den Bolschewisten angekündigten Vorgehens gegen die Wolgadeutschen werden die Juden Zentraleuropas ebenfalls in die östlichsten der von der deutschen Verwaltung geleiteten Gebiete abtransportiert werden. . . . Wird das Verbrechen an den Wolgadeutschen zur Wirklichkeit, so wird das Judentum dieses Verbrechen vielfach zu begleichen haben.‹ «[11]

Die Verfasserin beeilt sich hinzuzufügen, daß um diese Zeit bereits viele Zehntausende von Juden durch die Einsatzgruppen erschossen worden waren und daß es sich bei der Verlautbarung Rosenbergs bloß um einen »propagandistischen Bluff« zur Verschleierung der wahren Tatsachen und zur Abwälzung der eigenen Schuld am tragischen Schicksal dieser Deutschen auf die längst im »Abtransport« befindlichen mitteleuropäischen Juden gehandelt habe. Aber die Termini »höchste Betroffenheit« und »ohnmächtige Wut« weisen doch darauf hin, daß es sich um eine sehr emotionale Reaktion handelte und daß man konkrete Ereignisse nicht aus der Kette von Aktionen und Reaktionen herauslösen und sich mit der Feststellung zufrieden geben darf, solche Entschlüsse seien schon in frühen Aussagen potentiell enthalten gewesen.

Die Juden Mitteleuropas befanden sich nämlich noch nicht »im Abtransport«, denn Hitlers Verschickungsbefehl stammt vom Oktober, und es ist nicht auszuschließen, daß er tatsächlich unmittelbar als eine Reaktion auf die sowjetischen Maßnahmen gedacht war. Es ist auch nicht zulässig, eine direkte Verbindung mit den Aktionen der Einsatzgruppen herzustellen. Diese Aktionen beruhten auf der Annahme, daß die Sowjetunion sofort nach Kriegsausbruch eine außerordentlich harte und aus der Zeit des Bürgerkriegs wohlbekannte Art der Kriegführung an den Tag legen, alle nur potentiell feindlichen Bevölkerungsgruppen liquidieren und die deutschen Gefangenen töten werde.

Die ersten Nachrichten schienen diese Annahmen zu bestätigen: In Lemberg hatte der NKWD ein Blutbad unter der Bevölkerung angerichtet; im Baltikum fanden die deutschen Truppen viele Gefängnisse mit ermordeten Insassen; die Pogrome der einheimischen Bevölkerung in Litauen und anderswo hatten zum großen Teil ihren Grund darin, daß der NKWD kurz zuvor zahlreiche Erschießungen und Deportationen vorgenommen hatte; nach zahlreichen Meldungen waren an vielen Stellen deutsche Kriegsgefangene umgebracht worden, manchmal »auf die grausamste und widerwärtigste Weise«, wie Albert Seaton berichtet.[12] Die »Erbitterung« der Einsatzgruppen findet hier eine Erklärung, und es ist eine unzulässige Verkürzung des Tatbestandes, wenn »etablierte Historiker« sich mit der Aussage begnügen, »Mordkommandos« seien über eine friedliche Bevölkerung hergefallen. Die am ehesten angemessenen Begriffe sind nicht »Massaker« oder »Mord«, sondern »präventive Überreaktion« oder »Unverhältnismäßigkeit der Mittel«.[13]

Aber das wirklich Bemerkenswerte, aus der Faktizität eines ideologischen Krieges nicht mehr Herzuleitende ist die Selbstverständlichkeit, mit der Rosenberg ebenso wie Himmler, die Einsatzgruppen sowie viele Kommandeure der deutschen Wehrmacht die Begriffe »Juden« und »Kommunisten« gleichsetzten. An der subjektiven Aufrichtigkeit der Betreffenden kann es keinen Zweifel geben, und es genügt die Anführung einiger Aussagen, die als wahre Schlüsselworte gelten dürfen.

Ende September 1941 gibt Goebbels den Inhalt eines Gesprächs mit Heydrich folgendermaßen wieder: »Sie (die Juden) sollen am Ende alle in die von den Bolschewisten angelegten Lager . . . transportiert werden. Was liegt näher, als daß die nun auch von den Juden bevölkert werden«, – d. h. von denen, die sie – angeblich – errichtet haben.[14]

Im April 1943 versucht Hitler im Gespräch mit dem Admiral Horthy, den ungarischen Reichsverweser zu härteren Maßnahmen gegen die Juden zu veranlassen, und er stellt in diesem Zusammenhang die

Frage:»Weshalb sollte man die Bestien, die uns den Bolschewismus bringen wollten, mehr schonen?«[15] (als die Tiere bei der Jagd). In der Rede vom 6. Oktober 1943 rechtfertigt Himmler die Ausrottung der Juden durch den Satz:»Wir hatten das moralische Recht, wir hatten die Pflicht gegenüber unserem Volk, dieses Volk, das uns umbringen wollte, umzubringen.«[16]

Der Generaloberst Hoth drückte sich in einem Tagesbefehl an seine Truppen noch radikaler aus, als es die Generäle von Manstein und von Reichenau in ihren bekannten Verlautbarungen getan hatten:»Diese Kreise sind die geistigen Stützen des Bolschewismus, die Zuträger seiner Mordorganisation, die Helfer der Partisanen. Es ist die gleiche jüdische Menschenklasse, die . . . heute in der ganzen Welt deutschfeindliche Strömungen fördert . . . ihre Ausrottung ist ein Gebot der Selbsterhaltung. . . . Wer als Soldat an diesen Maßnahmen Kritik übt, hat kein Gedächtnis für die frühere, jahrelange zersetzende und verräterische Tätigkeit jüdisch-bolschewistischer Elemente in unserem eigenen Volke.«[17]

Rudolf Höß berichtet in seiner Autobiographie, vom RSHA sei den Kommandanten der Konzentrationslager eine umfangreiche Berichtzusammenstellung über die russischen Konzentrationslager überreicht worden.»Von Entkommenen wurde darin über die Zustände und Einrichtungen bis ins einzelne berichtet. Besonders hervorgehoben wurde darin, daß die Russen durch die großen Zwangsarbeitsmaßnahmen ganze Völkerschaften vernichteten.«[18]

Aus all dem lassen sich zwei Feststellungen mit großer Bestimmtheit herleiten: Die Überzeugung, daß »die Juden« die Urheber des Bolschewismus seien, war nicht nur bei Hitler und Himmler, bei Goebbels und Heydrich ganz aufrichtig, sondern auch in großen Teilen der Wehrmacht, der führenden Schicht und des Volkes. Der Vernichtungswille resultierte aus Vernichtungsfurcht, ganz wie der Vernichtungswille der Bolschewiki zu einem guten Teil aus der Vernichtungsfurcht entstanden war. Den Antisemitismus der Nationalsozialisten von ihrem Antibolschewismus ablösen zu wollen ist töricht. Kausale Verknüpfung ist in der Geschichte niemals »rein objektiv«, sondern sie spielt sich durch die Vermittlung von subjektivem Bewußtsein ab. In diesem Sinne läßt sich ein »kausaler Nexus« zwischen GUlag und »Auschwitz« schlechterdings nicht bestreiten.[19]

Gleichwohl kann die Überzeugung, die der Verknüpfung zugrunde liegt, falsch oder eine extreme Übersteigerung sein. Zu den schärfsten

Kritikern des Bolschewismus und teilweise auch des jüdischen Anteils daran zählten Juden, linksgerichtete wie Pawel Axelrod so gut wie rechtsgerichtete, etwa Josif Bikermann.[20] Das Attentat auf Lenin am 30. August 1918 wurde von einer Jüdin, Fannija Kaplan, begangen, der gleichzeitige Anschlag auf den Petrograder GPU-Chef, Moses Uritzky, von einem Juden, Leonid Kannegiesser. Es sollte noch einmal unterstrichen werden, daß die orthodoxen Juden in Sowjetrußland nicht weniger verfolgt wurden als die orthodoxen Christen.

Die Zionisten nahmen sich zwar grundsätzlich etwas ganz Ähnliches vor wie die Nationalsozialisten, nämlich die Eroberung und Besiedlung eines altneuen Lebensraums, aber sie handelten aus einer viel bedrängteren Situation heraus und entwickelten Gemeinschaftsformen, die der ursprünglichen sozialistischen Idee näherkamen als die bürokratische Staatswirtschaft der Sowjetunion. Die assimilierten Juden in Deutschland und insbesondere die Intellektuellen unter ihnen hatten recht, den Antisemitismus, der sie ausgrenzte, als Barbarei und Rückfall ins Mittelalter zu empfinden, etwa analog zu einer fundamentalistisch-protestantischen Agitation in einer modernen Universität, die bestrebt gewesen wäre, den Haß aus der Zeit der Religionskriege gegen die Katholiken wiederzuerwecken. Daher ist die Frage legitim, ob die »kollektivistische Schuldzuschreibung«, die den Überzeugungen Hitlers, Himmlers, Hoths und so vieler anderer zugrunde lag, nicht gerade das »absolute Böse« ist.

Aber diese Erwägung wäre doch nur dann als zutreffend anzuerkennen, wenn eine unauffällig dahinlebende, den Kämpfen der Epoche entzogene Menschengruppe von durchtriebenen Machthabern zum »Sündenbock« für Entwicklungen gemacht würde, mit denen sie gar nichts zu tun hätte, und wenn sie erbarmungslos der Vernichtung überantwortet würde. So wäre es z. B. vorstellbar, daß Amerikas Unternehmer inmitten einer schweren Wirtschaftskrise den Zorn und den Haß der verwirrten Massen geschickt auf die Quäker oder die Amish gelenkt hätten.

Es ist eines der Haupthindernisse für die Gewinnung historischer Einsichten, daß Juden und Nichtjuden nach »Auschwitz« bestrebt sind, die Juden nach Analogie der Amish und der Quäker zu verstehen und damit an jener »Selbstherabsetzung« mitzuwirken, von der schon die Rede war. In Wahrheit sind die Juden gerade in ihrer Vielfalt eine der aktivsten und welthistorisch wichtigsten Gruppen der Menschheit, und

die Nationalsozialisten waren nicht im Unrecht, wenn sie sich weiger-
ten, das Verhältnis ausschließlich als ein Verhältnis von Hammer und
Amboß oder von Metzgern und Schafen zu betrachten. Man braucht
nur die Erinnerungen von Chaim Weizmann oder von Nahum Goldmann zu lesen, um zu erkennen, wie wenig die Juden sich selbst mit
Quäkern oder Amish gleichsetzen. Wenn das Selbstverständnis, das
»Licht der Völker«, das »Volk Gottes« oder auch eine »kräftigere
Rasse«[21] zu sein, richtig oder auch bloß aufrichtig ist, dann ist verbreitete Feindschaft eine unumgängliche Konsequenz, und zwar gerade
die Feindschaft der Dumpfen, der einfachen Menschen, der Nicht-
Intellektuellen. Wenn dieses Selbstverständnis jedoch *nur* aufrichtig,
aber in der Realität mit banalen Eigenschaften wie Egoismus und
Machtwillen verknüpft ist, dann ist auch die Feindschaft nicht ohne
Recht, und die unterschiedslose Stigmatisierung des »Antisemitismus« muß als bloßes, wenngleich erstaunlich erfolgreiches Kampfmit-
tel gelten.

Überall wo die Juden sich selbst ernst nehmen und nicht verstecken,
da erscheinen sie als Kämpfer und als Überzeugte. Ein Kämpfer war
Samuel Untermyer, der den Boykott gegen das nationalsozialistische
Deutschland organisierte. Kämpfer waren die Männer, die schon im
März 1933 Wagen mit der Aufschrift »Judea Declares War on Germany« durch London fahren ließen. (Solange diese Tatsache in der
etablierten Literatur mit einem strikten Tabu belegt ist, sind Rechtsex-
tremisten »in der Wahrheit«, obwohl sie das Faktum exzessiv interpre-
tieren.)[22] Ein Kämpfer war Chaim Weizmann, der sich nicht scheute,
beim Ausbruch des Krieges die Solidarität des jüdischen Volkes mit
England zu verkünden, und der als Oberhaupt der *Jewish Agency*, d. h.
des in der Entstehung begriffenen jüdischen Staates, am ehesten das
Recht zu einer solchen »Kriegserklärung« hatte. Kämpfer waren die
polnischen Juden, die sich nach der Meinung von Weizmann »wie die
Tiger« den Deutschen entgegengeworfen hatten und deshalb (!) verfolgt wurden[23]; Kämpfer waren Salomon Michoels und die übrigen
Mitglieder des jüdischen Antifaschistischen Komitees, die im August
1941 von Moskau aus einen leidenschaftlichen Aufruf an die Juden in
aller Welt richteten, sich am Kampf gegen Hitler zu beteiligen[24]; Kämpfer waren jene 120 000 Chaluzim, die nach der Behauptung eines jüdischen Historikers ein »Netzwerk des Untergrunds« in ganz Europa
aufgebaut hatten.[25]

*Keine* Kämpfer waren die über 100 000 deutschen Juden, die sich bei Kriegsausbruch noch in Deutschland befanden und verängstigt in ihren Wohnungen saßen, ohne daß sie auch nur den Gedanken gefaßt hätten, sich politisch zu organisieren und Zellen des Widerstandes aufzubauen. Offensichtlich wurden sie für so ungefährlich gehalten, daß sie zwar teilweise umquartiert und in bestimmten Stadtvierteln zusammengedrängt, aber nicht interniert wurden, während die Deutschen in Frankreich und England im September 1939 sofort interniert worden waren.

Um so abstoßender war es, daß im Herbst 1941 nicht nur die Deportationen begannen, sondern daß die »mittelalterliche« Kennzeichnung durch einen gelben Stern vorgenommen wurde und Goebbels im *Reich* einen ausgesprochenen Hetzartikel mit dem Titel *Die Juden sind schuld* schrieb, der nach Ablauf von zwei Kriegsjahren im Hinblick auf die deutschen Juden schlechterdings absurd und ein widerwärtiges Zeugnis von kollektivistischer Schuldzuschreibung war. Erst im Jahre 1942 kam es zu einer einzelnen und freilich unbedachten Widerstandsaktion einer Gruppe junger jüdischer Kommunisten, die einen Brandanschlag auf die Ausstellung »Das Sowjetparadies« verübte und gerade dadurch das vollständige Fehlen sonstiger Widerstandshaltungen anschaulich machte. *Keine* Kämpfer waren insbesondere die »Judenräte«, ohne deren Mitwirkung die Deportationen schwerlich so reibungslos hätten vonstatten gehen können. Aber offensichtlich hatten die Juden, die aus Frankfurt und München, aus Berlin und Prag »nach dem Osten« verschickt wurden, keinerlei Ahnung, welches Schicksal sie in Riga und in Birkenau und in gewisser Weise auch in Theresienstadt erwartete; noch von der Mitte des Jahres 1944 weiß Georges Wellers zu berichten, daß er und die anderen französischen Deportierten ohne böse Vorahnungen abgefahren seien.[26]

Hier also darf und muß das Bild von den »Schafen« und den »Schlächtern« Verwendung finden, und der beste Beweis besteht darin, daß keine einzige Äußerung von nationalsozialistischer Seite überliefert ist, die von diesen Juden irgendeine Bedrohung ausgehen sah, während im Hinblick auf die Juden in Frankreich und in Polen sogar von einem Mann wie Ribbentrop Behauptungen aufgestellt wurden, die subjektiv aufrichtig und objektiv keineswegs völlig unrichtig waren.[27]

Daß hier ein Todesurteil über ein ganzes Volk verhängt worden war, läßt sich auch dann nicht bestreiten, wenn mit den »Funktionalisten«

die Existenz eines schriftlichen Befehls Adolf Hitlers zur Judenvernichtung in Abrede gestellt wird. Die Tatsache einer »biologischen« oder »ethnischen« Vernichtung bliebe selbst dann bestehen, wenn mit den radikalen Revisionisten die Faktizität der Massentötungen in »Gaskammern« in Frage gestellt wird. Wer Hunderttausende von Menschen aus ganz West-, Mittel- und Südeuropa in typhusverseuchte Massenlager im Osten abtransportieren läßt, wo die Todesrate, wie in Birkenau während des Sommers 1942, bis zu einer unfaßbar hohen Prozentzahl ansteigt, der ist von Vernichtungswillen erfüllt, und die Frage kann nur lauten, ob die Ursache eine »Wahnidee« oder ein »infernalischer Haß« war oder ob sich mit innerer Konsequenz an die »soziale Vernichtung« durch einen »sozialen« Sozialismus die biologische Vernichtung durch einen »biologischen« Sozialismus, an den Willen zur Säuberung der Welt von »Schädlingen und Parasiten« durch die ursprüngliche Reinigungsideologie der »Ewigen Linken« der abgeleitete Wille zur Säuberung der Welt von »Urhebern« eines angeblichen Verhängnisses sich anschloß.

Abstrakt und für sich betrachtet ist aber die Vernichtung eines Volkes durch ein anderes Volk – oder besser durch dessen führende Schicht – keineswegs präzedenzlos, sofern man keine Vollständigkeit postuliert, die ja bei den Juden ebensowenig gegeben war wie vorher bei den Armeniern. Entweder ist die Geschichte selbst mit ihren Kriegen, ihren Grausamkeiten und Vernichtungsaktionen in sich das »absolute Böse«, oder die Vernichtung eines Volkes durch ein anderes Volk ist nur ein besonders hervorstechender Teil des geschichtlich »Normalen«.

Das Singuläre sollte viel eher in einem Tatbestand gesucht werden, der in der Literatur nicht selten erwähnt, aber eher als kurios oder grotesk abgetan wird. So wird die Äußerung des Sturmbannführers Höppner, es sei »humaner«, die Juden durch Gas zu töten, als sie verhungern zu lassen, immer wieder angeführt und abgedruckt, aber selten wirklich ernst genommen. Es gibt nämlich eine ganze Anzahl von Äußerungen ähnlicher Art, und die wichtigste davon stammt von Adolf Hitler selbst, und gerade durch sie wird die Massentötung in Gaskammern weit mehr wahrscheinlich gemacht als durch die »wenigen und unzuverlässigen« Aussagen von »Augenzeugen«.[28] So gibt es ein Schreiben eines Dr. Bekker an den Sturmbannführer Rauff, die »Gaswagen« betreffend, in dem es heißt, die Vergasung werde nicht richtig vorgenommen, weil Vollgas gegeben werde, so daß »nicht, wie vorgesehen, der Einschläferungstod«, sondern der Erstickungstod die Folge sei.[29] Und in seinem *Politischen Testament* schrieb Hitler nach der noch einmal wiederholten Behauptung, daß »das Judentum« die Kriegsschuld trage, er habe niemanden darüber im unklaren gelassen, daß diesmal »der eigentliche Schuldige, wenn auch durch humanere Mittel«, seine Schuld zu büßen haben werde.[30]

Schon die Verwendung desselben Wortes »human«, das auch Höppner und (in der Sache) Becker gebraucht hatten, sollte als Indiz dafür angesehen werden, daß Massentötungen durch Gas mit dem Ziel der Ausrottung der »biologischen Grundlage« eines ganzen Volkes tatsächlich stattgefunden haben. Aber die Aussage ist *auch* ein Beweis dafür, daß ein schmerzloser Tod intendiert war, und gerade darin zeigt sich etwas Präzedenzloses und vielleicht ein »absolutes Böses«. Das »industrielle« Verfahren bietet als solches noch kein gravierendes Unterscheidungsmerkmal: Wer Millionen von Menschen mit Eisenbahnzügen in die Einöde transportiert und dort dem langsamen Hungertode oder einem noch qualvollerem Überleben überläßt, handelt auf seine Weise nicht weniger »industriell«, aber er nimmt viel größere Leiden billigend in Kauf. Die »Judenvernichtung« aber sollte offenbar aus der Sicht der Nationalsozialisten einer gigantischen Operation unter Anwendung örtlicher Betäubung gleichen, durch die ein erkrankter und krankmachender Teil aus dem gesunden »Volks-« oder »Kulturkörper« herausgeschnitten werden sollte. Etwas Derartiges hatte es tatsächlich in der Geschichte der Menschheit noch nicht gegeben.

Doch gerade diese Abwesenheit von individuellem Haß und quälsüchtiger Grausamkeit, wie sie der Vorstellung einer Gesundungsoperation zugrunde liegt, entspricht nicht den Erfahrungen zahlloser Deportierter und Gefangener, und sie scheint der Vorstellung vom »absoluten Bösen« gerade zu widersprechen. Tatsächlich sind die Erinnerungen Legion, die von schrecklichen Grausamkeiten der SS-Leute und von wahrhaft infernalischen Vorgängen berichten, etwa dem Hineinstoßen von Menschen in tiefe Gruben mit brennenden Leichen, dem Hineinwerfen von Säuglingen in offene Feuer usw. Der bekannteste dieser Zeugen ist Elie Wiesel.[31]

Nun steht es ganz außer Zweifel, daß Lord Actons Ausspruch richtig ist, Macht korrumpiere und absolute Macht korrumpiere absolut. Aber es ist daran zu erinnern, daß alle derartigen Vorgänge, ob sie nun richtig oder auf übertriebene Weise wiedergegeben oder Produkte der Phantasie sind, nach geltenden Gesetzen und Vorschriften streng verboten waren. Kein Lagerkommandant durfte von sich aus auch nur eine Prügelstrafe verhängen, sondern er mußte in Berlin eine Genehmigung einholen, und bei Frauen war diese Genehmigung vom Reichsführer SS persönlich zu erteilen. Mehrere Lagerkommandanten wurden wegen Mißhandlung von Häftlingen und anderer Delikte schwer bestraft oder sogar hingerichtet. Nicht in der Realität, wohl aber der Idee nach war die »Judenvernichtung« jener möglichst schmerzfreien Operation zu vergleichen, und eben darin bestand das Unverwechselbare. Das Bestreben, die Grausamkeiten des äußeren Ablaufs hervorzuheben, ist mehr als verständlich, doch es verdeckt den Blick auf das Wesentliche.

Aber dieses Wesentliche ist durch die richtige Aussage noch nicht genügend erfaßt, Hitler habe sich von seinem monomanischen Drang nach Anschaulichkeit, nach der Entdeckung von »Urhebern« leiten lassen und sei so zu dem fürchterlichen, aber im Kern nicht unverstehbaren Entschluß gekommen, eine angebliche Krankheit durch die Entfernung eines angeblichen »Erregers« zu heilen. Es genügt nicht, von »biologischer Vernichtung« zu sprechen und sie mit einer vorhergehenden »sozialen Vernichtung« in Parallele zu setzen. Abermals sind einige Schlüsselworte von Nutzen. Nach dem Zeugnis von Goebbels sagte Hitler zu ihm, nach seiner Überzeugung habe der Urmensch die Lüge nicht gekannt, sie sei erst durch den Juden in die Welt gekommen, denn der Jude sei das »absolut intellektuelle Wesen«.[32] An dieser Behauptung ist vieles richtig: Die Juden nennen sich selbst mit Recht »das Volk des Buches«, bei keinem Volk ist intellektuelle Leistung so hoch angesehen, und die Angehörigen keines anderen Volkes haben in der Neuzeit vergleichsweise so viele und überragende intellektuelle Leistungen erbracht. Aber so genau Hitler trotz aller Reden von der »jüdischen Kriegsschuld« wußte, daß Kriege notwendigerweise aus den Ansprüchen des »stärkeren Lebens« gegenüber dem schwächeren Leben bzw. des kraftvollen Nicht-Besitzers gegenüber dem kraftlos gewordenen Besitzer entstehen, so genau wußte er zumindest in bestimmten Augenblicken, daß Intellektualität keine ausschließliche Eigenschaft der Juden ist. Wenn man die Welt für einige Jahrhunderte dem deutschen Professor überlasse, so sagte er in den *Tischgesprächen*, dann werde sie am Ende nur noch von Kretins bevölkert sein: Riesenköpfen auf einem Nichts an Körper.[33] Was Hitler letzten Endes anzuhalten und zu beseitigen versuchte, war also, wie in der Einleitung bereits hervorgehoben wurde, der Prozeß der »Intellektualisierung der Welt«, das immer stärkere Hervortreten der *ratio* von Individuen und der damit verbundenen Komplizierungen, Undurchsichtigkeiten, »Unnatürlichkeiten«, die nichts Geringeres als die Herrschaft der »grausamen Königin aller Weisheit«, der Natur, und damit die Entfaltung des wahren Lebens kriegerischer Tapferkeit und weiblicher Fruchtbarkeit zerstören.

Damit erst ist der Gedankengang zum äußersten Punkt gelangt. Was Hitler im Interesse des »Lebens« zum Stehen und zum Abbrechen bringen wollte, indem er die angeblichen Urheber vernichtete, war nichts anderes als das Nicht-bloß-Lebensmäßige im Menschen, die Transzendenz, die im »Intellekt« ihre greifbarste Erscheinungsform hat und die den Menschen ins völlig Unbekannte und Undurchschaubare zu treiben vermag, vielleicht bis zum Verlassen der Erde und bis zur Alterslosigkeit. Hier erst darf möglicherweise vom »absoluten Bösen« gesprochen werden, welches das Wesen des Menschen verneint, indem es dessen herausragendsten Repräsentanten tötet. Kein »Intellektueller« kann daran zweifeln, wie er urteilen soll, da er in den Juden sein eigenstes Wesen verworfen sieht.

Aber noch ist ein letzter Schritt zu vollziehen, und er geht gerade aus der Fähigkeit des Intellektuellen hervor, auch zu sich selbst Abstand zu gewinnen, sich selbst in Frage zu stellen. Wenn Widerstand gegen die Transzendenz das absolute Böse ist, das nur mißverstanden wird, wenn man es auf Grausamkeit und Mordlust reduziert, dann muß jene »Intellektualisierung« das »absolute Gute« sein. Aber ist das die Wahrheit? Ist die Welt der Wissenschaft und der Rationalität, die der Intellektuelle oder Wissenschaftler nach seinem eigenen Bilde baut, wirklich die »gute«, am Ende gar die »vollkommene« Welt? Oder könnte sie das gerade Gegenteil sein, die Welt der Selbstzerstörung der Menschheit, einer Selbstzerstörung, die keines Nuklearkrieges bedarf? Läßt sich Sebastian Haffners Maxime, dem Gegner so gerecht zu werden wie nur möglich, auf die Gegenwart in einer Weise anwenden, die über den Willen, auch Lenin, Stalin und Hitler historisch gerecht zu werden, weit hinausgeht, so daß den Kämpfen der ideologischen Mächte im 20. Jahrhundert »Größe« und »Tragik« zugeschrieben werden darf, ohne über das Entsetzliche hinwegzusehen? Zwar ist leidenschaftlicher Widerspruch von all denen zu erwarten, die einen vielleicht nur scheinbaren Sieg für die Dauer festhalten und einen augenblicklichen Vorteil immer wieder instrumentalisieren wollen, aber wir wagen es gleichwohl, den Versuch einer solchen Skizze zu unternehmen. Dieser Versuch knüpft an verschiedene Einzelaussagen in der Literatur an, die einem solchen Verständnis den Weg bereiten können.

# SCHLUSSBETRACHTUNG

## Größe, Untaten und Tragik im europäischen Bürgerkrieg des 20. Jahrhunderts

In dieser »Schlußbetrachtung« ist noch einmal aufzugreifen, was bisher unter verschiedenen Gesichtspunkten ansatzweise oder auch relativ ausführlich thematisiert worden ist, und zwar so, daß die Frage explizit gestellt werden kann, ob und wie den Protagonisten der ideologischen Auseinandersetzung von 1917 bis 1945 trotz aller Verbrechen und Untaten sowohl »Größe« als auch »Tragik« zuzuerkennen ist.

Wenn das 20. Jahrhundert im ganzen und möglichst neutral charakterisiert werden soll, bietet sich der Begriff der »Krise« an. Vom Ausbruch des Ersten Weltkrieges bis zum Zerfall der Sowjetunion 1989/91 war die Geschichte des Jahrhunderts eine einzige und präzedenzlose Krise, deren Hauptkennzeichen die zwei Weltkriege, die jahrzehntelange Drohung eines dritten und atomaren Weltkrieges und die großen Revolutionen in Rußland, Deutschland und China waren. Aber der Begriff der Krise ist als solcher wenig spezifisch: Schon auf Inschriften im alten Ägypten sind bewegende Klagen über die völlige Veränderung der Lebensumstände überliefert, und der Grieche Theognis nahm eine Umkehrung aller natürlichen Verhältnisse wahr, durch welche die Gemeinen nach oben gekommen und die Edlen nach unten gestürzt seien; kriegerische Zerstörungen, verheerende Feuersbrünste und Hungersnöte waren im Mittelalter und bis tief in die Neuzeit hinein alltägliche Realität. Ja, man mag sogar sagen, die berühmten Ziegen der Insel Fernando Póo hätten sich selbst in eine Krise gestürzt, als sie sich so stark vermehrten, daß die Grasflächen und Wälder kaum noch Nahrung boten.

Aber die Krisen, die aus der permanenten Gefährdung allen Lebens hervorgehen, und die spezifisch menschlichen Krisen, die mit den Kämpfen zwischen Staaten und Ständen oder Schichten verknüpft sind, nehmen einen anderen und unverwechselbaren Charakter an, seit eine Wirklichkeit und ein Gedanke auftauchten, die es bis dahin nie gegeben hatte und die geeignet schienen, allen Krisen ein Ende zu machen: der Gedanke und die Praxis der »Verbesserung«. Daß die Lebensverhältnisse im eigenen Lande schlecht seien und nach dem Vorbild eines Nachbarlandes verbessert werden könnten, war als Gedanke in der ersten Hälfte des 18. Jahrhunderts in Frankreich aufgetaucht, wo sich Voltaire, Montesquieu und andere am Beispiel Englands orientierten und den drohenden Despotismus sowie die Geistesenge in Frankreich bekämpften.

Als augenfällige Wirklichkeit des Alltags trat das *improvement* aber in England hervor, nachdem seit etwa 1760 die Industrielle Revolution in Gang gekommen war und mit dem Beginn des Eisenbahnzeitalters seit 1830 ihren ersten Höhepunkt erreichte. Jetzt wurden erstmals die Fortschritte der Medizin und der Hygiene spürbar, und das Durchschnittsalter verlängerte sich; die Mühseligkeit der Fortbewegung von Ort zu Ort wurde durch den Massenverkehr auf den Eisenbahnen und den nun weit besseren Straßen abgelöst; Zeitungen und Zeitschriften hielten auch in die Häuser einfacher Menschen Einzug; Preise und Wettbewerbe förderten die Naturwissenschaft, die allmählich in die industrielle Produktion eindrang und die Mengen der erzeugten Güter in die Höhe schnellen ließ; die Unvernunft überkommener Verhältnisse wurde bekämpft, und wenn die Französische Revolution noch ein vorindustrielles, ja in gewisser Weise ein anti-industrielles Ereignis gewesen war, so setzten die englischen Whigs die große Wahlreform von 1832 in dem klaren Bewußtsein ins Werk, daß die Politik den tiefgreifenden wirtschaftlichen Veränderungen folgen müsse, welche das Schwergewicht des Staates vom Lande in die Industriebezirke und von einer politisch deliberierenden Aristokratie auf die produzierenden und handeltreibenden Mittelklassen verschoben habe. Nun wurde es vorstellbar, daß die Verbesserung, die sich so sichtbar im Zentrum des Staates vollzogen hatte, zunehmend auf die Peripherie ausstrahlen und am Ende gar die fernsten Weltgegenden erfassen würde. Die Sonne sollte, wie es Condorcet am Anfang der Französischen Revolution verkündet hatte, nur noch auf glückliche und selbstbewußte Menschen scheinen, die für immer der Herrschaft der Despoten und des Zufalls entronnen seien.

Aber wenn man sich schon um 1830 in einem *age of improvement* sehen durfte, das die große Plage aller vergangenen Jahrhunderte, die Hungersnöte, bereits nicht mehr kannte, so waren die Kehrseiten dieses

Fortschritts doch nur allzu augenfällig. Die gewaltige Steigerung der Produktion hatte ja nur in England stattgefunden, und die Erfolge der englischen Exportindustrie brachten an vielen Stellen des Kontinents und erst recht in Indien große Zweige der einheimischen Manufaktur zum Erliegen. Die Welt wurde nicht im ganzen besser, sondern sie wurde gerade unterschiedlicher und differenzierter angesichts des Übergewichts eines einzelnen Staates, so wie es noch im 17. Jahrhundert nicht bestanden hatte.

Aber auch in England selbst bahnte sich eine Entwicklung an, die Disraeli veranlaßte, von den »zwei Nationen« zu sprechen, welche auf dem Boden desselben Landes einander fremd und feindlich gegenüberständen. Schon um 1800 hatte es die ersten Beschreibungen der Industriebezirke gegeben. Sie schilderten so etwas wie eine »Hölle auf Erden«, eine Welt aus Feuer, Qualm und Unnatur, die die arbeitenden Menschen zu Krüppeln und die Besitzer der Industrie zu kalten Egoisten machte. Das Fortströmen der Bevölkerung aus den Landbezirken in die großen Städte bedeutete zugleich die Zerstörung des Vertrauten: des ländlichen Englands um Gutshof und Pfarrei, in dessen Netzen von überschaubaren und persönlichen Beziehungen auch der Ärmste sich noch geborgen und anerkannt wußte. In vielen Beschreibungen wird der Schrecken spürbar, den die Unpersönlichkeit der großen Städte hervorrief: »Keiner kannte, keiner grüßte den anderen«, schrieb Clemens von Brentano, und Friedrich Engels drückte sich ganz ähnlich aus, als er zum erstenmal London besucht hatte.[1]

Das gleiche galt für die Versachlichung der Beziehungen zwischen Fabrikherren und Arbeitern, in denen der uralte Fürsorgegedanke immer mehr abhanden kam. Und gerade der technische Fortschritt rief Krisen neuer Art hervor: stockenden Geschäftsgang, Überfüllung der Märkte, Zugrundegehen von Firmen, die in der Konkurrenz nicht mehr mithalten konnten, und vor allem das qualvolle Sterben einer ganzen Berufsgruppe, die zu den ältesten der Menschheit zählte: Die Handweber wurden von den Textilfabriken mit ihren mechanischen Webstühlen zunehmend vom Markt verdrängt, so daß der Gedanke aufkommen mußte, die Industrie *erzeuge* das Elend.

Gleichzeitig vollzog sich in England und in ganz Europa eine Bevölkerungsvermehrung von bisher unbekanntem Ausmaß, und die Anfänge der klassischen Nationalökonomie und der Lehre von der Industriegesellschaft sind ganz von der Sorge erfüllt, dieses exzessive

Wachstum der Bevölkerung könne die Erfolge der Industrialisierung und deren wichtigste Voraussetzung zunichte machen, nämlich die Konzentration der knappen Investitionsmittel in den Händen der Unternehmer. Was Malthus und Ricardo mehr als alles andere befürchteten, war die große Empörungs- und Verteilungsrevolution, welche die Verbesserung in der Stagnation der allgemeinen Armut erstickt haben würde. Eben diese Revolution wollten auch die »Frühsozialisten« mittels ihrer Pläne der Umorganisation der Produktion durch die agrikulturell-industriellen Phalansteren mit ihren persönlichen, nichthierarischen Beziehungen einer überschaubaren Anzahl von Menschen vermeiden.

Karl Marx jedoch stellte die These auf, diese Revolution werde durch den Übergang zur Plan- und Bedarfsdeckungswirtschaft nicht Armut, sondern Reichtum schaffen und die ökonomischen Krisen so gut an ihr Ende bringen wie die Konflikte der Politik, ob es sich nun um die bisherige Innenpolitik handelte oder um die bisherige Außenpolitik. Was die »Ewige Linke« von jeher erträumt und was eine starke Richtung der Aufklärung vorhergesagt hatte, würde Wirklichkeit werden: das Reich der freien und gleichen Menschen auf der ganzen Erde, die wechselseitig ihr Leben bereichern würden, indem sie endgültig die äußere Natur, aber auch die Natur in sich selbst bezwangen, soweit sie von der Enge und Kampfbegierde des Animalischen bestimmt war.

Aber bis zum Anfang des 20. Jahrhunderts war die »große Lösung« nicht verwirklicht worden, welche die »Verbesserung« über die bisherigen Grenzen hinausgeführt und deren angebliche Kehrseite, die Krisenhaftigkeit, abgeschafft haben würde. Die geschichtliche Entwicklung vollzog sich vielmehr als Verbesserung *durch* Krisen, durch die Krisen der nun in den meisten Staaten des außerenglischen Europa beginnenden Industrialisierung und durch die Krisen der Machtkämpfe dieser Staaten, die zu wesentlichen Veränderungen der Organisationsfelder auch der Industrie führten, vor allem durch die nationalstaatliche Einigung Deutschlands und Italiens. Faktisch ging diese krisenhafte Verbesserung als ein Prozeß des Fortschritts zur Gleichberechtigung der für lange Zeit noch vom Wahlrecht ausgeschlossenen Kleinbürger, Arbeiter und schließlich der Frauen vonstatten, zur Gleichberechtigung aber auch der zunächst in der Industrialisierung »verspäteten« Nationen wie etwa Deutschlands, Italiens und Frankreichs.[2]

Dabei waren innenpolitisch die Egalitätsideologen und außenpolitisch die Nationalisten die am stärksten vorwärtstreibenden, aber auch gefahrbringenden Kräfte, während die herrschende aristokratisch-groß-bürgerliche Schicht ein hohes Maß an Nachgiebigkeit und Flexibilität an den Tag legte und das europäische Staatensystem sich als ausgleichend und beweglich erwies. Im Laufe des halben Jahrhunderts seit 1832 erhielten in Großbritannien so gut wie alle Männer das Wahlrecht; schon der Reichstag des Norddeutschen Bundes war auf das allgemeine Männerwahlrecht gegründet, das freilich durch das andersartige System in Preußen eingeschränkt war; Frankreich wurde nach dem Sturz Napoleons III. zur ersten parlamentarischen Republik.

Die marxistische Arbeiterbewegung hatte zwar die totale und universale Revolution als Programm, und insofern bildete sie ein Konzentrat der Egalitätsideologen, aber nicht nur ihr Gewerkschaftsflügel wurde mehr und mehr »reformistisch«, und so entwickelte sich in ihrem Schoße eine genuine »Sozialdemokratie«, die von dem kommunistischen Erfurter Programm Abstand nahm und sich den Regeln des Liberalen Systems unterwarf, welche ihr zwar nicht »die« politische Macht, wohl aber zunehmenden Einfluß versprachen. Auch das Staatensystem hatte sich als fähig erwiesen, bedeutende Veränderungen ohne einen katastrophalen Zusammenstoß zu überstehen: Aus der Revolution von 1848 und aus dem Krimkrieg der Jahre 1853–1855 war nicht der »Weltkrieg« entstanden, den Karl Marx postulierte, und die Einigungskriege in bzw. um Deutschland und Italien blieben lokal begrenzt und verliefen relativ unblutig.

Ging man von der Annahme aus, daß der zuerst von England und seiner aristokratisch-bürgerlichen Führungsschicht in Gang gesetzte, in ständigen, aber nicht extremen Krisen sich vollziehende Prozeß der Industrialisierung, »Ent-Fernung«, Ausgleichung und Verbesserung der zentrale Tatbestand des 19. Jahrhunderts war, der sich im 20. Jahrhundert fortsetzen würde, dann ließ sich eine Vorstellung der Zukunft entwickeln, welche man diejenige des »sozialdemokratischen Weges« nennen mochte. Von der Gleichberechtigung und zunächst vom Wahlrecht würde keine Gruppe innerhalb der Staaten mehr ausgeschlossen sein. Auch die aus der Geschichte herkommenden ökonomischen Differenzen würden sich ausgleichen, ohne daß freilich die Quelle der Dynamik und Verbesserung, die Konkurrenzwirtschaft, durch die etwaige Einführung einer Planwirtschaft beseitigt worden wäre. Die Unterschiede unter den Staaten würden sich ebenfalls verringern, und das »seebeherrschende Albion« würde die unumgängliche und bloß relative Verminderung seines Reichtums und seiner Position akzeptieren, ohne in Panik zu geraten. Die um die Jahrhundertwende aufstrebenden außereuropäischen Großmächte, Japan und die USA, würden einem »Weltstaatensystem« eingefügt werden, das sich zu einem Staatenbund zwecks Sicherung des Friedens zusammenschließen würde. Gemeinsam würde man die Aufgabe der Emporhebung der zurückgebliebenen Gebiete der Welt lösen, ohne daß der eine Staat den anderen aus seinen bisherigen Einflußgebieten zu verdrängen versuchen würde. Am Ende des Jahrhunderts wäre die Menschheit dann so weit gelangt, daß die Verbesserung, d. h. die allgemeine Hebung des Lebensstandards, immer spürbarer und die verbleibende Krisenhaftigkeit immer ungefährlicher sein würde.

Man braucht dieses Szenario des »sozialdemokratischen Weges« nur zu entwerfen, um klar zu machen, daß die Realisierungsmöglichkeit nicht groß war. Sie setzte ja vor allem die Zügelung der gefühlsbetontesten und dabei ideenreichsten Menschengruppen voraus: der Vorkämpfer der innenpolitischen, sozialen Veränderung, nämlich der Egalitätsideologen, und der Vorkämpfer der egoistischen Aktivität der Staaten, nämlich der Nationalisten als der Vertreter nationaler Missionsideen und des »Imperialismus«. Der »Weg der Vernunft« würde der Weg des Maßes, der Zurückhaltung und des individuellen sowie des kollektiven Altruismus sein müssen, und nichts in der bisherigen Geschichte der Menschheit ließ erwarten, daß es sich dabei um vorherrschende Tendenzen handeln würde. Viel wahrscheinlicher war, daß Individuen, Klassen und Staaten sich von den kurzfristigen Perspektiven ihres Egoismus leiten lassen würden und daß noch das Postulat des Altruismus dadurch zum Sprengmittel werden würde, daß die Forderung nach einem »totalen« Altruismus, nach der Identität von Einzel- und Allgemeininteresse und nach der Verschmelzung aller Menschen zu unterschiedsloser Einheit erhoben werden würde. Dennoch würden sich alle noch so weitgehenden Abweichungen der Realität an dem vorgestellten »Weg der Vernunft« messen lassen, und es war möglich, daß eines Tages die Wirklichkeit sich dem zunächst nur Vorstellbaren wieder nähern würde.

Das Geschick des 20. Jahrhunderts entschied sich zuerst, wie allgemein bekannt ist, in den Juli- und Augusttagen des Jahres 1914. Den Staatsmännern entglitt die Kontrolle über die Ereignisse, die durch das

Attentat des Serben Gawrilo Princip in Sarajewo auf den österreichischen Thronfolger Franz Ferdinand und dessen Gemahlin in Gang gesetzt wurden. Das Deutsche Reich gab seinem einzigen verläßlichen Verbündeten freie Hand zur Abrechnung mit Serbien, und Rußland wollte das Zurückweichen von 1908 nicht wiederholen, zu dem seine Schwächung durch die Revolution von 1905 es gezwungen hatte. Deutschland *mußte* aus seiner Mittellage heraus angreifen, wenn es sich mit Aussicht auf Erfolg verteidigen wollte, und England *mußte* eingreifen, als Deutschland gemäß dem Schlieffen-Plan die belgische Grenze überschritt. So wurde innerhalb weniger Tage und sicherlich gegen den Wunsch und die Absicht aller verantwortlichen Staatsmänner der Weltkrieg ausgelöst, und der Weg der Vernunft war für unabsehbare Zeit versperrt.

Und dennoch wurde eine überaus wichtige Voraussetzung für den »sozialdemokratischen Weg« gerade durch den Kriegsausbruch geschaffen, durch die Bewilligung der Kriegskredite von seiten der marxistischen Parteien, vornehmlich in Deutschland, d. h. durch die Umwandlung der in ihrem Selbstverständnis kommunistischen Partei der deutschen Arbeiterbewegung in eine sozialdemokratische Partei, die dadurch in den Augen von Lenin und Rosa Luxemburg zu einer Verräterpartei von »Sozialchauvinisten« wurde. Das mächtigste Argument für das Urteil der künftigen Kommunisten waren die entsetzlichen Blutopfer, die schon im Jahre 1915 über alles weit hinausgingen, was selbst dem kaltblütigsten General vorstellbar gewesen wäre; die unausgesprochene und überaus fragwürdige Voraussetzung war freilich die Annahme, daß die »internationale Sozialdemokratie« den Krieg durch einen universalen Streik hätte verhindern können.

Aber wie jeder Krieg, so stellte auch dieser Weltkrieg gerade in seinen Blutopfern unter Beweis, daß die Friedensverhältnisse nur eine Oberflächenrealität dargestellt hatten und daß das Deutsche Reich die weitaus stärkste und bestorganisierte Macht Europas war. Es konnte Rußland einen Separatfrieden aufzwingen, und es brachte noch im Frühjahr 1918 Frankreich und England bis an den Rand der Niederlage. Wenn dem Krieg selbst eine immanente Vernunft zuzuschreiben war, dann mußte seine Folge die Einigung Kontinentaleuropas unter der Führung seines stärksten Staates, eben Deutschlands, sein. Aber der Kriegseintritt der USA brachte die Entscheidung gegen Deutschland, und nun bestätigte sich die Meinung, das preußisch-deutsche System sei zu sehr auf Herrschaft und nicht auf Führung ausgerichtet gewesen, so daß das besiegte Zentralland des Kontinents sich einer wahren Sturzflut aus Haß, Erbitterung und kaum verarbeiteter Angst gegenübersah, und daraus entstand der Diktatfriede von Versailles. Aber so wie Deutschland zu schwach gewesen war, um über Europa zu herrschen, und zu stark, um als gleichberechtigtes Glied in Europa zu wohnen, so war dieser Friede von Versailles zu hart, als daß er innerlich hätte akzeptiert werden können, und nicht hart genug, um auch die potentielle und insofern immer noch überragende Machtposition Deutschlands zu zerstören. Die Frage war, ob nun ein neuer »Weg der Vernunft« gangbar wurde.

Das Verhalten der meisten Staaten und auch der Kolonialgebiete war festgelegt; es mußte in dem Versuch bestehen, die Vorteile festzuhalten und die Möglichkeiten zu nutzen, die ihnen das Kriegsende gewährte. Frankreich war zur militärischen und politischen Vormacht Kontinentaleuropas geworden; Englands imperiale Stellung in der Welt war geschwächt, aber keineswegs zerbrochen; Italien hatte seinen Einigungsprozeß vollendet und war mit der Erwerbung Südtirols sogar über die Sprachgrenze hinausgelangt; Japan war definitiv zur Weltmacht geworden, und alle abhängigen Staaten und Kolonialgebiete sahen sich in ihrem Streben nach Unabhängigkeit und Emanzipation gestärkt. England, Frankreich, Italien, das wiedererstandene Polen und viele andere Staaten konnten nichts anderes als Status quo-Mächte sein; China und erst recht die Kolonialgebiete wie Indien und Indochina mußten eine Kraft der Veränderung darstellen, aber eine marginale.

Nur die USA und ihr Präsident Woodrow Wilson schienen imstande und gewillt zu sein, einen neuen »Weg der Vernunft« zu weisen, den Weg der Friedenssicherung durch die Errichtung eines Völkerbundes, dessen Statuten »Revisionen« nicht ausschlossen, aber jedem Revisionismus in den Weg traten. Der Weltkrieg wäre also ein erzwungener und wohl unumgänglicher Reifungsprozeß aller Völker gewesen. Wenn die USA jetzt die Weltführung übernahmen, nachdem die Führung durch Europa und Deutschland gescheitert war, dann war es so gut wie sicher, daß dieser Weltkrieg tatsächlich der »letzte (große) Krieg« gewesen war. Aber der amerikanische Senat und das Abgeordnetenhaus lehnten die Pläne Wilsons ab, und die USA blieben dem Völkerbund fern; sie schienen sich sogar unter den Präsidenten Harding, Coolidge und Hoover wieder stärker auf sich selbst und ihre »westliche Welthälfte« zurückzuziehen. Damit mußte der weitere Verlauf der Geschichte in erster Linie von den zwei Nationen abhängen, welche die Besiegten dieses Krieges gewesen waren und schon deshalb keine Status quo-Mächte sein konnten: von Rußland und von Deutschland.

Die Russen mußten als erste ihre Entscheidung treffen, denn sie standen als erste am Abgrund der Niederlage. Sie machten eine große Revolution, die ein jahrhundertealtes Regime stürzte. In dieser Februar-Revolution waren die Kennzeichen einer Aufbruchsrevolution und einer Zusammenbruchsrevolution auf eigenartige Weise gemischt. Aber der »bürgerliche« Weg des festen Zusammenstehens mit den westlichen Alliierten scheiterte rasch, und der Ansatz zu einem »sozialdemokratischen Weg«, der in der Forderung der sozialistischen Sowjet-Parteien nach einem allgemeinen Frieden ohne Annexionen und Kontributionen enthalten war, blieb wegen der fehlenden Resonanz bei den übrigen Mächten unentwickelt.

Mit der »Oktoberrevolution« der Bolschewiki setzten die Russen auf die ursprüngliche und weltrevolutionäre Gestalt der marxistischen Arbeiterbewegung, und zum erstenmal in der Neuzeit identifizierte sich ein großer Staat mit einer ideologischen Bewegung, und zwar mit der jüngsten, potentiell mächtigsten und internationalsten, die freilich durch das starke Hervortreten ihrer neuesten, der reformistischen oder sozialdemokratischen Erscheinungsform, bereits geschwächt war. So wurde es möglich, daß an die Stelle der Depression und Verzweiflung von Zusammenbruch und Niederlage die Zuversicht und der Enthusiasmus einer großen Siegeserwartung traten. Zuversicht und Enthusiasmus strahlten von der kleinen Gruppe der führenden Bolschewiki bis weit hinein in das Volk aus und gaben unzähligen Menschen die Kraft, sich den zahlreichen Feinden im Inneren und den freilich schwachen Interventionsversuchen der Alliierten entgegenzuwerfen.

Nach dem Zusammenbruch Deutschlands erreichten diese Hoffnungen und dieser Enthusiasmus einen neuen Höhepunkt. In den Manifesten und Aufrufen der neugegründeten Kommunistischen Internationale sprach nun definitiv kein »Staat« mehr, sondern eine internationale Bewegung, die zuversichtlich erwartete, daß die »Feuersbrunst der proletarischen Revolution« ganz Europa ergreifen werde, daß ein gesamteuropäischer Bürgerkrieg am 50. Jahrestag der Pariser Kommune die Konstitution der französischen Sowjetrepublik zur Folge haben werde, daß der »Traum der besten Vertreter der Menschheit« zur Wirklichkeit werde, indem die rote Fahne, »gefärbt mit dem Herzblut

411

ganzer Generationen von großen Kämpfern und Märtyrern der Arbeiterklasse« über der ganzen Welt wehen und den Untergang der Unterdrücker besiegeln werde. Mußten nicht auch die Liberalen zustimmen,
wenn gefordert wurde, »die Grenzschranken der Staaten, die zerstük-
kelte Weltwirtschaft zu beseitigen«?[3] Wie sollte nicht von »historischer
Größe« angesichts dieser Verwandlung eines besiegten Staates in den
Bannerträger einer weltweiten Revolution die Rede sein müssen? Wer
nicht krampfhaft die Augen verschloß, der mußte sehen, daß hier der
militante Universalismus, gestützt auf den alten Messianismus der russischen Tradition, die Verfügung über ein großes Land und dessen Waffen
gewonnen hatte. An dieser Stelle war aus dem Krieg hervorgegangen,
was keineswegs notwendigerweise aus ihm hervorgehen *mußte*: die
grundsätzliche Verneinung des Krieges, die dennoch kein bloßer Pazifismus war, und der Wille zur Errichtung eines weltweiten Friedensreiches, das die alten Träume von der *einen* Menschheit zur Erfüllung
bringen und sich alle modernen Postulate der Überwindung von Grenzen und Einschränkungen zu eigen machen würde. Wenn es jemals ein
weltgeschichtliches, ein nicht mehr bloß nationales oder staatliches
Ereignis gab, so war es dieses.

Aber die Oktoberrevolution und die siegreiche Selbstbehauptung im
Bürgerkrieg waren nicht nur ein Triumph der marxistischen Egalitätsideologen in Rußland und in weiten Teilen der übrigen Welt, sondern
sie bedeuteten auch eine elementare Eruption der »Ewigen Linken« im
Sinne von Massenerregung und Volksaufstand. Wahrscheinlich würde
es in Rußland einen »Klassenmord« auch dann gegeben haben, wenn
der Staat den Zorn und den Haß des Volkes gegenüber denjenigen, die
Gorki die »gebildetsten Menschen Rußlands« und Kataja die »räuberi-
sche Parasitenklasse« nannte[4], bloß hätte gewähren lassen. Aber dadurch, daß Lenin und Sinowjew und die meisten anderen Führer der
Bolschewiki sich damit identifizierten, die Massentötungen anstachel-
ten und durch die Tscheka systematisierten, wurde der Ausbruch
urtümlicher Wildheit zur Untat, und als solche wurde er in ganz Europa
mit Entsetzen wahrgenommen. Die spätere »Kollektivierung« der
Landwirtschaft mit ihren vielen Millionen von Opfern entsprang dem
Willen der anti-individualistischen Partei und nicht einer Laune Stalins.
Wenn je eine Partei begründeten Schrecken verbreitete, so war es die
KPdSU.

Aber in ganz Europa und auch von den orthodoxen Marxisten

412

wurden der Schrecken und die Barbarei auf die »Zurückgebliebenheit« Rußlands zurückgeführt, das für die marxistische und nicht etwa bloß »egalitäre« Revolution nicht reif gewesen sei. Lenin selbst sagte am Ende seines Lebens mit klaren Worten, daß in Rußland etwas anderes entstanden sei als der Sozialismus, den er erstrebt hatte. Er sprach von »Staatskapitalismus«, und er beklagte den fortwirkenden Nationalismus der Großrussen sowie das Wuchern einer riesigen Bürokratie. Wenn aus Großgewolltem infolge der Macht der Umstände und vielleicht auch infolge einer längst vorhandenen Schwäche eine Realität entsteht, die weit von dem Erstrebten entfernt ist, dann darf von einer Tragödie gesprochen werden. Historische Größe, Untat und Tragik verbanden sich im Phänomen des siegreichen Bolschewismus auf unentwirrbare Weise, aber die Frage muß offen bleiben, ob dieses so außerordentliche Staatsgebilde im Verlauf von zwei Jahrzehnten wirklich zu einer bloßen Entwicklungsdiktatur am Rande Europas herabsank, die voller Angst und Sorge den Angriff Hitlers auf sich zukommen sah, oder ob so viel an revolutionärem Enthusiasmus und gläubigem Impetus überlebt hatte, um die banalisierende Interpretation als inadäquat erscheinen zu lassen.

Eine fundamentale These der Bolschewiki ist auch heute noch der Erörterung wert: daß die Deutschen ihre große weltgeschichtliche Chance aus der Hand gaben, als sie es 1918/19 und noch einmal 1923 versäumten, eine radikale Revolution zu machen und sich selbst an die Spitze der kommunistischen Weltbewegung zu setzen, so daß nicht mehr Moskau, sondern Berlin die Hauptstadt der Revolution gewesen wäre. Aber nichts hatte so sehr dazu beigetragen, die Kraft der Revolutionsversuche in Deutschland zu schwächen wie der immer wiederholte Hinweis gerade der Mehrheitssozialdemokraten auf die »russischen Zustände«, die auch in Deutschland Einkehr halten würden, wenn die Anhänger von Karl Liebknecht und Rosa Luxemburg sich durchsetzen sollten. Das Schreckensgesicht der russischen Revolution war im November 1918 bereits alt und bekannt genug, um ihr Hoffnungsgesicht zu verdrängen. Die Partei von Friedrich Ebert und Gustav Noske mochte zwar »spießbürgerlich« wirken, aber sie war dem Regelablauf der europäischen Geschichte näher, weil sie den »sozialdemokratischen Weg« betreten hatte, auf den sich die maßgebenden Teile der sozialistischen Parteien Frankreichs und Englands ebenfalls begaben. Schließlich ist es ausgeschlossen, daß die siegreichen Alliierten ein

Zusammengehen der beiden besiegten Mächte nicht als eine elementare Gefährdung ihrer Position empfunden hätten, und so ist es nur allzu wahrscheinlich, daß die Schlacht zwischen den deutschen und russischen Arbeitern auf der einen Seite und den Truppen des »Imperialismus« auf der anderen nicht am Rhein, wie Karl Radek es wollte, sondern an der Elbe geschlagen worden wäre. Vielleicht wäre die Teilung Deutschlands und eine Vorwegnahme der Lage in den Jahrzehnten von 1949 bis 1989 die Folge gewesen. Ein vollständiger Sieg der schlechtgerüsteten deutsch-russischen Revolutionsarmee über die Truppen Frankreichs, Englands, der USA und ihrer Verbündeten auf der deutschen Rechten ist kaum vorstellbar.

So entfiel für die Deutschen die Wahlmöglichkeit, sich an die Stelle der Russen zu setzen und die Weltrevolution aus dem Gefängnis der osteuropäischen Zurückgebliebenheit zu befreien. Die andere Möglichkeit postulierte Fritz Fischer im nachhinein[5]: die Niederlage ohne Vorbehalte zu akzeptieren, Deutschlands Geschick mit dem des Völkerbundes, mithin der Wilsonschen Ideen zu identifizieren und damit zugleich die Vorherrschaft der preußischen Tradition durch die Anknüpfung an eine bessere Vergangenheit Deutschlands zu überwinden. Aber es muß noch einmal gefragt werden: Hat sich jemals eine selbstbewußte Nation nach einer ersten Niederlage mit deren Ergebnissen in einem so absoluten Sinne abgefunden? Es ist hier noch einmal an den angeführten Satz des preußischen Ministerpräsidenten und Sozialdemokraten Otto Braun zu erinnern[6], aus dem zu ersehen ist, daß alle maßgeblichen politischen Kräfte Deutschlands sich eine Revision von Versailles und die Behauptung der politischen und geistigen Eigenständigkeit Deutschlands zum Ziel setzten. Wenn Deutschland einen neuen »Weg der Vernunft« einschlagen wollte, so konnte es nicht der Weg der Selbstaufgabe und der Verinnerlichung der Niederlage sein. Zur Eigenständigkeit gehörten aber die preußische Tradition und deren Trägerschichten hinzu, die zwar keineswegs mehr »die Herrschenden« waren, die aber gerade in ihrem Zurücktreten ihre Denkweise unter Abschwächung ausgedehnt und zur »nationalen« gemacht hatten. Ob diesem revisionistischen Nationalismus als der Selbstbehauptung einer nationalen Identität »Größe« zugeschrieben werden kann, ist fraglich. Eine »große« Revision, d. h. die Wiederaufnahme des Weltkrieges und eine Umkehrung seiner Ergebnisse, lehnten Braun und Stresemann, Brüning und Hindenburg mit derselben Eindeutigkeit ab. Daß der radikale

Revisionismus des »Alles oder Nichts« der »Weg der Unvernunft« sein und ins Unheil führen würde, stand für sie wie für nahezu alle anderen Politiker der Weimarer Republik außer Zweifel.

Dennoch entstand in Deutschland die Partei des »großen« oder radikalen Revisionismus, nämlich die NSDAP Hitlers. Aber sie war gleichzeitig die Partei des radikalen Antibolschewismus, und so konnte sie im In- und Ausland Sympathien gewinnen, die ihr als der Partei dieses Revisionismus versagt geblieben wären.

*Daß* in Europa Bewegungen bzw. Parteien eines radikalen Antikommunismus aufkommen würden, war notwendig und ist dem moralischen Urteil entzogen. Wer glaubt, daß eine radikale Bewegung der Linken *nicht* eine radikale Reaktion auf der Rechten erzeugen würde, überschätzt entweder die Kraft des überlieferten Parteiensystems, mit dem gewohnten Verfahren sich einer bedrohlichen Herausforderung gewachsen zu zeigen, oder er läßt sich von einem versteckten Postulat leiten. Eine radikale antikommunistische Bewegung konnte durchaus »Größe« haben, wenn sie konsequent und ebenso international war wie der Feind. Freilich durfte es sich nur um einen internationalen Nationalismus handeln, und wenn schon hier eine fundamentale Schwierigkeit zu sehen ist, so wird sie unlösbar, wenn der international-antikommunistische Nationalismus zugleich ein radikaler Revisionismus sein will, der notwendigerweise mit anderen Nationalismen zusammenstoßen muß. So war es von vornherein wahrscheinlich, daß die NSDAP nur eine »unreine« radikal-antikommunistische Partei sein konnte und sich selbst im Wege stehen würde, falls sie auf die kommunistische Herausforderung auf gleicher Ebene eine Antwort zu geben versuchen würde. Wenn der kommunistische Anspruch auf Welterlösung gerade ein zerstörerisches Attentat war, dann mußte die Selbstbehauptung der deutschen Nation ihrerseits die Züge einer großen Gesundungslehre annehmen, und dem Versuch der Vernichtung der bürgerlich-aristokratischen Führungsschicht, welche bis dahin die Initiativkraft der Weltgeschichte gewesen war, mußte unter äußerster Anspannung der Versuch entgegengesetzt werden, die »weiße Rasse« in eine Position unangreifbarer Herrschaft zu bringen, welche jene Führungsschicht, verführt durch Ideen wie »Humanität« und »Toleranz«, leichtfertig aus den Händen gegeben hatte.

So war dem radikalen Revisionismus und Antikommunismus in Deutschland, der aufkommen, aber keineswegs siegen *mußte*, von

Anfang an eine fragwürdigere und kompliziertere »Größe« zuzuschreiben als dem Versuch der Bolschewiki, die von so vielen Denkern vorhergesagte Welteinheit gewaltsam und in einem Zuge herbeizuführen. Aber wenn historische Größe im Abweichen vom Weg der Vernunft, der immer ein Weg des Maßes und damit des Mittelmaßes und oft genug der Mittelmäßigkeit ist, oder im ideologischen Überschießen über einen rationalen Kern besteht, dann konnte es in Deutschland die der bolschewistischen entgegengesetzte »Größe« nur als radikalfaschistische oder nationalsozialistische geben. Ebenso wie der militante Universalismus der Bolschewiki immer stärker von der russischen Partikularität durchdrungen wurde, so daß von »Tragik« die Rede sein durfte, nahm der militante Partikularismus des Nationalsozialismus so viele universale Züge in sich auf – etwa die Vorstellung vom »guten Blut«, das man überall in der Welt »rauben« müsse –, daß der Ausgangspunkt der wirklichen und vielfältigen Nation in einer vorgestellten und erst noch zu züchtenden »höheren Rasse« zugrunde gehen mußte. Auch hier darf mithin von »Tragik« gesprochen werden, wenngleich von einer anderen Art von Tragik. Wie wenig sich der Angriffswille der Nationalsozialisten auf derselben Ebene bewegte wie der zuversichtliche Welteroberungswille der Bolschewiki, wie defensiv er im Grunde war, läßt eine Äußerung von Heinrich Himmler erkennen: »In dem Augenblick, wo wir ... zu zweifeln beginnen, ist Deutschland, ist der germanische Mensch verloren. Denn die anderen sind mehr als wir. Wir aber sind mehr wert als sie.«[7]

Auch die Untaten haben einen anderen Charakter. Der einseitige Bürgerkrieg des Jahres 1933 war hart und nicht selten grausam, aber die Opferzahl war verhältnismäßig gering. Im Gesetz zur Verhütung erbkranken Nachwuchses darf man die Massentötungen der Kriegszeit angelegt sehen, aber auch hier blieb die Zahl der Todesopfer zunächst relativ gering. Die »Staatsmorde« des 30. Juni 1934 waren überwiegend eine internationalsozialistische Angelegenheit. Die Nürnberger Gesetze bedeuteten zwar Kränkung und Diskriminierung der Betroffenen, aber sie zielten auf die friedliche, wenngleich nicht zwangfreie Trennung zweier Völker ab. Wer sich den Unterschied zwischen elementarurtümlicher Barbarei und immerhin zivilisierter Barbarei anschaulich machen will, braucht nur die Erinnerungen der Alexandrea Rachmanowa und der Hertha Nathorff nebeneinander zu lesen.[8] Erst nach dem Ausbruch des Krieges geriet der Nationalsozialismus in die Dimension

der »Untaten«, die gleichwohl nicht so sehr aus den Zwängen eines großen Krieges als aus den Eigentümlichkeiten der Ideologie abzuleiten ist.
Was die »Endlösung« bedeutete, ist gezeigt worden und braucht hier
nicht wiederholt zu werden. Aber wer die Untaten des Nationalsozialismus nicht als Gegenbilder zu den früheren Untaten des Bolschewismus
verstehen will, wer in der Größe und in der Tragik des Nationalsozialismus nicht späte und angestrengte Gegenzüge zu der ursprünglicheren
und genuineren Größe und Tragik des Bolschewismus erkennen will,
der macht sich von der Geschichte des 20. Jahrhunderts ein grob
verzerrtes Bild.

Doch auch der zeichnet ein inadäquates Bild, der ein drittes Volk
übersieht, das sich in einer außerordentlichen Situation befand und von
dem bestimmte Teile sich schlechthin außerordentliche Ziele setzen
oder doch ganz ungewöhnliche Leistungen vollbringen konnten. In
Westeuropa waren die Juden längst dem Ghetto entronnen und großenteils assimiliert, so daß sie das Jüdische fast schon als bloße »Konfession«
verstanden, aber im Zarenreich lebten sie noch wie in einem riesigen
Ghetto, dem sogenannten Ansiedlungsrayon, überwiegend als eine
arme Händler-, Handwerker- und Intellektuellenschicht, deren Verhältnis zur großen Masse der oft noch analphabetischen russischen
Bauern auf der einen Seite und zur regierenden Bürokratie auf der
anderen als ausgebeutete (bzw. unterdrückte) Ausbeutung gekennzeichnet werden kann. Jedenfalls war es durch die tiefe Fremdheit
zwischen denen bestimmt, die den Sonntag feierten, und den anderen,
die am Sabbat ihre Läden schlossen. Die Juden waren hier noch eindeutig ein Volk mit eigener Sprache, dem Jiddischen, und einer uralten
Volksreligion. Wie die Zukunft zeigen sollte, steckte in dieser ärmlich
dahinlebenden Gruppe von Menschen eine unglaubliche Fülle von
mannigfaltigen Begabungen. Immer wieder Opfer von Pogromen, die
sie selbst auf Machinationen der zaristischen Beamten zurückführten,
machten sich Millionen dieser »Ostjuden« auf den Weg nach Amerika,
wo die erste Generation sich in harten Mühen und unter mancherlei
Diskriminierungen zu behaupten hatte, während die zweite und erst
recht die dritte Generation weite Teile des intellektuellen, künstlerischen
und finanziellen Bereichs eroberten und schon um 1930 zu den einfluß-
reichsten Volksgruppen gehörten, wobei sie freilich den Preis einer
weitgehenden Assimilierung zahlten.

Die aktiven Elemente der in Rußland verbliebenen Juden, insbesondere die Jugendlichen, hatten starken Anteil an der Revolution von 1905, und sowohl die Voraussetzungen dafür wie die Folgen waren Pogrome, die den Juden ihre Unterdrückung noch einmal anschaulich und schmerzlich vor Augen führten. Nichts war verständlicher, als daß sie sich wie andere Minderheitsvölker in hohem Maße sowohl an der Februar- wie an der Oktoberrevolution beteiligten: Von den zehn Männern, die unter dem Vorsitz Lenins am 23. Oktober 1917 den Beschluß faßten, die Revolution auszulösen, waren nicht weniger als sechs Juden. Aus der frappierenden Tatsache, daß so viele der eben noch diskriminierten und meist durch die Physiognomie leicht erkennbaren Juden nun in den obersten und den mittleren Führungspositionen auftauchten, wurde im In- und Ausland sehr rasch der Schluß gezogen, daß diese bolschewistische Revolution eine Revolution der Juden sei, und wie hätte es nicht Anlaß zu Kombinationen und Gerüchten geben sollen, daß auch der Verantwortliche für den Mord an der Zarenfamilie ein Jude war!

Überall wo jüdische Autoren sich nicht in einer Verteidigungsposition sehen, wird der weit überproportionale Anteil von Juden an der bolschewistischen Revolution als unbestreitbare Tatsache konstatiert, und sobald kritische Distanz zu sich selbst gegeben ist, können jüdische Schriftsteller einen Satz wie den folgenden schreiben: »Wenn für das Zarenregime der Offizier, der adlige Beamte oder der Kanzleivorsteher in Uniform typisch waren, so wurde der nicht selten gebrochen russisch sprechende jüdische (lettische) Kommissar mit Lederjacke und Mauserpistole typisch für das Erscheinungsbild der revolutionären Macht.«[9] Es ist in der Tat zweifelhaft, ob das bolschewistische Regime ohne die Trotzki und Sinowjew, Swerdlow und Kamenjew, Sokolnikow und Uritzky den Bürgerkrieg überstanden hätte.

Insofern war nicht nur die starke Teilnahme von Juden an der Revolution, sondern auch die Anklage gegen die Juden von seiten der Feinde der Bolschewiki leicht verständlich. Dennoch bedeutete es einen Überschritt in eine andere Dimension, wenn die Anklage von den »vielen« auf »alle« ausgedehnt wurde, wenn die bolschewistische Revolution als solche für jüdisch erklärt und Verschwörungstheorien konstruiert wurden, welche Trotzki und andere zu Abgesandten und Bevollmächtigten amerikanisch-jüdischer Bankhäuser machten. Hier ging rationale Einsicht nur allzurasch in mythologisierende Phantasie über und wurde das Verständliche zum kaum noch Verstehbaren. Ernster zu nehmen ist die auch heute noch von russischen »Konservativen« vertretene These, die Oktoberrevolution sei in erster Linie die Revolution eines »kleinen Volkes« und nicht der Russen gewesen, aber auch sie weist wenig Überzeugungskraft auf. Der säkularisierte russische Messianismus war ebensosehr eine starke Realität wie der säkularisierte jüdische Messianismus; die früheste und ausgedehnteste Antriebskraft der Revolution war die Friedenssehnsucht der großen, d. h. der vorwiegend russischen Massen; der kommunistische Glaube kannte keine nationalen Beschränkungen.

Die These vom »jüdischen Bolschewismus« war falsch, aber ihr Aufkommen war nur allzu naheliegend. Die Juden hatten bedeutenden Anteil sowohl an dem Enthusiasmus wie an den Schrecken der Revolution, aber sie waren nicht die Urheber und Erzeuger, und so wie ihrem Aktivismus eine eigene Art von »Größe« zuzuschreiben ist, so wurde ihnen auch ihre eigene Art von Tragik zuteil, denn schon der Kampf der Parteimehrheit und Stalins gegen den »Trotzkismus« trug unverkennbare anti-intellektuelle und »antisemitische« Züge, und in der großen Säuberung wurde die Zahl der Juden in wichtigen Stellungen beinahe auf eine Proportion reduziert, die ihrem Anteil an der Bevölkerung entsprach. Es ist ja ausgeschlossen, daß in modernen Zeiten irgendwo ein »kleines Volk« sich auf die Dauer gegen ein »großes Volk« durchsetzt. Sogar Hitler hielt es im Jahre 1940 für möglich, daß Stalin die Juden aus dem Zentrum der Macht verdrängt habe. Daß die orthodoxen Juden von Anfang an verfolgt worden waren, hielt er des Nachdenkens offenbar nicht für wert.

Ein normales und eigenständiges Schicksal für ihr kleines Volk erstrebten die Zionisten, die es in Osteuropa längst gab, bevor Theodor Herzl den Begriff des Zionismus und einen Terminus wie »Judenstaat« weltbekannt machte. Für die Zionisten und auch für Herzl war ebenso wie später für Weizmann der Antisemitismus eine ganz natürliche Reaktion der »Wirtsvölker« auf die unaufhebbare Andersartigkeit und die expansive, auf intellektueller Überlegenheit beruhende Aktivität der Juden. Den rettenden Ausweg vor dem Ausbruch der großen sozialen Kämpfe, in denen die Juden als Protagonisten der feindlichen Seiten schließlich zerrieben werden würden, bot nur die Übersiedlung in die alte Heimat, die von der eigenen Religion durch zwei Jahrtausende der Zerstreuung in Aussicht gestellt worden war, wenn auch in der irrationalen Verkleidung der Hoffnung auf einen persönlichen »Messias«.

419

Der Zionismus würde der moderne und weltliche Messias sein, und Herzl setzte mit irrealen Vorstellungen und trügerischen Annahmen das scheinbar aussichtslose Unternehmen in Gang, das faktisch die letzte kolonisierende Besitzergreifung von Europäern auf asiatischem Boden war und schon bald nach dem Ende des Krieges zu Aufständen der arabischen Bevölkerung Palästinas führte, weil eine Verschwörung von Juden und Engländern vorzuliegen schien, die durch die Balfour Declaration von 1917 besiegelt worden sei. Herzl selbst freilich war von der Vorstellung, er könne einen unerbittlichen und blutigen Kampf um ein von zwei Völkern mit unterschiedlichen Rechtstiteln beanspruchtes Land initiieren, immer fern geblieben, und er hatte im optimistischen Geist der Jahrhundertwende vom friedlichen, für beide Seiten förderlichen Zusammenleben der Juden und der Araber in ihrem gemeinsamen Heimatland geträumt. Aber sein Ehrgeiz war über das Ziel, die Juden endlich von ihrer Sonderrolle zu befreien und sie zu einem Volk wie die anderen Völker zu machen, weit hinausgegangen, denn er wollte in dem künftigen jüdischen Gemeinwesen als erster einen »Dritten Weg« verwirklichen, auf dem der einzelne nicht »zwischen den Mühlsteinen des Kapitalismus vermalmt« und auch nicht »von sozialistischer Gleichmacherei geköpft« werden würde[10] und der für das Volk im ganzen die richtige Mitte zwischen der Selbstaufgabe durch den abstrakten Universalismus und der gedankenlosen Selbstbehauptung durch einen kriegerischen Partikularismus bedeuten würde.

Davon wurde später nicht weniges zur Wirklichkeit: Mit den Kibbuzim schufen die Zionisten eine neuartige gesellschaftliche Organisationsform, welche der Utopie der Frühsozialisten so nahe war wie nur möglich, ohne daß sie zu mehr als einem Moment der Gesamtgesellschaft und Gesamtwirtschaft geworden wäre. Und als nach dem Ende des Zweiten Weltkriegs die der »Endlösung« entkommenen Überreste des europäischen Judentums gegen den Widerstand der englischen Mandatsmacht nach Palästina strebten, da zeigte sich, daß das Wort von Paul Scheffer auch auf die Zionisten zutraf: Sie waren Kämpfer wie niemand sonst.[11] Sie kämpften in Palästina mit Bombenanschlägen und feldzugsartigen Überfällen gegen die Engländer und die einheimische Bevölkerung, sie kämpften mit Druck und Überredung in den Gremien der UNO, und am Ende setzten sie das schlechthin Außerordentliche durch: die Gründung eines Staates von Europäern als garantierten Zufluchtsort für bedrängte Juden in aller Welt inmitten riesiger islamischer Gebiete.

Und weil ihnen so viel Feindschaft begegnete, die den kaum gegründeten Staat bereits auszulöschen suchte, verwandelten sie sich von heute auf morgen aus Unterdrückten in Unterdrücker, aus Vertriebenen in Vertreiber, aus Gejagten in Jäger. Aber in all dem Unrecht vollzogen sie die Selbstbehauptung eines bis vor kurzem in aller Welt zerstreuten, durch die Assimilation sowohl in den USA wie in der UdSSR aufs äußerste gefährdeten Volkes, und wenn von Israel oder um Israel im Verlauf weniger Jahrzehnte sechs Kriege geführt wurden, von denen einige die Welt an den Rand der atomaren Katastrophe brachten, so konnte doch niemand diesem Staat und seinen Menschen das Außerordentliche, die »Größe«, absprechen. Herzl freilich hätte keinen Augenblick gezögert, auch von »Tragik« zu reden, denn dieser waffenstarrende Krieger- und Wehrbauernstaat hatte keinerlei Ähnlichkeit mit dem friedvollen »Judenstaat«, den er sich vorgestellt hatte, und doch war schlechterdings kein anderer Weg zu sehen, auf dem aus dem Traum eine Wirklichkeit hätte werden können.

»Untaten« freilich wie den Klassenmord der Bolschewiki und den Rassenmord der Nationalsozialisten ließen sich die Zionisten nicht zuschulden kommen, es sei denn, man setzte unzulässigerweise Vertreibung und jahrzehntelange Unterdrückung mit Massentötungen gleich. Größe und Tragik und damit Untaten bzw. Verbrechen hatten in Rußland, in Deutschland und in Israel eine andere Gestalt, aber in allen drei Ländern hatten sich Menschen außerordentliche Ziele gesetzt, und nicht aus Anlagen oder Neigungen, sondern aus der Zielsetzung resultierten Größe, temporärer Erfolg und schließliches Scheitern, das nur im Falle Israels sich als Kompromiß und geschwächtes Überleben eines ideologischen Regimes darstellen könnte.[12]

Die außerordentlichen Zielsetzungen waren nicht in sich schlecht, aber sie verneinten das Realitätsprinzip auch dort, wo sie gerade dafür einzutreten glaubten. Der vorstellbare »Weg der Vernunft« wurde als Resultat von Gegebenheiten und untergeordneten Konflikten ohne den Willen, ja gegen den Willen einzelner Menschen und Parteien im Jahre 1914 an ein erstes und folgenreiches Ende gebracht. Aber eine grundsätzlich neuartige Dimension wurde erst betreten, als im Jahre 1917 eine große, die lange Gedankenarbeit der sozialistischen Bewegung in sich schließende Partei alle »inhumanen« Verhältnisse der ganzen Welt im Interesse einer »Verschmelzung« aller Klassen und Völker zu undifferenzierter Einheit umzustürzen sich vornahm. Dies war das erste Überschießen über einen leicht erkennbaren rationalen Kern hinweg, die Kriegserklärung des militanten Universalismus an die ungerechte Welt und der Anfang des europäischen Bürgerkrieges zwischen ideologischen Mächten. Diese Kriegserklärung verfing sich bald in der Zählebigkeit der russischen Realität, aus der sie auftauchte, aber sie erstarb nicht, sondern wurde nur angreifbarer.

Es war konsequent und unvermeidbar, daß die Gegen-Bürgerkriegspartei aufkam, die ebenso militant sein wollte wie der Feind. Im Prinzip hätte sie die bewaffnete Predigt der individuellen Freiheit und der Welt-Marktwirtschaft sein können, wie es in Ansätzen von seiten der Amerikaner nach 1945 geschah. Aber faktisch kam in Deutschland, der der Sowjetunion am nächsten benachbarten und von einer starken kommunistischen Partei am meisten bedrängten Großmacht, ein militanter Antibolschewismus zur Macht, der vor allem die nationale Eigentümlichkeit verteidigen wollte, d. h. der die Fahne des Partikularismus gegen das Banner des Universalismus aufpflanzte und das Prinzip der Realität gegen das Prinzip der Utopie setzte.

Mit beidem hatte er zugleich recht und unrecht. Das Universale und das Partikulare sind nicht getrennte Pole; das Universale ist immer das Universale des Partikularen, und das Partikulare sieht sich in der Geschichte einem Prozeß der Universalisierung ausgesetzt. Ein nur noch universaler Mensch wäre kein realer Mensch aus Fleisch und Blut mehr; ein Ganzes, das die Teile aufzehrte, anstatt sie enger zusammenzufassen, würde auch sich selbst zerstören. Aber der ideologische Universalismus kann mit dem Anspruch auftreten, die Sperrigkeit des Partikularen und damit der Realität zu vernichten, und der Partikularismus kann, sobald er vom Universalismus infiziert ist, die Selbstbehauptung zur Selbstzerstörung treiben, indem er an die Stelle der lebendigen und vielfältigen Nation die Starrheit einer nur noch durch Züchtung veränderlichen »Rasse« setzt. So machte der Nationalsozialismus die Realität zum Prinzip, d. h. den Konflikt, die Ungerechtigkeit, die Über- und Unterordnung, die partikulare Bestimmtheit von Einzelnen und Gruppen. Darin lag sein tiefstes Unrecht, aber kein Historiker kann im Recht sein, der nur dieses Unrecht wahrnimmt und dessen inneren Zusammenhang mit dem älteren Unrecht des realitätsfeindlichen Willens der Egalitätsideologen ausblendet. Das erste Überschießen rief das zweite hervor, wenn auch von einer Notwendigkeit der konkreten Ereignisse, die resultierten, nicht die Rede sein darf. Dem Zufall und der Willkür muß der Platz gewahrt bleiben. Wäre die Bombe Georg Elsers zehn Minuten früher explodiert, dann würde die Weltgeschichte anders verlaufen sein.

Die Neigung der Juden zur Selbstherabsetzung führt dazu, daß ihnen in der Regel bloß die Rolle von Opfern im ideologischen Bürgerkrieg des 20. Jahrhunderts zugeschrieben wird. Solange das Außerordentliche versteckt wird, das sie in ihren Aktivitäten und Zielsetzungen verkörperten und das positiv/negativ mit der Sowjetunion, positiv mit Israel und negativ mit dem Nationalsozialismus verknüpft ist, wird die Geschichte des Jahrhunderts zum Drama zwischen Guten und Bösen, Helden und Schurken stilisiert, und die Historiographie steht unter dem Motto *ad usum delphini*. Die nationalsozialistische »Endlösung der Judenfrage« ist unter den außerordentlichen Ereignissen des Jahrhunderts singulär, weil nie zuvor in der Weltgeschichte der Versuch gemacht wurde, den als Dekadenz verstandenen Geschichtsprozeß durch die Vernichtung der biologischen Basis einer kleinen Gruppe von Menschen als der angeblichen Urheber anzuhalten und umzukehren. Er ist aber nicht unverstehbar, denn er hat leicht erkennbare Prämissen, und er war kein der Geschichte enthobenes Werk des »absoluten Bösen«.

Der russische Historiker Wolkogonow hat den Anspruch formuliert, nur Russen könnten die Geschichte der Sowjetunion zum Thema machen, denn nur sie seien imstande und berufen, sie mit ihrem »Herzblut« zu schreiben.[13] Offenbar meint er, daß zwar auch Ausländer sich das ganze Ausmaß der »stalinistischen« Verbrechen vor Augen stellen könnten, daß aber nur Russen ein Empfinden dafür zu haben vermöchten, wieviel guter Wille, wieviel Idealismus, wieviel edle Zielsetzung trotz dieser Verbrechen, ja in diesen Verbrechen anwesend gewesen seien. Selbstverständlich will er nicht sagen, die Verbrechen sollten nicht ernst genommen oder gar apologetisch hinwegerklärt werden, aber das abgründige Ineinander des Bösen und des Guten, des Rühmenswerten und des Verwerflichen sei, wie er meint, dem Verständnis eines Ausländers entzogen.

Von den »Hitlerschen« oder den »nationalsozialistischen« oder den »deutschen« Verbrechen und der ganzen Geschichte des nationalsozialistischen Regimes kann man sagen, daß noch niemand versucht hat, sie »mit Herzblut« zu schreiben, sondern daß auch die Inländer, wie Wolkogonows Ausländer, so gut wie ausschließlich moralische Empörung und historische Verdammungsurteile an den Tag gelegt haben, sofern sie nicht zu den bloßen Apologeten zählen. Erst sehr langsam und eher im Bereich allgemeiner Postulate wie der Zurückweisung von »Schwarz-Weiß-Malerei« macht sich seit einiger Zeit, wie wir zu Beginn gesehen haben, eine Änderung bemerkbar. Aber es ist immer noch eine Ausnahme, wenn Martin Broszat verlangt, sogar der Hitlerzeit gegenüber »ein Maß mitfühlender Identifikation (mit den Opfern, aber auch mit den in diesem ›Unheil‹-Kapitel der deutschen Geschichte fehlinvestierten Leistungen und Tugenden) aufzubringen«, ohne das geschichtliches Verstehen nicht auskommen könne.[14]

Und es waren vor allem jüdische Autoren, die ein adäquateres Verständnis sowohl für die bedeutende Rolle der Juden als auch für die Natur des Nationalsozialismus entwickelten: Max Horkheimer gelangte zu der These, daß die Juden zu dem »Rest der Menschheit« in einer negativen Beziehung ständen, daß eben darin aber etwas Positives zu sehen sei, weil auf diese Weise und als Gegenzug zur zivilisatorischen Einebnung »die Negation und das Nicht-Identische« bewahrt würden.[15] Jeffrey Herf begnügt sich nicht mit der bloßen (und selbstverständlichen) moralischen Verurteilung des Massenmords, sondern er sucht den Holocaust als das Resultat einer Kulturrevolution zu begreifen, die nach nationalsozialistischem Verständnis »einer von seelenloser Rationalität bedrohten Welt Gefühl und Unmittelbarkeit zurückgeben würde.«[16] Robert Jay Lifton charakterisiert den Nationalsozialismus als ein »System der Biokratie«, und er legt zwar kein Verständnis, wohl aber ein bemerkenswertes Verstehen für die gewöhnlich bloß »Mörderärzte« Genannten an den Tag, wenn er sie als »biologische Soldaten in einer Frontlinie des Kampfes« bezeichnet, »der den Tod töten sollte« – nämlich den »Volks-« oder Zivilisationstod.[17]

Das legt eine abschließende, ganz aktuelle und doch mit der Interpretation des Nationalsozialismus eng verbundene Bemerkung nahe. Wenn ideologische Systeme stürzen, drängt sich die Annahme auf, daß das gerade Gegenteil des bisher Betriebenen ein sicherer Leitfaden für das künftige Handeln sei. So sind nach dem Ende des kommunistischen Regimes viele Menschen in der Sowjetunion der aufrichtigen Überzeugung, das System der Planwirtschaft müsse nun durch ein System der völlig freien Marktwirtschaft und damit auch des Privateigentums abgelöst werden. Aber die Marktwirtschaft war nur dort erfolgreich, wo etabliertes Privateigentum, eine reiche Kultur und alter anerkannter

Reichtum vorhanden waren, so daß die Menschen an der Basis der ökonomischen Pyramide nie den zwingenden Eindruck hatten, über ihnen befinde sich bloß eine reiche Schicht von skrupellosen Spekulanten und ellenbogenstarken Händlern. Eben dieser Eindruck verbreitet sich nur allzu leicht, wenn viele Jahrzehnte nach der Vernichtung der traditionellen Gesellschaft durch den Sozialismus der »Kapitalismus«, wie jetzt in Rußland, die Chance erhält, sich in Gestalt individueller Initiative zu entfalten. Es ist sehr unwahrscheinlich, daß ein System nach westlichem Muster das Ergebnis sein wird. Viel wahrscheinlicher ist, daß ein Staatssozialismus ohne nennenswertes Privateigentum an der Großindustrie, aber mit mehr oder weniger starken Einsprengseln privaten Besitzes und individueller Initiative herauskommen wird, etwa demjenigen entsprechend, was in der Volksrepublik China von der regierenden Partei ins Werk gesetzt wird. So würde hier ein »Dritter Weg« zwischen der totalen Planung eines bürokratischen Sozialismus und der Fessellosigkeit eines Manchesterkapitalismus eingeschlagen, ein dritter Weg, der sich von der anderen Seite her dem längst zur Wirklichkeit gewordenen »Dritten Weg« des europäischen Sozialstaates annähern würde.

In dieser Perspektive wird plötzlich ein neuer Blick auf den Nationalsozialismus möglich, der ja doch ebenfalls einen »Dritten Weg« im Auge hatte und ein hohes Maß an ökonomischer Bewegung und Differenziertheit durch die Existenz eines unerschütterlichen und freilich von oben gelenkten Gemeingeistes balancieren wollte. Das Projekt blieb unverwirklicht, weil Hitler glaubte, es könne erst nach der Vernichtung der bolschewistischen Macht und nach der Eroberung von Lebensraum im Osten realisiert werden, aber es ist gleichwohl zulässig, in dieser Perspektive dem Nationalsozialismus nicht nur verzweifelten Widerstand gegen eine übermächtige Weltentwicklung, sondern auch die Antizipation von positiven Möglichkeiten der Zukunft zuzuschreiben.

Im Ostteil des durch die Abtrennung seiner Ostprovinzen amputierten Deutschland gelangten nach 1945 durch die Hilfe der sowjetischen Armee die Kommunisten zur Macht, und im Laufe von mehr als vier Jahrzehnten stellten sie wie ihre älteren Genossen in der Sowjetunion unter Beweis, daß sie weltgeschichtlich *nicht* im Recht gewesen waren. Als 1989/91 auch die früheste der beiden großen Abweichungen vom »Weg der Vernunft« gescheitert war, da eröffnete sich kein Zukunftsidyll und kein »Ende der Geschichte«, denn der Weg der Vernunft ist, um es zu wiederholen, der Weg des Maßes, des Mittelmaßes und oft genug der Mittelmäßigkeit und keineswegs ein Weg der Konfliktlosigkeit, sondern vielmehr ein mühsames Verfahren der ständig neuen Konfliktlösungen und des Austarierens gegensätzlicher Interessen.[18] Aber ihn mit vollem Bewußtsein einzuschlagen ist unumgänglich, und die außerordentlichen Intentionen wie die revolutionäre Herbeiführung der klassen- und staatlosen Gesellschaft der ganzen Welt oder die kriegerische Schaffung eines von Deutschland beherrschten europäisch-afrikanischen Großraums oder sogar die Vorstellung des allen Juden eine Heimstatt bietenden Groß-Palästina auf beiden Seiten des Jordan sind gründlich und für immer aufzugeben. Der Weg der Vernunft muß zugleich der sozialdemokratische Weg sein, wenn auch nicht notwendigerweise der Weg der Parteien, die den Namen »sozialdemokratisch« tragen, d. h. der Vorrang der »sozialen Frage« als globaler Aufgabe und die Wünschbarkeit von demokratischen Lösungen müssen anerkannt sein.

Eben hier macht sich die fortwirkende, wenngleich veränderte Gegenwart sogar des Außerordentlichen der Vergangenheit fühlbar, die auch im erschreckenden Wiederauftreten von Kriegsgreueln, Vertreibungen und »ethnischen Säuberungen« am Rande Europas zum Vorschein kommt. In der Bundesrepublik Deutschland führte die Reaktion auf den Nationalsozialismus nicht in das kommunistische, sondern in das universalistisch-humanistische Gegenteil und mehr und mehr zur Verdrängung des Nationalbewußtseins, dem man die Hinneigung zum Nationalsozialismus und die Störung der Entspannung zwischen den Blöcken und damit den beiden deutschen Staaten zum Vorwurf machte.

Eine der frühesten und edelsten Reaktionen war die Aufnahme des durch keinen Gesetzesvorbehalt eingeschränkten und durch die Rechtswegegarantie des Artikels 19 sowie durch das Sozialstaatprinzip erweiterten Satzes in die Verfassung »Politisch Verfolgte genießen Asylrecht«. Gedacht war zweifellos an die politisch Verfolgten, die sich unter Lebensgefahr aus den kommunistischen Staaten in den Westen retten konnten. Bis 1989 hatte sich jedoch längst gezeigt, daß dieser Artikel 16 als Einladung an alle Armen der Welt verstanden werden konnte, in Deutschland mindestens temporär Aufenthalt und Hilfe zu erhalten. Das Jahr 1989 änderte die Situation insofern grundlegend, als nunmehr ein einheitlicher deutscher Staat entstand, der ein großes Notstandsgebiet an ein erheblich größeres Wohlstandsgebiet und eine sehr »deutsch« gebliebene DDR an die weitgehend europäisierte, ja amerikanisierte alte Bundesrepublik anzuschließen hatte.

Gegen diesen neuen Staat richtete sich das tiefe Mißtrauen von jenen Intellektuellen, die nie aufgehört hatten, das angebliche Versäumen des »Aufräumens« oder des »clean sweep« von 1918/19 und 1945 zu beklagen. Nichts schien ihnen gefährlicher als eine verbreitete Rückgewinnung von Nationalbewußtsein in der so gründlich entnationalisierten Mitte Europas, denn sie nahmen, nicht ganz ohne Grund, diejenigen sehr ernst, die von der »kleinen« Wiedervereinigung sprachen und morgen womöglich die Grenzen von 1937 oder gar die Wiederherstellung des Staatsgebiets des Deutschen Bundes fordern würden. Da die Folgen des Artikels 16, nämlich der ständig wachsende Zustrom von Asylbewerbern, in den neuen Bundesländern viel mehr an Beunruhigung hervorriefen als in der alten Bundesrepublik, kam es in der ehemaligen DDR, durch die mangelhafte Neuorganisation der Polizei gefördert, zu zahlreichen Brandanschlägen von meist sehr jungen Tätern auf Heime von Asylbewerbern, denen bald entsprechende Taten in der alten Bundesrepublik folgten. Da die Herrschaft der SED schon vor 1989 unter Jugendlichen der DDR ein begreifliches Interesse an dem mit dem Bann belegten Hauptfeind hervorgerufen hatte, glaubten in- und ausländische Beobachter, aus provozierenden Rufen und Fahnen eine politische Renaissance des Nationalsozialismus erschließen zu dürfen, zumal die höchst mühsame und seit 40 Jahren immer wieder gescheiterte Neubildung einer in das demokratische Spektrum einzufügenden Rechtspartei nicht ohne einige Wahlerfolge Fortschritte gemacht hatte.

So kam es zu großen Demonstrationen, die sich nicht bloß »gegen Gewalt«, sondern gegen »Ausländerfeindlichkeit« und »Fremdenhaß« richteten, welchen allenfalls marginale Realitäten entsprachen, wie schon die überwältigende Zahl der wohlmeinenden Teilnehmer unter Beweis stellte. Aber es ist zu befürchten, daß für nicht ganz wenige die Absicht leitend war, unter dem Deckmantel der Gegnerschaft zu dem angeblich wiederaufkommenden Nationalismus in Wahrheit das allmählich hervortretende, aber durch die Erfahrungen des Jahrhunderts tief veränderte Nationalbewußtsein und ein objektiveres Verhältnis zu der eigenen Geschichte im Keim zu ersticken. Und so konnte ein Gedanke entstehen, der zuerst in Wandinschriften wie »Deutschland verrecke!« greifbar geworden war und der der Anfang zu einem neuen »Außerordentlichen« sein könnte: Deutschland nicht bloß zu einem Einwandererland, sondern zu einer »multikulturellen Gesellschaft« zu machen und dadurch endlich jene Schichten und Gruppen in Deutschland auszuschalten, denen man die Schuld am Ausbruch des Ersten Weltkriegs und am Sieg des Nationalsozialismus zuschreibt.

Diese – erst ansatzweise entwickelte – Konzeption ist das neuartige und problematische und nicht etwa die Wanderungsbewegung als solche. Zu allen Zeiten haben einzelne Menschen, Gruppen und sogar ganze Stämme und Völker sich auf die Suche nach neuen Wohngebieten begeben, die ihnen mehr Nahrung oder eine sicherere Existenz bieten würden. In der Neuzeit war die Besiedlung des nordamerikanischen Kontinents durch europäische Einwanderer, die freilich die Ureinwohner systematisch verdrängten bzw. ausrotteten, das erstaunlichste Beispiel einer gigantischen Migrationsbewegung. Wenn hier noch bis in das 20. Jahrhundert hinein ein relativ leeres Land Siedlerströme an sich zog, d. h. potentielle Bauern oder Farmer, so zeigte sich in der zweiten Hälfte des Jahrhunderts, daß gerade starkbevölkerte Industriestaaten zu Magneten wurden, die Arbeitwilligen Beschäftigung und einen vergleichsweise hohen Lebensstandard boten, auch wenn sie aus weit entfernten und fremdartigen Gegenden kamen.

So nahm die alte Bundesrepublik Deutschland seit den sechziger Jahren mehrere Millionen Ausländer auf, von denen sehr viele solche Arbeiten verrichteten, für die sich kaum noch Deutsche fanden. Sogar als fast überall italienische Gaststätten weithin an die Stelle der deutschen traten, ergaben sich keine nennenswerten Konflikte. Aber eine ständig steigende Zahl von »Asylbewerbern«, die nicht arbeiten *dürfen* und in einem Lande mit einer Millionenzahl von Arbeitslosen auch keine Arbeit finden *können*, erzeugt notwendigerweise erhebliches Mißbehagen und sogar Haß, da sie für die wirtschaftlich schwächeren Teile der deutschen Bevölkerung Konkurrenten um knappe Mittel sind. Wenn tatsächlich die Ausdeutbarkeit des Begriffs der »politischen Verfolgung« die Mehrzahl aller Diskriminierten und Armen der Welt veranlaßte, im Vertrauen auf die Artikel 16 und 19 sowie das Sozialstaatsgebot nach Deutschland zu kommen, so würden auch die überzeugtesten Weltbürger unter den Deutschen sich eines Tages für den Bau einer neuen »Mauer« aussprechen. Aber sie stimmen den in der Gegenwart möglichen Maßnahmen nicht zu, weil sie hoffen, daß in einer nicht allzufernen Zukunft die Mitte Europas nicht mehr von einer deutschen Nation bewohnt werden würde, die ihr Geschichtsbewußtsein nach der Korrektur von allzu einseitigen Anklagen auf neue Weise begründet hätte, sondern von einer multiethnischen Bevölkerung, die, wie man meint, den Frieden der Welt sichern sowie einen höchst erwünschten Beitrag zum Ausgleich der Lebensverhältnisse auf der Erde leisten würde.

Dann würde es keine deutsche Nation und im Grunde auch keinen deutschen Staat mehr geben, und die Wünsche einiger Revolutionäre von 1918 würden nicht durch die verfehlte harte Revolution des »Daumen aufs Auge und Knie auf die Brust« erfüllt werden, sondern durch die sanfte Kombination des von einem Verfassungsartikel vorgegebenen Verzichts auf Selbstbestimmung mit dem Hilfsverlangen der Armen in Afrika und Asien, die ihren Anteil an dem – aus der Ausbeutung der Dritten Welt entstandenen – Reichtum Europas verlangen. Erstmals in der ganzen Weltgeschichte ist nämlich in Deutschland infolge der Instrumentalisierung des Nationalsozialismus die Möglichkeit gegeben, daß das bisher überall selbstverständliche Komplement zu den Migrationsbewegungen außer Kraft gesetzt wird: die freie Entscheidung zur Zurückweisung oder zur Einschränkung auf die erwünschten Grenzen.

Ich halte diese Konzeption für verfehlt und in ihren Auswirkungen für verhängnisvoll. Sie ist der entschiedenste Gegenzug zu den »rassistischen« Vorstellungen der Nationalsozialisten, aber sie bewegt sich nicht minder in der Dimension des Exzessiven und Überschießenden. Sie weist, anders als die bloß-humanitären und bloß-moralischen Reaktionen auf den Nationalsozialismus, eine paradoxe Nähe zu den Zielen Hitlers auf: So wie einst an die Stelle der geschichtlichen Nation die naturhafte »Rasse« treten sollte, so soll heute die Nation oder das Staatsvolk durch eine nicht mehr geschichtliche Bevölkerung der Supermarktzivilisation abgelöst werden. Schließlich ist es möglich, ja wahrscheinlich, daß gerade die Masse der einfachen Menschen unter der Anhängerschaft der neuen Egalitätsideologen sich wie in der Weimarer Zeit mit Entschiedenheit gegen ihre bisherigen Wortführer wendet, sobald die konkreten Konsequenzen noch spürbarer werden, und denjenigen ihre Unterstützung gibt, welche sich als zeitgemäße »extreme Rechte« zu konstituieren verstehen.

Als Zwischenstadium zu der postulierten Endstufe würde sich nämlich zuerst eine neue Mehrklassengesellschaft bilden, innerhalb deren die Deutschen die Oberschicht und den größten Teil der Mittelschicht stellen würden, während die Ausländer mit beachtlichen Ausnahmen das Proletariat bilden würden. Ganz unten würde die völlig neuartige »Parasiten«schicht der Wirtschaftsflüchtlinge zu finden sein, und schon auf mittlere Sicht wäre damit den Egalitätsideologen zwar der Reimport der revolutionären Unruhe gelungen, aber anders als 1933 würden so gut wie alle Deutschen und nicht ganz wenige Ausländer sich auf der Gegenseite sammeln.[19]

Es ist ein falscher Weg, auf den Exzeß an Selbstbehauptung durch die Nationalsozialisten den Verzicht auf Selbstbehauptung als dauerhafte Antwort folgen zu lassen. Der extreme Nationalismus des »Dritten Reiches« hat die deutsche Nation in große Gefahr gebracht und zu ihrer temporären Teilung geführt, aber er hat sie und ihre Entwicklungsmöglichkeiten nicht zerstört. Die Probleme der Armut in der Welt sind nicht dadurch zu lösen, daß man die Aktivsten und relativ Vermögendsten dieser Armen in Deutschland und Europa aufnimmt; sie werden durch dieses Verfahren sogar verschärft. Wer nur das Elend wahrnimmt, das ihm zufällig in den Blick gerät, verschlimmert das weit größere und für ihn nicht sichtbare Elend in den Ländern der Dritten Welt und des ehemaligen Ostblocks. Die Selbstbehauptung darf daher nicht auf bloßem Wohlstandsegoismus oder gar auf einer generellen »Ausländerfeindlichkeit« beruhen. Zugehörigkeit zu einer Nation dürfte in Zukunft ebensosehr auf freiem Entschluß wie auf abstammungsmäßigen Gegebenheiten beruhen; d. h. ein Ausländer, dem die deutsche Lebensart gefällt, soll sich dieser Lebensart anschließen und sie durch sein fortwirkendes Anderssein bereichern können, doch die relativ homogenen und sprachlich einheitlichen Nationalstaaten Europas sind nur unter strikter Beachtung von Reziprozität auf höhere Einheiten hin fortzubilden, keinesfalls aber abzuschaffen.

Das Prinzip der sozialen und globalen Verantwortlichkeit muß indessen von denen, die ihre Nationalität und Eigenart bewahren wollen, anerkannt werden, und eine erhebliche Verlagerung von innerstaatlichen Ausgaben auf Entwicklungshilfe vor Ort ist unumgänglich, sofern damit auf der Empfängerseite ernsthafte Bemühungen um die Eindämmung der »Bevölkerungsexplosion« verbunden sind. Es ist unwahrscheinlich, daß sich alle Menschen jemals als »Brüder und Schwestern« fühlen werden, denn die Vorstellung ist archaisch und paßt nicht zu einer modernen und weithin versachlichten Welt. Aber wenn die Nationen des europäisch-amerikanischen Kulturkreises sich auf die anderen Menschen nicht einlassen und nicht wenigstens die groben Formen von

Hunger und Elend zu beseitigen helfen, dann werden sie sich letzten Endes selbst aus der Welt bringen, jedenfalls moralisch und vielleicht auch faktisch. Ein ähnliches Überschießen über einen rationalen Kern wie im Falle des Nationalsozialismus würde aber nur dann vorliegen, wenn Europa sich ökonomisch und spirituell von der übrigen Welt völlig abschließen würde. Doch auch das Gegenteil der Übersteigerung kann falsch und ein Verfehlen sein, und das wäre etwa die tränenselige Reue wegen des europäischen »Logokratismus«.

So läßt sich aus der Epoche des Nationalsozialismus, aus seiner Literatur und aus der Literatur über ihn nicht wenig lernen oder an Gedankenanstößen gewinnen, sofern man nicht zu viel und allzu Festgelegtes daraus lernen will. Die Konzeption der Verwandlung der deutschen Nation in eine gemischtnationale Bevölkerung ist ja nicht zuletzt deshalb abzulehnen, weil ein kaum verhülltes Motiv darin besteht, sich einer Fortentwicklung der Interpretation des Nationalsozialismus, d. h. der Überwindung der isolierenden Betrachtungsweise, in den Weg zu stellen und eine seit langem etablierte Auffassung für immer zu fixieren. Ich erwarte zuversichtlich, daß in Zukunft das *Nachdenken* in der wissenschaftlichen Literatur über den Nationalsozialismus einen größeren Platz einnehmen wird und daß dann auch jene potentiellen Kontroversen ausdrücklich zum Thema werden, denen der letzte Teil dieses Buches gewidmet ist.

# ABKÜRZUNGEN

AA          Auswärtiges Amt
ADAP        Akten zur deutschen auswärtigen Politik
BAK/P       Bundesarchiv Koblenz/Potsdam
BDC         Berlin Document Center
GuG         Geschichte und Gesellschaft
GWU         Geschichte in Wissenschaft und Unterricht
HZ          Historische Zeitschrift
IMG         Internationaler Militärgerichtshof
JHR         The Journal of Historical Review
MEW         Marx-Engels-Werke
MK          Adolf Hitler: Mein Kampf. München [73]1933
PAd.AA      Politisches Archiv des Auswärtigen Amtes
UuF         Ursachen und Folgen
VB          Völkischer Beobachter
VfZ         Vierteljahrshefte für Zeitgeschichte

# ANMERKUNGEN

## Vorwort

1 Ernst Nolte: Der Faschismus in seiner Epoche. Die Action française. Der italienische Faschismus. Der Nationalsozialismus. München 1963, S. 55.
2 Otto D. Kulka: Die deutsche Geschichtsschreibung über den Nationalsozialismus und die »Endlösung«. Tendenzen und Entwicklungsphasen 1924–1984. In: HZ 240 (1985), S. 599–640, hierzu: S. 617 ff.
3 Ein solches Totschweigen kennzeichnet auch – bis auf eine partielle Ausnahme – den von K. D. Bracher, M. Funke und H.-A. Jacobsen herausgegebenen Sammelband »Deutschland 1933–1945. Neue Studien zur nationalsozialistischen Herrschaft« (Düsseldorf 1992), der im übrigen als schätzenswertes und bisher letztes Kompendium fachwissenschaftlicher Resultate gelten darf.

## Einleitung

1 Peter R. Black: Ernst Kaltenbrunner. Ideological Soldier of the Third Reich. Princeton 1984, S. 227.
2 Vgl. Gunther Mai: Die nationalsozialistische Betriebszellenorganisation. Zum Verhältnis von Arbeiterschaft und Nationalsozialismus. In: VfZ 31 (1983), S. 573–613.
3 Hartmut Mehringer: Die KPD in Bayern 1919–1945. Vorgeschichte, Verfolgung und Widerstand. In: Bayern in der NS-Zeit. Bd. 5. Hrsg. von Martin Broszat und Hartmut Mehringer. München-Wien 1983, S. 1–286, hier: S. 2.
4 Jost Hermand: Der alte Traum vom neuen Reich. Völkische Utopien und Nationalsozialismus. Frankfurt am Main 1988, S. 13.
5 Hans Dieter Schäfer: Amerikanismus im Dritten Reich. In: Nationalsozialismus und Modernisierung. Hrsg. von Michael Prinz und Rainer Zitelmann. Darmstadt 1991, S. 199–215, hier: S. 200.

6  Weigand von Miltenberg [i. e. Herbert Blank]: Adolf Hitler, Wilhelm III. Berlin 1931.
7  Reinhard Spitzy: So haben wir das Reich verspielt. Bekenntnisse eines Illegalen. München 1986, S. 20 f.
8  Johann W. Brügel/Norbert Frei: Berliner Tagebuch 1932–1934. Die Aufzeichnungen des tschechoslowakischen Diplomaten Camill Hoffmann. In: VfZ 36 (1988), S. 131–183, hier: S. 170.
9  Lucy S. Dawidowicz: From That Place and Time. A Memoir 1938–1947. New York-London 1989, S. 241, 277.
10  Prophetien wider das Dritte Reich. Aus den Schriften von Dr. Fritz Gerlich und des Paters Ingbert Naab, O.F.M. Cap. Gesammelt von Dr. Johannes Steiner. München 1946, S. 58, 273.
11  Vgl. ebenda, S. 437 f., 439.
12  Friedrich Muckermann: Im Kampf zwischen zwei Epochen. Lebenserinnerungen. Bearbeitet und eingeleitet von Nikolaus Junk. Mainz 1973, S. 580.
13  Alan Bullock: Hitler und Stalin. Parallele Leben. Berlin 1991, S. 558.
14  Martin Broszat: Aufgaben und Probleme zeitgeschichtlichen Unterrichts. In: GWU 8 (1957), S. 529–550. Neudruck in ders.: Nach Hitler. Der schwierige Umgang mit unserer Geschichte. Beiträge von Martin Broszat. Hrsg. von Hermann Graml und Klaus-Dietmar Henke. München 1986, S. 9–35.
15  Das Tagebuch der Hertha Nathorff. Berlin-New York. Aufzeichnungen 1933 bis 1945. Hrsg. und eingeleitet von Wolfgang Benz. München 1987, S. 38, 42, 49.
16  Ebenda, S. 57, 70 f., 93, 77, 100.
17  Ebenda, S. 142, 171, 187.
18  Ebenda, S. 12.
    Geschichte als Erfahrung des »strebenden, duldenden und handelnden Menschen« (Burckhardt) wird in Tagebüchern und Briefen am besten greifbar, zumal wenn sie unpubliziert und unbearbeitet sind. Die erste Form der Bearbeitung sind Berichtsammlungen wie »Auschwitz. Zeugnisse und Berichte«. Frankfurt am Main 1962, oder wie »Deutsche im Zweiten Weltkrieg«. Hrsg. von Johannes Steinhoff u. a. Geleitwort von Helmut Schmidt. München 1989. Die nächste Stufe ist die erzählende Alltags- und Regionalgeschichte, für welche Titel wie die folgenden kennzeichnend sind: Frank Bajohr: Verdrängte Jahre. Gladbeck unterm Hakenkreuz. Essen 1983, oder »Alltag in Hattingen 1933–1945«. Essen 1985. Allerdings gab es eine Regional- und Alltagsgeschichte politischer Art auch schon im Dritten Reich, zum Beispiel Hans Henningsen: Niedersachsenland, du wurdest unser. Zehn Jahre Nationalsozialismus im Gau Osthannover. Harburg 1935. Das Pionier-

werk schlechthin sind die sechs Bände von »Bayern in der NS-Zeit. Herrschaft und Gesellschaft im Konflikt«. Hrsg. von Martin Broszat, Elke Fröhlich u. a. 6 Bde. München 1977–1983. (s. auch oben Anm. 3).

19 Bibliographie zur Zeitgeschichte. Beilage der Vierteljahrshefte für Zeitgeschichte. München 1953 ff.; Peter Hüttenberger: Bibliographie zum Nationalsozialismus. Göttingen 1980; Peter D. Stachura: The Weimar Era and Hitler. A Critical Bibliography. Oxford 1977.
Nürnberger Prozesse: Der Prozeß gegen die Hauptkriegsverbrecher vor dem Internationalen Militärgerichtshof. Nürnberg, 14. 11. 1945–1. 10. 1946. 42 Bde. Nürnberg 1947–1949 (IMG); Akten zur deutschen auswärtigen Politik. 1918–1945. Aus dem Archiv des Deutschen Auswärtigen Amtes. Serien A, B, C, D und E. Bisher ca. 70 Bde. (ADAP); Ursachen und Folgen. Vom deutschen Zusammenbruch 1918 und 1945 bis zur staatlichen Neuordnung Deutschlands in der Gegenwart. Eine Urkunden- und Dokumentensammlung zur Zeitgeschichte. Hrsg. von Herbert Michaelis und Ernst Schraepler. Berlin o. J. 26 Bde. und zwei Registerbde. (UuF).
Von den Archiven besitzen die folgenden besonders viel Material zum Nationalsozialismus: Bundesarchiv Koblenz (BAK), Berlin Document Center (BDC), Politisches Archiv des Auswärtigen Amtes (PA des AA), Archiv des Instituts für Zeitgeschichte in München, namentlich der Bestand »Zeugenschrifttum« (ZS).

20 Joseph Goebbels: Tagebücher aus den Jahren 1942/43. Hrsg. von Louis P. Lochner. Zürich 1948.

21 Das Tagebuch von Joseph Goebbels 1925/26. Mit weiteren Dokumenten. Hrsg. von Helmut Heiber. Stuttgart 1960.

22 Ebenda, S. 17.

23 Die Tagebücher von Joseph Goebbels. Sämtliche Fragmente. Hrsg. von Elke Fröhlich im Auftrag des Instituts für Zeitgeschichte und in Verbindung mit dem Bundesarchiv. Teil I: Aufzeichnungen 1924–1941. 4 Bde. und ein Interimsregister. München u. a. 1987. Schon 1977 war der Bestand von 1945 veröffentlicht worden: Joseph Goebbels: Tagebücher 1945. Die letzten Aufzeichnungen. Eingeführt von Rolf Hochhuth. Hamburg 1977. Vgl. auch neuerdings: Joseph Goebbels. Tagebücher 1924–1945. Hrsg. von Ralf G. Reuth. 4 Bde. München-Zürich 1992.

24 Eberhard Jäckel: Die Tagebücher von Joseph Goebbels. In: HZ 248 (1989), S. 637–648, hier: S. 648 (Rezension).

25 Eine fulminante, aber in ihren Forderungen wohl überzogene Kritik an der Fröhlichschen Ausgabe übte Bernd Sösemann: Die Tagebuchaufzeichnungen des Joseph Goebbels und ihre unzulänglichen Veröffentlichungen. In: Publizistik 37 (1992), S. 213–244. Vgl. auch ders.: »Ein tieferer geschichtli-

cher Sinn aus dem Wahnsinn«. Die Goebbels-Tagebuchaufzeichnungen als Quelle für das Verständnis des nationalsozialistischen Herrschaftssystems und seiner Propaganda. In: Weltbürgerkrieg der Ideologien. Antworten an Ernst Nolte. Festschrift zum 70. Geburtstag. Hrsg. von Thomas Nipperdey, Anselm Doering-Manteuffel und Hans-Ulrich Thamer. Frankfurt am Main-Berlin 1993, S. 136–174.

26 Das politische Tagebuch Alfred Rosenbergs aus den Jahren 1934/35 und 1939/40. Hrsg. von Hans-Günther Seraphim. Göttingen u. a. 1956 (als Taschenbuch, München 1964).

27 Ebenda, S. 92.

28 Henry Picker: Hitlers Tischgespräche im Führerhauptquartier 1941–42. Veröffentlicht von Gerhard Ritter. Bonn 1951; Adolf Hitler: Monologe im Führerhauptquartier 1941–1944. Die Aufzeichnungen Heinrich Heims. Hrsg. von Werner Jochmann. Hamburg 1980. Die erweiterte Neuausgabe der Pickerschen Aufzeichnungen wurde neu herausgegeben von Percy E. Schramm in Zusammenarbeit mit Andreas Hillgruber und Martin Vogt: Hitlers Tischgespräche im Führerhauptquartier 1941–1942. Stuttgart 1963 (mit umfangreichem »Vorwort« und Erläuterungen von P. E. Schramm). Eine Neuausgabe (ohne Vorwort und Erläuterungen von P. E. Schramm) erschien 1989 in Frankfurt am Main-Berlin. Die englische und die französische Ausgabe von 1952 sind heute nicht mehr von Interesse.

29 Albert Speer: Erinnerungen. Frankfurt am Main-Berlin 1969.

30 Ebenda, S. 59.

31 Vgl. Spitzy (Anm. 7).

32 Vgl. ebenda, S. 74.

33 Heinz Linge: Bis zum Untergang. Als Chef des Persönlichen Dienstes bei Hitler. München 1980, S. 268.

34 Ebenda, S. 132.

35 Ebenda, S. 142, 65, 264, 308.

36 Joachim Fest: Hitler. Eine Biographie. Frankfurt am Main u. a. 1973.

37 Dieter Rebentisch: Führerstaat und Verwaltung im Zweiten Weltkrieg. Verfassungsentwicklung und Verwaltungspolitik 1939–1945. Stuttgart 1989.

38 Hans G. Adler: Theresienstadt 1941–1945. Das Antlitz einer Zwangsgemeinschaft. Geschichte, Soziologie, Psychologie. Tübingen 1955.

39 Vgl. ebenda, S. 150.

40 Karl D. Bracher: Die deutsche Diktatur. Entstehung, Struktur, Folgen des Nationalsozialismus. Köln 41972, S. VI.

41 Ebenda, S. 68 f.

42 Hans-Ulrich Thamer: Verführung und Gewalt. Deutschland 1933–1945. Berlin 1986, S. 770.

43 Martin Broszat: Der Staat Hitlers. Grundlegung und Entwicklung seiner inneren Verfassung. München 1969, S. 438, 39, 35.
44 Ebenda, S. 61, 239, 161, 437.
45 Theodore H. von Laue: The World Revolution of Westernization. The Twentieth Century in Global Perspective. New York-Oxford 1987.
46 John Lukács: Die Entmachtung Europas. Der letzte europäische Krieg 1939–1941. Stuttgart 1978.
47 Ebenda, S. 356 f. Lukács schreibt merkwürdigerweise, dieser Respekt werde Napoleon »gelegentlich« entgegengebracht.
48 Handbuch der europäischen Geschichte. Bde. 7/1 und 2. Hrsg. von Theodor Schieder. Stuttgart 1979 (²1992).
49 Klaus Hildebrand: Das Dritte Reich. Dritte überarbeitete und erweiterte Auflage. München 1987.
50 Pierre Ayçoberry: La question nazie. Essai sur les interprétations du nationalsocialisme (1922–1975). Paris 1979.
51 Ebenda, S. 294.
52 Ian Kershaw: Der NS-Staat. Geschichtsinterpretationen und Kontroversen im Überblick. Reinbek 1988.
53 Ebenda 92, 111.
54 Ebenda, S. 228, 180, 312.
55 Theodor Schieder: Hermann Rauschnings »Gespräche mit Hitler« als Geschichtsquelle. Opladen 1972; Winfried Baumgart: Zur Ansprache Hitlers vor den Führern der Wehrmacht am 22. August 1939. In: VfZ 16 (1968), S. 120–149; Wolfgang Benz: Judenvernichtung aus Notwehr? Die Legenden um Theodore N. Kaufman. In: VfZ 29 (1981), S. 615–630.

Auf gut deutsch. Hrsg. von Dietrich Eckart. München 1918–1920; Gottfried Feder: Der Staatsbankrott die Rettung. Diesen vor München 1919; ders.: Der deutsche Staat auf nationaler und sozialer Grundlage. München 1923; Adolf Hitler, Mein Kampf. Bd. 1 München 1925, Bd. 2 München 1927. Zitiert nach der 73. Auflage München 1933 (MK); Dr. Josef [sic] Goebbels: Die zweite Revolution. Briefe an Zeitgenossen. Zwickau o. J. [1926]; Max Wundt: Deutsche Weltanschauung. Grundzüge völkischen Denkens. München 1926; Alfred Rosenberg: Der Mythus des 20. Jahrhunderts. Eine Wertung der seelisch-geistigen Gestaltenkämpfe unserer Zeit. München 1930; Los von Hitler. Unter Bearbeitung von W. Korn, ehemals Leiter der SA-Führerschule Gau Brandenburg und K. Kees, ehem. Gaupropagandaleiter der NSDAP Hessen. Hrsg. vom Kampfbund gegen den Faschismus, Berlin o. J. [1932]; Friedrich Franz von Unruh: National-Sozialismus. Frankfurt am Main 1931 (für »heroischen Pazifismus«).

437

## Teil I, 1 Umriß der Geschichte des Dritten Reiches und der wichtigsten Streitpunkte

1 S. unten S. 89 ff.
2 S. unten S. 232 ff.
3 Zur Geschichte des italienischen Faschismus vgl.: Ernst Nolte: Der Faschismus in seiner Epoche. Die Action française. Der italienische Faschismus. Der Nationalsozialismus. München 1963, S. 193–340 und vor allem das monumentale, bisher siebenbändige Werk von Renzo De Felice: Mussolini. 7 Bde. Turin 1965–1990. Ferner: Adrian Lyttelton. The Seizure of Power. Fascism in Italy 1919–1929. London 1973.
4 Nolte (Anm. 3), S. 230.
5 S. unten S. 279 ff.
6 Otto Hauser: Geschichte des Judentums. Weimar 1921, S. 13, 408, 263.
7 Vgl. Johann von Leers: Die Verbrechernatur der Juden. Berlin 1944.
8 Zum spanischen Bürgerkrieg vgl.: Pierre Broué/Emile Témime: Revolution und Krieg in Spanien. Frankfurt am Main 1975; Der Spanische Bürgerkrieg in der internationalen Politik. 13 Aufsätze. Hrsg. von Wolfgang Schieder und Christof Dipper. München 1976.
9 S. unten S. 92.
10 Hitler: MK, S. 743.
11 S. unten S. 248 ff.
12 Reinhard Spitzy: So haben wir das Reich verspielt. Bekenntnisse eines Illegalen. München 1986, S. 324 ff.
13 Rede Hitlers vor der deutschen Presse (10. November 1938). Mit einer Vorbemerkung von Wilhelm Treue. In: VfZ 6 (1958), S. 175–191, hier: S. 188.
14 The Forrestal Diaries. Hrsg. von Walter Millis. New York 1951, S. 122.
15 Polnische Dokumente zur Vorgeschichte des Krieges. Hrsg. im Auftrag des Auswärtigen Amtes. Berlin 1940, besonders: S. 48 ff.
16 Josef W. Stalin: Werke. Berlin 1951–1955, 13 Bde.; Bd. 7, S. 11.
17 Hitler und die Morde in Polen. Ein Beitrag zum Konflikt zwischen Heer und SS um die Verwaltung der besetzten Gebiete. Mit einer Vorbemerkung von Helmut Krausnick. In: VfZ 11 (1963), S. 196–209.
18 Das Diensttagebuch des deutschen Generalgouverneurs in Polen 1939–1945. Hrsg. von Werner Präg. Stuttgart 1975, S. 104 ff.
19 Jan T. Gross: Revolution from Abroad. The Soviet Conquest of Poland's Western Ukraine and Western Belorussia. Princeton 1988.
20 Vgl. den Buchtitel: »Die Kriegsschuld des Widerstandes« (Aus britischen

Geheimdokumenten 1938/39). Hrsg. von Annelies von Ribbentrop. Leoni ²1975).

21 S. unten S. 270.

22 [Franz] Halder: Kriegstagebuch. Tägliche Aufzeichnungen des Chefs des Generalstabes des Heeres 1939–1942. Bd. 2 (Bearbeitet von Hans-Adolf Jacobsen). Stuttgart 1963, S. 336 f. Es ist angebracht, diesen überaus aufschlußreichen Redeabschnitt ausführlicher zu zitieren: »Kampf zweier Weltanschauungen gegeneinander. Vernichtendes Urteil über Bolschewismus, ist gleich asoziales Verbrechertum. Kommunismus ungeheure Gefahr für die Zukunft. Wir müssen von dem Standpunkt des soldatischen Kameradentums abrücken. Der Kommunist ist vorher kein Kamerad und nachher kein Kamerad. Es handelt sich um einen Vernichtungskampf. Wenn wir es nicht so auffassen, dann werden wir zwar den Feind schlagen, aber in 30 Jahren wird uns wieder der kommunistische Feind gegenüberstehen. Wir führen nicht Krieg, um den Feind zu konservieren . . . Kampf gegen Rußland: Vernichtung der bolschewistischen Kommissare und der kommunistischen Intelligenz . . . Der Kampf muß geführt werden gegen das Gift der Zersetzung . . . Die Truppe muß sich mit den Mitteln verteidigen, mit denen sie angegriffen wird. Kommissare und GPU-Leute sind Verbrecher und müssen als solche behandelt werden . . . Der Kampf wird sich sehr unterscheiden vom Kampf im Westen. Im Osten ist Härte mild für die Zukunft. Die Führer müssen von sich das Opfer verlangen, ihre Bedenken zu überwinden.«

23 Nolte (Anm. 3, Teil I,1), S. 436.

24 S. unten S. 245 ff.

25 Nolte (Anm. 3, Teil I,1), S. 436.

26 S. unten S. 273 ff.

27 Frederick W. Winterbotham: Aktion Ultra. Frankfurt am Main-Berlin 1976.

28 Arno J. Mayer: Der Krieg als Kreuzzug. Das deutsche Reich, Hitlers Wehrmacht und die »Endlösung«. Reinbek 1989, S. 541 (Originalausgabe: Why Did the Heavens not Darken? The »Final Solution« in History. New York 1988, S. 362: »Sources for the study of the gas chambers are at once rare and unreliable.«) Vgl. dazu meine Rezension in Ernst Nolte: Lehrstück oder Tragödie? Beiträge zur Interpretation der Geschichte des 20. Jahrhunderts. Köln 1991, S. 251–255.

## Teil I,2 Die Frage der Affinitäten

1 Klaus Hildebrand: Hitlers Ort in der Geschichte des preußisch-deutschen Nationalstaates. In: HZ 217 (1974), S. 584–632, hier: S. 627.

2 Nicholas Reynolds: Der Fritsch-Brief vom 11. Dezember 1938. In: VfZ 28 (1980), S. 358–371, hier: S. 370.

3 Hans-Ulrich Thamer: Verführung und Gewalt. Deutschland 1933–1945. Berlin 1986, S. 587.

4 Karl D. Bracher: Die deutsche Diktatur. Entstehung, Struktur, Folgen des Nationalsozialismus. Köln ⁴1972, S. 266.

5 Bernd Rüthers: Carl Schmitt im Dritten Reich. Wissenschaft als Zeitgeist-Verstärkung? München 1989, S. 22.

6 S. unten S. 215 ff.

7 s. unten S. 198 ff.

8 Dietmar Petzina: Autarkiepolitik im Dritten Reich. Der nationalsozialistische Vierjahresplan. Stuttgart 1968, S. 143.

9 Hans-Walter Schmuhl: Rassenhygiene, Nationalsozialismus, Euthanasie. Von der Verhütung zur Vernichtung »lebensunwerten Lebens«, 1890–1945. Göttingen 1987, S. 45.

10 Jürgen W. Falter: War die NDSAP die erste deutsche Volkspartei? In: Nationalsozialismus und Modernisierung. Hrsg. von Michael Prinz und Rainer Zitelmann. Darmstadt 1991, S. 21–47, hier: S. 40.

11 Gunther Mai: Die nationalsozialistische Betriebszellenorganisation. Zum Verhältnis von Arbeiterschaft und Nationalsozialismus. In: VfZ 31 (1983), S. 573–613.

12 Conan Fischer: Stormtroopers. A Social, Economic and Ideological Analysis, 1929–1935. London u. a. 1983, S. 213.

13 David Irving: Führer und Reichskanzler. Adolf Hitler 1933–45. München 1989, S. 188.

14 Nolte (Anm. 3, Teil I,1), S. 288.

15 Dokumente und Materialien aus der Vorgeschichte des Zweiten Weltkrieges. Hrsg. vom Ministerium für Auswärtige Angelegenheiten der UdSSR. 2 Bde. Moskau 1948/49; Bd. 2: Das Archiv Dirksens, 1938/39. Moskau 1949, S. 159.

16 Henryk Olszewski: Der Nationalsozialismus im Urteil der politischen Kräfte Polens. In: Das Unrechtsregime. Internationale Forschung über den Nationalsozialismus. Festschrift W. Jochmann. Hrsg. von Ursula Büttner. Hamburg 1986, Bd. 1, S. 527–555, hier: S. 531 ff.

17 Lew Besymenski: Die letzten Notizen von Martin Bormann. Ein Dokument und sein Verfasser. Stuttgart 1974, S. 13.

18 Tim Mason: Intention and Explanation: A Current Controversy about the Interpretation of National Socialism. In: Der »Führerstaat«: Mythos und Realität. Studien zur Struktur und Politik des Dritten Reiches. Hrsg. von Gerhard Hirschfeld und Lothar Kettenacker mit einer Einleitung von Wolfgang J. Mommsen. Stuttgart 1981, S. 23–43, hier: S. 40.

19 Hermann Graml: Die außenpolitischen Vorstellungen des deutschen Widerstandes. In: Der deutsche Widerstand gegen Hitler. Vier historisch-kritische Studien. Hrsg. von Walter Schmitthenner und Hans Buchheim. Köln-Berlin 1966, S. 15–72, hier: S. 19.

20 Yehuda Bauer: The Holocaust in Historical Perspective. Seattle 1978, S. 154 f. Zitiert nach John S. Conway: Der Holocaust in Ungarn. Neue Kontroversen und Überlegungen. In: VfZ 32 (1984), S. 179–212, hier: S. 186.

21 Hannah Arendt: Eichmann in Jerusalem. Ein Bericht von der Banalität des Bösen. München 1964.

22 Leon W. Wells: Und sie machten Politik. Die amerikanischen Juden und der Holocaust. München 1989, besonders S. 346 f.

23 Akten der Partei-Kanzlei der NSDAP. Rekonstruktion eines verlorengegangenen Bestandes. Bearbeitet von Helmut Heiber. 2 Bde. und Registerband. München 1983, Bd. 2, S. 64 f.

24 Werner T. Angress: Die »Judenfrage« im Spiegel amtlicher Berichte 1935. In: Das Unrechtsregime (Anm. 16), Bd. 2, S. 19–44, hier: S. 35.

25 Jochen von Lang: Das Eichmann-Protokoll. Tonbandaufzeichnungen der israelischen Verhöre. Berlin 1982, S. 27.

26 Gerhard Reifferscheid: Das Bistum Ermland im Dritten Reich. Köln-Wien 1975, S. 38 ff., 45 f.

27 Ernst Klee: »Die SA Jesu Christi«. Die Kirchen im Banne Hitlers. Frankfurt am Main 1989, S. 55, 57.

28 Berichte des SD und der Gestapo über Kirchen und Kirchenvolk in Deutschland 1934–1944. Bearbeitet von Heinz Boberach. Mainz 1971, S. 219. Interessant ist, daß in diesen Gestapo-Berichten gesagt wird, in dem »katholischen Konjunktur-, Umwertungs- und Zersetzungsschrifttum« werde der Nationalsozialismus zum untergeordneten Glied einer wirtschaftlichen, sozialen Entwicklung »relativiert und historisiert« (ebenda und S. 199).

29 Klee (Anm. 27), S. 127.

30 Ebenda, S. 9, 158.

31 Ebenda, S. 33; Die Tagebücher von Joseph Goebbels. Hrsg. von Elke Fröhlich im Auftrag des Instituts für Zeitgeschichte und in Verbindung mit dem Bundesarchiv. Teil I: Aufzeichnungen 1924–1941. 4 Bde. und ein Interimsregister. München 1987; Bd. 2, S. 427 f.

## Teil I,3 Kontinuität oder Diskontinuität?

1 Thomas Nipperdey: 1933 und die Kontinuität der deutschen Geschichte. In: HZ 227 (1978), S. 86–111.

2 Fritz Fischer: Der Stellenwert des Ersten Weltkriegs in der Kontinuitätsproblematik der deutschen Geschichte. In: HZ 229 (1979), S. 25–53.

3 Das zweite große Buch Fischers: Krieg der Illusionen. Die deutsche Politik von 1911 bis 1914. Düsseldorf 1969.

4 Fritz Fischer wendet allerdings den Begriff »präfaschistisch« auf die »Vaterlandspartei« vom Herbst 1917 an; vgl. Fischer (Anm. 2), S. 38.

5 Lothar Gruchmann: »Blutschutzgesetz« und Justiz. Zu Entstehung und Auswirkung des Nürnberger Gesetzes vom 15. September 1935. In: VfZ 31 (1983), S. 418–442, hier: S. 418, 430.

6 Shulamit Volkov: Kontinuität und Diskontinuität im deutschen Antisemitismus 1878–1945). In: VfZ 33 (1985), S. 221–243.

7 Klaus Hildebrand: Vom Reich zum Weltreich. Hitler, NSDAP und koloniale Frage 1919–1945. München 1969, S. 219.

8 Lothar Kettenacker: Sozialpsychologische Aspekte der Führerherrschaft. In: Der »Führerstaat« (Anm. 18, Teil I,2) S. 98–132, hier: S. 124.

9 David Schoenbaum: Die braune Revolution. Eine Sozialgeschichte des Dritten Reiches. München 1980, S. 159.

10 Wolfram Wette: Ideologien, Propaganda und Innenpolitik als Voraussetzungen der Kriegspolitik des Dritten Reiches. In: Das Deutsche Reich und der Zweite Weltkrieg. Hrsg. vom Militärgeschichtlichen Forschungsamt. Bd. 1. Stuttgart 1979, S. 25–173.

11 Ebenda. S. 45, 51.

12 Götz Aly/Susanne Heim: Vordenker der Vernichtung. Auschwitz und die deutschen Pläne für eine neue europäische Ordnung. Hamburg 1991, S. 44, 94.

13 Ebenda. S. 289.

14 Das Daimler-Benz-Buch. Ein Rüstungskonzern im »Tausendjährigen Reich«. Hrsg. von der Hamburger Stiftung für Sozialgeschichte des 20. Jahrhunderts. Nördlingen 1987, Teil V, S. 708–744.

15 Werner Abelshauser: Zur Entstehung der »Magnet-Theorie« in der Deutschlandpolitik. Ein Bericht von Hans Schlange-Schöningen über einen Staatsbesuch in Thüringen im Mai 1946. In: VfZ 27 (1979), S. 661–679, hier: S. 677.

16 Emil J. Gumbel: Verschwörer. Berlin 1924, S. 217.

17 Otto Braun: Von Weimar zu Hitler. Hamburg 1949, S. 108.

## Teil I,4 Der Nationalsozialismus – gegenrevolutionär oder revolutionär?

1 Adolf Hitlers Reden. Hrsg. von Ernst Boepple. München 1933, S. 110.
2 Hitler. Reden und Proklamationen 1932–1945. Kommentiert von einem Zeitgenossen. Hrsg. von Max Domarus. 2 Bde. München 1965; Bd. 1, S. 448 (Rede vom 5. September 1934).
3 Adolf Hitler. Sein Leben und seine Reden. Hrsg. von Adolf-Viktor von Koerber. München o. J., S. 106.
4 Adolf Hitlers Reden (Anm. 1), S. 118.
5 Augusto Del Noce: Il suicidio della rivoluzione. Mailand 1978, S. 5.
6 Joseph de Maistre: Considérations sur la France, Schluß von Chap. X.
7 Arthur Rosenberg: Der Faschismus als Massenbewegung. Karlsbad 1934, S. 7 (anonym erschienen mit der Verfasserangabe »Historicus«).
8 Christian Striefler: Kampf um die Macht. Kommunisten und Nationalsozialisten am Ende der Weimarer Republik. Frankfurt am Main-Berlin 1993. Hier zitiert nach der Dissertation FU Berlin, 1993, S. 461.
9 Alan Bullock: Hitler und Stalin. Parallele Leben. Berlin 1991, S. 97 f.
10 Hans Mommsen im Nachwort zu Schoenbaum (Anm. 9, Teil I,3), S. 363, 368.
11 George L. Mosse: Die Nationalisierung der Massen. Politische Symbolik und Massenbewegungen in Deutschland von den Napoleonischen Kriegen bis zum Dritten Reich. Frankfurt am Main 1976, S. 229.
12 Martin Broszat: Soziale Motivation und Führer-Bindung des Nationalsozialismus. In: VfZ 18 (1970), S. 392–409, hier: S. 397.
13 Kettenacker (Anm. 8, Teil I,3), S. 131.
14 Helmuth Plessner: Die verspätete Nation. Über die politische Verführbarkeit bürgerlichen Geistes. Stuttgart u. a. [5]1969. Zuerst 1935 unter dem Titel: »Das Schicksal deutschen Geistes im Ausgang seiner bürgerlichen Epoche«.
15 Ralf Dahrendorf: Demokratie und Sozialstruktur in Deutschland. In ders.: Gesellschaft und Freiheit. Zur soziologischen Analyse der Gegenwart. München 1961, S. 260–299, hier: S. 270.
16 Schoenbaum (Anm. 9, Teil I,3), S. 65, 304.
17 Martin Broszat: Der Staat Hitlers. Grundlegung und Entwicklung seiner inneren Verfassung. München 1969, S. 144.
18 Bracher (Anm. 4, Teil I,2), S. 238, 359.
19 Broszat (Anm. 17), S. 168.
20 Klaus Hildebrand: Krieg im Frieden und Frieden im Krieg. Über das Problem der Legitimität in der Geschichte der Staatengesellschaft 1931–1941. In: HZ 244 (1987), S. 1–28, hier: S. 11, 7, 28.

21 Ders. (Anm. 1, Teil I,2), S. 631.
22 Rainer Zitelmann: Hitler. Selbstverständnis eines Revolutionärs. Stuttgart
   ²1989.
23 Horst Möller: Die nationalsozialistische Machtergreifung. Konterrevolution oder Revolution? In: VfZ 31 (1983), S. 25–51.
24 Eugen Weber: Revolution? Counterrevolution? What Revolution? In: Journal of Contemporary History 9 (1974), S. 3–47.
25 Vgl. auch Ernst Nolte: Europäische Revolutionen des 20. Jahrhunderts.
   Die nationalsozialistische Machtergreifung im historischen Zusammenhang. In: Die nationalsozialistische Machtergreifung. Hrsg. von Wolfgang
   Michalka. Paderborn u. a. 1984, S. 395–410.

## Teil I,5 Der Nationalsozialismus – antimodern oder modernisierend?

1 Josef Ackermann: Heinrich Himmler als Ideologe. Göttingen u. a. 1970,
   S. 273.
2 Ebenda, S. 263.
3 Albert Speer: Spandauer Tagebücher. Frankfurt am Main u. a. 1975, S. 219,
   574.
4 Dorothee Klinksiek: Die Frau im NS-Staat. Stuttgart 1982, S. 135.
5 Dieter Rebentisch: Führerstaat und Verwaltung im Zweiten Weltkrieg.
   Verfassungsentwicklung und Verwaltungspolitik 1939–1945. Stuttgart
   1989, S. 2.
6 Manfred Rauh: Anti-Modernismus im nationalsozialistischen Staat. In:
   Historisches Jahrbuch 107 (1987), S. 94–121, hier: S. 98, 104.
7 Die Reihen fest geschlossen. Beiträge zur Geschichte des Alltags unterm
   Nationalsozialismus. Hrsg. von Detlev Peukert und Jürgen Reulecke. Wup-
   pertal 1981, S. 85.
8 Kettenacker (Anm. 8, Teil I,3), S. 132.
9 Marie-Luise Recker: Nationalsozialistische Sozialpolitik im Zweiten Weltkrieg. München 1985, S. 300.
10 Bracher (Anm. 4, Teil I,2), S. 368.
11 Hans Mommsen: Gesellschaftsbild und Verfassungspläne des deutschen
   Widerstands. In: Der deutsche Widerstand (Anm. 19, Teil I,2), S. 73–167,
   hier: S. 167.
12 Joachim Fest: Hitler. Eine Biographie. Frankfurt am Main u. a., S. 144.
13 Nolte (Anm. 3, Teil I,1), S. 507.
14 Martin Broszat: Zur Struktur der NS-Massenbewegung. In: VfZ 31 (1983),
   S. 52–76, hier: S. 66.

15  Ronald Smelser: Robert Ley. Hitlers Mann an der »Arbeitsfront«. Eine Biographie. Paderborn 1989, S. 297 ff.

16  Franz W. Seidler: Fritz Todt. Baumeister des Dritten Reiches. München-Berlin 1988, S. 112–120.

17  Schoenbaum (Anm. 9, Teil I,3), S. 283, 317 f.

18  Akten der Partei-Kanzlei (Anm. 23, Teil I,2), Bd. 2, S. 611.

19  Speer (Anm. 3), S. 261.

20  Heinrich Fraenkel/Roger Manvell: Himmler. Kleinbürger und Massenmörder. Frankfurt am Main u. a. 1965, S. 168.

21  Vgl. Bayern in der NS-Zeit. Herrschaft und Gesellschaft im Konflikt. Hrsg. von Martin Broszat, Elke Fröhlich u. a. 6 Bde. München 1977–1983, passim, besonders: Bd. 1, S. 83 und Bd. 2, S. 187, 209.

22  Franz W. Seidler: Lebensborn e. V. der SS. Vom Gerücht zur Legende. In: Die Schatten der Vergangenheit. Impulse zur Historisierung des Nationalsozialismus. Hrsg. von Uwe Backes, Eckhard Jesse und Rainer Zitelmann. Frankfurt am Main-Berlin 1990, S. 291–318, hier: S. 291.

23  Dörte Winkler: Frauenarbeit im Dritten Reich. Hamburg 1977, S. 156. Zitiert nach Ludolf Herbst: Der Totale Krieg und die Ordnung der Wirtschaft. Die Kriegswirtschaft im Spannungsfeld von Politik, Ideologie und Propaganda 1939–1945. Stuttgart 1982, S. 161.

24  Tim Mason: Zur Entstehung des Gesetzes zur Ordnung der nationalen Arbeit vom 20. Januar 1934: Ein Versuch über das Verhältnis »archaischer« und »moderner« Momente in der neuesten deutschen Geschichte. In: Industrielles System und politische Entwicklung in der Weimarer Republik. Hrsg. von Hans Mommsen, Dietmar Petzina und Bernd Weisbrod. Düsseldorf 1974, S. 323–351, S. 340.

25  David Blackbourn/Geoff Eley: The Peculiarities of German History. Bourgeois Society and Politics in 19th Century Germany. Oxford 1984.

26  Aly/Heim (Anm. 12, Teil I,3), S. 297, 491.

27  Schmuhl (Anm. 9, Teil I,2), S. 278.

28  Eike Hennig: Industrie, Aufrüstung und Kriegsvorbereitung im deutschen Faschismus. Anmerkungen zum Stand der neueren Faschismus-Diskussion. In: Wirtschaft und Rüstung am Vorabend des Zweiten Weltkriegs. Hrsg. von Friedrich Forstmeier und Hans-Erich Volkmann. Düsseldorf 1975, S. 388–415, hier: S. 401.

29  Detlev Peukert: Volksgenossen und Gemeinschaftsfremde. Anpassung, Ausmerze und Aufbegehren unter dem Nationalsozialismus. Köln 1982, S. 34.

30  Jeffrey Herf: Reactionary Modernism. Technology, Culture, and Politics in Weimar and the Third Reich. Cambridge u. a. 1984, S. 3, 55.

31 Henry A. Turner: Faschismus und Anti-Modernismus. In ders.: Faschismus und Kapitalismus in Deutschland. Studien zum Verhältnis zwischen Nationalsozialismus und Wirtschaft. Göttingen 1972, S. 157–182.

32 Nationalsozialismus und Modernisierung (Anm. 10, Teil I,2).

33 Ronald Smelser: Die Sozialplanung der Deutschen Arbeitsfront. In ebenda, S. 71–92, hier: S. 71.

34 Rainer Zitelmann: Die totalitäre Seite der Moderne. In: ebenda, S. 1–20, hier: S. 19.

35 Jill Stephenson: Widerstand gegen soziale Modernisierung am Beispiel Württembergs 1939–1945. In: ebenda, S. 93–116.

36 Albrecht Ritschl: Die NS-Wirtschaftsideologie – Modernisierungsprogramm oder reaktionäre Utopie? In: ebenda, S. 48–70, hier: S. 67.

37 Hans-Walter Schmuhl: Reformpsychiatrie und Massenmord. In: ebenda, S. 239–266, hier: S. 265.

38 Hans Dieter Schäfer: Amerikanismus im Dritten Reich. In: ebenda, S. 199–215, hier: S. 215.

39 Hans-Ulrich Wehler: Modernisierungstheorie und Geschichte. Göttingen 1975, S. 27, 30 f., 50.

40 Kaum irgendwo wird die Nachbarschaft und wechselseitige Verstärkung »moderner« und »antimoderner«, aber auch »übergeschichtlicher« Charakterzüge so deutlich wie in dem scheinbar ganz simplen »Antisemitismus« der Nationalsozialisten.
Am 2. November 1941 schrieb Joseph Goebbels nach einem Besuch des Wilnaer Ghettos in sein Tagebuch: »Schauderhaft wird erst das Bild auf einer kurzen Rundfahrt durch das Ghetto. Hier hocken die Juden aufeinander, scheußliche Gestalten, nicht zum Ansehen, geschweige zum Anfassen. [. . .] In den Strassen lungern fürchterliche Gestalten, denen ich nicht bei Nacht begegnen möchte. Die Juden sind die Läuse der zivilisierten Menschheit.« (Zitiert nach Martin Broszat: Hitler und die Genesis der »Endlösung«. Aus Anlaß der Thesen von David Irving. In: VfZ 25 [1977], S. 739–775, hier: S. 755). Das zugrundeliegende Empfinden gegenüber Schmutz und Armut wird als modern zu bezeichnen sein, denn Lucy Dawidowicz (From that Place and Time. A Memoir 1938–1947. New York-London 1989) äußert sich auf ähnliche Weise, wenngleich mit Sympathie anstelle von Abneigung. Von ganz anderer Art als die verächtliche Geringschätzung der »Ostjuden« war der im Nationalsozialismus immer wieder hervortretende und mit Zorn gepaarte Neid gegenüber den hochzivilisierten und erfolgreichen, teilweise aber nur halbassimilierten deutschen Juden. Sozialneid dieser Art gibt es in allen entwickelten Gesellschaften. Ganz zeitspezifisch waren dagegen Furcht und Haß gegenüber den »bolschewistischen

Juden«. Eindeutig antimodern war die Zurückführung aller geschichtlichen Übel auf »den« von jeher in verhängnisvoller Tätigkeit begriffenen Juden. Damit nicht ohne weiteres zu verwechseln ist die Überzeugung von der angeblichen Macht des »Weltjudentums«, die Stalin und Litwinow, Mussolini, Papst Pius XII. und der Jesuitengeneral Ledochowski mit Hitler und Goebbels teilten, wenn auch auf weniger obsessive Weise. (Vgl. Nahum Goldmann: Mein Leben als deutscher Jude. München-Wien 1985, S. 279 f.; Alan Bullock: Hitler und Stalin. Parallele Leben. Berlin 1991, S. 1233).

## Teil I,6 Adolf Hitler

1 Georg Franz-Willing: Die Hitlerbewegung. Der Ursprung 1919-1922. Hamburg-Berlin 1962, S. 66.
2 Ernst Deuerlein: Hitlers Eintritt in die Politik und die Reichswehr. In: VfZ 7 (1959), S. 177-227, hier: S. 214.
3 So die Sicht von Dietrich Aigner: Hitler und die Weltherrschaft. In: Nationalsozialistische Außenpolitik. Hrsg. von Wolfgang Michalka. Darmstadt 1978, S. 49-69. Vgl. im Unterschied dazu: Jochen Thies: Architekt der Weltherrschaft. Die »Endziele« Hitlers. Düsseldorf 1976.
4 Hildegard v. Kotze/Helmut Krausnick: »Es spricht der Führer«. 7 exemplarische Hitler-Reden. Gütersloh 1966, S. 257.
5 Joseph P. Stern: Hitler. Der Führer und das Volk. München 1981.
6 Ebenda, S. 10, 15 f., 203 f., 44 f., 200.
7 Bracher (Anm. 4, Teil I,2), S. 60 ff.
8 Joachim Fest: Das Gesicht des Dritten Reiches. Profile einer totalitären Herrschaft. München 1963, S. 30, 43, 97.
9 Hans Mommsen in: Der »Führerstaat« (Anm. 18, Teil I,2), S. 67, 76.
10 Erich Fromm: Anatomie der menschlichen Destruktivität. Hamburg 1979, S. 432.
11 Rudolph Binion: ». . . daß ihr mich gefunden habt«. Hitler und die Deutschen: Eine Psychohistorie. Stuttgart 1978.
12 Robert G. L. Waite: The Psychopathic God Adolf Hitler. New York 1977, S. 232 ff.
13 Zitiert nach Wolfgang Michalka: Ribbentrop und die deutsche Weltpolitik 1933-1940. Außenpolitische Konzeptionen und Entscheidungsprozesse im Dritten Reich. München 1980, S. 112.
14 Albert Seaton: Der russisch-deutsche Krieg 1941-1945. Hrsg. von Andreas Hillgruber. Frankfurt 1973, S. 50.
15 Bullock (Anm. 40, Teil I,5), S. 887, 1147.

16  Irving (Anm. 13, Teil I,2), S. 739.
17  Nach Binion (Anm. 11), S. 158, soll Hitler 1924 in der Festungshaft Freuds »Massenpsychologie und Ich-Analyse« gelesen haben.
18  Gerhard Schreiber: Hitler. Interpretationen 1923-1983. Ergebnisse, Methoden und Probleme der Forschung. Darmstadt 1984; 1988 erschien eine zweite, durch eine annotierte Bibliographie für die Jahre 1984-1987 ergänzte Auflage.
19  Helmut Heiber: Adolf Hitler. Eine Biographie. Berlin ³1967 (zuerst 1960).
20  Ebenda, S. 10, 17 f.
21  Ebenda, S. 20, 24.
22  Ebenda, S. 50, 80, 99.
23  Ebenda, S. 135, 75, 134.
24  Sebastian Haffner: Anmerkungen zu Hitler. München 1978. Im folgenden nach der Taschenbuchausgabe (Frankfurt am Main 1981 und weitere Auflagen) zitiert.
25  Ebenda, S. 8, 20, 31, 33 f.
26  Ebenda, S. 35, 40, 43, 69, 73.
27  Ebenda, S. 87 f., 103, 101, 117.
28  Ebenda, S. 140 f., 143, 156.
29  Ebenda, S. 158.
30  So wie man das Spektrum der Hitler-Darstellungen im Hinblick auf die Urteilstendenz zwischen den schmalen Büchern Heibers und Haffners sich erstrecken lassen kann, so sind bei den umfangreichen Werken hinsichtlich der Darstellungsweise Pole auszumachen.
Die Biographie von *John Toland* (Adolf Hitler. Bergisch Gladbach 1977) ist mit mehr als 1100 Seiten Text die detaillierteste Schilderung des äußeren Ablaufs von Hitlers Leben: Die Adressen seiner Wohnungen bzw. Zimmer in Leonding, Linz und Wien sind ebenso verzeichnet wie die Fülle der Medikamente, die Hitler von seinen Ärzten verschrieben wurden. Toland hat mehr als 150 »Augenzeugen« ausführlich befragt: Militärs wie die Generäle Manstein und Halder, ehemalige Gauleiter wie Rudolf Jordan und Gustav Scheel, Verwandte Hitlers wie den Vetter zweiten Grades Hans, ehemalige Diplomaten wie Fritz Hesse und Peter Kleist, ausländische Gegner und Verehrer Hitlers wie Allen Dulles und Oswald Mosley, vor allem aber seine Adjutanten und Sekretärinnen wie Nikolaus von Below, Otto Günsche, Traudl Junge und Gerda Daranowsky-Christian. Wie es der Sichtweise von Hitlers »Familie«, das heißt seiner nächsten Umgebung, entspricht, erscheint Hitler viel mehr als der charmante Österreicher, der er zweifellos *auch* war, denn als der zum Äußersten entschlossene Fanatiker, der die Welt zur »Natur« und zur Gesundheit zurückführen wollte. So

nimmt es sich ein wenig wie eine Versicherung guter Gesinnung aus, wenn
Hitler gleich im Vorwort als ein »Herrscher von luziferischer Grausamkeit«
bezeichnet wird (S. 10) und wenn später die »Endlösung« in allzu enger
Anlehnung an die Berichte Kurt Gersteins dargestellt und ganz »intentiona-
listisch« auf Hitler allein zurückgeführt wird. Das ungemein breit darge-
stellte Persönliche und Private wirkt eher einnehmend und sympathisch,
und Hitlers Wille zu einem aufrichtigen Ausgleich mit England wird so sehr
unterstrichen, daß sich die Frage aufdrängt, ob nicht der englischen Regierung und zumal den Wortführern der öffentlichen Meinung in England und
Amerika ein beträchtlicher Teil der Kriegsschuld zuzuschreiben ist. Aber da
sich ständig ein Ereignis an das andere reiht, wird diese Frage nicht vertieft.
Toland stützt sich auf eine ganze Anzahl von wenig bekannten Zeugnissen,
wenn er Hitlers Antisemitismus erst durch die Erfahrungen der Revolution
von 1918 und der unmittelbaren Nachkriegszeit virulent werden läßt. Der
Vorrang des Antimarxismus ergibt sich auch aus der im Anschluß an Hans
Frank zitierten Äußerung Hitlers: Wenn überhaupt, dann sei seine Haltung
nur in einer Hinsicht »anti«. Er sei ein »Anti-Lenin« (S. 395). Aussagen wie
diese finden indessen keine nähere Begründung, und im Wirbel der anschaulich geschilderten Ereignisse bleibt kein Raum für die Frage, ob dieser
erstaunliche Mann, der sich nach Toland 1936 in Deutschland größerer
Beliebtheit erfreute als jedes andere Staatsoberhaupt in dessen Lande (S. 521),
sich über irgend etwas ernsthafte Gedanken machte und sich gar mit einem
großen Gegenspieler zu messen versuchte.
In *Rainer Zitelmanns* Buch »Hitler. Selbstverständnis eines Revolutionärs«
(Anm. 22, Teil I,4) ist dagegen von den Ereignissen und Entscheidungen in
Hitlers Leben so gut wie nie die Rede. Nicht Hitlers »Lebenswelt«, sondern
seine »Gedankenwelt« ist das Thema, und es handelt sich, wie oben schon
erwähnt wurde, um die Gedankenwelt eines genuinen Revolutionärs. Daher hebt Zitelmann die Konkurrenzsituation hervor, in der Hitler zum
Marxismus stand und zugleich seine Abneigung, ja Feindseligkeit gegenüber dem Bürgertum. Als Revolutionär eines »dritten Weges« war Hitler
nach Zitelmann modern, und durchaus modern waren seine Vorstellungen
über die Durchsetzung der Chancengleichheit für alle Angehörigen des
Volkes, aber auch über eine neue Wirtschaftsordnung, welche einige Elemente der Planwirtschaft mit den Grundlagen des Konkurrenzsystems
kombinieren würde. Nichts lag Hitler daher ferner als die romantische Idee
einer »Reagrarisierung« Deutschlands; selbst seine Konzeption des »Lebensraums« war ein Projekt der Modernisierung. Mithin war der Nationalsozialismus ebenso wie der Stalinismus und der Maoismus eine »Moderni-
sierungsdiktatur« mit einer starken Tendenz zur Egalisierung und zur

449

Partizipation (S. 441). Der Antibolschewismus war nicht viel mehr als ein taktisches Instrument zur Gewinnung der zunächst unentbehrlichen Unterstützung des Bürgertums, und während des Krieges überzeugte sich Hitler sogar mehr und mehr von der »Überlegenheit der sowjetischen Wirtschaftsform«, so daß er in gewisser Weise eine »Wandlung zum Bolschewismus« durchmachte (S. 266 f.), wie schon der im Führungshauptquartier tätige Militärhistoriker Wilhelm Scheidt behauptet hatte. Von der Vorstellung freilich, daß »der Marxismus« ein Instrument des Judentums zur Erlangung seiner Weltherrschaft sei, ging Hitler niemals ab, und Zitelmann bezeichnet sie als »Wahnidee« (S. 163). Er muß jedoch einräumen, daß Hitler sich immer wieder mit großer Entschiedenheit gegen den Bolschewismus, gegen die »übermäßige Industrialisierung«, gegen die moderne Dekadenz und gegen den demokratischen Aberglauben an den Durchschnittsmenschen geäußert hat. Insofern sind viele von Hitlers Gedanken »ambivalent« und widersprüchlich. Nach Zitelmann ist Hitler aber weitaus mehr von der modernistischen Weltanschauung der Aufklärung und des Rationalismus geprägt als von den irrationalistischen und reaktionären Tendenzen der »Konservativen Revolution«, von denen er allerdings nicht unbeeinflußt geblieben war.

Es gelingt Zitelmann in der Tat, ein viel mannigfaltigeres Bild von Hitlers Ideen zu zeichnen, als es diejenigen tun, die den ganzen Hitler unter den Begriff des »Antimodernismus« bringen wollen und im Antisemitismus das A und O von Hitlers Vorstellungen sehen. Aber der Einwand liegt nahe, daß der »moderne« Teil von Hitlers Ideen nichts anderes als Anpassungen an die marxistischen und liberalen Gegner bedeutet und daß der eigentlich bewegende Impuls gerade in dem »antimodernen« Teil zu finden ist, im Antisemitismus, Antibolschewismus und Antiegalitarismus einer Hierarchie von »Rassen« sogar innerhalb der Nation. Man könnte freilich auch sagen, es handele sich nicht um bloße »Anpassungen«, sondern um realistische Neubestimmungen gegenüber dem »Utopismus« der Gegner, und der Antibolschewismus sei nicht im gleichen Sinne antimodern wie die Lobpreisung des Krieges als der höchsten Gestalt des Lebens. Dann wäre die Frage nach der Hierarchie von Hitlers Motiven neu aufzuwerfen, und es müßte als Problem akzeptiert werden, ob und inwieweit der Nationalsozialismus ebenso im historischen Recht wie im historischen Unrecht war. Rainer Zitelmann ist zweifellos das Verdienst zuzuschreiben, über das bloße Polemisieren und Ironisieren ebensoweit hinausgelangt zu sein wie Sebastian Haffner, aber auf der Grundlage weit umfassenderer Studien.

## Teil I,7 Hitlers Drittes Reich:
## Monokratie oder Polykratie?

1 Ernst Nolte: Zwischen Geschichtslegende und Revisionismus? Das Dritte Reich im Blickwinkel des Jahres 1980. In: »Historikerstreit«. Die Dokumentation der Kontroverse um die Einzigartigkeit der nationalsozialistischen Judenvernichtung. München 1987, S. 13–35, hier: S. 15.

2 Totenkopf und Treue. Heinrich Himmler ohne Uniform. Aus den Tagebuchblättern des finnischen Medizinalrats Felix Kersten. Hamburg o. J., S. 383.

3 Neben Fest (Anm. 8, Teil I,6) ist vor allem zu vergleichen: Die braune Elite. 22 biographische Skizzen. Hrsg. von Ronald Smelser und Rainer Zitelmann. Darmstadt 1989. Die Literatur zu den einzelnen Paladinen ist zu umfangreich, um sie hier im einzelnen aufführen zu können. Im Kern geht es immer um die Frage des Verhältnisses zu Hitler und zu den anderen Paladinen. Das Ergebnis ist durchweg dasselbe: Ergebenheit, ja Hörigkeit gegenüber Hitler; Eifersucht oder Geringschätzung gegenüber den Konkurrenten.

4 Fest (Anm. 8, Teil I,6), S. 283.

5 David Irving: Göring. München 1987, S. 324.

6 Reichsführer! . . . Briefe an und von Himmler. Hrsg. von Helmut Heiber. Stuttgart 1968, S. 15.

7 Sir Neville Henderson: Failure of a Mission. New York 1940, S. 297.

8 Kriegstagebuch des Oberkommandos der Wehrmacht (Wehrmachtführungsstab) 1940–1945. Hrsg. von Percy E. Schramm. 4 Bde. Frankfurt am Main 1961–1965, Bd. 4, 2, S. 1721.

9 Broszat (Anm. 17, Teil I,4), S. 159.

10 Joseph Goebbels: Tagebücher aus den Jahren 1942/43. Hrsg. von Louis P. Lochner. Zürich 1948, S. 243.

11 Das politische Tagebuch Alfred Rosenbergs aus den Jahren 1934/35 und 1939/40. Hrsg. von Hans-Günther Seraphim. Göttingen u. a. 1956, S. 93.

12 S. unten S. 248 ff.

13 Alfred Kube: Pour le mérite und Hakenkreuz. Hermann Göring im Dritten Reich. München 1986, S. 161.

14 Walter Petwaidic: Die autoritäre Anarchie. Hamburg 1946.

15 Rebentisch (Anm. 5, Teil I,5); Reinhard Bollmus: Das Amt Rosenberg und seine Gegner. Studien zum Machtkampf im nationalsozialistischen Herrschaftssystem. Stuttgart 1970.

16 Akten der Partei-Kanzlei (Anm. 23, Teil I,2), Bd. 1, S. 61, 223, 311, 411, 499, 641, 763, 801, 933, 985.

17 Ebenda, Bd. 2, S. 92, 155, 435, 472, 837.
18 Peter Hüttenberger: Die Gauleiter. Studie zum Wandel des Machtgefüges in der NSDAP. Stuttgart 1969, S. 181.
19 Hans Kehrl: Krisenmanager im Dritten Reich. 6 Jahre Frieden – 6 Jahre Krieg. Erinnerungen. Mit kritischen Anmerkungen und einem Nachwort von Erwin Vierhaus. Düsseldorf 1973, S. 62.
20 Vgl. Masaki Miyake: Die Lage Japans beim Ausbruch des Zweiten Weltkrieges. In: Sommer 1939. Die Großmächte und der europäische Krieg. Hrsg. von Wolfgang Benz und Hermann Graml. Stuttgart 1979, S. 195–222.
21 Michalka (Anm. 13, Teil I,6).
22 Rebentisch (Anm. 5, Teil I,5), S. 215.
23 Ebenda, S. 551.
24 Ebenda, S. 284.
25 Hans Mommsen: Nationalsozialismus. In: Sowjetsystem und demokratische Gesellschaft. Eine vergleichende Enzyklopädie. Freiburg i. Br. 1971, Bd. 4, Sp. 695–713, hier: Sp. 702.
26 Philipp Fabry: Mutmaßungen über Hitler. Urteile von Zeitgenossen. Königstein 1979, S. 57.
27 Wilfred von Oven: Finale Furioso. Mit Goebbels bis zum Ende. Tübingen 1974, S. 577.
   Das Zeugnis ist glaubwürdig, denn auch in den Tagebüchern von Goebbels aus dem Jahre 1945 findet sich die Wendung: »Wenn ich der Führer wäre, dann wüßte ich, was jetzt zu tun ist. Aber ich nehme an, daß die Verantwortlichen in keiner Weise zur Rechenschaft gezogen werden.« (Joseph Goebbels: Tagebücher 1945. Die letzten Aufzeichnungen. Eingeführt von Rolf Hochhuth. Hamburg 1977, S. 533). Die Kritik an der mangelnden Entschlußkraft Hitlers in Personalentscheidungen (vor allem der in Goebbels' Augen unbedingt notwendigen Absetzung der »Versager« Göring und Ribbentrop) zieht sich durch die ganzen späten Aufzeichnungen hindurch.
28 Peter Hüttenberger: Nationalsozialistische Polykratie. In: GuG 2 (1976), S. 417–442.

## Teil I,8 Soziologie und Vielfalt des Nationalsozialismus

1 Vgl. statt vieler seiner Schriften zur »Faschismustheorie«: Reinhard Kühnl: Vom Ersten zum Zweiten Weltkrieg. In: Ulrike Hörster-Philipps/Reinhard Kühnl: Hitlers Krieg? Zur Kontroverse um Ursachen und Charakter des Zweiten Weltkriegs. Köln 1989, S. 21–46.

2 Michael Kater: The Nazi Party. A Social Profile of Members and Leaders, 1919–1945. Oxford 1983.

3 Ebenda, S. 37, 189, 236.

4 Conan Fischer (Anm. 12, Teil I,2), S. 35.

5 Ebenda, S. 147 f.

6 Vgl. vor allem Jürgen W. Falter: Hitlers Wähler. München 1991. Vgl. auch ders (Anm. 10, Teil I,2).

7 Hanno Sowade: Otto Ohlendorf – Nonkonformist, SS-Führer und Wirtschaftsfunktionär. In: Die braune Elite (Anm. 3, Teil I,7), S. 188–200, hier: S. 198.

8 Karl Wahl: »... es ist das deutsche Herz«. Erlebnisse und Erkenntnisse eines ehemaligen Gauleiters. Augsburg 1954.

9 Utho Grieser: Himmlers Mann in Nürnberg. Der Fall Benno Martin. Nürnberg 1974, S. 184, 92 f.

10 Herbert Taege: NS-Perestroika. Reformziele nationalsozialistischer Führungskräfte. Bd. 1. Lindhorst 1988, S. 31 ff., 71 ff., 93 ff.

11 Nürnberger Prozesse. Der Prozeß gegen die Hauptkriegsverbrecher vor dem Internationalen Militärgerichtshof. Nürnberg, 14. 11. 1945–1. 10. 1946. 42 Bde. Nürnberg 1947–1949 (IMG); Bd. 29, S. 120.

12 Nolte (Anm. 3, Teil I,1), S. 357 ff.

13 Michael Prinz: Die soziale Funktion moderner Elemente in der Gesellschaftspolitik des Nationalsozialismus. In: Nationalsozialismus und Modernisierung (Anm. 10, Teil I,2), S. 297–327, hier: S. 315; vgl. auch Herbst (Anm. 23, Teil I,5), S. 160.

## Teil I,9 Industrie, Justiz, Wehrmacht und der Nationalsozialismus

1 August Heinrichsbauer: Schwerindustrie und Politik. Essen-Kettwig 1948, S. 26 f.

2 Eberhard Czichon: Wer verhalf Hitler zur Macht? Zum Anteil der deutschen Industrie an der Zerstörung der Weimarer Republik. Köln 1967.

3 Ebenda, S. 13, 16 f., 24.

4 Ebenda, S. 50 f., 55, 48.

5 Ebenda, S. 55, 25.

6 Dirk Stegmann: Zum Verhältnis von Großindustrie und Nationalsozialismus 1930–1933. Ein Beitrag zur Geschichte der sog. Machtergreifung. In: Archiv für Sozialgeschichte 13 (1973), S. 399–482.

7 Ebenda, S. 402, 410.

8  Ebenda, besonders S. 444 ff. und 452 ff.
9  Henry A. Turner: Faschismus und Kapitalismus (Anm. 31, Teil I,5), S. 80 f., 30, 87 ff., 114, 21.
10 Ders.: Die Großunternehmer und der Aufstieg Hitlers. Berlin 1985, S. 426.
11 Udo Wengst: Der Reichsverband der Deutschen Industrie in den ersten Monaten des Dritten Reiches. Ein Beitrag zum Verhältnis von Großindustrie und Nationalsozialismus. In: VfZ 28 (1980), S. 94–110.
12 Max Horkheimer u. a.: Wirtschaft, Recht und Staat im Nationalsozialismus. Analysen des Instituts für Sozialforschung 1939–1942. Hrsg. von Helmut Dubiel und Alfons Söllner. Frankfurt am Main 1981, S. 51, 40.
13 Ebenda, S. 33, 51, 40, 117.
14 Tim Mason: Der Primat der Politik – Politik und Wirtschaft im Nationalsozialismus. In: Das Argument. Berliner Hefte für Probleme der Gesellschaft 8 (1966), S. 473–494, hier: S. 474, 486, 493.
15 Eberhard Czichon: Der Primat der Industrie im Kartell der nationalsozialistischen Macht. In: Das Argument 10 (1968), S. 168–192, S. 187 f.
16 Dietrich Eichholtz/Kurt Gossweiler: Noch einmal: Politik und Wirtschaft 1933–1945. In ebenda S. 210–227, S. 216.
17 Alfred Sohn-Rethel: Ökonomie und Klassenstruktur im deutschen Faschismus. Frankfurt am Main 1973, S. 97, 111.
18 Henry Picker: Hitlers Tischgespräche im Führerhauptquartier 1941–42. Veröffentlicht von Gerhard Ritter. Bonn 1951, S. 212.
19 Ingo Müller: Furchtbare Juristen. Die unbewältigte Vergangenheit unserer Justiz. München 1987, S. 17.
20 Ebenda, S. 121 ff., 148.
21 Günter Wieland: Das war der Volksgerichtshof. Ermittlungen, Fakten, Dokumente. Pfaffenweiler 1989, S. 114 f.
22 Hubert Schorn: Der Richter im Dritten Reich. Frankfurt am Main 1959.
23 Die deutsche Justiz und der Nationalsozialismus. 3 Bde. Stuttgart 1968, 1970, 1974.
24 Meldungen aus dem Reich. Auswahl aus den geheimen Lageberichten des Sicherheitsdienstes der SS 1939–1944. Hrsg. von Heinz Boberach, Neuwied-Berlin 1965, S. 462 f.
25 Lothar Gruchmann: Justiz im Dritten Reich 1933–1940. Anpassung und Unterwerfung in der Ära Gürtner. München 1988, S. 4, 16.
26 S. oben S. 119.
27 Klaus-Jürgen Müller: Armee, Politik und Gesellschaft in Deutschland 1933–1945. Studien zum Verhältnis von Armee und NS-System. Paderborn 1979.

## Teil I,10 Der Widerstand gegen den Nationalsozialismus und der Kirchenkampf

1 Hans Rothfels: Die deutsche Opposition gegen Hitler. Eine Würdigung. Frankfurt 1949.

2 Eberhard Zeller: Geist der Freiheit. Der 20. Juli. München [4]1963 (zuerst 1957).

3 Peter Hoffmann: Widerstand, Staatsstreich, Attentat. Der Kampf der Opposition gegen Hitler. München [3]1979 (zuerst 1970), S. 33, 50.

4 Daniil Melnikow: 20. Juli 1944. Legende und Wirklichkeit. Hamburg 1968, S. 35.

5 Ebenda, S. 137.

6 Ebenda, S. 176.

7 Peter Hoffmann: Claus Schenk Graf von Stauffenberg und seine Brüder. Das Geheime Deutschland. Stuttgart 1992, S. 123.

8 Redakteur am Starnberger »Seeboten«. In: Bayern in der NS-Zeit (Anm. 21, Teil I,5), Bd. 6, S. 115–137, hier: S. 125 f.

9 Hoffmann (Anm. 3), S. 393.

10 Ausgewählte Briefe von Generalmajor Helmut Stieff. In: VfZ 2 (1954), S. 291–305, hier: S. 300.

11 Deutscher Widerstand 1938–1944. Fortschritt oder Reaktion? Hrsg. von Bodo Scheurig. München 1969, S. 41.

12 Hoffmann (Anm. 3), S. 647.

13 Die Vollmacht des Gewissens. Hrsg. von der Europäischen Publikation e. V. München 1956, S. 232.

14 Hoffmann (Anm. 3), S. 587.

15 Ders. (Anm. 7), S. 355 f., 370.

16 Scheurig (Anm. 11), S. 206.

17 Vgl. den Buchtitel in Anm. 11.

18 Der deutsche Widerstand (Anm. 19, Teil I,2).

19 Mommsen (Anm. 11, Teil I,5).

20 Ebenda, S. 167.

21 Graml (Anm. 19, Teil I,2).

22 Ebenda, S. 42, 37, 70.

23 Hans J. Reichhardt: Möglichkeiten und Grenzen des Widerstandes der Arbeiterbewegung. In: Der deutsche Widerstand (Anm. 19, Teil I,2), S. 169–213.

24 Ernst Wolf: Zum Verhältnis der politischen und moralischen Motive in der deutschen Widerstandsbewegung. In: ebenda, S. 215–255.

25 Ebenda, S. 254.

26 Christoph Dipper: Der deutsche Widerstand und die Juden. In: GuG 9 (1983), S. 349–380.
27 Ebenda, S. 349, 359, 361, 369.
28 S. unten Böckenförde (Anm. 1, Teil I,11).
29 Guenter Lewy: Die katholische Kirche und das Dritte Reich. München 1965, S. 320.
30 Ernst Klee: »Die SA Jesu Christi« (Fn 27 zu I,2), S. 157.
31 Wolf (Anm. 24), S. 242.
32 Martin Broszat: Resistenz und Widerstand. Eine Zwischenbilanz des Forschungsprojekts. In: Bayern in der NS-Zeit (Anm. 21, Teil I,5), Bd. 4, S. 691–709.

## Teil I, 11 Einzelkontroversen

1 Ernst-Wolfgang Böckenförde: Der deutsche Katholizismus im Jahre 1933. Eine kritische Betrachtung. In: Hochland 53 (1960/61), S. 215–239.
2 Konrad Repgen: Über die Entstehung der Reichskonkordats-Offerte im Frühjahr 1933 und die Bedeutung des Reichskonkordats. Kritische Bemerkungen zu einem neuen Buch. In: VfZ 26 (1978), S. 499–534; Klaus Scholder: Altes und Neues zur Vorgeschichte des Reichskonkordats. Erwiderung auf Konrad Repgen. In ebenda, S. 535–570.
3 Repgen. In: ebenda, S. 532 f.
4 Scholder. In: ebenda, S. 536.
5 Scholder. In: ebenda, S. 569. Der Text des Reichskonkordats ist abgedruckt in Ludwig Volk: Das Reichskonkordat vom 20. Juli 1933. Von den Ansätzen in der Weimarer Republik bis zur Ratifizierung am 10. September 1933. Mainz 1972, S. 234–244.
6 Arthur Koestler: Die Geheimschrift. Wien u. a. 1954, S. 204 ff.
7 Die Tagebücher von Joseph Goebbels (Anm. 31, Teil I,2), Bd. 4, S. 579 (Eintragung vom 9. April 1941).
8 Allen Dulles: Germany's Underground. New York 1947, S. 21.
9 »Stehen Sie auf, Van der Lubbe«. Nach einem Manuskript von Fritz Tobias. Serie in: Der Spiegel 43 (1959)–1/2 (1960).
10 Fritz Tobias: Der Reichstagsbrand. Legende und Wirklichkeit. Rastatt 1962.
11 Ebenda, S. 154.
12 Ebenda, S. 276–292.
13 Ebenda, S. 378, 381, 592.

14 Hans Mommsen: Der Reichstagsbrand und seine politischen Folgen. In: VfZ 12 (1964), S. 351–413.
15 Ebenda, S. 356.
16 Ebenda, S. 387, 411 f.
17 Der Reichstagsbrand. Eine wissenschaftliche Dokumentation. Hrsg. von Walther Hofer u. a. Bd. 1. Berlin 1972.
18 Ebenda, S. 21.
19 Ebenda. S. 293, 30.
20 Der Reichstagsbrand. Eine wissenschaftliche Dokumentation. Hrsg. von Walter Hofer u. a. Bd. 2. München u. a. 1978.
21 Ohne Maske. Hitler-Breiting-Geheimgespräche 1931. Hrsg. von Edouard Calic. Frankfurt am Main 1968.
22 Karl-Heinz Janßen: Kabalen um den Reichstagsbrand. Serie in: Die Zeit 38–41 (1979); auch als Sonderdruck Hamburg 1979 (»Geschichte aus der Dunkelkammer. Eine unvermeidliche Enthüllung«).
23 Uwe Backes u. a.: Reichstagsbrand. Aufklärung einer historischen Legende. Mit einem Vorwort von Louis de Jong. München-Zürich 1986.
24 Josef Henke: Archivfachliche Bemerkungen zur Kontroverse um den Reichstagsbrand. In: GuG 16 (1990), S. 212–232.
25 Ulrich von Hehl: Die Kontroverse um den Reichstagsbrand. In: VfZ 36 (1988), S. 259–280, S. 278.
26 S. unten S. 304 ff.
27 Tobias (Anm. 10), S. 139.
28 Rudolf Jordan: Erlebt und erlitten. Weg eines Gauleiters von München bis Moskau. Leoni 1971, S. 106 f.
29 Adelbert Reif: Albert Speer. Kontroversen um ein deutsches Phänomen. München 1978.
30 Matthias Schmidt: Albert Speer. Das Ende eines Mythos. Speers wahre Rolle im Dritten Reich. Bern-München 1982.
31 Das Dritte Reich im Kreuzverhör. Aus den unveröffentlichten Vernehmungsprotokollen des Anklägers Robert M. W. Kempner. München-Esslingen 1969, S. 106 f. (Aussage von Ernst W. Bohle nach Angaben eines Chauffeurs von Heß, dessen Name ihm entfallen sei).
32 S. oben S. 45.
33 Irving (Anm. 13, Teil I,2), S. 379 ff.
34 Besymenski (Anm. 17, Teil I,2), S. 123.
35 Lutz Graf Schwerin von Krosigk: Finanz- und Außenpolitik unter Hitler. In: Hitler, Deutschland und die Mächte. Materialien zur Außenpolitik des Dritten Reiches. Hrsg. von Manfred Funke. Düsseldorf 1976, S. 310–323, hier: S. 323.

36 Alfred Seidl: Der Fall Rudolf Heß 1941–1987. Dokumente des Verteidigers. München ³1988, S. 576.

## Teil I,12 Die nationalsozialistische Außenpolitik

1 Hitler: MK, S. 742.

2 Ebenda und S. 782.

3 Ursachen und Folgen. Vom deutschen Zusammenbruch 1918 und 1945 bis zur staatlichen Neuordnung Deutschlands in der Gegenwart. Eine Urkunden- und Dokumentensammlung zur Zeitgeschichte. Hrsg. von Herbert Michaelis und Ernst Schraepler. Berlin o. J. 26 Bde. und zwei Registerbde. (UuF); Bd. 10, S. 3–5.

4 Hans-Adolf Jacobsen: Nationalsozialistische Außenpolitik 1933–1938. Frankfurt am Main 1968, S. 25.

5 UuF (Anm. 3), Bd. 10, S. 22.

6 Jacobsen (Anm. 4), S. 45–89.

7 Ebenda, S. 454 f.

8 Ebenda, S. 90–251.

9 Ebenda, S. 252–318.

10 Hans-Jürgen Döscher: Das Auswärtige Amt im Dritten Reich. Diplomatie im Zeichen der »Endlösung«. Berlin 1987.

11 Walther Hofer: Die Entfesselung des Zweiten Weltkrieges. Eine Studie über die internationalen Beziehungen im Sommer 1939. Mit Dokumenten. Frankfurt am Main 1964.

12 A. J. P. Taylor: Die Ursprünge des Zweiten Weltkrieges. Die Jahre 1933–1939. München 1962 (Neuausgabe München 1980).

13 David L. Hoggan: Der erzwungene Krieg. Die Ursachen und Urheber des Zweiten Weltkrieges. Tübingen ⁴1963, S. 92 f.

14 Dirk Kunert: Ein Weltkrieg wird programmiert. Hitler, Roosevelt, Stalin: Die Vorgeschichte des 2. Weltkrieges nach Primärquellen. Kiel 1984.

15 Ebenda, S. 368.

16 Bernd Martin: Friedensinitiativen und Machtpolitik im Zweiten Weltkrieg 1939–1942. Düsseldorf 1974.

17 Ebenda, S. 223 f., 315.

18 Klaus Hildebrand: Deutsche Außenpolitik 1933–1945. Kalkül oder Dogma? Stuttgart 1971; Andreas Hillgruber: Hitlers Strategie. Politik und Kriegführung 1940–1941. Frankfurt am Main 1965; ders.: Die Zerstörung Europas. Beiträge zur Weltkriegsepoche 1914 bis 1945. Frankfurt am Main – Berlin 1988.

19  Vgl. Hildebrand (Anm. 20, Teil I,4).
20  Thies (Anm. 3, Teil I,6).
21  Ebenda, S. 98.
22  Ebenda, S. 135.
23  Vgl. Hildebrand (Anm. 7, Teil I,3), S. 775.
24  Thies (Anm. 3, Teil I,6), S. 188.
25  Aigner (Anm. 3, Teil I,6).
26  Hitlers Tischgespräche (Anm. 18, Teil I,9), S. 150.

## Teil I,13 Der nationalsozialistische Krieg

1  Siehe die Aufzeichnungen des Generalleutnants Liebmann über Hitlers Ausführungen vor den Befehlshabern des Heeres und der Marine am 3. Februar 1933. In: Neue Dokumente zur Geschichte der Reichswehr 1930–1933. Dokumentation von Thilo Vogelsang. In: VfZ 2 (1954), S. 397–436, hier: S. 434 f.
2  IMG (Anm. 11, Teil I,8), Bd. 26, S. 328 f.
3  Erich Helmdach: Überfall? Der sowjetisch-deutsche Aufmarsch 1941. Neckargmünd 1975.
4  Das Deutsche Reich und der Zweite Weltkrieg (Anm. 10, Teil I,3). Bd. 4. Stuttgart 1983, S. 713–809.
5  Ernst Topitsch: Stalins Krieg. Die sowjetische Langzeitstrategie gegen den Westen als rationale Machtpolitik. München 1985.
6  Ebenda, S. 151, 143. Ähnlich, wenngleich mit weniger umfassender Fragestellung, urteilt Andreas Hillgruber in einem ebenfalls 1985 gehaltenen und 1986 in erweiterter Form veröffentlichten Vortrag, der zu einem der Ausgangspunkte des »Historikerstreits« wurde: Der Zusammenbruch im Osten 1944/45 als Problem der deutschen Nationalgeschichte und der europäischen Geschichte. In ders.: Die Zerschlagung des Deutschen Reiches und das Ende des europäischen Judentums. Berlin 1986, S. 13–74.
7  Viktor Suworow: Der Eisbrecher. Hitler in Stalins Kalkül. Stuttgart 1989.
8  BAK, R 58/597.
9  Suworow (Anm. 7), S. 208, 431.
10  Kurt Eggers: Vater aller Dinge. Ein Buch des Krieges. Berlin 1943.
11  S. unten S. 82.
12  So auch, mit etwas anderer Akzentuierung Ulrike Hörster-Philipps/Reinhard Kühnl (Anm. 1, Teil I,8).
13  Seaton (Anm. 14, Teil I,6), S. 133, 147, 164 f., 207
14  Winterbotham (Anm. 27, Teil I,1), S. 30

15 Karl Dönitz: Zehn Jahre und zwanzig Tage. Bonn-Frankfurt am Main, ²1963, S. 322 (zuerst 1958).

16 Bullock (Anm. 40, Teil I,5), S. 1007.

17 Walter Laqueur/Richard D. Breitman: Der Mann, der das Schweigen brach. Wie die Welt vom Holocaust erfuhr. Frankfurt am Main-Berlin 1986, S. 161.

18 Vgl. Richard J. Overy: »Blitzkriegswirtschaft«? Finanzpolitik, Lebensstandard und Arbeitseinsatz in Deutschland 1939–1942. In: VfZ 36 (1988), S. 379–435.

19 Von beträchtlicher Wichtigkeit scheint 1940 der Bericht des Oberstingenieurs Schwenke über seinen Besuch in den gigantischen Industriewerken von Kuibyschew gewesen zu sein, den Hitler noch Jahre später besonders hervorhob (vgl. Irving [Anm. 5, Teil I,7], S. 483).

20 Willy Boelcke (Hrsg.) »Wollt ihr den totalen Krieg?«, Stuttgart 1967, S. 321. Ganz ähnlich äußert sich Goebbels in den »Tagebüchern 1945« (Anm. 27, Teil I,7), etwa am 16. März: »Kurz und gut, man muß zu der peinlichen Überzeugung kommen, daß die militärische Führerschaft der Sowjetunion aus einer besseren Klasse zusammengesetzt ist als unsere eigene.« (S. 269).

21 Bullock (Anm. 40, Teil I,5), S. 787; Jost Dülffer: Der Beginn des Krieges 1939: Hitler, die innere Krise und das Mächtesystem. In: GuG 2 (1976), S. 443–470, hier: S. 453.

22 Miyake (Anm. 20, Teil I,7), S. 250.

23 Martin (Anm. 16, Teil I,12), S. 510.

## Teil I,14 Die nationalsozialistische Vernichtungspolitik und die »Endlösung der Judenfrage«

1 Gesetz zur Verhütung erbkranken Nachwuchses, § 12. In: UuF (Anm. 3, Teil I,12), Bd. 9, S. 298.

2 Ebenda, S. 293 ff.

3 Hitler: MK, S. 144.

4 Seidler (Anm. 22, Teil I,5).

5 Gisela Bock: Zwangssterilisation im Nationalsozialismus. Studien zur Rassenpolitik und Frauenpolitik. Opladen 1986, S. 230 ff.

6 Ebenda, S. 315, 287, 417.

7 Aly/Heim (Anm. 12, Teil I,3), S. 205.

8 Schmuhl (Anm. 37, Teil I,5)

9 Ebenda, S. 192, 349.

10 Nach dem Sitz in der Tiergartenstraße 4 zu Berlin.

11 Wolfgang Wippermann: Die nationalsozialistische Zigeunerverfolgung. Darstellung, Dokumente und didaktische Hinweise. Frankfurt 1986, S. 52; Peukert (Anm. 29, Teil I,5) nennt die Zahl 219 000 (S. 250 f.).

12 Die Ermordung der europäischen Juden. Eine umfassende Dokumentation des Holocaust 1941–1945. Hrsg. von Peter Longerich unter Mitarbeit von Dieter Pohl. München-Zürich 1989, S. 47.

13 Helmut Krausnick/Hans-Heinrich Wilhelm: Die Truppe des Weltanschauungskrieges. Die Einsatzgruppen der Sicherheitspolizei und des SD 1938–1942. Stuttgart 1981.

14 Die Ermordung (Anm. 12), S. 116 ff.

15 Text in: UuF (Anm. 3, Teil I,12), Bd. 19, S. 422.

16 Hierzu umfassend Krausnick/Wilhelm (Anm. 13); s. aber auch unten Anm. 13, Teil II,5.

17 Der Mord an den Juden im Zweiten Weltkrieg. Entschlußbildung und Verwirklichung. Hrsg. von Eberhard Jäckel und Jürgen Rohwer. Stuttgart 1985; Eugen Kogon u. a.: Nationalsozialistische Massentötungen durch Giftgas. Eine Dokumentation. Frankfurt am Main 1983. Raul Hilberg: Die Vernichtung der europäischen Juden. Die Gesamtgeschichte des Holocaust. Berlin 1982.

18 Der Text des Briefes in: Hitler. Sämtliche Aufzeichnungen 1905–1924. Hrsg. von Eberhard Jäckel und Axel Kuhn. Stuttgart 1980, S. 88–90.

19 Hitler: MK, S. 69 f.

20 Joseph Goebbels: Der Nazi-Sozi. Fragen und Antworten für den Nationalsozialisten. München 1929, S. 8.

21 Heinz Höhne: Der Orden unter dem Totenkopf. Die Geschichte der SS. Gütersloh 1967, S. 299.

22 Hitler. Reden und Proklamationen (Anm. 2, Teil I,4), Bd. 2, 1, S. 1058.

23 Ebenda, Bd. 2,2, S. 1920.

24 Vgl. »Israelitisches Wochenblatt« Zürich 25. Februar und 17. März 1944. In: »Informationsberichte zur Judenfrage« 1. Mai 1944 (PA des AA).

25 UuF (Anm. 3, Teil I,12), Bd. 19, S. 490.

26 IMG (Anm. 11, Teil I,8), Bd. 31, S. 85 ff.

27 Ebenda, Bd. 11, S. 440 ff.

28 Rudolf Höß: Kommandant in Auschwitz. Autobiographische Aufzeichnungen. Hrsg. von Martin Broszat. München 1963, S. 157.

29 Ebenda, S. 167.

30 Die Ermordung (Anm. 12), S. 74.

31 Helmut Krausnick: Judenverfolgung. In: Anatomie des SS-Staates. Hrsg.

von Hans Buchheim u. a. Bd. 2, Olten und Freiburg 1965, S. 283–448, hier: S. 411.

32 Krausnick/Wilhelm (Anm. 13). Die Berichte von Stahlecker und Katzmann sind abgedruckt in IMG (Anm. 11, Teil I,8), Bd. 36, S. 670–711 und 391–431.

33 Der Brief von Dr. Hagen: BDC, SS-HO 5289. Brief von Landesbischof Wurm zitiert nach Armin Boyens: Widerstand der evangelischen Kirche im Dritten Reich. In: Nationalsozialistische Diktatur 1933–1945. Eine Bilanz. Hrsg. von Karl D. Bracher, Manfred Funke und Hans-Adolf Jacobsen. Bonn 1983, S. 669–686, hier: S. 678 f. Zur »Umsiedlung« der Juden im Generalgouvernement. In: VfZ 7 (1959), S. 333–336 (In der Hauptsache ein Bericht von Wilhelm Cornides).

34 Tagebücher aus den Jahren 1942/43 (Anm. 10, Teil I,7), S. 142 f.

35 IMG (Anm. 11, Teil I,8), S. 145 f.

36 Ebenda, S. 502 f.

37 Helmut Sündermann: Hier stehe ich ... Deutsche Erinnerungen 1914/45. Leoni 1975, S. 241.

38 PA des AA: D Kult 11, Nr. 7; Gesandtschaft Zagreb (geheim).

39 Ebenda, »Das Judentum in Deutschland«, R 99 356.

40 Zur Aufklärung der Frage, ob es »Aktion Reinhard« (nach Reinhard Heydrich) oder »Aktion Reinhart« (nach dem Staatssekretär im Finanzministerium) heißen muß, trägt die »Akte Globocnik« nichts bei, da beide Schreibweisen verwendet werden und manchmal sogar »Reinhardt« zu lesen ist.

41 Hermann Graml: Zur Genesis der »Endlösung«. In: Das Unrechtsregime (Anm. 16, Teil I,2), Bd. 2, S. 2–18.

42 Der Mord an den Juden (Anm. 17).

43 Hilberg (Anm. 17).

44 Eberhard Jäckel: Hitlers Weltanschauung. Entwurf einer Herrschaft. Stuttgart ²1981.

45 Der Mord an den Juden (Anm. 17), S. 189–191, 233–235.

46 Broszat (Anm. 40, Teil I,5). Die These von David Irving ist nicht zuletzt deshalb verwunderlich, weil er in »Führer und Reichskanzler« (Anm. 13, Teil I,2), S. 275 selbst aufgrund der Vortragsnotizen Himmlers die Feststellung trifft, Himmler habe am 19. November 1939 Hitler über die »Erschießung von 380 Juden in Ostro« berichten müssen. Die Vorstellung, er habe zwei Jahre später über die geplante und zum Teil schon ausgeführte Tötung von Millionen *nicht* berichten müssen, ist schlechthin absurd.

47 Ebenda, S. 745, 753.

48  Ebenda, S. 771.
49  Hans Mommsen: Die Realisierung des Utopischen: Die »Endlösung der Judenfrage« im »Dritten Reich«. In: GuG 9 (1983), S. 381–420.
50  Ebenda, S. 386.
51  In Eberhard Kolbs Buch »Bergen-Belsen. Geschichte des ›Aufenthaltlagers‹ 1943–1945«. Hannover 1962, finden sich Auszüge aus dem Tagebuch des Häftlings Loden Vogel. Hier heißt es unter dem Datum des 7. Februar 1945: »Die Berichte über die Selektionen in Auschwitz kannte ich bereits: Ich finde Vergasen weniger grausam als Verhungernlassen, wie es in unserem Lager durchgeführt wird . . .« (S. 247). Der (jüdische) Nobelpreisträger Josef Brodsky stellte den Bezug zum Gulag ausdrücklich her, indem er den deutschen Schriftsteller Hans-Christoph Buch bei einer Tagung fragte, »wo ich [i. e. Buch] lieber ermordet worden wäre, in Auschwitz oder im Gulag. Er selbst, fügte Brodsky hinzu, hätte den schnellen Tod in einem der KZ dem langsamen Dahinsiechen in einem sowjetischen Straflager vorgezogen.« Hans Christoph Buch: Umgekehrter Historikerstreit. Entgegnung auf Eberhard Jäckels These, Nationalsozialismus und Stalinismus seien zwar vergleichbar, aber in keiner Weise gleichzusetzen. In: Die Tageszeitung vom 3. Februar 1992, S. 11.
52  Mommsen (Anm. 49), S. 416, 402, 420.
53  Ebenda, S. 385.


Teil I,15 Die »Endlösung der Judenfrage« in der Sicht des radikalen Revisionismus

1  Der Verleger der »Annales d'histoire révisionniste« (s. Anm. 4) war der Anarchist Pierre Guillaume; schon der Verlagsname »La vieille Taupe« läßt die linke Orientierung erkennen (»Der alte Maulwurf« = Die Revolution).
2  Die Kritik an der Instrumentalisierung des »Holocaust« durch die Zionisten fehlt auch in innerjüdischen Auseinandersetzungen nicht; vgl. Leon W. Wells (Anm. 22, Teil I,2).
3  Umfangreiche Auszüge aus diesen beiden und zwei anderen Büchern in: Paul Rassinier: The Holocaust Story and the Lies of Ulysses. A Study of the German Concentration Camps and the Alleged Extermination of European Jewry. Costa Mesa 1978.
4  Annales d'histoire révisionniste. Historiographie et Société, Nr. 7 (1989), S. 89. Ein zusammenfassender Überblick über die Argumente der radikalen Revisionisten mit reicher Bibliographie: Carlo Mattogno: Le mythe

463

de l'extermination des Juifs. Ebenda, Nr. 1, (1987), S. 15–108. Vgl. neu-erdings auch ders.: La soluzione finale. Problemi e polemiche. Padova 1991. Ferner: Germar Rudolf: Gutachten über Bildung und Nachweis-barkeit von Cyanidverbindungen in den Gaskammern von Auschwitz. Stuttgart 1992.

5 Ebenda, Nr. 8, S. 65.

6 Revue d'histoire révisionniste, 1990–1992.

7 Wilhelm Stäglich: Der Auschwitz-Mythos. Legende oder Wirklichkeit? Tübingen 1979.

8 Hans Rothfels: Augenzeugenbericht zu den Massenvergasungen. In: VfZ 1 (1953), S. 177–194.

9 Les confessions de Kurt Gerstein. Etude comparative des différentes versions. In: André Chelain: La thèse de Nantes et l'affaire Roques. Paris 1988.

10 Höß (Anm. 28, Teil I,14), S. 167; s. oben S. 293.

11 Ebenda, S. 149. Dazu Robert Faurisson: Comment les Britanniques ont obtenu les aveux de Rudolf Höss, commandant d'Auschwitz. In: An-nales d'histoire rénisionniste, Nr. 1, S. 137–152.

12 Es wirft ein merkwürdiges Licht auf den Unterschied zwischen einem »unrechtsstaatlichen« und einem (wohl zu Unrecht so genannten) »rechtsstaatlichen« Verfahren, daß Fabian von Schlabrendorff nach dem 20. Juli vom Volksgerichtshof freigesprochen wurde, da er nachweisen konnte, daß sein vorhergehendes Geständnis von der Gestapo durch Folterungen erzwungen worden war. Fabian von Schlabrendorff: Offi-ziere gegen Hitler. Frankfurt am Main 1975 (zuerst 1946), S. 170.

13 Filip Müller: Sonderbehandlung. Drei Jahre in den Krematorien und Gaskammern von Auschwitz. Bearbeitet von Helmut Freitag. München 1979. (Die englische Ausgabe, von Hilberg häufig zitiert, hat den Titel »Eyewitness Auschwitz. Three Years in the Gas Chambers«. New York 1979).

14 Ebenda, S. 180, S. 217.

15 S. oben S. [440] Jean-Claude Pressac: Auschwitz. Technique and Opera-tion of the Gas Chambers. New York 1989, S. 475.

16 Vgl. Yehuda Bauer: A History of the Holocaust. New York 1982, S. 215. Vergleiche dazu: The Journal of Historical Review (1983), S. 369 (JHR).

17 Jan Karski: Story of a Secret State. Boston 1944, S. 349 f (Karski ist ein Pseudonym).

18 Yuri Suhl: They Fought Back. The Story of the Jewish Resistance in Nazi Europe. New York 1967, S. 130; Martin Gilbert: Auschwitz und die Alliierten. München 1982, S. 109.

19 Suhl, ebenda, S. 129.

20 JHR (1984), S. 235.

21 In den »Historischen Tatsachen«, Nr. 35 (Udo Walendy: Die Wannsee-Konferenz) wird auch die Wendung »in Zeitkürze« zu den sprachlichen Unmöglichkeiten gerechnet. Aber in dem Bericht über eine Tagung des Reichsinstituts für Geschichte des neuen Deutschlands äußert sich der Verfasser dahingehend, die Dinge seien komplizierter, »als er bei der Zeitkürze angeben könne«. (BDC, SS-Hängeordner, Nr. SS-629).

22 Das Leuchter-Dokument liegt inzwischen in mehreren Ausgaben vor, u. a. in »Historische-Tatsachen«, Nr. 36, 1988. Zündel wurde 1988 zu neun Monaten Gefängnis verurteilt, aber in einem Berufungsverfahren freigesprochen. Inzwischen hat er einen außerordentlich umfangreichen Bericht über den Prozeß von 1988 mit zahlreichen Zitaten aus den Zeugenvernehmungen publiziert, darunter derjenigen Raul Hilbergs: »Did Six Million Really Die?« Report of the Evidence in the Canadian ›False News‹ Trial of Ernst Zündel – 1988. Hrsg. von Barbara Kulaszka. Toronto 1992.

23 Die amerikanischen Erfahrungen lassen die Aussagen vom »humanen« Tötungsmittel der »Vergasung« gerechtfertigt erscheinen, da nach 40 Sekunden eine Betäubung eintreten soll, auf die nach wenigen Minuten der Tod folgt.

24 Fragwürdig ist insbesondere die Angabe von Nyiszli, daß es vier Aufzüge für die Leichenbeförderung gegeben habe. Ganz unterschiedlich sind auch die Aussagen über die Dauer der Verbrennungen in den Krematoriumsöfen, die von 20 Minuten bis zu anderthalb Stunden reichen. Zu vergleichen sind insbesondere die Seiten 171 ff. bei Pressac (Anm. 15), auf S. 493 befinden sich Wiedergaben der Zeichnungen und Gemälde von David Olère.

25 Mayer (Anm. 28, Teil I,1), S. 541.

26 Gilbert (Anm. 18), S. 391. Der Originalbericht von Alaric Jacob im »Daily Express« vom 30. August 1944 befindet sich in den Akten des Auswärtigen Amtes, ebenso wie viele andere Nachrichten der alliierten Presse über die »Endlösung«, die mithin Ribbentrop und auch Himmler ohne Zweifel bekannt waren.

27 Walter Laqueur: Was niemand wissen wollte. Die Unterdrückung der Nachrichten über Hitlers »Endlösung«. Frankfurt am Main u. a. 1981, S. 17.

28 David S. Wyman: The Abandonment of the Jews: America and the Holocaust. New York 1984.

29 Robert Faurisson: Response to a Paper historian. In: JHR 7 (1986), S. 21–

72, S. 29. »Irrwitzig« ist die Behauptung deshalb, weil ein siegreiches Deutschland keine jüdischen »Rächer« zu fürchten brauchte und weil einem besiegten Deutschland gegenüber genügend erwachsene Rächer existieren würden.

30  Ingrid Weckert: Feuerzeichen: Die »Reichskristallnacht«, Anstifter und Brandstifter – Opfer und Nutznießer. Tübingen 1985. Steffen Werner: Die 2. babylonische Gefangenschaft. Das Schicksal der Juden im europäischen Osten. Pfullingen 1990.

31  Michal A. Hoffmann II: The Psychology and Epistemology of ›Holocaust‹ Newspeak. In: JHR 6 (1985), S. 467–478, hier: S. 469.

32  Broszat (Anm. 40, Teil I,5), S. 775.

33  David Irving: On Contemporary History and Historiography. In: JHR 5 (1984), S. 251–288, hier: S. 274 f.

34  Zur Obsession einiger Zeugen mit besonders grauenvollen Einzelheiten vgl. Anm. 51, Teil I,14 und S. 399 sowie Anm. 31, Teil II,5. Wenn extreme Grausamkeit der Täter und unvorstellbare Leiden der Opfer das Singuläre waren, dann kann für die Deutschen aus den versteckten und nach den eigenen Gesetzen und Vorschriften streng verbotenen Taten einer Anzahl von Sadisten keinerlei moralische Konsequenz außer der selbstverständlichen Verurteilung resultieren. Wenn aber die ideologische Intention einer Heilung der Welt durch Ausschaltung einer angeblich schädlichen Menschengruppe eine tendenziell schmerzfreie, hygienische und effektive Extirpation als Telos hatte, das als solches nicht einmal allen Ideologen bewußt sein mußte, dann ist die eigentliche Ursache nicht in »Deutschland«, sondern im okzidentalen Rationalismus oder auch in »der Moderne« zu suchen. Wohl aber muß jeden Deutschen tiefe Beschämung überkommen, der die 11. Verordnung zum Reichsbürgergesetz vom 25. November 1941 liest, welche im Reichsgesetzblatt publiziert und damit zum geltenden Recht wurde. Hier wird allen Juden, die ihren gewöhnlichen Aufenthalt im Ausland haben, die deutsche Staatsangehörigkeit entzogen, und gleichzeitig wird das Vermögen zugunsten des Reiches konfisziert. Um diese Zeit hatten die Deportationen schon eingesetzt, und jeder konnte wissen, daß die Wohnsitznahme im Ausland nicht freiwillig war. Es handelte sich also um einen öffentlichen Akt der Vertreibung und Beraubung, der nicht selten mit der Begründung »gerechtfertigt« wurde, diese Besitztümer seien »Diebes-, Hehler- und Hamstergut«. Die Vertreibung führte zu Folgen wie der, daß mit dem EK I ausgezeichnete Weltkriegsoffiziere in Theresienstadt und anderswo aus Verzweiflung Selbstmord begingen. Damit trennte sich Deutschland auf ganz ähnliche Weise von seiner bisherigen Geschichte und von der

Rechtsstaatlichkeit, wie es Sowjetrußland getan hatte, als es das gesamte Bürgertum als »Parasiten« enteignete und die ehemaligen Offiziere erschoß oder verhungern ließ, sofern es sie nicht temporär in seinen Dienst stellen konnte. Der Unterschied bestand darin, daß Deutschland – anders als Sowjetrußland – immer noch vorgab, die »abendländische Kultur« zu verteidigen, so daß eine tiefe innere Unwahrheit an den Tage trat.

## Teil II,1 Die Ewige Linke

1 Irving (Anm. 5, Teil I,7), S. 5.
2 Die Tagebücher von Joseph Goebbels (Anm. 31, Teil I,2), Bd. 4, S. 713 (Eintragung vom 24. Juni 1941).
3 IMG, (Anm. 11, Teil I,8), Bd. 26, S. 328 f.
4 Thomas Mann: Tagebücher 1944–1. April 1946. Hrsg. von Inge Jens. Frankfurt am Main 1986, S. 78.
5 Tacitus, Annalen 14, 43. Zitiert nach Moses I. Finley: Die Sklaverei in der Antike. München 1981, S. 142.
6 John W. Heaton: Mob violence in the Late Roman Republic 133–49 B. C. Urbana 1939, S. 74, 82.
7 Jesaja 5,8.
8 Der Prediger Salomo 4,1.
9 Jesaja 11, 4–9.
10 Ebenda, 2,4.
11 Ebenda, 65,17.
12 Marx-Engels-Werke (MEW). Hrsg. vom Institut für Marxismus-Leninismus beim ZK der SED. Berlin (Ost) 1956 ff.; Bd. 2, S. 504 ff.
13 Immanuel Kant: Kritik der praktischen Vernunft. 1. Buch, 1. Hauptstück, § 7.
14 Ders.: Idee zu einer allgemeinen Geschichte in weltbürgerlicher Absicht, Sechster Satz.
15 Vgl. Ernst Nolte: Nietzsche und der Nietzscheanismus. Frankfurt am Main – Berlin 1990, S. 190–196.
16 MEW, Bd. 20, S. 168.
17 Die frühen Sozialisten. Hrsg. von Frits Kool und Werner Krause. München 1972, Bd. 1, S. 117 ff.
18 Ebenda, S. 123.
19 Gerd Koenen: Die großen Gesänge. Lenin, Stalin, Mao Tse-tung. Führerkulte und Heldenmythen des 20. Jahrhunderts. Frankfurt am Main 1991, S. 480.

20 Ebenda, S. 424.
21 Reich Gottes. Marxismus – Nationalsozialismus. Ein Bekenntnis religiöser Sozialisten. Hrsg. von Georg Wünsche. Tübingen 1931, S. 27, 49, 9, 56, 59.
22 Striefler (Anm. 8, Teil I,4), S.355.
23 Gilbert (Anm. 18, Teil I,15), S. 334. Der Bezugspunkt ist die mögliche Rettung reicher Juden.

## Teil II,2 Der Bolschewismus

1 Wladimir I. Lenin: Ausgewählte Werke, Bd. 2, S. 225.
2 Ebenda, S. 226.
3 Edwin E. Dwinger: Und Gott schweigt? Bericht und Aufruf. Jena 1936, S. 150.
4 Michail Heller/Alexander Nekrich: Geschichte der Sowjetunion. Bd. 1, Königstein 1981, S. 2. Der Autor, Michail Heller, fährt fort: ».. . Es war der Anbruch einer neuen Zeit für die Menschheit: die Folgen der Oktoberrevolution zeigten sich in der ganzen Welt . . .« (S. 3).
5 Axel von Freytag-Loringhoven: Geschichte der russischen Revolution. München 1919, S. 206.
6 Alexandra Rachmanowa: Studenten, Liebe, Tscheka und Tod. Tagebuch einer russischen Studentin. Neudruck München 1978 (zuerst 1931).
7 Ebenda, S. 46, 93.
8 Ebenda, S. 138, 161.
9 Ebenda, S. 199, 215.
10 Karl Albrecht: Der verratene Sozialismus. Leipzig-Berlin 1939, S. 34.
11 Z. B. ebenda, S. 551–555; auch Jordan (Anm. 28, Teil I,11), S. 357.
12 S. oben S. [422].
13 Andrej Gromyko: Erinnerungen. Düsseldorf u. a. 1989, S. 476.
14 Margret Boveri: Wir lügen alle. Eine Hauptstadtzeitung unter Hitler. Olten und Freiburg i. Br. 1965, S. 130, 149.
15 Sergej P. Melgunow: Der rote Terror in Rußland 1918–1923. Berlin 1924, S. 14.
16 Ebenda, S. 265.
17 Karl Kautsky: Terrorismus und Kommunismus. Ein Beitrag zur Naturgeschichte der Revolution. Berlin 1919, S. 140, 152.

## Teil II,3 Hitlers Hauptpostulat: Ein Antibolschewismus von »bolschewistischer« Geschlossenheit und Glaubenskraft

1 Deutschland-Berichte der Sozialdemokratischen Partei Deutschlands (Sopade) 1934–1940. Zweiter Jahrgang 1935, S. 999 f.

2 Ebenda (1938), S. 1018.

3 Ivan Pfaff: Stalins Strategie der Sowjetisierung Mitteleuropas 1935–1938. Das Beispiel Tschechoslowakei. In: VfZ 38 (1990), S. 543–587, hier: S. 552.

4 Gustav Stresemann: Vermächtnis. Bd. 2. Berlin 1932, S. 553 f.

5 Karl D. Bracher: Demokratie und Ideologie im Zeitalter der Machtergreifungen. In: VfZ 31 (1983), S. 1–24, hier: S. 10.

6 Hitler. Sämtliche Aufzeichnungen (Anm. 18, Teil I,14), S. 109.

7 Ebenda, S. 127.

8 Ebenda, S. 138 (31. Mai 1920).

9 In einem Gestapo-Bericht vom 16. Januar 1937, der sich im ehemaligen Zentralen Parteiarchiv der SED (heute BAP) findet, heißt es sogar, in jüdischen Kreisen von Paris, London und New York gebe es erhebliche Sorgen vor dem Umsichgreifen des Bolschewismus. Der Nationalsozialismus sei dem Bolschewismus doch vorzuziehen. Aber ohne Mäßigung des Antisemitismus in Deutschland sei eine Änderung der Situation nicht zu erwarten (BAP, PSt 3/246 – RSHA Abt. IV).

10 Hitler. Sämtliche Aufzeichnungen (Anm. 18, Teil I,14), S. 703.

11 Ebenda, S. 796.

12 Ebenda, S. 839.

13 Ebenda, S. 1210. S. auch oben S. 121 f.

14 Hitler. Reden, Schriften, Anordnungen. Februar 1925–Januar 1933. Hrsg. vom Institut für Zeitgeschichte. München u. a. 1992 ff. (bisher 3 Bde.).

15 Ebenda, Bd. 1, S. 31, 19, 99.

16 Ebenda, S. 255. Hitlers Respekt vor dem Bolschewismus begann nicht etwa mit dem Blick auf Stalin. Schon im September 1923 sagte er: »Daß der Wille der von Moskau dirigierten Kommunisten härter ist als der dieser schwammigen Spießer, das werden Sie zugeben.« (Hitler. Sämtliche Aufzeichnungen [Anm. 18, Teil I,14], S. 999).

17 Ebenda, S. 314 f.

18 Hitler. Reden und Proklamationen (Anm. 2, Teil I,4), Bd. 1, S. 77. Wie wenig Hitler dabei den anwesenden Industriellen »nach dem Munde redete« und wie sehr er noch zehn Jahre später die damaligen Erwartungen der Kommunisten für begründet hielt, läßt auch der folgende Satz in einer 1942 vor jungen Offizieren gehaltenen Geheimrede erkennen: »Wenn wir

im Jahre 1933 nicht den Weg unserer neuen Wirtschaftspolitik beschritten hätten, wären wir von der bolschewistischen Revolution der erwerbslosen Massen hinweggefegt worden.« (Hitlers Tischgespräche im Führerhauptqaurtier 1941–1942. Neu hrsg. von Percy E. Schramm. Stuttgart 1963, S. 500).

19 Sämtliche Aufzeichnungen (Anm. 18, Teil I,14), S. 365.

20 Völkischer Beobachter (VB) vom 4. März 1933 (nicht in Domarus und Schultheß).

21 UuF (Anm. 3 Teil I,12), Bd. 10, S. 534.

22 Ebenda, S. 540.

23 Ebenda, S. 541.

24 Hitler. Reden und Proklamationen (Anm. 2, Teil I,4), Bd. 1, S. 557 f.

25 Kehrl (Anm. 19, Teil I,7), S. 85 f.

26 Hitler. Reden und Proklamationen (Anm. 2, Teil I,4), Bd. 1.

27 Aufschlußreich ist eine von Jordan (Anm. 28, Teil I,11) wiedergegebene Äußerung aus der »Kampfzeit«. Nachdem Hitler durch angreifende Kommunisten in schwere Bedrängnis geraten war, äußerte er: »Zwischen diesem Mordgesindel und uns gibt es keine Verständigung – und keinen Pardon. Zwischen ihnen und uns fällt die letzte Entscheidung.« (S. 49).

28 Totenkopf und Treue (Anm. 2, Teil I,7), S. 326.

29 Der Spiegel 3 (1966), S. 34 f.

30 Allerdings rief Hitler in seinem gleichzeitig geschriebenen Politischen Testament erneut zum »unbarmherzigen Widerstand gegen den Weltvergifter aller Völker, das internationale Judentum« auf, und damit knüpfte er an den Brief an Gemlich vom 16. September 1919 an. Hier wird der Bolschewismus mit keinem Wort erwähnt, und statt dessen ist von »Geld- und Finanzverschwörern« die Rede. Aber es ist nicht schwer zu sehen, daß der eigentliche Vorwurf gegen die Juden dahin geht, das »natürliche« Bündnis Englands und Amerikas mit Deutschland zum Zweck des Kampfes gegen den Bolschewismus torpediert zu haben.

31 Rudolf Heß: Briefe 1908–1933. Hrsg. von Wolf R. Heß. München 1987, S. 376 f.

32 Das Tagebuch von Joseph Goebbels 1925/26. Mit weiteren Dokumenten. Hrsg. von Helmut Heiber. Stuttgart 1960, S. 85.

33 David Irving: Rudolf Heß – ein gescheiterter Friedensbote? Graz-Stuttgart 1987, S. 25.

34 Vgl. Ackermann (Anm. 1, Teil I,5), S. 29 f.

35 Hans-Heinrich Wilhelm: Rassenpolitik und Kriegführung. Sicherheitspolizei und Wehrmacht in Polen und in der Sowjetunion 1939–1942. Passau 1991, S. 57–124.

36 Ebenda, S. 45–55, S. 45, 51.
37 Denkschrift Himmlers über die Behandlung der Fremdvölkischen im Osten (Mai 1940). In: VfZ 5 (1957), S. 194–198, hier: S. 197.
38 Martin (Anm. 16, Teil I,12), S. 458 ff.
39 Ackermann (Anm. 1, Teil I,5), S. 258.
40 IMG (Anm. 11, Teil I,8), Bd. 38, S. 371.

## Teil II,4 Die nationalsozialistische Ideologie im ganzen und die Bedeutung des »Antisemitismus«

1 Im Jahre 1943 richtete der Chef des SS-Hauptamtes Gottlob Berger an Himmler die Frage, ob nicht möglicherweise mit dem Nationalsozialismus »die germanische Zeit« abschließe, »mit den Sonnenstrahlen der Abendsonne zu vergleichen«. Himmler antwortete auf diese interessante Frage ohne rechte Zuversicht, wie es scheint: Von Abendsonne könne keine Rede sein, »sondern es wird abermals eine neue Blütezeit sein« (Reichsführer . . .! [Anm. 6, Teil I,7], S. 200 f.).
2 S. oben. S. 291.
3 Der Weltbolschewismus. Bearbeitet von Adolf Ehrt. Berlin-Leipzig 1936, S. 7.
4 Nolte (Anm. 3, Teil I,1), S. 507.
5 Shlomo Aronson: Die dreifache Falle. Hitlers Judenpolitik, die Alliierten und die Juden. In: VfZ 32 (1984), S. 29–65, hier: S. 55; Hilberg (Anm. 17, Teil I,14), S. 711; vgl. auch Chaim Weizmann in seiner Autobiographie: »In the fight against the Nazi monster no one could have a deeper stake, no one could have been more fanatically eager to contribute to the common cause than the Jews.« (Trial and Error. Philadelphia 1949, Bd. 2, S. 417).
6 Hans G. Adler: Der verwaltete Mensch. Studien zur Deportation der Juden aus Deutschland. Tübingen 1974, S. 337, 747.
7 Hans-Günter Richardi: Hitler und seine Hintermänner. Neue Fakten zur Frühgeschichte der NSDAP. München 1991, S. 84 ff.
8 Hans D. Hellige: Generationskonflikt, Selbsthaß und die Entstehung antikapitalistischer Positionen im Judentum. In: GuG 5 (1979), S. 476–518, hier: S. 500, 497.
9 Lucy S. Dawidowicz: From that Place and Time. A Memoir 1938–1947. New York-London 1989, S. 7.
10 Ebenda, S. 277.
11 Wolfgang Benz: Herrschaft und Gesellschaft im nationalsozialistischen

Staat. Studien zur Struktur- und Mentalitätsgeschichte. Frankfurt am Main 1990, S. 132.

12 Heinz Linge: Bis zum Untergang. Als Chef des Persönlichen Dienstes bei Hitler. München 1980, S. 264; s. auch oben S. 45.

13 Norbert Frei/Hermann Kling: Der nationalsozialistische Krieg. Frankfurt am Main – New York 1990, S. 150.

14 The Letters and Papers of Chaim Weizmann. Jerusalem 1984, Vol. II, Series B, S. 579.

15 Nationalsozialistische Monatshefte, Heft 38, Mai 1933, S. 196 f.

16 »Sowjet«, Heft 13/14, November 1921, S. 358; vgl. dazu auch die Aussage von Arnold Zweig in »Bilanz der deutschen Judenheit. Ein Versuch«. Neudruck Leipzig 1991 (zuerst Amsterdam 1934): »Dies [Verteidigung der Zivilisation] war der geheime Sinn, aus unterbewußten Schichten der Volkserfahrung quellend, jenes Bündnisses, das wir jüdischen Intellektuellen mit den [sic!] Arbeiterparteien geschlossen hatten. Wir gaben ihnen die geistige Führung, die selbst zu erwerben der Machtstaat sie hinderte, sie verbürgten uns die Sicherheit unseres Lebens und die Grundlagen unserer Arbeit als Juden.« (S. 230).

17 Adam B. Ulam: The Bolsheviks. The Intellectual, Personal and Political History of the Triumph of Communism in Russia. Toronto 1968, S. 190.

18 Jakob Wassermann: Mein Weg als Deutscher und als Jude. Berlin 1921, S. 117 f.

19 Arnold Zweig: Grabrede auf Spartacus. In: Die Weltbühne Nr. 4/1919, S. 77 f. Vgl. Nolte (Anm. 28, Teil I,1), S. 52.

20 Henry Wickham Steed: Through Thirty Years 1892–1922. London 1924, S. 391 ff.

## Teil II,5 Die Ausblendung der Zusammenhänge und die Frage des »absoluten Bösen«

1 Vgl. etwa Klaus Segbers: Die Sowjetunion im Zweiten Weltkrieg. Die Mobilisierung von Verwaltung, Wirtschaft und Gesellschaft im »Großen Vaterländischen Krieg« 1941–1943. München 1987.

2 Abelshauser (Anm. 15, Teil I,3), S. 676.

3 H. Gordon Skilling/Franklin Griffiths: Pressure Groups in der Sowjetunion. Wien 1974.

4 Boris Meissner u. a.: Einparteiensystem und bürokratische Herrschaft in der Sowjetunion. Köln o.J., S. 163.

5 In der amerikanischen Spezialliteratur zur Geschichte der Sowjetunion

versteht es sich ganz von selbst, auf den großen Anteil der Juden und anderer Minderheiten an der kommunistischen Machtmaschine hinzuweisen, wie er bis in die Mitte der dreißiger Jahre gegeben war. Leonard Shapiro schreckt nicht davor zurück, hieraus die häufige Verknüpfung des Antikommunismus mit dem Antisemitismus abzuleiten (The Jews in Soviet Russia Since 1917. Hrsg. von Lionel Kochan. Mit einer Einleitung von Leonard Shapiro. Oxford ³1978, S. 9).

6 S. A. Kataja: Der Terror der Bourgeoisie in Finnland. O. O. 1920, S. 18.

7 S. oben S. 126.

8 Koenen (Anm. 19, Teil II,1), S. 115.

9 Ingeborg Fleischhauer: Das Dritte Reich und die Deutschen in der Sowjetunion. Stuttgart 1983, S. 62.

10 Dies.: »Unternehmen Barbarossa« und die Zwangsumsiedlung der Deutschen in der UdSSR. In: VfZ 30 (1982), S. 299–321.

11 Ebenda, S. 314 f.

12 Seaton (Anm. 14, Teil I,6), S. 12.

13 Ein aufschlußreiches Beispiel für die Verknüpfung des immerhin Verständlichen mit dem Kaum-mehr-Verstehbaren, aber auch für bestimmte Eigentümlichkeiten der deutschen Literatur über die »Endlösung« ist das Folgende: Im Lagebericht (Anm. 24, Teil I,9), Nr. 3 vom 15. August–31. August 1941 über die Aktivitäten eines Sonderkommandos der Einsatzgruppe C heißt es: »In Tschernjachow wurde der frühere Vorsitzende der Troika für das dortige Gebiet, der Jude Kieper, festgenommen. Kieper schilderte in seinem Geständnis mit jüdischem Zynismus sein schändliches Verhalten. Schon mit 18 Jahren hat er 1905 als zionistischer Agitator gearbeitet, illegal Banden gegen die damalige Ordnung gebildet. Er bereitete die Zersetzung und den Sturz des Zarenregimes mit allen Mitteln vor. In den Jahren 1905–1917 beging er 25 Morde, 1917–19 weitere 500 und 1919–1925 nochmals 800 Morde an Ukrainern und Volksdeutschen. Wenn er seiner Opfer selbst nicht habhaft werden konnte, vergriff er sich brutal an ihren Angehörigen. Im Jahre 1933, während der großen Hungersnot, trat Kieper besonders dadurch hervor, daß er halbverhungerte Ukrainer und Volksdeutsche, die ihn um Hilfe angegangen waren, persönlich an einen Sumpfteich lockte und die Entkräfteten hineinstieß, um ihnen zu ›helfen‹, wie er ausdrücklich bei der Vernehmung angab. Kieper und seine Gehilfen wurden am 7. 8. 41 auf dem Heumarkt in Shitomir unter stärkster Beteiligung der Bevölkerung öffentlich gehängt. Im Anschluß daran erfolgte die Erschießung von 402 Juden.« Der Hauptteil der Erzählung gibt, so viele Übertreibungen und Ungenauigkeiten er enthalten mag, die Atmosphäre und die Faktizität des »Weltanschauungskrieges«, das heißt des ideologischen Bürgerkrieges, auf

eindrucksvolle Weise wieder und macht zugleich deutlich, wie inadäquat es ist, das Jahr 1941 von den Jahren nach 1917 zu trennen. Der letzte Satz aber schließt offenbar eine »metábasis eis állo génos« in sich. An die Stelle von Gerichtsverhandlung und (intendierter) Sühne für Verbrechen tritt die kollektivistische Schuldzuschreibung, die nach individueller Schuld überhaupt nicht fragt. So gewiß insofern der letzte Satz die charakteristischere Aussage enthält, so gewiß ist es unzulässig, den größeren Teil der Erzählung in der Wiedergabe nahezu unkenntlich zu machen. Helmut Krausnick nimmt im ersten Teil der »Truppe des Weltanschauungskrieges« (Anm. 13, Teil I,14) zweimal auf den Vorgang Bezug. Auf S. 188 schreibt er: »Auf dem Heumarkt in Shitomir vollzog am 7. August das SK 4a unter persönlicher Leitung seines Führers Blobel die grauenhaft inszenierte – nach Meinung der Exekutoren freilich ›vorbildlich organisierte‹ – öffentliche ›Hinrichtung‹ des in Tschernjachow festgenommenen jüdischen »Volksrichters« Kieper, vor 402 herbefohlenen Juden, die ›im Anschluß hieran‹ auf dem Pferdefriedhof der Stadt erschossen wurden.« Auf S. 208 wird die Anwesenheit von Wehrmachtsangehörigen unterstrichen. Aus dem »Bürgerkriegsmäßigen« und Internationalen ist unter Fortlassung des »anderen« und vorhergehenden Entsetzlichen ein »deutsches Verbrechen« geworden. Dabei ließe sich leicht zeigen, daß sogar noch das »Kaum-mehr-Verstehbare«, nämlich die kollektivistische Schuldzuschreibung, nicht anders als die Macht der Gerüchte, mit ethnischen Merkmalen wenig oder gar nichts zu tun hat, aber selbst ein Vorgang wie der folgende – von Hilberg wiedergegeben – hat wenig Chancen, in der etablierten deutschen Literatur erwähnt zu werden, weil er die erwünschte Eindeutigkeit der Schuldaussagen in Frage stellt: »In Kremenez hatten die Sowjets 100–150 Ukrainer ermordet. Als man einige der exhumierten Leichen ohne Haut fand, kam das Gerücht auf, die Ukrainer seien in Kessel mit siedendem Wasser geworfen worden. Die ukrainische Bevölkerung rächte sich, indem sie 130 Juden ergriff und mit Keulen erschlug . . .« (Hilberg [Anm. 17, Teil I,14], S. 223).

14 Broszat (Anm. 40, Teil I,5), S. 751.

15 Staatsmänner und Diplomaten bei Hitler. Hrsg. von Andreas Hillgruber Bd. 2. Frankfurt am Main 1970, S. 256.

16 IMG (Anm. 11, Teil I,8), Bd. 29, S. 146.

17 Krausnick/Wilhelm (Anm. 13, Teil I,14), S. 260.

18 Höß (Anm. 28, Teil I,14), S. 260.

19 Dieser »kausale Nexus« ist aber mindestens ansatzweise auch von Autoren gesehen worden, denen die antisemitische Ausdeutung fernlag. So zitiert Theodor Schieder in seiner Untersuchung »Hermann Rauschnings ›Gespräche mit Hitler‹ als Geschichtsquelle« (Opladen 1972) die Begründung,

mit der Hermann Rauschning es 1946 ablehnte, als Kronzeuge nach Nürnberg zu kommen: ». . . ich wies auf die für alle offensichtliche und durch nichts zu verschleiernde Tatsache hin, daß mindestens eine der als Richter fungierenden Nationen sich aller Verbrechen schuldig gemacht habe und noch mache, ja längst vor dem Nationalsozialismus damit vorausgegangen sei, für die die deutschen Persönlichkeiten angeklagt worden seien. . .« (S. 20).

20 Zu letzterem vgl. Sonja Margolina: Das Ende der Lügen. Rußland und die Juden im 20. Jahrhundert. Berlin 1992. Sonja Margolina widmet das Buch ihrem Vater, »der Kommunist und Jude« war, und sie macht sich mit bewundernswertem Mut zur Sprecherin einer jüngeren jüdischen Generation, die den Weg zur Abstandnahme von unmittelbaren Erfahrungen gefunden hat. Daß freilich auch älteren Juden ein Bewußtsein jenes »kausalen Nexus« nicht notwendigerweise fehlt, zeigt die eindrucksvolle Formulierung eines Rabbiners: »The Trotzkis make the revolutions, and the Bronsteins pay the bills.« (Jerry Muller: Communism, Anti-Semitism and the Jews. In: Commentary (1988), Heft 8, S. 28–39, hier: S. 39.

21 Hellige (Anm. 8, Teil II,4), S. 488.

22 Z. B. Jordan (Anm. 28, Teil I,11), S. 112; in der wissenschaftlichen Literatur Dietrich Aigner: Das Ringen um England . . . München-Eßlingen 1969, S. 214. »In der Wahrheit« nach Haffner, s. oben S. 167.

23 Chaim Weizmann (Anm. 14, Teil II,4), S. 374.

24 Der Text dieses Aufrufs, der u. a. von Emil Hillels, Ilja Ehrenburg und Pjotr Kapitza unterzeichnet ist, befindet sich in der Originalsprache und in Übersetzung unter den Akten des Auswärtigen Amtes (Inland II, A/B, R 99 456). Er enthält den Satz: »Dringt ein in die wichtigsten Gebiete der Mordindustrie der Hitler-Henker und lähmt sie um jeden Preis. Eure Aufgabe ist es, bei ihrer [der braunen Pest] Ausrottung mitzuwirken.«

25 Ferdinand Kroh: David kämpft. Vom jüdischen Widerstand gegen Hitler. Reinbek 1988, S. 34.

26 Conway (Anm. 20, Teil I,2), S. 192.

27 So etwa Heinrich Himmler an Ribbentrop (BAK, NS 19/1577) über die Notwendigkeit, die Juden gerade aus dem von den Italienern besetzten Teil Frankreichs zu deportieren: »Die Juden sind in diesem Gebiet das Element des Widerstands und die Urheber der für die italienischen Truppen besonders gefährlichen kommunistischen Propaganda.« Im Kern wird diese Aussage von Jean-Paul Sartre bestätigt, der es nicht für »gefährlich« hält, die große Rolle der Juden in der »Résistance« hervorzuheben (Betrachtungen zur Judenfrage, In: »Drei Essays«, Frankfurt am Main – Berlin 1966). Ribbentrop selbst äußerte sich gegenüber dem ungarischen Pfeilkreuzler

Szalasi ganz ähnlich. (Vgl. Ruth Bettina Birn: Die Höheren SS- und Polizeiführer. Düsseldorf 1986, S. 174). Eine seiner merkwürdigsten Äußerungen tat Himmler gegenüber dem Vertreter des Jüdischen Weltkongresses, mit dem er in den letzten Kriegswochen verhandelte: Einen Feind wie das Ostjudentum habe das Deutsche Reich nicht in seinem Rücken dulden können. Andererseits meinte er aber im gleichen Atemzuge, man wolle ihm und der SS aus gewissen Tatbeständen wie der hohen Sterblichkeit in den Lagern »einen Strick drehen« (Totenkopf und Treue [Anm. 2, Teil I,7], S. 376).

28  S. oben S. 316.

29  Ernst Klee: Dokumente zur Euthanasie. Frankfurt am Main 1992, S. 273 f.

30  UuF (Anm. 3, Teil I,12), Bd. 23, S. 197.

31  Wiesels Augenzeugenbericht in »La Nuit« (Paris 1958) ist wenig glaubwürdig. Im übrigen sollte sich jeder, der die Singularität im Grausamen und Grausigen sucht, klar machen, daß nur die besonderen Umstände der Nachkriegszeit das Prinzip des »tu quoque« bzw. des »tu prius« temporär außer Kraft gesetzt haben. In den Jahren 1941 und 1942 ließ das Deutsche Auswärtige Amt zwei Bände mit dem Titel »Bolschewistische Verbrechen gegen Kriegsrecht und Menschlichkeit« drucken, die nur im Ausland vertrieben wurden und deren Verbreitung in Deutschland aus Rücksicht auf die Angehörigen der betreffenden Soldaten verboten war. Der Inhalt ist schlechterdings grauenvoll, aber die dort beschriebenen Grausamkeiten sind nicht »industriell«. Das Annageln von Kindern an Scheunentore vollzog sich drei Jahre später aber auch in Deutschland, und wer glaubt, hier mit Worten wie »Greuelpropaganda« auskommen zu können, tut faktisch mit umgekehrten Vorzeichen dasselbe wie die radikalen Revisionisten. Aber das im engeren Sinne Industrielle fehlt gleichwohl nicht: Nach der Aussage von Pjotr Grigorenko wurden von der GPU bei der Vernichtung der Kulaken auch Gaswagen eingesetzt, und Karl Albrecht spricht schon 1939 von der Verwendung von Giftgas in den sowjetischen Lagern. Wirklich haltbar ist nur derjenige Begriff von Singularität, den ich oben im Text und bereits 1963 im »Faschismus in seiner Epoche« artikuliert habe (Pjotr Grigorenko, Erinnerungen. München 1981, S. 275f); Albrecht [Anm. 10, Teil II,2], S. 612; Nolte [Anm. 3, Teil I,1], S. 506 f., 512).

32  Tagebücher aus den Jahren 1942/43, (Anm. 10, Teil I,7), S. 343 ff.

33  Adolf Hitler: Monologe im Führerhauptquartier 1941–1944. Die Aufzeichnungen Heinrich Heims. Hrsg. von Werner Jochmann. Hamburg 1980, S. 280.

## Schlußbetrachtung

1   Gesellschaft und Staat im Spiegel deutscher Romantik. Hrsg. von Jakob Baxa. Jena 1924, S. 507; Friedrich Engels in der »Lage der arbeitenden Klassen«, Kap. »Die großen Städte«: »Schon das Straßengewühl hat etwas Widerliches, wogegen sich die menschliche Natur empört ... Und doch rennen sie aneinander vorüber, als ob sie gar nichts gemein, gar nichts miteinander zu tun hätten ...« (MEW, Bd. 2, S. 257).

2   S. oben S. 369 ff.

3   Vgl. vor allem: Manifest, Richtlinien, Beschlüsse des Ersten Kongresses. Aufrufe und offene Schreiben des Exekutivkomitees bis zum Zweiten Kongreß. Hamburg 1920.

4   S. oben S. 340 und 384 ff.

5   S. oben S. 107 ff.

6   S. oben S. 119.

7   Heinrich Himmler: Geheimreden 1933 bis 1945 und andere Ansprachen. Hrsg. von Bradley F. Smith und Agnes F. Peterson. Frankfurt am Main u. a. 1974, S. 165.

8   S. oben S. 31 ff. und 338 f.

9   Margolina (Anm. 20, Teil II,5), S. 45.

10  Theodor Herzl: Altneuland. In: Gesammelte zionistische Werke. Bd. 5. Tel Aviv 1935, S. 210, 213.

11  S. oben S. 343.

12  Die staatliche Geschichte Israels gehört gewiß erst in die Zeit nach dem Zweiten Weltkrieg. Sie hatte aber eine so charakteristische Vorgeschichte und ist mit dem »europäischen Bürgerkrieg« der Epoche von 1917 bis 1945 so eng verknüpft, daß die differenzierende Parallelisierung gerechtfertigt ist. S. auch unten S. 423.

13  Walter Laqueur: Stalin. Abrechnung im Zeichen von Glasnost. München 1990, S. 306.

14  Martin Broszat: Nach Hitler. Der schwierige Umgang mit unserer Geschichte. Beiträge von Martin Broszat. Hrsg. von Hermann Graml und Klaus-Dietmar Henke. München 1986, S. 117 f.

15  Martin Jay: Permanent Exiles. Essays on the Intellectual Migration from Germany to America. New York 1985, S. 100.

16  Herf (Anm. 30, Teil I,5), S. 231.

17  Robert J. Lifton: Ärzte im Dritten Reich. Stuttgart 1986, S. 25, 583. Der Begriff »Tragödie« bzw. »tragisch« wird zwar hin und wieder auf einzelne Personen, Vorgänge und Konstellationen innerhalb des »Dritten Reiches« angewandt, etwa auf die Situation der Widerstandskämpfer, aber

kaum je auf den Nationalsozialismus im ganzen. Eine Ausnahme ist Peter Phillips: The Tragedy of Nazi Germany. London 1969.

18 Bei den zahlreichen »Bürgerkriegen«, die besonders nach dem Ende des »Ost-West-Konflikts« in aller Welt und zumal in der ehemaligen Sowjetunion sowie in deren Umkreis entstanden sind, handelt es sich so gut wie durchweg um ethnische oder stammesmäßige Auseinandersetzungen und gerade nicht um Entsprechungen zu dem einen und ideologisch geprägten »europäischen Bürgerkrieg« von 1917 bis 1945 bzw. zu dem »Weltbürgerkrieg« von 1945 bis 1989/91. Grundsätzlich lassen sie sich alle unter Einschaltung regionaler Großmächte oder der Vereinten Nationen auf dem Verhandlungswege an ein Ende bringen; allein gelassen, können sie sich allerdings zu Ausrottungskämpfen von archaischer Art entwickeln. S. auch oben S. 10 f.

19 Eine Änderung oder sogar Umkehrung dieses Prozesses würde – sobald er einmal voll in Gang gekommen wäre – nur vorstellbar sein, wenn es einer kleinen Anzahl von verbrecherischen (oder noch nicht strafmündigen) Toren gelingen sollte, durch die Fortsetzung von mörderischen Brandanschlägen auf Heime von Asylbewerbern bzw. auf Wohnungen von Ausländern nicht nur die veröffentlichte, sondern auch die öffentliche Meinung zum Umschwung zu bringen und dadurch der Gegenseite in die Hände zu arbeiten. Aber wenn als extreme Möglichkeit die Bildung eines neuartigen »Assassinen-Ordens« denkbar wäre, gegen dessen Taten ein verläßlicher Schutz der angegriffenen Personengruppe schlechterdings ausgeschlossen wäre, so würde es erst recht unzulässig sein, von einem »Neo-Nazismus« zu reden. Die nationalsozialistische Bewegung war nämlich vor dem 30. Januar 1933 noch weniger eine kleine Verschwörergruppe als die Verkörperung einer einheitlichen Volksmeinung. Der Unterschied wäre nicht geringer als derjenige zwischen den zum »bewaffneten Aufstand« aufrufenden Revolutionären von 1917/18 und den »Humanisten« der Zeit nach 1989, die offenbar, wie ihre Verlautbarungen erkennen lassen, trotz ihrer Forderung nach umfassender »Demokratisierung« der Mehrheit der Nation ein Rede- und Artikulationsverbot auferlegen möchten, und zwar in einer Frage, die sie selbst bei anderen Gelegenheiten als »säkular« bezeichnen.

# SACHREGISTER[1]

Affinität(en) 89–104, 283, 375, 377 f., 418

Amerika, USA 140 f.

Antibolschewismus, Antikommunismus 79, 96 ff., 254, 439
- als Hauptbestandteil des Nationalsozialismus 349 ff.
- *und* radikaler territorialer Revisionismus 415

Antisemitismus, antijüdische Maßnahmen 64 f., 446
- als »Schlüssel« 368

Außenpolitik, nationalsozialistische 66 ff., 248–266
- Vernichtungsintention 248 f.
- Revisionismus, territorialer 250 f., 255 ff.
- Restitution, nationale 251
- Konstitution, großdeutsche 251 f.
- Imperialismus 252
- Tendenz zur Weltherrschaft? 254, 264 f.
- Institutionen der – 257–259
- »Stufenplan« 263 f.

Bevölkerungspolitik, nationalsozialistische 65 f., 280 ff.

Bolschewismus 334–348
Selbstverständnis des – 342
Enthusiasmus und Schrecken 342 ff.
Verständnis des – in Europa 346
Sowjetunion als Ideologiestaat 347 f., 411

Böse, das absolute –
Begriff 15 f., 385 ff.

Bürgerkrieg
Begriff 10, 478
ideologischer – 473 f. (Beispiel)

Bürger(tum), bürgerlich (s. auch Liberales System) 189 ff., 355 f.

Dritter Weg
Begriff – 131, 222, 254, 371, 420, 425, 449

Emanzipation, Prozeß der – 369 f.
»Endlösung der Judenfrage« 8 f., 86 ff., 286–303, 397 ff.
Intentionalisten und Funktionalisten 297 ff.
Singularität 88, 423, 466, 476
Erinnerungen, Memoiren 42 ff.
Euthanasie 284 ff.

---

1 Zu den meisten der aufgeführten Stichwörter ist in Gedanken die Wendung »Kontroversen um . . .« zu ergänzen.

Fall Heß 245 ff.
Fortschritt, Verbesserung 404 ff.

Gesamtdarstellungen 48 ff.
Größe, historische 412 f., 416,
419 ff.

Ideologie (s. auch »rationaler Kern«)
– als Überschießen, Übersteigerung 370, 377, 386 f., 398, 416,
421 f., 429
bolschewistische – 272
nationalsozialistische – bzw.
»Weltanschauung« Hitlers 141 f.,
153 f., 264 f., 290 f., 298, 349–380
Industrie, Industrielle
– und Nationalsozialismus 198–
207
Intellekt(ualisierung) 87, 357, 401 f.

Juden(tum)
– deutsche –, Schicksale 23 f.,
31 ff., 466
jüdische Existenz in der Neuzeit
373 ff., 395 f., 417 ff.
Justiz
– und Nationalsozialismus 207–
212

Katholizismus, Katholische Kirche
– und Nationalsozialismus
101 ff., 226 f., 232–236
Kirchen, christliche
– und Nationalsozialismus 92
Kleinbürgertum, Mittelschichten
(s. auch »Soziologie«) 92 f.
Kontinuität(en) bzw. Dis- 105–120,
210
Konflikte, »Chaos«
– im Nationalsozialismus 173 ff.

– in der Sowjetunion 382 f.
Kontroversen, generell und im ein-
zelnen 20 ff., 59 ff.
Krieg, der nationalsozialistische –
72 ff., 267–278
Der – gegen die Sowjetunion,
Charakter 269–272
Alternative Möglichkeiten 273
Krise(n) 403 f.

Liberales System 183 ff.
Linke, Die Ewige 324–334, 370
Messianismus im Alten Testament
327
Gerechtigkeit und Kultur 329 f.
»Wurzel des Übels«, Begriff der –
331
Gottesreichshoffnung 332 f.
– in der Gegenwart 429
Literatur über die Literatur 53 ff.

Marxismus, marxistisch 186 ff.,
205 ff., 388 ff., 407
Methode, Methodologie 16 ff., 30 f.,
381 f.
Moderne, modern bzw. antimodern,
Modernisierungstheorien 99,
137–151, 193, 449 f.
Monographien 46 ff.
Motive, Verknüpfung der – 79 f.

Nationalsozialismus, NSDAP
antimoderne Züge 142 ff., 148
moderne Züge 144 ff., 148 f.
– und Arbeiterschaft 189 ff.
innere Vielfalt des – 194 ff.
»grüner« – 197
idealtypischer Ort des –
354
Nationalbewußtsein 427

Objektivität 16 ff., 33, 48, 211, 372

»Paladine« 170 ff., 363 ff.
Partei und Staat 176 ff.
»Pluralismus« (im nationalsozialisti-
schen Staat) 181 f.
Polykratie (und Monokratie) 172–
182

»rationaler Kern« (s. auch »Ideologie«) 36, 84, 212, 253 f., 365 ff.,
372, 379
reaktionär – progressiv bzw. revolutionär
Begriffspaar – 214, 221 ff., 229 f.,
282, 284
Recht, moralisches 36 f.
Recht, historisches bzw. Unrecht
19, 35 f., 81, 85, 87 f., 230, 368,
371, 390, 422, 425, 450
Reichstagsbrand 236–245
Reichswehr (und Nationalsozialismus) 212–214
Revisionismus, historischer 260 ff.
Revisionismus, radikaler 8 f., 304–
319
Revolution, Konterrevolution, -är
Begriffe der – 121–127, 135
nationalsozialistische bzw. faschistische Revolution 132–136, 264
– russische 336 ff. •

Selektion, Selektivität 17
Sichtweisen 22–28, 90, 131 f., 385 ff.
Sozialismus, biologischer 398
SA 176
Soziologie, Schranken der – 196 f.
Soziologie des Nationalsozialismus
92 f., 183–197
Schlüsselworte 393 f., 400

Sterilisierung 283 f.

Tagebücher 39 ff.
Termini, Wahl der – 18
Theorien über den Nationalsozia-
lismus 28 f.
Totalitarismustheorie 28 f., 100
Tragödie, tragisch 213, 413, 416,
419, 421, 477

Überlegungen kontrafaktische 83 f.,
277 f.
Universalismus und Partikularismus
416, 422

Vergleiche 62 ff. (mit ital. Faschismus), 156 ff. (Alleinherrscher), 382 ff. (Drittes Reich und
Sowjetunion), 463 (Auschwitz-
Gulag), 475 (»kausaler Nexus«)
Vernichtungsabsicht und Vernichtungsfurcht 366 f., 394
Vernichtungspolitik, nationalsozialistische 279–303

Weg der Vernunft, sozialdemokratischer Weg 407 ff.
Weltgeschichte der Gegenwart, Literatur zur – 51 f.
Widerstand
Begriff 229
deutscher – gegen den Nationalsozialismus 215–231
kommunistische Auffassung
216 f.
innere Differenzen 218 f.
Antisemitismus im – 225 ff.

Zigeuner, nationalsozialistische
Z-politik 286

Zionismus, Zionisten 99 f., 419 f.
Zivilisation, -sgeschichte, Societas
  civilis 138

Zusammenhänge, Ausblendung von
  -n 391 ff., 474

# PERSONENREGISTER

Abendroth, Wolfgang 127
Abs, Hermann Josef 206
Acton, Lord John 399
Adam, Uwe Dietrich 300
Adenauer, Konrad 118
Adler, Hans Günther 47 f.
Aigner, Dietrich 265
Albert der Große 102
Albrecht, Karl 258, 343, 476
Aly, Götz 116 f., 147, 284 f.
André, Hans 102
Angress, Werner 100
Arendt, Hannah 28, 99, 222
Aristoteles 102
Arminius 108
Aronson, Shlomo 373
Astor, Lady Nancy 96
Astor, Lord Waldorf A. 263
Axelrod, Pawel 395
Ayçoberry, Pierre 55

Babeuf, Gracchus 328, 330 ff., 334
Backe, Herbert 150
Backes, Uwe 243
Baeck, Leo 24
Baillie, Hugh 360
Baldwin, Stanley 350
Balfour, Arthur James, Earl of 420
Barion, Hans 102
Barnes, Harry Elmer 318

Baruch, Bernard 262
Bästlein, Bernhard 216
Bauer, Otto 125
Bauer, Yehuda 299, 312, 276
Beauvoir, Simone de 284
Beck, Ludwig 91, 216, 221, 230
Becker, Dr. (SS-Untersturmführer)
    398 f.
Benz, Wolfgang 33
Berger, Gottlob 196, 471
Bertram, Adolf 104, 233
Best, Werner 195, 208
Besymenski, Lew 245
Bethmann-Hollweg, Theobald von
    109
Beumelburg, Werner 110
Bikermann, Josif 395
Binding, Karl 280
Binion, Rudolf 161, 165
Biskupskij, Wassilij 257
Bismarck, Otto Fürst 30, 112 f.,
    156, 162, 166, 208, 210, 334, 384
Blackbourn, Tom 146
Bloch, Eduard 161, 165
Blomberg, Werner von 68, 214, 350
Blum, Léon 97
Bock, Fedor von 220
Bock, Gisela 283 ff., 312
Böckenförde, Ernst-Wolfgang 226,
    232 ff.

Bohle, Ernst Wilhelm 173
Bollmus, Reinhard 174
Bonhoeffer, Dietrich 228
Borkenau, Franz 28
Bormann, Martin 41, 170, 173 f.,
    385
Bosch, Robert 201, 216
Bouhler, Philipp 174, 285
Bracher, Karl Dietrich 8, 34, 48 f.,
    91, 129, 143, 160, 239 f., 242, 350
Brack, Viktor 285, 294
Brandt, Willy 242
Braun, Eva 45
Braun, Otto 119, 212, 414
Brecht, Bertolt 159
Bredow, Ferdinand E. von 129
Breitling, Richard 243
Brentano, Clemens von 405
Broszat, Martin 8, 30 f., 49 f., 127,
    129, 132, 179, 229, 297 f., 300 f.,
    310, 312, 318, 424
Brüning, Heinrich 26, 90, 200, 213,
    235, 251, 414
Buch, Walter 175, 291
Buchheim, Hans 222, 234
Buddha 356
Bullitt, William 73
Bullock, Alan 26, 46, 50, 127, 162 f.,
    273, 276
Bünger, Wilhelm 243
Bürckel, Josef 69
Butz, Arthur R. 307

Caesar 326
Calic, Edouard 242 f.
Canaris, Wilhelm 44, 216 f.
Cassius Longinus 325
Chamberlain, Neville 70 f., 73, 98,
    219, 263

Chaplin, Charlie 159, 170
Chomeini, Ayatollah 148
Chruschtschow, Nikita 392
Churchill, Winston 71, 73, 76, 97 f.,
    107, 130, 215, 252, 262 f., 275,
    318, 333, 346
Clausewitz, Carl Philipp Gottfried
    von 76
Clodius (Publius Clodius Pulcher)
    326
Cobden, Richard 124
Condorcet, Antoine Marquis de
    137, 404
Conze, Werner 116
Coolidge, Calvin 410
Cooper, Duff 71
Czech-Jochberg, Erich 244
Czichon, Eberhard 200 ff., 204,
    206

Dahl, Robert 180
Dahrendorf, Ralf 128, 148, 217
Dante Alighieri 319
Daranowsky-Christian, Gerda 448
Darré, Walther 150, 174, 197
Darwin, Charles 280
Dawidowicz, Lucy 24, 376
Dawson, Geoffrey 98
de Bruyn, Günter 159
de Gaulle, Charles 77, 130
Delmer, Sefton 96, 316
Del Noce, Augusto 123 f., 134
de Maistre, Joseph 124
Denikin, Anton Iwanowitsch 344
Dibelius, Otto 218
Dietrich, Sepp 145, 172, 230
Dimitrow, Georgij 28, 237 f., 240
Dipper, Christoph 225 f., 228
Dohnanyi, Hans von 44, 242

Dollfuß, Engelbert 43, 61
Dönitz, Karl 273
Doriot, Jacques 149
Döscher, Hans-Jürgen 259
Drexler, Anton 152
Duchonin, Nikolaj N. 341
Dühring, Eugen 114, 298, 352
Duisberg, Carl 201
Dülffer, Jost 276
Dulles, Alan 98, 217, 239, 448

Ebert, Friedrich 413
Eckardt, Felix von 118
Eckart, Dietrich 354, 364
Eden, Anthony 333
Eggers, Kurt 272, 275
Ehrt, Adolf 258
Eichholtz, Dietrich 55, 206 f.
Eichmann, Adolf 28, 100, 293 f.,
    299
Einsiedel, Horst von 222
Einstein, Albert 85
Eisenhower, Dwight D. 273
Eisner, Kurt 153
Eley, Geoff 146
Elser, Georg 423
Engels, Friedrich 125, 129, 187,
    328 ff., 336, 388 f., 405
Erhard, Ludwig 167, 202

Falter, Jürgen W. 93, 192
Fanon, Franz 135
Faulhaber, Michael von 103
Faurisson, Robert 8 f., 306 f., 310,
    315 ff.
Fermi, Enrico 85
Fest, Joachim C. 46, 48, 143, 161,
    163, 170
Fischer, Conan 192

Fischer, Fritz 107–112, 114 f., 119,
    414
Fleischhauer, Ingeborg 392
Flick, Friedrich 199
Forster, Albert 175
Fourier, Charles 328
Franco, Francisco 67, 77
Fraenkel, Ernst 180, 209
Frank, Hans 43, 75, 172, 174, 197,
    296, 449
Frank, Walter 164
Frankfurter, Felix 262
Franz Ferdinand, österr. Thronfolger
    409
Freisler, Roland 207 ff.
Freud, Sigmund 160
Freyer, Hans 133, 148
Frick, Wilhelm 47, 89, 172, 194, 281
Fried, Ferdinand 118
Friedländer, Saul 299
Friedländer-Prechtl, Robert 145
Friedrich II. der Große 112, 162,
    184
Friedrich, Carl J. 28
Fritsch, Werner von 68, 91, 214
Fromm, Erich 161

Galen, Clemens August von 233, 277
Galton, Francis 280
Gemlich, Adolf 87, 290
Gempp, Walter 240
George, Stefan 166
Gerlach, Ernst Ludwig von 112
Gerlach, Leopold von 112
Gerlich, Fritz 25 f.
Gerstein, Kurt 233, 309 f., 449
Globke, Hans 118
Globocnik, Odilo 297, 309
Goebbels, Joseph 39 f., 42, 104,

117 f., 170 f., 173 f., 176 f., 179, 196, 199, 238 f., 258, 275, 291, 295, 299, 323 f., 364 f., 385, 393 f., 397, 400, 446 f., 452
Goerdeler, Carl Friedrich 216 ff., 221, 223, 225
Goethe, Johann Wolfgang 139
Goldmann, Nahum 396
Göring, Hermann 44, 55, 59, 68, 76, 86, 89, 145, 170–173, 178 f., 196, 205 f., 236–241, 244 f., 248, 287 f., 297, 299 f., 323 f., 364, 452
Gorki, Maxim 340, 412
Gossweiler, Kurt 206 f.
Graml, Hermann 98, 222 f., 297 f., 302
Grass, Günter 160
Grebenniukowa, Vera 345
Grégoire, Pierre 242
Greiser, Arthur 197
Grigorenko, Pjotr 476
Gröber, Conrad 233
Gromyko, Andrej 343
Groscurth, Helmut 219
Grotjahn, Alfred 280
Gruchmann, Lothar 114, 211
Grynszpan, Herschel 71
Guizot, François 138
Gumbel, Emil Julius 119
Günther, Hans F. K. 282
Günther, Rolf 297
Gürtner, Franz 208 f., 211 f.

Haeckel, Ernst 92
Haeften, Hans-Bernd von 220
Haffner, Sebastian 166–170, 401, 450
Hagen, Hans W. 295
Halder, Franz 239, 448

Halifax, Lord Edward Wood 70, 96, 98, 261, 263
Harding, Warren Gamaliel 410
Harnack, Arvid 216
Hassell, Ulrich von 220–223, 230
Haugh-Haough, Katharina 364
Hauser, Otto 65
Hefele, Hermann 102
Hegel, Georg Friedrich Wilhelm 122, 137 f.
Hehl, Ulrich von 244
Heiber, Helmut 39, 164 ff., 169, 171, 448
Heidegger, Martin 91, 148
Heim, Susanne 116 f., 147, 284 f.
Heine, Heinrich 160
Heines, Edmund 238
Heinrichsbauer, August 202
Heißmeyer, August 145
Helldorf, Wolf Heinrich von 194
Heller, Hermann 25
Helmdach, Erich 269
Henderson, Sir Neville 172, 179
Henke, Josef 243
Herf, Jeffrey 148, 424
Herwegen, Ildefons 233
Herzl, Theodor 419 ff.
Heß, Rudolf 21, 45, 80, 171, 174, 176, 231, 245 ff., 364
Hewel, Walter 71
Heydrich, Reinhard 18, 86, 150, 170, 194, 212, 287 f., 307, 319, 393 f.
Hiedler, Johann Georg 164
Hilberg, Raul 47, 299, 305, 316, 373, 474
Hildebrand, Klaus 54 f., 90, 114, 130, 179, 263 ff.

Hildebrandt, Friedrich 129, 191
Hiller, Kurt 133
Hillgruber, Andreas 263 f.
Himmler, Heinrich 20, 44, 68, 79,
 81, 86 f., 117 f., 142, 146, 150,
 170 f., 173, 175, 179, 195 ff., 209,
 212, 217, 287, 289, 293, 295, 299,
 307, 314, 317, 319, 357, 364, 366,
 368, 385, 393 ff., 416, 462, 476,
 471
Hindenburg, Paul von Benecken-
 dorff und 62, 89, 134, 154, 201,
 214, 263, 255 f., 354, 414
Hoare, Templewood of Chelsea, Sa-
 muel 263
Hoche, Alfred E. 280
Hochhuth, Rolf 232
Hoepner, Erich 216
Hoetl, Wilhelm 293
Hofer, Walther 240, 242 f., 260 f.
Höfer, Werner 118
Hoffmann, Camill 32
Hoffmann, Joachim 270
Hoffmann, Peter 216, 221
Hofmannsthal, Hugo von 375
Hoggan, David 261, 276
Höhne, Heinz 217
Hommes, Jakob 233
Honecker, Erich 127
Hoover, Herbert Clark 410
Hopkins, Harry 262
Höppner, Rolf-Heinz 294, 300,
 398 f.
Horkheimer, Max 205, 424
Horthy von Nagybánya, Nikolaus
 393
Höß, Rudolf 293, 296, 310 f., 394
Hoßbach, Friedrich 68, 86, 260
Hoth, Hermann 394 f.

Hugenberg, Alfred 13, 59, 89, 238,
 243
Hughes, Richard 160
Hüttenberger, Peter 179 ff.

Irving, David 94, 162, 245, 173,
 298, 300 f., 307, 318 f.

Jäckel, Eberhard 40, 297, 299, 310
Jacob, Franz 216
Jacobsen, Hans-Adolf 258
Jaensch, Erich 35
Jakob II. von Schottland 122
Janßen, Karl-Heinz 243
Jaspers, Karl 160
Jay, Martin 424
Jefferson, Thomas 127
Jesse, Eckhard 243
Jessen, Jens 222
Jochmann, Werner 298
Jodl, Alfred 172
Jordan, Rudolf 28, 195, 244 f., 448
Jung, Carl Georg 160
Jung, Edgar 89
Junge, Traudl 448
Jünger, Ernst 27, 110, 116, 160

Kaas, Ludwig 233 ff.
Kaganowitsch, Lazar 383
Kaller, Maximilian 101 f.
Kaltenbrunner, Ernst 296
Kamenjew, Lew Borissowitsch 418
Kannegiesser, Leonid 395
Kant, Immanuel 137, 328 f.
Kaplan, Fannija 340, 395
Karski, Jan 312 f.
Kastl, Ludwig 201, 205
Kataja, Katajew, Walentin Petro-
 witsch 412

Kater, Michael 109 f.
Katzmann, Fritz 295
Katzenberger, Leo 209
Kautsky, Karl 125, 346
Kehrl, Hans 177, 361
Keitel, Wilhelm 68
Kempner, Robert 313
Kennedy, Joseph 73
Keppler, Wilhelm 173, 177, 201
Kerenski, Alexander Fjodorowitsch 337
Kern, Erich 162
Kershaw, Ian 55
Kerrl, Hanns 175 f.
Kersten, Felix 170, 363
Kessel, Eugen von 243
Kettenacker, Lothar 115
Key, Ellen 26
Kirdorf, Emil 199 f., 204
Kirkpatrick, Ivone 236, 246
Klee, Ernst 103 f., 227
Knab, Otto 218
Koch, Erich 40, 50, 79, 101, 129, 176, 195, 277
Kogon, Eugen 233, 305
Köhler, Henning 243
Koltschak, Alexandr Wassiljewitsch 344
Konovaletz, Eugen 257
Kornilow, Lawr Georgijewitsch 337
Kramer, Franz Albert 233
Krauch, Carl 194, 206
Kraus, Karl 375
Krausnick, Helmut 295, 299, 474
Kreiten, Karlrobert 118
Krüger, Friedrich Wilhelm 174
Krupp, Alfried 200
Krupp von Bohlen und Halbach, Gustav 201, 205

Kube, Richard P. W. 175
Kühnl, Reinhard 55, 186 f.
Kunert, Dirk 261 f.
Kuo-Mu-jo 332

Lagarde, Paul Anton de 298
Lammers, Hans Heinrich 47, 178
Lanz zu Liebenfels, Georg 165, 352
Laqueur, Walter 317
Lassalle, Ferdinand 128
Laue, Theodore H. von 51 f.
Lawrence, David H. 160
Leahy, William D. 262
Leber, Julius 25
Ledochowski, Wladimir 98, 447
Legien, Carl 109
Leibbrandt, Georg 257
Lemmer, Ernst 118
Lenin, Wladimir Iljitsch 64, 125, 127, 143, 156 ff., 166, 262, 270 f., 324, 333, 335, 337–343, 346 f., 353, 356, 362, 364, 377 f., 382 f., 395, 401, 409, 412 f., 418
Leuchter, Fred 314 f.
Leviné, Eugen 153
Lewy, Günter 226 f.
Ley, Robert 40, 144, 170 f., 174 ff., 181, 193, 364
Lichtenberg, Bernhard 227
Liebknecht, Karl 413
Lifton, Robert Jay 424
Likus, Rudolf 259
Lindbergh, Charles 262
Linge, Heinz 44 f., 245, 376
Lloyd George, David 13, 162, 263, 346
Löbe, Paul 243
Lochner, Louis P. 39
Locke, John 184

Lohse, Hinrich 294, 366
Longerich, Peter 310
Lorenz, Werner 173, 259
Lortz, Joseph 102, 233
Lothian, Philip Henry 98
Lubbe, Marinus van der 236 ff., 242, 244, 316
Lübke, Heinrich 233
Ludendorff, Erich 94, 153 f.
Lukács, John 52
Luther, Martin 25, 108, 112
Luther, Martin 259
Luxemburg, Rosa 377 f., 409, 413

Mackinder, Sir Halford John 252
Malraux, André 242
Malthus, Thomas Robert 353, 406
Mann, Golo 242
Mann, Thomas 113, 323
Manstein, Erich von 269, 394, 448
Mao Tse-tung 166, 332
Maréchal, Sylvain 331 f.
Marr, Wilhelm 298
Martin, Benno 195
Martin, Bernd 262 f., 276
Marx, Karl 35, 122, 124 f., 129, 133, 136, 138, 147, 198, 253, 330, 335 f., 378, 388 f., 407
Mason, Tim 98, 146, 180, 206
Matteotti, Giacomo 63
Mattogno, Carlo 9
Mayer, Arno J. 316
Meinecke, Friedrich 202
Melgunow, Sergej P. 344
Melnikow, Daniil 316
Mengele, Josef 117
Meyer, Arthur 374
Michalka, Wolfgang 177
Michelet, Jules 123

Michoels, Salomon 396
Mielke, Fred 283
Mignet, François 138
Mitscherlich, Alexander 283
Miyake, Masaki 276
Möller, Horst 132, 134
Molotow, Wjatscheslaw M. 78, 81, 316
Moltke, Helmuth James von 217, 220, 222 f., 225
Mommsen, Hans 127, 143, 161, 179, 217, 222 f., 241 ff., 246, 297 f., 301 f., 304
Montesquieu, Charles de Secondat 184, 404
Moore, Barrington 112
Mosley, Oswald 149, 448
Muckermann, Friedrich 26
Muller, Filip 294, 311
Müller, Ingo 208 ff.
Müller, Karl Alexander von 108
Müller, Klaus Jürgen 214
Müntzer, Thomas 328, 334
Münzenberg, Willi 238
Mussolini, Benito 14, 28, 35, 51, 61–67, 69, 71 f., 78, 81 f., 88, 96 f., 155, 157, 198, 283

Naab, Ingbert 25 f.
Napoleon I. 13, 52, 155 f., 166, 308
Napoleon III. = Louis Bonaparte 156 f., 407
Naschiwin, Iwan 364
Nasser, Gamal Abd el 148
Nathorff, Hertha 31, 374, 416
Neuhäusler, Johann 232
Neumann, Franz 55, 180
Neumann, Oskar 165

Neurath, Konstantin Frhr. von 68, 255 f.
Niekisch, Ernst 94
Niemöller, Martin 219, 230
Nietzsche, Friedrich 35, 112, 160, 329, 334
Nilostonski, Robert 344, 364
Nipperdey, Thomas 107, 111–114, 119
Nkrumah, Kwame 51
Norden, Albert 117
Noske, Gustav 217, 413
Nyiszli, Miklos 294, 311

Oberfohren, Ernst 238
Oberländer, Theodor 116
Ohlendorf, Otto 193, 195
Olère, David 311
Ossietzky, Carl von 179
Oster, Hans 44, 76, 216, 218 f., 224
Owen, Richard 328

Paneth, Erna 297
Papen, Franz von 13, 59, 62, 73, 89, 95, 170, 201, 213, 229, 233, 237, 255, 356
Pätzold, Kurt 55
Pedanius Secundus 325
Perón, Juan 149
Pétain, H. Philippe 77
Pfannenstiel, Wilhelm 309 f.
Pferdmenges, Robert 201
Picker, Henry 163
Pilsudski, Josef 351
Pius XI. 387
Pius XII. = Eugenio Pacelli 232, 234 f., 387, 447
Planck, Max 375
Plessner, Helmuth 128

Ploetz, Alfred 280
Poensgen, Ernst 201
Poliakow, Léon 310
Pollock, Friedrich 205 f.
Pol Pot 331
Popitz, Johannes 222, 225
Poulantzas, Nicos 55
Pound, Ezra 160
Pressac, Jean-Claude 311, 315 f.
Princip, Gawrilo 409
Prinz, Michael 149
Prittwitz-Gaffron, Friedrich von 256

Quisling, Vidkun 257

Rachmanowna, Alexandra 339, 344
Radek, Karl 414
Ragaz, Leonhard 332 f.
Rasputin, Grigorij 336, 364
Rassinier, Paul 8 f., 304 ff.
Rathenau, Walther 109
Rauff, Walter 398
Rauschning, Hermann 239, 474 f.
Rebentisch, Dieter 46 f., 174
Reichenau, Walter von 197, 394
Reichhardt, Hans-Joachim 222
Reif, Adelbert 245
Reifferscheid, Gerhard 101, 103
Reitlinger, Gerald 47
Remer, Otto-Ernst 224
Remmele, Hermann 126, 390
Repgen, Konrad 234 f.
Reusch, Paul 201, 216
Ribbentrop, Annelies von 43
Ribbentrop, Joachim von 23, 43 f., 67 f., 77, 115, 162, 170 f., 173, 178, 197, 230, 248, 256, 259, 263, 364, 397, 452, 475 f.

Ricardo, David 406
Rieger, Gerhard 313
Ritter, Gerhard 108, 217
Röhm, Ernst 26, 62, 129, 176, 238, 258
Rohwer, Jürgen 299, 310
Rolland, Romain 390
Rommel, Erwin 269
Romoser, Georg K. 222
Roosevelt, Franklin D. 13 f., 76, 82, 261 f., 275–278, 317, 384
Roques, Henri 310
Rosenberg, Alfred 26 f., 40, 79 f., 96, 102, 171, 173–176, 195, 230, 232, 245, 256 f., 392 f.
Rosenberg, Arthur 126, 132
Rostow, Walt Whitman 138 ff.
Rothaug, Oswald 209
Rothermere, Lord Harold S. 96
Rothfels, Hans 215, 241, 309
Rust, Bernhard 175
Rüthers, Bernd 91

Saefkow, Anton 216
Sartre, Jean-Paul 475
Sas, Gijsbertus Jacobus 76
Sauer, Wolfgang 191
Schacht, Hjalmar 174, 181, 201
Schallmayer, Wilhelm 280
Scheffer, Paul 343, 420
Scheffler, Wolfgang 299
Schellenberg, Walter 44, 217
Scheringer, Richard 23
Scheurig, Bodo 221
Schickedanz, Arno 257
Schicklgruber, Anna Maria 164
Schieder, Theodor 53, 474
Schirach, Baldur von 175, 197
Schlabrendorff, Fabian von 464

Schlange-Schöningen, Hans 118
Schleicher, Kurt von 62, 90, 120, 129, 201, 213, 240, 255, 356
Schleunes, Karl 299
Schlieffen, Alfred von 409
Schmaus, Michael 233
Schmidt, Matthias 245
Schmitt, Carl 91, 102, 148, 178, 208
Schmitthenner, Walter 222
Schmuhl, Hans-Walter 285
Schoenbaum, David 129
Scholder, Klaus 234 f.
Scholem, Gershom 375
Scholem, Werner 375
Scholtz-Klink, Gertrud 145
Schorn, Hubert 210
Schramm, Percy Ernst 163
Schreiber, Gerhard 164
Schröder, Kurt von 201
Schulenburg, Fritz-Dietlof von der 194, 222, 391
Schulze-Boysen, Harro 216
Schuschnigg, Kurt von 69
Schwarzschild, Leopold 131
Schwerin-Krosigk, Johann L. von 246
Seaton, Albert 162, 273, 393
Seeckt, Hans von 214
Seidl, Dr. Alfred 247
Seldte, Franz 174
Seyß-Inquart, Arthur 173
Shapiro, Leonard 473
Siemens, Carl Friedrich 201 f., 216
Sieyès, Emmanuel Joseph 184
Silverberg, Paul 201, 205
Simon, Lord John 246, 263
Sinowjew, Grigorij 340, 356, 412, 418
Six, Franz A. 296

Skorzeny, Otto 230
Smith, Adam 124
Sohn-Rethel, Alfred 207
Sokolnikow, Grigorij 418
Solonewitsch, Iwan 365
Sombart, Werner 145
Sösemann, Bernd 40
Spartakus 325, 329, 334
Späth, Maximilian 374
Speer, Albert 42 f., 143, 163, 171,
    174, 177, 197, 245, 264, 297
Spengler, Oswald 27, 110
Spitzy, Reinhard 43 f., 71
Springer, Axel 118
Sproll, Johannes Baptista 232
Stäglich, Wilhelm 308
Stahlecker, Walter 295
Stalin, Josif Wissarionowitsch 14,
    18, 26, 28, 41, 44, 62, 74, 78 f.,
    83, 98, 121, 127, 155, 157, 162,
    181, 261 f., 268, 270 ff., 274 f.,
    277 f., 288, 342 f., 358, 361 f.,
    382 f., 401, 419, 447
Stauffenberg, Berthold von 216
Stauffenberg, Claus Schenk von 224,
    230
Steed, Henry Wickham 378
Stegmann, Dirk 202 f.
Stephan, Karl 242
Stern, Joseph Peter 159 f., 167
Sternheim, Carl 375
Stieff, Helmuth 220
Straßer, Gregor 62, 195
Straßer, Otto 27, 195, 199, 385
Streicher, Julius 170, 195, 292
Stresemann, Gustav 110, 113, 256,
    350, 381, 414
Stuckart, Wilhelm 47
Stülpnagel, Karl Heinrich von 216

Sündermann, Helmut 28, 118, 296
Suworow, Viktor 270
Swerdlow, Jakob 418
Switalski, Wladislaus 102
Szilard, Leo 85

Tacitus 112, 325
Tansill, Charles 318
Tauber, Henryk 294, 311
Taubert, Dr. Eberhard 258
Taylor, Alan John Percivale 260 f.
Terboven, Josef 174
Tessenow, Heinrich 42
Thadden, Eberhard von 297
Thälmann, Ernst 240
Thamer, Hans-Ulrich 49 f.
Thedieck, Franz 118
Theognis 403
Thierack, Otto Georg 208 f.
Thies, Jochen 264 f.
Thomas von Aquin 102, 327
Thyssen, Fritz 194, 199, 201, 204
Tiberius Gracchus 326
Tobias, Fritz 239–244, 246
Tocqueville, Alexis de 106, 138
Todt, Fritz 144, 173, 176, 197
Toland, John 163, 448 f.
Topitsch, Ernst 270
Torgler, Ernst 237, 240
Trebitsch, Arthur 374
Tresckow, Henning von 218, 224
Treviranus, Gottfried Reinhold 243
Troeltsch, Ernst 132
Trott zu Solz, Adam von 221
Trotzki, Leo 230, 338, 344, 346,
    418 f., 463
Turgot, Anne Robert Jacques 137
Turner, Henry Ashby 17, 148 f.,
    203 f.

ERNST NOLTE

# DER EUROPÄISCHE BÜRGERKRIEG
# 1917–1945

## Nationalsozialismus
## und Bolschewismus

616 Seiten, gebunden

»Noltes Buch ist nicht nur deswegen bedeutend, weil der Verfasser neue Quellen erschließt, sondern vor allem, weil er neue Interpretationsmöglichkeiten aufzeigt und neue Perspektiven eröffnet, die ein besseres Verstehen unserer Geschichte und unserer Gegenwart ermöglichen.«

Alfred-Maurice de Zayas
*Die Welt*

»Was der Autor an Fakten und (mehr noch) an Interpretation im Hinblick auf Parallelen und Unterschiede zu den Strukturen der beiden Einparteienstaaten ausbreitet, ... das ist vielleicht das Beeindruckendste, was jemals über totalitäre Staaten geschrieben wurde, zumal die Differenzierung besticht.«

Eckhard Jesse
*Süddeutsche Zeitung*

PROPYLÄEN

Uhrig, Robert 216
Untermyer, Samuel 396
Uritzky, Moses 395

Vermeil, Edmond 55, 112
Vidal-Naquet, Pierre 307
Vögler, Albert 201, 216
Volkov, Shulamit 114
Voltaire, eig. François Marie Arouet
125, 137, 404
Vrba, Rudolf 313

Wagner, Adolf 172
Wagner, Josef 195
Wahl, Karl 28, 195
Waldeck, Josias Erbprinz von 194
Walendy, Udo 308, 313
Wassermann, Jakob 377
Wassilewska, Wanda 271
Weber, Eugen 132, 134 f.
Weber, Max 143, 189, 327
Wedemeyer, Albert C. 262
Weinberg, Arthur 374
Weinkauff, Hermann 210
Weinstein, Adalbert 118
Weizmann, Chaim 73, 376, 379,
396, 419
Weizsäcker, Ernst von 259
Wellers, Georges 307, 397
Welles, Sumner 262
Werfel, Franz 374
Werlin, Jakob 194
Wette, Wolfram 115, 119

Wetzel, Erhard 294
Wetzler, Alfred 315
Wiedemann, Fritz 175
Wiesel, Elie 399, 476
Wilhelm II. 109, 115
Wilhelm, Hans Heinrich 295, 365
Wilson, Hugh R. 262
Wilson, Woodrow 410
Winkler, Heinrich August 110
Winning, August 25
Winterbotham, Frederick W. 96, 273
Wirsing, Giselher 118
Wisliceny, Dieter 293
Witzleben, Erwin von 216
Wlassow, Andreij A. 81, 196, 284
Wolf, Ernst 222, 224
Wolff, Otto 201
Wolkogonow, Dimitrij 423
Wrangel, Pjotr N. 344
Wurm, D. Theophil 227, 295
Wyman, David S. 317

Yeats, William Butler 160
Yorck von Wartenburg, Peter 222

Zehrer, Hans 118
Zeller, Eberhard 215
Zipfel, Friedrich 242
Zitelmann, Rainer 131, 147 f., 449 f.
Zoglmann, Siegfried 118
Zündel, Ernst 314, 465
Zweig, Arnold 34, 377 f.
Zweig, Stefan 174

UWE BACKES/ECKHARD JESSE/
RAINER ZITELMANN

# DIE SCHATTEN
# DER VERGANGENHEIT

Impulse zur Historisierung
des Nationalsozialismus

»Als die Herausgeber ihr Werk in Angriff nahmen, konnten sie nicht ahnen, wie sehr die Wirklichkeit ihre Absichten untermauern würde ... Kurzum, der Band erhellt die nationalsozialistische Epoche und regt aufs neue an, über den rechten Umgang mit ihr nachzudenken.«

Brigitte Seebacher-Brandt
*Rheinischer Merkur*

»Im wesentlichen erweist sich der Band somit als selbstbewußtes Produkt eines Teils einer neuen Generation von Geisteswissenschaftlern.«

Kai-Uwe Merz
*Der Tagesspiegel*

»Zum Nachdenken über die Vergangenheit, aber auch über die Fehler und Unterlassungen der bundesdeutschen Geschichtsschreibung gibt indes fast jeder Beitrag Anlaß. Daher wünscht man diesem Buch viele kritische Leser.«

Werner Johe
*Die Zeit*

ULLSTEIN TASCHENBUCH

ERNST NOLTE

# GESCHICHTSDENKEN IM 20. JAHRHUNDERT

680 Seiten, gebunden

»Daß Geschichtsideologien Gegenideologien erzeugen, die nicht minder verhängnisvoll sind als das, wogegen sie sich richten, ist eine der Grundüberzeugungen Noltes. Dabei hat er besonders die Gegensätzlichkeit von Marxismus und Antimarxismus im Auge, die er für den bestimmenden Widerspruch des 20. Jahrhunderts hält. Wie sich dieser Gegensatz im Geschichtsdenken reflektiert, ist die übergreifende Fragestellung dieser Studie. Das neue, große Werk Ernst Noltes weckt beim Leser Neugier nach eingehender Beschäftigung mit den hier vorgestellten Denkern.«

Rainer Zitelmann
*Rheinischer Merkur*

PROPYLÄEN